面向 21 世纪课程教材
Textbook Series for 21st Century

中国当代文学史

Zhongguo Dangdai Wenxueshi

第二版

主　编　王庆生　王又平

副主编　王　晖　孙基林　严　辉

高等教育出版社·北京

内容提要

　　本书是普通高等教育"九五"国家级重点教材,后又纳入教育部"面向21世纪课程教材"系列。全书分为20世纪50至70年代中期的文学,20世纪70年代中期至90年代的文学,21世纪初期的文学,台湾、香港、澳门地区文学四部分。本书以文学的现代转型为中心线索,通过对文学作品和文学现象的剖析,再现了当代文学发展的轨迹。与同类教材相比,其最大的特点是,把作品放在主体地位,突出了文学创作的实绩和对当代有代表性作家与作品的评介,反映了文学史应当是文学创作所构成的历史的理念。本书吸收了该学科研究的新成果,内容丰富,涵盖面广,信息量大,在框架结构、层次区分等方面均有鲜明特色。

　　本书可作为高等学校中文专业教材,也可供其他专业师生和社会读者阅读。

图书在版编目(C I P)数据

　　中国当代文学史/王庆生,王又平主编. --2版
. --北京:高等教育出版社,2016.1(2022.9重印)
　　ISBN 978-7-04-044374-5

　　Ⅰ.①中… Ⅱ.①王… ②王… Ⅲ.①中国文学-当
代文学-文学史-高等学校-教材 Ⅳ.①I209.7

　　中国版本图书馆 CIP 数据核字(2015)第 287651 号

策划编辑	于晓宁 梅 咏	责任编辑	梅 咏	封面设计	钟 雨
版式设计	王艳红	责任校对	刘春萍	责任印制	刘思涵

出版发行	高等教育出版社	网 址	http://www.hep.edu.cn	
社 址	北京市西城区德外大街4号		http://www.hep.com.cn	
邮政编码	100120	网上订购	http://www.hepmall.com.cn	
印 刷	中农印务有限公司		http://www.hepmall.com	
开 本	787mm×1092mm　1/16		http://www.hepmall.cn	
印 张	29.25	版 次	2003年2月第1版	
字 数	700千字		2016年1月第2版	
购书热线	010-58581118	印 次	2022年9月第11次印刷	
咨询电话	400-810-0598	定 价	56.40元	

本书如有缺页、倒页、脱页等质量问题,请到所购图书销售部门联系调换
版权所有　侵权必究
物 料 号　44374-00

目　　录

第 3 编　21 世纪初期的文学

第4编　台湾、香港、澳门地区文学

绪　言

　　《中国当代文学史》是一部概括评述20世纪50年代以来中国文学的史著,2003年由高等教育出版社出版,系教育部"九五"国家级重点教材建设项目的成果,后又成为"面向21世纪课程教材"。这次修订,在原有的基础上,根据当代中国文学发展的实际状况,新增了一编"21世纪初期的文学",概括论述了新世纪以来的文学。

　　20世纪60年代,学术界、教育界对中国现当代文学研究和教材编写工作给予了高度重视,在出版多版本的中国现代文学史的同时,也首次出版了几本中国当代文学史。[①] 在这些史著中,不仅最早使用了中国"当代文学"这一概念,而且使"当代文学"具有了学科雏形。此后,随着教学和科学研究的需要,当代文学作为一门新兴的学科确立下来,并由此兴起了研究当代文学的热潮。80年代中期以后,在改革开放潮流的推动下,人们思维观念的改变,有力地促进了中国现当代文学研究的发展。有些学者试图运用新的理念、新的视野拓宽研究空间,重铸中国现当代文学教学和研究的新格局。1985年上半年,在"中国现代文学创新座谈会"上,黄子平、钱理群、陈平原联合提出了建设"20世纪文学"问题,他们提出打通中国近代、现代、当代文学的分期界限,把20世纪作为一个整体来研究,并在广阔的视野中创新研究方法。这一主张提出后,在学术界引起了热烈反响,虽有少数学者提出疑义,但绝大多数学者是赞同的。在建设20世纪中国文学理念的召唤下,很快出版了一批有关这一方面的文学史著。[②] 1988年,《上海文学》从第4期开始,辟出专栏,专门讨论"重写文学史"问题。这是50年来对文学史写作进行的一次自觉反省,是"观念热""方法热"在文学史研究领域的进一步深化。它提出了在文学史研究和编写中如何处理各种文学思潮和流派的问题,也提出了如何用新的视角对文学发展历史和作家作品的重新描述和评价问题,这些都对建设文学史学科、对中国现当代文学史的研究和编写有着积极的意义。正如著名学者王瑶所说:"文学作品不可能随着时代的发展而任意改动,但文学史学科却总要发展,要突破过去,要后来居上。每个时代都应该达到自己时代的高度。"[③]观念的变化带动了中国当代文学史的编写工作,此后十多年间,特别是90年代

---

　　① 当时出版的有:华中师范学院中文系编著的《中国当代文学史稿》(科学出版社1962年版)、中国社会科学院文学研究所编著的《十年来新中国文学》(人民文学出版社1963年版)、山东大学中文系编著的《中国当代文学史1949—1959》(山东人民出版社1960年版)等。

　　② 已出版的有孔范今主编的《二十世纪中国文学史》(上、下册,山东文艺出版社1997年版),黄修己主编的《20世纪中国文学史》(上、下卷,中山大学出版社1998年版),谢冕、孟繁华主编的《百年中国文学总系》(11卷,东方出版中心1998年版),严家炎主编的《二十世纪中国文学史》(3卷,高等教育出版社2010年版),陈辽、曹惠民主编的《百年中华文学史论(1898—1999)》(华东师范大学出版社1999年版),何休编著的《中国文学的现代化历程——20世纪中国现代文学的四次潮流与发展概论》(西南师范大学出版社1997年版)等。

　　③ 王瑶:《文学史著作应该后来居上》,《上海文论》1989年第1期。

后期,涌现出一批有突破性的当代文学史研究成果。①

　　随着一批现当代文学史著的出版和"重写文学史"讨论的深入,学者们对中国现当代文学的分期和"当代文学"概念的界定,又提出了新的不同意见。有的认为,20世纪中国文学完成了由古典形态向现代形态的过渡和转型,属世界近代文学范畴,只具有近代性,而不具备现代性,直到80年代才出现一些现代主义的因素。有的提出,当代文学是正在行进的文学,不够稳定,"当代文学不宜写史"。有的则认为,"一切历史都是当代史",当代文学过去的史实已有近50年,为什么不能写当代文学史呢? 有的主张把1917—1949年的文学划为现代文学,1949—1979年划为当代文学。有的则认为,把1949年作为现代文学的分界线是不妥当的。有的主张把"文革"前17年划到现代文学中去,有的不同意这种看法,认为把"文革"前17年文学合并到现代文学中去是不伦不类的,不符合文学发展的实际。这些意见反映了学术界在中国现当代文学分期问题上的分歧。作为学术观点,尽可仁者见仁,智者见智,不必强求一律。本书使用"当代文学"这一概念,则是承续沿用了我们一直使用的提法,在目前还没有找到一个新的、更科学的概念替代之前,当下继续沿用"当代文学"这一概念,也许是适宜的、切合实际的。

　　作为一部新编的中国当代文学史著,本书在整体构想、编写体例等方面有以下几点考虑:

　　第一,本书评述的中国当代文学,发生于20世纪50年代。这是一个社会剧烈变革的年代,也是中国历史转折的一个重要时期,整个中国面临着全球社会与文化的大变动,面临着西方政治经济和西方价值观念、西方文化的挑战,正是在社会与文化的大变动中,中国当代文学由此开始了艰难而又曲折的历程。由于政治、经济、社会制度的不同,文化的差异,中国内地和香港、台湾、澳门地区文学也朝着不同的路向发展,文学创作呈现出不同风格、不同风貌,可谓百花竞放,多姿多彩。尽管如此,中国内地、台湾、香港、澳门地区的文学在承续"五四"新文学传统、实现从"传统"到"现代"的转化上却是相同的。可以说,中国当代文学发展的过程,也是从"传统"到"现代"的转型过程,是实现文学现代化的过程。

　　著名学者金耀基说:"中国的现代化运动是一庄严神圣的运动,它不只忠于中国的过去,还忠于中国的未来。它不只在解救中国历史的危亡,更把中国的历史文化推向一个更高更成熟的境地。"②中国当代文学也正是在现代转型的过程中实现历史性的深刻变革。这一变革,既是文学内容的变革,更是文学形式、文学语言的变革;既是审美情趣、文学品格的变革,更是文学观念的变革。它涉及现有的经济、政治和文化的体制和机制,涉及根深蒂固的传统观念的改造和转化,涉及古与今、中与西、雅与俗等矛盾的正确处理,而在这些矛盾之中,集中的指向则是传统和现代两极,换句话说,也就是在文学的民族化和现代化的矛盾的对立与统一中,寻求当代文学的发展之路。

　　文学的现代化意味着文学的开放和文学传统的继承和发展,意味着主动地接纳、消化、融化、改造外来民族的文明成果,丰富和发展本民族的文学传统和文化传统,创建具有中国特色

---

　　①　90年代以来,出版有洪子诚的《中国当代文学史》(北京大学出版社1999年版),陈思和主编的《中国当代文学史教程》(复旦大学出版社1999年版),杨匡汉、孟繁华主编的《共和国文学50年》(中国社会科学出版社1999年版),张炯编著的《新中国文学史》(海峡文艺出版社2000年版),王庆生主编的《中国当代文学》(修订本,华中师范大学出版社1999年版),吴秀明主编的《中国当代文学史写真》(浙江大学出版社2002年版)等,其中洪子诚、陈思和、王庆生编写的中国当代文学史获2002年全国普通高等学校优秀教材奖。

　　②　金耀基:《从传统到现代》,中国人民大学出版社1997年版,第3页。

的、熔铸世界现代意识和本土文化精神的独立品格。过去,当我们把自己封闭起来,视西方文化为洪水猛兽,把西方文学和本土传统文化当做腐朽没落的糟粕批判时,中国文学就陷入了贫瘠、荒芜的境地,亿万人民只有靠几个样板戏来解除文化的饥渴。今天,当我们以恢宏的气度和充分的自信广泛吸取外来优秀文化,继承和发扬本土优秀文化时,中国文学的面貌便为之一新,中国文学也开始在世界之林中寻找自己的定位。对外来文化的吸取,当然不是生吞活剥,一切照搬,统统以外来的为好。吸收总是有选择的。我们的原则是,以人类已有的优秀文化成果丰富和充实自己,取其精华,剔其糟粕,为我所取,为我所用。同样,我们对待传统文化,对待民族文学传统,也要采取这样的态度,批判地继承传统,发展传统,在继承中发展,在发展中创新。我们也要把中国文学置于世界文学之林,用民族形式、民族风格、民族特色的文学来铺筑一条通向世界的坦途,这是当代中国文学的孜孜追求,也是"五四"新文学所要实现的夙愿。

本书以文学的现代转型为中心线索,通过对文学作品和文学现象的剖析,反映各种人物在转型时期的内心真实情况,揭示历史性变革在人们心灵所引起的种种波澜和思想感情的变化,再现社会生活的真实和文学发展的轨迹。正如丹麦著名文学史家勃兰兑斯所说,"文学史,就其最深刻的意义来说,是一种心理学,研究它的灵魂,是灵魂的历史。一个国家的文学作品,不管是小说、戏剧,还是历史作品,都是许多人物的描绘,表现了种种感情和思想。感情越是高尚,思想越是崇高、清晰、广阔,它也就越清楚地向我们揭示出某一特定时期人们内心真实情况"①。

第二,作家是文学创作的主体,文学的历史是靠焕发起主体精神的作家创造的作品写成的。一个伟大的文学时代,总是和作家的伟大作品联系在一起的。中国当代文学发展的历史,是作家用心血铸造作品的历史,是多种类型、多种体裁、多种风格作品生成和发展的历史,也是文学园地百花齐放、争奇斗艳的历史。本书改变了过去那种把当代文学史写成政治史、运动史的模式,把作品放在主体地位,突出了文学创作的实绩,突出了对当代有代表性作家和作品的评介,反映了文学史应当是文学创作所构成的历史的理念。胡乔木说:"文学史研究的对象是文学创作的有重要意义的成果,而不是成果形成过程中这样或那样的临时性的政治事件(不包括积极的社会变革,这种变革的影响是长期的),这些政治事件对于文学的影响是客观事实,但是这些影响也是临时性的,它们不能产生甚至也很少影响有重要意义的文学成果,这是更重要的客观事实。文学史家首先要把这些真正重要的意义从那些千变万化的现象中区别开来","对于文学史最有意义的客观事实恰恰是主要的文学作品成果并非这种干涉的结果。"②本书根据不同时期的创作状况,以文学史上的有重要意义的成果作为研究对象,通过对有代表性的作家作品的评述和文学现象的分析,理清文学创作发展的脉络,标示出不同时期、不同体裁、不同风格文学创作的收获,而对每一时期的文学思潮的简要述评,只是说明作家作品产生的社会历史背景,这不仅使学生对当代文学历史的把握避免了抽象化,而且有助于提高学生的鉴赏水平和审美能力。

如何评价文学史上有重要意义的创作成果,如何评价作家作品,历来都有不同的尺度、不同的标准。由于人们的生活经验有异、思想艺术水平不同,所持的尺度和标准也不尽相同。我

---

① ［丹麦］勃兰兑斯:《十九世纪文学主流》第一分册《流亡文学》,人民文学出版社 1980 年版,第 22 页。

② 胡乔木:《如何把握中国当代文学史的研究现象》,《胡乔木集》,中国社会科学出版社 2001 年版,第 378 页。

们主张用历史的、美学的观点评价作家作品,如恩格斯评价《济金根》时所提出的要求,即将"较大的思想深度和意识到的历史内容,同莎士比亚剧作的情节的生动性和丰富性的完美的融合"①。而要准确地评价作家作品,就需要我们以作品为主体,细读作品,在此基础上,研究与作品有关的各种背景材料,这样分析研究作品,才有可能作出切中肯綮的判断和评价。

　　第三,中国当代文学是一个包括内地、台湾、香港、澳门地区文学的多元组合。过去,由于众所周知的原因,中国内地与台湾、香港、澳门地区处于隔绝分离状态,相互之间很少交流。80年代以前出版的中国当代文学史著,论述的主要是新中国成立后的中国内地的文学。三十多年来,情况发生了根本变化,改革开放的政策为地区交流开辟了广阔的空间。1997年的香港回归和1999年的澳门回归,大大振奋了民族精神,促进了祖国统一。现在中国内地与台湾、香港、澳门地区文学界的交往和交流,比以往任何时期都要多,这些都为文学的整合奠定了坚实的基础,也为中国当代文学史的编写提供了有利条件。为此,我们在全书的总体结构上,将台湾、香港、澳门地区当代文学列入其中,作为当代中国文学的一个有机组成部分。从总体上看,台湾文学、香港文学、澳门文学和内地文学一样,都是在"五四"新文学运动的影响下产生和发展的,它们同祖、同宗、同一文学血脉,有着共同的民族语言文字,有着共同的民族意识、民族感情,有着萦绕于心的爱国主义情绪,它们都是母体文学的一支,与母体有着深刻的渊源关系,这是一方面;另一方面,由于特殊的历史际遇,由于社会制度的不同和经济、政治、文化等诸种因素的制约,台湾、香港、澳门文学又呈现出异于母体文学的独特风貌。如台湾文学的开放性、海洋性、现代性、恋旧性,香港、澳门文学的多元性、都市性、通俗性以及以岭南文化为主要形态的港澳文化与外来异质文化的互相渗透、互相融合,使台湾、香港、澳门文学形成了有异于内地文学的鲜明特色和独特品格。正因如此,本书在中国文学的整体格局中,把台湾、香港、澳门文学放在一编分别加以论述,这也许更符合目前的实际状况。

　　第四,作为一个开放的整体,中国当代文学在其发展的进程中,一方面要在对外交流中坚持开放,不断吸收外来文化、外来文学的营养,增强自身的主体性,凸显当代中国文学在世界文学中的影响;另一方面,也需要采取多种途径走出去,通过介绍中国文学,让世界更好地了解变革中的中国的过去、现在和未来,从而使中国文学在世界文学版图中占据重要地位。正如德国著名翻译家卡尔·戴得尤斯所说:"一个民族的文学是一扇窗户,通过这扇窗户,一个民族的人能够向外观望其他国家的人,其他国家的人也可以通过这扇窗户瞥见这个民族的生活世界。"②

　　就接受、吸纳外国文学而言,中国当代文学经历了一个选择、鉴别、扬弃、吸收的过程,其间既有经验也有教训。20世纪五六十年代,我们主要接受俄罗斯、苏联文学,当时不仅翻译介绍了大量的俄苏文学作品,而且也翻译介绍了大量的俄苏文艺理论,这些都对新中国成立初期的文学产生了重要而深刻的影响,但在接受过程中,由于"左"的思潮的干扰出现过一些偏差,以致庸俗社会学泛滥。对西方文学则一概排斥,斥为资产阶级文学而加以批判。直到20世纪80年代,这一状况才有了根本改变。随着国门的开放、文学的开放,西方现代主义、后现代主

---

① 《恩格斯致斐·拉萨尔(1859年5月18日)》,《马克思恩格斯选集》第4卷,人民出版社1995年版,第557～558页。

② 转引自姜智芹:《中国新时期文学在国外的传播与接受》,齐鲁书社2011年版,第1页。

义文学的再度引进,对当代中国文学的影响越来越大,从而使作家的文学观念、文化意识发生了深刻变化,当代中国文学也在世界多元文化的进程中发挥自己的作用。

就中国当代文学对外传播而言,也经历了一个由少到多、由单一到多元、由外在向内质浸润的过程。20 世纪五六十年代,当代文学处于草创时期,对外的影响很小,传播的渠道也有限。1951 年创刊的《中国文学》①是中国当代第一份向海外介绍、翻译中国文学的期刊。到了新时期,中国文学对外交流日益增多,影响日益扩大。据不完全统计,有 1 000 多种当代中国文学作品译成英、法、俄、日、西班牙等国文字在国外出版,被译介的作家在 230 位以上,译介较多的当代中国作家有王蒙、莫言、巴金、余华、苏童、韩少功、刘心武、宗璞、贾平凹、残雪、王安忆等,他们的一些作品受到国外读者的关注,有的作家在国际上获得重要奖项,如莫言 2012 年获诺贝尔文学奖等。这些都说明当代中国文学在国外的影响,但从整体来看,中国当代文学在国外的影响还很有限。作家苏童说:“中国文学在海外是很边缘的。”②究其原因,既有翻译水平问题,也有作品的质量和影响力等问题。要使当代中国文学更好地走向世界,还需作出更多的努力。除了提高翻译质量外,更重要的是要创作出一批历史意蕴深厚、民族特色鲜明、富有独创性的文学作品,从而在全球化语境中发出自己的声音。

---

① 《中国文学》1951 年创刊,2001 年停刊,共出版 590 期,介绍作家、艺术家 2 000 多人次,译载文学作品 3 200 篇。1981 年,时任《中国文学》主编的杨宪益倡议出版“熊猫丛书”,现已出版当代中国文学图书 190 多种,发行到世界 150 多个国家和地区。

② 田志凌:《当代作家如何“走出去”?》,《南方都市报》2006 年 4 月 3 日。

第1编

20 世纪 50 至 70 年代中期的文学

一、20世纪50至70年代中期的文学概况

1. 本时期文学发展的社会历史背景

与时代偕行的中国新文学,伴随着新中国的成立步入了一个新的历史时期,这就是中国当代文学阶段。中国当代文学是在全然不同于中国现代文学的社会历史背景中发展的。随着中华人民共和国的成立,由新民主主义革命向社会主义革命的过渡,由革命战争时期向和平建设时期的转变,构成了中国当代文学总的社会历史背景。大规模的社会主义革命和建设事业召唤和吸引着作家去体验新的生活,讴歌新的时代,表现新的人物。质朴、明朗、热烈、高昂、激情澎湃的理想主义和英雄主义,构成了本时期的文学基调和主导风格。

本时期的文学发展,既承续了"五四"新文学传统,又有着特定的思想背景,这就是毛泽东文艺思想的指导。1942年,毛泽东在延安文艺座谈会上的讲话中,总结了"五四"以来文学运动的历史经验,提出了"文艺为工农兵服务"的方向。毛泽东在《在延安文艺座谈会上的讲话》(以下简称"《讲话》")中提出和阐发的一系列思想理论原则,推动新文学运动走向与工农兵群众相结合的新阶段。在《讲话》精神指引下的解放区文艺因充分地表现了"新的时代、新的人民",而成为中国当代文学的直接发端和本时期文学发展的楷模。

1949年7月召开的第一次中华全国文学艺术工作者代表大会(以下简称"第一次文代会")揭开了中国当代文学的历史帷幕,从全国各地会师北平的两千名代表同党的领导人一起为新中国文学艺术举行了隆重的奠基。

第一次文代会的基本任务是:总结经验,确立今后全国文艺工作者的方向和任务,成立一个全国性的文艺组织,把来自各方面文艺工作者的思想统一到毛泽东文艺方向上来。如周扬所指出的:"毛主席的《在延安文艺座谈会上的讲话》规定了新中国的文艺的方向,解放区文艺工作者自觉地坚决地实践了这个方向,并以自己的全部经验证明了这个方向的完全正确,深信除此之外再没有第二个方向了,如果有,那就是错误的方向。"①会议确定毛泽东的《讲话》为新中国文艺工作的总方针,文艺为人民大众首先是为工农兵服务的方向为新中国文艺的总方向。

第一次文代会对50年代初期文学思潮的形成和后来文学思潮的发展产生了极为重要的影响。它以解放区文艺为新中国文学的楷模,继承和发展了解放区文艺的精神内核:以工农兵为文艺工作的服务对象,以文艺为政治服务并从属于政治为文艺工作的性质和地位,以"普及第一"为文艺工作的基本方针,以工农兵生活和工农兵形象为文艺表现的主要内容,以民族化和大众化为文艺创作的主导风格,以"政治标准第一,艺术标准第二"为文艺批评的标准,以作家深入工农兵、改造世界观为实现上述任务的保证。毛泽东的《讲话》和解放区文艺的精神内

---

① 周扬:《新的人民的文艺》,《周扬文集》第1卷,人民文学出版社1984年版,第513页。

核经过文艺领导人和理论批评家的反复倡导与阐发,逐渐形成一套较为系统的文学规范,并得到文艺工作者的认同,因此它们也成为这一时期文学思潮的主要内涵,贯彻在文学理论批评和文学创作的实践之中。

　　第一次文代会后文学思潮的主要走向就是在新的历史条件下把《讲话》所提出的理论原则进一步系统化和具体化,贯彻到整个文学事业中,把新中国成立初期芜杂的文艺思想引导和统一到毛泽东文艺思想的轨道上来。因此,相对于现代文学的多元化文学,第一次文代会则是中国当代文学走向一体化的开端。在这里,文艺批评作为"思想斗争"的武器发挥了强有力的作用,它借助于行政干预的力量,结合着"文艺整风",把许多正常的文艺论争转变为文艺批判和文艺斗争,试图通过"运动"从思想上和组织上排除歧见,实现思想的统一。这就是本时期文艺批判不断、政治运动不息的深刻原因。在新中国成立后十年间,毛泽东亲自发动或指导的"三大文艺批判"和反右派斗争就是对文艺发展影响极大的政治运动。

　　"三大文艺批判"是指 1951 年开展的对电影《武训传》的批判、1954 年开展的对俞平伯《红楼梦》研究的批判和 1953 年至 1955 年开展的胡风文艺思想批判。

　　《武训传》是编导孙瑜根据山东贫苦农民武训"行乞兴学"的事迹改编而成的,摄制于 1948 年,解放后对剧本作了修改重新拍摄,编导者希望通过该片"歌颂为人民服务的精神","迎接文化建设高潮的到来"。1950 年年底,随着影片的上映,在全国掀起了一股"武训热",赞誉之声鹊起。对《武训传》的宣传与赞扬引起了中央有关部门的重视,认为这种情况反映了文化界严重的思想混乱,《文艺报》等刊物对《武训传》的思想倾向提出批评。1951 年 5 月 20 日,《人民日报》发表了由毛泽东亲自撰写了主要段落的社论《应当重视电影〈武训传〉的讨论》,严厉批评《武训传》"狂热地宣传封建文化","对反动的封建统治者竭尽奴颜婢膝的能事","向反动的封建统治者投降"。社论的发表使"讨论"随即转变为声势浩大的批判运动。为配合运动,《人民日报》连载了《武训历史调查记》①,有关部门还要求颂扬《武训传》和武训其人的党员干部作出反省。8 月 8 日,周扬在《人民日报》上发表长文,以《反人民、反历史的思想和反现实主义的艺术》为题,对《武训传》批判作了总结,判定《武训传》"宣传了资产阶级的反动思想",终结了持不同意见的声音。这场批判运动就其初衷而言,包含了用历史唯物论去认识历史事件和历史人物的积极内涵,但是简单的一边倒的批判除了让人感觉到政治压力之外,并不能让人全面正确地评价《武训传》的得与失,反而开启了用政治斗争方式处理思想文化问题的先例。

　　随即开展的对俞平伯《红楼梦研究》的批判是波及面更广的批判运动。俞平伯是研究古典文学的著名学者,研究《红楼梦》30 多年,与胡适等是"新红学派"的主要代表。1952 年,他将旧作《红楼梦辨》增删、修改后更名为《红楼梦研究》出版,还将新写的论文辑成《红楼梦简论》出版。这些研究成果对《红楼梦》的作者、版本和文学上的承继关系进行了大量去伪存真、核实正误的工作,并对《红楼梦》的艺术手法、艺术风格作出了富于创见的批评和阐释,推倒了"旧红学派"的虚妄臆测和索隐附会,开创了红学研究的现代格局。俞平伯的观点和方法受到刚从山东大学毕业的李希凡和蓝翎的质疑与批评,他们写成《关于〈红楼梦简论〉及其他》,投稿于《文艺报》未获答复,后在母校学刊《文史哲》发表。此事经中央有关负责人过问,同年第

---

① 《人民日报》1951 年 7 月 23—28 日。

18 期《文艺报》转载了该文，但主编冯雪峰在其撰写的按语中有保留地指出："作者的意见显然还有不够周密和不够全面的地方。"李希凡、蓝翎的文章和《文艺报》的"冷淡"态度引起了毛泽东的重视。他在 10 月 16 日给中央政治局成员的信中称，李希凡、蓝翎的文章"是三十多年以来向所谓红楼梦研究权威作家的错误观点的第一次认真的开火"，"看样子，这个反对在古典文学领域毒害青年三十余年的胡适派资产阶级唯心论的斗争，也许可以开展起来了"①。毛泽东的意见改变了这场学术讨论的性质，使之发展成波及整个思想文化界的大批判运动，《文艺报》编辑部也因"阻拦'小人物'的很有生气的批判文章"而被改组。这场批判的初衷是要用马克思主义的世界观和方法论取代"资产阶级唯心论"，然而简单粗暴的教条主义批评不仅损害了文艺和学术的健康发展，而且否定了"五四"以来卓有成就的现代学术积累，使"左"的倾向得以蔓延。

　　胡风文艺思想批判可以追溯到 20 世纪 30 年代以来左翼作家内部的一系列文艺思想论争，只是在当时还仅仅限于正常的理论论争。当毛泽东的《讲话》精神传达到国统区以后，论争的性质开始发生了微妙的变化。1948 年在香港出版的《大众文艺丛刊》有组织地发表了多篇文章，对胡风等人的文艺思想和文学创作提出批评，胡风一派的主要文艺观点如"主观战斗精神"、写"精神奴役的创伤"等被认为是背离于《讲话》精神的。在筹备第一次文代会时，由于意见不合，胡风拒绝参加关于国统区文艺运动的报告的起草工作，随即在报刊上展开了对胡风一派理论和创作的批判。1952 年 6 月 8 日，《人民日报》转载了舒芜的检讨文章《从头学习〈在延安文艺座谈会上的讲话〉》，在编者按中首次点明"以胡风为首的一个文艺上的小集团"的存在，胡风文艺思想也被定性为"资产阶级、小资产阶级的个人主义的文艺思想"。在此之后有关部门多次召开有胡风本人参加的座谈会，向他明确指出其文艺思想是和"毛泽东文艺方向背道而驰的"，并于 1953 年年初在《文艺报》相继发表林默涵和何其芳的重要文章②，对胡风文艺思想展开了较全面的清理和批判。为了应对来自各方面的压力和指责，1954 年 7 月，胡风向中央提交了经他和友人们长时间酝酿而成的《关于解放以来的文艺实践情况的报告》（即后来所称的"意见书"或"三十万言书"），在逐条反驳林默涵、何其芳的文章的同时，全面阐述了自己的文艺观点。1955 年年初，对《红楼梦研究》和胡适唯心论的批判已近尾声，对胡风的批判则掀起了高潮。《文艺报》破例将"意见书"中的部分内容选编成《胡风对文艺问题的意见》，作为批判的靶子，随第 1、2 期合刊附发，一场全国性的批判胡风文艺思想的运动就此展开。为时不到半年，又因为胡风与朋友间的书信往来被披露，而被毛泽东亲自定性为"以伪装出现的反革命分子"。1955 年 5 月 13 日至 6 月 10 日，《人民日报》将胡风等人的私人通信作了摘录，辑成《关于胡风反革命集团的材料》③分三批发表，都加有点明问题性质的序言和按语。至此文艺思想的批判完全转变为政治上的对敌斗争，以一场牵连千百人的政治冤狱而告结束。1980 年 9 月，中央发布文件为"胡风反革命集团"一案平反；1988 年 6 月，中央有关部门又对胡风文艺思想等方面的几个问题复查，撤销和纠正了以往的一些错误提法。

　　较之胡风文艺思想批判规模更大的运动是 1957 年开展的反右派斗争。反右派斗争开展

---

　　①　毛泽东的信件当时没有公开发表，其主要精神在署名"钟洛"的文章《应该重视对〈红楼梦〉研究中的错误观点的批判》（《人民日报》10 月 23 日）中得到传达，后公开发表于 1967 年 5 月 27 日《人民日报》。

　　②　林默涵的《胡风反马克思主义的文艺思想》和何其芳的《现实主义的路，还是反现实主义的路?》，《文艺报》1953 年第 2、3 期。

　　③　此时公布的胡风的第一批材料和第二批材料的题目是《关于胡风反党集团的材料》。

的前提是 1956 年毛泽东提出的"百花齐放,百家争鸣"方针和中央开展的整风运动。1956 年 4 月,在中央政治局扩大会议上,毛泽东在《论十大关系》的报告中提出在艺术问题上百花齐放,学术问题上百家争鸣,确定"双百"方针是关于科学和文化工作的重要方针。5 月初,在最高国务会议第七次会议上,毛泽东重申实行"双百"方针,随后中央发布了关于开展整风运动的指示,动员各阶层人士"大鸣大放",帮党整风。"双百"方针的贯彻受到广大文艺工作者和知识分子的欢迎,作家们用"春风""春雨"来形容"双百"方针,用"春天""春色"来形容"双百"方针带来的宽松、和谐的气氛。整风运动的动员和开展使人们畅所欲言,作家们批判官僚主义、教条主义、宗派主义给新中国文艺事业带来的危害,文学批评和文学创作也出现前所未有的活跃局面。然而,这种令人欣喜的活跃局面是短暂的。1957 年 6 月,经毛泽东指示和亲自部署的反击"右派分子"的斗争迅速在全国展开。毛泽东称之为"阳谋",这是当时大多数文艺工作者和知识分子都难以逆料的。结果是文艺界的形势陡转,创作自由和学术自由被打成资产阶级的反动口号,对教条主义的批判被"同右派分子的斗争"所取代,许多文学作品和争鸣文章被打成"大毒草""修正主义的文艺观点",连同冯雪峰、丁玲等在内的一大批批评家、作家被打成右派分子,致使"左"的倾向进一步蔓延,给新中国的文学艺术事业带来了不可估量的损失。

经过这些政治运动和连绵不绝的文艺批判,本时期文学逐渐呈现出思想方面高度的统一性(以毛泽东文艺思想为指导)、队伍方面高度的组织化(作家由自由职业者转变为中国作家协会及下属各级作协或各种文化机构的干部)、艺术方面高度的规范性(以革命现实主义为艺术规范)的特点,这也就决定了本时期的文学朝着一体化方向发展的主导趋势,并同"五四"以来多元化的文学格局形成显著比照。

社会历史背景的转变和党的文艺方针引出了关于文学发展的一系列新问题,其中党如何正确领导文艺,就成为决定文艺健康发展的关键。在本时期,党的文艺政策正确与否同文学的兴衰起落结成了对应关系,并制约着文学思潮的基本走向。50 年代末到 60 年代初,由于政治和经济工作中的"左"的错误,加上严重的自然灾害等客观原因,我国进入了连续三年的国民经济严重困难时期。60 年代初,中央决定对各方面的工作实行"调整、巩固、充实、提高"的方针,与此同时,文艺政策也进行了相应调整。周扬、夏衍、邵荃麟、张光年等文艺工作负责人在周恩来、陈毅等中央领导同志的支持下,在力所能及的范围内纠正"左"的偏向。周扬提出了文艺"为最广大的人民群众服务"[1]的口号,邵荃麟就"中间人物"和现实主义深化发表了自己的意见[2],张光年撰写了专论《题材问题》[3],主张题材多样化,文学创作和理论批评都呈现出活跃局面。但文艺政策的调整未能阻遏"左"的错误思潮的恶性膨胀,短暂的文学活跃局面很快即被随之而来的"文化大革命"所湮灭。

2. 革命现实主义的独尊和变异

自从 20 世纪 20 年代以茅盾等为首的文学研究会提出并实践"为人生"的文学主张,引进

---

①　参见《人民日报》社论:《为最广大的人民群众服务》,《人民日报》1962 年 5 月 23 日。

②　参见《在大连"农村题材短篇小说创作座谈会"上的讲话》,《邵荃麟评论选集》上册,人民文学出版社 1981 年版;《关于"写中间人物"的材料》,《文艺报》1964 年第 8—9 期。

③　参见《文艺报》专论:《题材问题》,《文艺报》1961 年第 3 期。

了西方的现实主义理论以来,现实主义在本时期经历的最大转变是:从一个文学流派、一种创作方法,演变为关于文学"唯一正确和科学"的世界观、认识论与方法论,这就是作为本时期艺术规范的革命现实主义。新中国成立后,革命现实主义曾作为中国当代文学的主导潮流,在一个较长的时段内支配着文学创作和理论批评,成为唯一的文学思潮。虽然革命现实主义在其发展中先后采用过不同的口号或解释方式,但这些理论形态从总体上说都属于革命现实主义的范畴,正是在对这些口号的理论阐述中,革命现实主义一方面有所发展,促进了文学创作和理论批评;另一方面又被推到了独尊的地位,并开始出现偏离现实主义精神的变异。

在中国现当代文学史上,革命现实主义在不同的阶段曾有过不同的称谓,如"新现实主义""进步的现实主义""抗战的现实主义""无产阶级现实主义"等。在"现实主义"前面冠以不同的修饰语,目的都是为了将革命文学或无产阶级文学采用的现实主义同以批判现实主义为代表的"旧现实主义"相区别。二者的区别在引进了苏联的"社会主义现实主义"的口号和理论之后有了明确的说明。1934 年 9 月,第一次苏联作家代表大会通过了社会主义现实主义的正式定义,《苏联作家协会章程》规定:"社会主义的现实主义,作为苏联文学与苏联文学批评的基本方法,要求艺术家从现实的革命发展中真实地、历史地和具体地去描写现实。同时,艺术描写的真实性和历史具体性必须与用社会主义精神从思想上改造和教育劳动人民的任务结合起来。"这个理论介绍到中国以后,很快就被中国革命作家所接受,特别是在新中国成立初期向苏联"一边倒"的背景下,文艺领导人就用以社会主义现实主义为轴心的苏联文艺思想指导新中国的文学创作和批评。在 1953 年 9 月召开的第二次文代会上,社会主义现实主义被正式确认为指导"我们文艺界创作和批评的最高准则"和"根本方法"。周扬明确指出:"社会主义现实主义,现在已成为全世界一切进步作家的旗帜。中国人民的文学正是在这个旗帜下前进。"①

社会主义现实主义对于"旧现实主义"有继承和发展的一面,它是新的时代精神向文学创作方法的贯注。由于这一原因,它推动了许多作家在自己的作品中表现新的精神、新的生活和新的人物,它们以高昂的格调、质朴的感情、单纯的思想和清新的生活构成了新中国文学创作的总体风格。但在另一方面,由于新中国所倡导的社会主义现实主义割断和摒弃了同批判现实主义的联系,因此缺乏深厚的现实主义根基,革命现实主义很容易发生变异。这一变异正是从革命现实主义独尊开始的。社会主义现实主义作为"最高准则",就不能不对主题和题材的选择,对表现形式、个人风格加以限制。由于社会主义现实主义强调某种既有的思想、观念等主观因素对于艺术创作的决定作用,要求把关于未来的完满的构想加于严峻的客观现实之上,把政治的、道德的说教加于生活的真实之上,因而它本身就存在着偏离现实主义的倾向。新中国成立初期产生的公式化、概念化作品,就与社会主义现实主义本身的缺陷有关。

50 年代后期,由于中苏两党在意识形态方面的分歧,中国结束了向苏联"一边倒"的时代,在文学理论方面也考虑用新的提法来取代"社会主义现实主义";另一方面,1958 年的"大跃进"运动也要求文学上有新的创作方法反映"一天等于二十年"的时代,于是在这个基础上提出了"革命现实主义和革命浪漫主义相结合"创作的方法(以下简称"两结合")。

"两结合"本不是一个新话题,中国文学理论界早在 30 年代初介绍苏联社会主义现实主

---

① 周扬:《社会主义现实主义——中国文学前进的道路》,《人民日报》1953 年 1 月 11 日。

义的时候,就用现实主义和浪漫主义的"错综""交织""融合""渗透"等词语来表达"两结合"的含义了,茅盾、周扬等都曾较早地论述过"两结合"。不过作为一个创作原则则是在 1958 年形成的。这一年,毛泽东在成都举行的中央工作会议上,对新诗发展的道路发表了以下意见:"中国诗的出路,第一条民歌,第二条古典,在这个基础上产生出新诗来。形式是民歌,内容是现实主义和浪漫主义的对立统一。太现实了就不能写诗了。"①接着,周扬在《新民歌开拓了诗歌的新道路》一文中转达了毛泽东的意见,明确指出:"毛泽东同志提倡我们的文学应当是革命的现实主义和革命的浪漫主义的结合,这是对全部文学历史的经验的科学概括,是根据当前时代的特点和需要而提出的一项十分正确的主张,应当成为我们全体文艺工作者共同奋斗的方向。"②从此以后,"两结合"经过文艺领导人的提倡,就成为支配本时期文学发展的艺术规范。

作为一股文学思潮,对于"两结合"的倡导是在理论和实践两个层面上被推动的。

从理论批评层面上看,"两结合"的提出确实试图阐说文艺创作中现实与理想、客观与主观的关系,要求将二者结合起来,以反映革命的时代,因此作为一个理论问题是值得探讨的。但是由于"左"的思想的影响,对于"两结合"的推崇却有着更直接的现实功利目的,即为了表现"敢想、敢说、敢干"的英雄主义和"共产主义是天堂"的理想主义,在新民歌和群众文艺运动的基础上创造"共产主义文艺"。在此基础上"两结合"被规定为"最好""最正确"的创作方法,用来规范文学创作,就不可避免地产生出一个严重的偏向:它使现实主义精神受到削弱以至退化,助长了文学创作中虚假的理想主义和廉价的乐观主义的盛行。从创作实践层面上看,受时风影响的"两结合"催生了大量"古今同台""神人同台""畅想未来"的低劣宣传品,如《十三陵畅想曲》《红色卫星闹天宫》以及有组织"创作"的大量"新民歌"等。在这些作品中,粉饰生活,矫饰情感,空话、大话、套话连篇,多是虚假的现实与廉价的空想的混合。

1960 年 7 月,"两结合"的创作方法在第三次文代会上得到正式确认。周扬向文艺工作者们指出:采用"两结合可以帮助我们的作家、艺术家最真实、最深刻地表现出这个英雄的时代和这个时代的英雄"③。"两结合"作为一个指导性的口号,一直沿用到"文化大革命"结束以后的一段时间。

"两结合"最为极端、刻板的理论形态是从"革命样板戏"的艺术实践中概括出来的所谓"根本任务"论和"三突出"原则。

"革命样板戏"原本产生于 60 年代初的革命现代戏的编演热潮中。革命现代戏推动文艺工作者创作与演出了大量反映现代生活的作品。一批较为优秀的作品陆续问世,掀起了现代戏热潮。但这个局面不久就出现了偏差。为了独占现代戏的创作成果,江青把现代戏抓到自己手中,树为他人不得染指的"样板",1967 年,在《讲话》发表 25 周年之际,隆重推出现代京剧《智取威虎山》《海港》《红灯记》《沙家浜》等八个"革命样板戏",全国各种宣传工具一齐开动,为"样板戏"大造舆论,称"样板戏"是"人类文艺史上伟大的创举","这些震撼世界的艺术成就,使一切资产阶级、封建阶级和现代修正主义的所谓艺术黯然失色"。继八个"样板戏"之

---

① 　转引自朱寨主编:《中国当代文学思潮史》,人民文学出版社 1987 年版,第 343～344 页。

② 　周扬:《新民歌开拓了诗歌的新道路》,《红旗》1958 年创刊号。

③ 　周扬:《我国社会主义文学艺术的道路》,《文学评论》1960 年第 4 期。

后,江青等又陆续册封钢琴协奏曲《黄河》、现代京剧《红色娘子军》等一批剧目为新的"样板作品",以此证明"无产阶级文艺革命"在江青领导下夺取的"新胜利"。随着"样板戏"地位的确立,从"样板戏"创作中总结出的若干"原则"也便成了"文革"中指导和规范文艺创作和批评的根本大法,这就是"根本任务"论和"三突出"原则。

"根本任务"论即所谓"塑造无产阶级英雄典型是社会主义文艺的根本任务"①。在 1964年江青发表的《谈京剧革命》中,就把"塑造出当代的革命英雄形象"列为"首要任务"②。不久又把它写进了江青伙同林彪炮制的《部队文艺工作座谈会纪要》:"我们要满腔热情地、千方百计地去塑造工农兵的英雄形象","要努力塑造工农兵英雄人物,这是社会主义文艺的根本任务。""根本任务"论虽然与新中国成立以来的"左"的文学思潮有关,但在"文革"中有了极端的发展。首先,塑造英雄形象的问题被提到阶级斗争和文艺领域中谁对谁专政的政治高度予以论述,如"四人帮"写作班子初澜所说,"哪个阶级的英雄形象占领文艺舞台,标志着由哪个阶级在文艺领域实行专政","只有塑造好无产阶级的英雄典型,才能实现无产阶级在文艺领域里对资产阶级的专政"③。这些观点的核心就是在文艺领域实行文化专制主义。其次,"根本任务"论要求文艺作品塑造的无产阶级英雄典型必须是"高大丰满、光彩夺目、完美无缺"的。这是把"两结合"运用到人物创造上,要求将英雄人物极端地理想化和神化,也就是文艺领域中的现代造神论。

"根本任务"论落实到文艺创作方法上,就是所谓"三突出"。江天说:"革命样板戏从塑造无产阶级英雄典型这一根本任务出发,按照革命的现实主义和革命的浪漫主义相结合的创作方法的要求,在处理人物关系方面,总结出了在所有人物中突出正面人物,在正面人物中突出英雄人物,在英雄人物中突出主要英雄人物的创作经验……所以在创作过程中,所有人物(包括正面人物和反面人物)的安排和处理,都要服从于突出主要英雄人物这一前提。"④这段话很全面地概括了"三突出"原则。

"三突出"包括了一整套以主要英雄为中心的人物关系法则、冲突构成法则和艺术调度法则,就其美学属性而言,"三突出"原则具有强烈的古典主义倾向。"三突出"首先是规定了一套人物关系法则,这套法则是从阶级和阶级斗争观念中演绎出来的。为了突出主要英雄人物,江天等还提出"三陪衬"作为"三突出"的补充:"在正面人物与反面人物之间,反面人物要反衬正面人物;在所有正面人物之中,一般人物要烘托、陪衬英雄人物;在所有英雄人物之中,非主要人物要烘托、陪衬主要英雄人物。""陪衬就是服从。谁服从谁,就是在舞台上谁被谁专政的问题。也就是哪个阶级主宰舞台的问题。"⑤由此可见,"三突出"原则包含的是英雄主宰一切人,一切人服从英雄的专制主义思想和封建等级观念,而金字塔形的人物关系正是专制主义和等级观念的"有意味的形式"。

　　① 初澜:《京剧革命十年》,《红旗》1974 年第 1 期;江天:《努力塑造无产阶级英雄典型》,《人民日报》1974 年 7 月 12日。

　　② 《红旗》1967 年第 6 期。

　　③ 初澜:《京剧革命十年》,《红旗》1974 年第 1 期。

　　④ 江天:《努力塑造无产阶级英雄典型》,《人民日报》1974 年 7 月 12 日。

　　⑤ 参见江天:《努力塑造无产阶级英雄典型》,《人民日报》1974 年 7 月 12 日;《智取威虎山》剧组:《努力塑造无产阶级英雄人物的光辉形象》,《红旗》1969 年第 11 期。

　　"三突出"最初作为革命现代戏的创作经验,并非毫无可取之处,而且它所包含的一些艺术处理方式在中国当代文艺创作乃至于中国传统艺术中也经常自觉或不自觉地被采用,所以作为一种艺术模式或创作手法,"三突出"也并非如"四人帮"所鼓吹的是无产阶级或社会主义文艺独有的创举。恰恰相反,"三突出"原则所体现的观念至上、英雄至尊以及严格繁琐的艺术规范更多地类同于古典主义。因此,也可以说,"三突出"是革命现实主义衰退为伪古典主义的经典形态。

3. "文化大革命"中的文化专制主义

　　"文化大革命"直接发端于"反对修正主义的斗争",这是毛泽东后期阶级斗争理论和政治思想批判的重心所在。正是在这一主题引导下,本时期文学思潮逐渐被卷入"文革"的漩涡之中,连诸多文艺界领导人也难以幸免,随之进行的猛烈而广泛的批判运动则成为"文化大革命"的前导。

　　1960 年年初,《文艺报》相继发表了一系列文章,为开展文艺领域中的"反修斗争"进行思想和政治动员。这些文章把新中国成立后开展的文艺批判和当时正在讨论的许多文艺问题都提到同修正主义文艺思想作斗争的"纲"上重新加以认识。《文艺报》社论称:"文艺上的修正主义,是政治上哲学上的修正主义在文学艺术上的反映。它的主要表现是:宣扬资产阶级的人道主义、人性论、人类爱等腐朽观点来模糊阶级界限,反对阶级斗争;宣扬唯心主义来反对唯物主义;宣扬个人主义来反对集体主义;以'写真实'的幌子来否定文学艺术的教育作用;以'艺术即政治'的诡辩来反对文艺为政治服务;以'创作自由'的滥调来反对党和国家对文艺事业的领导。"①于是许多文艺观点和理论批评家被扣上了"修正主义"的帽子,为后来的"革命大批判"作了铺垫。

　　对文艺领域实行大扫荡的"革命大批判",可以追溯到党的八届十中全会前后。1962 年 8 月,在北戴河召开的中央工作会议上,毛泽东提出了阶级斗争"年年讲,月月讲,天天讲"的基本路线。接着在北京举行的八届十中全会上,毛泽东又号召"千万不要忘记阶级斗争",并强调要抓意识形态领域中的阶级斗争。毛泽东的这些论述成为在意识形态领域,首先是在文艺领域中开展阶级斗争的理论根据。1963 年 12 月 12 日,一份反映上海市在柯庆施领导下大抓故事会和评弹改革的《情况汇报》送毛泽东审阅,毛泽东批示道:"各种艺术形式——戏剧、曲艺、音乐、美术、舞蹈、电影、诗和文学等等,问题不少,人数很多,社会主义改造在许多部门中,至今收效甚微。许多部门至今还是'死人'统治着。不能低估电影、新诗、民歌、美术、小说的成绩,但其中的问题也不少。至于戏剧等部门,问题就更大了。社会经济基础已经改变了,为这个基础服务的上层建筑之一的艺术部门,至今还是大问题。这需要从调查研究着手,认真地抓起来。许多共产党人热心提倡封建主义和资本主义的艺术,却不热心提倡社会主义的艺术,岂非咄咄怪事。"②在批示的压力下,中宣部领导文联及所属各协会进行整风,同时推进文艺大批判的开展。1964 年 6 月 27 日,毛泽东读到《中央宣传部关于全国文联和所属协会整风情况

---

　　①　《文艺报》社论:《用毛泽东思想武装起来,为争取文艺的更大丰收而奋斗!》,《文艺报》1960 年第 1 期。

　　②　毛泽东关于文艺工作的第一个批示,《人民日报》1967 年 5 月 28 日。

报告》后，又作了第二个批示："这些协会和他们所掌握的刊物的大多数（据说有少数几个好的），十五年来，基本上（不是一切人）不执行党的政策，做官当老爷，不去接近工农兵，不去反映社会主义的革命和建设。最近几年，竟然跌到了修正主义的边缘。如不认真改造，势必在将来的某一天，要变成像匈牙利裴多菲俱乐部那样的团体。"①毛泽东的两个批示，夸大并歪曲了问题的性质，否定了新中国成立以来文艺工作的成就。康生、江青等人也借此机会掀起一阵又一阵的"批判"狂潮，以图搞乱文艺而最终控制文艺。

　　20 世纪 60 年代的这场文艺大批判由两个部分组成，一个部分是对所谓"资产阶级、修正主义"的文艺观点的批判，另一部分是以《刘志丹》一案为发端的对所谓"毒草"作品的批判。这些批判又汇合为对 30 年代左翼文艺的批判，从而概括出"文艺黑线专政论"。文艺大批判势如洪水，仅在 1964 年到 1967 年的"大批判"中，新中国成立以来的文艺成果几乎被扫荡一空，大批文艺工作者受到残酷迫害，仅在第四次文代会上，为"文革"中迫害致死提名哀悼的著名文艺家就有近 200 位，受批斗的文艺工作者更是不计其数。由于对新中国文艺和左翼文艺运动的否定，无产阶级文艺基本上是"空白"的神话就被江青等人虚构出来了。随着对《海瑞罢官》批判的开展，在文艺领域的"革命"进一步向政治领域扩展，暴露了江青一伙妄图篡党夺权的真实面目。

　　《海瑞罢官》是明史专家、北京市副市长吴晗于 1960 年创作的新编历史剧，于 1961 年年初发表，由北京京剧团在京公演。《海瑞罢官》及与之前后出现的"海瑞创作热"，最初都源自毛泽东的倡议。当时毛泽东对欺上瞒下、不讲真话的恶劣作风深为不满，提出应该提倡魏徵和海瑞敢讲真话的精神。周扬根据毛泽东的倡议，鼓励有关方面撰写有关海瑞的文章，编演有关海瑞的剧目。在此情况下，吴晗相继写了《海瑞骂皇帝》《论海瑞》《海瑞的故事》《海瑞》等历史故事和论文，并七易其稿写成新编历史剧《海瑞罢官》。《海瑞罢官》演出后，文史界反应热烈，并由此引起了对历史剧问题及历史研究问题的学术讨论。

　　历史剧的活跃引起了江青的注意，她于 1962 年向中宣部、文化部提出要批判包括《海瑞罢官》在内的"封建主义的东西"，遭到冷遇。1963 年上半年，毛泽东得知文艺舞台上的一些情况，批评文化部是"帝王将相、才子佳人部"。戏剧（曲）界根据毛泽东的批评进行整风，但仍未批判京剧《海瑞罢官》。江青见北京打不开缺口便来到上海，同当时的上海市委宣传部部长张春桥商量批判《海瑞罢官》事宜，并决定由上海市委理论刊物《解放》杂志编委姚文元执笔。1965 年 11 月 10 日，姚文元的《评新编历史剧〈海瑞罢官〉》在《文汇报》上以显要位置刊出，十余日后，《北京日报》《人民日报》《解放军报》及全国各主要报刊全文转载，终于揭开了长期"捂着的阶级斗争的盖子"。姚文元的文章引起了毛泽东的注意，1965 年 12 月 21 日，毛泽东在杭州的一次谈话称赞了姚文元的文章，并指出《海瑞罢官》的要害问题是"罢官"。

　　政治上的缺口终于打破了。1966 年 4 月至 5 月，在中央政治局常委扩大会议上，对"彭真、陆定一、罗瑞卿、杨尚昆反党集团"开展了批判斗争，决定撤销"中央文革五人小组"公布的《关于当前学术讨论的汇报提纲》（即"二月提纲"），解散以彭真为首的"五人小组"，重建"中央文革小组"，改组中共北京市委。为配合全面开展"文革"，江青一伙组织多篇文章批判邓拓等人的杂文集《燕山夜话》和《三家村札记》，把北京市委和市政府负责人邓拓、吴晗、廖沫沙打

---

　　① 　毛泽东关于文艺工作的第二个批示，《人民日报》1967 年 5 月 28 日。

成"反党反社会主义的三家村黑店",在全国展开对"三家村"的声讨。"文化大革命"终于由批判《海瑞罢官》揭开了序幕。

1966 年 5 月 16 日,中央政治局扩大会议通过了毛泽东亲自主持制定的《中国共产党中央委员会通知》,指出"文化大革命"的目的是:"彻底揭露那批反党反社会主义的所谓'学术权威'的资产阶级反动立场,彻底批判学术界、教育界、新闻界、文艺界、出版界的资产阶级反动思想,夺取在这些文化领域中的领导权。而要做到这一点,必须同时批判混进党里、政府里、军队里和文化领域的各界里的资产阶级代表人物,清洗这些人,有些则要调动他们的职务。"从此,这场"史无前例"的"文化大革命"从文化领域扩展到政治领域,形成全国性的政治运动,酿成"一场由领导者错误发动,被反革命集团利用,给党、国家和各族人民带来严重灾难的内乱"①。

为了推行文化专制主义,1966 年 3 月,林彪委托江青在上海召开部队文艺工作座谈会,会后拟定了《林彪同志委托江青同志召开的部队文艺工作座谈会纪要》(以下简称《纪要》)。《纪要》的中心内容体现在一破一立两个方面:"破"的是"资产阶级文艺黑线","立"的是"无产阶级文艺样板"。前者是为了彻底否定新中国社会主义文学艺术成就和"五四"新文艺传统,后者是为了窃取广大文艺工作者的劳动成果,把文艺变成反革命政治斗争的工具。其中,新中国成立以来历次文艺论争提出的主要观点被概括为所谓"文艺黑线专政"的"黑八论",即"写真实"论、"现实主义广阔的道路"论、"现实主义深化"论、反"题材决定"论、"中间人物"论、反"火药味"论、"时代精神汇合"论、"离经叛道"论。《纪要》认为新中国成立十多年来,就是由"黑八论"为代表的资产阶级文艺思想,由"黑线人物"组成的文艺队伍,由这些人创作、支持的"毒草作品"组成了一条又粗又长的"文艺黑线"专了无产阶级的政。

在批判"文艺黑线专政"的幌子下,江青一伙肆无忌惮地把从"五四"到新中国的文学艺术成就统统否定掉,把斗争矛头指向老一辈无产阶级革命家。从 1966 年到 1976 年的十年间,江青一伙充分施展了栽赃陷害、左右舆论的伎俩,先后利用对电影《清宫秘史》的批判、"评法批儒"、"评《水浒》"、"反击右倾翻案风"等运动,诬蔑、攻击、陷害刘少奇、周恩来、邓小平等中央领导同志;与此同时,还不断强化文化专制主义,以批判"文艺黑线回潮"为名,对《生命》《三上桃峰》等小说和剧作展开围剿,并企图挑起对电影《创业》和《海霞》的批判。为了加快篡党夺权的步伐,"四人帮"控制下的写作班子在创作方面还提出了"努力反映文化大革命的斗争生活"和"写与走资派作斗争的作品"的口号,相继炮制了《欢腾的小凉河》《盛大的节日》《反击》《千秋业》等影片和剧作。

从发起"革命大批判"到鼓吹"写与走资派作斗争的作品","四人帮"完成了覆灭前的最后一跳。反抗封建法西斯专制的地火在运行、奔突,"四人帮"的专制统治四处出现溃口。1976 年清明节前后爆发的"四五"运动,通过诗歌引发了人民反抗"四人帮"的呐喊,这是文艺领域的第一声春雷,是当代文学史上不朽的诗的丰碑。被形形色色的政治运动打磨成武器的文艺,终于调转头来对准了"四人帮"自己。这预示着"四人帮"的覆灭,一个新的文学时期即将来临。

---

① 《中国共产党中央委员会关于建国以来党的若干历史问题的决议》,《三中全会以来重要文献选编》(下),人民出版社 1982 年版,第 811 页。

二、反映农村生活的小说

1. 农村题材小说的兴盛与演进

反映农村生活的小说创作,在中国现代文学史上有深厚的传统。新中国成立后,农村题材小说摒弃了早期"乡土小说"的路数,紧跟时代步伐,摹万千风云于笔端,成为中国农村社会变革的形象化编年史。伴着新时代的到来,农村题材在丰厚的生活沃土中有了新的发展,具有鲜明的当代形态。农村题材小说与革命历史小说,构成了本时期小说创作的两大支柱。

20世纪上半叶,中国是一个贫穷、落后的农业大国,农村在中国社会具有举足轻重的地位。新中国成立以后,农村也成了中国社会变革的中心。在社会主义革命和建设的高潮中,农村大地发生了极其深刻的变化,这种急剧的变化,必然突出地要求在文学上得到反映。

短篇小说因为便于迅捷反映急剧变化的社会生活,受到作家的青睐。新中国成立之初,当中长篇小说处于酝酿期时,短篇小说便已取得了令人瞩目的成就。赵树理的《登记》,谷峪的《强扭的瓜不甜》,马烽的《结婚》《一架弹花机》等作品在反映广大农民群众与封建制度彻底决裂的同时,歌颂了农村中正在萌发的新的精神品质和社会风尚,鞭挞了阻碍进步的各种旧的习惯势力,在社会生活中发挥了积极的推动作用。

随着农业社会主义改造的逐步展开,作家对新生活的认识也逐步加深。康濯的《春种秋收》、秦兆阳的《农村散记》、骆宾基的《夜走黄泥岗》、吉学沛的《一面小白旗的风波》、刘绍棠的《青枝绿叶》等,或写幸福美好的新生活,或写充满情趣的新人新事,构成了一幅清新明朗的农村生活图景。

由于作家对农村社会变革的热忱关注,声势浩大的农业合作化运动不可遏止地成为这一题材创作的主要表现内容。正如合作化运动本身的发展过程一样,在小说中也呈现出从发端到高潮的运动轨迹。

20世纪50年代初期,李準的《不能走那条路》是当代小说中率先触及农村"两条道路"斗争的作品。小说没有激烈的矛盾斗争,而是通过日常琐事和人物心理活动的细腻刻画来表现事关"走什么道路"的重大主题。之后,赵树理于1955年发表了《三里湾》,这是我国第一部以农业合作化为题材的长篇小说。作品以一个合作社由扩社和开渠所产生的矛盾纠葛为线索展开故事,浓缩了农业合作化全面展开之际的中国农村生活。作品尽管也试图表现农村两条道路的斗争,但赵树理断然不肯为了概念的东西而牺牲现实。赵树理小说中体现出的现实主义精神,正是当时许多农村题材小说的生命力之所在。

50年代中后期,农业合作化运动进入高潮,"左"倾思想也有所发展,有关农村中"两个阶级、两条道路"斗争的思想成为指导农村工作的主要依据,对小说创作也产生了深刻的影响,成为农村生活小说的主导模式。同是反映农业合作化运动,如果说《三里湾》还缺乏激烈的矛盾冲突,之后出现的周立波的《山乡巨变》则有了一定程度的发展,以邓秀梅、刘雨生为代表的正面人物和以龚子元夫妇为代表的阶级敌人的斗争已初露端倪。即便如此,当时的评论家们仍为《山乡巨变》缺少"那种农村中阶级矛盾和阶级斗争的鲜明图景"而感到"美中不足"①。稍晚面世的柳青的《创业史》(第一部)在这方面有了明显的加强。

但从另一方面来看,农业合作化和随后兴起的人民公社化又使中国农村经历了一场前所未有的社会变革,新旧事物的递嬗和新旧观念的碰撞,迅速改变着中国农村传统的生产方式、生活方式和思维方式,这一切吸引了许多作家的视线,打开了他们的艺术视野。经过新中国成立初期的摸索和积累,这一时期农村题材小说已全面成熟,成为该题材小说创作的黄金时期。在短篇小说创作方面,一部分在新中国成立前就从事该题材创作的老作家写出了思想深刻、技巧娴熟的佳品。如赵树理的《"锻炼锻炼"》,周立波的《禾场上》《山那面人家》,沙汀的《卢家秀》《你追我赶》,骆宾基的《山区收购站》,马烽的《我的第一个上级》《三年早知道》,刘澍德的《老牛筋》,西戎的《赖大嫂》等,内容上或针砭落后的旧思想、旧习俗,或赞颂新式农民的美好情操和可爱的品质,表现技巧上各具特色,有的以生动的情节取胜,有的以质朴的描写见长。尤其是《"锻炼锻炼"》和《赖大嫂》等作品中的若干人物同前后出现的糊涂涂、亭面糊、梁三老汉等人物一起,构成了本时期一个颇有代表性的人物群落——"中间人物",其独特的思想艺术内涵是英雄人物和反面人物所不可替代的。此外,一部分在新中国成立后成长起来的作家,经过艺术上的反复锤炼,在反映社会主义新人方面取得了显著的成就,如李準的《李双双小传》、王汶石的《新结识的伙伴》等。农村题材中长篇小说创作也进入了高潮。除稍早发表的《三里湾》外,有代表性的中长篇小说佳作均产生于这一时期。中篇小说如孙犁的《铁木前传》、刘澍德的《桥》、李準的《冰化雪消》、刘绍棠的《运河的桨声》、康濯的《水滴石穿》等。长篇小说则以周立波的《山乡巨变》、柳青的《创业史》为本时期农村题材小说创作成就的代表。

50 年代末,由于"共产风""浮夸风"的盛行,给农村题材小说创作带来了不良影响。《李双双小传》就烙有"大跃进"时代"左"倾冒进的印记。但以赵树理为代表的一批作家,始终坚持自己的现实主义立场,写出了一批富于现实精神的作品,如赵树理的《套不住的手》、欧阳山的《乡下奇人》、张庆田的《老坚决外传》等,表现了作家关注现实的敏锐识见。

60 年代中后期,阶级斗争的逐步升级和文艺领域展开的批判,使一些作家受到冲击以至迫害,严重挫伤了作家的创作热情,农村题材小说开始走向衰微。小说主题明显地向反映农村阶级斗争方面倾斜,甚至根据阶级斗争理论的模式来设置人物、情节和矛盾冲突而不惜曲解生活。从康濯的《东方红》,陈登科的《风雷》,浩然的《艳阳天》《金光大道》等长篇小说中,可以清楚地看到农村题材小说屈从于阶级斗争理念的演变轨迹,丰富多彩的农村生活逐渐被阶级斗争、路线斗争所覆盖,变得简单化以至于模式化。

"文化大革命"十年,新中国的文学事业受到了极大的破坏,整个文坛一片荒漠。但在严酷的政治环境中,偶尔也露出一两点新绿,如克非的《春潮急》,但就整体状况而言,已乏善可陈。

总的来说,这一时期的农村题材小说取得了令人瞩目的成就。许多作品从经济、政治、伦理等不同的角度切入,刻画了农村变革中各阶层人们的感情起伏、思想历程以及人与人之间关系中那种微妙而又深刻的变化。为了塑造社会主义新人,作家以饱满的激情,浓墨重彩地塑造

---

① 黄秋耘:《〈山乡巨变〉琐读》,《文艺报》1961 年第 2 期。

出一批新型农民形象,他们具有奋发图强、锐意进取的时代精神,是推进农村社会变革的生力军。在塑造农村新人形象的同时,一批作家还成功地塑造出了一批"中间人物"典型,他们一方面背负着广大农民几千年来的精神枷锁,另一方面,面对新生活的有力召唤,他们在这两种力量间迟疑地观望、徘徊,疑虑重重。由于矛盾的焦点往往集中在这些人身上,并且是农村中极具代表性的一个人物群体,因此,比起那些新人形象来毫不逊色,甚至更胜一筹,成为本时期小说人物画廊中内蕴丰富的一类。

在艺术表现上,这一时期的农村题材小说在鸣奏出时代主旋律的同时,也描绘出充溢着泥土芬芳的田园抒情诗,呈现出与20年代的乡土小说全然不同的艺术风格。周立波较多采用纤细的笔墨,对于时代风貌比较着重从侧面来进行描写,显示出独特的艺术韵味。赵树理作品中充满农民智慧的语言和鲜活的生活场景,不时透出幽默、诙谐的气息,这也成为受其影响的山药蛋派其他作家,如马烽、西戎等人的共同风格。李準和王汶石也擅长于对重大主题作日常化的处理,当他们把矛盾冲突引进家庭之中、邻里之间时,往往流溢出带有喜剧色彩的生活情趣。浩然的小说也以此见长,即便是以阶级斗争理念来诠释农村生活的《艳阳天》,也依然充溢着浓郁的农村生活气息,呈现出鲜明的乡土特色。农村题材小说普遍具有的这一风格,在一定程度上削弱了公式化对文学创作的羁绊,使不少作品给人以"横看成岭侧成峰"的艺术享受。在小说的民族化、大众化方面,许多作家充分借鉴和吸收具有地方特色的方言、口语,做到流畅、洗练、平易、自然又不失生动传神,注意利用和改造民间传统文艺形式,注重情节,故事头尾完整、上下衔接,人物富于行动,避免静止的心理描写。应该说,不少作家从创作实践上解决了革命文学以来一直悬而未决的问题,努力使自己的作品具有为中国老百姓所喜闻乐见的中国作风和中国气派。

由于受到"左"的文艺思潮的冲击,农村题材小说中也存在着写政策、写中心、写路线、写阶级斗争的公式化、概念化倾向,有的作品夸大了农村的阶级斗争,曲解了农村的社会关系。也有作家反映现实的深度不够,题材单一,作品中的人物性格尤其是新人形象比较单薄,不够丰满。这些问题在当时是具有普遍性的。

2. 赵树理的小说

赵树理①是从解放区跨入新中国的当代作家,他自1943年以来相继发表的《小二黑结婚》《李有才板话》等作品,被誉为"毛泽东文艺思想在创作上实践的一个胜利"②,其影响和文学地位由此确立下来。他的作品以其强烈的生活气息、质朴的民间形式、生动的群众语言,引起人们的注意。1947年,在晋冀鲁豫边区举行的文艺座谈会上,集中讨论了赵树理的创作,并形成了"赵树理方向"的提法,"赵树理方向"在当时被认为是《讲话》方向的具体体现。

---

① 赵树理(1906—1970),原名赵树礼,山西沁水人。1925年于长治就读师范时,受到"五四"新文学影响,30年代初开始发表作品,1937年参加革命,此后长期在解放区从事文化宣传和报刊编辑工作。新中国成立后,曾任工人出版社社长、《说说唱唱》副主编,不久重返晋东南工作。主要小说有《登记》《锻炼锻炼》《套不住的手》《实干家潘永福》《卖烟叶》等,另外还创作了若干曲艺、戏曲作品。在1962年的"大连会议"上,赵树理被树为"现实主义深化"的榜样,但在随之而来的"文艺反修"中受到批判,在"文革"中被迫害致死。新中国成立后,出版有长篇小说《三里湾》《赵树理文集》(4卷)等。

② 周扬:《论赵树理的创作》,《解放日报》1946年8月26日。

赵树理对自己的小说有个说法:"我的作品,我自己常常叫它是'问题小说'。为什么叫这个名字? 就是因为我写的小说,都是我下乡工作时在工作中碰到的问题,感到那个问题不解决会妨碍我们工作的进展,应该把它提出来。"①这就是赵树理的"问题小说"的由来。

"问题小说"并非创始于赵树理,"五四"时期就有小说家把自己的创作叫做"问题小说",如鲁迅等作家写的那些揭露社会病苦以引起疗救注意的作品。赵树理是相当自觉地写问题小说的作家,但他的着眼点多是指出具体工作中的路线方针问题、政策问题、工作方法问题、干部作风问题等,这与"五四"时期的问题小说着重批判国民性有所不同。他写"问题"在《小二黑结婚》中就初见端倪,自写《李有才板话》以来就渐趋自觉。这个创作路子从 40 年代一直延续到新中国,而且越来越明确。他曾说,"写《三里湾》时,我是感到有一个问题需要解决,就是农业合作社应不应该扩大,对有资本主义思想的人,和对扩大农业社有抵触的人,应该怎样批评……于是又写了这篇小说……再如《"锻炼锻炼"》这篇小说,也是因为有这么个问题,就是我想批评中农干部中的和事老的思想问题"②。在赵树理的问题小说中贯穿着一条明确的创作思路:从工作中发现和提出问题—分析矛盾—解决方法—指导工作。这也就是"从实践中来,回到实践中去"的思路。这样的创作思路也表现在他 50 年代写的《三里湾》和 60 年代写的《卖烟叶》等作品中。

由于过于注重为政治和中心工作服务,自然会给赵树理的创作带来一些明显的局限,如拘泥于具体问题和事件,伸展不开;对人物的刻画时有简单化的倾向;作品有图解政治、图解政策的痕迹,有时会因政策失误而累及作品等。但是,由于赵树理常年生活在农村,对中国农村革命进程的深切体验,以及实事求是的工作作风和创作态度,也使他的小说得以突破就事论事的局限,取得不凡的思想成就,使他成为继鲁迅之后表现中国农村最杰出的作家之一。

赵树理的小说有鲜明的反封建倾向。在"五四"新思潮的影响下,作者对封建意识影响下的农村社会关系和道德伦理观念有较深入的剖析和抨击,如《小二黑结婚》等。新中国成立后,他写的第一个有广泛影响的作品《登记》,虽说是配合婚姻法宣传创作的,但这个作品生活气息浓厚,人物形象生动,罗汉钱的故事和小飞蛾的名字不胫而走,传遍城市、农村。小说深刻地写出了妇女在封建婚姻制度下的悲惨境遇,有力地揭露了革命队伍内部的封建意识,这在新中国的作品中是不多见的。

关注现实,服务于现实斗争,是赵树理的创作追求。他的小说创作基本上属于现实主义范畴,但他的现实主义既不同于欧美的批判现实主义,又不同于那种假现实主义,用他自己的话来说,就是"我还是相信自己的眼睛"③。这样的现实主义固然可能导致狭隘的经验主义,但是比起虚假浮夸来说,则不失针砭时弊的意义。1958 年他从摘棉花的风波中,看到农村工作中存在的问题,写了小说《"锻炼锻炼"》,五六十年代之交,他为反对浮夸风写了《套不住的手》《实干家潘永福》等作品。与当时写农村生活的其他小说相比,赵树理的小说没有那么多的理想化色彩,所以他对当时鼓吹"写英雄人物"之类说法不以为然。他从来都把教育农民的问题看做是一个严重的问题,因此批评"有些写农村的人,主观上热爱劳动人民,有时候就把一切

---

①　赵树理:《当前创作中的几个问题》,《火花》1959 年第 6 期。

②　赵树理:《当前创作中的几个问题》,《火花》1959 年第 6 期。

③　转引自高捷、刘云灏等:《赵树理传》,山西人民出版社 1982 年版,第 220 页。

农民都理想化了"①。在他的笔下,既有正面人物,也有反面人物。他写正面人物,没有惊天动地的伟业,没有虚浮的豪言壮语,如《三里湾》中的王玉生、王金生、王满喜、范灵芝都写得质朴耿直。但比较起来,赵树理写得最好、最鲜活、意蕴最丰富的是那些"中间人物"。如"常有理""糊涂涂"(《三里湾》),"小腿疼""吃不饱"(《"锻炼锻炼"》)等,他们是"二诸葛""三仙姑"等人物在当代小说中的延伸。作者对"中间人物"的创造,是对当代文学的一个重要贡献。

赵树理是民族化与大众化的坚定实践者。在"西化"和"民族化"的问题上,他强调的是"民族化",在精英文化和大众文化方面,他强调的是大众化。他说:"我写的东西,大部分是想写给农村中的识字人读,并且想通过他们介绍给不识字人听的,所以在写法上对传统的那一套照顾得多一些。"②这些主张在他的创作中主要体现在他的故事体小说上。故事体小说继承中国评话式小说的特点,努力保持故事情节的连贯性和完整性。在赵树理的小说中,作家非常注意按照故事发展的时序来叙述故事,如《三里湾》《"锻炼锻炼"》等。《三里湾》虽说是一部长篇小说,但又是严格地按照时间关系来叙述的。小说一共有 34 节,时间限制在一个月之内。为了让读者了解事情的发生过程,赵树理极少采用跳跃、省略的方式来叙述,即使是交代故事的人物、家庭,也是不惜牺牲对人物的刻画,来照顾读者。章节上的时间顺序安排,典型地体现出赵树理小说对于连贯性的重视。完整性是指故事完整,有头有尾。他的问题小说既然提出问题,最后必有解决的方法;小说中的人物既然谈恋爱了,小说最后就一定要交代恋爱谈成了没有。线索明确,脉络清晰,因果关系明了,很容易把握住。

赵树理擅长讲故事,还得力于他熟稔传统小说的技巧、技法,如"扣子"在他的小说中运用得很充分。所谓"扣子"是故事中多种矛盾的纽结点,或者说是诸多事件的聚焦点,如《登记》中的"罗汉钱"、《三里湾》中的"刀把地"等,这些"扣子"使作品有悬念、有起伏,能吸引读者。

在语言风格上,赵树理十分重视具有地方特色的大众口头语的运用。他的许多作品都是开口即说,明白如话,如《登记》中交代人物的一节:

> 有个农村叫张家庄。张家庄有个张木匠。张木匠有个好老婆,外号叫个"小飞蛾"。"小飞蛾"生了个女儿叫艾艾,算到一九五〇年阴历正月十五元宵节,虚岁二十,周岁十九。庄上有个青年叫小晚,正和艾艾搞恋爱。故事就出在他们两个人身上。

大众口头语的特点之一是造成听话人的在场感,这也是讲故事、说评书的语气。如《登记》的开篇:"诸位朋友们:今天让我来说个新故事。这个故事题目叫《登记》,要从一个罗汉钱说起。"特点之二是简洁、上口,合乎自然语流,一般来说多用短语、短句,限制使用多重的修饰语。在语言的使用上,作者还十分注重地方色彩和乡土风味,吸收通俗晓畅的方言、口语进入作品,如"死受""相跟""团弄""开解"等,这类语言同山西的民情风俗融合在一起,构成了赵树理小说别具一格的自然、亲切、幽默、质朴的语言风格。

赵树理小说的艺术风格影响到许多作家,特别是山西作家,如马烽、西戎、孙谦、束为、胡正等。这些作家在小说创作方面与赵树理相仿,既注重把创作同农村的"实际工作"联系起来,

---

① 赵树理:《〈金锁〉发表前后》,《文艺报》1950 年第 2 卷第 5 期。
② 赵树理:《〈三里湾〉写作前后》,《文艺报》1955 年第 19 期。

又保持了山西浓郁的地域特色,注重作品的通俗化和大众化,就连给人物取外号以及小说的幽默的轻喜剧风格也颇像赵树理,因而被称为"山药蛋派"。

3. 柳青、周立波的小说

柳青①是长期生活在农村的作家,他扎根农村 14 年,与普通农民同呼吸、共命运,为农民服务的经历被誉为"柳青式的道路"。令人痛心的是"文化大革命"摧残了他的身心,中断了《创业史》的创作。"文革"结束后,他继续抱病创作,不幸于 1978 年去世。他的《创业史》是"十七年"长篇小说的优秀之作。柳青对文学创作的虔诚与刻苦精神,也一直影响着许多后来的作家。正如人们评论的那样:"柳青的《创业史》以及所开创的柳青道路,都深刻地影响着后世一代代作家,柳青为中国当代文学留下了一份珍贵的遗产。"②路遥的名篇《人生》,就是以《创业史》中的一句富有哲理意味的话作引言的:"人生的道路虽然漫长,但紧要处常常只有几步,特别是当人年轻的时候。"

《创业史》是一部具有史诗品格的作品。小说第一部虽然只是这部巨著的序曲,但已显示出了恢宏的笔力。在谈到《创业史》的主题时,柳青说:"这部小说要向读者回答的是:中国农村为什么会发生社会主义革命和这次革命是怎样进行的。回答要通过一个村庄的各阶级人物在合作化运动中的行动、思想和心理的变化过程表现出来。"③作者紧紧抓住"创业"这一主题,浓墨重彩地描绘了五种农民的创业史:作为小农代表的梁三老汉的创业史,作为先进农民代表的梁生宝的创业史,作为中农代表的郭世富的创业史,作为富农代表的姚士杰的创业史和作为暴发户代表的郭振山的创业史。

小说的"题叙"简叙了梁三老汉在旧社会奋斗几十年,尽管性格倔强、勤劳能干,却没能创出一份家业的故事。作者通过这个故事概括了无数小农创业梦幻灭的历史。解放给了梁三土地,重新唤起了他的创业热情,可儿子梁生宝积极走合作化道路的热情又与他的小农梦想相左。他劝说,冷嘲,叹息,都无济于事。他不赞成互助组,又为儿子的"闹腾"深深担忧;他既有传统农民的保守、倔强,又常显露出天真、幽默的性格。在描写他思想感情转变的过程中,柳青也十分准确地把握了人物性格变化的分寸感:他不是因为儿子的开导,而是因为儿子的好名声给他带来了自豪才开始转变的。作家在这个人物形象身上倾注了对传统农民的深刻理解与复杂情感,使这个人物成为一个典型形象。

小说中另一个性格鲜明的人物形象是富裕中农郭世富。他曾经靠给人家打工为生,"拼命地干活,连剃头的工夫也没有"。后来因为意外的机遇发了家。他有心计,处世圆滑,善于见风使舵。"他是蛤蟆滩最令人难琢磨的一个人",他的人生理想是做一个"五世同堂的家长"。为此,他"这辈子三慢一快:走路慢慢,说话慢慢,思量慢慢,做活快快!"他"决心面善一

---

① 柳青(1916—1978),原名刘蕴华,陕西吴堡人。青年时期积极从事学生运动。22 岁赴延安,写出一批反映抗日根据地生活的小说。1943—1945 年,他到米脂基层农村深入生活三年,写出了反映抗日根据地变工互助生活的长篇小说《种谷记》。新中国成立后,他毅然带着全家到长安县(今西安市长安区)皇甫村落户,在那里生活、写作了 14 年,出版了长篇小说《铜墙铁壁》、中篇小说《狠透铁》和长篇小说《创业史》等。

② 刘宁:《柳青的文学遗产》,《文艺报》2014 年 2 月 21 日。

③ 柳青:《提出几个问题来讨论》,《延河》1963 年 8 月号。

辈子","和气生财,大道生财";另一方面,他又精于心算,也精于在买卖中做手脚。他有心与共产党较量,又时时提醒自己"一辈子也不张狂""寸步要当心"。当作家写出他"是梁三老汉顶羡慕的人"时,就通过这个形象写出了中国农民的另一种典型——外善内奸。

作家着力描写的,还有富农姚士杰家的创业史。姚士杰的人生信条是:"好汉厉害,不在脸上,在心里头。"他能干,心狠,手辣。他一方面喜听借债人的诉苦,另一方面在"热心帮助困难户度春荒"的幌子下与共产党较量。小说中还通过他奸污妻侄女素芳并唆使她嫁祸于梁生宝的情节,揭露了他阴险、肮脏的灵魂。而"蛤蟆滩第一个要紧人"村代表主任郭振山的创业史,则是一个从土改积极分子蜕变为既得利益保护者、"革命的局外人"的创业史。他曾经是"被剥削者的领袖",积极斗地主。但在成为富人以后,他对互助组运动产生了抵触情绪,一面对上级的号召敷衍,一面又嫉妒梁生宝的积极,对他冷嘲热讽。

梁生宝是小说中刻意塑造的社会主义新农民形象。在他的身上,表现了既积极工作、克己奉公,又朴实憨厚的优秀品质,作家有意刻画出一个成长中的实干家形象。面对重重困难,他常说的话是:"有党的领导,我慌啥?"在这句口头禅中,充分表现了他的淳朴,也写出了他的木讷。作者在交代他的精神源泉时写下了这么一段话:"解放三年来,生宝注意到许多领导同志,都有这种精神,他就决定自己也这样过活。他也不懂得这是什么行为。"在他的精神鼓舞下,互助组克服了一个又一个困难,走向发展壮大。显然,作家是将这条创业之路看做农民的唯一出路。

以上五种创业史,集中概括了中国农民的生活理想与生存状态,因而具有鲜明的时代性和典型性。在以"三大能人"郭世富、郭振山、姚士杰为代表的单干势力与以梁生宝为代表的集体力量之间,存在着尖锐的矛盾;同时,在"三大能人"之间,也充满了错综复杂的斗争。值得注意的是,作家特别注重在展示复杂的阶级矛盾与社会矛盾的同时,不刻意去追求表现"面对面的斗争",而是在深刻揭示人物的内心活动中开掘生活的深度与广度。这样就显示了一种本真状态的生活真实。小说中常常有大段的心理描写,如对姚士杰、郭振山、郭世富内心活动的展示,都是刻画人物性格的成功篇章。在这些描写中,人物的性格发展史、人物情感起伏的思想活动,连同一幅幅很有典型意味的生活片段一起,交织成塑造典型性格的纤毫毕现的画面。这样的描写是作家将西方小说的心理描写引入中国农村小说创作的成功范例,也是《创业史》的一个鲜明特色。

另一方面,作家在小说中经常抒发的人生哲理议论,又为全书增添了气势。例如:"生活中急遽的变化,常常在很短促的时间里头,向毫无精神准备的人们冲了过来。人们的品格和品质,或者像大家所说的'心术',在这种时候,很容易一下子全摊了开来;因为时间的急迫和事情的严重,使任何人来不及考虑如何隐瞒自己的真实心理。"这一段,就使人们生发对于人性的思考。而第二十四章开头那十一段"一九五三年春天……"的排比议论,也为全书烘托出具有强烈时代感的背景氛围。这些或意味深长、或热烈奔放的议论,使小说具有很强的哲理意味。

毋庸讳言,《创业史》也不可避免地带有那个年代的局限性。如梁生宝的形象不如梁三老汉的形象塑造得生动。梁生宝的少言寡语、朴实木讷虽然真实可信,却显得单薄;作家写梁生宝与徐改霞的恋爱关系,也明显给人以沉闷之感。根据读者的意见,作家后来对小说的几处"重要修改",不仅显得生硬,也不符合历史的实情,因为明显打下了"文革"的烙印而成为历史的遗憾。

在周立波①的众多作品中,成就突出的是他在 20 世纪 50—60 年代所创作的农村题材小说,主要包括 25 个短篇小说和长篇小说《山乡巨变》。

和绝大多数农村题材小说一样,周立波的小说主要反映了农村社会主义改造和建设所发生的巨大变化。虽然在当时的政治背景下,这样的作品不可避免地会留下一些"写政策"的痕迹,但难能可贵的是,作者对于"政策"有自己独到的理解,因此他的作品相对于同时期同类作品而言,一定程度上避免了空洞的说教,包含了更多真实而深刻的生活内容。这一点在《山乡巨变》中表现得尤为突出。

《山乡巨变》所揭示的与其说是在合作化过程中所有制的巨大变革,不如说是在这场变革中广大农民心灵上的激荡。陈先晋、王菊生、盛佑亭等老一代落后农民如何一步一步缓慢而艰难地融入社会主义新生活的过程,他们痛苦而艰难的精神蜕变,在作品中有真切而深入的表现。贫农陈先晋在解放后分了田,但他却十分留恋旧社会靠私有制发财的老路,所以他坚决不肯报名入社,在全家人都要入社的情况下,他无可奈何地表示"先进去看看吧",正因为如此,当他受到落后分子的煽动时又打退堂鼓。经过多次反复,好不容易下定入社的决心,但他的心情仍是非常复杂与沉重,一大早跑到祖传的那一块小土地里,痛哭了一气——他是在和世世代代沿袭的旧的生活道路作痛苦的告别!和陈先晋相比,富裕中农王菊生的心灵改造更为艰难。这个外号叫"菊咬筋"的人,仗着自己殷实的家产、完备的生产资料以及自己的勤劳肯干,十分固执地坚持走单干的路,并决心跟合作社一比高下。直到在和农业社的竞赛中彻底失败,自己实在干不下去了,而农业社又真心实意地帮助了他,他才真正地认识到集体的力量,认输入社。作品中的另一个性格最为丰满,刻画最成功的人物是盛佑亭。这个绰号叫"亭面糊"的老农民,性格上面面糊糊,随和风趣,他嘴狠心善,骂牛骂鸡骂子女,可是谁也不怕他。他极爱面子,又有些自私,不喜欢动脑筋。邓秀梅派他去龚子元家探听虚实,他却被龚的几句奉承话、一瓶镜面酒灌得酩酊大醉,把正事忘得一干二净,回来时还醉倒在白水田里,出尽了洋相。在亭面糊身上,我们似乎能感受到某种阿 Q 精神的承袭,但在合作化运动中,新的思想也在他的头脑里孕育成长。从他向儿子口授入社申请的一段话中,我们可以看到这种思想的孕育过程:

> 我婆婆讲:"搭帮共产党,好不容易分了几丘田,还没有作得热,又要归公了?"我开导她说:"这不叫归公,这叫入社。我问你,我们单干了一世,发财了没有?还不是年年是现路子,今年指望明年好,明年还是一件破棉袄。"……我婆婆又问:"田土都交出,不留一丘吗?"我说:"当然,一入,都入,留一丘,你来作吗?我是不作的,入一点,留一点,脚踏两边船,我不干。"

---

① 周立波(1908—1979),原名周绍仪,又名凤翔、奉梧,湖南益阳人。立波是他创作时用的笔名。1928 年入上海劳动大学学习,并开始创作。1934 年被捕出狱后加入"左联"。翻译了普希金的小说《杜布罗夫斯基》、基希的报告文学集《秘密的中国》、肖洛霍夫的《被开垦的处女地》(第一部)等名著。1939 年到延安,1946 年参加东北土地改革,创作了长篇小说《暴风骤雨》。1954 年出版了长篇小说《铁水奔流》。1955 年秋率全家回家乡湖南益阳桃花岙乡落户,创作了大量农村题材的短篇小说和长篇小说《山乡巨变》。还出版有文学论文集、散文集等。新时期发表了短篇小说《湘江一夜》等作品。

在这里，"我婆婆"的话是他虚拟的，其实是他自己思想的另一面，他说服"婆婆"的过程也就是说服自己的过程。上述几个形象的意义在于表现了中国农民是如何一步一步地剔除着从旧社会带来的旧思想和性格弱点而走向觉醒的。在当时文艺界提倡创造英雄人物的环境中，能把这些"中间人物"写得活灵活现确实是不易的，它为文学在反映生活的多样性、复杂性方面提供了重要的启示。

和塑造"中间人物"一样，作者在塑造农村干部形象时，也注意尊重生活的真实性，而不是从概念出发。在他的笔下，给人印象最深的是那些稳重、细致，尊重客观实际的干部。李月辉，是本时期小说中刻画得较为成功的农村基层干部形象。作为清溪乡党支书兼农会主席，他随和宽厚，沉着稳重，他领导的合作社朝着健康的轨道扎实地向前发展。在当时的气候下，李月辉这样的"小脚女人"不是被当做右倾保守的典型而是当做正面人物来塑造，曾经受到过非议，认为"作者让他不论在任何场合任何问题上都表现出那么一种慢慢腾腾的脾性……让人不可理解，莫名其妙"。事实上，不论从思想还是艺术方面看，创造出这个人物是难能可贵的，在今天看来，虽经时光的磨洗仍不失其光辉。

周立波的小说因其浓郁的湖南乡土气息，被人们公认为"茶子花派"的代表。由于作者对乡村的自然环境、人情世故的熟悉，在他的笔下，无论是雅淡的田野、幽美的山村、翠绿的竹林、清亮的江水、喷香的茶子花，还是或长或短，或嘹亮或沉闷或嘶哑的各种牲畜的叫声；无论是诸如拌桶、箩筐、高凳、竹椅等各式典型的南方家当，还是湖南人爱吃的辣椒、姜盐茶、甜茶；无论是翻古、相里手骂、吃水莽藤、听壁脚、打山歌等乡土习俗，还是生动活泼、极具表现力的地方方言，都表现得淋漓尽致，栩栩如生。周立波的小说，几乎都有一个主导的民间风俗，这种风俗甚至成为作者行文的逻辑起点。以《山那面人家》为例，小说比较完整地保留了湖南农村闹洞房的基本框架，只是为了增加时代气息而做了少许修改。比如按农村风俗，最后要新郎、新娘"表演"各种节目时，新郎一定要藏起来，一帮人便到处找，这样才有戏剧性，而新郎一般又都是藏到储藏红薯的地窖里。在小说中这样的细节都完好地保留了下来，只是将新郎跑到地窖里的动机改为看红薯种是否烂了。把民间习俗引进作品，又赋予民间习俗以新时代的内涵，这是周立波试图调和乡土日常生活与社会现实生活所做的一种努力，是他描写乡土生活的一个鲜明特色。

明快而浓郁的诗意是周立波小说的另一个重要特色。作者一方面通过小说来抒发自己对于家乡的热爱，对于新的理想生活的渴望与憧憬，因此他能以饱满的激情敏锐地捕捉在实际生活中还仅仅处在萌芽状态的新人、新事、新风尚，并使之凸显在生活的前台，这也正是作品的诗意所在。周立波认为："要在仔细观察和研究了社会生活的这个坚实的基础之上张开自己的幻想的翅膀；要尽可能地使读者们情感高扬，意象深远。"[1]因此在周立波的小说中，总能让人强烈感受到乐观主义的调子。同样是写乡村，"五四"时期乡土作家笔下的民间陋习已荡然无存，有的只是如诗如画的乡村风情。此外，在叙述、描写中插以抒情的叙事方式，幽默活泼的语言风格，进一步增强了小说的乐观抒情色彩。

另一方面，作者通过散淡疏朗的结构、速写画式的人物和场面、素净淡雅的山村美景、流畅生动的雅俗共赏的语言，来寄托自己典雅的文人兴味，弹奏着一曲优美的心灵乐章。这样一种

---

[1]　周立波：《周立波选集·序言》，人民文学出版社 1959 年版。

诗学品位,很大程度上与他成功地吸收了中国古典艺术的优秀传统有关。周立波是一个在 30 年代写欧化小说的作家,自提倡民族化、民族形式以来,他把传统文学的优点和西洋文学的长处糅合起来,加以融会贯通,使他的小说有某些外国文学之细致而去其繁冗,有某些中国古典文学的简练而避其粗疏。事实上,作者是在有意地营造一种疏散的结构。因此无论是短篇还是长篇,他的小说都可当做散文来读。周立波还特别擅长在叙事的过程中融入自然环境的描绘,从而造成一种情景交融的浓郁的抒情气氛,形成静穆淡远的优美意境。如《山乡巨变》中写亭面糊靠在阶砌的一把竹椅上,边抽旱烟袋,边看外面的景致:

> 远远望去,垸里一片灰蒙蒙;远的山被雨雾遮掩,变得朦胧了,只有二三处白雾稀薄的地方,出了些微的青黛。近的山,在大雨里,显出青翠欲滴的可爱的清新。家家屋顶上,一缕一缕灰白的炊烟,在风里飘展,在雨里闪耀。

这样一幅画面,明显地带有陶渊明的“暧暧远人村,依依墟里烟”的韵味。对于作者的这一追求,茅盾概括道:“周立波的创作沿着两条线交错发展,一条是民族形式,一条是个人风格;确切地说,他是在追求民族形式的时候逐步地建立起他的个人风格。”①

周立波的小说也存在着一些明显的缺陷。一方面,为了配合政治的需要,在情节上有些编造的痕迹,如《山乡巨变》中写反革命分子龚子元的一系列破坏活动就有夸大阶级斗争之嫌;另一方面,作者的乐观主义倾向也妨碍了他对农村的深入透视,他的作品缺少一种历史的厚重感,特别是他笔下的农村新人形象,性格比较单薄,深度不够。

4. 李準、王汶石的小说

作家李準②是以短篇小说《不能走那条路》蜚声文坛的。《不能走那条路》是一篇及时反映农村社会问题、密切配合当时政治需要的作品。张拴因为不善务农,经商又亏本,被迫卖地;翻身农民宋老定打算买他的地。宋老定的儿子、共产党员东山一面以旧社会的悲惨往事教育他:“咱不能走地主走的那一条路”,一面想办法帮助张拴渡过难关,最终使宋老定思想转变。小说触及当时农村中贫富分化的问题,宣传了互助合作的思想。小说发表后立即引起热烈反响,《人民日报》等几十家报刊纷纷转载,根据小说改编的话剧、梆子、坠子也曾广为流传。今天看来,这部小说明显属于那个年代非常流行的“问题文学”,有主题直露之嫌。但是,作品仍然显示了作家深厚的语言功力。小说中俯拾皆是的河南农村俗语、方言,为全篇平添了浓郁的生活气息和地方特色。

1957 年春天,在“双百”方针的影响下,李準发表了《芦花放白的时候》《灰色的帆篷》《信》等暴露生活阴暗面的作品。前者揭露了一个在婚姻生活中喜新厌旧、忘恩负义的干部的灵魂。

---

① 茅盾:《反映社会主义跃进的时代,推动社会主义时代的跃进!》,《人民文学》1960 年第 8 期。

② 李準(1928—2000),蒙古族,河南孟津人。15 岁因家境贫苦开始谋生,当过学徒、职员。新中国成立后,当过银行职员、中学教师。1953 年,由发表短篇小说《不能走那条路》成名。著有小说集《卖马》《不能走那条路》《芦花放白的时候》《车轮的辙印》《冰化雪消》《夜走骆驼岭》《春笋集》《李双双小传》,电影文学剧本集《走乡集》《李準电影剧本选》等。“文革”后,创作了长篇小说《黄河东流去》,1985 年获第二届“茅盾文学奖”。

《灰色的帆篷》通过一个文化馆长的表现,针砭了官僚主义者的虚伪与无耻。《信》描写一个志愿军的妻子在丈夫牺牲后忍痛安慰不知情的婆婆,具有浓厚的人情味。在极左思潮的影响下,这些小说都受到批判。

1960 年,李準发表了《李双双小传》。作品以人民公社办食堂为背景,以风趣的笔调成功塑造了一个泼辣、能干、积极为公的农村妇女形象。李双双原是传统的家庭妇女,在"大跃进"的运动中走出了小家庭。这样,她就与传统观念根深蒂固的丈夫喜旺发生了矛盾冲突。矛盾的解决是有关领导对双双的鼓励才使喜旺转变了思想。在这样的描写中,既写活了喜旺的憨厚,也写出了中国农民以官员的是非为是非的文化心态。虽然历史已经证明了"大跃进"是一场历史悲剧,但这部小说仍因生动再现了那个年代里普通农民(特别是农村妇女)命运的巨变、精神面貌的巨变而令人难忘。而且,小说中洋溢的浓郁生活气息和喜剧氛围,也明显不同于那些为了塑造英雄人物的崇高而显得严肃有余的作品。作家善于运用民间俗语、口语表现人物性格、渲染氛围的特长,在这部作品中也得到了进一步的发挥。

《黄河东流去》是作家晚年的力作。经历过"文革"的磨难,作家试图在这部小说中"重新估量一下我们这个民族赖以生存和延续的生命力量",探讨"是什么精神支持着我们这个伟大民族的延续和发展"的文化问题。小说以 1938 年国民党炸开黄河花园口大堤,造成千万人流离失所的惨剧为背景,通过描写 7 户农民逃荒、挣扎、顽强生存的动人故事,描绘出一幅浓墨重彩的"流民图",谱写了一曲感人至深的民魂之歌。在这些流民中,有刚强乐观的李麦、足智多谋的徐秋斋、忠厚朴实的海长松、聪慧能干的马凤英、痴情刚烈的蓝五和雪梅、狡黠可笑的王跑……他们或凭着顽强的生命意志,或凭着朴实的传统伦理道德,或凭着灵活的处世态度,经受住了灾难的考验。与此同时,作家还通过对笔下人物的塑造表达自己对故乡民风、河南文化精神的理解。在谈及"河南人被称作侉子"时,他的解释是:侉子意味着"既浑厚善良,又机智狡黠,看去外表笨拙,内里却精明幽默,小事吝啬,大事却非常豪爽"[1],而这种民风的形成,则与地域文化密切相关:"中原的山水、阳光、蓝天、亮星,影响人的视野、胸襟。战乱灾害,跑反逃荒,锻炼了人的适应性。地方戏曲,豫剧、坠子等的旋律、曲调,培养了人的热情。"[2]这些议论充分显示出作家对《黄河东流去》的文化意蕴的自觉追求。另一方面,作家一如既往地充分运用他熟悉的河南方言,善于通过富有个性特色的语言去写人物性格,使这部小说充满了河南文化的淳厚感。

王汶石[3]的小说主要以农村的新人新事为题材,他善于选取那些平凡的小事,从小事中发现时代变化的新气象。

发表于 1956 年的《风雪之夜》是王汶石的成名作。作品讲述了区委书记严克勤在除夕风雪夜下基层检查生产的故事,通过书记与基层干部群众一起忘我工作、彻夜不眠的情景,表现了那个时代人们的热情,使风雪之夜与人们的冲天热情形成对照,这是此作品的成功之处。发

---

[1]　李準:《我想告诉读者一点什么?》,《黄河东流去》(下),北京出版社 1985 年版,第 781 页。

[2]　孙荪、余非:《李準新论》,北京十月文艺出版社 1988 年版,第 304～305 页。

[3]　王汶石(1921—1999),山东万荣人。15 岁投身抗日救亡运动,21 岁到延安参加西北文艺工作团,1946 年发表作品。解放后,相继任《群众文艺》《西北文艺》副主编,中国作协陕西分会副主席等职。出版有短篇小说集《风雪之夜》,中篇小说《阿爸的愤怒》,长篇小说《黑凤》及《王汶石散文选》《王汶石小说选》,歌剧剧本《战友》等。

表于 1958 年的《新结识的伙伴》是王汶石的代表作。小说描写农村生产能手之间的新型人际关系,却有意回避了对竞赛的正面描写,而是别具匠心地描写了两个竞赛对手之间的一次邂逅。泼辣的张腊月与文静的吴淑兰彼此是竞争对手,见面后又成了无话不谈的知心朋友。这既是对手又是朋友的双重关系,体现了新时代的新风尚。而二人(尤其是张腊月)的性格,也是在既亲热又较劲的对话中跃然纸上的。在张腊月"人家说你长得比我秀,我就不信……想不到,你这个俏娘儿,竟然同我作起对来了"!"你看来还很嫩,头一回抛头露面吧?"这些话中,充分体现出率真、可爱、不服气、争风头的性格。相比之下,吴淑兰言语不多,但从她说张腊月"你也很俏啊!"和"非叫你连人带马投降不可"的笑语中,也显示出她文静中有心劲的性格。小说还穿插描写了吴淑兰由一个"好媳妇"成长为一个生产能手的经历,通过穿插张腊月的婆婆夸媳妇、羡慕媳妇的议论,也进一步凸显了新时代、新风尚、新型人际关系的主题。

5. 浩然等反映农村阶级斗争的小说

1962 年党的八届十中全会提出"千万不要忘记阶级斗争"的口号之后,国内阶级斗争呈现出扩大化趋势。随之,反映农村阶级斗争的小说也大量涌现,其中,浩然①的《艳阳天》和陈登科的《风雷》是这一时期反映农村阶级斗争的长篇小说代表作。

《艳阳天》共 3 卷 120 万字,分别出版于 1964 年 9 月、1966 年 3 月、1966 年 5 月,是最能体现浩然创作风格和艺术成就的代表作。小说通过京郊东山坞农业生产合作社麦收前后发生的一系列矛盾冲突,展现了农业合作化时期沸腾的斗争生活,歌颂了在斗争中发展的社会主义力量,以其丰富的情节、完整的结构,呈现出鲜明的艺术特色。

由于《艳阳天》的写作是作者运用阶级斗争观念来处理 50 年代农村生活的题材,相对于本时期出现的同类题材的小说而言,《艳阳天》呈现出更加尖锐、激烈的阶级对立,人与人之间不同的阶级立场和政治属性区分得更加清晰。《艳阳天》中的阶级对立,表现在以东山坞农业生产合作社党支部书记萧长春为代表的社会主义力量和以阶级异己分子、农业社副主任马之悦为代表的资本主义势力之间。作者用一条街道把两股势力截然分开,双方在土地分红、闹粮、倒卖粮食、抢粮库、退社等一系列问题上展开了尖锐、激烈的斗争,从而揭示出社会主义集体经济在发展中所经历的曲折过程,宣扬了"千万不要忘记阶级斗争"的政治理念。此外,小说还通过地主马小辫在北京读书并往回写阴谋信件的小儿子,把东山坞与外界联系起来,把东山坞的斗争与国内外阶级斗争联系起来,说明阶级斗争的尖锐和复杂。

从阶级斗争观念出发,作者有意把阶级斗争这一主线贯穿小说始终,不免在情节安排、人物设置上显露出人为结撰的痕迹。垂垂老矣的地主马小辫雨夜埋伏企图谋杀萧长春,以及小说最后他诱杀萧长春唯一的儿子小石头得手等情节,显然缺乏充分的现实生活依据。但由于作者长期生活在农村,对农村各阶层人物的心理极为熟稔,且能作细致入微的传达,因而剔除

---

① 浩然(1932—2008),原名梁金广,河北宝坻(今属天津)人。由于家境贫寒,13 岁以前断断续续上过三年半小学。1956 年发表小说处女作《喜鹊登枝》,受到文坛关注。到"文革"前,先后发表短篇小说 180 多篇,结集有《喜鹊登枝》《苹果熟了》《新春曲》《珍珠》《小河流水》《杏花雨》等。出版长篇小说《艳阳天》《金光大道》(第一、二部)和乡俗三部曲《迷阵》《乐土》《苍生》。"文革"期间,出版了《西沙儿女》《百花川》等。

一些概念化的图解,仍能从作品中看到农村生活的历史图貌和农民的心理图貌,并能获得农村读者的认同。

其实,《艳阳天》的精彩之处并不在惊心动魄的夺权与反夺权的斗争,而在于农村生活的变革所激起的历史波澜和心理波澜,亦即个体农民固有的自发倾向、自私心理与社会主义方向、集体化道路之间的冲突,甚至是尖锐的对立。沟北富裕户闹土地分红、弯弯绕闹粮荒、韩百安等倒卖粮食、马大炮等拉牲口退社,都是这种冲突的表现。作者细腻传神地写出了千百年来一直深受压迫、一无所有的农民对分得的土地的眷顾、对牲口的爱怜、对粮食的无比珍惜,以及他们面临把这一切交给集体时种种复杂婉曲的心理,如韩百安在清理自家耕地里的石头时生发的幸福感,倒卖自己好不容易积攒的粮食后体验到的无言的失落与恐慌;哑巴、马老四在与牲口相处中流露出的与人同类的情感;焦振茂在处理自己的私房和粮食时表现出举棋不定的焦虑等。作者对这些心态的刻画都十分动人。另一方面,小说自始至终洋溢着革命的激情,呈现出浓烈的明快、乐观、向上的情调,因此尽管作品的题旨是要表现严峻的阶级斗争形势,但在描写普通农民种种落后的言行举止和心理状态时,却充溢着鲜明的"轻喜剧"色彩,这也表现了作者对中国农民的宽厚和理解。

《艳阳天》的成就还表现在塑造了一批既具时代特征又具鲜明个性的农村先进分子形象。萧长春是作者怀着满腔热忱塑造的英雄人物。他敢于斗争,头脑清醒,讲究方法,是农村基层干部的典型。作者通过对萧长春的描写,一方面把他放在现实的阶级斗争的风浪里来表现;另一方面,把他放在现实生活情景中进行刻画,多方面表现英雄性格的丰富性和人情美,使之成为有血有肉的艺术形象。作者在刻画这一形象时,交替推出两种不同的"生活场景"来展示人物多方面的品质,即通过萧长春与焦淑红的爱情关系、与小石头的父子关系、与马老四父子的乡亲邻里关系,呈现出充满人伦情感的"日常生活场景",这些场景显得温馨动人,体现出中国农民传统的质朴本色。

作为英雄人物的对立面,资本主义势力的代理人马之悦是作者倾注较多笔墨刻画的反面人物。小说描写了他在东山坞的一系列表演,证明他"脑瓜子里有转轴,笑里藏着刀",成功地刻画了他老于世故、狡猾奸诈的两面派性格。作者对一群处于动摇、犹疑、惶惧状态的中间阶层人物的刻画,笔墨不多却颇具功力。

长期生活于农村的浩然因耳闻目染和用心积累而具有良好的民间文化素养,小说在叙述中每每吸收了民间故事手法或传统情节构造模式,把它们转化成生动活泼、惹人喜爱的艺术因素。如第三十章马立本在追求焦淑红的过程中,错把讨厌自己的焦父当做焦淑红本人而大诉衷肠,并作出求爱举动而引出颇为滑稽的场面;第七十五章马凤兰设计让孙桂英勾引萧长春,并亲自带人捉奸,但捉到的却是自己的丈夫马之悦,结果变成一场闹剧。两个场面利用"情景误会"的故事构造,产生中国古典戏曲中常见的"错位"艺术的效果,让人在忍俊不禁中冲淡了阶级对立的严肃性,增强了作品的轻喜剧色彩。人物语言因大量口语、歇后语的运用,生动、洒脱,具有浓郁的生活气息和民间色彩。

相对于《艳阳天》,1972年出版的《金光大道》则是"文革"时期典型的文学样本。作者基本上是以当时流行的阶级斗争、路线斗争的观念为依据,来描述、阐释与评价农村中各种社会矛盾,着力夸大这些矛盾冲突的严重对立、不可调和,主人公高大泉也在这些矛盾冲突的风口浪尖上被刻画成"高、大、全"式的人物,使作品不可避免地打上了极左思潮的烙印。但就整部小说而言,日常生活场景的叙述和描写依然是动人的。

　　80 年代浩然的创作风格有所改变,他深厚的农村生活积累被发掘出来,并注入个人的体验和思索,创作了《苍生》以及自传体三部曲等笔力凝重的长篇小说。

　　《风雷》是陈登科①影响较大的一部作品。它以农业合作化运动为背景,通过淮北一个重灾区组织生产自救的斗争,让人看到贫苦农民在党的领导下为改变自己的命运而激起的革命风雷,揭示了只有社会主义才能救中国的伟大真理。

　　小说开头便把故事发生地黄泥乡恶劣的自然环境和社会环境推到读者面前。冬云暮雪重压固锁之下的黄泥乡只有破败的屋舍、没人的荒草、泥泞的道路。从阴冷、肃杀、沉寂的气氛中透露出落后地区贫苦农民备受天灾人祸折磨与重压的艰难处境。新中国虽然成立 5 年了,但这里仍九湖为患、贫困依然,由于敌人的破坏,沉渣泛起,人妖颠倒。这一切预示着不经历一场革命的风雷便无以荡涤这里的贫困与落后。小说所描写的具体环境有助于各种矛盾冲突得到更加集中的表现。

　　在矛盾冲突的设置上,《风雷》与《艳阳天》异曲同工,也展示了 50 年代中期农村两个阶级和两条道路的斗争,其情节主要由两条矛盾线索组成。一条是主要矛盾,即黄泥乡贫下中农和富农分子黄龙飞,投机倒把分子杜三春、黄三等人的矛盾。它贯穿全书,表现为争夺基层政权的斗争。另一条是党内正确路线与错误路线的斗争,这一斗争在如何领导黄泥乡群众战胜灾荒的问题上尖锐地表现出来。小说还表现了其他各种形式的矛盾,如家庭矛盾、群众中先进与落后的矛盾、上下级的矛盾;除了人与人之间的矛盾外,还有人与自然的矛盾等。这些矛盾涉及农村生活的方方面面,让人感受到作品厚重的生活质感。小说成书于 50 年代末 60 年代初,很自然地存在时代的局限,把阶级斗争,特别是敌我矛盾描写得过分严重,走社会主义道路的热情与"左"倾冒进情绪缺少分明的界限。但从总体上看,由于作者的视野并不局限于一时的政策,而是关注贫苦农民历史命运的改变,因而终能以深沉的情怀比较真实地描绘出广大农民在社会主义道路上走过的一段艰难历程。

　　与同时期的其他小说相比,《风雷》的特色体现在相互交织的矛盾冲突中,塑造了具有强烈现实感的人物形象。

　　作为领导广大农民走社会主义道路的引路人,小说一开始便把中心人物祝永康置于矛盾冲突的中心:乡民越冬面临着饥饿的威胁、不欢而散的第一次乡总支委员会、骤然四起的谣言、一盘散沙似的人心、突如其来的谋杀事件等。在错综复杂的矛盾冲突中,人物的性格得以层层揭示,准确写出了祝永康从部队战士到乡村干部这一角色转换的全过程。刚开始他处处按部队养成的习惯对待新的环境,经过处理救济粮、制止粮食投机、组织编席、开垦荒湖等斗争的磨炼,他于果敢中增加了细腻,于直率中添进了深沉,逐渐成熟起来。祝永康性格的发展,真实地反映出革命干部从新民主主义革命到社会主义革命所经历的历史跨度。作者塑造这个人物,并没有把他写得完美无缺,而是准确地写出人物当时的认识水平与思想觉悟,避免了由于英雄

---

①　陈登科(1919—1998),江苏涟水县人。1948 年发表第一部小说《杜大嫂》,"文革"前的主要作品有:《活人塘》《淮河边上的儿女》《移山记》《风雷》等。"文革"后创作了长篇小说《赤龙与丹凤》(第一部),与人合写了电影剧本《柳暗花明》、长篇小说《破壁记》等。

人物性格过于简单而无从发展的弊病。

小说对祝永康周围的其他正面人物也大多塑造得性格鲜明。万寿年和任为群作为土生土长的干部,具有很多可贵的品质。小说在描写万寿年雪夜送粮、任为群勘测九湖等感人事迹的同时,也不掩饰他们的弱点,而且较有深度地揭示出贫困的重压和斗争的复杂是形成他们某些弱点的重要原因,显示出人物与环境的依存关系。

小说对熊彬的刻画更令人关注。熊彬早年参加过革命,为人民做过一些工作。身处领导岗位的他,因极强的权利欲望,加上黄美溶的腐蚀,便逐渐丧失立场,蜕化变质。对这个人物,作者在艺术上也并没有采取漫画式或概念化的简单处理,而是逐层剥露他谋求和维护个人权利的心计和手腕,写出他蜕化变质的全过程。与熊彬相比,朱锡坤的形象显得比较浅露,但他是前者的一个很好补充。

小说对黄龙飞的刻画也有独到之处。这个代表着落后与反动势力的幕后黑手,进行着运筹帷幄、牵线四方的隐蔽破坏活动。黄泥乡的暂时落后,给他和以他为代表的反动阶级提供了生存的条件,而他们的猖狂活动又是造成黄泥乡落后的重要原因。作者通过他所策划的一系列破坏活动,比较真实地反映了我国农村中落后地区的阶级斗争特点。

《风雷》与《艳阳天》产生的年代相同,但与《艳阳天》所呈现出的乐观向上的喜剧色彩相比,《风雷》中透露出阴冷沉寂的氛围,这是新中国成立以来的农村题材小说中所不多见的。小说中部分章节对春芳恋爱心理的刻画,对金花、银花、翠花三姐妹的描写以及对淮北人情风俗的描述,带有较浓的生活情趣,呈现出难得的亮色。

三、反映工业建设和工人生活的小说

1. 工业题材小说的兴起

就中国现当代文学史的发展来说,反映工业建设和工人生活的创作属于一个"新兴"的题材领域。

中国当代工业题材小说是在一个全新的背景下兴起的。新中国成立前夕,党的工作重心由乡村移到了城市,工作重心的转移促使文学创作在题材方面也发生相应的变化。工业题材小说的兴起,与新中国成立后大规模的工业建设的开展密切相关。从新中国成立初期国民经济建设的恢复,到第一、第二个五年计划的实施;从"大办钢铁"运动,到克服国民经济困难的"自力更生,艰苦奋斗",工业战线一直处于主导地位,对整个国民经济建设有举足轻重的影响。中国共产党在过渡时期的总路线和国民经济第一个五年计划中明确规定:积极地把国家引向社会主义工业化是党和人民全力以赴的中心任务。这就使得作家把工业化同社会主义理想直接联系在一起,工业战线的沸腾生活和日新月异的变化也因此进入了作家的视野,仅仅在新中国成立后一年多的时间里,炼钢厂、纺织厂、机器制造厂、铁路工厂等各工业部门的新人物和新气象,都有了生动而真实的反映。在各方面的关怀和推动下,工业题材领域的创作逐渐兴盛起来。

中国当代工业题材小说的基础性工程,首先是由 20 世纪 30—40 年代成长起来的作家所打造的。早先就在东北工业基地工作和生活的作家写出了新中国第一批工业题材小说。草明被誉为专事描写工业建设和工人生活的一位作家,她在新中国成立前夕出版的《原动力》和新中国成立初期出版的《火车头》足以代表当代工业题材小说的兴起,连同她在 1959 年出版的《乘风破浪》,构成了新中国基础工业发展的三部曲。作家雷加也长期生活在东北工业城市,他的《潜力》三部曲(《春天来到了鸭绿江》《站在最前列》《蓝色的青冈林》)通过一个造纸厂从接管、恢复生产到发展的过程,反映了新中国成立初期中国工业从凋敝到振兴的历程。同样长期在东北生活和工作的作家萧军在 50 年代初正处于最困难的时刻,他在逆境中写出了长篇小说《五月的矿山》,后费尽周折才得以出版,他把这部作品视为《八月的乡村》的姊妹篇。这个作品虽在叙述上有些拖沓,缺乏感染力,但作家力图用一种刚劲的笔触以表现刻骨的真实,他在写工人阶级的品质时也不忘去刻画人性的优点和弱点,他把个人遭际的愤懑转移到对官僚主义的愤怒斥责上。作家的处境使他有意回避虚构,而竭力以纪实的方式来逼近现实,他把堪称素材的大量原始材料填充到作品中,如报告、技术经验介绍、通知、决议、档案、新闻报道等。缺乏删节和提炼使作品显得冗赘而芜杂,但小说的悲剧性结局则令人震惊,这在当代工业题材小说中几乎是仅见的。艾芜和周立波都是 30 年代加入"左联"的老作家,前者以《南行记》崭露头角,后者以《暴风骤雨》享誉文坛,二人离开自己熟悉的生活领域来写自己极不熟悉的工人生活,可以看做是 30 年代作家在新中国创作转向的典型个案。据艾芜说,他离开西南边地,深入工厂、农村是为了"体验前所未有的生活，努力用文艺来表现我们伟大的、建设新中国的劳动人民"①。周立波也是在解放后才去石景山钢铁厂体验生活的，尽管他们的新作未能达到以前的高度，但加强了工业题材小说创作的阵容，而且对于提高这类小说的艺术质量是不无裨益的。周立波的《铁水奔流》和艾芜的《百炼成钢》都是写钢铁工人的小说，他们虽然对工业建设和工人生活不够熟悉，但都能以丰富的艺术经验来弥补生活的不足，尤其是在组织矛盾、构成冲突、推动情节发展方面显示出老作家的纯熟。特别是艾芜在创作中对生活中诗意的提取（如短篇小说《夜归》），还隐约可以看到他早年的浪漫风格。此外，罗丹的《风雨的黎明》、杜鹏程的《在和平的日子里》以及反映宝成铁路建设的一组短篇小说，也代表着这一时期工业题材小说的创作成就。

工业题材小说创作的生力军是一批五六十年代成长起来的工人作家，如胡万春、唐克新、费礼文、万国儒、陆俊超等。"工人作家"是本时期一个较为特殊的称谓，特指从工人队伍中涌现出来的业余作者，他们大多是在新中国成立初期开展的"工人写""写工人"的工人文艺运动中培养出来的。正如茅盾所说："现在解放了的工人不但充分得到享受文化娱乐的权利，并且也开始表示了他们对于文艺创作活动的强烈的要求，发挥他们的久被埋没的文艺创作的才能了。"②工人作家给这一题材领域的小说创作带来了质朴新鲜的气息，在一定程度上弥补了某些专业作家"写工人却不像工人"的缺陷。不过，由于工人作家的特殊地位和身份，使得评论界对他们的褒扬多于中肯的批评，这其中自然包含着良好的祝愿和希冀，但对其成就的评价显然又因为文学之外的原因而被夸大了。在短篇小说领域能够代表这类题材创作的艺术水平的倒是陆文夫的《葛师傅》《二遇周泰》等作品，茅盾说他"力求每一个短篇不踩着人家的脚印走，也不踩着自己的脚印走"③，这对每每陷于模式化的工业题材小说来说是很难得了。

尽管工业题材小说在这一时期取得了成就，但与其他题材相比，仍然显得薄弱。由于作家对于现代工业缺少深切的理解，因而在主题表现上多拘泥于当时的政治、政策，在人物塑造上多停留于浅表的政治品质和道德品质的颂扬，所以工业题材小说容易写成所谓的"工地文学""车间文学"，缺乏强烈的艺术感染力。

然而，工业题材小说的文学史意义也不应低估。对于在本时期颇受限制的城市文学来说，工业题材小说在某种程度上可以说是它的替代物，尤其是在普通工人日常的生活写照中，可以依稀窥见当时城市生活的斑驳投影。在这个意义上说，工业题材小说既意味着 20 世纪 30 年代以来"都市小说"的断裂，又意味着向中国当代城市文学的过渡，它多少也留下了中国农业社会向工业社会过渡的历史刻痕。在不少作品中，工业建设和工人生活都处在半农半工、半乡半城的中间地带，众多工人形象也与农民保持着密切的血缘或亲缘关系，这些都构成了当代工业题材小说中一道奇特的风景，烙下中国工业化初始阶段真实的历史印记。

①　艾芜：《初春时节·序言》，百花文艺出版社 1958 年版。
②　茅盾：《略谈工人文艺运动》，《茅盾文艺评论集》（上），文化艺术出版社 1981 年版，第 1 页。
③　茅盾：《读陆文夫的作品》，《文艺报》1964 年第 6 期。

2. 艾芜、草明、杜鹏程的小说

新中国成立后,艾芜①为新的生活所吸引,创作了一批反映社会主义建设的小说和散文。长篇小说《百炼成钢》是作家于 50 年代初期在东北鞍山钢铁公司体验生活时的创作成果,发表于 1957 年《收获》创刊号。

作为一部工业题材小说,《百炼成钢》在很大程度上克服了新中国成立初期同类题材小说简单、冗赘、乏味的缺点,把反映工业建设和工人生活的小说提升到一个新的艺术水准,成为本时期同类小说思想和艺术水准的一个标志。

《百炼成钢》之所以能在创作水平较为低下的工业题材小说中成为翘楚之作,首先得力于作家对主题的提炼和视点的确立。艾芜说:"我就是想把新一代的中国人写出来。我的书名采取一句中国的成语'百炼成钢',这不只是因为书里的人物在炼钢,而主要的意思,是说新的人是锻炼出来的,而且还须不断地锻炼。"②"炼钢又炼人"的主题使作家在描写生产过程的同时,又着眼于人物心理的反应、品质的变化、性格的成长,从而在一定程度上克服了同类题材小说"见物不见人""见事不见人"的通病。

新中国第一代产业工人的成长是艾芜创作的重点,因此作家真实地向读者叙写了三个主要人物的出身、经历和性格特点:九号平炉甲班炉长袁廷发在旧社会就是钢铁工人,在日本人手下干活的时候偷偷掌握了炼钢技术,但小手工业者的狭隘意识使他嫉妒、多疑,不愿把技术传授给年轻工人;乙班炉长秦德贵出生在农村,解放后为支援工业建设成了炼钢工人,是新一代工人阶级的代表;丙班炉长张福全也出生于农村,解放后抱着"工人比农民赚的钱多"的思想进入工厂,有庸俗的市侩气和投机取巧的心理。出身、经历、思想和性格上的差异不仅构成了情节冲突的基础,也从多方面表现了新中国成立初期的工人队伍状况。因此作品更多的是通过思想碰撞、性格冲突来表现人物的成长过程,表现人物思想觉悟的高下,而无须以误会、巧合来铺展故事。人物的性格较为平面化,挖掘不深,是小说的显著弱点,但人物平实且较为生动又是其长处,即或是对主要人物秦德贵的刻画,也多从平实之处落笔,如写他的恋爱心理、写他的委屈心态,都较为贴近他的农村背景。虽然作家给秦德贵的起点较高,赋予他接二连三的英雄行为,不过从总体上说作家写出了他的提高过程,而非生硬的"拔高"。可以说,秦德贵性格的成长,是合情合理的,是从普通人提高的。

人物性格的冲突构成了情节的基础,情节的起伏又推动了性格的发展,情节的丰富和人物性格的展示使这部作品具有较强的可读性。作品的故事主线与当时工业题材小说没有多大差别,作品中虽然有不少"生产过程"的叙述,但它并不游离于情节和人物之外,而是作为推动情节发展的"动机"在起作用,使整个小说的情节布局紧凑、急迫,这在当时的工业题材小说中是不多见的。

相比较而言,《百炼成钢》所展示的生活面是较为开阔的,既有工人的生产劳动,又有他们

---

① 艾芜(1904—1992),原名汤道耕,四川新都人。1925 年开始发表作品,30 年代初在创作上曾得到鲁迅的帮助和指点,后加入"左联",以《南行记》等作品成名。著有小说《丰饶的原野》《山野》《故乡》《百炼成钢》《夜景》《海岛上》《夜归》《春天的雾》,及《艾芜短篇小说选》、《艾芜文集》(10 卷)等。

② 艾芜:《百炼成钢·前言》,人民文学出版社 1959 年版。

的文化生活和日常生活;既写了城市,又写了农村。这得力于作家对各种生活场景的调度和转换。艾芜很注意把新鲜活泼的生活气息带到作品中,以此来冲淡工业题材小说易有的沉闷,因此他在秦德贵、张福全的恋爱生活上,在袁廷发的家庭生活上花费了不少笔墨,为作品增添了生活情趣,也由此透现出 50 年代新兴工业城市的社会氛围和现代气息。

《百炼成钢》克服了以往工业题材小说的一些弱点,但也确立了同类小说中惯用的模式。其中之一是"书记重政治,厂长重生产"的冲突模式。这一模式不能说没有现实基础,但是受制于模式则使人物缺乏血肉,形象单薄。为了突出党的领导,这一模式后来又发展为"书记先进,厂长保守"的模式。模式之二是"阶级敌人搞破坏,干部群众大觉悟"。这一模式从思想观念上说是为了表现阶级斗争的复杂性,从艺术上说,则是作家无法处理矛盾的"懒办法"——抓出个阶级敌人则使矛盾化解。如《百炼成钢》中的李吉明并没有搞破坏的动机,却莫名其妙地成了一个屡搞破坏的"反革命分子",这种简单化的表现手法,后来却被一些小说沿用。

草明①的小说创作是从写城市、城市的工人生活起步的,在当代作家中很少有人像她那样长时期地致力于描写工人生活,执著于工业题材的创作。从 20 世纪 30 年代描写丝厂女工生活的《倾跌》,到 50 年代后期反映钢铁工业建设的《乘风破浪》,其间一系列作品构成了中国工人生活的变迁史和中国工业建设的发展史。1949 年草明出版了第一部描写工人生活的中篇小说《原动力》;她在皇姑屯铁路工厂工作期间,又发表了长篇小说《火车头》;1954 年她在鞍钢深入生活,兼任第一炼钢厂党委副书记,经数年积累创作了长篇小说《乘风破浪》。从这三部作品中可以清楚地看到新中国工业建设从战后恢复到高速发展的轨迹和轮廓,更可以察知当代工业题材小说在新中国成立十年间的思想和艺术走向。

《原动力》的叙述是质朴而本色的,小说写的是东北解放区某水力发电厂的工人群众从自发到自觉地恢复生产,支援前方、支援建设的故事。作品如实地描写了长期在伪"满洲国"统治下工人群众的生活状况和精神面貌,也写出了他们逐步成长的过程。作家塑造了若干先进工人形象,但并没有着意去塑造什么英雄人物。在这里,工人就是一个个具体的人,既有憨厚的、老成的、精明的,也有自私的、偷懒的、耍滑的,人人都有自己的思想动机和行为方式,而他们的动机和行为又与他们各自的经历、生活环境、经济状况密切相关,没有抽象的"工人阶级"或者"无产阶级先进思想",只有让人感到熟悉和亲近的各色人物。因此茅盾说,"典型的环境,典型的故事,典型的人物,《原动力》可说是都已具备了的"②。生活化的描写和叙述使《原动力》在整体风格上更接近于 30 年代小说的现实主义传统,没有多少模式化的痕迹。

与《原动力》相比,《火车头》的艺术视野要开阔得多。同样是战后恢复生产的故事,但被赋予了"革命是历史的火车头""工人阶级是革命的火车头"的象征意味。于是马家湾铁路工厂发生的故事就不再像《原动力》那样被限制在一个工人聚居的半工半农的屯子中,而是与全国解放的革命大局联系在一起;同样是写生产设施的修复,但不再是像《原动力》那种手工业

---

① 草明(1913—2002),原名吴绚文,广东顺德人。1932 年开始发表作品,同年在上海加入"左联",发表第一篇小说《倾跌》。1940 年赴延安。抗战胜利后到新中国成立初期长期在东北深入生活,1964 年到北京从事专业创作。著有长篇小说《乘风破浪》《神州儿女》《火车头》,短篇小说集《女人的故事》,中篇小说《原动力》《缫丝女工失身记》,散文集《在和平的国家里》,长篇传记文学《世纪风云中跋涉》和《草明选集》、《草明文集》(6 卷)等。

② 茅盾:《略谈工人文艺运动》,《茅盾文学评论集》(上),文化艺术出版社 1981 年版,第 5 页。

作坊式的生产方式,而是具备了现代工业生产的雏形。新的形势和新的视野给作家提供了一个宽广的背景和艺术空间,使《火车头》成为新中国文学中最早在"现代"意义上来表现工业建设和工人生活的作品之一。

《乘风破浪》是草明反映工业建设的一部力作,作家对现代大工业的熟悉和了解在这部作品中得到了充分表现。小说的恢宏气势和全景性观照是这一时期大多数同类题材的创作所不能比的。作品是在一个广阔的背景下展开的,作家以一个钢铁厂为枢纽,连接起市、省、中央、工业、农业等方方面面的社会生活,在一个全景性的画幅上表现了现代大工业建设在社会发展中发生的重大作用和影响。在这方面,作家以复杂的人物关系和矛盾纠葛把上至党政机关、下至百姓家庭组成了一个艺术整体,构成 50 年代中后期政治生活、经济生活、日常生活的生动写照。

《乘风破浪》的成就,集中地表现在作者对炼钢厂厂长宋紫峰的形象塑造上。宋紫峰是当代文学史中不可多得的现代企业家形象,草明早了 20 来年就把乔光朴(蒋子龙《乔厂长上任记》)和郑子云(张洁《沉重的翅膀》)的性格特征集于一身。宋紫峰曾在苏联学习,既有理论水平,又有实践经验。担任炼钢厂的领导以后,月月超额增产。由于作家深知现代化大型企业实行严格科学管理的重要性,因此在作品中格外突出他求实的科学态度和严格的管理作风,以及雷厉风行、敢于负责的魄力。但是当时的形势既扭曲了作家的观念,也扭曲了作家笔下的人物,作家为了配合形势,有意地把宋紫峰写成一个"缺乏政治头脑,只抓技术"的企业领导人。尽管这样,作家并不掩饰自己对这位企业家的好感,一再让工人群众、技术人员发出对宋紫峰的赞扬,并在容貌、身姿、声音、性格等方面着力凸显他的个人魅力。以今天的眼光来看,宋紫峰的所谓错误思想言论恰恰是有关现代企业管理的精辟之论,他实际上是一个在工业战线早出现了 20 年的改革家。在当时的背景下,难得的是草明能敏锐地抓住现代大型企业的若干症结问题来构成作品的基本冲突和情节主线,并塑造出中国当代文学中的一个具有现代气质的企业家形象,应当说,这是作家的独特贡献。

杜鹏程①在创作了长篇小说《保卫延安》之后,长期深入在成渝、宝成铁路工地,创作了一批反映新中国铁路工程建设的中短篇小说。这一时期,他在短篇小说方面用力甚勤。不过他的短篇小说创作更多地保留了新闻文体的笔法,从某个侧面来凸显劳动者的精神面貌。这种写法由于反映沸腾的建设生活的快捷,因而在当时颇受欢迎。《夜走灵官峡》《延安人》等都是当时流传甚广的作品,也最能体现杜鹏程短篇小说创作的特点。

《在和平的日子里》是杜鹏程在新中国成立后创作的为数不多的中篇小说之一,小说最突出的特点是把写革命战争的观念和手法挪用到工业题材小说中,使作品显得气势恢宏,情绪饱满,情节进展急迫,承续了《保卫延安》的粗粝和力度。茅盾说杜鹏程"作品中的人物好像是巨斧砍削出来的,粗犷而雄壮;他把人物放在矛盾的尖端,构成紧张的气氛,笔力颇为挺拔"②,从

---

① 杜鹏程(1921—1991),陕西韩城人。1938 年到延安,先后在抗日军政大学分校、鲁迅师范学校和延安大学学习,后担任随军记者和新华社分社社长等职。1954 年转到中国作协陕西分会任专业作家,同年出版《保卫延安》,发行百万册,该小说被冯雪峰誉为第一部"真正可以称得上英雄史诗"的长篇小说。还著有中篇小说《在和平的日子里》《历史的脚步声》,小说集《年青的朋友》《平凡的女人》《杜鹏程小说选》,散文集《杜鹏程散文选》《杜鹏程散文特写选》,评论集《我与文学》等。

② 茅盾:《反映社会主义跃进的时代,推动社会主义时代的跃进!》,《人民文学》1960 年第 8 期。

中也可以看出作家对于战争文学模式的继承和发展。

以战争观念写建设,也就是把建设写成一场新的战斗,它使人们面临更严峻的考验,这也如小说中所议论的:"残酷而长久的战争,向人们要求勇气,和平生活似乎要求人们具有更大的勇气。"从这一观念出发,作品展开的艺术画面犹如对一场重大战役的描写,一切都是依照描写战争的场面展开的,于是,日常生活情景被压缩到了最低限度,即或是仅有的几个家庭或恋爱生活场景,也只是"战斗"的一种铺垫(如阎兴的家庭),或在一个侧翼展开(如韦珍和常飞的恋爱)。因此小说虽然题为《在和平的日子里》,但作家并不屑于去写和平与安宁,而是围绕着"争取'七一'接轨"这个工程目标,让一个一个的矛盾冲突接踵而来并使之白热化,以此来表现战斗永无止息,从而构成了小说冷峻的基调。

矛盾冲突的焦点集中在第九工程队党委书记兼队长阎兴和副队长梁建之间展开。他们在战争年代是患难与共的战友,在出生入死的战斗中结下了深厚的友谊,但是在和平的日子里逐渐产生的隔阂和裂痕却使他们形同路人,格格不入。阎兴保持和发扬了革命战争年代的那股劲,在建设工地上也像在战场上冲锋陷阵一样:"只要还有战斗,就不能休息;只要任何地方还有贫困和落后,就算我们没有完成任务! 就寝食不安!"而梁建在和平建设时期则羡慕别人"爬得快",当上厅长"抖得很",希望有朝一日把自己"放在工程局长的位置上",这目标不能实现,他就"有时候落魂失魄,有时候心慌意乱,有时候寡言少语,有时候疲惫不堪"。结果在接踵而来的困难和险情面前,这两位当年同生共死的莫逆之交终于显示出各自不同的人生道路,前者成为无产阶级英雄,后者成为个人主义者。仅就作品揭示的矛盾冲突而言,是尖锐的,也是具有现实意义的,与《保卫延安》相比,主题有所深化,从这里可以看到作家关注现实生活的敏锐目光。但就人物性格的塑造而言,基本上是平面化和类型化的,缺少有深度的心理内涵。过多的说教也不免使作品有些枯燥乏味。

以战争文学的方式来描写和平时期的工业建设是有现实基础的。杜鹏程的作品烙下了由革命战争向和平建设转变的历史痕迹和精神痕迹,这是作品打动人的地方。但作品"表现创造性和平劳动之诗意的快乐,尚嫌不够,这是美中不足"①。

---

①　茅盾:《反映社会主义跃进的时代,推动社会主义时代的跃进!》,《人民文学》1960 年第 8 期。

四、"干预生活"的小说

1."干预生活"的提出与影响

在当代文学的初始阶段,"干预生活"小说可以说是对新中国文学创作中种种清规戒律的一次突围。这个短暂的创作潮流看上去好像仅仅是部分作家写了一批冲击文学禁区的作品,但实际上是 20 世纪 50 年代中期一度松动的政治气候和文化气候的产物。这一气候曾被人喻为"知识分子的早春天气"①,"干预生活"的创作潮流就萌生而后又夭折在这一"早春天气"之中。

1956 年,党对国内外形势的估计以及对方针政策所作出的重大调整,是 50 年代中期的政治和文化形势逐渐趋于宽松的主要原因,而"百花齐放,百家争鸣"方针的贯彻,则直接催生了"干预生活"的创作潮流。

"干预生活"作为一个文学主张和理论口号,最初出现在中国作家关于几部苏联文学作品的讨论中。1956 年年初,中国作家协会举行座谈会,联系文学创作滞后的现状,讨论了肖洛霍夫的《被开垦的处女地》(第二部)、尼古拉耶娃的《拖拉机站站长和总农艺师》、奥维奇金的《区里的日常生活》等在当时颇有影响的几部苏联文学作品,刘白羽、康濯、马烽等发表了意见,《文艺报》以"勇敢地揭露生活中的矛盾和冲突"为题作了报道。② 在稍后召开的中国作协第二次理事会(扩大)会议上,重点批判了公式主义和自然主义,大家认为,创作中相当普遍存在的最有害的毛病之一就是"无冲突论"。可见,"干预生活"最初不单是个别作家、批评家的主张,而且得到中国作协领导人的认可。因此在上述两个会议后,"干预生活"这一口号阐释也逐渐出现在各地报刊上。唐挚在《人民文学》1956 年第 2 期发表的《必须"干预生活"》一文中呼吁:"作家必须是热爱自己的人民和生活,必须是大胆干预生活,用全心灵支持一切新事物的猛将!"

"双百"方针提出后,在"鸣放"的宽松环境中,对于"干预生活"的阐发更是直指教条主义和公式主义,其中以黄秋耘的短论最具锋芒,也最具代表性。他相继发表了《锈损了灵魂的悲剧》《不要在人民的疾苦面前闭上眼睛》《犬儒的刺》《刺在哪里?》等文,③吁请作家"去揭露隐蔽的社会病症","去积极地参与解决人民生活中关键性的问题","去抨击一切畸形的、病态的和黑暗的东西"。与讴歌"光明面"比较,黄秋耘的短论更强调揭露生活中的某些"阴暗面"。④这一阐发把"干预生活"和揭露阴暗面联系在了一起,成为后来批判"干预生活"的口实。

---

① 费孝通:《知识分子的早春天气》,《人民日报》1957 年 3 月 24 日。

② 参见《勇敢地揭露生活中的矛盾和冲突》,《文艺报》1956 年第 3 期。

③ 分别载于《文艺报》1956 年第 13 期、《人民文学》1956 年第 9 期、《文艺学习》1957 年第 5 期、《文艺学习》1957 年第 6 期。

④ 参见黄秋耘:《不要在人民的疾苦面前闭上眼睛》,《人民文学》1956 年第 9 期。

"干预生活"对文坛的更大冲击来自文学创作,这一冲击与当时提倡"特写"密切相关,而对特写的重视又与苏联作家奥维奇金有关。奥维奇金的特写《区里的日常生活》等作品由于揭露了苏联现实生活中的矛盾,特别是对官僚主义的揭露,对中国作家产生了较深的影响。他1954年访华时谈论特写的文章也陆续出现在中国的报刊上。① 在这些文章中,他主张文学家"应该关心与研究今日生活中最迫切的问题,不为所接触的问题之尖锐性与复杂性所吓倒"②。奥维奇金的创作和言论成了"干预生活"的生动注解。在中国作协第二次理事会(扩大)会议上,刘白羽在报告中专门谈到:"严格地说,我们整个文学队伍到现在还没有掌握,甚至还没有重视特写这种战斗的文学体裁。""我们完全有理由希望我们的作家写出真正好的特写。"③此后,《人民文学》相继发表了耿简(柳溪)的《爬在旗杆上的人》、白危的《被围困的农庄主席》等特写,它们多以批判现实生活中的阴暗面为主,同王蒙等创作的一批反对官僚主义的小说一起,构成了"干预生活"创作潮流的主干,并波及诗歌、杂文、戏剧、相声、漫画等领域,带动了整个文艺创作的活跃。

由于"干预生活"文学潮流率先冲破了种种清规戒律,因此在文学界随后开展的反右派斗争中便成了被重点批判的靶子。《人民文学》1957年第10期和第11期相继刊登了李希凡的两篇文章,把《人民文学》发表的特写称为"文艺上反党逆流的最初的浪头",说"《人民文学》的某些编者是修正主义理论的首倡者";还联系到刘绍棠的作品、论文,何直(秦兆阳)论社会主义现实主义的文章,黄秋耘的文艺短论,对"干预生活"的文学主张作了总体清算:"这股所谓'干预生活'和'写真实'的逆流,可以说是从修正主义的暗流开始,逐渐和社会上的反党逆流结合在一起,然后开始了全面地向党进攻。"④此后的批判铺天盖地而来,许多作家、评论家被打成右派,他们的作品被打成"毒草",直到新时期才获彻底平反。于是在新时期之初的文坛上,便有了一个"复出作家群",出版了一本题名为《重放的鲜花》的作品集;而"干预生活"的现实主义精神则长存于新时期文学之中。

2. 正视现实矛盾,揭露官僚主义的作品

正视现实矛盾,揭露现实生活中的落后面、阴暗面,批判官僚主义等,这本不是什么新鲜的主题和题材,不论是在解放区还是新中国成立初期的文学创作中都曾出现过,但是,这类作品只是在贯彻"双百"方针的良好氛围中,在"干预生活"的创作潮流兴起以后,才成为一个引人注目的文学现象。

正视现实矛盾、揭露官僚主义的小说从总体上说是现实主义的,然而不论从人物塑造还是从文体、手法、艺术风格来说都不是模式化的,这是本时期较为自由活跃的思想在文学创作上的体现,尽管当时人们关注的重心在作品的思想内容而非艺术表现形式上。

---

① 〔苏联〕奥维奇金:《谈特写》,《文艺报》1955年第7期;《集体化农村中的新事物和文学的任务》,《文艺报》1955年第23期;《和奥维奇金在一起的日子》,《文艺报》1956年第8期;《作家与读者》,《人民文学》1957年第1期等。

② 《作家与读者》,《人民文学》1957年第1期。

③ 刘白羽:《为繁荣文学创作而奋斗》,《文艺报》1956年第5、6期合刊。

④ 参见李希凡:《从〈本报内部消息〉开始的一股创作上的逆流》,《人民文学》1957年第10期;《所谓"干预生活"、"写真实"的实质是什么?》,《人民文学》1957年第11期。

当时有些作品援用了"特写"这种新闻性文体来揭露官僚主义,以非虚构的真实性来暴露问题的尖锐性,揭示现实生活中的矛盾和弊病。调查性叙述和分析性议论构成了作品的主要手法。耿简(柳溪)的《爬在旗杆上的人》、白危的《被围困的农庄主席》等,都采用了特写这种介于新闻和小说之间的文体,正是由于特写的敏锐、快捷、犀利,因而当时担任《人民文学》副主编的秦兆阳称这些作家"像侦察兵一样,勇敢地去探索现实生活里的问题"①。

如果说特写强调客观真实性的话,那么王蒙的小说《组织部新来的青年人》②则更多地表现了一个入世未深、充满理想和热情的年轻人对现实生活的思考。这个作品在某种程度上可以说是中国当代最早的"官场小说"之一。它通过一位新分配来的青年干部林震的眼睛,展现出一个区党委组织部的日常工作和形形色色的人物,描绘了新中国成立初期机关工作人员的种种精神状态。不论在当时还是后来,不论是赞同者还是反对者,都把这个作品视为揭露官僚主义的代表作,作者也曾做过类似的解释。但事实上作品在思想和艺术上并非直线式地对官僚主义给以剥露和批判,而是以疑惑和迷惘的眼光在透视复杂的官场现象,并提出对生活、对自己的质疑。

王蒙创作《组织部新来的青年人》的时候,是一个年仅 22 岁但有 8 年党龄的"少年布尔什维克",小说中年轻的共产党员林震多少也有王蒙自己的影子。他说,写这个作品的时候"想到了两个目的:一是写几个有缺点的人物,揭露我们工作、生活中的一些消极现象,一是提出一个问题,像林震这样的积极反对官僚主义却又在'斗争'中碰得焦头烂额的青年到何处去"③。因此作品在总体上对林震和他的"斗争"精神是肯定的。但更值得注意的是,王蒙一开始就把林震设定在"孩子般的单纯"的思想水平上,他对于现实的期待既是理想化的,又是不切合实际的,他不能容忍"灰尘散布在美好的空气里",而且小说中还一再把林震的理想同"他所熟悉的孩子的世界"相联系,同"梦幻的柔美的旋律"相通。主人公自身弱点的明显暴露,使作品在以林震的眼光判断周边的人和事的时候,就不免多了几分惶惑和不解,而站在林震角度所作出的叙述,也就成了一种"不可靠的叙述"。因此这个作品表现的基本冲突实际上是理想与现实的冲突,是初涉官场的年轻人从幼稚走向成熟的一个精神驿站。由于作家对主人公的认同并取主人公的立场和视角展开叙述,也使这个作品出现了新中国成立以来小说创作中不多见的"不可靠的叙述者",因此与同类批判官僚主义的作品相比,具有更大的阐释空间,这集中体现在作品中塑造的另一个主要人物刘世吾身上。

王蒙并不是简单地把刘世吾当做一个官僚主义者来刻画的,这是一个在当时的文学创作中未曾谋面的官场人物。王蒙对刘世吾的刻画主要是对其精神状态的刻画,其中既包括疲沓、懈怠、厌倦、冷淡,把党的工作看做"就那么回事",又包括尚未被烦冗的事务所扑熄的精神向往。可见冲突不仅发生在林震与刘世吾之间,而且也发生在刘世吾内心深处。作家在这里写出了一种典型的官场心态和现实人生,这是理想主义者把刘世吾解读成官僚主义者,把《组织部新来的青年人》解读成揭露官僚主义小说的一个基本语境,王蒙是如此,许多读者和评论者

---

① 《编者的话》,《人民文学》1956 年第 4 期。

② 该作品原题为《组织部来了个年轻人》,在《人民文学》1956 年第 9 期发表时,秦兆阳对作品及标题都有所改动。当时作家对改动就持不同意见,此后本篇收入各种集子时多依作家原稿。

③ 王蒙:《关于〈组织部新来的青年人〉》,《人民日报》1957 年 5 月 8 日。

也是如此。其实,除了批判官僚主义之外,《组织部新来的青年人》还可以从不同的方面予以解读,其内涵之丰富超出了当时的许多作品。

正视现实矛盾,揭露官僚主义的作品也涉及农村生活,其中白危的《被围困的农庄主席》既有现实针对性,也具有典型性。作品虽然标明的是"特写",但更多地吸收了小说的手法,因而更富于戏剧性,也更发人深省。作品叙说的是"七八个县级机关干部"以种种名目向集体农庄乱摊派、乱收款的事,尽管摊派和收款的理由近乎荒诞,但即或在今天看来仍具有强烈的现实意义。小说揭露出:对于农村来说,官僚主义的最大危害就是扰民、坑农,其无孔不入就连荒年、灾区也不放过;而造成灾荒的人为因素也仍然是官僚主义的强迫命令和虚假浮夸,"这就好比不会凫水的人不从浅处往深处探,单凭自己的勇气和大胆,一脚就跳到大海里去,要不灭顶才怪哩!"作家发现了当时农村工作中存在的主要问题,并以艺术的方式予以概括展现,希冀警醒世人。遗憾的是,这样的声音在当时显得如此微弱,直到新时期作家们才再度用冷静的笔触来剥露这段历史。

这一时期出现的揭露官僚主义的小说与解放区的同类小说相比,在思想和艺术上都有长足的进步。在思想方面,这批作品把对官僚主义的道德谴责转变为对体制、习惯和观念的剖析。如耿龙祥在小说《入党》中所写的,争取入党的青年所受的第一次教育就是:"你应当建立一种信念,支部书记说你错了,你就真正的错了。"这种观念把负有领导责任的干部变为上传下达、碌碌无为的官僚;相反,对于敢于负责、敢于发表不同意见的人轻则扣上"个人主义""无组织无纪律"的帽子,重则栽上"反党"的罪名。还有一些小说也涉及缺乏民主监督机制势必产生官僚主义这一问题。尽管在这批作品中也存在就事论事的浮泛之作,但总的来说,作家能够如此提出和认识官僚主义的问题,应当说是相当深刻的。

在艺术方面,这批作品明显地表现出对俄苏文学艺术精神的积极吸收借鉴,其突出表现就是现实主义批判精神得到加强。《拖拉机站站长和总农艺师》是在当时广为传播的苏联小说,不少作家的创作都受到它的影响。但是其肤浅的理想主义和廉价的乐观主义在王蒙的《组织部新来的青年人》中则被摒弃了,他说自己不想把林震写成娜斯佳似的英雄,那个人物太理想化了。斯大林时期文学中的英雄主义、理想主义给新中国的文学以很大的影响,也包括其中的虚假和造作,但在揭露官僚主义的作品中没有留下明显的痕迹,相反在何又化(秦兆阳)的《沉默》和南丁的《科长》等作品中倒是可以看到对契诃夫现实主义讽刺艺术的借鉴,这是在新中国成立初期批评了"对人民内部"的讽刺之后,文学的讽刺功能和审美风格的再一次显露。这些都足以启发理论批评家们生成"现实主义广阔的道路""现实主义深化"等理论主张。

3. 描写爱情婚姻生活,揭示情感世界的作品

被"干预生活"口号激活的另一个创作题材是爱情婚姻题材,在这一时期出现的这类题材的小说打破了公式化、概念化模式,注重对于人物情感世界的揭示,艺术表现也更加细腻,给人耳目一新之感。

在干预生活的潮流中,有些作品敢于突破禁区,在爱情婚姻领域进行新的探索,其中最有代表性的当属萧也牧的《我们夫妇之间》和路翎的《洼地上的"战役"》。前者表现的是在革命的背景逐渐淡化后,一对出身不同的夫妇间发生的一场情感危机。作品虽然以知识分子出身

的丈夫对工农出身的妻子的认同为结局,但仍然招致了猛烈的批判。批判者指出这个作品企图"离开政治斗争,强调生活细节",是"依据小资产阶级观点、趣味来观察生活,表现生活",因而成为"小资产阶级创作倾向"的代表。后者表现的是在朝鲜战场上一个志愿军战士和朝鲜姑娘的爱情故事。由于战争状态和部队纪律,一开始就注定了这爱情是无法实现的,因此作家将小说的主题升华到"国际主义和爱国主义"的高度,以青年战士为朝鲜人民壮烈牺牲的英雄主义来冲淡故事本身可能具有的感伤主义色彩。作品对故事所做的主题处理并不足以取消故事自身包容的丰富内涵,这可以说是新中国成立后的小说创作中最早涉及战争与人性、纪律与情感的冲突的作品。正因为作家在拔高作品主题时也为人物正常的情感需求作了辩护,因而这个作品及作家在新时期以前一直被视为"异端"而排除在主流之外。

这一时期出现的爱情婚姻小说,尽管在不少作品中革命依然是一个背景,但与爱情婚姻相关的情感表达、个性发掘、价值选择、伦理思考,已经构成了作品的中心,爱情婚姻开始从附庸地位上摆脱出来,成为一个独立的艺术表现领域。

深入到人物内心世界,刻画情感经历的微妙和曲折,是这一时期爱情婚姻小说对于种种清规戒律的明显突破。值得注意的是,情感的溪流开始从革命叙事的隙缝中流溢出来,给小说创作增添了另一种情调。如阿章的《寒夜的别离》想告诉读者的是:"在和平环境中相爱,在幸福生活中告别的人,又怎么能知道:曾为他们的幸福而牺牲自己幸福的人,在今夜的告别中,有着一种什么心情呢?"此中的体会半是自我安慰半是孤独惆怅,当前的场景和往事的回忆把一对革命伴侣因战乱而长久分离的相思之苦、凄楚之心,表现得淋漓尽致,是在人物情感描写上十分独到的作品。

1957 年 7 月,由《人民文学》"革新特大号"推出的宗璞的短篇小说《红豆》,则是新中国爱情婚姻题材小说创作的一个标志。小说叙述的也是一个有关革命与爱情冲突的故事,但是这一冲突完全内化为人物情感世界的冲突,种种搏斗都是在自身的血肉之中进行,当然是十分痛苦。作家在人物设置上选择了一个情感纤细而缠绵的知识女性作为主人公,以充分展示人物的内心世界。作品是以回忆的方式展开的:尽管江玫"已经真的成长为一个好的党的工作者",但当她回到校园,在自己当年住过的宿舍中发现象征爱情的红豆犹在,仍不由得睹物思人,回想起往事,"泪水遮住了眼睛"……这样一个开头无疑是对人物的政治取向和爱情取向作了一个剥离,虽然江玫和齐虹由于对待现实政治的不同立场而分手,但情感却是"剪不断,理还乱"。作品的叙述显然是分裂的,江玫在同寝室的萧素的影响下越来越积极地参加到革命活动中,但这并不能使她摆脱对齐虹的痴心苦恋,相反,当她意识到分手不可避免时,感到的是"周围只剩了一片白,天旋地转的白,淹没了一切的白"。叙述的分裂是由于作家摒弃了政治立场决定情感态度的简单模式,因此在对政治道路的选择上,江玫或许可以坚定地说"我不后悔",但对情感经历的回味,却有某些怅然和失落感,这构成了作品的感伤主义基调。的确,小说是以江玫对革命的向往和参与作为故事情节发展的动因的,但它并不是决定人物情感态度的唯一理由,即使他们彼此都意识到政治立场的分歧,但还是爱得痴迷,爱得疯狂,"他们的爱情正像鸦片烟一样,使人不幸,而又断绝不了"。从相互的默契到爱情的产生,从思想的分歧到最后的分道扬镳,作家并不回避对江玫的矛盾而痛苦的内心历程的真实刻画,忧郁徘徊的境况,难以割舍的情思,心灵起伏的微澜,都使小说产生了一种缠绵悱恻的抒情意境。而作品的艺术魅力也正在于,让革命和政治的现实粉碎了小资产阶级的罗曼蒂克,迫使人物在革命和爱情之间作出选择,使爱情在被撕裂的过程中绽放出哀婉之美。读者有理由批评人物和作家在爱情和审美趣味上保留的"小资产阶级情调",但若非如此,江玫就不是江玫,《红豆》也不成其《红豆》了。在《红豆》被批判之后相当长的一个时期内,就再也没有作品能传递出婚恋小说的文人韵味了。

随着社会生活方式和人们行为方式的改变,人们的道德观念和情感态度也在发生变化,采取什么样的人生态度来对待爱情婚姻,如何对爱情婚姻生活作出道德审视,也是这一时期作家所关注和思考的问题,邓友梅的《在悬崖上》是这方面的代表。小说叙述的是婚姻生活中一度出现的一场危机,而导致这一危机的原因则是一个富于个性的青年女性的介入。就整个作品来说,作家借技术员的忏悔对加丽亚作何种道德判断并不重要——尽管这是当时论争的焦点,重要的是作品提供了一个新鲜生动的人物形象,正是这个人物所代表的新的生活方式和人生态度,使读者众说纷纭。与江玫较为迷恋的旧式情调相比,加丽亚更多一些"新潮"的气息,入时的装束,绰约的舞姿,活泼而兼有轻佻的性格,开朗而略显轻率的举止,无处不表现出自己的个性。她尽情地享受生活,当"我快乐的时候,根本不考虑周围还有别人存在"。但是作家在刻画加丽亚这个人物时,表现出了一种难得的客观态度,对加丽亚的举止言谈既有道德审视的眼光,又不是简单的道德判断,与当时普遍的批判性意见相比,作家取的眼界似乎还更高一些,这也从一个侧面弥补了小说中人物性格和心理刻画的粗疏之处。

在这一时期的小说中,有些作家还从不同的视角描写了各色人物的情爱生活和情感纠葛,为我们展开了一个多姿多彩的艺术画面,伸张了人人都有爱和被爱的权利的道德诉求。如陆文夫的《小巷深处》,讲述的就是一个争取爱和被爱的权利的故事。少女时曾沦为妓女的徐文霞解放后当上了纺织女工,但不堪回首的往事如同梦魇般地压在心头,以至于在爱情叩响心扉的时候,她还久久地张皇逃避。然而她又是如此地渴望得到爱情。当她终于向恋人诉说了自己屈辱的过去的时候,张俊是否还会爱她已经变得不重要了,不论社会将怎样看她,她已经摆脱了恐惧,赢回了尊严,获得了与其他人同等的权利。与《小巷深处》形成鲜明比照的是丰村的《美丽》,这是一个出让爱的权利的故事。长期以来,在"左"的思潮的影响下,为了革命忙于工作而不顾及恋爱婚姻和个人的情感生活,往往是作家赞颂、讴歌的一个主题。丰村在《一个离婚案件》《在深夜里》等小说中也重复讲述过这类故事,但《美丽》似乎是个例外,女主人公季玉洁始终抑制住自己爱慕的情感尽心尽意地照料着首长,把这当做"革命工作"来对待;后来又再三以工作忙碌为理由,拒绝了别人的爱。这是一个面对爱情的自我放弃者,以至于让首长在老婆在世的时候享受着季玉洁虔诚奉献的爱,而当老婆去世后则另觅新欢,所有的失意、孤独和痛苦都被她用工作掩盖起来,事实上,她不仅出让了爱的权利,而且丧失了爱的能力。这样一个令人悲哀的人物放在当时的语境中或许会被人讴歌为"美丽",但在今天看来除了悲哀还是悲哀。由于小说采用了多角度的叙事而没有权威叙述者的声音,因此"美丽"的评价就变得模棱两可,说不准是嘉许还是嘲讽,这就构成了作品的反讽效果,这在五六十年代的小说创作中是不多见的。

五、反映革命斗争生活的小说

1. 革命历史题材小说的发展

在中国当代文学史中,革命历史题材可以说是一个崭新而又为人熟知的题材领域。它特指在中国共产党领导下的革命斗争历史,具体地说,中国共产党领导和参与的三次国内革命战争和抗日战争、解放战争构成了革命历史小说叙述的主要对象。

关于革命斗争的叙述,是在革命斗争的过程中逐步展开的,尤其是在左翼作家的笔下,最早出现了由无产阶级领导和参与的革命斗争场景。在解放区文学中,关于革命斗争的叙述出现了一个高潮。其中最具代表性的小说有最早反映根据地人民开展抗日斗争的长篇小说《吕梁英雄传》(马烽、西戎)、《新儿女英雄传》(袁静、孔厥),刘白羽的短篇小说集《战火纷飞》、孔厥的短篇小说《一个女人翻身的故事》、邵子南的短篇小说《地雷阵》等。可以说,这些作品也就成了革命历史题材小说的奠基之作。

与其他题材相比,革命历史小说在中国当代文坛上具有特殊的意义。冯雪峰在评价《保卫延安》时指出:"它描写出了一幅真正动人的人民革命战争的图画,成功地写出了人民如何战胜了敌人的生动的历史中的一页。对于这样的作品,它的鼓舞力量就完全可以说明作品的实质、精神和成就。"[1]这话也概括地道出了革命历史小说承担的特殊的意识形态功能和思想教育功能。由于题材的特殊性,革命历史小说在表现理想主义和英雄主义时,往往比其他题材的小说更具有震撼力和崇高感。

由于革命历史小说承担着上述特殊功能,因而常常受到特别的关注。在党和政府的重视下,革命历史小说有着诸多良好的发展条件:中国人民浴血奋战的革命历史为创作提供了丰富的素材;许多作家亲身经历了这些伟大斗争,为英雄立传的责任感促使他们把笔触伸向那些可歌可泣的业绩;新中国成立前作家没有足够的精力来从容地进行艺术构思,新中国成立后和平的环境为他们提供了有利条件。这些都使革命历史小说能够迅速崛起,成为与描写农村生活创作并驾齐驱的两大题材之一。其涉及作家之广,创作成果之多,艺术水准之高,在本时期创作中都是值得一提的。

1949 年 10 月,刘白羽发表了中篇小说《火光在前》,作品展现了人民解放军渡江作战的壮丽画面,塑造了一群只要"火光在前"就"永远前进"的指战员英雄形象。这部作品几乎与共和国同时诞生,揭开了中国当代文学史上革命历史小说的新篇章。此后,许多同类小说相继问世:《铜墙铁壁》(柳青)、《活人塘》(陈登科)、《战斗的青春》(雪克)、《保卫延安》(杜鹏程)、《平原烈火》(徐光耀)、《风云初记》(孙犁)、《铁道游击队》(刘知侠)、《小城春秋》(高云览)等长篇小说,《变天记》(张雷)、《开不败的花朵》(马加)、《小英雄雨来》(管桦)等中篇小说,孙

---

① 冯雪峰:《论〈保卫延安〉的成就及其重要性》,《文艺报》1954 年第 14 期。

犁、峻青、王愿坚、茹志鹃、刘真、刘白羽、萧平、管桦、菡子等的短篇小说,都从不同角度、不同侧面真实反映了我军和我国人民数十年间艰苦卓绝的革命历史和斗争生活。1957 年以后,革命历史小说受到反右扩大化的影响,但仍保持着强劲的发展势头。尤其是长篇小说创作推出了一批精品,使革命历史小说进入了一个新的发展阶段。

进入 60 年代以后,"左"倾思潮的急剧膨胀给革命历史小说的创作带来了严重的干扰。1962 年,康生一手制造了《刘志丹》冤案,把李建彤的长篇小说《刘志丹》打成"为高岗翻案的反党大毒草",受株连者数以万计;1963 年,因彭德怀被打成"右倾机会主义分子",《保卫延安》随即也遭到销毁的厄运。在大抓"阶级斗争""路线斗争"的年代,革命历史小说的创作也被卷入党内路线斗争的漩涡,动辄被扣上"树碑立传"的罪名,许多作家、作品为此蒙冤受屈,革命历史小说落入低谷。不过,这时仍出现了《源泉》(丁秋生)、《长城烟尘》(柳杞)、《小兵张嘎》(徐光耀)等小说,以及在"文革"期间出版的《万山红遍》(黎汝清)、《昨天的战争》第一部(孟伟哉)、《山呼海啸》(曲波)、《桐柏英雄》(前涉)、《大刀记》(郭澄清)等。

在艺术形式和艺术风格上,这一时期的革命历史小说也较为多样化,鲜明地体现了中国当代小说艺术形态的演变过程。

沿袭解放区文学传统而来的革命历史小说,最初保留着强烈的故事体和纪实体特征。以反映真人真事的通讯报道体来求得真实,以通俗曲折的故事体来求得生动,这是新中国成立初期作家较为普遍的选择,如刘白羽的《火光在前》更接近于纪实体,陈登科的《活人塘》则接近于故事体。这两种体式在后来的发展中成就更为显著的是故事体,在这方面作家更多地吸收了中国传统小说的章回体形式来构筑长篇小说。从解放区的《吕梁英雄传》《新儿女英雄传》,到新中国成立后的《烈火金钢》等,构成了革命历史小说中"新章回体"的一个传统,对于其传奇性的发掘更是波及《铁道游击队》《敌后武工队》等一大批作品,这也是中国当代长篇小说创作在民族化、大众化引导下,充分吸收民间文化资源的例证。当革命斗争成为"历史"后,通讯报道式的叙述逐渐为回忆式的叙述所替代,50 年代大量出版的革命回忆录,为革命历史小说的创作提供了丰富的素材,也促使许多作家采用回忆式的叙述来写小说,如峻青、王愿坚等;在长篇小说方面,则以李六如的《六十年的变迁》最有代表性。

革命历史小说的成熟,集中地体现在长篇小说创作上,其标志是作家对"史诗性"的追求和一批作品体现出来的"史诗风范"。史诗概念原本是随着"五四"以来对西方文学的引进而传入中国的,但是对于中国当代作家来说,更直接的途径则是俄苏文学的影响。从杜鹏程、梁斌、吴强、欧阳山等人的作品中都可以明显地看出俄苏文学的影响和史诗性观念的植入。在作家的心目中,历史真实、革命主题、英雄人物、崇高精神、庄重风格和作品宏大的规模,构成了史诗性的内涵。《保卫延安》是中国当代文学史上最早被誉为史诗的长篇小说,该书出版不久,冯雪峰就称赞这部小说"是够得上成为它所描写的这一次具有伟大历史意义的有名的英雄战争的一部史诗的"[①]。在此之后,"史诗"成为对一部长篇小说的最高评价,"史诗性"成为作家创作的追求,并因此把长篇小说创作推向了一个新的发展阶段。

但是,由于作家受到各种条条框框的限制,革命历史小说对于历史和历史人物内心世界的审视,都不可能进入一个更深刻的层面,作家按照政治结论来表现革命斗争的历史,缺少个人

---

① 冯雪峰:《论〈保卫延安〉的成就及其重要性》,《文艺报》1954 年第 14 期。

的视野和个性化的表现。对作品规模的片面追求也使得不少革命历史长篇小说产生了"半部杰作现象"。这些缺陷都有赖于新的思想和艺术观念的产生才能逐渐克服。

2. 孙犁的小说

与多数当代小说家一样,孙犁①的创作也选取了人们习惯称之的"重大题材",主要是两个方面:一是革命历史题材,二是农村生活题材,这也是"十七年"小说创作的"当家"题材。孙犁小说大多以滹沱河畔、白洋淀中、冀中平原、冀西山地的农村乡镇为背景,以生活在这里的男男女女为描写对象。因此他的两个题材实际上也就是一个题材,即北方农村和农民所经历的时代风云变幻:从抗日战争到土改,到变工互助,到合作社。这是将他 1944 年的成名作《荷花淀》《芦花荡》到新中国初期的《山地回忆》《吴召儿》等,再到《风云初记》《铁木前传》等作品贯穿起来的一条线索。

孙犁小说创作的题材是重大的,他对题材的艺术处理却是独特和别致的,这就是他在描写现实生活时经常糅进的浪漫主义情调。尽管他的作品也不乏英雄主义和理想主义,但在他的创作中,浪漫主义情调却具有鲜明的个人色彩,即透过那些复杂纷繁的革命斗争生活的描写,寄寓着作家本人对纯美的乡土风物、纯朴的人际关系、纯厚的人伦情感、纯真的童年生活的深切眷恋和向往,这使得孙犁关于革命历史的叙述成为田园牧歌、乡村情歌和革命颂歌的交响,表现出个性化的抒情风格。

寄风云变幻于诗情画意,这是孙犁小说抒情风格的主要表现。在革命历史题材小说的发展中,真正形成他个人风格的,则是在延安创作的《芦花荡》《荷花淀》等,正是这类作品开了将革命斗争生活诗意化的先声。在他叙述抗日战争时代风云的小说中,正面叙述的往往不是炮火硝烟、刀光剑影,而更多的是抗日军民和社会各阶层人士的生活方式、人际关系、心理和情感变化等。他的着眼点始终放在民间的乡土中国如何对这场伟大的民族解放战争作出自己的回应,他的艺术处理方式不是将革命斗争史诗化、戏剧化,而是将其日常化、田园诗化,所以出现在他作品中的人物大多带有浓厚的生活气息。如《风云初记》中单纯、热情的春儿,憨厚、质朴的芒种,耿直、刚毅的高四海,厚道、乐观的长工老温,聪明又有几分迂执的民间艺人变吉等;反面人物也不是脸谱化的,如蒋俗儿浑似一个俏丽的荡妇加泼妇,高疤整个儿就是江湖上的土匪兼兵痞,老蒋是个傍着有钱人谋食的二流子,这形形色色的人物构成了乡土中国的社会基础。他们之间的错综关系,既表现出传统的人伦关系和人伦情感,又在抗日战争这个特殊的年代注入了新鲜的历史内涵。作为一位在革命队伍中成长起来的作家,孙犁自然是满腔热忱地讴歌革命战争如何促成了民众觉悟的提高和精神解放,但作为一位执著眷恋于乡土的作家,孙犁也断难割舍那些美好的民风、民情、民俗。于是革命战争在孙犁的作品中就成为充分展示民风之淳朴、民情之浓馥、民俗之温馨的典型环境,被凸显出来的并不是战争本身,而是战争中的乡土

---

①　孙犁(1913—2002),原名孙树勋,河北安平人。1937 年参加革命,从事编辑工作。1939 年发表作品,1944 年在延安鲁迅艺术文学院担任教学工作,在此期间发表了《芦花荡》《荷花淀》等小说。解放后长期在《天津日报》工作。出版有长篇小说《风云初记》,诗集《白洋淀之曲》,散文集《津门小集》《晚华集》《秀露集》《曲终集》、《芸斋书简》(上、下册)、《耕堂读书记》(8 册),中篇小说《铁木前传》,评论集《孙犁文论集》等。

中国,是在战争背景下顽强保存下来的乡土之美、人情之美。早在《荷花淀》中孙犁就把战争中的乡土之美、人情之美凝缩在女人月下编苇席的院落场景中。在《风云初记》中,给人印象最深的依然是堤埝纺织、叼草缝衣、瓜棚夜话、沙冈送别等场景,这些日常化的人情风习,在战争的映衬下显得格外温馨,也就愈发值得怀念和珍视。乡土风情和爱情故事使孙犁作品成为革命历史题材小说中少有的"战争田园诗"和"战地浪漫曲",如茅盾所说,"他是用谈笑从容的态度来描摹风云变幻的,好处在于虽多风趣而不落轻佻"①。作家以这种方式寄寓了自己对这片土地、对人民的深切眷恋和深情赞颂。

　　孙犁小说浪漫抒情的特色,在很大程度上同女性形象塑造有关。在他的作品中,女性形象占有突出的位置,如《村歌》中的香菊、双眉,《山地回忆》中的妞儿,《吴召儿》中的吴召儿,《小胜儿》中的小胜儿,《风云初记》中的春儿、秋分,《铁木前传》中的九儿等,这类女性大多葆有中国妇女的传统美德,但一如他写乡土风情那样,作家很注意细致地刻画她们在时代风云变幻中的成长,因此她们又有别于传统的妇女。时代对女性的影响和女性随时代而进步,是孙犁塑造女性形象的一个着眼点,即或是在《山地回忆》《吴召儿》《小胜儿》这些小短篇中,他也能用极省俭的笔墨让人物身上的新品质熠熠生辉,而这些新品质又能同中国女性的那些传统美德很自然地融合在一起,且与他小说的抒情风格相一致:细腻、轻柔、单纯、明净、开朗。孙犁也写过一些性格较为复杂的女性,相比较而论,这类人物在某些方面更能见出作家人物刻画的深度。孙犁塑造的各类女性虽然身份有别,性格各异,但总的来说,他是用深挚的情感来描写这些人物的,这应了《红楼梦》中宝玉说的话"女孩儿是水做的",由此可见,孙犁写女性也受到《红楼梦》的影响。

　　浪漫的抒情风格极大地影响到孙犁小说的叙述方式和艺术结构。在叙述方式上,孙犁擅长以简洁明了的手法记事写人,他的不少作品在叙述人和事的时候笔墨经济,多用白描,令画面如剪影,似速写,却生动传神,如《山地回忆》《吴召儿》均如此。他抒起情来则往往恣意铺陈,不吝笔墨,也不拘叙述陈规。与当时的许多作家一样,孙犁也偏好于把叙述安放在一个回忆性框架中,但他的这一框架与其说是为了引出要叙述的人或事,不如说是更便于寄托自己的情感。

　　叙述中抒情主体的融入不仅打破了小说通常的叙述程式,而且也打破了小说传统的艺术结构。这一时期的小说由于受到解放区文学的影响,大多向读者讲述一个有头有尾的完整故事。孙犁的小说则别开生面地采用散文的结构方法,以作家之意连缀章节,以主观情志敷衍全篇,再加上抒情言志的任意插入,故不讲究故事情节连贯、缜密和完整。如《风云初记》中芒种和春儿"后来"究竟怎么样了,没有明确交代。至于一些小短篇,称其为回忆性散文也未尝不可。由于这种随意、散漫的结构特征,孙犁的小说也常被人称为"散文化小说"或者"诗化小说"。茅盾曾称赞孙犁的小说"好像不讲究篇章结构,然而决不枝蔓"②,其实也不尽然。若是中篇或长篇,则有驾驭失控之感。《风云初记》的第三集线索飘忽、枝蔓横生,缺少了坚实的人物或事件作基础,抒情也显空泛和苍白。

　　孙犁的小说语言是"如话性"和"如画性"兼具。前者更多承继了大众口头语的传统,通俗

---

① 茅盾:《反映社会主义跃进的时代,推动社会主义时代的跃进!》,《人民文学》1960年第8期。

② 茅盾:《反映社会主义跃进的时代,推动社会主义时代的跃进!》,《人民文学》1960年第8期。

晓畅,明白如话,如"大马庄是个镇店地方。村西头有一对青年,女的叫如意,男的叫宝年"(《婚姻》)。后者更多具有文人书面语的色彩,典雅明丽,如诗如画。他交相使用这两套语言叙事抒情,在照顾到农民语言习惯的同时,锤炼出一种适合知识分子审美趣味的文学语言,尽管有时也不免过于做作而失其真率。

在叙事风格上,孙犁的叙述是温和的、温情的,甚至在明朗的基调中时而流露出一些淡淡的感伤和怅然。由于他借人物传达自己的情感,有时不免偏离了人物自己的性格逻辑,使笔下的人物显得"失真"。孙犁的朋友也认为他"在生活面前还不够勇敢,有时回避生活中的尖锐矛盾;有时只表现自己所感受到的一个较小的精神世界"①。但恰恰是孙犁富于个性的审美情趣和艺术风格影响了几代作家,如刘绍棠、从维熙、贾平凹等。

3. 茹志鹃、王愿坚的小说

女作家茹志鹃②的文学成就主要在短篇小说方面,题材多来自解放战争时期和五六十年代的社会生活,属于前者的有《关大妈》《百合花》《澄河边上》《三走严庄》等,属于后者的有《高高的白杨树》《静静的产院》《春暖时节》《里程》《如愿》《阿舒》等。

与着意于战场胜负的惯常模式相比,茹志鹃的革命历史题材小说几乎没有多少炮火硝烟、血腥搏杀的大场面,而更关注战争环境中人的心灵世界和精神升华。用她自己的话来说,就是记忆的筛子"把大东西漏了,小东西却剩下了,这本身就注定我成不了写史诗的大作家"③。她所说的"小东西"包括战争环境中淳朴真挚的人际关系,战争间隙中宁静的星空和原野,那些普通人的一颦一笑、一嗔一怒,而当她在对这些"小东西"作出艺术处理的时候,又保留了女性特有的视角和体验,因此她创作的革命历史小说尽管为数不多,却开创了同类小说的另一种叙述风格,《百合花》堪称其中的代表。

《百合花》的故事主要是在两个普通的小人物——扭捏的小通讯员和羞涩的新媳妇之间展开的,在这里作家有意避开了对战斗场面和英雄行为的正面刻画,"原因是我要写一个正处于爱情幸福之漩涡中的美神,来反衬这个年轻的、尚未涉足爱情的小战士"。于是小说不仅摆脱了同类题材中常见的"革命与反动""进步与落后"之类的情节模式,而且把笔触伸向人物的情感世界,含蓄地表现严酷的战争环境中亲切的、日常化的生活片断。小通讯员对陌生女性的拘谨和故作严肃,新媳妇对小通讯员的讪笑和故作气恼,都颇有分寸地传达出人物间的情感交流,既有"军民鱼水情"的一面,也有青年男女交往中羞涩和欢悦的一面。随着故事的进展和新媳妇的情感升华,叙述人从故事中逐渐隐退,完成了作者所说的"没有爱情的爱情牧歌"。在当时的条件下,《百合花》既是作家对表现人性美的一种努力,又因采用了可以被接受的表现方式而得到茅盾的称赞:"我以为这是我最近读过的几十个短篇中间最使我满意,也最使我

---

①　方纪:《一个有风格的作家——读孙犁同志的〈白洋淀纪事〉》,《新港》1959 年第 4 期。
②　茹志鹃(1925—1998),浙江杭州人。1943 年参加新四军,长期在部队从事文艺宣传工作。1943 年在《申报》副刊发表第一个作品《生活》,1950 年发表第一个短篇小说《何栋梁和金凤》,1955 年从部队转业到中国作协上海分会,从事文学创作和编辑工作。著有短篇小说集《高高的白杨树》《百合花》等。短篇小说《百合花》《剪辑错了的故事》均获全国优秀短篇小说奖。
③　茹志鹃:《我写〈百合花〉的经过》,《青春》1980 年第 11 期。以下未注明出处者均引自该文。

感动的一篇。"①

《百合花》的风格大体上也代表着茹志鹃短篇小说创作的主要特色。

首先是情感的体验重于事件的叙述。事件只起到引发情感的作用，而情感则借助于事件的推动一波三折，逐渐引向高潮。在《百合花》中，"我"对小通讯员的认识，主要是通过外部观察反复体验而获得的：从开始的"生起气来""发生了兴趣"，到"越加亲热起来"，到最后"我已从心底爱上了这个傻乎乎的小同乡"，在看似无事的过程中，情感的体验逐渐积累加深，为小说的高潮作了铺垫。在《如愿》《春暖时节》《里程》《静静的产院》等作品中，叙述者都深入到主人公的心灵中，去体验外部事件如何激起人物的情感波澜，又以人物内心世界的变化来推动事件的进展，从而给茹志鹃的小说增添了浓郁而细腻的抒情意味。而作家的细腻的情感主要是通过对细节的捕捉、选择和描写来表现的。可以说，细节的描写重于整体的勾勒是茹志鹃小说创作的又一特色。冰心说茹志鹃的作品："不放过她观察里的每一个动人的细腻和深刻的细节，而这每一个动人的细腻和深刻的细节，特别是关于妇女的，从一个女读者看来，仿佛是只有女作家才能写得如此深入，如此动人！"②茹志鹃的许多作品缺少对人物、事件的整体性勾勒，而是充分调动细节的描写来构成生活片段，以给人留下深刻的印象。在《百合花》中，对小通讯员、新媳妇的事迹、性格都没有完整的铺叙，但小通讯员枪筒里插的树枝和野菊花、衣肩上挂破的口子、给"我"开饭的两个干硬的馒头，以及洒满白色百合花的新被子，却使人过目不忘，人物单纯、质朴的心灵也由此得到充分的表现。

细腻的情感体验、细节的入微刻画、细致的谨严结构，使茹志鹃的小说更适合于表现"生活激流中的一朵浪花，社会主义建设大合奏里的一支插曲"③，茅盾把她的风格概括为"清新、俊逸"，还特别强调表现庄严的主题"除了常见的慷慨激昂的笔调，还可以有其他的风格"④。尽管如此，还是有批评家要她把人物放在"复杂的矛盾冲突中来表现"，并"提高和升华到当代英雄已经达到的高度"。可见茹志鹃的艺术风格与当时的艺术规范也不尽吻合。总的来说，她的创作虽然表现了自己的风格，但在当时的条件下，却很难做到用自己的眼睛"从生活中寻找出那种闪光的属于自己的东西"⑤。

到了新时期，茹志鹃的艺术风格发生了新的变化。被认为是"反思文学"发轫之作的《剪辑错了的故事》和《草原上的小路》标志着作家"从微笑到沉思"的飞跃，开始从历史和现实中去抉发那些令人警醒的沉疴，且不惮于触及社会和人生的创痛。她在历史和现实的深处，找到了属于自己的东西。

王愿坚⑥的创作是从战地报道开始的，他的小说体现了从报道、故事到短篇小说的艺术转变。1953 年秋，他开始写作短篇小说，最初发表的《珍贵的纪念品》《火》《东山岛》《水的故事》

---

① 茅盾：《谈最近的短篇小说》，《人民文学》1958 年第 6 期。
② 冰心：《一定要站在前面——读茹志鹃的〈静静的产院〉》，《人民日报》1960 年 12 月 14 日。
③ 侯金镜：《创作个性和艺术特色——读茹志鹃小说有感》，《文艺报》1961 年第 3 期。
④ 茅盾：《谈最近的短篇小说》，《人民文学》1958 年第 6 期。
⑤ 黄秋耘：《从微笑到沉思》，《上海文学》1980 年第 4 期。
⑥ 王愿坚(1929—1991)，山东诸城人。15 岁参加革命，曾在部队做宣传工作。解放后先后在《解放军文艺》、八一电影制片厂、中国人民解放军艺术学院等单位工作。著有短篇小说集《党费》《七根火柴》《后代》《普通劳动者》《珍贵的纪念品》，电影文学剧本《四渡赤水》《闪闪的红星》《合作》等。

等大多以真人真事为依托,有很强的纪实性。1954 年以后,他参加《星火燎原》编辑工作,访问老革命根据地,了解了大量革命斗争史实和动人事迹,他把这些素材与自己的生活经历和感受结合起来,写出了《党费》等一系列作品。《党费》发表后,在读者中引起了热烈反响。正如冯牧所说:王愿坚"选择和表现了一些极可珍贵的、在我们的文学创作中还接触得不多的重大题材,即第二次国内革命战争期间的红军和苏维埃区域的雄伟壮烈的斗争生活。截至目前为止,我们的广大读者是那么热切地盼望着能够早日看到正面反映这一英勇卓绝的斗争时期的作品。人们殷切地期望能够通过真实的艺术形象来回顾我们的革命前辈所走过的漫长艰辛的道路"①。从某种意义上说,王愿坚的《党费》等作品的发表,使革命历史的"谱系"渐趋完整。

以回忆体的方式来叙述革命故事,从而凸显出对"革命历史"的追忆和回味,是王愿坚短篇小说的一个显著特点。《党费》是由"我"缴纳党费而引出 1934 年有关黄新的故事的;《三张纸条》是从解放军筹粮开始,引出程老爹保留下来的三张纸条的故事;其他如《妈妈》《支队政委》等也都采用了回忆体的框架来叙述革命故事。回忆体作品大多采用第一人称的方式来叙述,一方面便于作家主观情感的抒发,另一方面则更强调历史和现实的联结。因此在他的作品中,后辈聆听并转述前辈关于革命斗争的回忆,便构成一个基本的叙述程式,并通过这一程式向后代介绍前辈革命者留给的精神财富。他后来发表的《普通劳动者》《休息》等作品虽然不属于革命历史题材,但也出于同一程式。

艺术上的深刻变化出现在《七根火柴》《三人行》等作品中。在这些作品中作者注意克服以前创作中存在的拉杂臃肿等毛病,尝试着从故事中提取诗意。这两篇小说都取自红军长征过草地的史实,作者放弃了第一人称叙述的回忆性框架,采取强烈对比的方式,截取某些片段或细节加以组织,来凸显某个特定的场景。《七根火柴》写生离死别的嘱托,《三人行》写甘苦与共的前行,由于直接切入矛盾的聚焦点,很快把情节冲突引向高潮,在点明题旨后叙述戛然而止,因此篇幅虽短,却能在瞬间爆发出强烈的感染力和震撼力。这种省却过程,着力捕捉"一刹那"的写作方式,笔墨凝练,回味深长。从叙事的角度看,近乎速写;从抒情的角度看,近乎短诗,这使王愿坚的创作构成另辟蹊径的一种风格,实现了作家提出的"从史里找到诗"的审美理想。

新时期伊始,王愿坚的创作基本上没有新的突破,所不同的是作家立意以剪影的方式为老一辈无产阶级革命家造像。在 1977 年发表的 10 个以长征为题材的短篇小说中,《路标》写毛泽东,《足迹》《草》《启示》《夜》写周恩来,《标准》《歌》《粮食》《肩膀》写朱德,《同志……》写贺龙。这些作品的政治意义高于艺术价值,也较为集中地暴露出王愿坚小说创作的艺术缺陷。

---

① 冯牧:《有声有色的共产党员形象——略谈王愿坚短篇小说的若干艺术特色》,《文艺报》1959 年第 1 期。

六、长篇小说的丰收

1. 20 世纪 50 年代末至 60 年代初的长篇小说

在本时期文学创作的整体格局中,长篇小说占据突出位置。从新中国成立到 1966 年"文革"前夕短短 17 年间,就出版长篇小说 320 部,在数量上超过了"五四"后的 30 年。不过最能代表本时期长篇小说创作成就的作品大都产生于 50 年代末至 60 年代初。从 1957 年《红旗谱》等的出版到 1963 年《李自成》第一卷的问世,在此六七年间,长篇小说不仅数量空前,而且佳作联袂,琳琅满目,形成了中国当代文学史上长篇小说创作的一个丰收期。

纵观这一时期的长篇小说,其突出的成就与特色可概括为三个方面。

第一,在反映生活上,注重历史事件与历史过程的记录,形成了以革命历史题材和农村生活题材为主干,辅之以历史题材和城市生活题材的基本格局。

就革命历史题材来看,如果按作品反映生活的历史顺序排列,几乎可以组成一部中国人民革命斗争的编年史。欧阳山的《三家巷》反映了 20 世纪 20 年代中国南方革命策源地广州的革命斗争,表现了省港大罢工、沙基惨案、广州起义等重大历史事件。梁斌的《红旗谱》则对中华儿女在中国北方滹沱河畔发动的反割头税运动和保定二师学潮作了集中的表现。这两部作品,一部侧重城市,一部侧重农村,真实地再现了大革命前后中国人民不屈不挠的革命斗争。杨沫的《青春之歌》对 30 年代的北平青年学生爱国运动给予了生动的描绘。反映伟大的抗日战争的优秀创作,有描绘胶东半岛人民同日寇浴血奋战的《苦菜花》、《迎春花》(冯德英);有表现冀中平原惊天地、泣鬼神的反"扫荡"战斗的《烈火金钢》(刘流)、《战斗的青春》(雪克);有描写配合武装斗争而开辟地下战线的《野火春风斗古城》(李英儒)、《小城春秋》(高云览);吴强的《红日》与曲波的《林海雪原》则分别再现了解放战争时期人民解放军在山东战场粉碎敌人重点进攻,取得孟良崮战役伟大胜利的历史事实和富有传奇色彩的东北剿匪战斗;罗广斌、杨益言的《红岩》作为反映中国共产党领导下的民主革命斗争最后一幕的优秀长篇小说,集中地描写了在重庆中美合作所集中营里的一场革命同反革命的特殊搏斗。此外,还出现了由少数民族作家创作的反映少数民族生活的优秀长篇小说《在茫茫的草原上》(玛拉沁夫)和《欢笑的金沙江》(李乔)。前者表现了特定年代里蒙古族人民的历史命运,后者描绘的是凉山彝族人民的觉醒和解放。

这些作品的作者,绝大多数是中国革命斗争的亲历者或目击者。他们所描绘的这一幅幅历史画卷,较真切地表现了人民共和国这个巨大的奇迹是如何诞生的,她穿越了怎样的腥风血雨、万水千山,终于取得了胜利。这些不仅满足了人们了解中国革命历史的热切渴望,且为后辈留下了宝贵的精神财富,而这是今后的文学创作所无法取代的。

与反映革命斗争题材的作品相比,反映现实生活的长篇小说相对要少一些。但伴随中国农业合作化运动发展的进程,涌现了不少描写农村社会主义改造过程的小说,透露出农村新生活的脉息。柳青的《创业史》与周立波的《山乡巨变》是这类作品中较杰出的代表。康濯的《水滴石穿》、胡正的《汾水长流》、陈残云的《四季飘香》也是这类题材中比较优秀的创作。虽然，由于这类作品与当时的政策有密切的关联，容易影响其向生活的深度开掘，更由于从 70 年代末 80 年代初开始，家庭联产承包责任制取代了原先的农业生产合作化的劳动组织形式，使这批作品所表现的思想观念，用今天的眼光来看，存在着局限，但这批优秀作品毕竟以其强烈的时代感和浓郁的生活气息，表现了农业合作化这一巨大的历史变动对中国农村的震撼与影响。因此，这些作品作为年轻的共和国为引导中国农民追求共同富裕所走过的一段历史足迹，是不会因其描写的具体事件而失去价值的。

同反映农业合作化题材的创作相呼应，周而复的《上海的早晨》在当时为数不多的城市小说中，以其题材的新颖、规模的宏大和人物形象的独特而别具特色。艾芜的《百炼成钢》和草明的《乘风破浪》则是本时期工业题材这一薄弱领域中出现的比较成功的小说。在反映现实的作品中，这时还出现了反映新疆生产建设兵团艰苦创业精神的《阳光灿烂照天山》(碧野)和描绘北大荒农垦战士英雄业绩的《雁飞塞北》(林予)，以及表现朝气蓬勃的大学生们的追求与成长的《勇往直前》(汉水)等较优秀的作品。它们在题材上对这一时期的长篇小说创作有所丰富。反映历史题材的长篇小说虽然在当时数量甚少，但李劼人描绘辛亥风云中四川保路风潮的卷帙浩繁的《大波》与姚雪垠反映晚明封建社会生活，歌颂李自成领导的农民起义的《李自成》(第一卷)都是富有深厚的历史文化内涵的优秀创作。李六如的《六十年的变迁》也以其简洁的手笔，为后人留下了自清末变法维新到十年内战期间许多历史人物的真实素描和剪影。总之，这批长篇小说在反映生活的广度和深度上，不仅比前一阶段有了新的拓展，而且对中国人民的历史命运和革命道路给以如此广阔的反映，对于中国人民近百年来创建新社会所经历的伟大历程，给以如此规模的正面记录，在新文学史上还是第一次。

第二，在人物塑造上，注重描写无产阶级英雄，呈现出以英雄人物为主体，中间人物、转变型人物相环绕，辅之以反面角色的人物画廊。

这一时期的长篇小说，作为主人公的，大都是英雄人物。但在新中国成立初期的创作中，长篇小说大多还停留在描叙过程、讲述故事的水平，人物塑造相对薄弱，只是到了 50 年代末 60 年代初，才集中涌现了朱老忠(《红旗谱》)、梁生宝(《创业史》)、林道静(《青春之歌》)、杨子荣(《林海雪原》)、江姐(《红岩》)等一批体现了一个时代审美理想的，构成新中国人物画廊主体的英雄人物。朱老忠是 20 年代末 30 年代初的革命农民典型。梁生宝则是 50 年代先进农民的典型。《苦菜花》中的仁义嫂是当代文学史上第一个比较完整、丰满的革命母亲形象。作品将这一形象置于公与私、生与死的严峻冲突中，鲜明地刻画了她性格中慈爱心肠与革命意志的统一。林道静作为《青春之歌》的主人公，成为 30 年代革命知识分子的典型。这些英雄形象在群众中产生了深刻的影响。《林海雪原》中的孤胆英雄杨子荣、《红岩》中从容就义的江姐，更是交口传颂、家喻户晓。作家在塑造这些英雄人物时，倾注了真诚的仰慕、崇敬和热爱的感情。而这些英雄人物身上那种为受压迫人民的解放而赴汤蹈火的无畏气概，那种为追求崇高理想而百折不回的坚毅精神，那种无私的胸怀，真诚的品格，已经逸出了文学的范围，成为中国人民的楷模。

在人物塑造上，一些作家在改变英雄性格人为的"纯净化"，还其生活本色上作了可贵的探索。刘胜与石东根(《红日》)、周炳(《三家巷》)等形象便是在那一特定的历史环境中所取得的探索成果。而较充分地体现了那时的作家对人物性格的丰富性和复杂性把握的，是梁三老汉(《创业史》)、亭面糊(《山乡巨变》)、严志和(《红旗谱》)、徐义德(《上海的早晨》)等中间人物或转变型人物。由于这类形象大多不占主角位置,对他们的创作规范远不像塑造英雄人物那样有那么多的教条束缚,这种相对的创作自由为这类形象贯注了更为鲜活的生命气息,从而使这类形象具有长久的生命活力。

第三,在艺术风格的探求上,恢宏、明朗、刚健、高昂构成了这批小说总体性的民族风格和时代风格。虽然在语言的运用、意境氛围的营造、艺术感觉的开放和人物心理的掘进以及长篇小说文体的开拓等方面,与"五四"以来的长篇小说相比,这批作品显得共性强化,个性弱化,但它们对长篇小说在话语体系、叙述方式、结构形态方面所进行的民族化与群众化的改造,比之于 40 年代解放区以来的文学,无疑是更加成熟了。而且许多作家在运用传统小说技巧表现新的生活上,也具备了较鲜明的个性风格或地域风格。例如,《创业史》的恢宏凝重,深沉热烈,细密遒劲;《山乡巨变》的清新秀美,朴实隽永,精细含蓄;《三家巷》的委婉纤徐,充满南国情调;《红旗谱》的浑厚豪放,富于北方色彩;以及悲歌式的《红岩》和传奇式的《林海雪原》等,无不在总体性的民族风格和时代风格中形成了自己的韵味。此外,对史诗效果的追求,也是这批小说引人瞩目的一个特点。宏大的叙事规模,多卷本的结构体制,一时蔚然成风。《红旗谱》原计划写五部,写成的是三部;《一代风流》共有五卷;《上海的早晨》是四大卷;《创业史》的构思也是由四大部构成一座巍峨的纪念碑式建筑;《青春之歌》最后以三部曲画上了句号;《李自成》经过几十年的努力,最终以十卷巨制绘制出一部雄浑的史诗。这种规模与结构上的宏大气势,构成了当代文学史上的特殊景观。

当然,本时期的长篇小说,也存在着较明显的不足。如反映生活的视角比较单一,大体局限于政治、阶级的维度;过于重视对历史事件和过程的追寻与记录,而忽视了对人的心灵的探索与表现。一些反映当代社会变革的作品,常常把历史性变革过程中不可避免的悲剧性冲突作了喜剧式的、乐观式的化解,以致现实主义艺术的力量未能得到充分实现。有的作品有图解政策或模式化、概念化的痕迹,缺乏独创性、新颖性,特别是自 1957 年反右派斗争以后,由于"左"倾错误的一再干扰,使这批比较优秀的创作出现了在初版后便开始为适应政治形势而作出修改的现象。这些修改大多是为适应某种观念而修剪生活,甚至编造生活,从而使其原来的艺术光彩受到了不同程度的损害。"左"倾思潮也造成了 1962 年之后长篇小说创作的落潮,虽然 1964 年前后仍然出版了几部反映现实题材的颇有影响的长篇小说,如陈登科的《风雷》、浩然的《艳阳天》、金敬迈的《欧阳海之歌》等,但这些作品不同程度地受到阶级斗争扩大化的影响,为了适应观念而编造生活的痕迹更加明显了。

2. 梁斌的《红旗谱》、杨沫的《青春之歌》

梁斌①的《红旗谱》主要取材于作者家乡的"反割头税运动""二师学潮"和"高蠡暴动"。他于 1942 年开始构思,1953 年至 1954 年首先完成了多卷本长篇小说《红旗谱》第三部的初稿,1954 年至 1956 年又相继完成了第一、二部的初稿。经过反复修改,1957 年年底出版了第

---

① 梁斌(1914—1996),原名梁维周,河北蠡县人。1927 年加入共青团,1929 年参加了反割头税运动。次年考入河北保定二师,曾参加二师以争取民主和抗日为目标的"七六"学潮。1932 年震惊全国的"高蠡暴动"失败后,他流浪北平,开始了文学生涯。抗战时期,在冀中地区从事文化宣传工作。1948 年南下,后到河北省文联从事专业创作。出版有长篇小说《红旗谱》《播火记》《烽烟图》《翻身记事》,散文集《春朝集》《笔耕余录》,回忆录《一个小说家的自述》等。

一部《红旗谱》,1963 年出版第二部《播火记》,第三部《烽烟图》于 1983 年出版。

作为一部具有史诗气度的小说,《红旗谱》一开篇便是一种震撼性的叙述,摆开了两个阶级生死冲突的阵势:"平地一声雷,震动了锁井镇一带四十八村:'狠心的恶霸冯兰池,他要砸掉这古钟了!'"而第三部《烽烟图》的结尾,则将被压迫阶级不屈不挠的反抗推向了一种源远流长、绵延不绝的时空里。这种惊心动魄、渊源深厚的压迫与反压迫的阶级斗争,主要是以冀中平原锁井镇两家农民三代人和一家地主两代人之间的矛盾冲突为基本情节展开的。而阶级斗争的严酷事实则将锁井镇划分为以朱老忠、严志和两家为代表的农民阶级跟以冯兰池家为代表的地主阶级两大敌对阵营。当然,这不仅是一般的地主与农民之间的阶级斗争,它是作者对民主革命时期农民历史命运以及中国革命史所作的艺术概括。

小说的"楔子"所写"朱老巩大闹柳树林"和稍后侧写的朱老明"对簿公堂",既表现了农民与地主势不两立的阶级冲突,更是意在揭示老一代农民传统的斗争方式的局限,即没有先进的思想指导,无论是个人拼命,还是合法斗争,中国农民都逃不脱失败的命运。同时,它也是为即将展开的新时代波澜壮阔的农民革命斗争画卷追根溯源,从而使艺术画面获得一种历史的纵深感。小说所描写的一系列事件,如第一部中的反割头税运动、运涛入狱、二师学潮,第二部中的高蠡暴动,以及第三部所写的卢沟桥事变后江涛、运涛、大贵等回乡组织抗日武装,虽然也反映了农民和地主阶级尖锐的矛盾和斗争,但是朱老巩的后代们已不再像先辈那样自发反抗,而是日益自觉地将自己置于共产党所领导的革命战争之中。小说由此展示了中国农民从自发反抗到有组织斗争的历史转折,表现了中国农民阶级在中国共产党的领导下觉醒、成长的历史和他们所承担的历史使命,也完成了以阶级矛盾为主线,以农民为主要同盟军的中国民主革命史的文学建构。

小说的这种建构,既依托在一些重大历史事件的描绘上,更体现于对农民英雄形象的刻画中。《红旗谱》对农民英雄典型的刻画,突出地体现在作者对朱老忠的创造上。朱老忠是一个跨越新旧两个时代的农民革命英雄的艺术典型。小说采用虎子(少年朱老忠)的视角,揭示出他是在农民斗争的沃土上成长起来的,他的血脉中翻滚着父辈刚毅不屈的反抗精神,这构成朱老忠走向革命的基础。而他走京下卫,闯荡关东的人生经历又练就了他不屈不挠的精神和坦荡的胸怀、过人的胆识,使他具备了农民英雄的性格气质。待他"扑摸"到共产党后,个人的复仇决心便上升为阶级觉悟了。如果说,在第一部中,朱老忠作为农民革命英雄的形象,还只是铺垫,那么,在高蠡暴动时,他担任红军大队长,冲锋陷阵;暴动失败后,他不向敌人低头,又投入到抗日的烽火之中,则使其革命英雄的性格获得了较为充分的展示。小说还写了朱老忠作为朋友,是讲信义的朋友;作为同志,是守纪律的同志;作为长辈,是知心的长辈;作为父亲,是慈爱的父亲;作为丈夫,他与贵他娘夫妻生活也是"搭了十几二十年的伙计,没拌过嘴,没吵过架",总是那么体贴如初。这种塑造英雄人物的观念,十分切合那一时期的创作观念,现在看来有些过于完美化、理想化。

如果说作者对朱老忠形象的塑造趋于理想化的话,那么,对严志和形象的塑造则是立足现实的。作者说:"我是把他作为一个地道的农民来写的。"①小说对他的农民性格表现得最浓烈动情的地方是他失去"宝地"而与之告别的一段,农民与土地命运相关、难以割舍的深情,在这

---

① 梁斌:《漫谈〈红旗谱〉的创作》,《人民文学》1959 年第 6 期。

里表现得淋漓尽致。这是一个勤劳、善良、朴实、软弱的农民，在他忍气吞声的日子里，虽然充满了对冯老兰的刻骨仇恨，但在他要求翻身过好日子的愿望中，却包含着惧怕生活的风雨和颠簸。小说通过描写江涛继运涛之后又被捕入狱时他极度悲观失望的情绪，对他的软弱和动摇作了较深刻的剖析。然而，正如他所说："打倒冯老兰……多深的泥水咱也得过。"在他的性格中，革命性、反抗性还是更本质的方面。因此，他终于在党的教育下摆脱精神负担，走上了革命的道路。严志和的形象反映了大多数农民在动荡年代里的思想状态和行动轨迹。可以说，正是因为有了严志和以及朱老明、朱老星、伍老拔、老驴头等一批个性鲜明的农民形象，与朱老忠的英雄形象构成互补，才使《红旗谱》对中国农民的历史命运反映得更为真实与浑厚。

《红旗谱》的另一特色，表现在作者努力寻求阶级斗争这一时代主题与民族心理、乡村风俗和传统文化的联结，用作者的话说就是："想完成一部具有民族气魄的小说。"[1]如对朱老忠性格的刻画，着重在吸收丰厚民族心理积淀的基础上，去挖掘人物性格的内涵特质，并吸收了中国古典小说刻画人物性格的长处。因此，"他底路见不平、拔刀相助的正义感，有点像鲁智深；他底没有丝毫奴颜和媚骨的硬骨头，有点像李逵；他底勇猛向上、正直无私的气概，有点像武松；他底有胆有识、深谋远虑的能耐，又有点像李秀成"[2]。而构成朱老忠性格民族特质的最突出的表现，则是他的豪爽仗义。这种舍己为人、仗义奉献的精神，在新的历史条件下，又被无产阶级的革命思想所滋润而焕发出时代色泽，从而使这一形象成为兼具有民族性、时代性和革命性的英雄人物的典型。小说对其他人物的描写，也大都是民族化的。可以说，正是这一系列人物形象的塑造，构成了《红旗谱》民族风格的主要因素。

作者说："地方色彩浓厚，就会透露民族特色。为了加强地方色彩，我特别注意一个地方的民俗。我认为民俗是最能透露广大人民的历史生活的。"[3]如小说中的"脯红鸟事件"，就是通过河北民间的玩鸟风俗举重若轻地表现出来的。而这部作品直接写风土人情的地方比比皆是。如河堤上的白杨树，平原上的麦田、谷穗和饭菜样式，以及赶年集、逛庙会、除夕把芝麻秸撒在地上"踩岁"，把香插在门环上、谷囤上、灶台上、牛槽上象征吉利等风俗。特别是人物对话中的俗语和土语，更为小说增添了鲜明的地方色彩，传达出富有地方风情的民族韵味。

《红旗谱》的不足，在于后两部在艺术上略逊于第一部。尤其是《烽烟图》，明显地受到当时流行观念的影响，由作者去直接讲述或者强加给人物一些政治术语，读起来显得生硬。

女作家杨沫[4]的"青春三部曲"展现了从"九一八"到"一二·九"，从"七七"事变到冀中平原上敌后游击战争这一波澜壮阔的历史画卷，讴歌了一代爱国知识分子灿烂的革命青春。其中《青春之歌》更是拥有广泛的读者，深受青年喜爱，出版一年多就销售了130多万册。

从取材上说，《青春之歌》带有自传性质。杨沫出生于北平一个大学校长兼地主的家庭，

①　梁斌：《漫谈〈红旗谱〉的创作》，《人民文学》1959年第6期。
②　冯牧、黄昭彦：《新时代生活的画卷——略谈建国十年来长篇小说的丰收》，《文艺报》1959年第19期。
③　梁斌：《漫谈〈红旗谱〉的创作》，《人民文学》1959年第6期。
④　杨沫（1914—1995），原名杨成业，笔名杨默、杨沫、君默、小慧等，祖籍湖南湘阴。解放前主要写作散文和短篇小说。1950年发表中篇小说《苇塘纪事》。她的代表作是1958年出版的长篇小说《青春之歌》。"文革"后，重写了"文革"中创作的长篇小说《东方欲晓》，更名为《芳菲之歌》于1986年出版，1990年又出版了《英华之歌》，与《青春之歌》一起构成"青春三部曲"。还出版有《杨沫散文》《自白——我的日记》《大河与浪花》《杨沫小说选》等。

童年时代遭受后母虐待。她中学未毕业,为反抗后母包办的婚姻离家出走,先后当过小学教员、书店店员。在奔波迷惘中,她接触了共产党人和一些革命知识分子,在他们的影响下,参加革命活动,并于 1936 年加入中国共产党。《青春之歌》便是以这一生活为基础创作的。杨沫后来也说,《青春之歌》是一篇"'传记式'的小说","是我的经历、生活、斗争组织成的一篇东西"①。因而又可以说,它是一部典型的成长小说。这部小说的成功之处在于,作者将自我的人生经验,个人的成长经历,以革命现实主义创作方法织入到知识分子如何由小资产阶级成长为无产阶级先锋战士的宏大叙事之中。其"织入"方式主要是将最具个人化特质的爱情叙事与政治叙事巧妙缝合,使知识女性林道静的爱情经历与革命知识分子的成长历程统一起来。这个统一性,在小说中具体呈现为林道静爱情经历中由三个男性所构成的三个成长阶段。

林道静初次步入读者视野的时候,从装束到行为,都是一个"五四"青年的模样。小说通过回叙林道静的家世,为其安排了双重血统:生父为官僚地主阶级,生母为农民阶级。前者为知识分子成长为无产阶级先锋战士的艰难性埋下伏笔,后者为其革命性转变提供了基本动力和根源性说明。

林道静由反抗封建家庭的包办婚姻,到独立谋生的幻想破灭后投海自杀,被北大学生余永泽搭救,并相爱而同居,是她成长中的第一阶段。余永泽是典型的自由主义知识分子,他在海边救起林道静后,向这位天真、无助的美丽少女展开了爱情攻势,于是,余永泽成了林道静"理想中的""骑士兼诗人"。林道静与余永泽的结合表明中国知识分子在走向革命的旅途中,首先选择的是来自西方的以个性解放为核心的人道主义。而在林道静与余永泽经营温馨小家庭的日子里,余永泽身上的个人主义、爱情至上,追求自我价值实现的思想与行为,使他在林道静的心目中日益丧失魅力,并沦为"自私的、平庸的、只注重琐碎生活的男子"形象,作品以此表明,在阶级矛盾和民族矛盾日益激化的 30 年代,个人主义道路是行不通的。林道静在感情上移恋卢嘉川以及她与余永泽的最终决裂,构成林道静成长经历的第二个阶段,即中国革命知识分子接受马克思主义,向往革命人生的阶段。共产党员卢嘉川在林道静人生道路上出现并成为她走向革命道路的引路人。林道静向对方诉说自己的"不幸",而卢嘉川主要是讲述革命道理,于是,在她心里开始升腾起一种渴望前进的、澎湃的革命热情。在全新的观念指导下,林道静同余永泽的决裂也就成为一种必然了。而这一决裂,乃是林道静把自己的出路同民族解放事业联系在一起的关键性的一步。小说对她在迈出这一步时热烈又犹豫不决、倔强又顾恋反复、斗争又温情主义的矛盾作了细致的描写,较真实地反映了那时的知识分子在走向革命的路途时所经历的曲折痛苦的心路历程。卢嘉川被捕入狱并遭杀害,另一个共产党人江华的介入构成了林道静成长经历的第三个阶段。于是,在江华的领导下,林道静开始了在伟大的人民革命斗争中锻炼成长的阶段。小说写了她在农村的磨炼、监狱的考验,并终于成为一名中国共产党党员,成为学生运动的领袖。与此同时,林道静曲折的爱情经历也有了最终的归宿,她成了江华的妻子。

在林道静的爱情经历与革命知识分子的成长历程同步展开的过程中,小说将其核心的主题定位在知识分子的思想改造上,即知识分子只有经历艰苦的思想改造,从个人主义到达集体主义,从个人英雄式的幻想到参加阶级解放的集体斗争,其生命价值才能得到真正的实现。

---

① 杨沫:《自白——我的日记》,花城出版社 1985 年版,第 116、139 页。

在艺术风格上,《青春之歌》与同期长篇小说相比,其主观视角的采用和大量的感受性叙述,尤其对人物内心情感世界细致入微的刻画,比较适合知识分子读者的口味。作者以女性纤细的笔触,不仅探幽烛隐地描绘了女主人公丰富而隐秘的心理律动,而且对其他人物复杂的心理状态也时有精微的运笔。小说第十三章写余永泽目睹了卢嘉川与林道静亲密纵谈的情景后妒恨心态的戏剧性变化就是一例。作者将一个大学生既妒恨又无奈,满腔气恼自我消化的心理过程刻画得一波三折又入木三分。

《青春之歌》作为一部将作者自我的人生经验织入宏大叙事而获得成功的作品,其艺术上的魅力,在相当程度上依赖于作者特有的坎坷多艰的个人经历与情感体验。而小说的明显不足——入党后的林道静缺乏入党前的性格光彩,对“一二·九”到“一二·一六”运动期间现实生活的描述粗糙等,也是由于缺乏亲身经历,因而写作起来比较困难。这种不足在作者 1961年出版的修订本中有了进一步的扩展。作者的这次修订,缘于 1959 年《中国青年》和《文艺报》上展开的关于这部小说的讨论。当时,有人批评这部小说“是作者站在小资产阶级立场上,把自己的作品当做小资产阶级的自我表现来进行创作的”,“林道静自始至终没有认真地实行与工农相结合”,“从未进行过深刻的思想斗争,她的思想感情没有经历从一个阶级到另一个阶级的转变”①。茅盾、何其芳等多数人不同意这种教条主义的批评,但认为“让林道静实行了与工农结合,那自然更好”②。根据这次讨论的意见,作者对小说作了重大修改,增补了十一章约 10 万字,并删削了林道静在接受革命教育后仍然流露的“小资产阶级感情”。现在来看,这次修改是失败的,给人以适应观念而不惜生编硬造的印象。

3. 吴强的《红日》、曲波的《林海雪原》和 罗广斌、杨益言的《红岩》

在这一时期的长篇小说中,描写解放战争时期革命斗争历史的有吴强的《红日》、曲波的《林海雪原》和罗广斌、杨益言的《红岩》,这三部作品都以不同的风貌在社会上引起热烈反响。三部小说的作者过去均未涉足过长篇小说创作,是他们经历的那种特殊的斗争生活铸造了他们的作品。

吴强③的《红日》取材于解放战争初期陈毅、粟裕统率的华东野战军在山东粉碎敌人重点进攻的历史事实。小说从一个军的角度着眼,写了沈振新部与兄弟部队配合消灭敌整编七十四师的孟良崮战役,描绘了一幅解放战争的壮丽画图。

正面描写大规模的革命战争,是当代文学创作的崭新课题。小说以沈振新部在第二次涟水之战失利作为情节开展的起点,围绕人民解放军由挫折走向胜利,在艰苦中扭转战局来发展

---

① 郭开:《略谈林道静描写中的缺点》,《中国青年》1959 年第 2 期。
② 茅盾:《怎样评价〈青春之歌〉》,《中国青年》1959 年第 4 期。
③ 吴强(1910—1990),原名汪大同,又名汪六浜,江苏涟水人。从学生时代开始写作,1933 年加入“左联”,1938 年参加新四军。在抗日战争和解放战争期间,亲身参加了黄桥、莱芜、孟良崮、淮海、渡江等著名战役。1952 年在上海市做文艺宣传工作。1956 年写作长篇小说《红日》。此外还创作有散文集《英雄的业绩》,话剧《黄桥之战》,短篇小说《灵魂的搏斗》,中篇小说《高高举起雪亮的小马枪》《养马人》,长篇小说《堡垒》等。

情节。从失败的悲愤,到战胜强敌的渴望;从对上级战略意图的不理解,到艰苦行军、演习,认真总结教训;从吐丝口强攻何莽部,到莱芜城外围歼李仙洲数万敌军,一步步导向战局发展的高潮孟良崮之战。这决定性的一战,是防御中的进攻,进攻中又有防御。而人民解放军的对手,正是第二次进犯涟水打败过沈振新部的整编七十四师。作家以酣畅的笔墨,描绘了这场扣人心弦的战役,充分表现了人民解放军同仇敌忾、浴血奋战的骁勇顽强。

作者有丰富的战争知识和表现能力,对不同场合、不同条件、以不同方式进行的战斗,作出了恰如其分的艺术处理。涟水、莱芜、孟良崮战役是作品情节的主干。小说对涟水战役的描绘,侧重抒写因战斗失利造成的郁闷,既表现了形势的严峻,又从侧面巧妙地体现出人民解放军所蕴藏的力量。莱芜大捷是作品的一大波澜,作者在重点描绘吐丝口攻坚战的同时,勾勒了在敌军 30 华里地段上的突围,抑郁的情绪为之一转。孟良崮山地争夺战是全书的高潮,小说时而鸟瞰整个战场,时而细摹某一局部。既有壁垒森严的两军对峙,又有近在咫尺的短兵相接。在以实写为主的同时,辅以恰到好处的虚写,使读者如置身其中。值得注意的是,作品在结构主干上,立体地展现了战争生活的广阔画面。不仅有部队的行军、爬山、涉水、泅渡、射击、冲锋、肉搏,而且有后方的运粮队、弹药队、担架队;不仅有激烈的战斗,而且有胜利的欢乐、连队的民主会议和戎马倥偬中的爱情婚姻。这些纷繁多样的日常图景错落有致地同几个战役交织在一起,组成作品茂盛的枝叶,从而使这部小说脱出了某些军事小说单调沉闷的窠臼,有机地把前方与后方、战斗与休整、军队与人民、战争与和平、仇恨与爱情自然而细密地组织起来,构成一个宏大的艺术整体。

《红日》不仅出色地描绘了革命战争生活的整体,而且成功地刻画了各级军事指挥员的形象。军长沈振新和副军长梁波在作品中占据着显著的地位。沈振新是参加过长征的老干部,漫长岁月的斗争风雨,把他锻炼成为一个出色的军事指挥员。作者不仅具体地写他在作战指挥中思索和判断的过程,勾画出一个有作为的军长形象,而且通过多种活动,多方面地展示了人物的性格。

把军一级的高级指挥员作为作品的主人公,是《红日》的一个突出特点。但这部小说写得最为鲜明的形象是团长刘胜和连长石东根。他们都出身农民,对革命忠心耿耿,有着求战心切、猛打猛冲的战斗作风。刘胜一听到枪炮声就心痒难耐,没有仗打就爱发牢骚;进入军事行动,又常不遵守时间,有些游击习气;几乎本能地瞧不起知识分子,对新派来的政委陈坚抱有偏见。但他襟怀坦白,知错就改。在孟良崮战斗十分紧急的时刻,他奋不顾身,力挽狂澜。他牺牲前的最后一句话,是叮嘱守在他身边的战友,不要把他的牺牲告诉他的老妈妈,"……免得她……难过!"这最后的一笔,感人至深地表现了他性格的纯厚。民主生活会上,战士们善意地指出石东根作战中的缺点,他虽强自克制,还是带着明显的愠怒大声说:"大炮、机关枪统统抬出来!"这里面虽包含着他的真实坦率,但更多地反映了他缺乏民主作风、修养较差、脾气火暴的性格弱点。作者十分真实地写出了他们的本色。

在艺术风格上,《红日》绘事写人常从大处着眼,细处落墨,于宏大中见精微,于雄浑中见细腻。在描写环境、烘托气氛方面,善于捕捉对象鲜明的特征。小说开头写涟水城外景物,寥寥三四百字,就传达出战争来临时严峻、阴郁的氛围。《红日》的缺陷主要是对作为我军工作生命线的政治思想工作者写得不足,丁元善、陈坚、罗光等政工干部形象缺乏鲜明的个性。

曲波①的《林海雪原》以传奇小说形式写革命军事题材,写得惊心动魄,奇峰迭起,深受广大读者青睐。这是我国 40 年代末至 50 年代涌现的一批新传奇小说中艺术成就最为突出的一部。

小说叙述的是人民解放军一支由 36 人组成的小分队深入牡丹江一带人迹罕至的林海雪原,与数十倍于自己的国民党匪徒周旋作战的故事。这是一场特殊环境中的特殊战斗,不仅兵力悬殊、环境险恶,而且所要剿灭的土匪是具有东北"胡子"习性且像豺狼一样在深山老林行动自如的惯匪。他们深居奇山险洞,行踪隐蔽。小说把小分队置于这样的困难之下,充分表现了人民解放军所创造的令人惊叹的战斗奇迹。

奇迹般的战斗是以人物的神勇奇智为灵魂的。小说从特定的情境出发,塑造了传奇式的英雄形象。其中孤胆英雄杨子荣的形象塑造得最为成功。杨子荣有着与英雄人物相似的品质特征,作者的成功之处在于抓住杨子荣性格中大智大勇的一面,置于异难奇险的情境,极力渲染,让他在与凶狠狡猾的敌手一次次惊心动魄的较量中,沛然充足地显示其英雄本色。其中最精彩的是智取威虎山一节。杨子荣乔扮土匪胡彪,巧妙闯入匪巢,凭一张从土匪手中缴获的联络图作见面礼,取得匪首座山雕的初步信任。而后,土匪们以黑话考问他,用郑三炮和蝴蝶迷的私事盘问他,都被他机智地对付过去。最后座山雕又以突然的"军事演习"来辨其真伪,被杨子荣敏锐觉察而果断地将计就计,不仅把攻山计划送下了山,而且赚得座山雕的充分信任,终于站稳了脚跟。正当杨子荣为座山雕大摆百鸡宴,等待小分队来攻威虎山时,曾被杨子荣俘获审讯过的土匪栾平突然逃上山来,一时风云突变。杨子荣临危不乱,从容镇定,舌锋辞利,以攻为守,终于化险为夷,制服了敌人。这一连串情节,把杨子荣智勇双全的英雄性格表现得淋漓尽致,光彩夺目。此外,小说对贯穿全书的中心人物少剑波多谋善断的指挥,神机妙算的用兵,作了重笔刻画,而对小分队其他成员的描写,如刘勋苍的胆大心细、勇猛过人,栾超家的诙谐幽默、善于攀登,孙达得的耐力过人、长于跋涉,也各具一份传奇化的生动。

在情节布局上,小说以奇袭虎狼窝、智取威虎山、绥芬大甸子大周旋和大战四方台而最终全歼顽匪为基本的情节线索。几个大故事既各有首尾、相对独立,又彼此联系、构成整体。而大故事中又套着小故事,小故事聚成大故事,使作品环环紧扣、奇峰迭起。此外,作者还在战斗故事的间隙,有机地插入北方奇异的景色描写和优美的神话传说,以及美丽的女卫生员与年轻有为的首长的爱情故事,更增添了作品浪漫主义的氛围。

从传奇艺术的角度看,一部现代传奇在艺术上成功的关键,常常取决于"奇"与"信"之间的张力。这部小说所写小分队执行的任务,看起来简直困难得不可能完成,但当作者写出他们完成了这些任务时,却使人在惊奇中感到十分真实可信。这种从"奇"得不可能中表现出真实的可信性来,才是传奇小说最可贵的魅力。作者曲波写作《林海雪原》的成功,相当程度上得益于作者那段独特的剿匪经历。虽然这部小说还存在某些笔法不够圆熟、智取威虎山以后情节发展有些拖沓等毛病,但它独到的传奇魅力却是没有获得如此斗争经历的作家难以企及的。

---

① 曲波(1923—2002),山东黄县(今山东省龙口市)人。15 岁参加八路军,解放战争初期任团指挥员,奉命率领一支小分队深入牡丹江一带的林海雪原进行剿匪战斗。这一斗争经历,为他后来创作《林海雪原》提供了生活依据。1955 年他开始创作《林海雪原》,1957 年出版。此后,又创作了《山呼海啸》《戎萼碑》《桥隆飙》等长篇小说。

　　罗广斌、杨益言①的《红岩》与《林海雪原》不同,写的是民主革命斗争的最后一幕。身陷囹圄的共产党人和革命志士同反动派展开了宁死不屈的搏斗,烈士的鲜血染遍了正迎来胜利曙光的红岩。这是一幕撼人心魄的悲剧,浓重的悲壮氛围构成这部作品独特的魅力。

　　《红岩》着力描绘的是一场特殊环境里的特殊战斗,作者在这场惊心动魄的战斗中,刻画了众多的人物,尤其是一批类型相同的英雄人物,如许云峰、江姐、齐晓轩、华子良、成岗、刘思扬等,他们都是对革命有着坚定信念的地下工作者,而且他们的主要活动环境渣滓洞、白公馆又都是活动天地极受限制的监狱,这些无疑给创作带来了相当的难度,但《红岩》还是取得了成功。小说不仅着重展示了英雄们如何战胜了敌人的严刑拷打、威逼利诱,刻画了他们超凡的革命意志,而且写出了这批革命英雄在有限环境里所显示的不同个性。

　　江姐是小说刻画得最为厚重的人物形象。作者对她的刻画,注重通过对她特有的女性感情的描写来表现其性格。她第一次出现在成岗家里,就让人感到她既是一位体贴人的大姐,又具有地下工作者机敏干练的风度。赴川北的途中,她突然看到悬挂在城头示众的是自己深爱的丈夫的鲜血淋漓的头颅。面对如此意外的打击,考虑到自己的处境和身份,无限的悲痛和波涛汹涌的感情都被她以坚强的革命意志克制下去。见到双枪老太婆时,她只用平静的声音说:"一切我都知道了。"这简短的一句话深刻地表现了她难以言述的痛苦和富有内涵的深沉性格。在狱中,她的十指被钉上一根根粗长的竹签,面对敌人的酷刑,她的回答是:"你们休想从我口里得到任何材料。"小说写她临刑前与战友一一告别,亲吻"监狱之花",梳理好头发,换上整洁的蓝旗袍,平整好衣服的皱痕,昂然走向刑场。这幅肃穆得令人窒息的从容就义图,集中地体现了一个有着崇高信仰的成熟的共产党人的美的光华。

　　许云峰和齐晓轩同是地下党优秀的领导人,但又不失其个性。作者突出地写了许云峰在身份已暴露的情况下,面对敌人的利诱、恐吓和威胁所表现出来的钢铁般的坚定与霹雳闪电式的还击,以表现他非凡的沉着、机智,充分地显示出共产党人的伟大气魄和力量。齐晓轩比其他政治犯更早地关进监狱,且真实身份没有暴露。小说便侧重写他更深的隐蔽,从而鲜明地刻画了他丰富的狱中斗争经验和远见卓识。而华子良的忍辱负重,成岗的坚定顽强,刘思扬的革命热情……也都给人留下了深刻的印象。

　　《红岩》在题材的立意、悲剧的处理上有鲜明的时代特征,在艺术结构上颇具匠心。它以狱中斗争为主线,以地下党组织的活动及其所领导的城市运动和华蓥山根据地的武装斗争和农民运动为副线,构成广阔的社会背景与纷繁的斗争场面;同时又以《挺进报》的斗争情节将这一主二副三条线索联结起来,汇聚在狱中斗争上。整部小说人物众多,事件错综,场景变化频繁,又没有一个中心人物或事件贯穿首尾,作者却能将其拧成一个浑然的艺术整体。在这里,作者借鉴古典小说结构方式,以一些关键人物的活动为线索,自然地引出并联结起方方面面的内容,这种结构形态既错综复杂又环环相扣,与作品所反映的地下斗争生活十分契合。

---

　　①　罗广斌(1924—1967)、杨益言(1925—　　),都是曾被囚禁于重庆中美合作所集中营的共产党员,重庆解放前夕越狱脱险。解放后,他们先后合作写了《圣洁的鲜花》《江姐》《小萝卜头》等反映中美合作所集中营斗争生活片段的报告文学和革命回忆录《在烈火中永生》,并在此基础上,创作了长篇小说《红岩》,于 1961 年出版,两年内发行 400 万册。

4. 欧阳山的《三家巷》、周而复的《上海的早晨》

欧阳山[1]的《一代风流》于 1957 年动笔,全书共五卷:《三家巷》《苦斗》《柳暗花明》《圣地》《万年春》,约 150 万字。1959 年出版第一卷,至 1985 年全部出齐。但当代文学史论及《一代风流》时,往往只谈《三家巷》,或者连及《苦斗》,其余三卷较少提及。作者大约不满意这一状况,于 1997 年再作校改,将全书定名为《三家巷》,分为四卷,删除了原来几卷的书名。《三家巷》以打铁工人出身的知识分子周炳的思想性格发展为中心,以"革命加爱情"为基本线索,描绘了三家巷三代人 30 年间的风风雨雨、悲欢离合,力图由此反映新民主主义革命时期中国革命从城市到农村,以农村包围城市,最后又从农村回到城市的革命斗争历程。其中,"六二三"反帝风暴、省港大罢工、蒋介石集团的反革命背叛、广州起义、上海白区斗争、震南村的自发反抗、抵制日货运动、延安的"抢救运动"、解放区的土地改革等,都有浓墨重彩的描绘,显示了作者反映"中国革命的来龙去脉"[2]的夙愿。

但这部作品最有特色的地方是它的切入角度。作者以五四运动后和大革命时期的广州为背景,展现了 20 年代中国都市革命势力同反革命势力的较量,各阶级力量的消长变化。但作者并没有直接拿重大历史事件来构织情节,而是选择了并非处于革命斗争漩涡的"三家巷"作为切入点。三家巷中的三个家庭代表了当时都市社会的三个不同阶层。作者没有把阶级关系和阶级矛盾简单化,而是按照生活的发展趋势,一方面合理地展现这三个家庭内部的演变,通过它们在社会潮流冲刷下所发生的异向变化,显示出中国买办资产阶级的生成、官僚地主阶级的发迹和工人阶级的觉醒;另一方面破除了对立阶级壁垒分明的理念,编织出错综复杂的人物关系。在第一代,周铁与陈万利两家是连襟亲戚;第二代,既有陈文雄、何守仁、周榕、张子豪等换帖兄弟,又有包括周泉在内的同学情谊,更有陈文雄与周泉、陈文英与张子豪、陈文娣先同周榕后与何守仁之间的婚恋关系,以及周炳与区桃和陈文婷的爱情纠葛。由此衍生出错综纷呈的伦理牵连、情感牵连以至生计牵连。作者以这种丰富复杂的牵连形式将阶级对立与冲突还原为纷繁、驳杂、自然的生活状态和社会关系,从而以复杂纠葛的都市的日常生活作为小说的主要场景,于友情、亲情、爱情之人性的基础上来表现阶级关系和阶级矛盾的复杂、微妙,真实地再现了大革命时期市民中各阶级力量的分化,以及不同阶层的精神面貌和心理状态。

《三家巷》的另一特色,是写出了一批有着复杂性格的人物。主人公周炳是一位有独特性格的人物形象。他既不同于朱老忠、杨子荣、梁生宝这样的无产阶级革命英雄,也与同为成长型主人公的林道静有别。作者说:"周炳就是这样一种人,他一方面有手工业工人的思想意识和感情,因此生活上和各行各业的工人接近,但是他又有知识分子的气味,例如要求个性解放,想通过读书向上爬等。周炳就是那样有两种内在因素在矛盾斗争中发展着的人物。"[3]也就是

---

① 欧阳山(1908—2000),笔名凡鸟、罗须、龙贡公,湖北江陵人。1926 年大学毕业,1933 年在上海参加"左联",1922 年开始发表作品。著有长篇小说《高干大》《战果》,中篇小说《英雄三生》《前途似锦》,短篇小说《乡下奇人》《在软席卧车里》和反映广州起义的《红花冈畔》等。晚年涉笔杂文创作。出版有《欧阳山文集》(7 卷),杂文系列《广语丝》《广语丝二集》等。

② 欧阳山:《谈〈三家巷〉》,《羊城晚报》1959 年 12 月 5 日。

③ 欧阳山:《谈〈三家巷〉》,《羊城晚报》1959 年 12 月 5 日。

说,在"一个阶级一个典型"盛行的年代,作者坚持从生活实际出发,表现了人物赤诚、憨直的个性和他所走过的不平坦的人生道路。小说特别突出地描写了他的爱情生活,不仅在第一卷中写了他与区桃、陈文婷的情感关系,而且还写了他与陈文英、胡柳、何守礼、胡杏的关系,这些既揭示了周炳所经历的曲折人生道路,又使读者看到了一个感情丰富的活生生的人。此外,小说对陈文雄和陈文婷性格的发展过程,也写得颇有分寸感,有个性,有深度,真实可信。

欧阳山是一位勤于探索的作家,这部小说在艺术风格上承接了作者 40 年代自《高干大》开始的民族化探索。如果说《高干大》的民族化主要着眼于大众化和陕北地方化上,《三家巷》则侧重于对我国古典小说优秀传统的继承和岭南风情的发掘,同时又融合了心理描写技巧,达到了一个新的艺术境界。

《三家巷》《苦斗》问世后,曾引起激烈的争论。否定者认为,小说以社会生活风俗画冲淡了革命气氛,用亲友关系粉饰了残酷的阶级斗争现实。还有人认为,小说的这种描述方式对反映"整个"阶级斗争形势和面貌是存在局限的,作家对周炳的弱点的批判是不够的,对他与诸多女性关系的描写是格调不高的。这种意见显然影响了作家后面三卷的创作,致使后三卷在艺术感染力上,明显逊于前两卷。

周而复①的《上海的早晨》是当代中国文学中第一部反映 20 世纪中国资本主义工商业社会主义改造的多卷本长篇小说。作者从 1952 年起开始酝酿,到 1965 年完成了前三部,1978 年完成第四部,总数达 170 余万字。

作品以我国最大的工商业城市上海为中心,以沪江纱厂为重点,描写了 20 世纪 50 年代在中国开展的对民族资本主义工商业进行社会主义改造的历程。第一部写上海滩上徐义德、朱延年等一群资本家对新生的人民政权的怀疑与进攻;第二部写"五反"运动;第三部写民主改革;第四部写对资本主义工商业进行公私合营,徐义德等人迫于潮流,作出同意合营的选择。

这部多卷本的长篇小说,围绕和平时期资本主义工商业的社会主义改造过程中,限制与反限制、改造与反改造这一基本矛盾,穿插了当时社会生活中各种复杂的矛盾斗争。不仅有工人阶级同资产阶级的矛盾,还有农民与地主的矛盾;不仅有一个阶级同另一个阶级的矛盾,还有工人阶级内部、资产阶级内部的矛盾。包括抗美援朝战争、农村土改运动,在作品中都有描写和反映,从而展现出一幅广阔而丰富的社会历史图景。它既形象地再现了这一时期各阶级、阶层的生活状态和精神状态,又揭示了对资本主义工商业进行社会主义改造的必要性,昭示了在中国从半殖民地半封建社会转向社会主义革命时期民族资产阶级的历史命运。由于作者当年在统战部门担任领导工作,亲自参加了上海市工商业社会主义改造的全过程,小说对如何改造的描写,带有编年史的性质。一方面,真实地记录了这一时期我国政治、经济领域所进行的重大斗争,准确地分析了这时的阶级关系、阶级矛盾和阶级特性;另一方面,体现了党在当时的一

---

① 周而复(1914—2004),原名周祖式,祖籍安徽旌德县,生于南京。1933 年入上海光华大学学习。1936 年出版了第一部诗集《夜行集》。1938 年投奔延安,1944 年冬派往重庆工作。抗战胜利后,曾以新华社特派员身份赴东北等地采访。1947 年在香港主编《北方文丛》。这一时期创作了长篇小说《白求恩大夫》《燕宿崖》等。新中国成立后,在上海参加了对民族资本主义工商业进行社会主义改造的全过程,创作了长篇小说《上海的早晨》。新时期又创作了反映抗日战争的系列长篇小说《长城万里图》,全书由《南京的陷落》《长江还在奔腾》《逆流与暗流》《太平洋的拂晓》《黎明的夜色》《雾重庆》六卷组成。此外,还创作了诗歌、报告文学、话剧等。

系列政策和策略,这对于了解和研究当代史,甚至政治经济学,都有相当的参考价值。本时期的长篇小说以描写农村生活居多,这部小说别开生面,不仅写了农村生活,而且主要是写城市生活;不仅写了劳动人民的生活,而且突出地写了资产阶级的生活。这就在题材的多样化上,为当代文学打开了一角新的天地。

作为一部卷帙浩繁的作品,《上海的早晨》在结构上采用了多线并行、交错发展的方法,以便多方面地揭示主题。在总体布局上,作者安排了城市生活与农村生活互为交织的主从两个部分。作品的主体城市生活部分,设置了两条并行发展而又相互影响的主线。一条是以沪江纱厂汤阿英、余静为中心的工人群众的活动。另一条是以沪江纱厂总经理徐义德为中心的资本家的活动。小说以徐义德为主要描写对象,围绕他的社交活动网结出"星二聚餐会"中的一批资本家,表现了资产阶级由强到弱,由顽强对抗到最后不得不接受社会主义改造的过程。小说虽然头绪繁多,但其多条线索的展开,忽而并行,忽而交织,大开大合,跳跃跌宕,清晰而有节奏,反映了作者在结构艺术处理上的功力,为长篇小说多面性地反映广阔的历史生活提供了艺术经验。

《上海的早晨》最引人注目的成就,是对民族资产阶级的描绘。可以说,它是继茅盾的《子夜》之后,又一部描写中国民族资产阶级历史命运的力作,也是本时期少有的一部精心塑造了各色各样的资本家形象的长篇小说。

徐义德是作者着力塑造的一个资本家形象。他在小说中处于各种矛盾汇聚的焦点,构成全书的主角。在他身上,作者集中概括了解放初期民族资产阶级的诸多特性,反映出那一时期许多资本家所走过的道路。新中国成立后,他明里拥护人民政府,暗里收买工贼,贿赂干部,盗窃国家经济情报,偷工减料,以劣充好,坑害国家和人民。"五反"运动中,他拉拢高级职员,引诱政府干部,订立攻守同盟,妄图避重就轻,继而阳奉阴违,制造停火停工,竭力顽抗。社会主义改造的风暴来临时,他忽而想逃往香港,忽而玩弄"私私合营"阻碍"公私合营"。这些描写,既充分地反映出资产阶级不甘接受改造的一面,又把徐义德这个奸诈圆滑、十里洋场"铁算盘"的个性表现得淋漓尽致。作者对徐义德形象的描绘,不单是从历史的进程来加以刻画,而且还通过社会、家庭等日常生活,多方面地剖视了他的灵魂。这些描写丰富和加深了人物的性格。

作者着墨较多的另一个资本家形象是福佑药房经理朱延年。他的人生哲学是:"什么前途,什么为人民服务,都是说得好听,全是骗人的假话,世界上只有一件事是真的:钞票。"为了钞票,他什么下流的事情都可以做出来。这是一个拒不接受社会主义改造的资产阶级右翼的典型。作者设置这一形象,意在与徐义德等一批最终愿意接受社会主义改造的资本家构成对比,一方面写出了民族资产阶级在解放后的命运,另一方面写出人物的不同个性。

这部小说最具特色之处,是通过资产阶级圈内的社交活动,描绘资本家形象,呈现他们的精神与物质生活面貌,再现他们神态各异的个性。全书写资本家宴会达十余次之多。这些宴会不仅各有内容,各具特色,而且人物的出场,镜头的转换,话题的转移,写得得心应手,挥笔自如。其艺术处理吸收了《红楼梦》《战争与和平》的艺术表现手法,并加以融会贯通,成为描写资本家们种种表演的独特的艺术构思。作者通过这些宴会上的笑谈密商,从外貌到内心,从言谈举止到神态癖好,写活了一批资本家的形象。急功近利、锋芒毕露的"红色小开"马慕韩;老谋深算、世故圆滑的工商界元老潘信诚;轻浮油滑、能吹善拍,依靠投机取巧来维持自己特殊地位的工商界谋士冯永祥;以及有"劳资专家"美称、擅长交际的女经理江菊霞等,这些各具个性的资本家群像通过社交聚会活动,被作者惟妙惟肖地刻画出来。他们与徐义德、朱延年一起,在这部小说中组成了一个在特定历史阶段正趋衰亡的民族资产阶级的社会层,为中国当代文学的人物形象画廊增添了新的系列。

这部小说的不足在于作者对工人的刻画深度不够,存在着较明显的表面化、一般化的叙述。此外,小说第三、四部,艺术上较明显地逊色于第一、二部。

七、政治抒情诗的盛行

1. 本时期诗歌的主潮

诗是强烈情感的自然流露,是内心绽放的精神花朵。新中国的诞生,结束了"夜歌"的时代,迎来了一个崭新的岁月。在新时代的召唤下,诗人们在新的历史条件下,开拓了一个新的天地。

台湾诗人席慕蓉说:"每一个民族心里都有诗,每一首诗都是苍穹上的一颗星光。"①面对新的时代、新的生活,诗人们按捺不住激动的心情,情不自禁地为新的生活、为新生的人民共和国放歌。无论是来自国统区的诗人郭沫若、冯至、臧克家、徐迟、袁水拍、邹荻帆,还是来自解放区的诗人艾青、田间、何其芳、柯仲平、李季、贺敬之、公木、严辰……都为古老中国发生的翻天覆地的变化感到无比喜悦,唱出了自己心中的歌。曾为解放区"少男少女"放歌的诗人何其芳,目睹天安门举行的开国盛典,欢唱"中华人民共和国/在隆隆的雷声里诞生。/是如此巨大的国家的诞生,/是经过了如此长期的苦痛/而又如此欢乐的诞生,/就不能不像暴风雨一样打击着敌人,/像雷一样发出震动着世界的声音"(《我们最伟大的节日》)。早在"五四"时期就在《女神》中呼唤中国如凤凰再生,渴望建立一个"美的中国"的诗人郭沫若,热情歌颂"人民中国,屹立亚东。/光芒万道,辐射寰空"(《新华颂》)。"七月诗派"诗人胡风这个时期创作了具有史诗品格的长诗《时间开始了》,讴歌祖国新生了,人民站立起来了。蒙古族诗人纳·赛音朝克图从小学习编写民歌,从日本留学归来后,目睹旧社会"破旧而腐朽",渴望"自由放射出灿烂的光芒"。当新时代来临之际,他唱出了幸福之歌。在广阔的社会背景下,诉说了蒙古族人民在新旧社会不同的命运,"赞颂阳光般/光辉明朗的新生活"(《狂欢之歌》),表达了蒙古族人民的心声。傣族诗人康朗英从自己的亲身经历中感受到新旧时代的不同变化,创作了记录傣族人民悲惨历史的《流沙河之歌》,唱出了"往日的苦难和今朝的欢乐"。此外,田间的《祖国颂》、绿原的《从一九四九年算起》、阮章竞的《祖国的早晨》、吕剑的《英雄碑》、王莘的《歌唱祖国》、铁依甫江的《祖国颂》……都是诗人献给新生的共和国的歌。正是这些颂歌,组成了这一时期诗歌的主潮。此后,以颂歌为主导的政治抒情诗的盛行,对 20 世纪 50 至 70 年代中期诗歌的发展产生了深刻的影响,并为我们留下了宝贵的启示和经验教训。

作为诗歌中一种崭新的形式,政治抒情诗是特定时代的产物。诗人徐迟在《祖国颂》的序中说:政治抒情诗"最鲜明、最充分地抒发了人民之情。虽然它还是个人抒情,可是在政治抒情诗中,诗人是一个公民,他和共和国的精神、全民的精神是一致的。热情澎湃的政治抒情诗是广阔的,是祖国河山的回声,是世界的回声,是亿万人民合唱的交响乐。热情澎湃的政治抒情诗是时代先进的声音,时代先进的感情和思想。它是鼓舞人心的诗篇,……是我们社会主义

---

① 席慕蓉:《我的家在高原上》,上海文艺出版社 1997 年版,第 300 页。

时代的喉舌。……是最有力量的政治鼓动诗"①。这段话简要地概括了政治抒情诗的思想特征和艺术规范。

从思想特征来说，这一时期的政治抒情诗涵盖的内容是广阔的、丰富的。其间既有祖国河山的回声，也有亿万人民的合唱；既有人民共和国社会变革的巨响，也有反映世界风云变幻的奏鸣，总之，这一时期政治抒情诗对生活的反映是多角度、多层面的。如著名诗人艾青过去"写过无数痛苦的诗"，忧郁是他诗歌的基调。新中国成立后，他欢欣鼓舞，决心"为新的日子歌唱"，歌唱"祖国的春天"，歌唱"和平与民主的胜利"②。他在《春姑娘》中抒写"各种各样的鸟/唱出各种各样的歌/每一只鸟都说/我的心里真快乐"，表达了自己对新生活的热爱之情。诗人邵燕祥的《中国的道路呼唤着汽车》叙写中国工业的起飞，满怀激情地宣告："我们要让中国用自己的汽车走路，/我们要把中国架上汽车，/开足马力，掌稳方向盘，/一日千里，一日千里地飞奔……"诗人的这种企盼已经成为当今中国的现实。诗人公刘的《上海夜歌（一）》通过对上海关的描绘，记下了祖国发生的深刻变化："上海关。钟楼。时针和分针/像一把巨剪，/一圈，又一圈，/铰碎了白天。"//夜色从二十四层高楼上挂下来，……灯的峡谷，灯的河流，灯的山，/六百万人民写下了壮丽的诗篇：纵横的街道是诗行，/灯是标点。"语言形象，寓意深邃。曾在 40 年代创作《王贵与李香香》的李季新中国成立后长期生活在戈壁滩，同石油工人建立了深厚友谊，他的许多石油诗热情讴歌为祖国石油事业献出青春的人们："汽车飞驰在戈壁滩上，/好像是长了翅膀一样。/姑娘嘴里悄声唱着歌儿，/一丝微笑挂在脸上。""姑娘系着一条红色的头巾，/红得像戈壁滩上初升的太阳。"他说："我们的心一直被一种美妙、瑰丽的事业和从事这一事业的人们吸引着。我曾经为它献出过我的微薄的劳动，也曾用我的全部热情，为它歌唱。"③诗人李瑛的《天安门上的红灯》《友谊的花束》《战场上的节日》以纯真的感情、清新的意象引人注目。雁翼的《在云彩上面》、白桦的《热芭人的歌》、阮章竞的《新塞上行》以鲜明的形象、奇幻的色彩受到人们的好评。诗人田间这一时期也创作了大量诗作，他在《嘎拉玛朝》中赞颂嘎拉玛朝"把草原携在马上，/把云彩担在双肩"，"她使草原更绿了"，"她使天空更亮了"。老诗人臧克家在创作了《有的人》之后，又从青岛海滨送来了组诗《海滨杂诗》，带来了清新的海洋气息。

这一时期的诗歌，在反映神州大地深刻变革的同时，还多方面地反映了中国人民和世界人民的友谊，讴歌保卫和平、反对战争的主题。《黄河大合唱》的词作者光未然（张光年）写下了气势磅礴的《全世界无产者联合起来》："山连着山，海连着海，全世界无产者联合起来。……红日出山临大海，照亮了人民解放的新时代。"热情奔放，视野开阔。韩北屏的《夜鼓》《谢赠刀》通过赤道的战鼓、黑人战士送的腰刀，展现了非洲人民的雄姿和中非人民的友谊。以创作《马凡陀山歌》著名的诗人袁水拍的《春莺颂》《煤烟和鸟》对西方的生活方式给予了有力讽刺。石方禹于 50 年代初期创作的长篇政治抒情诗《和平的最强音》，通过对历史的回顾，发出了这样的声音："我们是平凡的人/但我们是/不可侵犯的人/因为我们的名字/就叫/人民/我们是世界上的/绝大多数/我们的声音/是世界的最强音/我们并不向他们哀求和平/而是命令他们/'不许战争！'"铿锵有力，掷地有声。这首诗发表后反应强烈，在诗坛产生了很大影响。

---

① 徐迟：《祖国颂·序》，诗刊社编：《祖国颂》，中国青年出版社 1959 年版。

② 艾青：《春天·后记》，人民文学出版社 1956 年版。

③ 李季：《致以石油人的敬礼·后记》，长江文艺出版社 1956 年版。

　　在这一时期的政治抒情诗创作中,郭小川、贺敬之是主要代表。他们的诗作把现实发生的重要事件纳入广阔的视野之中,从时代的高度去观察和思考,强调革命传统的承续、时代精神的弘扬。无论是抒写国内外大事,还是描绘山石草木,也都气势雄浑、激情奔放。郭小川的《向困难进军》《致青年公民》《人民万岁》等诗作热情颂扬祖国的解放,赞美自己"所爱的每一块土地",赞美"忠诚地又默默地散发着光的人民",他满怀激情地写道:"应当唱千万支歌/把我们的人民/赞美,/赞美他们的不懈的劳动/和英勇无畏,/描绘/他们外表的庄严/和心灵的高贵。"他鼓励年轻人投入火热的斗争:"斗争/这就是/生命,/这就是/最富有的/人生。"富有政治鼓动性的诗句在当时产生了很大影响。此后,郭小川的诗风发生了变化。由直白的政治抒情转入深层次的理性思考。贺敬之这一时期创作了大量有影响的政治抒情诗,如《回延安》《放声歌唱》《雷锋之歌》等,叙写了诗人对生活的挚爱,表现了特定时代的情绪。在《放声歌唱》中,诗人用"无边的大海波涛汹涌""万花盛开的大地""光华灿烂的天空"赞美伟大的时代,接着用一系列"怎么会"提出问题,引入作品的主题,唱出了时代的最强音。在他看来,"诗,必须属于人民,属于社会主义事业。按照诗的规律来写和按照人民利益来写相一致。诗人的'自我'跟阶级、跟人民的'大我'相结合。'诗学'和'政治学'的统一。诗人和战士的统一"①。正是在这些根本点上,诗人作出了有力的回答。

　　从艺术规范来说,这一时期的政治抒情诗具有颂歌的艺术风格。无论是表现重大政治事件,还是叙写日常生活小景,都以歌颂作为主旋律。就整体而言,诗歌的基调是昂扬向上的,情绪是欢快明朗的,色彩是绚丽多彩的,语言是质朴率直的。这在当时是和新生的社会相适应的。人民共和国的诞生,中国历史发生的天翻地覆的巨变,自然使亿万人民产生了强烈的解放感、自豪感,而作为时代敏感神经的诗歌,自然会和着时代跳动的节拍,真诚地表达人民的心声,谱写出礼赞生活、礼赞人民、礼赞共和国的时代之歌,从而开创了一个完整的颂歌时代,这既是历史潮流的驱动,也是时代精神在诗歌领域的体现。颂歌的时代不仅创作了一批有价值的诗作,而且培养了一批有成就的诗人,这是应当首先肯定的。但在另一方面,颂歌的单一性、限定性也束缚了诗歌的发展,限制了诗人在广阔天地里施展自己的才能。由于颂歌以颂为基调,自然会回避矛盾冲突,回避现实生活中的阴暗面。郭小川说:"我们的诗如果不能反映生活中的矛盾冲突,只一味地喊伟大、伟大,也只能是表面轻浮的'颂歌'。"②这一批评是符合实际的。当时有些诗人写的揭示现实生活矛盾冲突、揭露某些阴暗面的诗作因不合时宜而受到冷遇。如邵燕祥的《贾桂香》、沙鸥的《驴大夫》、公刘的《迟开的蔷薇》、公木的《爬也是黑豆》、流沙河的《草木篇》就受到来自各方的质询和不公正批评。有些具有探索意义的诗作,如何其芳的《回答》、艾青的《在智利的海岬上》、穆旦的《葬歌》、蔡其矫的《山水》、郭小川的《致大海》等,因不合时代的节拍而受排斥。由于对文艺与时代、文艺与政治关系的褊狭理解,导致诗歌创作中的"小我"与"大我"的对立,导致"大我"替代独特的"小我",共性替代个性,从而使诗歌成为单一话语的传声筒。谢冕在评价这一时期的诗歌时说:"诗歌的功能被限定无论如何是一个弊端。这个弊端由于社会的向前发展、随着它的内在矛盾的显露而逐渐表现出来。诗歌乃至整个文学创作到底是个人的精神劳作,写什么和怎么写都取决于创作主体对于生活的

　　①　贺敬之:《〈郭小川诗选〉英文本序》,《贺敬之文集》第3册,作家出版社2005年版,第222页。
　　②　郭小川:《沸腾的生活和诗》,《文艺报》1956年第3期。

感受,他的审美的积蕴和欲求,他来自内心的判断和冲动,等等。……从这些方面来看,全社会一致的采取一律的方式和态度进行创作便是失常的状态。"①正是这种一律的方式,失常的状态,限制了这一时期诗歌的多元发展,束缚了诗人创作个性的施展。然而诗歌不可能总是在单一的失常状态中发展,有些诗人这一时期突破束缚,写出了个性鲜明的诗。这些诗作或诉说自己心灵的律动,或对一些社会现象进行质疑、鞭挞。如曾卓的《有赠》《悬崖边的树》,鲁藜的《冬之歌》,绿原的《往往》《但切不要悲伤》,蔡其矫的《雾中汉水》,流沙河的《雨中》,牛汉的《鹰的诞生》《华南虎》,穆旦的《智慧之歌》《沉没》,孙静轩的《暴风雨之夜》等,都给人们留下了深刻的记忆。

在艺术形式和表现方法上,这一时期的诗歌也有新的变化和发展。基于颂歌表现生活的需要,不少诗人采用直抒胸臆、直描生活的手法抒情状物,抒写自己对生活的真切感受。李瑛、公刘、邵燕祥、张永枚、严阵等诗人大都采用这一抒情手段,表达自己在新时代的真切情怀。在诗歌艺术形式方面,这一时期有过多种探索。50 年代初期,诗歌界就诗歌的形式问题展开过多次讨论和争鸣,诗人冯至、萧三、贾芝、田间、林庚、卞之琳、何其芳、彭燕郊、王亚平等都发表过自己的意见。林庚提出了"五字组""半逗体"加"典型诗行"的观念,构想了"五四体"的九方诗形式。②何其芳 1953 年提出了建立格律诗的意见,卞之琳则提出建立新格律诗的空间,使现代格律诗有了可操作性,这些意见都引起诗歌界的热烈讨论。从实践上看,诗坛上虽然出现了一些形式大体整齐的新格律诗,但从整体来看,并没有认真实行。在这一时期取得重要成就的是对外来诗歌艺术形式的借鉴。贺敬之的《放声歌唱》、郭小川的《致青年公民》、石方禹的《和平的最强音》等,都受到马雅可夫斯基"楼梯式"的影响,这些诗作在借鉴外来"楼梯式"诗歌形式表现重大社会政治内容方面获得成功。如贺敬之在《放声歌唱》中既采用了外来"楼梯式",又揉进了古典诗词的对偶、排比,更讲究对称美。郭小川的一部分诗作采用"楼梯式"的形式表达澎湃的热情,使诗的语言节奏外化为诗行,更适合于朗诵。他的另一部分诗作,如《雪兆丰年》等,则吸收元明散曲的特点,短句式,快节奏,音韵优美。沙白的长诗《大江东去》则是另一种表现手法,诗人将滚滚东去的大江比喻为奔腾向前的革命洪流,用短句式强化诗歌节奏,用韵脚把长诗织成艺术整体,使之更适合朗诵。

总的说来,这一时期的诗歌虽然取得了喜人的成就,但思想艺术俱佳的诗作仍嫌太少。有些诗作为配合某项政治任务写得比较粗糙,内容空泛,大话连篇,艺术手法单一,有些诗作还有欧化、半欧化或散文化倾向。

2. 臧克家、田间的诗

在"五四"新文化运动的影响下,臧克家③开始文学活动。臧克家解放前的诗作,着力于写

---

① 谢冕:《中国新文学大系(1949—1976)·诗卷·序言》,上海文艺出版社 1997 年版,第 18 ~ 19 页。
② 林庚:《九言诗的"五四体"》,《光明日报》1950 年 7 月 12 日。
③ 臧克家(1905—2004),号孝荃,山东诸城人。1933 年出版了第一本诗集《烙印》,得到闻一多、茅盾、老舍的称赞。以后又陆续出版了《罪恶的黑手》《运河》《自己的写照》《从军行》《泥土的歌》《向祖国》《宝贝儿》《生命的零度》《冬天》等诗集。新中国成立后任《诗刊》主编。先后出版了诗集《一颗新星》《春风集》《凯旋》《欢呼集》《忆向阳》《今昔吟》《放歌新岁月》,诗文集《在毛主席那里作客》,长诗《李大钊》,还出版了文艺随笔集、诗论集、散文集等。《臧克家文集》(6 卷本)收录了诗人的主要诗作。

人民群众特别是农民的疾苦,风格深沉而含蓄。新中国成立后的诗作则有了很大变化,总体上呈现一种热烈率直之风,并时而融进哲理的思考。新中国成立后的创作可分为两大类:一类是歌颂党和领袖、歌唱新生活的颂歌;另一类则是抒写个人生活感受的诗。

在赞颂领袖和新生活的颂歌中,有些诗作从一种政治责任感出发,不免有些浮泛和概念化。但某些歌颂毛泽东的诗作,由于诗人和领袖之间长期的交往和友谊,也写得生动感人。诗人和毛泽东第一次见面是在 1945 年的重庆,毛泽东赴重庆参加国共两党谈判,召集知名人士座谈,臧克家应邀赴会,受到很大鼓舞,会后就写了诗作《毛泽东,你是一颗大星》①,称赞“毛泽东,你是一颗大星/不亮在天上,亮在人民的心中”,这是发自内心的真诚之言。新中国成立后,二人交往更多。臧克家还多次为毛泽东诗词校勘、修改字句。尤其是在 1957 年《诗刊》创刊时,他把传抄的毛泽东诗词 8 首寄给毛泽东审订,请求发表。毛泽东亲自回信,在抄稿上改了几个错字,又加上另外 10 首,一共 18 首寄给臧克家,同意发表。回信的第二天,毛泽东又邀臧克家、袁水拍去中南海勤政殿谈诗,更使诗人难忘。之后诗人便写了那首著名的《在毛主席那里作客》。这首诗摆脱了一般颂歌的模式,不是把领袖神化,而是把毛泽东写成一位亲切的诗友。更为突出的是作者把自己内心的喜悦之情写得真切可感,这与诗人有切身的体验是分不开的。

在抒发个人感受和情怀的诗作中,诗人摆脱了因配合政治任务而淹没个性的缺陷,并把哲理思考融入其中,写出了优秀的篇章。如 1949 年 11 月为纪念鲁迅逝世 13 周年而写的《有的人》,已超出了单纯纪念鲁迅的范围,达到了真情与哲理的结合:“有的人活着/他已经死了;/有的人死了/他还活着。”诗句既有概括力又有深刻的意蕴。“有的人/把名字刻入石头想‘不朽’;/有的人/情愿作野草,等着地下的火烧。”“把名字刻入石头的,/名字比尸首烂得更早;/只要春风吹到的地方,/到处是青青的野草。”诗人以强烈的艺术对比,揭示出“有的人活着等于死了;有的人则虽死犹生”的哲理。而划分二者的界线,则看其是为少数剥削者还是为广大人民的利益。鲁迅正是“虽死犹生”的人,他如野草一样,“春风吹又生”;而历代统治者,虽以“刻石”而力求“不死”,但他们的名字早已腐烂。诗中两个鲜明的意象“野草”和“石头”形成对照,发人深省。

其他诗作还有《海滨杂诗》和《凯旋》,同样是以明朗的调子赞美新的生活,但和有些颂歌不同。它们是通过诗人日常生活中的深切感受,用精美、短小的诗句,表现出一种生机盎然的情趣和优美的意境,体现出向古典诗词借鉴的倾向。这两组诗是作者真实的感悟和心灵的投影。组诗《海滨杂诗》共有 17 首,正如诗人所说:“表现了我同大海一样自由舒畅的呼吸。”这组诗给人的印象是,轻快的调子中透出欣喜之情,恬淡的心境中蕴含着生活的哲思。从艺术上讲,这组诗形象自然,毫无雕饰,用精练的语言展示自己的情怀,从中亦可看出学习古典诗词锤句炼字的功力。《凯旋》组诗是诗人同病魔斗争的胜利乐章,它虽没有大气磅礴的声势,却有真切感人的心声。

新中国成立后,由于诗人身体较弱,不能经常深入到火热的生活中去,他的一些诗作因缺乏真切的体验,虽有政治热情,但给人以浮泛概念之感,未能脱出一般颂歌共有的弊端。

---

① 臧克家:《在毛主席那里作客·小序》,《在毛主席那里作客》(单行本),河北人民出版社 1992 年版,第 1 页。

　　田间①也是 30 年代登上诗坛的老诗人。他在抗战时期曾是街头诗的倡导者,是一位真正的战斗诗人。解放后,诗人深入火热斗争第一线,力图保持诗作的战斗风格。但随着时代生活的变迁,有时由于急于配合形势,也出现了一些概念化倾向。

　　田间新中国成立后的诗作有两种情况:反映抗美援朝生活的诗作,保持了那种鼓点式的短促节奏,具有三四十年代那种激越的战鼓之风。如《雷之歌》,赞颂了志愿军战士的英雄品质与国际主义精神。诗句铿锵有力,急促的节奏中透射出激动人心的力量。50 年代中期以后,田间多次深入边疆少数民族地区生活,奇异的边陲风光,草原马头琴的悠扬和南疆芦笙的清越,构成了他诗作的另一种风韵。此时的代表作是《马头琴歌集》和《芒市见闻》。两本集子都带有浓郁的边疆生活气息,色彩绚丽,诗味较足。前一集子中如《鹿》《喷泉》《少女颂》《写在马头琴上》《嘎拉玛朝》,在娓娓的叙事中,赞美了内蒙古草原的广袤辽阔和古老的文化传统以及蒙古族人民的勤劳善良,是对边疆新生活的倾心歌唱。后一集子中如《芒市》《孔雀四方飞来》以及长诗《龙门》《丽江行》《佤佤人》等,又具有南国边疆的风味,描绘了一幅幅边疆少数民族的风俗画,把读者引入一个优美境界。这些成功的诗作也是和他向古典诗词和民歌学习分不开的。这种成功还只是局部范围的,新中国成立后,由于当时文艺界把诗歌看做是配合政治任务的工具,作者也写出了一些简单配合政治形势而带有公式化和概念化特点的诗作。如《东风歌》《1958 年歌》和 60 年代中期出版的《太阳和花》便是歌颂“大跃进”及其他政治事件的浮泛之作。

　　《赶车传》是作者多年创作的近两万行的七部长诗。第一部《赶车传》于 1946 年发表在文艺刊物《长城》上,1949 年 5 月出了单行本,第二部至第四部写于 1959 年,后三部写于 1961年,是中国新诗史上最长的叙事诗。全诗以贫农石不烂为中心人物,力图写他从民主革命到社会主义建设的漫长过程中寻找和建设人间乐园的经历,以描绘近半个世纪中国农民在共产党领导下进行的艰苦卓绝的斗争生活。诗中的车子作为这一斗争过程的象征体,说明由于千万个石不烂式的农民的推动,历经千难万险,才赶到了人间的乐园。在时间跨度上,从 30 年代延续到 50 年代末的“大跃进”和“人民公社化”时期。应该说,长诗的第一部能给人较深印象,第二、三、四部概念化的倾向较为明显,第六部则是失败之作。从整体上看,长诗的中心主题突出,塑造了比较感人的艺术形象,如石不烂、蓝妮、金不换、史明伟、金娃等。在艺术结构上,前三部也缜密完整,全诗以石不烂寻找乐园作为中心线索,每一部又以一个人物为主体,具有相对独立性。每部间又以曲折的故事情节相连,环环相扣,浑然一体,诗的语言形式也更加民族化和大众化。新中国成立后,在部分细节上作了修改,目的是为了使正面人物更加理想化。但随之而成的《赶车传》后三部,作者让主人公石不烂把车赶到“真正的乐园——人民公社”。这样急切地配合中心任务,使作品成为主观意念的图解,自然失去了人物个性,概念化的句子也多起来,从而降低了艺术感染力。

---

　　① 　田间(1916—1985),原名童天鉴,安徽无为人。新中国成立后,曾多次去朝鲜战场和内蒙古、云南等边疆地区访问,开拓了诗歌创作题材,出版了《赴朝诗抄》《誓词》《天安门赞歌》《汽笛》《马头琴歌集》《芒市见闻》《英雄歌》《东风歌》《1958年歌》《火颂》《太阳和花》《清明》等诗集,续写了《赶车传》后六部及《长诗三首》《英雄战歌》,并编选了《田间诗抄》《田间短诗选》,还出版了若干通讯散文集和评论集。《田间诗文集》(4 卷本)收录了其主要代表作。

3. 郭小川、贺敬之的诗

作为诗人，郭小川①首先是一位战士，一名时代的歌手。他在新中国成立后的创作可分为三个阶段：第一阶段为 1955 年至 1956 年。他以《致青年公民》为总题的政治抒情诗开始新中国成立后的创作。1957 年至 1965 年为第二阶段，先是进入叙事诗的探索，先后写了以战争生活为内容的《白雪的赞歌》《深深的山谷》《严厉的爱》《一个和八个》《将军三部曲》，其间也写了当时引起争议的《致大海》《望星空》等抒情诗，在诗坛上产生了很大的影响。1959 年后，他走遍了大江南北，诗的题材空间大大拓展。内蒙古包钢、抚顺煤都、大兴安岭林区、西北昆仑山、南国花园城市厦门，都出现在他的诗中。《林区三唱》《甘蔗林——青纱帐》《厦门风姿》《昆仑行》都有着鲜明的时代政治色彩，也代表他政治抒情诗的成就。1966 年以后是他创作的第三个阶段。"文化大革命"期间，他受到迫害，在政治高压下，没有中断创作，写出了《万里长江横渡》《团泊洼的秋天》《秋歌》等诗作，表现出战士诗人的胆识和本色，曾在群众中广为传诵。

饱满的政治热情和正直坦诚的心灵是郭小川人格和诗品的主要特征。他在 50 年代前期的诗作是以一个宣传鼓动员的身份写下一行行政治性的句子。《投入火热的斗争》《向困难进军》均以直抒胸臆的方式抒情言志，真诚但嫌直露。这组以《致青年公民》为总题的诗，就是鼓舞青年公民投身到火热的社会主义建设的高潮中去："斗争／这就是／生命，／这就是／最富有的／人生。"诗人期望青年一代用辛勤的劳动绘出新中国的美丽图景。这些诗句政治性很强，当时确如热风般鼓荡起青年人的革命热情。

50 年代中期以后，郭小川的诗风发生了变化，诗中直露的政治抒情减少了，他把人的丰富思想感情作为开掘的矿藏，开始表现自己对生活的独特思考和发现，如《白雪的赞歌》《深深的山谷》《致大海》《望星空》等。此时的郭小川虽然战士的身份没有改变，但已渐渐露出诗人的自觉。他将革命激情寄寓到故事的叙述中，把诗的触角伸展到个人情感的领域。在《望星空》中，他真实地抒写了个人在浩渺星空下的渺小感："在伟大的宇宙空间，／人生不过是流星般的闪光。／在无限的时间的河流里，／人生仅仅是微小又微小的波浪。"这些带有惆怅的吟唱，本是一种真切的个人体验，然而诗人在接下去的诗行里又否定了这种情感，因为他认为这种情感不符合当时的政治氛围。在这首诗中，"惆怅"是作为革命情感的对立面出现的，诗人写出这种情感，又承认"我错了"，表现出他内心中"大我"和"小我"的冲突。如冯牧所说，郭小川"是一个兼有革命战士和革命诗人的两种气质，而且把它们融合得如此紧密的真诚坦荡的人"②。在郭小川的身上，作为战士的身份和作为知识分子的诗人气质是组合在一起的，一方面他是革命队伍中"一名小小的兵将"，另一方面又是情感丰富的知识分子。前者使他融入"大我"之

---

① 郭小川（1919—1976），原名郭恩大，河北丰宁人。中学期间参加学生运动，开始写诗。1941 年赴延安，1949 年随军南下。这期间与陈笑雨、张铁夫合作，用"马铁丁"为笔名，写了大量思想杂谈。1962 年 10 月起任《人民日报》特约记者，写出一批优秀报告文学作品。"文化大革命"期间，受到"四人帮"迫害，他不畏强暴，写出了《团泊洼的秋天》《秋歌》等诗作。出版的诗集有《投入火热的斗争》《致青年公民》《鹏程万里》《月下集》《两都颂》《甘蔗林——青纱帐》《昆仑行》《雪与山谷》《将军三部曲》《郭小川诗选》《郭小川诗选续集》等。

② 冯牧：《郭小川诗选·序言》，人民文学出版社 1985 年版。

中,后者又常常使他以"小我"的身份惆怅和反省。

诗人在叙事诗《一个和八个》的"尾声"中说:"读者啊,我的故事本已讲完,/但我知道,你们不会认为圆满,/我写过不算很少的诗章,/哪一篇不受到你们的责难!"岂止是"不会认为圆满",这部作品尚未发表,就在中国作家协会召开的干部会中受到批判。郭小川内心的矛盾和痛苦来源于极左思潮的压力。经历了痛苦波折后,郭小川努力做到"小我"与"大我"相统一,此后他的政治抒情诗常采用借景抒情或托物言志的方法,表达较为委婉,诗的艺术性加强,情感变得蕴藉厚重,也更耐人寻味。

十年动乱中,郭小川在文化专制主义的压迫下,改变了抒情主人公的二元对立状态,"一颗心似火,三寸笔如枪",这时期他写的《团泊洼的秋天》和《秋歌》用诗人的激情抒发革命战士的浩然正气,这是诗人的歌中之歌——它们形成了诗人全部诗歌当中的最强音。

抒情中蕴含深刻的哲理,是郭小川诗歌的又一显著特色。这一特色在他 50 年代和 60 年代诗作中有所不同。前期的诗作多把对人生、社会的理解提炼为闪烁思想火花的哲理,或以此作为诗歌的主题,或以此警策全篇,显得直露。后期的诗作则用象征的手法,使情、理、物融为一体,托物咏志,寓理于物,含蓄隐曲,富有哲理。如《乡村大道》揭示了只有经历人生的坎坷才能开拓出"黄金的世界"的真理:"乡村大道呵,我爱你的长远和宽阔,/也不能不爱你的险峻和你那突起的风波;/如果只会在花砖地上旋舞,那还算什么伟大的生活!"在《团泊洼的秋天》中,诗人也用了象征手法,但比《乡村大道》更为隐曲。

在艺术上,郭小川的政治抒情诗具有多样的诗体形式和鲜明的艺术风格。诗人采用古代辞赋中的铺陈、重叠、对偶等手法,并在现代汉语的基础上加以变化创造。他还借鉴吸收了外国诗歌的艺术形式,学习民歌的表现手法,创造出具有个人特色的新诗体,为中国新诗艺术多样化作出了贡献。他的一部分诗作,如《致青年公民》,多用马雅可夫斯基的楼梯式以表达澎湃的激情,使诗的语言节奏外化为诗行,更宜于朗诵,内容和形式是统一的。他的另一部分诗作则采用了民歌风韵的自由体,如《林区三唱》。还有的则更多地吸收元明散曲的特点,短句式,快节奏,音韵优美,如《雪兆丰年》等。为了表现热烈的思想感情,诗人创造了具有民族特色的"新辞赋体"诗。这种诗体继承了中国辞赋中的铺陈、排比、重叠、对偶等表现手法,跟新的思想内容及现代汉语词汇熔于一炉;诗行集短为长,采用半逗律,顿数整齐,气势一贯,节奏鲜明;句中使用关联词,有助于繁复曲折的思想感情的表达,诗中的语气词造成旋律的起伏,呈现一唱三叹的情感;行行入韵,一韵到底,增强了诗的整体感。《厦门风姿》《乡村大道》《甘蔗林——青纱帐》等一批脍炙人口之作都使用了这一诗体,这是郭小川对中国新诗形式的一大贡献。

新中国成立后,贺敬之①的诗歌创作进入了一个新的阶段,1956 年发表的《回延安》和《放声歌唱》标志着其诗歌艺术的突破。此后,他的创作一发不可收,进入了创作高潮期。粉碎

---

① 贺敬之(1924—),山东枣庄人。笔名艾漠、荆直。15 岁发表诗作。1940 年去延安,后与丁毅共同执笔创作了我国新歌剧奠基之作《白毛女》。新中国成立后,曾任中宣部副部长、文化部代部长等职。著有抒情诗《回延安》《放声歌唱》《雷锋之歌》《中国的十月》《"八一"之歌》和诗集《放歌集》《贺敬之诗选》,评论集《贺敬之文艺论集》,《贺敬之文集》(6 卷)等。

"四人帮"之后,他更是笔耕不辍,成果丰硕。

贺敬之这一时期的诗作大体分为两类。一类是抒情短章,大都篇幅短小,即景抒情,艺术上吸收民歌(如"信天游")和古典诗词的长处,如《回延安》《桂林山水歌》《三门峡——梳妆台》《又回南泥湾》等。另一类是长篇政治抒情诗,多反映我国政治生活中的重大事件或重要人物,凸显重大政治主题,如《放声歌唱》《十年颂歌》《雷锋之歌》《中国的十月》等。这类诗作大气磅礴,豪情激荡,具有强烈的政论色彩和时代的强音,思考并回答历史和现实提出的重大问题,集中体现了贺敬之的抒情风格。

贺敬之政治抒情诗的最鲜明的特色是闪耀着强烈的革命浪漫主义光彩。这首先表现为对革命理想的吟唱,正如他自己所说:"必须有理想。革命的理想主义是革命的浪漫主义的基础。"①"对共产主义的光辉未来的理想"是在延安宝塔山下培养出来的:"东山的糜子西山的谷,/肩膀上的红旗手中的书。"(《回延安》)自从投身革命以后,他对革命理想的象征——红旗的歌颂就从未停止过。在《放声歌唱》中,他回顾自己成长的历程,深情地写下这样的诗句:"我的/鲜红的生命/写在这/鲜红旗帜的/皱褶里。"在《东风万里》中,他欣喜地欢呼:"看/东风/满高楼,/红旗/满天空!"即便是在优美如画的桂林山水中,他看见的仍是:"红旗万梭织锦绣,/海北天南一望收!"(《桂林山水歌》)在长诗《雷锋之歌》中,他热情赞颂中国的土地上"青山不老,/红旗不倒,/大树长青",他用滚烫的双手"抚摸着/我们的/红旗——/又一次把/母亲的/衣襟/牵动……"他对理想的追求,不论是在战争年代,还是在和平年代,都从未动摇过,这种真诚和执著体现出一个革命诗人坚定的理想和信念。

贺敬之诗歌的革命浪漫主义,还表现在他诗歌色彩的鲜明和声音的响亮上。他的诗色彩浓烈,尤其喜欢红色。在诗人看来,"神姿仙态"的山和"如情似梦"的水,若无红旗的映照,便失去了动人的光彩。在贺敬之的《啄破》中,能听到诗人激情的呼喊:"啄破!啄破!——/这不是无根、无向之歌。/大地母亲的奶汁给我们神力,/使我们不会在宇宙的黑洞里跌落。/啊,啄破!啄破!/鹏鸟长成要出壳。/飞吧,飞向人类的未来!/唱吧,唱这支属于你、他、我……/属于全人类的前进之歌——永恒之歌!"诗人还以豪迈的气势雄视古今。在《放声歌唱》中,诗人听到古代诗人的"惊叹声",看到他们"羡慕的眼光"。他写道:"我熟读过你们的/《登幽州台歌》、《茅屋为秋风所破歌》……/那无数美妙的/诗章。/但是,/面向你们,/我/如此地骄傲!/我要说:/我们的合唱/比你们的歌声/响亮!"

在艺术上,贺敬之很注意诗歌的形象塑造,他常把抽象的概念意象化。在他的诗中,"命运"成了姑娘,"你突然/目光一转,/就这样热烈地/爱上了我们";"历史"成为同志,"你曾是/满身伤痕、/泪水、/血迹……",今天却披上了"绣满鲜花、挂满奖章的/新衣"(《放声歌唱》)。他把新一代比作太阳:"我像是/突然登上泰山,/站立在/日观峰顶……/我看见/海浪滔滔的/母亲怀中——/新一代的太阳/挥舞着云霞的红旗,/上升啊/上升!……"(《雷锋之歌》)诗人用夸张的手法和丰富的想象使政治抒情艺术化,如"梳妆来啊,梳妆来!/——黄河女儿头发白。/挽断'白发三千丈',/愁杀黄河万年灾!"(《三门峡——梳妆台》)用夸张手法表现出重整山河的中华儿女的豪迈襟怀。即使是写清丽的桂林山水也绝不柔曼,仍有豪放的英雄气,如:"黄河的浪涛塞外的风,/此来关山千万重。/马鞍上梦见沙盘上画:/'桂林山水

---

① 贺敬之:《漫谈诗的革命浪漫主义》,《文艺报》1958 年第 9 期。

甲天下'……"(《桂林山水歌》)当然就具体诗作而言,在总体风格一致之下又有差异。《向秀丽》明丽醇厚,《桂林山水歌》豪放中寓秀丽,《三门峡——梳妆台》则苍劲雄浑:"望三门,三门开:/'黄河之水天上来!'/神门险,鬼门窄,/人门以上百丈崖。/黄水劈门千声雷,/狂风万里走东海。"短促的节奏,使诗句具有撼人心魄的力量。

在诗歌形式上,诗人进行了多种探索。他的诗既有民歌风味、古典遗韵,也受到外国诗歌影响。《回延安》采用了陕北民歌"信天游"的形式,两行一节,句句押韵,多用比兴,有亲切的乡土气息。楼梯式也是他常用的诗体,如《放声歌唱》《十年颂歌》。这种形式显然受了马雅可夫斯基诗歌的影响。他的楼梯式诗加进古典诗词的对偶、排比,更讲究对称美。在《雷锋之歌》等诗中,他将楼梯式改造成为凹凸体,增强了整齐、节制、对称的因素,形式美感更突出。此外,还有新格律体,如《三门峡——梳妆台》。《桂林山水歌》则是自由体和信天游体的结合,两行一节,多用比兴,在民歌韵调中加进几分雅声。

由于历史的原因,贺敬之的诗打上了当时政治运动的印记。他对革命浪漫主义的推崇,一方面形成了自己的风格,另一方面也削弱了对现实生活敏锐的观察力,从他的诗中难以看到现实生活中的问题和阴暗面,也难以读出忧患和沉重。他把诗人的"小我"等同于集体主义的"大我",由于"小我"的淡化,自然会束缚诗人的创造性。

4. 阮章竞、严阵、雁翼等的诗

诗人阮章竞[①]的成名作《漳河水》最早发表于《太行文艺》上,1949年年底修改定稿。它是利用民歌小调的曲牌写成的,故副题标明为"漳河小曲"。诗作发表后,被认为是继《王贵与李香香》之后解放区诗歌创作的新收获,奠定了他在诗坛上的地位。长诗讲述了解放区三个年轻妇女荷荷、苓苓和紫金英在新旧社会不同的命运。由于作者熟悉戏剧创作,诗中融入许多戏剧性的场面,富有浓郁的生活气息。诗作采用了群众喜闻乐见的艺术形式,是对诗歌探索民族化与大众化道路的宝贵贡献。

童话诗《金色的海螺》是作者探索民族化诗歌道路的又一可贵尝试,它是根据民间故事《田螺姑娘》重新创作的,作品歌颂了劳动人民为追求美好的爱情和幸福生活不惜献身的大无畏精神和不屈的意志,塑造了渔民少年生动的艺术形象。在艺术形式上,则采用了"大体整齐、精练、押韵"的半格律体,富于音乐感,适合朗读,艺术上也是成功的。

为了探索诗歌创作的民族化道路,阮章竞还从古典诗词中汲取营养。如反映包头钢铁工业基地建设生活的组诗《新塞外行》和《乌兰察布》。作者认识到,描绘现代化大工业建设,再采用《漳河水》式的民歌小调或《金色的海螺》中的半格律体,都难以表现现代工业的气魄和塞外大自然环境的辽阔和苍凉。诗人学习古典诗词的体式和韵律,再加以发展变化,便显得古色古香,极富韵味。如《鹿的地方》开头:"阴山下,乌拉川,/天蓝白云净,/草绿露珠光,/风沙不

---

① 阮章竞(1914—2000),广东中山人。早年参加抗日救亡活动,1937年到太行山革命根据地。著有长篇小说《霜天》《白丹红》,话剧剧本《未熟的庄稼》,歌剧《赤叶河》和长诗《圈套》。1949年创作长篇叙事诗《漳河水》。1955年创作长篇童话诗《金色的海螺》,曾获1980年中国第一届儿童文学一等奖。50年代到包头钢铁工业基地生活,创作了《新塞外行》《乌兰察布》等组诗和长诗《白云鄂博交响诗》等,分别收入《虹霓集》《迎春橘颂》等诗集中,出版了《阮章竞诗选》等。

起,一目千里。/黄河浪头破天来,/惊乱了,一天沙鸡。"从中可看出唐诗宋词的影响。当然,学习古典诗词,也不一定拘泥于五七言或长短句形式,还可以从古典诗词的艺术手法与风格神韵上得到营养。比如,作者为了表现建设者的战斗风貌,也采用了现代汉语中的以双音词结尾的形式,但从总体艺术风貌上看,也得益于某些古典诗歌的启示,如受到好评的《风砂》。茅盾曾称赞《新塞外行》"想象奔放,诗句明丽,格调豪迈",而且"熔炼、利用古典诗词的句法和词汇,企图创造更富于形象美和音乐美的适合于表现我们这时代的丰富多彩的民族形式的新诗风"①。不过,诗作也有某些不足,虽有充沛的诗情,但缺乏深刻的思索,不免显得浮泛。

严阵② 1953 年以一首《老张的手》引起诗坛关注。诗人把农民解放前的苦难生活和解放后的新生、欢乐集中在一双手上,以手代人,以一斑而窥全豹。以后陆续出版了十几部诗集,《江南曲》和《竹矛》是他的代表作。

诗人 1961 年出版的《江南曲》,选择了富有独特韵味的江南水乡作为背景,把江南人对新生活的热爱和通过劳动获得幸福的真切感受展现出来,格调清新,诗情浓郁。从内容上讲,尽管未能充分反映农村生活的复杂性和多种人物的心理状态,但从艺术上讲,却是创造性地学习古典诗词和民歌的佳作。特别是对词曲小令的学习与融会贯通尤为明显。在意象营造、诗体结构安排与词汇的运用方面把词曲小令的长处融入其中,创造出一种新的诗体形式,如《山坞》。严阵仿古典词曲还善于通过巧妙的构思,以优美的画面创造出独特的意境美。如《红雨》,作者以静中寓动的艺术手法,描绘了一场"好雨知时节"的桃花雨带来的勃勃生机和欢乐气氛,使人陶醉其中。《江南曲》在词汇运用和诗体形式上也进行了多方面探索。有的诗章选择了节奏感强、句式整齐的长短句,如《江南春歌》:"十里桃花,/十里杨柳,/十里红旗风里抖,/江南春,/浓似酒。"两个四言,一个七言,又两个三言,读来音韵铿锵,适于朗读。臧克家说:"这些诗,色彩、音响、情调都是惹人喜爱的。它们像朝霞在天,它们像花苞初放,它们像泉水涓涓,它们像月笼平沙。""像一幅一幅情意真切、生动新颖的淡墨画,呈现在我们面前。"③但也有人对这一评价有不同看法,认为诗作粉饰了农村的种种矛盾和严峻形势,是不真实的。④ 这一看法是有道理的,但从总体上看,诗人在诗体形式、语言运用诸方面所取得的成就,是应该肯定的。

严阵是一个富有探索精神的诗人。1964 年出版的《竹矛》,诗风又大变,摆脱了《江南曲》的轻盈、清雅风格,代之以热烈的呼唤和逻辑的演绎。《冬之歌》则是公认的具有代表性的佳作,诗人赞美雪原的松柏,深山的腊梅,冰块下的激流,云霞中蕴藏的春雷,以及人民群众在风雪世界中战斗的英姿。诗作以多种美好形象作比喻,以衬托对共和国、共产党和人民军队的歌颂,这正是 50 年代初形成的颂歌主潮延续的余韵。

---

① 茅盾:《反映社会主义跃进的时代,推动社会主义时代的跃进!》,《人民文学》1960 年第 8 期。

② 严阵(1930—),山东莱阳人。出版的作品有诗集《严阵抒情诗选》《严阵爱情诗》《淮河上的姑娘》《乡村之歌》《草原颂》《樱花集》《喜歌》《淦女》《江南曲》《竹矛》《花海》《卷施》《鸽子和郁金香》和长篇小说《蓝鸟丽人》《荒漠奇踪》,诗体长篇小说《山盟》等。

③ 臧克家:《严阵的诗》,《琴泉》,作家出版社 1963 年版,第 5 页。

④ 徐迟:《黄山松·序》,《黄山松》,上海文艺出版社 1983 年版,第 2 页。

雁翼①在 50 年代带着厚重的战争年代的感情积累走上诗坛。他的作品分为两类：一类是对战争年代的回忆和追寻的诗作；另一类则是建设者的颂歌，但仍和战争年代的生活紧紧相连。可以说他是从战争年代向和平年代过渡时期的诗人。他总是以深沉的感情讴歌战争年代的英雄人物和普通民众，歌颂筑路工地上的建设者。较强的叙事性和近似白描的艺术手法，构成了他早期诗作的特征。他在直接反映战争年代生活的作品中，力图为当年的战斗者描绘出一批英雄群像。这里有面对乡亲哭诉而奔向杀敌战场的战士，有在炮火中潜行的卫生员，有机智抓来敌首的侦察员，更有为拉掉敌人炸桥的导火索而牺牲的老游击组长，特别是《白杨颂》中为救当了八路军的作者勇敢地闯到日本强盗面前把作者认作亲儿子的老妈妈，都给人留下了深刻印象。

雁翼的第二类作品虽描写和平时期的筑路建设，但作者仍用自己感情的丝线把它同战争年代相联系。如《带路老人》中红军战士的老爸，《给一位党委书记》中筑路工地的新领导，都是当年的游击队政委；长诗《彩桥》中参加修筑宝成铁路的主人公赤华则是红军的儿子。作者把战争与和平联系起来的构思，正是要说明和平生活来之不易。在描绘建设者战斗的身影和艰苦的环境时，作者以大自然的艰险和物质生活的困苦去反衬建设工人的开阔胸襟，展现了一种浪漫情怀。这类作品量虽不多，却标志着诗人的新探索。不足的是：由于作者对生活的开掘不够深，常以简单的叙事代替诗情的抒发，缺乏精益求精的探索精神。

梁上泉②离开家乡之后，足迹遍布西藏、云南、内蒙古等边塞地区。诗人以敏锐的目光观察异地的独特风情和新人新事，唱出了清丽、轻雅的颂歌。他弹着自己的六弦琴，不仅赞颂解放大军把“寒霜化成春水”，为当地人民筑路，而且赞颂了各族人民对党的感激之情以及军民之间、民族之间的血肉之情。诗作真切感人，具有热烘烘的生活气息。如受到称誉的短诗《阿妈的吻》，写藏族年轻的阿妈到医院看着新修的医院，吻着怀里的婴儿，甚至吻着明净的门窗的戏剧性场景，诗人也融入这戏剧场景中去同阿妈对话：“阿妈，你擦干了眼泪，/是不是要说心里话？/笑脸却紧贴着明净的门窗，/像吻着白胖胖的脸颊。//啊！你吻吧！吻吧！你以吻孩子的母爱，/在吻着自己的医院，/吻着自己的祖国呀！……”诗人通过细腻的观察，抓住典型的细节，开掘了人物的心灵变化，唱出了一支感人的边疆生活的赞歌。梁上泉的诗作也具有较强的叙事性，往往借助富有边疆情韵的具体事物和场景融进自己的诗情，这一点同雁翼有相似之处，但又不同于雁翼诗作同战争年代生活紧紧相连，显得那样深沉悲壮。梁上泉的调子轻盈得多。如《唐柳》，写拉萨城头大昭寺文成公主当年栽的柳树，虽历尽千年风雨，但“风雨中越长越高，/年年抽着新条，/条条都是公主的发丝，/青油油一垂万里”，诗人借助这年年发新枝的文成公主栽的柳树，表达了民族团结的深意。

反映第二次国内革命战争的长篇叙事诗《红云崖》是诗人 50 年代末的一部力作。长诗以川陕边区革命根据地的人民革命斗争史实为背景，写红军撤退后人民群众仍坚持同敌人英勇

---

① 雁翼（1927—2009），原名颜洪林，河北馆陶人。15 岁参加八路军。1949 年开始发表诗作。他于 50 年代出版的诗集《大巴山的早晨》和《在云彩上面》都是反映巴山秦岭筑路工程中建设者的战斗生活的。之后又陆续出版了《白杨颂》等十几部诗集和《彩桥》《紫燕传》《雁翼抒情诗选》等。此外，还创作了一些话剧、小说、散文和电影文学剧本。

② 梁上泉（1931—　），四川达县人。1950 年参军，1957 年转业从事专业创作。1956 年出版第一部诗集《喧腾的高原》，先后出版的有《云南的云》《从北京唱到边疆》《山泉集》《红云崖》等。

斗争的故事。长诗以浪漫主义手法处理主人公献身的悲壮场景,在曲折引人的情节中,使真实性和传奇性结合,具有较强的艺术感染力。

张永枚[①]在五六十年代影响较大的作品是诗集《新春》和《骑马挎枪走天下》中的新军旅诗。他的诗弘扬英雄主义和牺牲精神,揭示战士们对和平生活的热爱与保卫和平的决心。如《新春》写战火过后的朝鲜大地一片盎然生机,曾被打折的大树又绽出新芽,冰冻的泉水开始奔流,烧焦的土地也滋润起来,在布谷鸟的叫声中一派春耕大忙景象。诗人选择了这些截然相反的意象组接在一块,象征着和平对战争的战胜。受到更多好评的是《屋檐下》,它以叙事性笔调讲述了一个动人的故事:一夜大雪封门,黎明到来时朝鲜大嫂去拿水罐打水,屋檐下一堆雪却突然塌落,露出了夜间避雪的三个志愿军战士。因为夜深他们未敢惊扰房东,反而向主人道歉。此时,"大嫂的泪水润湿了眼眶,/好半天才说出了话:'朝鲜的房子就是你们的家,/这么大的风雪为啥住在屋檐下?……'"语言朴实无华,风格清新明快。诗人没有站出来直抒情怀,而是把激情蕴含在叙事的情节中,人物的音容笑貌未直接描写,却收到了感人的艺术效果。

张永枚的诗可分两类:一类是直接抒发战士情怀或借物咏志的短诗。如《骑马挎枪走天下》就是一首流传较广的歌词,其主题就是"骑马挎枪走天下,/祖国到处都是家",反映了战士对祖国土地和各地人民的热爱之情。短诗中还有一些是反映海疆军营生活和渔民劳动生活的作品,抒发战士对海疆生活的爱恋之情及渔区的崭新面貌与风土人情。作者为新生活唱的赞歌既摆脱了战争年代军旅诗对战争描写的残酷性与沉重感,又不同于某些政治性强的颂歌,而是通过一个个小的生活场景抒发作者对新生活的热爱和战士们对周边事物的欣喜之情。《小夜曲》以织网渔女第一人称袒露心迹,写出了姑娘对所爱的人的思念和青春期的勃动,富有情趣,为渔区的和平生活抹了一笔淡雅的素描。

张永枚的另一类叙事诗大都用一个中心意象贯穿始终,使作品的情节更集中。如《螺号》,就以主人公红军游击队战士手中的螺号贯穿全诗,螺号是一个象征,是人民反抗压迫的不屈精神的代表,诗人把激情融入惊险悲壮的故事中,并以螺号作为抒发感情的载体。以民间传说故事为素材写成的《椰子树的传说》是写正义与邪恶斗争的,富有浪漫色彩。

5. 少数民族诗人的诗作

我国有56个兄弟民族,在历史的长河中,各民族互相交融,在文化上互补,共同创造了中华民族的灿烂文明。但由于历代统治阶级的压制和歧视,少数民族文学创作除在民间流传的口头文学外,书面文学难以得到发展。在现代文学史上,除少数有影响的诗人外,发表诗作的人很少。随着新中国的诞生,少数民族的诗歌创作也出现了欣欣向荣的景象,一批以颂歌为主的优秀诗作带着鲜明的民族特色呈现在读者面前,并形成了一支以中青年诗人为主体的创作队伍。像蒙古族的巴·布林贝赫,维吾尔族的铁依甫江和克里木·霍加,藏族的饶阶巴桑,满

---

① 张永枚(1932—　),笔名黄桷树,四川万县人。1949年参加中国人民解放军,在部队从事文化宣传工作和文艺创作。他的第一部诗集《新春》是反映抗美援朝的。此后陆续出版了《骑马挎枪走天下》《螺号》《海边的诗》《三勇士》《檀香女》《将军柳》《西沙之战》等多部诗集和一些诗剧、童话故事诗及歌舞剧剧本。

族的胡昭,苗族的石太瑞,白族的晓雪和张长,壮族的韦其麟,朝鲜族的金哲,仫佬族的包玉堂,土家族的汪承栋等,都发表和出版了一些有影响的作品。加以少数民族中一些民间歌手(如蒙古族的毛依罕和琶杰,傣族的康朗英和康朗甩)登上诗坛,使少数民族诗坛分外活跃。由于有的民族没有文字(如壮族、苗族等),有的虽有过文字但已长期不用(如满族),一些少数民族诗人是用汉字写作并反映民族生活的。与此同时,也有一些汉族诗人用诗作描绘少数民族地区生活,这就使少数民族诗歌出现了复杂的情况。但是,评定是否代表一个民族的作品的标志是民族的气质、心理结构和文化积淀。以此标准来考察少数民族诗歌创作,就会发现它们的某些共同特征和带有各自民族色彩的不同之处。

少数民族诗人的诗作是新中国多民族大合唱中的不同声部,是新中国诗歌的重要组成部分。同汉民族诗人的作品一样,它们共同的主题是表达当家做主人后的自豪之情,表达对伟大祖国和中国共产党及其伟大领袖的爱戴。而其表达方法又具有突出的民族特色,即与他们生活的环境、民族生活习惯及独特的文化传统相联系。如蒙古族诗人的作品总是和大草原、青松、红日、骏马、乳浆结合在一起,藏族诗人的作品则离不开喜马拉雅山和雅鲁藏布江等雄伟的大自然与游牧生活,云南傣族、白族诗人的作品又渗透着云南边陲山山水水独特的魅力和本民族的神话传说的精髓。当然,在汉族诗人中,也有一些反映少数民族生活的诗作出现,如田间的《马头琴集》《芒市》,李瑛的《花的原野》中的作品,公刘和白桦描写云南少数民族生活的作品等,它们与少数民族诗人的诗作不同的地方,是汉族诗人以第三者的目光去观察、描绘少数民族地区的风光和不同的风土人情,而少数民族诗人描写本民族生活的作品则是以主人翁的身份或本民族的代言人来倾吐内心激情的,而其中渗透的本民族的心理习惯和对民族文化传统的认同是深邃的,也是汉族诗人作品难以比拟的。如把田间与李瑛写内蒙古草原的诗作同纳·赛音朝克图及巴·布林贝赫的作品相比较,便会发现明显的差异。此外,少数民族诗人的作品中还常用本民族说唱艺术中的表现形式与抒情手段,还有与独特的宗教信仰、生活习俗相关的意象组合。如蒙古族的喇嘛教、帐篷、勒勒车、摔跤、赛马等,傣族的佛教、寺庙、赛歌求婚等,维吾尔族的伊斯兰教、冬不拉弹唱、叼羊比赛等,都是诗人作品中经常出现的事物和意象,这就使作品更具民族风味。少数民族的作品不但丰富了新中国诗作的艺术长廊,而且以多彩的民族艺术形式和表现手段唱出了一曲曲美丽动人的颂歌,为推动新诗的发展作出了独特的贡献。

这一时期,在少数民族诗坛上取得较大成就的诗人有纳·赛音朝克图、巴·布林贝赫、铁依甫江、饶阶巴桑、晓雪、张长、金哲等。

纳·赛音朝克图①的代表作是长篇政治抒情诗《狂欢之歌》。诗作共分五章,约 1 300 行。从规模和气势上看,这首诗在 50 年代的颂歌中可与胡风的《时间开始了》相比。诗人以饱满的热情、开阔的视野热烈赞颂了伟大的祖国,讴歌党和领袖带领各族人民创建新生活的丰功伟

---

① 纳·赛音朝克图(1914—1973),蒙古族,内蒙古自治区锡林郭勒盟正蓝旗人。1938 年赴日学习,1942 年回国任教。早在 30 年代就开始创作,是蒙古族现代文学的奠基人。新中国成立前就出版了《心之友》和《我们前进的杵臼之声》等诗集和散文集《沙漠的故乡》。新中国成立后,又出版了《幸福和友谊》《心的伙伴》《我们雄壮的呼声》等多部诗集和长诗《狂欢之歌》。另外还有小说集、散文集出版。

绩;以对比的艺术手法,描绘了旧中国大地的疮痍和各族人民的苦难生活,是一首具有鲜明蒙古族特色的颂歌。诗人采用了铺陈渲染和排比的艺术手法,直抒胸臆,并不断重复地咏叹和反复回还,以造成热烈的欢快气氛。这正是蒙古族民间说唱(如"好力宝")中常用的一种艺术手段。全诗恢宏开阔,调子昂扬,气势磅礴,表达了蒙古族人民的心声。更可贵的是,诗人通过切身的体验和新旧社会的对比,用铺陈渲染的手法,歌颂各民族的团结。长诗还选用了带有蒙古族民族特色的一组组意象,又增添了诗的韵味。在意象选择方面,如用骏马劲蹄比喻诗人手中的金色笔尖,用铮铮响的马头琴比喻舒畅的歌喉,用瘦骆驼的形象形容旧社会摇摇欲坠的蒙古包,等等,都别有兴味。尽管有些段落也出现一些抽象概念的词语,总体说来,诗人还是很注意形象性的。如诗人赞颂先烈们为了祖国的解放所做的牺牲,就采用了许多优美的意象:"在秋月般/光辉明朗的/生活中/在花朵般/芬芳鲜艳的/欢乐里,/宛若明媚的阳光/照射着/晶莹的露珠,/你们神圣的鲜血/永远闪发出/宝石般的光芒!"这种三行一节的阶梯式诗句,读来非常上口,有韵味,这是根据蒙古族传统民歌的形式加以继承和改造而成的。由此可见出作者同本民族文化的深厚渊源。

巴·布林贝赫[1]受到诗坛瞩目,是 1953 年《心与乳》的发表。这是蒙古族人民献给祖国母亲的又一首颂歌。这首诗以乳为象征,表达对祖国最真挚的爱。正如藏族人民以哈达、云南少数民族以蜜果、新疆俄罗斯族以面包和盐献给最亲爱的人一样,蒙古族人民则用乳来表达心声:"我们对心里的爱,用乳来表示。/我们对自由与解放,用乳作献礼。/我们对健康与兴旺,/用乳来祝贺。/我们对未来的幸福,用乳来迎接。"由于作者用切身体验来写祖国对儿女的爱与儿女对祖国的爱,使人感到亲切。他的诗作具有浓郁的草原气息和粗犷豪放的风格。他曾说:"我的诗,来自迷茫的沙漠和广袤的草原的深处,来自童年的记忆和成年的深沉感受。""我自己的诗歌创作中追求的是我自己民族的特性。"[2]他的抒情长诗《生命的礼花》便充分体现了他的创作追求。诗人记叙了蒙古族人民在旧社会所遭受的种种苦难和在党领导下获得的新生,歌颂了祖国的巨变和各族人民的团结,但是又非说教,而是通过多彩的艺术形象,借助蒙古族民歌中丰富的比喻,发出真挚的歌唱。如开篇写对旧社会苦难岁月的回忆:"每当吃到鲜美的奶油,/心就想起苦涩的奶水[3];/每当望见明媚的阳光,/心就想起混沌的岁月。//每当骑上急驰的快马,/心就想起步行的苦痛;/每当挥起有力的笔杆,/心就想起往日的悲歌。"诗句内涵深刻,形象生动,其中如奶油、奶水、快马、悲歌等,都是蒙古族人民日常生活中的事物,诗人以其作比,增添了蒙古族草原生活的风味。新时期以来,诗人仍笔耕不辍,他的获奖诗作《命运之马》除保持了《生命的礼花》等诗作的长处外,又增加了哲理的思考和表现手法的象征性。长诗用蒙古族人民最熟悉的骏马作为象征体,把蒙古族获得第二次新生的历史命运形象地展现出来。比之诗人 50 年代的《生命的礼花》,《命运之马》的思想内涵更为丰厚,特色更为鲜明。它是诗人创作的一次突破,也是新时期少数民族诗歌创作取得的又一丰硕成果。

---

[1]　巴·布林贝赫(1928—2009)蒙古族,内蒙古自治区巴林右旗人。1948 年参加中国人民解放军,并开始文艺创作。1958 年转业至内蒙古大学任教。新中国成立后陆续出版了《你好,春天》《黄金季节》《生命的礼花》《命运之马》等多部诗集及《巴·布林贝赫诗选》。

[2]　巴·布林贝赫:《巴·布林贝赫诗选》,人民文学出版社 1983 年版,第 3,5 页。

[3]　奶水:做奶豆腐的过滤水,穷苦的牧民多食用。

铁依甫江①的诗作中影响最大的是歌唱祖国大地和新疆少数民族获得新生的诗集《东方之歌》和《祖国颂》。他的诗作突出的特点是对我们这个多民族祖国的爱。这种爱早在新中国成立前他从事革命斗争时就在诗中反映出来了。解放后,他又写了一系列歌唱祖国的诗篇。如《怀抱红日的黎明来了》,以富有光彩的语言歌唱新中国的诞生,澎湃的激情融于斑斓多姿的客体形象中。诗人不仅以较长的抒情篇章歌唱祖国,而且也善于以短小精粹的维吾尔族古典诗歌形式"柔巴依"赞颂祖国,这就把对祖国的爱表现得更为深沉真挚。此外,诗人还于五六十年代写了一些讽喻性作品,如讽刺热衷于夸夸其谈的官僚主义者的《报告迷之死》,嘲笑不调查研究、头脑僵化、喜欢文牍主义的《"基本"的控诉》,风格诙谐幽默。这两首诗虽然招致了大批判的厄运,但恰恰说明了他对现实生活的热切关注与正义感,是他对祖国的爱的另一种表现方式。在艺术上,他的诗作也有独特的韵味。他写的爱情诗就得力于对维吾尔族古老情歌的学习,抒情方式同传统的民族情歌很相似。如长诗《给恋人的一封信》表达了要和爱人共同过美好生活的愿望,具有较强的叙事色彩。《乡村姑娘之歌》《我悄悄地爱上了你》《思念》等短诗也写得风趣,很有情致,散发着清新之气。当然,诗人往往把自己写进去,有更多本民族的心理愿望的表达。特别是新时期获奖的爱情诗,构思更为精巧,感情转为深沉,比那些在轻浮的调笑中倾吐爱慕之情的诗更为感人。

饶阶巴桑②的成名作《牧人的幻想》是一首藏族牧民翻身解放的颂歌。它通过草原牧民生活命运的变迁,歌颂了少数民族从贫困走向富裕和新生这一巨大转折。诗以富有草原特点的多彩意象形成强烈的艺术对比,把人们引向那牛羊遍野、白云悠悠的放牧草原中。诗人在歌唱牧人新生活时没用泛泛的说教之词,仍然采用一组组使人心动的美好意象,如"铁马铁牛的奔跑","暴风也吹不熄的幢幢楼房的灯光"等以赞美牧民们命运的改变。全诗具有明朗、清丽的艺术风格。诗人不断地在诗艺上进行探索,60 年代又发表了富有韵味的爱情诗《爱的花瓣》,以细腻的心理变化写恋爱中青年男女的焦躁不安,写得缠绵悱恻。特别是诗中选择的意象,又都带有边疆山林的特色。如《是谁……》通过一位急切寻找爱情的青年的反问,写出了同样急切寻找爱情的少女的心情:"是谁急得吹响一山树叶,/有什么激情不能在心里深藏?/仿佛要教会山鸟一支歌——/把一个少女的秘密撒到四方。"这首诗对边疆自然风光和少数民族生活风貌的描写令人感到清新可喜,这是作者创作的富有民族风味的爱情诗。

晓雪③的诗作主要是写家乡的自然风光和风土人情以及古老的民间传说。苍山洱海的美

---

①　铁依甫江(1930—1989),维吾尔族,新疆维吾尔自治区霍城人。新中国成立前投身革命并发表诗作,新中国成立后先后出版了《东方之歌》《和平之歌》《唱不完的歌》《祖国颂》等诗集。1982 年出版了《铁依甫江诗选》,收录了其主要代表作。

②　饶阶巴桑(1935—   ),藏族,生于云南省德钦县。1951 年参加解放军,1956 年开始用汉文发表诗作,曾任中国作协云南分会副主席。先后出版诗集《草原集》《石烛》《西窗集》《爱的花瓣》《对生叶之恋》等。组诗《棘叶集》获全国首届少数民族文学创作奖。

③　晓雪(1935—   ),本名杨文翰,白族,云南省大理市人。50 年代中期开始写诗,出版的诗集有《祖国的春天》《采花节》《苍山洱海》《晓雪诗选》等。此外还出版了一些评论集和散文集。

丽,白族人民的斗争历史和口头文学的传奇性,都在他的诗中得到反映,浓郁的乡土气息和边疆生活色彩构成他诗作的主要特色。比如写苍山洱海,不但写出了自然风光的神韵,而且凝聚着他对家乡的山山水水、一草一木的深情,如《拉大网》《水那么蓝》《洱海新曲》等。诗人最主要的成就是他以白族民间传说故事为题材写成的小叙事诗,如《播歌女》《蝴蝶泉》《望夫云》《美人石》《飞虎山》以及新时期获奖的《大黑天神》等。这些作品都反映了白族人民美好的理想和愿望以及对恶势力的不屈斗争。其中《蝴蝶泉》是写一个美丽的少女为反抗员外追逼成婚而跳入泉水的悲剧。这是一曲抗御邪恶,为正义而不惜牺牲的赞歌。诗作的题材来源于白族民间传说,具有白族生活情调,艺术风格凄婉清丽。《大黑天神》写主人公违抗玉皇旨意,不执行玉皇叫他把瘟疫种子撒向人间使人类灭亡的命令,不惜牺牲自己生命,把瘟疫种子吞下,更是一首具有深刻含义的佳作。综观晓雪的诗作,大都写得自然、纯净,有一种朴实美,尤其是对白族人民的生活环境、美学品位、风俗习尚都有具体的体现。

诗人张长①曾长期在西双版纳地区工作,带有蛮荒味道的美丽边疆和丰富多彩的民俗风情给了他诗的灵感。他的诗是以清新、明丽的笔调抒写西双版纳的自然风光和民俗风情被称道的。晓雪称赞他的诗:"如山间清澈的小溪,林中明静的湖水。它虽无浩浩荡荡、一泻千里的气势,缺乏奔腾咆哮、汹涌澎湃的旋律,却也自有其清新明丽的特色。"②的确,不论是写婚嫁习俗,还是写男女爱情,都有一股清丽之气。他的诗同蒙古族及新疆少数民族诗人的作品相比,少了阳刚之气,多了阴柔之美,这自然是当地秀丽的自然风光和柔美的民族气质的影响所造成的。比如写青年恋人月夜相会的《夜》:"一只青蛙从小河里跳上来,/轻轻地,挨着她的脚,/对着篝火它瞪大眼睛,/专心地听着,听着……//'那么,就决定这样啰?'他站起,她随手把青蛙扒进小河,/落水后的青蛙突然笑开了:'咯咯咯咯咯咯……'"用拟人化手法写青蛙的偷听和大笑,以衬托恋人决定终身命运的情话,具有一种情趣美。《捣米》同样幽默而富有情致,有南国边陲的独特风韵,描绘出一幅表现傣族姑娘劳动生活和爱情心理的风俗画。他新时期以来写的诗则多了哲理的思考和对生活的严峻判断。

金哲③的诗集《边疆的心》和《伽倻琴集》是延边朝鲜族自治州的自然风光和朝鲜族人民精神风貌的热情颂歌。诗人很少直抒胸怀,而是以精巧的构思选择富有诗情画意的场景,展示新生活的美好,并含有某些哲理思考,给人以清新、淡雅之感。其风格和长白山区的自然景色紧密相连,并体现出朝鲜族独有的轻快、幽默和机智。如他早期的小诗《拔界石》写得轻松欢快,带有喜剧色彩,是一首独具幽默风味的新生活颂歌。而《早霞》《雪夜》《雾》《望月》等抒情短章情景交融,体现出诗人欢快的心态,赞颂了朝鲜族人民的新生活,深情地回顾了朝鲜族人民的革命历史,进一步拓展了颂歌的题材范围。如叙事诗《山村阿妈妮》写得慷慨激昂,回肠

---

① 张长(1938—),原名赵培中,白族,云南省云龙县人。1956 年从昆明医士学校毕业。1960 年出版了诗集《澜沧江之歌》。新时期以来,又出版了《勐巴纳西》《凤尾竹的梦》和《边寨的爱》等诗集。

② 晓雪:《张长的诗》,张长:《凤尾竹的梦》,人民文学出版社 1981 年版,第 6 页。

③ 金哲(1932—),朝鲜族,黑龙江海林人。1950 年参加中国人民志愿军,在文工团从事文化宣传工作,并开始诗歌创作。1953 年转业到延边工作,"文革"前出版了诗集《边疆的心》和《东风万里》。新时期以来,出版了《破晓》《伽倻琴集》《山村阿妈妮》《山乡路》等诗集和长诗《晨星传》。

荡气,具有一种崇高感和悲剧美。新时期写的长篇叙事诗《晨星传》约15 000行,它是根据朝鲜族民间传说再创作的。作品规模宏大,气势雄壮,描绘了封建社会中可歌可泣的农民起义斗争,歌颂了朝鲜族人民为反抗压迫追求自由不惜英勇献身的精神,是叙事诗创作的新收获。它的出现,既填补了朝鲜族缺乏长篇叙事诗的空白,也为我国叙事诗创作作出了贡献。

八、叙事诗的发展

1. 叙事诗的涌现

同西方一些国家及印度相比,中国的叙事诗(包括英雄史诗)相对缺少。这一方面可能和汉民族过早进入农耕社会缺少英雄史诗出现的条件有关,另一方面,作为纯粹的叙事诗(不包括英雄史诗),则由于市民文学的发展,已同说唱文学结合。"五四"以后,也只有孙毓棠的《宝马》、冯至的《蚕马》等影响较大。这是与中国古典诗学主张的"诗言志"和现代诗学提倡的"诗是抒情的工具"的影响分不开的。在解放区诗歌创作中,由于反映革命斗争生活的需要和民间文学的影响,出现了李季的《王贵与李香香》、张志民的《王九诉苦》和《死不着》、阮章竞的《漳河水》那样优秀的叙事诗作品。但同抒情诗创作相比,仍然显得薄弱。新中国成立后,叙事诗得到了从未有过的发展,出现了不少优秀作品,活跃和丰富了这一时期的诗坛。

这一时期的叙事诗,如从内容来分,大致可分为三类:反映革命历史斗争生活的;反映新中国成立后的历史变迁和人民群众的劳动生活的;根据民间传说故事改编和再创作的。如从艺术表现形态分,又可分为两大类:一类是追求史诗品格,反映革命历史斗争和社会的演变进程的。其中有的采用了多卷本,如田间的《赶车传》;更多的则采用了"三部曲"形式,如闻捷的《复仇的火焰》、郭小川的《将军三部曲》、李季的《杨高传》;此外还有单本的,如乔林的《白兰花》、王致远的《胡桃坡》、梁上泉的《红云崖》、臧克家的《李大钊》等。而从诗体形式上看,有的采用民歌体,有的采用说唱体,有的则采用常见的半自由体。另一类则与民间传说故事有密切关系,带有更多的传奇性和浪漫主义色彩,如康朗英的《流沙河之歌》、马萧萧的《石牌坊的传说》、梁上泉的《神奇的绿宝石》、张永枚的《白马红仙女》、李冰的《巫山神女》等。在诗体形式上,有的是民歌体,有的则是半自由体。至于少数民族中的民间叙事诗的整理和诗人的再创作,基本采取了民歌体或民间说唱体,如《阿诗玛》《百鸟衣》。

作为当代诗歌的一翼,从诗人创作的叙事诗看,比之"五四"后的叙事诗有了新的进展。

首先,具有深远的历史性和广阔的社会性。许多叙事诗已从单一的人物和完整的故事,进展到对历史事件的描绘,时空跨度更大,对社会生活面的展示更为广阔。如《复仇的火焰》《杨高传》《赶车传》等叙事长诗,不仅同"五四"后的一些小型叙事诗大不相同,而且同《王贵与李香香》那样有中心人物、有完整的故事的叙事诗也不一样,其社会生活面和人物成长的历史都向深广的层面拓展,即便像乔林的《白兰花》、梁上泉的《红云崖》、雁翼的《紫燕传》和王致远的《胡桃坡》那样反映民主革命斗争的较小型的叙事诗,社会生活的容量也比以往要大。如《胡桃坡》以陕北地区的抗日斗争和解放战争为背景,塑造胡桃女、胡桃娘、周飞虎等英雄人物,反映他们同日寇及国民党反动派的英勇斗争;《白兰花》则以大别山革命根据地人民群众的斗争为背景,书写主人公的生生死死、悲欢离合。同样,反映新中国成立后建设生活的作品,也尽量把生活画面展现得更广阔。如《赶车传》的后几部,《杨高传》第三部《玉门儿女出征记》及《流沙河之歌》等都具有这一特征。

其次,以多种艺术手段塑造了一批鲜活的人物形象。抒情诗塑造人物同小说、戏剧等文学样式塑造人物不同,它是以诗的形式,以诗人内心的激情去叙事,在叙事与抒情相结合中塑造人物。如闻捷《复仇的火焰》中的哈萨克牧民形象,李季《杨高传》中的杨高和端阳,王致远《胡桃坡》中的胡桃娘、胡桃女,乔林《白兰花》中的白兰花等一批闪着艺术光彩的人物,都是很有个性特点的。诗人们不仅仅是在讲述故事,而是以很大的精力去刻画各自不同的正反面人物,尤其是对英雄人物的塑造,更采取了多种艺术手段。有的是把人物置于矛盾冲突的焦点中,带有很强的戏剧色彩,如《复仇的火焰》中的巴哈尔;有的则通过人物的遭遇和生活的变迁写人物的经历,有很强的传记性,如《李大钊》;有的则选择一些不同的生活侧面,以诗人的自我感觉去烘托人物,采用了电影的某些蒙太奇手段,如《将军三部曲》中的将军;有的则是通过复杂曲折的情节演进和诗人内心的抒情去展示人物的多彩风貌,《白兰花》中的白兰花就是这样出现在诗人笔下的。诗人写白兰花运用了诗的抒情的长处,做到了在叙事中抒情,以抒情笔调叙事,为叙事诗塑造人物提供了经验。

再次,在诗体形式和语言运用上,从古典诗词、民歌和说唱艺术中吸取营养,为新诗的民族化与现代化结合找出了一条可行之路。当诗歌界争论新诗发展道路时,诗人们创作了一批优秀的叙事诗,用自己的创作实践做了回答:根据作品反映的生活内容和艺术风格的不同,叙事诗可以采用不同的诗体形式,而其中向古典诗词、民歌、民间评书学习,也是一条重要途径。《复仇的火焰》基本采用了半自由体的诗体形式,但又吸取了不少新疆少数民族的民歌在内,形式大体整齐。《将军三部曲》则把元曲小令的句式纳入其中,构成较自由活泼的长短句诗体。《杨高传》把民间曲艺中的唱词韵式吸收进来,成为一种较整齐的说唱体。《胡桃坡》《白兰花》《石牌坊的传说》采用民歌体。从这里可以得出一条经验,即中国新诗要走民族化与现代化相结合的道路,古典诗词、民歌和民间曲艺是不可或缺的艺术借鉴。

2. 李季、闻捷的叙事诗

在叙事诗创作中,李季[①]是卓有成就的一位诗人。他的创作大部分取材于两处生活基地:一是陕北的“三边”(定边、靖边和安边);一是玉门油矿。而其在艺术上获得的营养,则是陕北民歌和民间说唱文学。这就决定了他诗歌创作的总体风貌是现实主义精神和民族化风格的结合,从而在中国新诗史上举起一面被称为“新民歌派”“新叙事诗派”的旗帜。他在新中国成立后创作的献给石油战线的颂歌,从多个层面描绘了我国石油工业蓬勃发展的建设图景,讴歌了石油战线上的先进人物。在艺术形式上,这些石油诗语言纯朴,比喻生动形象,易为广大读者所接受;诗体形式又多为大体整齐和押韵的半格律体,诵读起来通晓流畅,音韵感强,具有比较鲜明的民族风格和地方特色。这些短诗保留着叙事特点,作者往往选择较为典型的情境为石

---

① 李季(1922—1980),原名李振鹏,河南唐河人。少时家贫,颇受民间艺术的熏陶。1938 年赴延安。在此期间创作了长篇叙事诗《王贵与李香香》,受到广泛的赞誉。新中国成立初期出版了诗集《短诗十七首》,长诗《菊花石》。1952 年到玉门油矿深入生活,从此便和石油战线结下不解之缘。著有诗集《玉门诗抄》(一、二集)、《生活之歌》、《致以石油工人的敬礼》、《海誓》、《剑歌》、《西苑诗草》、《菊花石》、《杨高传》、《石油大哥》和小说、散文集《戈壁旅伴》。1986 年出版了 4 卷本《李季文集》。

油工人塑像。不论是写当年解放油矿、今天又参加抗美援朝上了前线的将军(《将军》),还是指挥石油生产的厂长(《厂长》),或是带伤开动钻机的师傅(《师徒夜话》),都呈现出新的思想面貌。这些诗作大都时空跨度较大,构思巧妙,富有生活气息。当然,也有些诗直抒胸臆,如《我站在祁连山顶》,诗情豪迈,意境开阔。此外,李季还写了一些关于石油工人的爱情诗,如《白杨》《红头巾》《黑眼睛》《正是杏花二月天》等。其中有的风趣、幽默,有的细腻、委婉,这些诗虽未完全脱出"奖章加爱情"的模式,但都写得清新活泼。反映石油工人生活的佳作还有长诗《生活之歌》和《石油大哥》。

诗人新中国成立后的最高成就,还是体现在反映民主革命时期斗争生活的叙事诗中。这样的题材他最熟悉,驾驭起来得心应手,即便是小叙事诗,如《报信姑娘》《三边人》《只因为我是一个青年团员》,也受到了广泛的好评。这三首小叙事诗都不是写英雄人物的,而是抓住最典型的一个事件或战斗生活片段展现出人物的精神风貌。《报信姑娘》采用了虚实相间的手法,描绘了报信姑娘既天真可爱,又英勇无畏的动人形象。《三边人》只是通过战前与战斗中六个支前担架队员的性格与行为的对比,就把他们的英雄事迹表现出来。《只因为我是一个青年团员》则写了一名通讯员的一次战斗经历。这三首叙事诗结构严谨,剪裁得当,语言自然流畅,很适合朗诵,因而影响较大。

《菊花石》是李季新中国成立后探索的新成果。他在武汉工作期间,搜集了许多楚地民歌,特别是五句头山歌和盘歌,以及浏阳的老赤卫队员和工匠们讲述的斗争故事,激发起他的创作激情,于是写成了这部叙事诗。长诗的故事曲折感人,但人物形象不如《王贵与李香香》中的主人公那样突出鲜明,这与诗人对南方革命根据地的生活不熟悉有关。但在艺术形式的探索上,把湖南民歌的表现手法加以应用,为长诗增色不少。

《杨高传》三部曲(《五月端阳》《当红军的哥哥回来了》《玉门儿女出征记》)是1959年至1960年写成的。这部长诗早在写作《王贵与李香香》之前,主人公小羊羔(杨高)的形象就已经在李季的心中酝酿。其创作规模和艺术成就达到了一个新的高度,是诗人继《王贵与李香香》之后的第二个创作高峰。长诗以杨高的成长和苦难经历为中心,描绘了土地革命、抗日战争、解放战争和新中国成立初期社会主义建设的广阔历史画卷,塑造了一群英勇斗争、不怕牺牲的革命者形象。茅盾称赞这部长诗"规模宏伟,故事复杂,有各式各样的人物,这些都比《王贵与李香香》前进了一大步;而在艺术形式方面,也有新的发展"[①]。长诗以杨高与崔端阳追求爱情幸福的悲剧性个人命运为中心线索,刻画了男女主人公以及刘志丹、桂叶等带有个性色彩的艺术形象。杨高原是孤儿,在革命大家庭中健康成长。他历经风险,多次负伤,曾在送信途中受伤被俘。敌人用尽酷刑,迫他交出机密情报,并在叛徒特务胡安(端阳舅舅)的唆使下,抓来端阳、桂叶相威胁,他仍坚不吐口。敌人把端阳杀害,他被我铁骑兵救出,仍坚持留在战斗第一线。后来他带着伤残之躯投入石油工业建设中,并成为油矿领导者。作者刻画的女主人公崔端阳,则是一位纯朴善良、感情真挚的农村少女。在她和杨高相识并相爱的过程中,便把自己的一生寄托在杨高身上。在她身上,迸发着中国劳动妇女坚贞不屈的道德力量。作者把历险、脱险、巧合、巧误等艺术手段用来表现男女主人公的悲欢离合,矛盾和悬念环环相扣,增加了艺术感染力,也使人物形象丰富多彩。

---

① 茅盾:《反映社会主义跃进的时代,推动社会主义时代的跃进!》《人民文学》1960年第8期。

　　这部长诗在艺术表现上也是成功的。长诗采用了民歌中的七字句和说唱文学中的十字句,交错运用,形成一种新叙事体,既有节奏感,又自由流畅,适宜表现丰富的社会生活。如"端阳怨"一节中写端阳对杨高的思念:"十颗星星九颗明,/为了你我望穿一双眼睛。/天上流星打闪闪,/回不来你就该写信一封。"这比《王贵与李香香》和《菊花石》的诗体形式又有了新的拓展。《杨高传》是既有民歌体,又有说唱体,而且说唱体的比重更大。长诗的语言既朴实生动,又善用比兴,具有很强的形象感。但从全诗来看,艺术质量不平衡,有些章节有拖沓冗长之感。这除了与情节安排提炼不够有关,也与语言锤炼不够分不开。

　　诗人闻捷①在 50 年代以《吐鲁番情歌》组诗引起诗坛重视,受到读者欢迎。此后,他相继出版了诗集《祖国!光辉的十月》《河西走廊行》,叙事诗《东风催动黄河浪》等。1959 年发表长篇叙事诗《复仇的火焰》第一部《动荡的年代》,1962 年又出版了第二部《叛乱的草原》,第三部《觉醒的人们》只发表了若干片段(即第五章和尾声),因文稿于"文革"中散失而成为当代诗史的遗憾。

　　《天山牧歌》是闻捷的短诗代表作诗集。它以歌唱新疆少数民族的新生活而在当代诗坛独树一帜,是具有独特韵味的新生活颂歌。特别是其中的爱情诗,把年轻一代热爱劳动、建设家乡同对美好爱情的追求结合起来,拓展了当代诗史上爱情诗的天地。诗人通过对爱情生活的咏赞,揭示了人们美好、纯洁的心灵,激励人们为建设美好生活献身。如《夜莺飞去了》,写一个小伙子要离开家乡去当石油工人的故事,诗情热烈而真挚。《爱情》以一个少女的口吻来抒发她内心的痛苦和不安,并表达她对爱情的坚贞。她所爱的人在剿匪战斗中失去了左手。小伙子为了姑娘的终生幸福故意躲避她,这使她更为痛苦。误会解除后,她向心上人赤诚地表白:"我一句话也说不出,/拥抱着他一吻再吻,/哪怕他失去了两只手,/我也要为他献出终生。"姑娘心灵的纯洁和对爱情的忠贞跃然纸上。

　　在艺术手法上,闻捷选择一些动人的生活片段,把叙事、抒情、绘景融为一体,创造一种诗情画意盎然、情景契合无间的艺术境界。如《苹果树下》,写一个姑娘和一个小伙子之间的爱情,委婉清奇,情真意切。其他如《葡萄成熟了》中小伙子们嚼着酸葡萄时的诙谐,《舞会结束以后》姑娘巧妙地回答鼓手和琴师的追求,《赛马》中姑娘和心爱的人赛马时对内心感情的遮掩……都是抓住富有诗情画意的场景,展现人物瞬间的心灵波澜和美好情怀,创造出多彩的艺术境界。但有的篇章是"奖章加爱情"的模式,如《种瓜姑娘》:"要我嫁给你吗?/你衣襟上少着一枚奖章。"在语言上,《天山牧歌》达到了语言美、音韵美和绘画美的结合,既清新明丽,又节奏匀称,韵律和谐,具有民间牧歌的色调。

　　《复仇的火焰》是具有史诗品格的长篇叙事诗。它以解放初期新疆东部巴里坤草原一反动头人的叛乱及我军进行的平叛为背景,描写草原哈萨克牧民的觉醒及向反动分子进行的复仇斗争,歌颂了中国共产党民族政策的胜利,揭露了帝国主义分子及其走狗的反革命阴谋的一

---

　　①　闻捷(1923—1971),原名赵文节,江苏丹徒(今镇江)人。少年时代当徒工。全面抗战爆发后流亡至武汉,1940 年赴延安,1945 年开始发表作品。1949 年随军到新疆。著有歌剧剧本《翻天覆地的人》《加强自卫队》,组诗《吐鲁番情歌》《博斯腾湖滨》《果子沟山谣》《水兵的心》《伊犁河谷的春天》,长诗《复仇的火焰》(三部曲),诗集《天山牧歌》《第一声春雷》《我们插遍红旗》《东风催动黄河浪》《生活的赞歌》《闻捷诗选》等。

时得逞和最后破灭。长诗背景广阔,规模宏大,人物众多,矛盾复杂,在当代文学史上是少有的。

长诗的成功不仅在于以复杂的矛盾冲突揭示深刻的主题内涵,而且还在错综的矛盾中塑造出众多鲜明的艺术形象。《复仇的火焰》塑造了将近30个人物,主要人物都是比较成功的。特别是贯穿全书的主人公巴哈尔,给人印象更深,体现了作者的匠心和艺术才华。巴哈尔是个复杂的艺术典型,曾因受过反动头人虚伪的"恩惠"而受蒙骗参加叛乱,后来逐渐觉醒回到广大牧民中间。通过对他的描绘,把对立的两大营垒联结起来,由他身上体现出牧民的觉醒过程。为了突出这一形象,作者把他置于多种矛盾漩涡之中。如长诗的开端,就写他同十几个牧民为头人儿子过生日去打猎,在大风雪中都迷了路,是他凭着勇敢和机智,把大家带出了死亡的陷阱。他兄妹二人都是靠布鲁巴老人抚养大的,因此具有牧人的朴实和正直,但也容易受骗。后来,由于解放军侦察员高志明被捕后受尽酷刑而不屈感动了他,他始终没暴露高的身份。最后,当叛乱的策划者马克南叫他当向导逃出国境时,他毅然抛弃了马克南,叫马克南去喂狼,而投向人民的队伍。长诗写出人物性格的复杂性,真实地揭示出了他性格发展的逻辑。女主人公苏里亚的形象刻画得也很成功。长诗突出了她对爱情的大胆追求和在头人毒打下的坚贞不屈,以及她的觉醒与她和巴哈尔的思想距离造成的痛苦等。这也是一个富有光彩的形象。布鲁巴大叔则是一个不可多得的艺术典型。他代表着一个民族的善良、智慧和坚毅。长诗把他写成为一位传奇式的人物。

在艺术表现上,《复仇的火焰》具有独特的风格。首先是它的叙事、写人和抒情的有机结合。长诗不仅有许多可独立成章的抒情片段,如表现爱情生活的"鹿之歌""相思曲",写草原婚礼的劝嫁歌、别家歌及勇士舞之歌等,而且在许多人物命运发生转折或情节紧张之处,也都有动人的抒情段落。如写任锐听布鲁巴弹奏"东不拉"时的情景,真有点像白居易的《琵琶行》中描写琵琶女弹奏时的感人境地。此外,诗人在对自然景物的描写和对环境气氛的烘托上,达到了叙事、状物、抒情、议论的结合。长诗还具有浓郁的地方色彩和民族特色。长诗写的是新疆巴里坤草原上哈萨克牧民的斗争生活,因而作者着力描绘了草原独有的风光和哈萨克牧民特有的风俗习惯,特别是草原牧民的一些习俗:如婚礼上的对唱、劝嫁,新娘的独白,以及赛马、摔跤、弹奏"东不拉",都写得很精彩。同时,对天山脚下的大自然风貌写得也非常迷人,增添了全诗的艺术感染力。长诗的语言也有特色,不但具有清新优美之风,而且格调高昂雄壮,气势磅礴。长诗的基本形式采取了四行一节的半格律体,既自由舒展,又有较强的乐感。不足的是,长诗的个别章节由于铺陈渲染过分,不免有拖沓之感。然而从总体考察,《复仇的火焰》是一部气势不凡的史诗性作品,为当代诗史增添了光彩。

3. 《阿诗玛》《格萨尔王传》《嘎达梅林》等叙事诗的创作与整理

自50年代初开始,就有一些少数民族民间叙事诗被发掘、整理出来,《嘎达梅林》就是1950年首先发表的。50年代末,随着全面采风工作的开展,不但原来的民间叙事诗搜集出新的版本,丰富了原先比较简单的整理本,而且又发掘出一些早在民间流传的新的民间叙事诗和史诗,像柯尔克孜族的史诗《玛纳斯》和藏族英雄史诗《格萨尔王传》的大部分资料也是这一时期整理成书面文字的。与此同时,一些诗人也根据民间传说故事改编和创作了一批叙事诗,如韦其麟的《百鸟衣》根据壮族流传的《百鸟衣的故事》及《张亚源和龙王女》的故事重新改编,使《百鸟衣》成为一部优美动人的表现忠贞爱情和反抗压迫的叙事诗。再如,白桦的《孔雀》、徐嘉瑞的《望夫云》、李冰的《巫山神女》、张永枚的《白马红仙女》和梁上泉的《神奇的绿宝石》等作品,不但继承与拓展了优秀民族文化传统,而且为当代叙事诗的发展提供了宝贵经验。

《阿诗玛》是云南彝族的一个支系撒尼人长期口头流传的一部叙事诗,1953 年由云南省人民文工团圭山工作组搜集。其后由搜集者中的黄铁、杨知勇、刘绮、公刘综合整理成第一个完整本(于 1954 年发表),当即引起广泛的注意。1959 年经中国作家协会昆明分会重新修订,1979 年原整理者又对它加工整理,出版了第二个整理本。此后,《阿诗玛》不但改编成戏剧和电影,还被译成日、俄、英、法等国文字,成为世界文化宝库中的珍品。

《阿诗玛》反映了撒尼人以往时代的阶级压迫和阶级斗争,歌颂了阿黑和阿诗玛威武不屈、利诱不惑的高贵品质,描绘了阿着底穷人和富人截然不同的两幅图画。阿诗玛生长的格路日明家是:"春来百花开,/蜜蜂嗡嗡叫,/忙着把蜜采。//院子里的松树直挺挺,/生下的儿子像青松,/场子里的桂花放清香,/生下的姑娘像花一样。"有钱有势的财主看中了美丽的阿诗玛,求亲不成就抢亲,硬把阿诗玛抢到他家。阿黑虽靠勇敢和智慧把阿诗玛救出,但有钱的热布巴拉家竟能买通崖神,让洪水冲走阿诗玛,使她最后化为回声。这种阶级对立和压迫表现得异常深刻和令人震惊。放洪水与变成回声,虽然是以非现实的手段体现出的浪漫主义幻想,但也是现实生活中阶级关系的真实写照。

《阿诗玛》的成功之处,在于以浪漫主义手法塑造出阿诗玛和阿黑的形象。阿诗玛是撒尼劳动妇女的代表,是美与善的化身。她一诞生,"哭的声音像弹口弦,/母亲给她梳头发,/头发像落日的影子"。撒尼人把生活体验中最美好的比喻都赋予了她。更主要的是,长诗突出地描绘了她的劳动、编织技能和对待伙伴的友善,尤其是超群的美丽,这才引来了热布巴拉家的说亲和抢亲。她坚决地回绝这门亲事:"不管他家多有钱,/休想迷住我的心;/不管我家怎样穷,/都不嫁给有钱人!"当她被抢到热布巴拉家之后,顶住威逼和利诱,被关进了黑牢仍不屈服。当阿黑以智慧和神勇把她救出后,回家的路上虽被崖神暗害,人民群众仍以美好的愿望,说她化成了回声,永活人间。她正是撒尼人民心目中美好理想的象征。而长诗中的另一主人公阿黑则是正义力量与勇敢、智慧的化身。当他为救阿诗玛追到热布巴拉家时,热布巴拉和儿子阿支用一切办法刁难他,害他,都被他战胜。"比赛""打虎""射箭"三章集中刻画了阿黑的英雄形象,体现了正义战胜邪恶的力量角逐,最后以强权势力的失败告终。阿黑是人民群众理想化的人物,是他们在现实生活中渴望正义得以伸张的艺术化外现。所以说阿黑不仅是撒尼人民的英雄,他的行动也体现了撒尼人民与自然斗争的意志。

在故事情节安排上,《阿诗玛》的情节曲折但线索单一;重叠复沓而又层层递进。全诗围绕一条线索,即从媒人说亲到抢亲,阿黑去救阿诗玛并同热布巴拉家展开一系列的斗争发展。中心线索虽单一,但情节复杂多变,环环入扣。这中间又设置了许多悬念,但又在似乎是重复的人物行动中,使情节向深层展开,产生了感人的艺术效果。可贵的是,长诗还把这种带有传奇色彩的故事情节同云南地方奇异的边塞风光、民俗风情融为一体,特别是把撒尼人的一些风俗习惯和人物行动、故事情节结合在一起,更增添了独特的民族风味。如对阿诗玛诞生的自然环境的描写,对阿诗玛弹琴唱歌的描写,对少数民族中的逼婚、抢亲的描写等,都是和汉民族的生活习惯大不相同的,给人一种新奇感和神秘感。在语言上,长诗多用少数民族民歌中的比兴、夸张、反复等修辞手段,如称赞阿诗玛:"你绣出的花,/鲜艳赛山茶;/你赶的羊群,/白得像秋天的浮云。//千万朵山茶花,/你是最美的一朵;/千万个撒尼姑娘,/你是最好的一个。"这些语言都具有浓郁的浪漫主义色彩和少数民族的独特风韵。

《格萨尔王传》是广泛流传在藏族和蒙古族中的英雄史诗,它经过无数民间艺人加工而成。最早的流行本是蒙文本的《格萨尔王传》,分上下两卷,共 13 章,1955 年由内蒙古人民出版社出版了蒙文本。藏文流传最为广泛,部数也很多,据不同的手抄本、记录本统计,就有 40 余部,近 2 000 万字,是迄今世界上字数最多的英雄史诗。目前已有法、德、英、俄、印度等国文字的部分翻译。

《格萨尔王传》叙述天国的白梵天王见到人间妖魔鬼怪横行,人民苦不堪言,便和观世音菩萨商定,派其三儿子顿珠嘎尔保到下界托生,成为雄狮大王,为民除害。长诗各章或各部都是叙说格萨尔诞生后的奇异景象和创造的非凡业绩,如"英雄诞生""纳妃称王""降伏妖魔""霍尔入侵""降伏霍尔"等章,都是写格萨尔一生中的大事。诗人以浓郁的浪漫主义色彩描绘了格萨尔的英雄形象,歌颂了格萨尔为民除害的大无畏精神。他的二妃子被北方恶魔攫走,恶魔每天要吃 150 多个童男童女,残害人民无数。为了降伏妖魔,他深入魔窟,救出了二妃子梅萨绷吉。但由于梅萨绷吉苦恋他,不叫他回到家乡岭国去,另一强敌霍尔国的黄帐王、白帐王、黑帐王便乘虚攻入岭国。格萨尔的叔父超同叛国投敌,帮助敌人抢走了大王妃珠茉。历经十余年,格萨尔从魔国回来,又闯过九道难关,把霍尔国三个暴君杀死,救出了大王妃。长诗不但突出地表现了格萨尔的英雄气概和非凡的神力与智慧,而且展现了他的宽厚和仁爱之心,他正是贫苦牧民心目中理想的君王。当然,由于这是一部古老的英雄史诗,历代演唱者便说格萨尔有天神般的仪表和能力,使作品带有神话与宗教的色彩。总之,任何神话都是用想象和借助想象以征服自然力,支配自然力,把自然力加以形象化。《格萨尔王传》中的神话式描写,也是藏族和蒙古族人民的理想和愿望的反映。

《格萨尔王传》是藏族、蒙古族人民几个世纪的集体创作,规模宏大,内容丰富,具有极高的文化价值。史诗在少数民族人民文化生活中占有重要的地位,如讲故事、弹唱、舞蹈、绘画、雕塑等都有这一史诗的内容。贾芝说:"《格萨尔王传》大型史诗以降妖伏魔、反对侵略和护卫人民利益的传奇故事,赢得了广大听众的赞美,给人以精神鼓舞和美的享受,是民族生活的百科全书,具有重大的美学价值和科学价值。"[①]史诗不仅反映了中世纪以来藏、蒙古族人民的生活和斗争历史,而且反映了他们的宗教活动和风俗习惯,是世界文化宝库中的瑰宝。

在艺术上,《格萨尔王传》也独具异彩。全书不仅篇幅庞大,场面广阔,结构宏伟,艺术形象鲜明,而且情节曲折动人,引人入胜;语言富有色彩感、形象感,充满了传奇式的浪漫主义气息。在对自然环境和战争场面的描绘上,史诗具体生动,极尽铺陈渲染之能事。比如写霍尔国三王入侵岭国的布阵气势:"无雾的山头起烟雾,/那是黄霍尔呼吸气冲天;/无浪的大海起波涛,/那是白霍尔好像恶浪翻;/无尘的草原起尘土,/那是黑霍尔马蹄尘土翻。"(《霍岭大战》上部)。从这些描写中,可看出作者们的艺术功力。当然,由于历史的局限性,史诗也有一些缺

---

① 贾芝:《摘取史诗桂冠的〈格萨尔〉》,《播谷集》,人民文学出版社 1994 年版,第 140 页。

憾,如迷信色彩和宿命观点;有时又有对某些统治者与剥削者的开脱,以及对一些英雄人物的丑化。这些缺憾在长篇史诗中也是难免的。

《嘎达梅林》是流传在内蒙古东部一带的现代蒙古族民间叙事诗。20 世纪 40 年代末由陈清漳、赛西和芒·牧林整理翻译,先发表在 1950 年 1 月号的《人民文学》上,当时只有 600 余行,1959 年又进行过一次重新整理,扩充到 2 000 余行,成为一个完整的版本。

长诗以 1929 年内蒙古哲里木盟达尔汗旗(现科尔沁左翼中旗)爆发的农牧民起义为背景,歌颂了以嘎达梅林(梅林是王府中带兵的小官职)为首的起义军为反对封建王公统治和军阀掠夺、谋求解放而进行的艰苦卓绝的斗争。这次起义是一次真实事件,起因于达尔汗王把土地卖给军阀张作霖,使广大农牧民失去土地和草原,他们在嘎达梅林领导下斗争数年,终因缺乏先进阶级的领导和明确的斗争纲领而失败,嘎达梅林骑马投入到西拉木伦河中。但这次起义给了统治者沉重的打击。广大蒙古族人民为了怀念领导起义的英雄编成民歌传唱,传唱过程中,逐渐演变成了这首长诗。

长诗热情赞扬了领导起义的嘎达梅林为民请命不惜牺牲的精神,真实地描绘了他走上起义道路的思想发展过程。作为王府的一名低级官员,他目睹了王爷和军阀勾结在一起,对广大农牧民进行残酷压榨,毅然为民请命。王爷不听忠谏,撤了他的职,并和小老婆(张作霖的妹妹)躲到奉天(今沈阳)去玩乐。嘎达梅林仍不灰心,又同伙伴们写了进谏书赶到奉天去劝说王爷,终于招致了达尔汗王的恼怒,把他判成死罪。他的妻子牡丹联络被逼造反的好汉把他救出,从此揭竿而起,带领千万农牧民进行了声势浩大的起义。长诗对嘎达梅林的描绘是多层次的,没有把他简单化。当他听到妻子牡丹讲述百姓们在失去草场后的悲惨情景时,首先想到的是:“父母生下我幼小的生命,/乡亲们培育我智慧力量,/我虽然身为王府的梅林,/怎能把百姓的疾苦轻忘。”后来便大胆向王爷进谏,想劝说王爷停止出卖土地,这里又可看出他的深明大义及对王爷存有幻想。第二次到奉天劝说王爷,是全诗的一次小高潮,也是表现嘎达梅林坚贞不屈和以死相谏的关键。当起义失败时,他投入到大河激浪中。长诗以悲壮的调子歌唱他:“西拉木伦河穿过万山丛林,/河水啊,日夜不停地奔腾,/咱们的嘎达梅林哟,/离开了全旗的起义弟兄。//西拉木伦河穿过万里草原,/河水啊,日夜不歇地翻腾,/咱们的嘎达梅林哟,/离开了全旗的父老弟兄。”嘎达梅林这种为民请命、不怕牺牲的精神,永远铭记在草原人民的心中。

在艺术上长诗也有独到之处。诗作运用了蒙古族民间诗歌中常用的句式和表现手法,为了抒发感情,常用一些比兴、重叠、复沓的修辞手段,给人一种苍凉辽阔之感。如“序歌”中的唱词:“南方飞来的小鸿雁哪,/不落辽河不起飞;/要说起义的嘎达梅林,/是为了蒙古人民的土地。//北方飞来的海力色雁哪,/不落辽河不起飞;/要说造反的嘎达梅林,/是为了蒙古人民的土地。”这种比兴的运用,增强了诗作的形象性;而反复地咏唱,又强化了长诗的感情色彩。

九、反映时代变革的散文

1. 本时期散文发展概况

作为一种灵活多样的文学样式，散文在我国具有悠久的历史。"五四"以后，"散文小品的成功，几乎在小说戏曲和诗歌之上"①。新中国成立以来，散文承续优秀文学传统，在新的历史条件下有了新的发展。

新中国成立初期，由于人民政权的建立，国民经济的恢复与发展，抗美援朝的开展与胜利，为散文创作开辟了广阔天地。反映抗美援朝的散文和通讯特写成为当代中国散文的第一声春雷。抗美援朝战争开始之后，一批作家如巴金、魏巍、杨朔、刘白羽、路翎、碧野、菡子等到了朝鲜，进入坑道，及时写出了一批激情洋溢、震撼人心的作品，如魏巍的《谁是最可爱的人》《年轻人，让你的青春更美丽吧!》，巴金的《我们会见了彭德怀司令员》《坚强战士》，刘白羽的《朝鲜在战斗中前进》，杨朔的《万古青春》《鸭绿江南北》，华山的《清川江畔》，菡子的《我从上甘岭来》，路翎的《板门店前线散记》，靳以的《祖国——我的母亲》等，这些篇章在广大群众中产生了强烈影响。作家徐迟在《中国新文学大系(1949—1976)·报告文学卷1·序》中说:魏巍的《谁是最可爱的人》本来是一篇散文，但"最可爱的人"这个称号，发生了共鸣的效应。它化成一篇已取得全民公认了的报告文学。这篇文章激发了全国读者的欢欣和热忱，是一个不可忽视的事实。除了专业作家写的这些篇章外，还有专业作家与志愿军指战员写的几部大型朝鲜通讯报告。如《朝鲜通讯报告选》就收入了109篇抗美援朝作品，真实地记下了中朝人民抗击侵略者的感人故事，受到读者的重视。《志愿军一日》则是从13 600多篇应征稿中选出500多篇闪烁着时代光彩的作品(全书100多万字)，分为4篇，叙写了志愿军战士惊天地、泣鬼神的英雄事迹。郭沫若在《志愿军一日·序》中说"这真正是无愧于抗美援朝运动的有血有肉的战史，是由永垂不朽的战士们自己所亲手建立的丰碑"②。而《志愿军英雄传》则是一部真实记载人民志愿军光辉业绩的英雄传记，全书收入60篇作品，记下了64位英雄、模范、功臣的感人事迹，谱写了动人心弦的壮丽篇章。

反映沸腾的社会主义建设生活，赞颂社会主义新人新事，构成了这一时期散文创作的又一道靓丽的风景线。新的生活吸引了一批作家投入到火热的斗争生活中去，进工厂、下农村、去边疆、上矿山，乃至人迹罕至的地方，创作出一批散文和通讯报告。沙汀、秦兆阳等老作家追踪社会变动在人心底发生的深刻变化，着重揭示新的时代在人们精神世界产生的震动。《老羊工》《卢家秀》这两篇散发着泥土芬芳的特写，塑造了栩栩如生的人物形象。靳以的《到佛子岭去》让读者听到了一定要治好淮河的坚定誓言，李若冰的《在柴达木盆地》给读者带来了大西

---

① 鲁迅:《南腔北调集·小品文的危机》,《鲁迅全集》第4卷,人民文学出版社2005年版,第592页。
② 郭沫若:《志愿军一日·序》,人民文学出版社1956年版。

北腾飞的信息,华山的《童话的时代》雄视千古,阅尽人间春色,讴歌使童话变为现实的人民时代,艾芜的《屋里的春天》、杨朔的《滇池边上的报春花》、井频的《跋涉者的问候》、肖殷的《孟泰仓库》、碧野的《新疆在欢呼》、储安平的《在塔里木河的下游》等都以不同的形式录下了祖国一日千里前进的脚步声,谱写了新中国在前进的时代主旋律。此外,这一时期出版的《经济建设通讯选》《祖国在前进》《技术革新通讯报告文学选集》以及《散文特写选》《散文小品选》《特写选》等选集,记录了新中国突飞猛进的步伐,抒发了站起来了的人民建设新中国的豪情。如果"把这些文章的某一篇孤立起来看,并没有什么了不起,但把它们合起来看,这就是祖国以浩大声势前进的一大卷画幅"①。在这卷画幅里,"祖国在前进"这根红线把生活中无数珍珠串联起来,放射出夺目的光彩。

这一时期的散文,不仅题材广泛,而且形式多样。除通讯、报告、特写、抒情散文外,传记、书信、游记、随笔、杂文、小品也得到发展,其中不少佳作受到人们的好评。

在传记文学方面,吴运铎的《把一切献给党》,陶承的《我的一家》,黄钢的《革命母亲夏娘娘》,高玉宝的《高玉宝》,柯蓝的《不死的王孝和》,丁洪、赵寰、董晓华的《真正的战士——董存瑞》,杨植霖的《王若飞在狱中》,缪敏的《方志敏战斗的一生》,韩希梁的《黄继光》,罗广文、杨益言、刘德彬的《在烈火中永生》都是受到广大读者赞誉的佳作。如《把一切献给党》真实地勾勒了一位保尔·柯察金式的英雄战士吴运铎的人生轨迹:家破人亡的悲惨遭遇和血泪交织的童年生活,在他幼小心灵中埋下了反抗复仇的种子。为了阶级的和个人的解放,他毅然投入到革命的洪流,因公致残后仍然战斗在第一线。吴运铎的一生是无愧无悔的一生,是心中只有革命、勇于奉献的一生。《高玉宝》记叙了高玉宝由受尽苦难的小猪倌成长为战士作家的历程,受到人们的欢迎。这两部作品采用自叙体的写法,确立起通过自叙把自我成长的经历与革命历程结合起来的模式,曾经风行一时,并对以后的革命回忆录乃至长篇小说创作都产生过影响。《革命母亲夏娘娘》是一部颇有影响的传记,作者以细腻的笔触,充分展现了一位普通家庭妇女成长为革命战士的历程,树起了一尊革命母亲的雕像。

说到报告文学,则有一个逐步发展的过程。20 世纪 60 年代以前,报告文学没有公认为一种文学体裁,徐迟说:"它当时只是'散文'的聊备一格,后来又一直被称为'特写'、'通讯',那时仍归属于散文的类别之中。有时候,'散文特写'连书在一起,有点分不开了。到一九五六年,人民文学出版社曾邀请我编过《一九五六年散文特写选》,那时还难得有人提出'报告文学'这个名称,但它已等候在背影里。到六十年代初,它才名正言顺地,盛称'报告文学',而显示它们的作用。"②这一时期的报告文学除了前面说到的描写抗美援朝的作品外,还有一批在群众中产生很大影响的佳作。如王磊、房树民的《为了六十一个阶级弟兄》,谱写了一曲响彻云霄的凯歌。穆青、冯健、周原的《县委书记的榜样——焦裕禄》,深情地记叙了兰考县县委书记焦裕禄一心为公、一心为民、鞠躬尽瘁、死而后已的动人事迹,塑造了一位优秀的共产党人的形象。作者通过一个个动人的生活片段,一组组闪光的镜头,表现了焦裕禄在严酷的天灾人祸和病魔缠身的情况下,领导兰考人民战胜内涝、风沙、盐碱,制伏洪水的英雄业绩,赞颂他坚毅的革命精神和舍身为民的崇高品格。作品发表后,在群众中产生了强烈的轰动效应,焦裕禄的

① 魏巍:《散文特写选(1953.9—1955.12)·序言》,人民文学出版社 1956 年版。
② 徐迟:《中国新文学大系(1949—1976)·报告文学卷 1·序》,上海文艺出版社 1997 年版。

名字响彻神州大地,许多机关团体掀起了向焦裕禄学习的热潮。此外,甄为民、佟希民、雷润明的《毛主席的好战士——雷锋》,冯牧的《摩梭人的家乡》,徐迟的《祁连山下》,西虹的《大庆"王铁人"》,黄宗英的《小丫扛大旗》,吴兴臣的《南京路上好八连》,方纪的《三峡之秋》,郁茹的《向秀丽》,魏钢焰的《党的好女儿赵梦桃》,洪洋的《滟滪石》等,都从不同的视角反映了这一时期的现实生活,显示了当今中国历史演变的轨迹和时代风貌。

杂文小品的兴盛是这一时期散文创作的一个重要文学现象。作家黄裳早在 1950 年就在《文汇报》发表了《杂文复兴》一文,呼吁要在新的时代复兴杂文。夏衍也于 1954 年在《人民日报》发表了《谈小品文》的文章,提出小品文"应该成为报刊的一个不可缺少的部分",报刊上"不仅要有和应该有鲁迅式的杂文,而且要有和应该有果戈理和谢德林式的文艺作品"[1]。《人民日报》于 1956 年、1957 年组织了关于杂文和小品文的讨论。在作家的倡导和时代的推动下,这一时期的杂文小品一度繁荣,作家写出了一批有影响的文章。如徐懋庸的《武器、刑具和道具》,任晦(夏衍)的《废名论存疑》,邓拓、吴晗和廖沫沙的《三家村札记》,马南邨(邓拓)的《燕山夜话》,秦似的《比大和比小》,冯雪峰的《杂感》,马铁丁(陈笑雨、郭小川、张铁夫合作杂文的笔名)的《推托》,林放(赵起构)的《有啥"排啥"》,王任叔的《况钟的笔》,黄秋耘的《犬儒的刺》,吴晗的《海瑞骂皇帝》,牧惠的《说碰壁》,吴祖光的《将军失手掉了枪》,费孝通的《知识分子的早春天气》,傅雷的《自报公议及其他》,钟惦棐的《何必曰利》,罗竹风的《反对条条和框框》,孟超的《张献忠不杀人辨》等,这些杂文小品以其文字的明快犀利、敏锐深邃的见解而在广大群众中产生深刻影响。

在歌颂新生活的同时,也有些作家以敏锐的触角对现实生活中的不合理现象给予抨击。如刘宾雁的《在桥梁工地上》,写的是发生在黄河上游一个桥梁建筑队的生活,作者通过青年工程师曾刚与桥梁队队长罗立正之间的矛盾冲突,揭示了革新创造与保守之间的斗争,让人们清楚地看到官僚主义、保守思想对社会主义事业带来的危害。他的另一篇作品《本报内部消息》则通过对一家省级报社日常生活的叙写,鞭挞了官僚主义、唯命是从的恶习对领导机关的严重侵蚀,歌颂了黄佳英积极进取、勇于斗争的品格。这些针砭时弊的作品以其强烈的针对性、尖锐性引起人们的关注和争论。

总的说来,这一时期的散文走过了一条既平坦又崎岖的道路,正如袁鹰在《中国新文学大系(1949—1976)·散文卷 1·序》中所说,这二十多年的散文,"记下了本世纪中叶那迅猛又蹒跚的脚印,留下跋涉者、垦荒者、开拓者们的汗水、泪水和血水。若要粗粗勾画,大体可以看出这样的轮廓:前八年(一九四九至一九五七),天翻地覆、百废俱兴、蓬蓬勃勃、万马奔腾;中九年(一九五七至一九六六),步履艰难、气氛郁闷、峰回路转、柳暗花明;后十年(一九六六至一九七六),飞沙走石、日月无光、风霜雷电、迷乱癫狂。从五星红旗迎风飘扬的那一天起,直到七十年代中期,翻滚不停的时代风云、冷热不定的政治气候、躁动不安的人情世态,不可避免地都在这一时期的文学艺术特别是散文中得到反映"[2]。这是对本时期散文发展状况的简洁概括。

这一时期散文发展尽管遇到这样或那样的干扰,但就整体而言,仍然呈现出前行的趋势,

---

① 夏衍:《谈小品文》,《杂文与政论》,北京出版社 1959 年版,第 64 页。
② 袁鹰:《中国新文学大系(1949—1976)·散文卷 1·序》,上海文艺出版社 1997 年版,第 1 页。

无论是在思想维度上,还是审美表现上,都有新的进展。这主要表现在:

一是题材的开拓,艺术性散文创作的兴盛。新中国成立初期,作家多以国家政治经济生活的重要事件为题材,迅速反映时代脉搏的跳动,纪实性很强,这在当时是必要的。到了 50 年代中期,散文创作题材不断开拓,作家描写的生活领域不断拓宽,艺术性、抒情性散文增多,涌现出一批思想艺术俱佳的作品。如冰心的《我们把春天吵醒了》、巴金的《秋夜》、黄秋耘的《行吟阁遐想》、孙犁的《白洋淀纪事》、丁玲的《记游桃花坪》、艾芜的《屋里的春天》、陈残云的《珠江岸边》、丰子恺的《阿咪》、吴伯箫的《记一辆纺车》、曹靖华的《忆当年,穿着细事且莫等闲看》、靳以的《黄浦江的早晨》、老舍的《养花》、茅盾的《海南杂忆》、沈从文的《新湘行记》、叶圣陶的《游了三个湖》、郭沫若的《访沈园》、袁鹰的《井冈翠竹》、黄裳的《浣花草堂》、许钦文的《鉴湖风景如画》、碧野的《天山景物记》、黄永玉的《森林浴池》、姚雪垠的《惠泉吃茶记》、柯灵的《生命的烈焰》、韦君宜的《忆西榆林》、陶涛的《松树的风格》、张恨水的《陶然亭》、菡子的《黄山小记》、郭风的《闽南印象》等,这些作品尽管大都通过生活激流的浪花反映时代的变革、社会的变化,但与 50 年代初期的散文相比,已从单纯的歌颂走向凝重,描写生活范围比过去宽阔,从日常生活中寻求美好的品格,礼赞坚忍不拔、艰苦卓绝、不怕困难、昂扬向上的民族精神。

二是散文创作队伍的形成。这一时期的散文创作基本上由三支队伍组成,一支来自解放区,如刘白羽、杨朔、华山、碧野、吴伯箫等,他们冲破硝烟,顶着风雨,迎来了人民的解放,他们熟悉解放区的生活和斗争,长于描述火热的生活。一支来自国统区,如冰心、茅盾、巴金、叶圣陶、老舍等,他们经历了几个时代,亲眼目睹了祖国的沧桑变化,他们对新中国的变化感到既新鲜又陌生。面对新时代、新生活的召唤,总是按捺不住内心的激动,他们在努力适应时代的变化,深情赞美新的中国,他们的作品于恬淡之中蕴含优美的隽永。还有一支队伍是茁壮成长的年轻新秀,如李若冰、林遐等,他们和新中国一起成长,他们的散文作品清新、质朴,给人耳目一新之感。

三是散文作家风格的变化。这一时期不仅出现了一些散文作家群体,而且也出现了一批风格卓然的散文作家,可谓是诸家竞秀,新人辈出,风格迥异,百花争妍。50 年代初期,巴金、冰心、魏巍、菡子用他们的真情实感书写新生活的颂歌,震撼着人们的心灵。陈残云、柯灵、靳以、曹靖华、华山、秦兆阳、徐开垒等人虽作品不多,但也拥有众多读者。孙犁、周作人、叶圣陶、丁玲、魏金枝、艾芜、柯蓝、杨朔、秦牧、刘白羽、碧野、方纪、萧乾、吴伯箫、何为、冯牧、李若冰等人的散文,显示出不同的艺术风格。如杨朔的散文清新隽永,追求诗化;刘白羽的散文绚丽峻拔,注重诗情交融哲理;秦牧的散文注重知识、哲理、诗性的融合;碧野的散文注重人物刻画,讲究情节安排;徐迟、袁鹰、魏纲焰、杜宣、邓拓等的散文也深深打上了自己个性的烙印;郭风、柯蓝的散文诗短小精致,别具一格,他们一位吹着"叶笛",一位吹着"短笛",给读者留下深刻的记忆。还有些小说家、诗人、戏剧家、评论家、艺术家、翻译家、历史学家也利用闲暇时间书写散文,如茅盾、周立波、夏衍、何其芳、叶君健、沈从文、张恨水、周瘦鹃、曹聚仁、老舍、吴晗、丰子恺等,也以清秀朴实的散文为散文园地增添了异彩。

这一时期的散文创作也存在一些不足和问题,主要是有的作者用理想情怀遮盖复杂的社会矛盾,不敢大胆揭示社会生活中的矛盾冲突;有些作品紧跟形势,配合中心,贴政治标签,借以突出强化主题;有些作品为求时髦,以至胡编乱造,违背了真实性原则。从散文本身的范畴来看,杂文、小品尽管有所发展,但仍显得薄弱,这些都对本时期的散文带来不利的影响。

2. 魏巍等的通讯报告

在这一时期的通讯报告创作中,成就最大的当推魏巍①。魏巍是从诗歌创作步入文坛的。50 年代,他曾先后三次奔赴朝鲜前线,在志愿军战士的英雄行为、献身精神的感染下,创作了一组系列通讯报告,在国内产生了强烈反响,特别受到青年读者的欢迎。结集出版的《谁是最可爱的人》至 70 年代末先后印刷 22 次,并被译成多种文字介绍到国外,成为我国当代文学宝库中的通讯报告珍品,也是此后报告文学繁荣的报春花。

《谁是最可爱的人》是魏巍的成名之作。这篇时代英雄的赞歌从不同的角度真实地报告了志愿军战士的壮烈业绩,满怀激情地赞美了他们崇高的爱国主义、国际主义精神,再现了一幅幅撼人心魄的战斗场面,推出了一个个气壮山河的英雄形象。它告诉人们,中国人民是不可战胜的,中国人民志愿军是最可爱的人。作品发表后,学习、争做最可爱的人很快在全国形成了热潮。

魏巍的通讯报告具有鲜明的散文化倾向,这也是它取得成功的奥秘之一。他通过自己的辛勤探索,开辟了通讯报告的艺术领地,为通讯报告文学化走出了一条新路。从这一视角考察,魏巍通讯报告的散文化倾向具有不可忽视的意义。

魏巍通讯报告的散文化倾向,首先表现在他善于把具有新闻价值的事实和散文的叙写手法巧妙地糅合起来,大胆地突破旧有的通讯报告范式,在通讯报告的底色上皴染了浓重的抒情色调,使叙事和抒情水乳交融,描写和议论相辅相成,大大地提高了通讯报告的艺术表现力。魏巍是诗人,他以诗人的慧眼去观察生活,用诗人的激情去拥抱客体,从而使作品充满浓烈的诗情,洋溢着感人肺腑的力量。《谁是最可爱的人》一开头,作者就以满腔激情赞颂英雄的战士:"他们的品质是那样的纯洁和高尚,他们的意志是那样的坚韧和刚强,他们的气质是那样的淳朴和谦逊,他们的胸怀是那样的美丽和宽广!"这四个层层递进的排比句,全面揭示了英雄战士的高尚情操,激情澎湃,灼人胸怀。就是在报道三个典型事例中,作者也不时穿插一些抒情式的议论,宣泄自己的情感。如:"朋友,当你听到这段事迹的时候,你的感觉又如何呢?你不觉得我们的战士是最可爱的人吗?"特别是结尾,作者更是通过丰富的想象和联想,将朝鲜前线英雄们的趴冰卧雪和祖国人民的温暖安宁联系在一起,通过这一组组对比鲜明、反差强烈的画面升华作品的思想与艺术:"亲爱的朋友们,当你坐上早晨第一列电车走向工厂的时候……"显然,这些带有强烈政论色彩的大段抒情是一般通讯报告所没有的。这种议论与抒情的融合,自然会创造抒情散文那样的审美效果。在诸如《年轻人,让你的青春更美丽吧!》《战士和祖国》《依依惜别的深情》等通讯报告中,作者都采用了这种散文化的叙写手法,熔叙事、抒情、描写、议论于一炉,叙写真切,抒情热烈,充满了动人的力量。这些篇章在叙述中抒情,在议论中抒情,在描写中抒情,有的段落甚至很难认定哪是叙述,哪是抒情,多种散文技法融会的感情漩流扑面而来,让读者难以自已。魏巍的写法,体现了通讯报告向报告文学嬗变演

---

① 魏巍(1920—2008),河南郑州人。1937 年参加八路军,1939 年开始创作。主要作品有:《革命战争三部曲》《地球的红飘带》《火凤凰》《东方》(获首届茅盾文学奖),散文集《谁是最可爱的人》《壮行集》《话说毛泽东》《魏巍杂文选》《魏巍散文选》,诗集《不断集》《红叶集》《黎明风景》等。

进的过渡性质,对这一体裁的催生与发展具有现实意义。

魏巍通讯报告的散文化倾向,还表现在善于运用一些典型细节描写,着力开掘英雄战士纯美高尚的心灵。在《谁是最可爱的人》中,作者抓住不少典型细节并将其化为特写镜头,由外及内、由表及里地开掘战士们的高尚心灵。如通过在防空洞里吃一口炒面就一口雪的镜头,透视出战士们的崇高情怀:"我在这里吃雪,正是为了我们祖国的人民不吃雪,他们可以坐在挺豁亮的屋子里,泡上一壶茶,守住个小火炉子,想吃点什么,就做点什么。"这就是战士们的人生观与幸福观,通过作者的透视,这个细节的意义得到了淋漓尽致的展示。《年轻人,让你的青春更美丽吧!》中,作者借女文工团员的视角,描绘了一个耐人寻味的细节:当敌人炮火打得猛烈的时候,有几个战士在那儿满不在乎地缝鞋子。问他们,他们笑着说:不缝鞋子,等一会儿敌人垮了,怎样追击呢? 这一问一笑的特写,使读者看到战士们的乐观精神。

魏巍通讯报告散文化倾向的又一表现是行文舒展自由,文学意味浓厚。作者采取了"直抒"的方式,即以"我"直接进入作品,对所写的人和事发表议论,抒发情感。行文又多采用对话体,与读者进行直接的交流。那些娓娓道来的交谈句式,以及具有征询意味的反诘之语,像淙淙山泉,叩动读者的心扉,使读者心旌摇荡。与之相适应,魏巍的作品语言色彩绚丽,形象鲜明,既饱含诗情,又富于哲理。有些篇章华朴有致,舒卷自如,如行云流水,似一首动人的抒情诗,不但使人感到亲切,又受到美的感染。

除魏巍的通讯报告外,这一时期发表的通讯《为了六十一个阶级弟兄》和《县委书记的榜样——焦裕禄》也是产生过轰动效应、深受广大群众赞誉的佳作。

王石、房树民的《为了六十一个阶级弟兄》最初发表于 1960 年 2 月 29 日的《中国青年报》,同年 9 月号的《人民文学》转载。这篇通讯生动地报道了发生在山西的"平陆事件",热情地颂扬了"一方有难,八方支援",舍己为人、友爱互助的崇高品质,弹奏出一曲响彻云霄的共产主义精神凯歌。

选材精严、开掘深刻、疏密相间、详略得当是这篇通讯的突出特点。抢救 61 个阶级弟兄的"平陆事件"牵动了上上下下、四面八方,涌现了无数可歌可泣的事迹。然而,出于主题表现的需要,作品摒弃了面面俱到、平分秋色的叙述,只选择寻找、运送特效药的过程作为事件的核心,其他过程淡化处理。对核心事件,作品浓墨重彩,泼墨如水,详加描叙,刻意渲染;而对核心外的枝蔓则惜墨如金,或三言两语一笔带过,或隐在幕后,略去不写。如对寻药、运药的铺陈,占了很大篇幅,对各级组织抢救的情况却简笔处理。记叙中心事件时,作者在注意面的铺叙的同时,又注意了点的渲染,像夜渡黄河、空投药品等感人场面,都有生动翔实的描写,这不仅使文章的内容集中,主题深刻,而且有力地表现了党对人民群众的深切关怀和舍己为人、团结互助的精神,也使文章张弛相间、疏密有致。

结构新巧独特,谋篇颇具匠心,是这篇通讯又一突出特色。作者引进电影蒙太奇手法,结构类似分镜头剧本,巧妙地采用时空切分、多头推进的特殊记叙形式。为了表现四面八方同心协力、争时抢速、扣人心弦的救援活动,文章以时间为主要顺序来描绘事件的总体进程,而对同一时间不同地方发生的事件,又以地点的转移为顺序来展开描绘。这样,时间为经,地点为纬,既注意了时间的纵横连续,又照顾了空间的横向联系,把十分紧张而错综复杂的抢救活动记叙得跌宕生姿,有条不紊,富有感染力地表达了主题。

　　发表于 1966 年 2 月 7 日《人民日报》上的穆青、冯健、周原的长篇通讯《县委书记的榜样——焦裕禄》是本时期反应最强烈、影响最广泛的人物长篇通讯报告之一。作者满怀深情真实地报告了河南省兰考县县委书记焦裕禄一心为公,一心为民,为人民鞠躬尽瘁、死而后已的动人事迹。通讯报告发表之后,焦裕禄的名字飞遍千山万水,中华大地众口皆碑。这篇作品之所以产生如此大的影响,除了焦裕禄本人的事迹感人以外,还在于作者在写好人物方面作了许多有益的探索,积累了经验。

　　首先是通过严格筛选的典型事例,突出焦裕禄作为优秀领导干部的本质特征。作品从焦裕禄的优秀品质中紧紧抓住并突出"鞠躬尽瘁、死而后已"的特质,组织起一个个动人的生活片段,一组组闪光的镜头,通过焦裕禄与严酷的天灾人祸和病魔作斗争的动作线,穿插铺排,交错描写,生动地再现了他领导兰考人民战胜内涝、风沙、盐碱,"从不利条件中看到有利因素","从困难中看到希望",终于锁住风沙、制伏洪水的英雄业绩。其中一些感人的事例和细节,像风雪夜带领县委委员去车站看望灾民;反对干部特殊化,批评孩子不买票去看戏;强忍病痛下乡查风口、探流沙;在齐腰深的洪水中画洪水流向图;深入第一线,全面了解灾情;总结出"韩村的精神、秦寨的决心、赵垛楼的干劲、双杨树的道路"的经验,以典型推动全县工作的事例,都令人感动不已。特别是把那与他相伴多年,为抑制肝区疼痛而顶出一个窟窿的破藤椅,以及那在黄河故道上艰难成长、郁郁葱葱的泡桐树,病房中的临终遗言,死后枕下的《毛泽东选集》《论共产党员的修养》等细节凸显出来,是对焦裕禄精神最凝练的刻画和概括,更让读者刻骨铭心、潸然泪下。

　　其次是通过对人物与环境的典型化描写,揭示焦裕禄丰富的内心世界,赞扬他坚毅的革命精神。作者采取典型化方法,着重描写焦裕禄科学的工作方法和艰苦奋斗、深入实际的工作作风,这些描写都进一步突出了焦裕禄的形象。对焦裕禄所处的 60 年代环境的描写,更是那个年代中国农村的真实写照。

　　朴素无华的语言和叙述、抒情、议论紧密结合,也增强了作品的感染力。作品没有华丽的文字和繁复的修辞,它凭着朴素、自然、简洁、明了的风格感染着读者,使焦裕禄的形象走进千家万户。文章选用的警句,如"他心里装着全体人民,唯独没有他自己","榜样的力量是无穷的","吃别人嚼过的馍没有味道"等闪耀着哲理的光辉,给人留下深刻的印象。为了增强文章的魅力,作者在叙述中抒情、议论,掀起了大河般的感情巨浪,完成了对这位伟大形象的再现与升华。

3. 杨朔、刘白羽的散文

　　杨朔①致力于散文创作始于 50 年代初期,到了 1956 年,他先后有《戈壁滩上的春天》《滇池边上的报春花》《香山红叶》《印度情思》等作品问世。到了 60 年代,杨朔散文渐趋成熟。

---

　　①　杨朔(1913—1968),原名杨毓瑨,山东蓬莱人。1937 年开始文学创作,1939 年参加八路军,1941 年到延安。著有长篇小说《疮庭》《三千里江山》,中篇小说集《洗兵马》《红石山》《望南山》《北线》《帕米尔高原的流脉》《锦绣山河》,短篇小说集《月黑夜》《北黑线》,散文集《亚洲日出》《万古长青》《铁骑兵》《潼关之夜》《鸭绿江南北》《东风第一枝》《海市》《生命泉》,作品集《杨朔散文选》《杨朔短篇小说选》等。

《荔枝蜜》《茶花赋》《雪浪花》《樱花雨》等是杨朔散文风格的代表作。

在当代散文作家中,杨朔有自己的理念和追求。他善于从火热的生活中撷取最足以展示时代风貌的素材,热情地讴歌社会生活的变化。如周立波所说,他"善于在一片奇景、一片花草的素描里再现当前的生活","展现祖国辛苦的过去和光辉的来日"[1]。作者从平凡的劳动人民身上发现生活的真谛,进行深情的讴歌。如《野茫茫》里的"老向导",《上尉同志》里的朴汉永,《百花山》里的梁振江……都是感人至深的艺术形象。作者抓住这些人物闪光的思想开掘生发,立出高远的新意。在杨朔的笔下,一只蜜蜂、一朵浪花、一片红叶、一群蚂蚁,经过提炼,显现出精深的哲理,散发出熠熠耀眼的光彩。

杨朔是诗人,具有诗人气质。他从丰富多彩的生活中努力寻找诗的情愫,营构诗的格局,锤炼诗的语言,创造诗的意境,给读者开辟出想象的天地。作者创造意境的手段或托物言志,如《雪浪花》;或借景抒情,如《秋风萧瑟》;或情景交融,如《海市》;或意境深远,如《荔枝蜜》。在谈到诗的意境时,他曾说过:"不要从狭义方面来理解诗意这两个字。杏花春雨,固然有诗,铁马金戈的英雄气概,更富有鼓舞人心的诗力。""我就想:写小说、散文不能也这样么?于是我往这方面学,常常在寻求诗的意境。"[2]诗意是作家对生活美的发现和提炼。他总是向人们诉说现实是美好的、未来是美好的。他的作品与颓唐和忧患是无缘的。

诗的意境来自作家的真情实感。没有感情,就没有意境。作家的感情来自与祖国、与民族、与山山水水的融合。如《茶花赋》这篇以美感人、以情动人的佳作,人醉之时,才能看到茶花的朦胧美,才能写出茶花的花容、花态、花神、花韵。茶花醉诗人,诗篇醉人民,是《茶花赋》的意境。作者能从相互关联的复杂事物中发现其本质属性,熔炼出闪烁诗意的警句。杨朔还努力开掘人物的情态美、灵魂美,将自己的向往与情思隐蔽在一片片绮丽的风光和一幅幅醉人的画面之中,如《海市》《画山绣水》《野茫茫》《海罗杉》等。

杨朔的散文,构思精巧,立意新奇;峰回路转,曲径通幽。他善于抓住生活中偶然的现象去揭示必然的规律,阐释出发人深思的哲理,如《生命泉》;或以生动鲜明的艺术形象去描述抽象事物的神采风韵,如《印度情思》;或把深沉的情思浇灌到构思的始终,使他的作品有一种迷人的魅力,如《海市》等。说到散文的构思,杨朔的散文与秦牧、刘白羽的散文各有不同的构思风格。秦牧是用滚雪球的方法"滚"出了一篇篇博大精深的佳作。刘白羽用伸展—浓缩—伸展的构思方法,写出了纵横捭阖、气势磅礴的壮美散文。杨朔感情丰富,触觉灵敏,善于发现生活中的诗。他多次说过,他写散文不靠什么灵感,而靠巧思。他的佳作都经过一番苦思冥想,突然茅塞顿开,出现柳暗花明的佳境后,才铺染成篇。如写桂林山水的《画山绣水》,既写出桂林山水的形象,又写出桂林山水蕴含的诗意。《野茫茫》是一篇有"怪"味的散文。作者寓揭露于悠闲之中,寓同情于谈笑之间,藏锋不露,以巧伏人;用意十分,下语三分。《野茫茫》正是以"怪"惊人,以"怪"动人,以"怪"迷人。杨朔一直探索着诗的构思,他重"神似",重新异,一直致力于有别于他人的作品。杨朔的《海市》不同于苏轼的《空明》;杨朔的《生命泉》有别于柳宗元的《小石潭记》;同写大海,他的《雪浪花》与秦牧的《艺海拾贝》立意各异。他的散文构思与诗的构思异曲同工。

①　周立波:《散文特写选(1959—1961)·序言》,人民文学出版社 1962 年版。

②　杨朔:《东风第一枝·小跋》,《杨朔散文选》,人民文学出版社 1978 年版,第 220 页。

　　杨朔的散文语言精练别致、清新明丽,具有民族风格。为写好一句话,用"活"一个字,他费尽心机,甚至几易其稿。他善于从生活中捕捉有生命力的语言,抒发优美的情思。他长于写人物对话,常常选用最足以表现人物性格的典型语言作为"对话"的内容,如《雪花飘在满洲》;或选用诗意隽永的句子作为"对话"的内容,如《埃及灯》;或选用富有感情的语言作为"对话"的内容,如《迎志愿军归国》;或选用活在人民口中的生动话语作为"对话"的内容,如《京城漫记》。

　　从当代散文发展角度而言,杨朔倡导散文诗化是有建树的。作为一种主张,提高了散文的审美价值,推动了当代中国散文创作的发展。而后,其散文被作为一种模式进行仿效,甚至被演绎到刻板化的地步,显然是不当的。杨朔的散文缺乏忧患、批判意识,特别是对问题正视不够,回避了现实生活中的矛盾和冲突,有粉饰生活的倾向。有些篇什还存在着刀刻斧凿的痕迹。在艺术构思上,有的篇目有"似曾相识"之感。

　　作为时代的歌手,刘白羽①的散文风格与杨朔的散文风格不同:一似火焰,一似春风;一似铁马金戈,一似杏花春雨。杨朔的散文富有诗意,散发着生活的芬芳;刘白羽的散文像号角,有一种催人向上的力量。

　　刘白羽的散文顺应着时代脉搏的跳动,体现了鲜明的时代精神。他用散文歌唱着今天,反思着昨天,向往着明天。他常常将大千世界一下子展示在读者面前,使人有五光十色、目不暇接之感。他的散文感情炽热,汪洋恣肆,大开大阖,雄浑豪放。从美学要求上看,他的散文追求的是热烈美,有阳刚之气,于哲理思索中含深沉,于感情抒发中露豪迈,于布局谋篇中显潇洒,于征辞选字中见绚丽。他也写过一些婉约、缠绵的散文,但在整体上改变不了其散文的主导风格。

　　刘白羽是一位爱唱赞歌的作家,其作品显露出崇高的理想、坚定的信念。他总是以一个参与者的身份,以一个战士的热情,去歌颂社会主义的新生活。在《日出》中,作者在飞机上看到冉冉升起的太阳,感到"这个光彩夺目的黎明,正是新中国瑰丽的景象","我们是早上六点钟的太阳";在《长江三日》中,作者突出入峡前、进峡中、出峡后三个重点,由对长江的思考领悟到航船形象、航船精神,进而点明主题:"战斗、航进、穿过黑夜走向黎明。"从刘白羽的散文中,我们看到作家一直把革命的过去、现实、将来贯通起来,表达出对已逝岁月的留恋,对新的时代、新的生活的挚爱。

　　豪放雄浑而不失蕴藉深邃,壮美热烈而不失飘逸清幽,大开大阖而不失精雕细刻,是刘白羽散文的艺术风格。如《长江三日》,既有豪放雄浑的气势,又不乏对历史典故、名诗佳句的哲理阐释;在《日出》中,既有炽热、绚丽的场景描写,又不乏洒脱、飘逸的抒情;在《青春的闪光》中,既有大开大阖的行文风范,又不乏精雕细刻的人物描写。文学是立体的,佳作的形象也是多侧面的。他的《秋窗偶记》《珍珠》《冬日草》《平明小札》等散文,给人耳目一新之感。这些

---

　　①　刘白羽(1916—2005),北京市人,1938 年赴延安,1944 年到重庆,解放战争期间任军事记者。1936 年开始发表作品。著有长篇小说《第二个太阳》(获 1991 年茅盾文学奖)、《风风雨雨太平洋》,散文集《红玛瑙》《海天集》《秋阳集》《腊叶集》《刘白羽散文集》《红色的十月》,散文特写集《早晨的太阳》,报告文学集《刘白羽东北通讯集》《环行东北》,短篇小说集《草原上》《山河上》《五台山下》《太阳》《幸福》《扬着灰尘的道路上》,电影文学剧本《中国人民的胜利》(获 1950 年斯大林文艺奖一等奖)和长篇回忆录《心灵历程》等。

作品少则几百字,多则千余字,玲珑剔透,格调清新,诗意盎然,写法自然,与刘白羽的豪放雄浑风格迥然不同,这一文学现象的出现曾引起评论界的争论。它说明作家的风格也不是一成不变的,作家总是在不断的实践中丰富和发展自己的艺术风格。

刘白羽散文的语言壮美绚丽、灿烂多姿。他的散文语言是一种跳动的、有力度的、有色彩的文学语言,如对如火如荼的革命斗争、波澜壮阔的战斗场面的描写,就需要感情浓郁、色泽鲜明的文学语言。或浩浩荡荡的大江,或瞬息万变的旭日,或莽莽苍苍的大海,或呼啸欢腾的海燕,他都写得风姿卓然,很有气势。在语言的运用上,他还将文言词语、古代汉语句法与现代词语、现代汉语句法熔为一炉,使语势或长或短、或急或缓,典雅而不艰深,华丽而不造作。他的词语运用、词类选择都服务于感情的宣泄。他常常运用形态幅度大的动词,呼之砰然、声色鲜亮的形容词。他往往将词义相近、各具特征的词语排列在一起,似滚珠跳动。他善于将长短句有机地组合在一起,使作品有一种大江过峡时的壮观气势。

总的说来,刘白羽一直执著地追求如何将精深的思想倾注在作品之中,给散文以新的因素。在这方面,他确实作出了成绩。刘白羽散文的弊端也是明显的。有些作品气势很大,但底蕴似嫌不足;有些作品写得比较直露、单一;有的作品政治语言过多,写得抽象、空泛,给人说教之感。

4. 秦牧、吴伯箫等的散文

秦牧①解放后主要从事散文创作。他的散文不像杨朔散文那样清新明丽、诗意盎然,也不像刘白羽散文那样气势宏大、雄浑豪放,而是像一位博学多才的导游带你到知识王国遨游。秦牧的散文创作始于 40 年代,50 年代中期的作品奠定了他在散文园地中的地位。

思想精深、内容博大、知识丰富、情趣横生是秦牧散文的一个突出特征。作者善于将深刻的思想融化在丰富的艺术形象之中,贯穿于作品的始终,使其作品有博大丰厚的底蕴。由于他熔思想性、知识性、趣味性于一炉,又加上说来亲切,不摆架子,所以读者不知不觉中受到教诲,学到了知识,陶冶了性灵。如《古战场春晓》就是一篇思想深邃的艺术散文。作者来到反帝的古战场三元里,凭吊怀古、见景生情,由现实联想到历史,通过沉痛的反思,既讴歌了三元里人民的斗争精神,又歌颂了三元里的旧貌换新颜。

秦牧认为,散文的领域是海阔天空的。他在《海阔天空的散文领域》一文中说:"那些最好的散文,有的使人想起了银光闪闪的匕首,有的使人想起了余音袅袅的洞箫,有的像明净无尘的水晶,有的像色彩鲜明的玛瑙……一切的散文形式都应该提倡,各种形式都应该尽量具有丰富多彩的内容。"就其散文所涉及的知识领域来看,既有文学、历史、哲学、美学、神学,又有化学、栽培学、花卉学、园林学、气象学、旅游学、动物学,还有民俗学、文字学、占卜学、地理学等,所涉及的知识既广博又丰富。他常常寓理论于闲话趣谈之中,寓哲理于剖析事理幽微之中,寓

---

①   秦牧(1919—1992),原名林觉夫,广东澄海(今汕头市澄海区)人。他在新加坡度过了幼年和少年时代,1932 年回国。抗战期间参加救亡运动,1941 年参加全国文艺界抗敌协会,解放后一直在广州工作。出版有长篇小说《愤怒的海》,中篇小说《黄金海岸》,散文集《贝壳集》《花城》《星下集》《潮汐与船》《长河浪花集》,文艺随笔集《艺海拾贝》《语林采英》和《秦牧散文选》等。

寄托于宇宙奥秘之中,寓逸情于花鸟虫鱼之中。在秦牧笔下,既有《土地》《花城》,又有《赌赛》《虾趣》。《笑的力量》给你诙谐,《眼睛的奥妙》给你力量,《最后的晚餐》使你想起世界上还有一个告密者,《并蒂莲的美感》给你带来纯真的情思。他的散文领域十分宽阔。说起贝,他能道出"伞贝""钟贝""扇贝""蜘蛛贝""鹅掌贝""花瓣贝""初雪贝""波斯贝""高丽贝"等,真是五光十色,令人目不暇接。说起花,他不仅道出"吊钟""水仙""大丽""梅花""菊花""山茶""墨兰""蒸霞""晴雪""笑玉""香珠""牡丹"的花形、花容,而且还能说出"佛见笑""醉西施""金芍药""玉牡丹"的神采风韵。从秦牧的散文中,不仅感受到春天的色彩、青春的火焰,而且领悟到大地的神奇、人生的乐趣。在五六十年代,像秦牧这样丰富博大、赏心悦目的作品为数不多。

秦牧散文有自己的鲜明特色。他的散文往往是由小及大、由点到面、由近及远,波及开去,再反馈过来,回到思考问题的基点上。作者思考某一个问题,常常是由此"说开去",随着思想的跳跃,越过时空界限,旁及别的事物,或由另一事物再"说开去",从而给人以启迪。例如《摔坏小提琴的故事》就是一篇含义隽永的散文作品,让人回味无穷。秦牧的散文没有固定的"套子",不同的散文作品没有雷同之处,呈现出千姿百态的风韵。

秦牧散文的语言清新流畅而不流于平庸油滑,严谨准确而又与斧砍雕饰绝缘。他善述事,善铺陈,写景能妙笔生花,议论常一语中的。他散文的语势自然、舒缓、宽松,似耳语,似谈心,或烘托氛围,或夹叙夹议,或娓娓道来,或引经据典,都透出灵气、才气。秦牧的散文飘逸潇洒,妙笔生花,有很高的审美价值。

秦牧不仅在散文创作上取得了很大成就,在理论建树上也是有贡献的。纵观秦牧的散文创作,似乎缺少一点批判意识。作为一个散文大家,他的思考应该更深沉一些。社会的复杂、生活的艰辛、作家的感悟,在其作品中没有得到充分展示,这就削弱了散文的批判力量。

在当代散文史上,写革命历史生活的散文很多,但写得精彩的不多,而老一辈作家吴伯箫[1]却在这一方面作出了突出的贡献。他的散文浑厚朴实,深邃动人,具有独特的艺术风格。

体现吴伯箫散文成就的首推写延安生活的作品,如《记一辆纺车》《菜园小记》《延安》《歌声》《窑洞风景》等。这些作品写得真切朴实,入情入理,感人至深。作品大都写于60年代经济困难时期。作者对中国历史作出纵贯性思考,从文化积淀中寻求到支撑民族延续不衰的构架,在深情的回忆之中开掘出闪光的内涵。在《记一辆纺车》中,作者生动地描述了在延安初学纺线由不会摇车纺线到学会纺线的艰辛和喜悦。作者写的是一辆纺车,倡导的却是一种精神:跟困难作斗争,其乐无穷。这种精神正是中华民族最珍贵的财富。这种精神也反映在《北极星》《菜园小记》《歌声》等作品之中。作者以自己的切身感受反复领悟"延安精神",用生动鲜明的艺术形象阐释了自力更生、艰苦奋斗的深刻意蕴。

吴伯箫善于写平凡的小事。他将匆匆流逝的、不起眼的事情记述得生动而细致。他心里装着大背景,笔下写活了小事物。他的思想情结融化在行文记事之中。作品貌似平易,实质上

---

[1] 吴伯箫(1906—1982),原名吴熙成,字伯箫,笔名山屋、天荪等,山东莱芜人。1925年开始发表作品,1938年到延安,1942年5月参加过延安文艺座谈会。主要作品有:《街头夜》《北极星》《记一辆纺车》《菜园小记》《潞安风物》《羽书》《黑红点》《歌声》《老年》《窑洞风景》《岗位》《忘年》《无花果》《烟尘集》等。1983年出版了《吴伯箫散文选》。

厚重。如一辆纺车、一个菜园、一口窑洞、一支歌曲等,这些看起来都是十分平常的小事物,作家将这些小事物作为自己的审美客体,经过探幽发微、开掘升华,创作出艺术作品。如《菜园小记》中的有关菜园的一段描写,像一位菜农在向外人娓娓叙说他园中的斑斓景象。作者正是以小寓大,在平实的描述中将自己的深沉情思融化在字里行间。

在艺术上,吴伯箫散文的抒情方式像抽丝,连绵不断,布满全篇,这就形成所谓的"渔网式的情结"。他将自己的心绪、情致糅在散文的记述和描写之中。乍看上去,"质"有余而情不足,但进一步咀嚼,才能体会到文情并茂,情在深处。他的散文语言质朴洗练,形象鲜明,平易自然。他善于引用古代诗词歌赋,并自然地与行文融合在一起。他常用对偶、排比、比喻,以丰富自己的语言色彩。不足之处是吴伯箫散文的领域比较狭窄。

20 世纪 50 至 60 年代,我国还有一批成就卓著、风格各异的散文作家。

冰心是一位与 20 世纪同在的"世纪作家"。几十年来,她辛勤劳作,笔耕不已。她的散文像一条永不冻结的山溪,从大地上流过,从人们心坎上流过,滋润着这块神奇的土地,陶冶着人们的性灵。冰心爱孩子、爱大海、爱光明、爱美好、爱大自然中的纯洁灵性,爱人类间的高尚情操。新中国成立初,她从远方《归来以后》,与那个时代很快就融合在一起,没有心态的倾斜和情绪的失落。这个时候她写了《小橘灯》《我们把春天吵醒了》《樱花赞》《再寄小读者》这样脍炙人口的佳作。粉碎"四人帮"后,从现象上看,其作品似乎少了柔美,多了坚韧,如《霞》等;少了委婉,多了百事评说,如《病榻呓语》等。但从本质上看,她的作品还是来自作家对祖国、对人民深切的爱,如《我和玫瑰花》等。

靳以是一位热情奔放、勇于进取的作家。他的散文热情洋溢,感情真挚。他对新中国成立后的新生活、新事物无比热爱。他常常以火样的激情、诗一般的语句为美好事物唱颂歌,写出了散文集《心的歌》《佛子岭的曙光》《祖国——我的母亲》《幸福的日子》和《热情的赞歌》。他那种全身心地投入创作的情态给同辈作家留下了深刻的记忆。巴金在《哭靳以》一文中说他"用了那么热烈、那么欢乐的调子,歌颂十年来千千万万无限美好的事物","用了诗一样的激情的语言抒写个人深切的感受,歌颂人民的幸福生活"①。其行文有汩汩的气势,文采斐然,自成一格。

菡子,她的名字为广大读者所熟悉还是《我从上甘岭来》发表之后。作为一位女性作家,在炮火连天、硝烟迷漫的朝鲜战场上,她生活了近八个月。而后,她将自己的所见、所闻、所感真诚地向祖国述说,如《我从上甘岭来》等。菡子用散文写重大题材,而又不失质朴、平实、细腻、缜密的特色。她忠于真实,惯于用朴实无华的语言真挚、坦诚地向人民报告,如《和平博物馆》等。广大读者对她的作品有信任感。晚年她寄情于祖国的水秀山奇之中,述事言情依然是那么真实可信,如《残阳如血》《六月六》等。

碧野是一位多产的作家。在文学道路上,他是一位不畏艰难的跋涉者,一直游弋在小说、

---

① 巴金:《赞歌集》,上海文艺出版社 1960 年版,第 95 页。

诗歌、散文的交叉地带,形成了他独特的艺术风格,如散文集《竹溪》《山高水长》等。有时,他还将小说、游记等文学形式的优势吸收、融合在自己的散文创作之中。他的散文写得潇洒、舒展、随意,如《神农架之行》等。作者不受传统散文的束缚,也不受流行散文的影响,他认为散文要有诗的情结。他似乎一直在开掘储存诗歌情结的岩洞。他的叙事性散文一般都有完整的情节,有时还调动各种艺术手段来塑造人物,如《黄泥小屋》等。即使写人物对话,他也努力撷取那些有个性化的语言。碧野用自己的艺术实践走出了一条崭新的路子。他两下新疆,情满丹江,走访红安,攀登武当,南下羊城,徘徊珠江,来去匆匆,看得蒙蒙。他重笔浓彩写大自然的美,用大自然的美去呼唤人、感召人。

5. 邓拓等的《燕山夜话》《三家村札记》

本时期的杂文是中国古代、现代杂文的发展和延续。罗竹风在《中国新文学大系(1949—1976)·杂文卷·序言》中说:"杂文是时代的反响,应该起到'除旧布新'的社会效果,以呼唤人们的革命良知,振奋精神,激励斗志,纠正不正之风,树立社会正气,反对贪污腐化,提倡为政清廉,为精神文明多做贡献。在历史变革时代,人们喜欢杂文,人们需要杂文,不妨说,现在仍然是杂文时代。"如果用这个观点从整体上考察杂文,就会发现,与其他体裁的创作相比,这一时期杂文的发展是不够景气的,它走过了一段艰难曲折的历程,它的兴旺与沉寂与当代文学发展的曲折息息相关。

"三家村"杂文是中国当代文学史上值得深入探讨的一种文学现象。"三家村"由邓拓、吴晗、廖沫沙三人合写《三家村札记》而得名。"三家村"是在 1959 年至 1962 年特定历史时期出现的一个杂文创作集体,有别于另一个杂文创作集体"马铁丁"的杂文创作流派。"三家村"在"左"的思潮干扰下异军突起,实为中国当代杂文史上的一次辉煌。

邓拓[①]并不是专业作家,他在从事新闻工作的同时,写过一些通讯、散文。新中国成立后,他曾用笔名"左海"在报刊上发表"诗画配"和通讯《访葡萄"常"》。1958 年年初,发表过一批游记体散文。60 年代初,他以马南邨等笔名发表了一批清新、犀利的杂文。其中除著名杂文集《燕山夜话》外,还有与吴晗、廖沫沙合写的《三家村札记》。"文化大革命"中,林彪、江青一伙制造了所谓"三家村反党集团"冤案,邓拓被诬为"三家村主将",遭到残酷迫害,于 1966 年 5 月 18 日含恨去世。粉碎"四人帮"后,邓拓得以平反昭雪,其学术论著和文艺作品相继出版,代表作《燕山夜话》也得以重版发行。

《燕山夜话》写于 1961 年 3 月至 1962 年 9 月。邓拓曾说:"燕山,是北京的一条山脉;夜话,是夜晚谈心的意思。""我写燕山夜话都是所见所闻所感的,如果仅仅所见所闻,那只是录音机,必须有所感,才能成为自己的东西,成为有思想的东西。"[②]《燕山夜话》包括 150 多篇杂文。涉猎广泛、蕴涵博大、深入浅出、情文并茂是《燕山夜话》的突出特征。老舍称赞《燕山夜

---

① 邓拓(1912—1966),原名邓子健,又名邓云特,笔名马南邨,福建闽侯人。1930 年加入中国左翼作家联盟,长期从事新闻工作。新中国成立后历任《人民日报》社社长兼总编辑、中华全国新闻工作者协会主席、中共北京市委书记处书记、中共中央华北局书记处候补书记、中国科学院哲学社会科学部委员、中国历史研究所学术委员、理论刊物《前线》主编等。

② 邓拓:《燕山夜话·自序》,北京出版社 1979 年版。

话》是"大手笔写小文章,别开生面,别具一格"①。《燕山夜话》属随笔式的政论杂文,出版后发行数十万册,受到广大读者的喜爱。

邓拓的杂文有深刻的思想性,视野开阔,取材广泛,常常于知识中见思想,于议论中见情趣,且因时而著,有感而发,具有强烈的针对性、导向性。他关心人民的疾苦,忧国忧民,有使命感。《说大话的故事》《王道与霸道》《主观与虚心》等犹如投枪匕首,对那些置人民生死于不顾且自命不凡的空谈家深恶痛绝。在《事事关心》《初生之犊不怕虎》中,他对人民的关切之情溢于言表。邓拓的杂文还有很强的知识性。他取材于天文地理、文史哲经,其杂文于知识中见思想,于议论中藏情趣,观点鲜明,见解独到,辛辣犀利,走笔如风。《一个鸡蛋的家当》《生命的三分之一》等作品借古讽今,以小喻大,展示出哲学家的行文风范。这些杂文或托物言志,或立意抒怀,或广征博引,或话说天地,都透着真挚,透着灵气,有"小百科"之誉。

"三家村"的另两名杂文家,一是吴晗,一是廖沫沙。

吴晗一生从事中国古代史研究,对明史的研究蜚声中外。他著作等身,有《朱元璋传》等多部作品。"文革"期间,被打成"三家村反党集团黑干将",继而被批斗、关押,1969 年含冤离世,终年 57 岁。

廖沫沙是中国当代为数不多的专事杂文的作家之一。新中国成立后,先后在北京市委宣传部、国家教育部、中共中央统战部等处工作。"文革"期间,受到"四人帮"的残酷迫害,1978年平反。先后出版杂文集《分阴集》《廖沫沙杂文集》等多部作品。

《三家村札记》是师承鲁迅,将鲁迅广征博引、重新考证的杂文传统发扬光大,并注入新的血液,使其成为内容更宽泛、知识性更突出、书卷气更鲜明的"新时代基调的杂文"。《三家村札记》的作者是学者型的杂文家群体,博识、严谨、新奇、从容是他们主要的风格。《三家村札记》充分展示了作者的品位和学识。他们的杂文一曰"杂",指题材取向丰富博大;二曰"深",指思想精深,见解独到;三曰"讽",是杂文的灵魂,杂文之讽不仅是嬉笑怒骂,婉而多讽亦见其风采,轻松幽默亦为杂文讽体。《三家村札记》共收录近 300 篇杂文,其间不乏传留后世的精粹之作。

这一时期还有一个影响较大的杂文创作群体是"马铁丁"。这是陈笑雨、郭小川、张铁夫三人在武汉《长江日报》副刊上撰写《思想杂谈》合用的名字。这一创作群体不仅针砭时弊,而且创作了以爱和歌颂为基调的新时代杂文。对鲁迅式杂文而言,这是一次创新,在当时反响强烈,受到广大读者欢迎。

---

① 转引自顾行、刘孟洪:《邓拓同志和他的〈燕山夜话〉》,福建人民出版社 1980 年版。

十、历史剧和现代生活剧

1. 话剧创作的起伏

作为综合艺术的话剧自 20 世纪初被移植到中国以后,经过几代戏剧艺术家的探索实践,已在中国大地上深深扎根,成为我国戏剧的组成部分。

新中国的成立揭开了我国话剧史的新篇章,剧作家以饱满的热情唱出了新生活的由衷赞歌,从不同侧面反映出新中国地覆天翻的变化。刚刚回到祖国的老舍写出了反映北京市民今昔生活变化的《龙须沟》,开创了一代京味话剧的先声。善于从日常生活中揭示人生复杂意蕴的曹禺完成了第一部反映知识分子生活的剧本《明朗的天》。夏衍及时捕捉住我党干部在新环境所面临的新考验,创作了他新中国成立后唯一的一部话剧《考验》。作者以单纯洗练、简洁明快的笔法,揭露干部队伍内部正在滋长的官僚主义、思想僵化、故步自封的思想作风,歌颂了我党在新的考验面前取得的胜利。值得提及的是,这些老作家的创作在题材上体现出我国革命从农村走向城市、从战争走向和平建设的伟大转折,率先涉猎到城市生活、农业建设的崭新课题,显示出老作家开阔的视野和敏锐的洞察力。

以反映新生活为主旨的话剧,还可举出反映在大规模工业建设中干部如何接受新事物、适应新形势的《在新事物的面前》(杜印、刘湘如、胡零编剧),反映筑路工人自力更生的《四十年的愿望》(李庆升编剧),反映码头工人生活的《六号门》(天津码头工人集体创作),反映农村生活的《春天吹到诺敏河》(安波编剧)、《洞箫横吹》(海默编剧)、《人往高处走》(旅大市兴台村业余剧团)、《春暖花开》(胡丹沸编剧),反映革命战争题材的《万水千山》(陈其通编剧)、《战斗里成长》(胡可编剧)、《保卫和平》(宋之的编剧)、《杨根思》(沈西蒙编剧)、《钢铁运输兵》(黄悌编剧)等。

独幕剧的繁荣是本时期话剧舞台一道靓丽的风景线。这些作品多以妇女解放为题材,描写新一代妇女的成长及美好心灵。如崔德志的《刘莲英》、孙芋的《妇女代表》、田心上的《妯娌之间》、金剑的《赵小兰》、陈桂珍的《家务事》、赵羽翔的《两个心眼》、蓝光的《姐妹俩》、舒慧的《黄花岭》等。这些作品对于批判旧的道德观念,树立新的思想情操,起了积极的作用。其中,一批独幕讽刺喜剧为新中国话剧舞台增添了新的品种。何求的《新局长到来之前》、鲁彦周的《归来》、李超的《开会忙》、何迟的《买猴》、王少燕的《葡萄烂了》、段承滨的《被遗忘了的事情》等,尖锐地揭露和批评了某些干部的官僚主义、主观主义等不良倾向,从一个侧面反映出现实主义的批判功能及其生命力。

与歌颂型的剧作相对应的,是一批"干预生活"、揭露现实矛盾的剧作,这突出表现在被称为"第四种剧本"的创作上。这些剧本突破了概念化地表现工农兵生活的模式,大胆地涉猎到工农干部、知识分子等的家庭生活与感情生活领域。主要作品有:岳野的《同甘共苦》、杨履方的《布谷鸟又叫了》、海默的《洞箫横吹》、赵寻的《还乡记》等。其中,有的是对现实生活中的丑恶现象的揭露和批判。如同是反映农业合作化运动的剧本,《洞箫横吹》立意于揭露某些党的干部为了个人私利所制造的种种阻力,刻画了为了向上爬而不择手段树立假典型、排斥异己的县委书记安振邦的形象;《布谷鸟又叫了》同样揭露某些干部因为私有观念及大男子主义思想对新生力量的压制与摧残,提出要关心人,人才是建设社会主义的宝贝。有的则力求突破禁区,写出人的复杂、丰富的内心感情世界。《同甘共苦》真实地塑造出一个在工作上兢兢业业,而在感情问题上自私轻率的干部形象。

　　宽松自由的创作环境,促进了话剧沿着现实主义道路发展。然而好景不长,由于"左"倾思潮泛滥,导致庸俗社会学批评盛行,一批敢于揭露现实矛盾和弊端的剧作如《洞箫横吹》《布谷鸟又叫了》《同甘共苦》等受到批判。与此同时,某些领导片面强调写重大题材,倡导所谓"写中心,唱中心,演中心",从而导致粉饰现实,歪曲生活,说大话、空话等应景之作风行,如《烈火红心》(刘川编剧)、《降龙伏虎》(段承滨、杜士俊编剧)、《共产主义凯歌》(陈恭敏、王炼编剧)、《十三陵水库畅想曲》(田汉编剧)等,就是这样的剧作。

　　面对变革的现实,剧作家以古鉴今,古为今用,从历史中挖掘对现实有一定启迪意义的东西,表达自己对现实的关注和对人生的感喟。田汉的《关汉卿》《文成公主》,郭沫若的《蔡文姬》《武则天》,曹禺等的《胆剑篇》,朱祖贻、李恍的《甲午海战》,金山执笔的《红色风暴》,顾宝璋、所云平的《东进序曲》,蓝光的《最后一幕》,赵扬的《星火燎原》,江苏省话剧团集体创作的《八一风暴》等,为几近萧条的话剧舞台带来了一线生机。这些剧作大都注意客观评价历史,臧否人物,力求达到历史真实与艺术真实的统一。由此引发的有关历史剧问题的争鸣与讨论,广泛地探讨了历史剧的本质特征、时代精神、社会意义及发展规律诸问题,为沉闷的理论界吹进了清新活跃的学术争鸣的空气。有些历史剧还在话剧的民族化、群众化方面进行了有益的探索。

　　60 年代初,党中央开始对文艺政策进行调整,周恩来在文艺工作座谈会和故事片创作会议上作了重要讲话,又在紫光阁对在京的话剧、歌剧、儿童剧作家讲话,强调要倡导艺术民主,按照文艺的客观规律领导文艺,反对简单粗暴、行政命令的领导作风。周恩来、陈毅还专程赴广州参加全国话剧、歌剧、儿童剧创作座谈会,并发表重要讲话。会议热烈讨论了戏剧表现新的时代和题材多样化问题,关于戏剧冲突和表现人民内部矛盾等问题。会议还对《同甘共苦》《洞箫横吹》《布谷鸟又叫了》等受过错误批判的剧本作了新的肯定评价。这些讲话精神与举措如春风拂面,使话剧舞台又活跃起来,话剧创作反映现实的深度与广度有所改观。其中,反映农业生活的有江文、陈曙执笔的《龙江颂》,张仲明执笔的《青松岭》,蓝澄的《丰收之后》,王炼的《枯木逢春》,胡可的《槐树庄》等多幕剧,田犁的《月上柳梢头》、赵羽翔的《学犁记》等独幕剧;反映工业生活的有刘川的《第二个春天》,胡万春、黄佐临、仝洛(执笔)的《激流勇进》等;反映战士生活的有沈西蒙执笔的《霓虹灯下的哨兵》,赵寰的《南海长城》,贾六执笔的《雷锋》,冯德英的《女飞行员》,白文、所云平的《我是一个兵》等;反映革命历史的有王树元的《杜鹃山》,马吉星的《豹子湾战斗》,白刃执笔的《兵临城下》,于伶的《七月流火》等;有旨在向青年进行教育的陈耘的《年轻的一代》,丛深的《千万不要忘记》(又名《祝你健康》),武玉笑的《远方青年》,甘肃省话剧团集体创作的《教育新篇》,任德耀的《小足球队》,葛翠林的《草原小姐妹》等;还有取材于国际斗争的讽刺话剧,如陈白尘的《哎呀呀,美国小月亮》《纸老虎现形记》等。

　　这一时期的话剧创作也存在一些问题，如有的作品片面追求所谓"重大题材"，造成作品的单一化；有的作品则把阶级斗争简单化、庸俗化等。由于"左"倾思潮的影响，这些问题大有越来越严重的趋势。特别是江青插手文艺以来，首先向戏剧界开刀。1963年5月，江青组织围剿孟超的昆曲《李慧娘》，批判《"有鬼无害"》论①。1964年6月，染指全国京剧现代戏观摩会演，攻击戏曲舞台"都是帝王将相，才子佳人，还有牛鬼蛇神"，话剧舞台是"一大，二洋，三古"。1965年11月，在江青的授意下，姚文元炮制的《评新编历史剧〈海瑞罢官〉》发表，拉开了"文化大革命"的序幕。从此，话剧舞台凋零萧条，直至"四人帮"被粉碎，才迎来话剧创作的振兴。

2. 老舍的剧作

　　著名作家老舍②早年以写小说为主，新中国成立后以创作剧本为主，且成就最高。1951年年初，老舍发表的三幕话剧《龙须沟》引起了强烈的共鸣与反响，从而揭开了我国当代话剧史的新篇章。为此，北京市人民政府授予他"人民艺术家"的光荣称号。

　　纵观老舍新中国成立后的剧作，既有揭开我国当代话剧新篇章的《龙须沟》和被誉为"东方舞台上的奇迹"的《茶馆》，也有平庸甚至失败之作，如《春华秋实》《青年突击队》。为什么会出现这样大的反差呢？老舍总结说，这是因为"赶任务"，来不及艺术提炼，吃了"写运动过程的亏"③。这里确有不少经验教训值得总结。其中有两点值得特别指出：一是老舍对社会主义新中国的由衷热爱和高度的政治热情，以及由此而形成的为人民、为时代写作的文艺观。他曾说："我并没有写出优秀的作品。可是，我的笔墨却同社会生活的步伐是一致的，……我注视着社会，时刻想叫我的笔追上眼前的奔流。"④正是在这种可贵的精神促动下，他几十年如一日，呕心沥血，笔耕不辍，把时代、社会、人民命运的变迁作为他剧本的主题，让读者和观众从中深切认识和感受国家与民族的昨天、今天和明天，由衷颂赞新的社会、新的生活。二是老舍坚持走自己的路，对艺术不懈探索和创新，逐渐形成了自己独特的艺术风格，开一代"京派"话剧之风。他的剧作是生活美与艺术美的结合，生活化与戏剧化的统一，无论是戏剧结构还是对戏剧冲突的处理，都从生活出发，为把真的生活写出来而惨淡经营，从而达到内容与形式的统一，显示出东方戏剧特有的神韵与魅力。

　　老舍生于北京，长于北京，北京给了他艺术生命，也是他创造的特有的艺术世界。其中，《龙须沟》《茶馆》最能代表老舍戏剧的成就与风格。

　　《龙须沟》写的是北京天桥附近的龙须沟解放前后的变化。作者通过沟旁一个小杂院内三个家庭和一个孤老头解放前后不同生活命运的描写，以强烈的对比手法，真实地反映出龙须

---

　　①　署名梁壁辉，《文汇报》1963年5月6—7日。

　　②　老舍（1899—1966），原名舒庆春，字舍予，满族，北京人。1918年毕业于北京师范学校。1946年赴美讲学，1949年回国。主要作品有小说《赵子曰》《二马》《老张的哲学》《骆驼祥子》《四世同堂》《离婚》《猫城记》《正红旗下》，剧本《残雾》《方珍珠》《面子问题》《龙须沟》《春华秋实》《青年突击队》《柳树井》《女店员》《全家福》《茶馆》等，另有《老舍剧作全集》、《老舍文集》（16卷）等。剧本《西望长安》获全国第一届话剧观摩演出剧本二等奖。

　　③　老舍：《热爱今天》，《老舍论剧》，中国戏剧出版社1981年版，第244页。

　　④　老舍：《十年笔墨》，《老舍论剧》，中国戏剧出版社1981年版，第209页。

沟及其居民的今昔变化,谱写了一曲新时代的颂歌。

《龙须沟》的成就不仅表现在它的现实意义,还在于它成功地塑造了几个栩栩如生的人物形象。其中,程疯子是塑造得最成功、最感人的艺术典型。作者将这一人物的"痛"处同社会、同具体生活环境联系起来,既生动地刻画出他善良而又懦弱的性格,又使观众从他的不幸遭遇中看到北京那条"臭沟"给人们带来的灾难和屈辱,以及不甘于现状的反抗和对美好生活的向往。解放了,疯子所盼望的"有一天,沟不臭,水又清,国泰民安享太平"成了现实,他又开始了演唱,获得了新的艺术生命。由这一人物生活命运的变化,作品的主题得以充分展现和深化。

三幕话剧《茶馆》是老舍剧作的高峰,也是当代中国话剧史上一部杰出的现实主义艺术珍品。作者以"葬送三个时代"①为主题,通过描写裕泰茶馆的历史变迁和茶馆掌柜王利发的人生遭遇,以及与这个茶馆相关的各色人物的命运升沉,形象地反映出这三个时期的统治者不断更换,由封建帝制改为民国再由国民党当权,而广大群众所得到的却只是日益深重的灾难。剧本第一幕写的是戊戌政变失败后的一段时期,政治腐败,民不聊生,行尸走肉的庞太监居然在将死之年买一个大姑娘当老婆。第二幕写的是民国初年军阀混战时期。辛亥革命虽然推翻了清朝统治,但帝国主义列强支持下的军阀混战使人民陷入更加痛苦的深渊,人们流离失所,沿街乞讨,无辜学生随便被抓。第三幕写的是抗战胜利后蒋介石统治时期。日本人刚被赶走,国民党便以接受"逆产"为名,大肆掠夺民脂民膏,王掌柜苦心经营的茶馆也难逃此厄运。戏的结尾,三位老人悲怆地撒纸钱,王利发上吊自杀,充分反映出半殖民地半封建的旧中国已经腐败黑暗到了不改变便不能生存的地步。

在"左"的思潮影响下,曾有人指责《茶馆》表现了"怀旧""感伤"的情绪,"没有明确指出人民的必然胜利与远大的理想",甚至几度禁演。其实,正如老舍所说:"这出戏虽只有三幕,可是写了五十年的变迁。"②剧作追述茶馆的兴衰史与发生在茶馆里的一系列事件,让观众自己去分辨美与丑、善与恶,去领悟作者的社会倾向和理想。作者通过艺术形象告诉人们:要埋葬旧时代,拯救中国于水深火热之中,走改良主义的道路,走实业救国、个人奋斗的道路是行不通的。只有共产党才能救中国,只有社会主义才能救中国,这就是《茶馆》的主题与现实意义。

《茶馆》充分展现出老舍善于写人物的才能和特点。剧作中的人物达 70 人之多,其中有世袭的茶馆掌柜,有吃皇粮的旗人,办实业的资本家,清宫太监,信洋教的教士,国会议员,以及特务、打手、警察、兵痞、相面的、拉纤的、读书的、女招待等,三教九流,形形色色。人物虽多,但由于作者"始终把眼睛盯在人物的性格和生活上,以期开口就响,闻其声知其人,三言两语就勾出一个人物形象的轮廓来"③,所以使每个人物都通过各自特有的语言和动作显现出迥异的性格,从不同侧面折射出时代的风貌。贯穿全剧的茶馆老板王利发是作为历史见证人出现的一个成功的艺术典型。为了保住裕泰茶馆,他谨小慎微,逆来顺受,"多说好话,多请安,讨人人的喜欢";他苦心经营,费尽心机,"随着时代,大改其良",但生意每况愈下,难以为继,最终茶馆被人霸占,他也被逼上了绝路。常四爷性格刚直不阿,穷困潦倒一生。秦仲义立志"实业救国",怎奈生不逢时,处处受阻。阶级和时代决定了这几个人物各自的悲惨命运,反映出旧

① 老舍:《答复有关〈茶馆〉的几个问题》,《剧本》1958 年第 5 期。
② 老舍:《答复有关〈茶馆〉的几个问题》,《剧本》1958 年第 5 期。
③ 老舍:《对话浅论》,《电影艺术》1961 年第 1 期。

中国逐渐演变为半殖民地半封建社会的过程。

老舍说过:"茶馆是三教九流会面之处,可以容纳各色人物。一个大茶馆就是一个小社会。"[1] 以高度的艺术概括,将50年的风云、众多的人物命运变迁尽收在一所普通的茶馆里,赋予茶馆以丰富多彩的社会内容,从一滴水窥见大千世界,成为剧本的突出特色之一。为此,作者在结构形式上采用了比较灵活的方式,三幕戏相对独立,没有贯穿始终的矛盾冲突,也没有完整的故事情节,每场戏只有一些富有戏剧性的社会生活画面;剧中人物有戏上场,无戏退居幕后,"每个角色都说他们自己的事,可是又与时代发生关系"[2]。这样看起来很松散,实则都巧妙地同"葬送三个时代"的主题联系在一起,从总体上构成一种大背景、大故事、大冲突,从而多方位、多角度地揭示出三个特定时代的社会风貌。从创作主旨出发,摆脱传统剧作法的老套子,围绕茶馆的变迁反映时代变迁,用人物速写的"人像展览式"结构汇成时代的波澜,反映大时代的风雨,这正是老舍创新之所在。

老舍是幽默大师,他常用幽默、讽刺的技法出神入化地描写他所爱或所恨的人或事。在《茶馆》里,老舍的幽默讽刺艺术得到充分发挥,他把二者有机地结合在一起,化为"绕着脖子骂",给旧制度及其吸血鬼、害人虫们以无情的鞭挞和辛辣的嘲讽。如第三幕中王利发对茶客说"茶钱先付",并说这"省得麻烦"。茶客说:"我穷哪,不喝更省事!"借喝茶来嘲讽那个社会,令人拍手叫绝,痛快淋漓。

《茶馆》自发表到演出,几经周折,但真正的艺术其生命力是永恒的。1980年和1983年北京人民艺术剧院赴海外演出,使《茶馆》征服了欧洲,征服了日本。外国朋友由此认识了老舍,认识了中国及其话剧,称《茶馆》是"东方的奇迹"。

3. 田汉、曹禺、郭沫若的历史剧

在这一时期的历史剧创作中,田汉、曹禺、郭沫若都是取得卓越成就的作家,他们不仅为开创中国现代戏剧作出了历史性贡献,而且为当代剧作的发展倾注了心血。

田汉[3]是我国著名的剧作家、戏剧活动家和诗人。新中国成立后,一直为开创和发展进步文艺,特别是戏剧创作和戏剧运动呕心沥血,作出了奠基性的贡献。田汉忠心耿耿,光明磊落,敢于坚持真理,仗义执言。他写的《必须切实关心并改善艺人的生活》《为演员的青春请命》等文章,在戏剧界产生了强烈而深远的反响。

十二场话剧《关汉卿》是田汉为纪念世界文化名人、元代伟大的戏曲家关汉卿创作700周年而写的一曲为人民战斗的剧作家之歌,代表着田汉剧作的顶峰。正如剧作家欧阳予倩所说,

---

[1] 老舍:《答复有关〈茶馆〉的几个问题》,《剧本》1958年第5期。

[2] 老舍:《答复有关〈茶馆〉的几个问题》,《剧本》1958年第5期。

[3] 田汉(1898—1968),原名田寿昌,湖南长沙人。早年创办"南国社""南国艺术学院",著有话剧《获虎之夜》《苏州夜话》《湖上的悲剧》《名优之死》《战友》《回春之曲》《1932年的月光曲》《秋声赋》《丽人行》等,戏曲《琵琶行》《新儿女英雄传》《江汉渔歌》《岳飞》等,解放后著有《关汉卿》《十三陵水库畅想曲》《西厢记》《白蛇传》《谢瑶环》《文成公主》等。另有《田汉文集》(16卷)、《田汉戏曲集》。他作词的歌曲《义勇军进行曲》被定为中华人民共和国国歌。

这个剧本是"田汉同志最好的一个"①。郭沫若说,剧本"写得很成功,关汉卿有知,他一定会感激您"②。

关汉卿是元代著名戏剧家,写过 60 多种杂剧,至今存留下来的虽不到 20 种,但都堪称精品。由于封建统治阶级的文化专制主义和对戏剧的轻视,有关关汉卿的生平事迹历史记载的很少,至今连他的生卒年月都难以确定,对他的评价更是众说纷纭。田汉广搜点滴史料,研究了关汉卿的全部著作,成功地塑造了一个坚持真理,敢于斗争,与人民同甘苦、共患难的艺术家形象。

剧本围绕关汉卿创作与演出《窦娥冤》这一中心事件展开戏剧冲突,以突出这位伟大的戏剧家为人民"鼓与呼"的高贵品质。全剧一开始就置关汉卿于尖锐的矛盾冲突之中:民女朱小兰无辜被绑赴刑场,揭示出"杀一个汉人还不如杀一头驴"的元代社会现实,为戏剧冲突的展开提供了典型环境。目睹这一人间悲剧,关汉卿决心写一曲杂剧,"把这些滥官污吏的嘴脸摆在光天化日之下示众","替那些负屈衔冤的好心女子鸣鸣冤"。尽管当时的统治者规定"妄撰词曲,犯上恶言"者要杀头或流放,但他一概置于脑后。《窦娥冤》的演出成功,激怒了权臣阿合马之流,他们下令"改写","不改不演,要你们的脑袋"。关汉卿置生死于度外,"宁可不演,断然不改",挺身"用性命保护自己的戏"。在狱中,他抱定"玉可碎而不可改其白,竹可焚而不可毁其节"的宗旨,凛然自若,宁死不屈。一曲《双飞蝶》"将碧血,写忠烈,作厉鬼,除逆贼……",将全剧推向高潮,最后完成了关汉卿那"蒸不烂,煮不熟,捶不扁,炒不爆,响当当一粒铜豌豆"的性格刻画,谱写了一首气贯长虹的正气歌。剧本就是在写与不写、改与不改、演与不演的戏剧冲突中,取"戏中戏"的结构方式,使剧本主题深化,人物形象丰满,具有一种悲壮激越、扣人心扉的艺术力量。

《关汉卿》是一部具有浓郁诗情和浪漫主义精神的剧作,作品对著名歌妓朱帘秀形象的刻画是精彩之笔。作者对其性格刻画不仅紧紧围绕《窦娥冤》的写作与演出来进行,而且把窦娥的性格糅进朱帘秀的性格之中,赋予她有胆有识的反抗性格。面对朱小兰的冤情,她同关汉卿一样愤愤不平,怒火中烧,她鼓励关汉卿尽快把《窦娥冤》写出来,发出"你敢写我就敢演","为着朱小兰,为着普天下衔冤负屈的女子,我一定演好这个新的角色"的金石之声;虽然她明知"这出戏演出来,台底下准不会是太平的",但她毫不畏惧,毅然登上舞台,并在《窦娥冤》第一次演出遭到扼杀时,以"我宁可不要这颗脑袋,也不让你的戏受一点损失"的决心,断然按原本演出,用生命捍卫了真理与正义;而狱中吟诵的那支名曲《双飞蝶》,更使其与关汉卿的形象交映成辉,相得益彰,剧本的思想与艺术魅力为之升华。

田汉是一位浪漫主义诗人,诗人的气质很自然地反映到剧本中。他巧妙地将人物编织在曲折复杂的戏剧冲突之中,去表现他们的命运、心理和性格,并以诗的抒情与意境抒发人物对生活的感受,倾吐他们的衷情与理想,使全剧激情奔进,荡人心扉。尤其是第八场,关汉卿与朱帘秀狱中相会,在死神步步逼近时结为"生死鸳鸯",将共同的奋斗目标与忠贞的爱情结合在一起,具有浓郁的诗情和浪漫主义色彩。

与《关汉卿》的写作不同,《文成公主》则是在史料丰富翔实的情况下创作而成的十幕历史

①　欧阳予倩:《一个成功的好戏〈关汉卿〉》,《戏剧报》1958 年第 13 期。
②　郭沫若:《关于〈关汉卿〉的通信》,《剧本》1958 年第 6 期。

剧。文成公主遵奉唐太宗嘱托,前往吐蕃完婚;俄梅勒赞、恭顿于途中屡设障碍,均被文成公主识破,最终松赞干布与文成公主喜结同心,共同编织了一曲民族团结的赞歌。全剧戏剧冲突跌宕起伏,戏剧情节扣人心弦,加之民间传说的运用,歌舞的穿插,充满诗意的大段人物内心独白,使剧本洋溢着欢快喜悦的基调和浓郁的神话传奇色彩。

新中国成立后,曹禺①在担任中央戏剧学院院长、中国剧协主席等职务的同时,先后完成了新中国成立以来第一部反映知识分子生活的剧本《明朗的天》及历史剧《胆剑篇》(与于是之、梅阡合作)的创作。粉碎“四人帮”以后,创作了历史剧《王昭君》。

最能表现曹禺风格的是他的历史剧,《胆剑篇》是作者这一时期的代表作。越王勾践“卧薪尝胆”的历史故事在我国家喻户晓,并激励过许多有志之士。我国历代以这一历史故事为题材的戏曲甚丰。曹禺执笔的《胆剑篇》较好地把历史真实与艺术真实统一起来,把重点放在正确总结吴越之战正反两方面的经验教训上,描绘出在吴国的高压和奴役下,越国人民靠自强不息的精神转败为胜,进而揭示出“一时强弱在于力,千古胜负在于理”的主题。

剧本的突出成就是作者在尖锐的戏剧冲突中深刻挖掘主题,刻画人物性格。大幕拉开,舞台上大火熊熊,哀号遍野,越王勾践面对正遭受蹂躏的子孙悲痛欲绝,渲染出山河破碎、君民受辱的悲壮气氛。吴王夫差挑战性地将“镇越宝剑”刺进石崖,苦成老人冒着杀头灭族之祸奋力拔出“镇越宝剑”,拉开了交战双方不可避免的激烈冲突的序幕。在双方冲突过程中,作者一方面通过“毁城”“夺牛”“搜剑”“逼婚”等场面,逐步将吴越斗争推向高潮,在渲染吴国穷凶极恶的同时,揭示出越国人民不屈不挠的斗争精神;另一方面又把伍子胥、伯嚭、夫差之间的矛盾作为副线处理,从而使戏剧冲突跌宕起伏,层次鲜明且有深度地表现出这一历史事件的复杂性与强弱胜负的转化过程,较好地实现了作者的创作意图。

《胆剑篇》的又一成就是刻画了众多性格迥异的人物形象。勾践的刚烈与隐忍,夫差的骄横与自负,范蠡的忠勇与智谋,伍子胥的倔强与忠直,都真实可信,颇有分寸。作为主角的勾践刻画得尤见功力。《胆剑篇》的人物语言既有个性化,又有动作性。尤其是作者通过独白的方式抒发人物感情,不仅有助于人物性格刻画,而且使剧本具有诗的意境、诗的旋律,给人以美的享受。

周恩来指出:“《胆剑篇》有它的好处,主要方面是成功的,但我没有那样受感动。作者好像受了某种束缚,是新的迷信所造成的。”②这里所说的“新的迷信”,显然是指当时流行的某些理论、某种社会思潮。诸如对苦成老人的描写,主观上是力求突出人民群众的历史作用,但过多地把劳动人民的优秀品质集中在他一个人身上,有损于历史真实性。尽管如此,在当时众多的同类题材的剧本中,《胆剑篇》仍是佼佼者,茅盾在《关于历史和历史剧》一文中给予了充分肯定。

构思于 60 年代,以 70 岁高龄完成于 1979 年的五幕历史剧《王昭君》是曹禺剧作的新发

---

① 曹禺(1910—1996),原名万家宝,湖北潜江人。中学时代就酷爱戏剧,毕业于清华大学西洋文学系。1933 年发表处女作《雷雨》,一举成名,此后又陆续发表了《日出》《原野》《北京人》《家》《蜕变》《桥》《明朗的天》《胆剑篇》《王昭君》等,另有散文集《迎春集》,作品集《曹禺剧本选》《曹禺选集》等。

② 周恩来:《对在京的话剧、歌剧、儿童剧作家的讲话》,《周恩来论文艺》,人民文学出版社 1979 年版,第 107 页。

展。作者笔下的王昭君不再是宋元以来戏曲舞台上悲悲怨怨、凄凄惨惨的形象,而是一个有胆有识,为汉匈和好"自愿请行"的新的昭君形象。这一形象的出现,尽管有人认为有反历史主义的倾向,但曹禺依据《后汉书·南匈奴传》中关于昭君"乃请掖庭今求行"的史实为契机进行构思,不失为对历史的新的理解。对昭君艺术形象的新创造,标志着这位老作家不懈的艺术追求。剧本的主要不足是昭君在后三幕未处于矛盾的中心,影响了性格的发展与深化。

郭沫若①集诗人、史学家、政治活动家于一身。他以政治家的眼光和诗人的激情对待史学研究与史剧创作,对历史事件和历史人物进行重新评价,发挥了"古为今用"的作用。毛泽东曾在 1944 年写信说:"你的史论、史剧大有益中国人民,只嫌其少,不嫌其多,精神决不会白费,希望继续努力。"②他在抗战期间创作的《屈原》等历史剧激发了人民的爱国热情和斗志。他新中国成立后创作的《蔡文姬》《武则天》则以肯定历史上两个政治家的贤明治国,表达他对祖国的赞颂之情。

郭沫若说:"我写《蔡文姬》的主要目的就是要替曹操翻案,曹操对于我们民族的发展、文化的发展,确实是有过贡献的人。在封建时代,他是一位了不起的历史人物。"③关于对曹操的评价,鲁迅早就指出:"曹操是一个很有本事的人,至少是一个英雄。"④1959 年 5 月,我国史学界虽就如何评价曹操的历史功过问题展开了讨论,然而用话剧形式把一个一向被人称为"宁教我负天下人,休教天下人负我"的"乱世奸雄"写成"以天下之忧为忧,以天下之乐为乐"的贤明丞相,在中国话剧史上还是第一次。这是郭沫若对史剧创作的一个贡献。

剧本中刻画得最为成功的蔡文姬形象,是作者以他的真切感受塑造的。他曾说:"蔡文姬就是我!——是照着我写的。""在我的生活中,同蔡文姬有过类似的经历,相近的感情。"⑤众所周知,作者曾有过为投身抗战"别妇抛雏"毅然回国的经历。因此,他最能体味与把握"文姬归汉"的意义及文姬离夫别子的感情,把这种感情化为人物形象,自然感人至深。作者一开始就将蔡文姬置于急剧发展的矛盾中,展现人物的思想品格。她少年丧失父母,初入成年便经受了丧夫和离乱的折磨。漂泊南匈奴,幸遇左贤王并与之结合。她深深地爱着左贤王与可爱的儿女,但思乡之情又萦绕心头。听到曹丞相要接她回汉承继父业后,"到底是回去,还是不回去"成为文姬亟待解决的难题。作者正是抓住这一难题细腻而有层次地抒发她的感情,在权衡利害的言行中去表现她那美好豁达的思想境界。第三幕是作者为人物精心设计的专场戏:归汉途中路经长安,蔡文姬独自于深夜来到父亲墓前,离愁别情与"国事为重"的矛盾情感一下子倾泻出来。那梦境中的左贤王的礼遇,儿女的哭号呼唤,那《胡笳十八拍》的动人弹唱,尤为感人肺腑,把一位深明大义、感情丰富的伟大女性形象推到观众面前,人物的思想境界也为

---

① 郭沫若(1892—1978),原名郭开贞,四川乐山人。1923 年毕业于日本九州帝国大学医科。1927 年参加南昌起义。1918 年开始发表作品,著有诗集《女神》《星空》《长春集》《潮汐集》《骆驼集》《东风集》《百花齐放》《新华颂》《迎春集》,历史剧本《卓文君》《王昭君》《屈原》《虎符》《棠棣之花》《孔雀胆》《南冠草》《蔡文姬》《武则天》《聂嫈》,专著《甲骨文字研究》《卜辞通纂》《十批判书》等。另有《郭沫若全集》(38 卷)。
② 毛泽东:《毛泽东同志给郭沫若的信》,《人民日报》1979 年 1 月 1 日。
③ 郭沫若:《蔡文姬·序》,文物出版社 1959 年版。
④ 鲁迅:《而已集·魏晋风度及文章与药及酒之关系》,《鲁迅全集》第 3 卷,人民文学出版社 2005 年版,第 524 页。
⑤ 郭沫若:《蔡文姬·序》,文物出版社 1959 年版。

之升华。

作者对曹操形象的塑造采用了虚实结合的手法。通过他人之口侧面描写曹操作为一个有卓识、有魄力的政治家、军事家的文治武功及其在历史上的地位,接着又侧重从正面描写曹操的品格和诗人气质。全剧最后以蔡文姬新作《重睹芳华》结尾,则将对曹操功德、人品的歌颂推到高潮,最终完成为曹操翻案的创作意图。这些描写既有史实可考,又有虚构的合理性,使人感到真实可信。

郭沫若的诗人气质和浪漫主义情怀在《蔡文姬》中得到充分展现。全剧犹如一首感天动地的抒情长诗,使观众始终沉浸在诗一般的意境之中。那感人肺腑的内心独白,离儿别女的缠绵之情,月下句句血泪的弹唱,以及"生死鸳鸯,镜剑配合,乾坤扭转,母子团圆"的结局,道出了人物的思想感情与内心世界,拨动着观众的心弦。全剧以咏唱《胡笳十八拍》贯穿始终,收到强烈的艺术效果。

《武则天》是郭沫若的又一出翻案戏。经过认真的考证研究,郭沫若选取徐敬业叛变谋反这一历史事件设置人物、安排情节,在复杂的宫廷斗争中塑造了政治家武则天的形象,刻画了她作为一代开明君主的思想性格。在剧中,武则天始终处于矛盾冲突的漩涡之中,当太子贤暗藏兵器、图谋不轨的事件发生后,她沉着果断又宽严适度地对太子贤、赵道生、上官婉儿等人进行了处理,并且将与她有杀父之仇的上官婉儿收在身边并委以重任;尤其是当她获悉徐敬业准备起兵叛变的消息后,她不动声色地及时采取有效措施,使局势转危为安……这些都充分展现出武则天作为一个政治家的才能和风范。全剧自武则天欣赏上官婉儿的《剪彩花》始,至武则天以"人定胜天"的诗结束,结构严谨,一气呵成,郭沫若的诗人气质又一次得到展现。正如作者所说"翻案何妨傅粉多"①,而傅粉过多,则难免有夸大失实之嫌。著名戏剧家焦菊隐在《〈武则天〉导演杂记》里说:"如果可以把《蔡文姬》的人物比作感情的化身的话,《武则天》的人物就可比作理智的化身。"②《武则天》的戏剧冲突、人物刻画从"理智"出发,固然是主题思想的需要,但过分"理智"则是创作的大忌。

4. 胡可、陈其通、沈西蒙的剧作

胡可、陈其通、沈西蒙都是部队作家,他们以不同艺术风格的剧作崭露头角,在五六十年代产生了较大的影响。

胡可③1950年执笔的多幕剧《战斗里成长》获全国话剧汇演一等奖。此剧是胡可根据他在1948年与轻影、谝焚、胡海珠、胡朋等集体创作的《生铁炼成钢》改写而成的。剧作通过赵铁柱一家三代人的悲惨命运及赵石头的成长历程,揭示出我国民主革命时期曲折起伏的时代风云和社会风貌,形象地说明仅仅依靠个人的复仇行动是改变不了悲惨命运的,只有依靠中国共产党领导下的人民武装战争才能战胜敌人,永远立于不败之地。正是这一富有时代精神的思

---

① 郭沫若:《我怎样写〈武则天〉》,《武则天》,中国戏剧出版社1979年版,第112页。
② 焦菊隐:《焦菊隐戏剧论文集》,上海文艺出版社1979年版,第144页。
③ 胡可(1921—　　　),山东益都(今青州市)人,1937年参加八路军,写有多幕剧《战斗里成长》《英雄的阵地》《战线南移》《槐树庄》,独幕剧《清明节》《戎冠秀》《喜相逢》等。

想内涵,使剧本赢得了读者的好评。在艺术上,《战斗里成长》有不少为人称道之处,无论是戏剧冲突、戏剧结构的处理,还是人物性格的刻画,都表现出胡可剧本创作上的突破。

胡可的另一剧作《槐树庄》通过一个村庄从 1947 年至 1958 年的历史进程,反映我国农村由土改至人民公社所发生的错综复杂的矛盾和变化。尽管由于受到"左"倾思潮的影响,剧本中的某些描写不符合历史事实,但它以子弟兵母亲戎冠秀为原型塑造的郭大娘形象血肉丰满、栩栩如生。作者笔下的郭大娘形象既有劳动妇女的传统美德,又有伟大母性的慈祥善良,同时还有新时代妇女干部所应有的干练果断和坚定性。剧本之所以采用编年的形式而不流于过程的描写,就在于紧紧围绕着郭大娘安排情节,组织矛盾,在塑造人物的前提下,展示出农村的变迁史。

陈其通①这一时期创作的《万水千山》是他的代表作。早在 1938 年,作者就写成反映长征的话剧《艰苦路程两万里》,之后改写为《二万五千里长征记》《铁流二万五千里》,1954 年又一次重新修改,更名为《万水千山》,后搬上银幕。

长征历时 12 个月,纵横 11 个省,行程二万五千里,其间大大小小的战斗难以数计,要把如此大跨度时空的伟大创举搬上舞台难度很大,这就要求作家必须对这一事件进行选择、概括,用典型化的方法去表现。经过作者的不断酝酿,多次实践,最终确定选取几个重大事件,从几个不同侧面去表现这一人间奇迹:第一幕从第二次攻打娄山关写起。因为第二次攻打娄山关是遵义会议以后,在我们党的历史上,遵义会议是重要的一页,以此为开端,就为全剧定下了基调。第二幕写过彝族区,意在突出红军与人民群众,特别是与少数民族的血肉关系。第三幕强渡大渡河,着重表现红军战士不怕苦、不怕死的献身精神。第四幕爬雪山过毛儿盖藏族区,通过进一步贯彻党的民族政策,深化长征的意义。第五幕过草地,为全剧高潮,作者集中笔墨、饱蘸感情地表现红军战士的革命英雄主义和革命乐观主义精神。有的以"我虽然死了,可是革命是不会死的,会胜利的"作为临终遗言鼓励战友;更有李有国那"让革命骑着马前进"的深情呼喊……这一幕幕场景感人肺腑,最后以攻占腊子口展示一派"三军过后尽开颜"的景象,在昂扬、激越的氛围中落下帷幕。

《万水千山》在尖锐的矛盾冲突中刻画出众多的英雄形象,其中营教导员李有国是当代话剧史上难得的成功的政工干部形象。在作者笔下,李有国虽身为教导员,但绝不是每天都板着面孔去批评人,而是把自己摆在与战士同等地位的基层干部。他的政治思想工作建立在与战士平等的地位和对战士无限爱护和信任的基础上。如过彝族区一幕,副营长罗顺成由于不理解民族团结政策,犯了错误还想不通,李有国并不去直接批评他,而是同他谈战斗友谊,谈彝汉两族人民不团结的历史根源,引导他去理解党的民族团结政策,解决思想问题。不难看出,"《万水千山》"的成功,最主要的是李有国性格创造的成功。李有国的性格典型地表现了第二次国内革命战争时期的历史精神,通过李有国使观众感受到那个时代的脉搏和呼吸! 这给创

---

① 陈其通(1916—2001),生于四川巴中县。1932 年参加中国工农红军,后随红军长征,任宣传队队长,开始剧本创作。主要话剧作品有:《炮弹是怎样造成的》《同志间》《井冈山》《万水千山》,歌剧《董存瑞》《两个女红军》《缚住苍龙》《柯山红日》等。

作领域带来了新的收获,至少是在创造新型人物的阶梯上跨上了一大步"①。

沈西蒙②60年代初与漠雁、吕兴臣共同创作的话剧《霓虹灯下的哨兵》是一部颇有新意的剧作。作者以"南京路上好八连"的事迹为素材,真实而深刻地反映了社会主义时期的部队生活,提出了社会主义时期如何教育青年一代继承革命传统的问题,受到广大观众的好评。

《霓虹灯下的哨兵》的成就在于作者以新颖的选材与别具匠心的艺术构思,突破了军事文学固有的模式,敢于正视和表现我军内部的矛盾,并把部队生活与整个社会生活联系起来,写出我军在新中国成立初期所面临的一场新的特殊的战斗。这场战斗不仅有不甘心失败的敌人,还有部队内部的某些错误思想,可谓矛盾错综交织,尖锐复杂。剧本在两条矛盾冲突的线索中反映出新中国成立初期的时代风貌。上海解放后,拿枪的敌人暂退幕后,不拿枪的敌人十分猖獗,他们扬言:"让共产党红的进来,不出三个月,我们叫他趴在南京路上发霉、变黑、烂掉。"战士们面对的不仅有暗藏的特务老开,更有灯红酒绿的靡靡"香风"。在这种情况下,人民军队能否拒腐蚀,永不沾,在南京路上扎下根,确实是个严峻的考验。排长陈喜被"香风"吹得昏昏然起来,居然认为南京路上"连风都有点香"。他不仅看不惯战友赵大大的"黑不溜秋",还丢掉了妻子春妮给他做的土布袜,而且对看望他的妻子也瞧不起。剧本通过围绕着为挽救陈喜所展开的矛盾冲突,深刻揭示出这场腐蚀与反腐蚀的斗争的新的特殊意义。

剧本中的战士形象大都写得可敬、可爱、可亲,富有个性和生活色彩。连长鲁大成热情直率,爱憎分明,面对"香风",他深恶痛绝;面对战友,拳拳之情溢于言表。尤为精彩的是他见赵大大因有人说他"脸黑""靠边站"生闷气时所说的一段话:"脸黑就不当家做主人了?脸黑怎么的,脸黑是行军打仗太阳晒的;脸黑说明你健康,光荣!"特有的语言方式,使其思想性格跃然纸上。春妮的戏不多,但感人至深。春妮作为陈喜的妻子,当她发觉陈喜走上危险的歧路时,内心极为痛苦,她流着眼泪失望地走了,在留给指导员的信里她写道:"指导员,我多么为他难过,党培养他这么多年,没倒在敌人的枪炮底下,却要倒在花花绿绿的南京路上了!……我真为他的前途担心,你拉他一把吧……"春妮的出场,一方面表达出人民群众对子弟兵的期望,同时也对陈喜的思想转变起了重要作用。

剧本结构谨严,所设置的敌我矛盾和人民内部矛盾两条线索交错进行,互为因果,彼此照应,整个戏浑然一体又曲折多变,富有戏剧性又不失生活色彩。

---

① 侯金镜:《要让高山低头让路的英雄性格——试谈〈万水千山〉中李有国的形象》,《侯金镜文艺评论集》,人民文学出版社1979年版,第64~65页。
② 沈西蒙(1919—2006),上海市人。抗战时期参加新四军,早年根据郭沫若的《甲申三百年祭》和丁玲的短篇小说《一颗未出膛的枪弹》改编为三幕话剧《甲申记》(与夏征农、吴天石合作)和《红小鬼》。新中国成立后创作有话剧《霓虹灯下的哨兵》(与漠雁、吕兴臣合作)、《战线》、《杨根思》,电影文学剧本《南征北战》(与沈默君、顾宝璋合作)等。

第2编

20 世纪 70 年代中期至 90 年代的文学

一、20世纪70年代中期至90年代的文学概况

1. 本时期文学发展的社会历史背景

1976 年 10 月粉碎"四人帮"的胜利和 1978 年 12 月党的十一届三中全会的召开,是中国当代史上具有划时代意义的历史事件。它宣告了"文化大革命"的结束,标志着中国社会逐步走向改革开放的新时代,中国当代文学也由此进入了历史发展的新时期。

新时期的文学是在坚持思想解放、坚持改革开放和社会逐步转型的总背景下发展的。十年浩劫结束,给中国现代化建设和当代文学的历史性变革提供了契机。然而,在"文革"结束后的头两年,对"四人帮"的政治批判虽然在形式上是激烈的,但在思想理论上并没有摆脱"左"的影响,特别是由于当时"两个凡是"的方针的推行①,压制了对"左"的错误的批判,各项工作处于徘徊状态,文学状况也没有得到根本的改变。对"左"的思想理论发起有力冲击的是思想解放的潮流。1978 年 5 月 11 日,《光明日报》发表特约评论员文章《实践是检验真理的唯一标准》,次日《人民日报》全文转载,自此,全国思想理论界展开了真理标准问题的大讨论。"这个讨论是针对'两个凡是'的,意思是不要把马列主义、毛泽东思想当作教条";"实际上也是要不要解放思想的争论。"②关于真理标准的讨论揭开了新时期思想解放运动的序幕,为党的十一届三中全会的召开作了思想理论和舆论宣传上的准备。1978 年 12 月,十一届三中全会在北京举行,会议高度评价了关于实践是检验真理的唯一标准问题的讨论,认为这对于促进全党同志和全国人民解放思想,端正思想路线,具有深远的历史意义。会议明确提出:应当及时地、果断地把全党工作的重点和全国人民的注意力转移到社会主义现代化建设上来,也就是从"以阶级斗争为纲"转移到"以经济建设为中心"的轨道上来。会议认为,只有在解放思想,破除"左"的僵化思想的基础上,才能真正实现全党工作重点的转移。③ 十一届三中全会从指导思想上解除了"两个凡是"的束缚,明确确立了解放思想、实事求是的方针,这也使徘徊中的文学犹如开江春水呈现出春潮迭涌的活跃局面。

从 1976 年 10 月开始的文艺界的拨乱反正,到 1979 年 10 月召开的中国文学艺术工作者第四次代表大会,这三年是新时期文学的创世纪。在这三年中,作家、批评家在思想解放运动大潮的推动下,批判了以"文艺黑线专政"论为代表的文化专制主义,为大批作家、作品平反昭雪,初步实现了文学界的拨乱反正。1979 年 5 月,中央决定撤销《部队文艺工作座谈会纪要》,为新时期文学的健康发展铺平了道路。

---

① 即当时党中央主要负责人提出的"凡是毛主席作出的决策,我们都坚决拥护;凡是毛主席的指示,我们都始终不渝地遵循"。参见《学好文件抓住纲》,《人民日报》1977 年 2 月 7 日。
② 《邓小平文选》第 2 卷,人民出版社 1994 年版,第 279、143 页。
③ 参见《中国共产党第十一届中央委员会第三次全体会议公报》,中共中央文献研究室编:《三中全会以来重要文献选编》(上),人民出版社 1982 年版,第 12 页。

1979 年 10 月 30 日至 11 月 6 日,中国文学艺术工作者第四次代表大会在北京举行,3 200 多位代表参加这次大会,会议以隆重的方式来确认中国当代文学发展的历史性转折。

邓小平代表党中央和国务院向大会作了祝辞。祝辞高屋建瓴,主旨鲜明。不仅充分肯定了"文化大革命"前十七年的文艺工作成绩,总结了新中国成立以来文艺工作的经验教训,而且明确提出了新时期社会主义文艺的任务。祝辞特别指出,各级党委都要领导好文艺工作,但这种领导不是要求文学艺术从属于临时的、具体的、直接的政治任务,而是根据文学艺术的特征和发展规律,帮助文艺工作者获得条件来不断繁荣文学艺术,提高文学艺术水平,创作出无愧于我国伟大人民、伟大时代的优秀文学艺术作品和表演艺术。写什么和怎样写,只能由文艺家在艺术实践中去探索和逐步求得解决,在这方面不要横加干涉。要抛弃衙门作风,废止行政命令,提倡和鼓励不同形式和风格的自由发展、不同观点和学派的自由讨论,充分发挥文艺家的聪明才智和个人创造精神。① 祝辞为新时期社会主义文艺的发展指明了方向,在中国当代文学史上具有里程碑意义。

第四次文代会是总结新中国成立三十年来文艺工作的经验教训的大会,又是规划新时期文艺工作的任务的大会,它标志着社会主义文艺工作所发生的历史性转折,这一历史性转折最集中地体现在党对新时期文艺方针政策的调整上。文代会闭幕不久,邓小平在《目前的形势和任务》的讲话中进一步强调:我们"不继续提文艺从属于政治这样的口号,因为这个口号容易成为对文艺横加干涉的理论根据,长期的实践证明它对文艺的发展利少害多"②。1980 年 7 月 26 日,《人民日报》发表社论《文艺为人民服务,为社会主义服务》。社论用"文艺为人民服务,为社会主义服务"的口号取代了过去长期使用的"文艺为工农兵服务""文艺为政治服务"的提法。社论根据文代会精神,把"文艺为人民服务,为社会主义服务"和"百花齐放,百家争鸣"作为新时期社会主义文艺的基本方针确立下来。第四次文代会后,党中央在批转大会文件的同时,正式收回毛泽东关于文艺问题的两个批示,至此,中国当代文学史上沉重的一页完全成为过去。

2. 文学思潮的多元化格局

在思想解放、改革开放的背景下,新时期的文学从总体上说走出了前一时期文学的一体化格局,朝着多元化方向发展,各种文学门类、各种艺术风格的文学百花齐放,异彩纷呈,进入了一个多音齐鸣、众语喧哗的时代。文学创作和理论批评的活跃,促使文学思潮跌宕多姿,流派林立。透过起伏多变的文学思潮,可以看到新时期文学是带着前所未有的自信迈向新的文学旅程的。

这一时期主要有现实主义、浪漫主义、现代主义和通俗文学思潮。

(1) 现实主义文学思潮。在本时期文学的多元化格局中,现实主义文学思潮始终是主导性潮流,这不仅是因为"五四"现实主义传统和俄苏现实主义的长期影响所致,更重要的是为新时期作家的基本素质所决定。新时期作家的责任和良知推动着他们敏锐关注现实关系的变

---

① 参见《文艺报》1979 年第 11—12 期合刊。
② 《邓小平文选》第 2 卷,人民出版社 1994 年版,第 255 页。

动和社会矛盾的冲突,对现实关系的把握、对人生命运的丰富性和复杂性的洞悉,远远胜过他们习得的各种抽象的观念,不论是对昔日的回顾、对当下的关注还是对前景的瞻望,他们都不断地调整自己的眼光,寻觅真实,批判虚假,这不仅体现在创作中,也体现在理论争鸣之中。

从 70 年代后期到 80 年代初期是中国当代文学的复苏期。在这个时期,文学创作经历了"伤痕文学""反思文学""改革文学"等具有"轰动效应"的热潮,它们的主要实绩就是为当代文学重新恢复和确立了现实主义的基石和主轴地位。

"伤痕文学"这个称谓最初是同"暴露文学""批判现实主义"等含有贬义意味的概念一起,用以指代一大批控诉"文革"的怨愤之作的,开始有些评论者对"伤痕文学"持怀疑或否定态度,他们认为这类作品暴露阴暗面太多,调子低沉,因而不真实、不典型,不能揭示社会主义的本质和主流,不能起到鼓舞人民斗志的作用。这类指责在黄安思的《向前看啊!文艺》和李剑的《"歌德"与"缺德"》中得到集中的表述。① 面对种种非议,很多批评家反驳了对"伤痕文学"的指摘,他们对"伤痕文学"产生的社会历史原因、思想艺术特色及其文学史意义作了论析,批判了对"伤痕文学"的全盘否定。

"伤痕文学"的论争带动了现实主义问题的讨论,讨论涉及文学的真实性、倾向性、典型性等现实主义基本理论问题,并通过对虚假现实主义的批判,进而深入到对"十七年"现实主义理论和实践的总结与反思。这场讨论表明,新时期现实主义文学思潮的复归并不是简单地"复归"到"十七年"的革命现实主义上去,恢复的首先是中断已久的现实主义的批判精神,是通过真实的描写和大胆的批判来重振现实主义精神,这也是当年"写真实"论者、"干预生活"论者、"现实主义深化"论者所提出的主张。因此,这种"复归"也就是深化,即在向生活真实的挺进中,促使现实主义创作的不断深化。

进入 80 年代以来,随着浪漫主义的萌发和现代主义的崛起,新时期文学处在一个多元探索阶段,现实主义已不再像往日那样处于"定于一尊,攘斥百家"的地位,它必须通过与其他创作方法的自由竞争来发展自己,以开放的姿态广泛吸收各种艺术手法和表现技巧以丰富自己。这使得新时期的现实主义由"复归"转向"创化",即作家们普遍意识到,现实主义在与其他创作方法和艺术流派的竞争、碰撞与融汇过程中,会创造出自己的新形态,以新的方式去观照、体验、把握、描绘现实生活。

现实主义创化的端倪可以追溯至"伤痕文学",如宗璞、冯骥才等的小说就采用了荒诞、象征等诸多超现实的手法。形成规模的艺术创新和艺术尝试则起于"反思文学"。"反思文学"大都包容着大跨度的时空腾挪和现实生活与主观思考的重叠交织,因此它广泛吸收了诸如意识流、蒙太奇结构、多声部叙事、多视点观照等手法。从新时期之初的现实主义潮流中可以看出,西方现代作家、作品的影响尤其不可忽视,它们对现实主义由传统形态向现代形态的转变起到重要推动作用,在现实主义创化的各种新形态中,大多可以发现它们对西方现代作家、作品的艺术手法和表现技巧的借鉴与吸收。卡夫卡、福克纳、加缪、布莱希特、尤奈斯库、海勒、罗伯-格里耶、略萨、马尔克斯、昆德拉等西方现代经典作家提供了可资借鉴的各种艺术范本。正是在广泛吸收、融汇中,在新时期的现实主义潮流中陆续出现了荒诞变形、内心独白和意识流、神话象征、黑色幽默、间离效果、意象跳接、双声或多声部话语、滑稽摹仿和反讽、不动情观照、

---

① 分别载于《广州日报》1979 年 4 月 15 日和《河北文学》1979 年第 6 期。

元小说等西方现代文学中常见的艺术手法。与此同时,中国传统的写意的手法和空灵的风格也在汪曾祺、林斤澜、贾平凹、何立伟等人的作品中频频出现。它们的出现打破了现实主义的单一模式,出现了"现代现实主义""抒情现实主义""诗化现实主义""心理现实主义""魔幻现实主义""生存现实主义"等各种提法,这些提法未必准确,却反映出现实主义在发展之中已经取得了多样的形态。

经过社会转型的剧烈震荡,从 80 年代中期到 90 年代,现实主义已从单一的形式表现为多种价值取向和多种审美形态。从 80 年代中后期突起的新写实主义以其强劲的势头冲击着理想主义和英雄主义传统,在"还原生活的原生态"的口号下,把笔触伸向平民百姓的世俗人生,去写他们的生存困境和琐屑欲望,成为 90 年代文学世俗化思潮的代表。新写实主义撷拾起为革命现实主义所忽略或摒弃的那一部分现实生活内容和人生经验,以对人的行为方式和生活境遇的"客观描述"替换关于生活价值的主观判断,因此,不论从思想或审美取向上说,它都堪称中国当代文学史上现实主义的新形态。在市场经济背景下出现的新写实主义反映出处于社会转型期的文学创作在精神价值方面的一种失落,因此在某种程度上也表现出作家在物质化的平庸生活面前无可奈何的屈就。但从另一个方面来说,表现改革开放的主旋律依然是现实主义文学思潮的一个重要部分。被评论界称为"现实主义冲击波"的刘醒龙、谈歌、何申、关仁山的作品浓缩了改革中的诸多热点,如国企倒闭、职工下岗、权钱交易、贪污腐败等,揭示出新的社会矛盾和民生问题。围绕着"新写实""现实主义冲击波"所展开的一系列讨论可以看出 90 年代现实主义文学思潮的大致走向。

(2)浪漫主义文学思潮。浪漫主义文学思潮的萌发并在一个较短时间内逐渐发展为一股颇有声势的创作潮流,是本时期文学中引人注目的现象。80 年代初,张承志的《黑骏马》以一曲悲怆的蒙古古歌开始了他的浪漫主义奏鸣,继而乌热尔图的《七叉犄角的公鹿》、邓刚的《迷人的海》、冯苓植的《驼峰上的爱》等作品都表现出对充满野性和灵性的大自然的依恋。杨炼的《诺日朗》、江河的《太阳和它的反光》等诗作和高行健的《野人》等剧作也皈返于原始神话或文明遗址,围绕生命中心,表现传统久远的价值和回归自然的倾向。更多的作品因为"淡化"了具体的时代背景而松懈了对社会关系的精确描写,让民情风俗和山光水色来造就人物自由恬淡的天性或野蛮强悍的原始生命力。80 年代中期,寻根文学的出现对于浪漫主义创作潮流更是个重要的推动。

1984 年冬,京沪等地的中青年作家和评论家聚会杭州,围绕这股创作潮流展开了讨论,并集中探讨了文化与文学创作的关系问题,他们相继发表文章,提出了"文化寻根"或"文学寻根"的主张,如韩少功的《文学的"根"》、郑万隆的《我的根》、李杭育的《理一理我们的根》、阿城的《文化制约着人类》、郑义的《跨越文化断裂带》等。① 尽管这些作家对传统文化的理解各不相同,但是,通过"寻根"而增强文学的文化底蕴与民族色彩,以期以独特的文化品格置于世界文学之林,则是他们一致的追求。作为一种文学主张,他们认为:"文学有根,文学之根应深植于民族传统的文化土壤里,根不深,则叶难茂";"每一个作家都应当开凿自己脚下的'文化

---

① 分别载于《作家》1985 年第 4 期,《上海文学》1985 年第 5 期,《作家》1985 年第 5 期,《文艺报》1985 年 7 月 6 日、7月 13 日。

岩层'"；"若使中国小说能与世界文化对话，非要能浸出丰厚的中国文化。"①在寻根作家看来，所谓文学的"根"就是本民族、本地域的传统文化精神和传统生活形态。正因为"文学寻根"的主张包含着对民族文化传统的认同和超越的意向，从而使它在新时期文学中显示出变革的意义。

主张"文学寻根"的作家及其作品并不能一概地都视为浪漫主义，但是希冀通过文化寻根、回归传统来振兴文学的理想，本身就包含了浪漫化的期待。所以寻根作家大都有将现实环境虚拟化、人物性格精神化、艺术细节象征化的共同取向，这也进一步激活了浪漫主义的创作。如阿城的"三王"系列和"遍地风流"系列、韩少功的"楚文化"小说、李杭育的葛川江系列、郑义的太行山系列、郑万隆的"异乡异闻"系列等，既为现代文明所送走的"最后一个"唱出了深情的挽歌，又为民族传统的文化精神举行了庄重的祭祀。

这一时期的浪漫主义文学创作大体具有这样几个特点：其一，在情感方面，为数不少的作品传达了作家在现代文明与古朴遗风发生剧烈冲突的时代，对古老文化和蛮荒的大自然持有的眷顾和向往之情。这种强烈的情感使作家敏感于原始的、自然的、质朴的、粗犷的、野性的美，往往把它们置于现代文明的对立面加以肯定、讴歌、赞颂，并在不同程度上赋予浓重的理想化色彩。其二，在取材方面，作家们背向现实，面对过去，把笔触伸向远离通都大邑、远离工业文明和商品经济的荒原野沼、深山老林、草滩戈壁、长河大海，写"太古之民"的人情风物、礼仪习俗、神话传奇、趣闻野史，写自己被岁月销蚀了的童年、青春、爱情、理想，乃至于兽畜禽鱼、林木泉石的纯朴感情和可解人意的灵性。其三，在艺术表现方面，常常将浓郁的抒情、离奇的故事、强烈的个性、奇特的想象、大胆的夸张、深邃的意境、隐奥的象征交织成瑰伟奇谲、色彩斑斓、情思斐然的艺术画面，或以悲怆、崇高、雄浑、粗放的阳刚之美，或以恬然、清幽、纤巧的阴柔之美给人以心灵的冲击或滋润。

应当看到，由于以寻根文学为代表的浪漫主义对于传统所持的静止的、非历史的态度，导致一些作家一味地沉迷于古、俗、粗、野之中，表现出贵远贱近、向虚背实的倾向，从中可以体味到现代人的文化困惑及因此而引发的焦躁心态。但是透过浪漫主义"反现代""反历史"的外观，又可以看到其中蕴含着合理的要求，这就是处于商品挤压下的现代人对于淳朴情感和心灵自由的追求。新时期作家重新发现和感悟着辽远的过去和广漠的自然，在工业文明和商品经济造成的"物化"时代中，固执地探寻新的精神力量和道德力量，以补救现代人情感和精神的匮乏，即是浪漫主义文学思潮的主要价值。

（3）现代主义文学思潮。西方现代主义文学思潮曾在 20 世纪 20 至 40 年代影响过中国文学，经过数十年的沉寂，当现代主义再度出现在新时期文学中的时候，它以令人眼花缭乱的速率改变着文学的面貌。70 年代中期以来，现代主义思潮的崛起不是偶然的，它是因其本土的生长性与外来的"思想形式"交互作用、相激相荡的结果。从表面看是现代主义自外部输入，由外形向内质浸润，实行自西东渐的本土化；深入一层看，新时期的现代主义植根于当代中国社会生活、文化意识、审美观念的变化。

对"文革"中荒诞现实的深切体验和被压抑的自我强烈要求得到自由表现的欲望是新时

---

①　参见韩少功：《文学的"根"》，《作家》1985 年第 4 期；郑万隆：《我的根》，《上海文学》1985 年第 5 期；阿城：《话不在多》，《文汇报》1985 年 4 月 22 日。

期现代主义崛起的最初起因。"文革"期间,一些青年诗人创作并私下流传的"朦胧诗"就已初具了某些现代主义色彩:迷惘、虚无的情绪,强烈的异己感和孤独感,意欲宣泄的愤懑和叛逆精神,以及采用的暗示和隐晦的表达方式等。自"伤痕文学"问世以来,有作家开始采用一些现代主义的手法和技巧来揭示生活中的荒诞感和人的异化状态。70 年代末到 80 年代初,朦胧诗的公开发表与争议、小说和话剧对现代派手法的借鉴,表明现代主义文学初潮的涌动。从 80 年代中期以来,种种"探索小说"、"后崛起"诗歌、实验话剧、新潮批评,汇成了一股以"先锋"命名的现代主义潮流,并一直延续下来,其结果使现代主义成为新时期多元审美体系中的一元构成。

现代主义几乎一直是在人们的非议或质疑中前行的,它最初缘起于朦胧诗论争。1979 年春,老诗人公刘面对顾城的诗作时,就预感到批评界将面对一个"新的课题":"他们的某些诗作中的思想感情以及表达那种思想感情的方式"令人"不胜骇异",也许"会以三倍的顽强,长成我们迄今未曾见过也不敢设想的某种品类"①。1980 年,在诗歌界的讨论中,有人批评朦胧诗在思想倾向上强调个人情绪和自我感受,表现出"颓废的诗情",因而是诗歌创作的一股不正之风。为了应答对朦胧诗的责难,谢冕、孙绍振、徐敬亚等人自 1980 年至 1983 年相继发表了《在新的崛起面前》《新的美学原则在崛起》和《崛起的诗群——评我国诗歌的现代倾向》②,这些在后来的争论中被称为"三个崛起"的文章和朦胧诗人发表的自我辩护,对传统的创作观念提出了挑战。

类似的看法在小说界、剧作界、理论界都存在。1981 年,高行健的一本介绍现代派的小册子《现代小说技巧初探》的出版,引起文艺界的热烈反响,赞成的、反对的都有。1980 年年底,《外国文学研究》最先辟出"西方现代派文学讨论专栏",讨论现代派问题。徐迟发表了《现代派与现代化》一文,提出"我们将实现社会主义的四个现代化,并且到时候将出现我们需要的现代派思想感情的文学艺术"③。其他各报刊也相继发表了各种意见,这些都使得现代主义问题成为 80 年代前期文学理论批评的热点。讨论中尽管歧见百出,众说纷纭,但这样一个事实是为讨论者所公认的:进入 80 年代以来,创作观念的变革是在"现代主义"的名义下进行的。换言之,对于众多作家、批评家来说,不论他们从哪个层面来理解和接受现代主义,其核心都在于变革传统。讨论中固然存在不少偏颇,但最积极的成果是促使作家、批评家能够以一种豁达的、开阔的胸襟来看待外来文化,根据本国的实情来借鉴、吸收和改造外来文化,现代主义也因此构成新时期文学思潮中的一股激流。

在创作上,现代主义文学可以部分朦胧诗人及"后朦胧"诗人的诗作,刘索拉、残雪、莫言等的"新潮"小说和高行健等的实验戏剧为代表。他们的创作在艺术上不那么看重对外部世界的真实描绘,而偏重于情绪性和感受性的表达,或者以粗鄙的语言和漫画式的描绘尽情调侃以宣泄情绪,或者较多地利用非逻辑的呓语、密集的意象、不易领会的象征,向不易被感知到的心理真实逼近。80 年代中期以来,现代主义文学思潮又受到西方后现代主义的影响,在文学创作中也相继出现了以马原、洪峰、格非、余华、孙甘露、北村等为代表的"后新潮"小说,以于

---

① 公刘:《新的课题——从顾城同志的几首诗谈起》,《星星》1979 年复刊号。
② 分别载于《光明日报》1980 年 5 月 7 日、《诗刊》1981 年第 3 期、《当代文艺思潮》1983 年第 1 期。
③ 徐迟:《现代派与现代化》,《外国文学研究》1982 年第 1 期。

坚、韩东、伊沙等为代表的"第三代诗歌"和沙叶新等的新实验戏剧。这些作家的创作也如"后现代"一样斑斓杂驳,既有极具先锋性的,也有极为大众化的。就多数作家的创作倾向来说,其核心观念是虚无,包括自我的虚无、世界的意义和人生的意义的虚无。从虚无的观念出发,他们对许多既有的价值观念、意义体系和思维方式进行了各种解构和颠覆。在艺术表现上,这批作家激进地向传统小说、诗歌、戏剧的写法发起挑战,从事着形式和语言的变革。通过突出叙事方式或话语的构成方式,致力于颠覆故事、解构意义的游戏,通过叙述和语言操作,彻底地表达神秘或虚无。这些作品或因其艰涩、晦暗、非逻辑,或因其反理性、反隐喻、反深度及某些形式主义倾向而不时遭人诟病,同时在某种程度上也暴露出社会变革时代存在的深刻的精神危机,即价值的失落和意义的渺茫。但是应当看到,现代主义及后现代主义文学思潮以其前所未有的冲击力拓展了当代文学的艺术视野和表现手段,丰富着当代文学的审美体系。

（4）通俗文学思潮。本时期的通俗文学就其本质而言,属于商品化、市场化时代的大众文化范畴。无论在其发生的原因或基本属性方面都与以往革命年代倡导的通俗文艺有很大不同,它摆脱了政治意识形态的束缚,但它所具有的商业性、娱乐性、消遣性、通俗性特征体现了商品化、市场化时代的意识形态特征。

随着计划经济的解体、商品经济的发展,新时期的通俗文学也逐渐形成气候。从80年代初开始,香港、台湾的武侠小说和言情小说在内地大量出版。以金庸、梁羽生、古龙为代表的新武侠小说和以高阳为代表的历史小说、琼瑶的言情小说、梁凤仪的财经小说的联袂登陆,吸引了大批读者。以女性读者为主要对象的港台流行文学读物,如三毛、尤今、席慕蓉、亦舒等人的散文、诗歌亦占有很大的市场,这些都给严肃文学带来很大的冲击和影响。

从20世纪80年代中后期到90年代,通俗文学有了新的发展,一批作家吸取港台通俗文学的创作和营销经验,推出一批受到读者欢迎的作品,从而形成新一轮的通俗文学热潮,这在小说、诗歌、散文等主流样式上都有表现。

王朔作为个体文化人和都市市民代表,以他的"顽主"系列在文坛崭露头角。他创作了《空中小姐》《一半是火焰,一半是海水》《顽主》《过把瘾就死》等小说,又参与创作大型室内电视剧《渴望》《编辑部的故事》获得很大成功。王朔现象之所以成为热点,一方面在于他的作品表现了对崇高、对政治权威、对主流意识形态的消解的态度,另一方面,他也为一部分知识分子提供了独树一帜的人生哲学和生活方式。王朔的作品最能迎合大众的地方就是用玩世不恭的调侃方式躲避崇高、抨击虚伪,以及及时"找乐""行乐",以"痞子""流氓"自居的世俗态度。他以一种虚假的"潇洒"宣泄着市民阶层和一部分文化人的压抑感,满足他们的精神需求。

诗歌在新时期基本上是严肃文学领地,特别是由于诗歌创作的个人化和实验性趋向,使诗歌读者流失不少。但90年代的"汪国真热"则给寂寞的诗坛吹来清新的风。汪国真的诗一反"先锋诗"的极端个人化和光怪陆离的实验性,承接着席慕蓉诗风的余续,再加上精心的包装、传媒的炒作和合适的读者定位,使汪国真的"年轻的系列",如《年轻的潮》《年轻的思绪》等,获得商业上的成功,也使他成为诗歌界具有代表性的通俗文学作家。

闲适散文成为时尚是八九十年代之交的事,首先是现代作家周作人、林语堂、梁实秋等的闲适小品以惊人的数量被各家出版社争相炒作,继而一些新老文化人也浅斟细酌地品味着日常起居、陈年旧事、瓜果菜蔬、烟酒茶饮,漫不经意的叙述,自由挥洒的文字,加上文化人的知名度,使得阅读这类散文成为有文化品位的休闲方式,足以缓解市场经济条件下人们精神上的紧张感和疲惫感。轻松的写作、快速的印刷出版周期、老少咸宜的审美情趣、无须费力的阅读方式,使闲适散文同通俗小说和通俗诗歌一样,成为出版商的抢手货,成为读者大众的精神文化快餐。与闲适散文相继走俏市场的还有所谓"小女人散文"。这群作家大多属于都市中的"白领丽人",她们既有优雅得体的文化修养,又有风姿绰约的世俗情趣,发一些无伤大雅的小感想、小牢骚,作一点招人怜爱的撒娇态、虚荣状,像是在女性之间悄悄诉说家常话和体己话,一副温顺娴静模样颇能招来人们的喜欢。性别的定位和商业性包装创造出另一类都市神话中的时尚形象。

通俗文学对新时期严肃文学的创作产生了不可低估的影响。作为一种回应,春风文艺出版社从 90 年代开始,陆续推出"布老虎丛书",吸纳王蒙、铁凝、张抗抗、洪峰等作家介入通俗文学创作,推动通俗文学与严肃文学合流。越来越多的作家在选题、构思、艺术表现等方面也融合着通俗文学的创作方式,推动了通俗文学与严肃文学的相互借鉴、相互吸收,二者原本清晰可见的分野在不少作家那里逐渐变得模糊起来,如二月河的康熙、雍正、乾隆等"帝王系列"就是如此。这是文学创作在市场经济条件下出现的一个新的趋势。

通俗文学以其商业性、消费性、通俗性占据了极大的市场份额,对于满足广大读者的不同审美需要有着严肃文学不可替代的作用。值得注意的是,不少通俗文学作品为片面追逐商业利润而出现了内容平庸、趣味低下,甚至热衷于诲盗诲淫的现象。如何正确引导通俗文学健康发展,是新时期文学面临的一个崭新课题。

二、"伤痕—反思—改革"小说

1. 新时期的小说初潮

具有实质性变革意义的新时期小说发端于 20 世纪 70 年代后期的"伤痕小说",它连同接踵而来的"反思小说"和"改革小说"汇成了新时期小说创作的第一个潮流。这是一个以现实主义为审美取向的小说创作潮流,它在多方面接续了中国当代文学的革命现实主义传统,同时又有选择地接受了西方现代小说技巧方法和艺术观念,因此新时期的小说初潮不仅为新时期文学的现实主义奠定了基础,也预兆了新时期现实主义文学的发展前景。

1977 年 11 月,当过多年中学教师的刘心武在《人民文学》上发表了短篇小说《班主任》,小说的结尾仿鲁迅的《狂人日记》,发出了"救救被'四人帮'坑害了的孩子"的呐喊。1978 年 8 月,上海一位年轻的大学生卢新华在《文汇报》上发表了短篇小说《伤痕》,小说以女知青对亡母的忏悔诉说了"文革"留下的心灵创痛。这两个作品不约而同地触及"文革"留下的精神创伤,在全社会引起了强烈的共鸣,一时间控诉"文革"、抚痛伤痕的作品一发而不可收。中杰英的《罗浮山血泪祭》、冯骥才的《啊!》、宗璞的《我是谁?》、张贤亮的《邢老汉和狗的故事》等作品以沉重、凄婉、压抑的笔调,写出了"文革"对人、对文化的野蛮摧残和残暴蹂躏;陈国凯的《我该怎么办?》、孔捷生的《在小河那边》、郑义的《枫》等作品,含泪带血地倾诉了十年动乱给亿万家庭造成的不可平复的巨大创痛;王亚平的《神圣的使命》、从维熙的《大墙下的红玉兰》,以及稍后问世的长篇小说《将军吟》(莫应丰)、《芙蓉镇》(古华)、《许茂和他的女儿们》(周克芹)等,都从政治方面揭露出"文革"的专制主义性质。这些作品以千百万人的不幸遭遇和悲惨命运摇着"完全必要""非常及时"的"文化大革命"的神圣基础,吐发出彻底否定"文革"的先声。从 1978 年以来人们就开始用"伤痕"来指称这类作品。

伤痕小说从总体上说是对"文化大革命"的否定,具体而言包含着两类取向不尽相同的作品。一类大体上承袭了革命现实主义传统,弘扬的是革命的理念,讴歌的是英雄人物,尤其是坚定的共产党人同"四人帮"的斗争,如王蒙的《最宝贵的》、吴强的《灵魂的搏斗》、陆文夫的《献身》、陈世旭的《小镇上的将军》以及从维熙的"大墙文学"等。另一类表现的主要是平民百姓在"文革"中的生活遭际,如《我该怎么办?》《在小河那边》《枫》《啊!》《我是谁?》《邢老汉和狗的故事》,以及张弦的《记忆》、遇罗锦的《一个冬天的童话》等。这些作品的主人公远没有英雄人物的那种觉悟和斗争精神,他们只能听任命运的摆布,默默地承受人生的不幸;这里没有什么英雄主义和理想主义,而是充满了眼泪和鲜血、荒诞和悲哀、灾难和死亡。这类作品在当时往往被认为"格调低沉""色彩晦暗",这表明其思想上的暴露性与批判性和艺术上的悲剧性与荒诞性,大大逸出了革命现实主义的规范。此间,赵振开(北岛)的《波动》、靳凡(刘青峰)的《公开的情书》、礼平的《晚霞消失的时候》等一批"文革"中"地下写作"的中篇小说作品相继公开发表,更是从不同侧面突破了革命现实主义设置的"禁区",把以批判性、暴露性、悲剧性为特征的现实主义推向一个高潮。

伤痕小说多有稚拙、粗糙之处,它是挣脱桎梏后的踉跄,解除镣链后的蹒跚;但它又包含了新时期文学后来发展的诸多萌芽,如宗璞的现代主义象喻、冯骥才的荒诞风格、遇罗锦的个人化叙事等。伤痕小说是在"恢复"或"复归"的口号下形成潮流的,但它并非"复归"于"革命现实主义",而是"直面鲜血淋漓的人生"的现实主义。从总体上说,伤痕小说是人们长期郁积的情感宣泄,它对"文化大革命"的批判主要还停留于感性层面,因此小说家们对十年动乱之所以产生的社会根源、历史根源和思想根源尚缺乏冷静、深入的思考。继之而起的"反思小说"就推进了这一深化。

反思小说同伤痕小说的主要区别在于将观照和思考生活的触角向社会历史和文化心理延伸,其艺术笔触不断伸向此前当代作家未能自由言说的政治"禁区",新中国成立以来关系到国计民生的历次政治运动和社会波折不断地在反思中"重写"。1979 年上半年,还是伤痕小说方兴未艾之际,茹志鹃的《剪辑错了的故事》、鲁彦周的《天云山传奇》、刘真的《黑旗》、张一弓的《犯人李铜钟的故事》等作品问世,这些作品所表现的生活内容从五六十年代之交的三年自然灾害,推及大跃进"放卫星",到"反右派"斗争扩大化等,将伤痕小说的情感性宣泄转变为冷静的理性思考,从新中国成立以来诸多运动和"左"的社会思潮中寻绎"文革"产生的社会基础。反思小说还揭示了残余的封建势力和封建意识在现实生活中的作用和在人们精神上的烙印,对扭曲的人格或不健全的文化心理及"国民性"予以剖析和针砭,试图从文化心理层面挖掘"文革"产生的思想基础。如张弦的《被爱情遗忘的角落》《未亡人》《挣不断的红丝线》《银杏树》,叶蔚林的《蓝蓝的木兰溪》《五个女人和一根绳子》,韩少功的《西望茅草地》,以及高晓声的"陈奂生"系列、陆文夫的"小巷人物志"系列等。这类作品承继"五四"新文学的"国民性批判"主题,清扫散布在社会生活各方面的封建病毒,特别是深入到人们的心灵世界去剖露社会历史的沉疴,揭示出"左"倾政治、封建特权和潜意识化的封建观念对人们的腐蚀和戕害。反思小说在回顾历史的同时还对党和人民群众的关系进行了反思,如李国文的《月食》《冬天里的春天》,王蒙的《悠悠寸草心》《蝴蝶》等作品将领导干部置于几经沉沦的位置上重新审视党和人民群众的关系,提醒领导干部和执政党"毋忘人民","人民是母亲"。

"风云三十年,故国八千里",大跨度、跨地域的时空转换是许多反思小说采用的艺术构架,这也促使许多作家采取多样的艺术手法来容纳和表现"反思"的历史内涵、社会内涵和心理内涵。于是,在反思小说阶段出现了一个活跃的艺术变革期:如作者对人物的展示由外部叙述"向内转",转向内心开掘;人物性格由单一化转向复杂化;叙述视角由单一固定转向多重复合等。作家们更是从相邻艺术或外国文学中广泛吸收借鉴,如茹志鹃在《剪辑错了的故事》中借鉴电影的蒙太奇手法,采用时空倒错的叙事方法,表现那个非理性的时代环境;王蒙在《春之声》等作品中吸收西方现代派的意识流、象征等表现手法,创造出一种中国式的意识流小说。反思小说在回归现实主义传统的同时,又使现实主义的小说艺术得到发展,这对于稍后出现的小说艺术革新和现代派小说有重要的意义。

伴随着反思小说的兴起,文坛上出现了一个"复出作家群",即在历次政治运动中,特别是在反右运动扩大化中被剥夺了创作权利而在新时期又重新登上文坛的作家,如王蒙、张贤亮、陆文夫、高晓声、李国文、邓友梅、刘绍棠、从维熙、张弦、张一弓等。这些 50 年代初登文坛的作家在搁笔近 20 年后复出,无论在思想上或是艺术上都更趋成熟,更具探索精神和批判力量。

随着改革开放大政方针的确立,小说对新的时代课题作出了迅速的反应。1979年7月《人民文学》发表了蒋子龙的短篇小说《乔厂长上任记》,以磅礴的气势奏鸣出改革小说的先声。1980年王蒙的《春之声》、何士光的《乡场上》等作品继而问世,它们或以写意的方式透露出改革春潮对人们日常生活和心理的有力拍击,或以写实的方式反映实行农业生产责任制后农民在人格地位和精神面貌上发生的变化。随着农村和城市改革的逐步展开,作家们再度展开了现代化强国的文学想象,他们以不同的色彩和音调绘制或谱写中国历史的大变动,终于在80年代初酿成了改革小说的创作潮流。

同伤痕小说和反思小说相比,改革文学较多地承继了革命现实主义传统,主题鲜明、矛盾冲突激烈,英雄人物也较为理想化,不过,作家们对矛盾的揭示远比"十七年"文学深入和深刻,条条框框少得多,视野也开阔得多。在主题和题材选择方面,大批作家热忱呼唤改革,努力跟上时代步伐,对改革的进程作了迅捷的反映和持续的描写。如反映工业改革的《开拓者》(蒋子龙)、《三千万》(柯云路)、《阵痛》(邓刚)等,反映农村改革的《"漏斗户"主》(高晓声)、《燕赵悲歌》(蒋子龙)等,反映城市改革的《祸起萧墙》(水运宪)、《锅碗瓢盆交响曲》(蒋子龙)等。就连长篇小说创作也努力"与时代同步",相继出现了一批正面描写改革的作品,如《沉重的翅膀》(张洁),《花园街五号》(李国文),《男人的风格》(张贤亮),《新星》、《夜与昼》(柯云路)等,它们几乎是紧贴当下现实,再现当年"写中心"的景况。在情节构成方面,多从正面描写政治经济体制的改革及冲突,推动改革的进步力量和反对改革的保守力量往往围绕着某项改革方案或举措展开交锋,而道德水准的高下优劣则成为对改革派和反改革派的最终阐释。在人物塑造方面,一批以改革的"开拓者"形象为中心的"当代英雄"成为作品的主人公,如乔光朴(《乔厂长上任记》)、郑子云(《沉重的翅膀》)、陈抱帖(《男人的风格》)、李向南(《新星》《夜与昼》)等人物构成了一个"开拓者家族",他们大多精通业务、熟稔管理、志向远大、行为果决,其中尤以"乔厂长"为最,一时间成为"改革家"的代名词。

改革文学的深化是随着改革的深入而推动的。当改革牵动起社会的方方面面,引发了诸多新的问题、矛盾和困惑,而且越来越有力地冲击着民众的生活方式和文化心理时,作家的聚焦也渐从处于权力中心的改革家移向芸芸众生,力图从普通百姓日常生活的变动来真切地描绘出改革是一个闪烁着新的希望,纠缠着旧的梦魇,忐忑不安而又不可逆转的复杂过程。这一切浓缩在高晓声的"陈奂生"系列小说中,凝聚在林斤澜的"矮凳桥"传奇里,这两位"复出作家"以截然不同的笔触和风格书写了变革中的农民和农村。"陈奂生"系列以温厚、幽默又不乏冷峻的写实手法剖露了中国老式农民面对农村变革时的精神状态。"矮凳桥"传奇则以中国传统写意手法杂以现代派诡谲怪异的色彩绘制成一幅幅乡村现代风俗画,感觉与真实、回忆与憧憬通过梦境或幻象叠合到一起,小说在"鱼非鱼,花非花"的恍兮惚兮中,传达出令人兴奋且又迷惘的时代感受。

在对改革的观照和书写中融入作家自己的感受和思考,这是改革文学同此前"写政策""写中心"的作品最大的区别。路遥是把改革视为农村青年改变和发展自己的良好机遇加以表现的,从中篇小说《人生》到长篇小说《平凡的世界》都表现了青年农民对现代文明的渴求以及坚毅的奋进精神,这也是作家的自我精神写照。张炜的《一潭清水》《秋天的思索》《秋天的愤怒》等作品则对被改革变更了的人际关系发问,对传统道德理想的"守望",更驱使他在90年代写出了《古船》《九月寓言》等一系列长篇小说。以师法孙犁出道,写过"伤痕"也写过"反思"的贾平凹,是以表现农村变革的三个中篇小说《小月前本》《鸡窝洼的人家》《腊月·正月》而确立起自己新时期文坛地位的。数度重返故乡的商州之旅,使他敏锐把捉到"现代与传统的冲突"的重大命题,因此他更关注的是中国社会现代转型所引发的文化冲突。在写完反映改革的长篇小说《浮躁》之后,他终于宣布自己"再也不可能还要以这种框架来构思我的作品了"①,此后他以《废都》《白夜》《高老庄》《怀念狼》《秦腔》等一系列作品来寄托自己被改革所激起的复杂情愫。此外,更多作家的文化思考后来酿成了具有浪漫主义倾向的"寻根文学"。

2. 刘心武、从维熙的小说

刘心武②的短篇小说《班主任》是伤痕文学的代表作,曾产生很大的社会反响,被视为新时期文学的开端。小说通过谢惠敏等中学生形象的描写,率先在文学作品中揭示"文化大革命"给青少年留下精神创伤的社会问题。作者又接连发表《醒来吧,弟弟》《爱情的位置》等小说,成为伤痕小说的代表作家。

刘心武的小说创作可以分为前、后两个时期。前期主要描写校园生活,以反映"文革"后遗症的伤痕小说引起广泛关注;后期转而描写市民生态和文化人的心态,以长篇小说《钟鼓楼》为代表推出一系列"京都小说",其中还包括若干纪实小说。刘心武前、后期创作并无明显界限,前一类小说从 70 年代延伸到 80 年代末,后一类小说开始于 80 年代初,至 90 年代有所扩展。这两类小说的基本精神则一以贯之,这就是关注普通人的命运,为遭受压抑和扭曲的人性申诉不平,热切呼唤人道主义。

作为"文革"中起步创作的作家,《班主任》是刘心武创作的一次突破,小说打破了"路线斗争"的模式,以伤痕人物的艺术典型引起文坛关注。小说本身的故事情节并没有什么奇特之处,它不过平实地描述了班主任张俊石教育中学生的几件小事。作者也许意在倾心塑造优秀班主任的形象,但是引起人们特别注意的是并非主角的谢惠敏。这是一个当时的"好学生"典型,她纯正朴实,严于律己,担任班上的团支部书记,工作积极,不谋私利,坚决抵制"资产阶级思想",大热天也不肯穿裙子,把小说《牛虻》当作"黄书"。作者的敏锐之处就在于发现并塑造了谢惠敏这个典型,她思想僵化,精神营养匮乏,思想方式简单,"忠诚"被导向盲从,"坚定"被扭曲为偏执,纯朴和荒谬糅合在一个积极上进的女学生身上,具有相当的普遍性。作品发出了"救救被坑害的孩子"的呼唤,正好与当时揭批"四人帮"和思想解放的社会潮流相吻合,因此谢惠敏也就成为思想僵化、性格扭曲的某类人的"共名"。

继《班主任》之后,作者接连创作了《爱情的位置》《醒来吧,弟弟》《我爱每一片绿叶》《如意》等一系列伤痕小说。《爱情的位置》是首先突破爱情"禁区"的作品,提出了在革命中是否有爱情的位置的问题;《醒来吧,弟弟》触及当时青年人的信仰危机问题;《我爱每一片绿叶》通过一个被视为"怪人"的教师魏锦星的形象,借此提出能不能给个人隐私和个性性格"落实政

---

① 贾平凹:《〈浮躁〉序言之二》,《静虚村散叶》,陕西人民教育出版社 1990 年版,第 3 页。

② 刘心武(1942—),原籍四川省安岳县,生于成都,后迁居北京。1955 年考入北京师范专科学校,后从事中学教育、文学编辑等工作,曾任《人民文学》主编。中学时代开始发表文学作品,1975 年就出版有中篇小说集。新时期出版有《班主任》《如意》等中短篇小说集,《公共汽车咏叹调》等纪实小说集,《钟鼓楼》等长篇小说,及多种散文随笔集和《刘心武文集》(8 卷)。《班主任》和《我爱每一片绿叶》曾获全国优秀短篇小说奖,《钟鼓楼》获第二届茅盾文学奖。

策"的问题。中篇小说《如意》更是一部充满着人道精神的作品。小说讲述了老校工石义海平凡、孤独而始终与人为善的一生,不管是面对被迫自杀的校长,还是面对备受欺辱的"格格",这位沉默寡言的孤身老人始终信奉着"人要善待人"的宗旨。这一批作品都正视"文革"遗留下来的诸多问题,因此又被作者本人和评论界称为"问题小说",而"问题小说"又正是新时期小说直面社会的现实主义精神的另一种称谓,贯注于其间的则是作者的人道情怀。

刘心武前期的作品往往存在形象单薄、理过其辞、手法单一、质胜于文的弱点,这一弱点后来在以长篇小说《钟鼓楼》为代表的"京都小说"中有所改观。

《钟鼓楼》有如《清明上河图》式的社会风俗画,作品全景式地描写北京普通市民生态世相,采用橘瓣式的结构,截取 1982 年某一天北京城钟鼓楼旁一座四合院内居民生活的一个剖面,以薛家老二薛纪跃的一场婚礼为中心线索,散点共时地描绘了四合院内薛大娘等十户普通人家几十个各具风貌的人物。在薛大娘、薛纪跃、潘秀娅、詹丽颖等琐屑而可叹的生活故事中,展现出北京城芸芸众生的生存状态,这些万花筒式的生活场景和心灵镜像组合成具有现实感和历史感的文化生态图,透露出浓郁的本土风味和当下生活色彩。

进入 90 年代,刘心武又接连推出长篇小说《风过耳》《四牌楼》和《栖凤楼》,这是他"京都小说"的继续,又是他艺术创作的扩展与深化。与前期作品多从社会问题的角度注意"对人性善的挖掘"相比,1992 年出版的《风过耳》则注意"对人性恶的探微发隐"①。这部被称为"新儒林外史"的小说围绕一部长篇小说遗稿的争夺展开跌宕起伏的情节,不动声色地描画了一群道貌岸然而灵魂卑下的文化人,意在揭露文化界普遍存在的一种精神病态。《四牌楼》潜心于发掘人性的"更深层次的东西",通过一个家族四代知识分子近一个世纪的遭际悲欢,来展示民族文化心理的复杂性,其中有使人"瑟瑟发抖的"狰狞,也有泯灭不掉的"人道遗风"。1996年创作的《栖凤楼》进一步体现了刘心武在"人的良知"的爱心体验中对人性的执著探索。

从维熙②的名字是和"大墙文学"联系在一起的。"大墙文学"指描写"文革"时期监狱、劳改农场生活的文学作品,是"伤痕文学"中的一个特殊类型。

从维熙早期的小说追随孙犁的艺术风格,以散文笔法抒写田园生活,清新透明,节奏舒缓,而他新时期的"大墙小说"却写得慷慨悲壮,严肃深沉,与早年的风格相去甚远。作者创作风格的变化和他所描写的题材的改变有着很大关系,而题材的变化又源于他 20 多年来特殊的生活经历。

中篇小说《大墙下的红玉兰》被称为"大墙文学"的开山之作,它是从维熙搁笔 21 年后的第一部作品,也是描写"文革"时期监狱生活的第一篇。小说叙述的是 1976 年早春发生在监狱大墙内的一幕悲剧:一位公安局老局长在"文革"期间被关进监狱,受尽折磨,最后殉难的故事。作者选择了"大墙"这个特定环境,通过一群被抛进"大墙"的"犯人"的不幸遭遇,揭露了"文革"时期的人妖颠倒、是非混淆。小说发表后,立即在社会上引起了强烈反响。此后,从维

---

① 刘心武:《五十自戒》,《我是怎样的一个瓶子》,成都出版社 1993 年版,第 6 页。
② 从维熙(1933—),河北玉田人。1950 年开始发表小说,1956 年开始从事专业创作。1957 年被划为"右派",在劳改农场中度过了 20 多年,1979 年平反。出版有《第十个弹孔》等中短篇小说集,《逃犯》等长篇小说,《走向混沌》等纪实文学,以及诸种散文随笔集和《从维熙文集》(8 卷)等。《大墙下的红玉兰》《远去的白帆》《风泪眼》曾获全国优秀中篇小说奖。

熙创作一发而不可收,其中,写知识分子在"文革"时期不幸遭遇的占了绝大多数。这些对党和革命无比忠诚的革命者,曾经为新中国的建设呕心沥血,当"左"的政治风暴袭来时,他们在一夜之间变成了"阶下囚"。这些受难者们承受着常人难以忍受的肉体折磨和精神酷刑,却依然有着坚定的政治信念。这种坚定的信念,是从维熙"大墙小说"着力表现的重点。如《雪落黄河静无声》中的范汉儒和《没有嫁娘的婚礼》中的东方汉阳都以牺牲自己的爱情来表现对祖国深沉炽烈的爱。《遗落在海滩上的脚印》的主人公陆步青则在烧锅炉的苦役中,不顾严寒酷暑,继续着他的尖端科学研究。正如作者所说,他们都是那个不正常社会里被埋没的"黄金",一旦被挖掘出来,就将发出耀眼的光辉。

在艺术表现上,从维熙"大墙小说"的基调是现实主义的。作者主要通过一些具有典型意义的细节来表现特定环境下的生活,展现人物的精神风貌。对劳改农场里和监狱高墙下的许多场景,对人物在那种特殊环境下的细微反应,从维熙都能在作品中作出富于生活实感的描写。此外,作者还通过大段直抒胸臆的抒情和议论,使他的小说感情色彩浓厚;运用对比和象征手法,来强化小说的艺术感染力。从维熙还十分注重主观情感的直接抒发,他往往采用第一人称叙述,并直接介入故事抒发情感,发表议论,很少节制。强烈的主观情感的直接抒发,使从维熙的小说有着浓烈的主观倾向性,同时也使读者缺少回味思考的空间。从维熙的"大墙小说"对"文革"的深刻反思没能完全超越当时社会政治观念的框架,致使人物理想化、概念化倾向比较严重。

3. 张贤亮、高晓声的小说

张贤亮①是反思文学的代表作家。他的小说一部分写底层劳动者的生活、情感和命运,如《邢老汉和狗的故事》《肖尔布拉克》《河的子孙》等;一部分写与他命运相近的知识分子的"苦难历程",如《灵与肉》《绿化树》《男人的一半是女人》《习惯死亡》《我的菩提树》等。这些作品既有对中国政治问题的反思、对中国知识分子命运的反思,也有对人性的深刻剖析。

在描写底层劳动者的作品中,张贤亮善于描写他们本真的生活状态,描写他们随政治起伏的悲剧命运和他们强大的生命力。《邢老汉和狗的故事》写于1979年,它以质朴的方式讲述"文革"中偏僻乡村的一个悲惨故事。善良朴实的农民邢老汉在经历了一连串不幸遭遇后,唯有他养的一条狗成了他生活的寄托和安慰,但这条狗在"文革"中以匪夷所思的理由被人打杀,邢老汉终于在接二连三的打击下凄惨死去。小说在表现邢老汉悲剧命运的同时,仍以充满温情的笔触写出了存在于民间的那种人与人之间的情义。《河的子孙》中被称为"半个鬼"的大队支部书记魏天贵,是张贤亮塑造的一个独特的农民形象。魏天贵是一个特殊政治年代里的农村基层干部,在他的质朴本性中,有着狡黠、世故的一面:为着"不忘乡亲",他常常对上级政策阳奉阴违,想尽办法保护无辜的乡亲,这种关照和同情成为小说中的人性亮点;同时,为着

---

① 张贤亮(1936—2014),江苏盱眙人,生于南京。1955年移居宁夏,曾任教员。1957年因发表长篇抒情诗《大风歌》被划为"右派",1979年重新开始写作。出版有《灵与肉》等短篇小说集,《感情的历程》等中篇小说集,长篇小说《男人的风格》和《张贤亮自选集》(4卷)等。其中《灵与肉》和《肖尔布拉克》曾获全国优秀短篇小说奖,《绿化树》获全国优秀中篇小说奖。

保护自己的地位,他又要费尽心机讨好上级,敷衍各种任务。作者真实而生动地表现了人物性格的复杂性,并对他的两难处境给予深刻同情,将批判锋芒直指那个非人的时代。

张贤亮写底层人民还有一个引人瞩目的地方,他着力表现底层民众(特别是女性)对受难知识分子的抚慰,以此来表现"劳动者粗犷的原始的内在美"①。这在《灵与肉》中的郭嬸子,《肖尔布拉克》中的汽车司机,《绿化树》中的海喜喜等人身上都有突出的表现。他们虽然粗鄙、卑俗,但他们的心灵是宽广的、澄明的,他们无私地关怀那些曾经怜悯过他们的受难者。张贤亮塑造的女性形象更具光彩,也更受关注。《灵与肉》中的秀芝,就是一个给"右派"许灵均以生命和爱情的女性形象;《土牢情话》中的乔安萍,则是一个无私奉献的女性形象。为了自己心目中的好男人,她们愿意牺牲一切而在所不惜。在张贤亮的笔下,那些男性知识分子在严酷的政治与物质环境的挤压下,暴露出内心的屈辱、懦弱和卑劣,而他们身边的痴情女子,则成为他们的"守护神",并帮助他们洗刷心灵的污点。这些女性用她们朴素的方式反抗命运,拯救自己,也拯救知识分子的灵魂。如《绿化树》中的马缨花,就是这样一个善良、泼辣而痴情的女性形象。她从不为传统道德所束缚,对爱情非常忠贞,她用痴情守护着章永璘。《男人的一半是女人》中的黄香久是马缨花形象的延续。她漂亮、性感、粗俗,甚至有些愚蠢,是那个粗糙生活环境的产物。她帮助章永璘度过了物质和身体上的巨大困难,最终也没有逃脱离异的命运。这群性格鲜明的女性形象是张贤亮对新时期文学的贡献之一,但其中所包含的理想化和矛盾性一直招致争议。

在张贤亮的小说中,影响最大也饱受争议的是对知识分子形象的刻画。作者笔下的知识分子大都是一些和他有着相同经历的"受难者",他写他们所受的身心摧残,写他们为超越苦难作出的种种努力。作者在小说中展现的中国当代知识分子的"苦难经历"是常人无法想象的,它们来源于张贤亮的亲身经历和切身体验:《灵与肉》中的许灵均在马槽里躲避寒冷;《土牢情话》中的石在是从死人堆里爬出来的;而《绿化树》中的章永璘则经受着可怕的饥饿的折磨,但他们最后都奇迹般地活下来了。他们是靠什么活下来的?除了超常的忍耐力外,还有不择手段——为了能够生存下去,可以采取任何不高尚的,甚至是卑劣的手段。作者对于这种知识分子的人格扭曲和变形是有清醒认识的,因此常常依靠忏悔来减轻心灵的痛苦,但忏悔无法真正地超越苦难,也没有使他认识到苦难的人性根源。他把自己的罪孽和堕落归于血缘和阶级属性,归于一种不自觉和不由自主。这种不彻底的反省和自审,使他的作品难以达到一定的人性高度,仅仅只是对苦难和创伤的展示。正如有的评论家所指出的,那段苦难生活,已成为张贤亮创作无法走出的"牢笼"。

长篇小说《习惯死亡》开启了知识分子心灵世界的另一景观。在这里,过去的苦难经历已成为主人公无法摆脱的梦魇,纠缠于他的现实生活中,只有躲进女人的怀抱,他才能"向自己证明我还活着"。但无论他怎样放纵自己,也无法遏止那一次次可怖的死亡经历从记忆深处钻出。这是一种刻骨铭心的痛苦,也是一种彻底的堕落。他"用堕落来表现超越","用堕落来表现你的抗议",他放弃了忏悔,甚至连辩护也不多见,有的只是对造成他堕落的社会环境,特别是政治的不满和诅咒。写于1993年的小说《我的菩提树》则采用一种日记注释体,表现当年劳改生活的可怕和残酷,给读者以强烈的冲击。饥饿与死亡是小说的全部内容。张贤亮通

---

① 张贤亮:《满纸荒唐言》,《飞天》1981年第3期。

过种种细节描写,真实地再现了知识分子精神的全面萎缩和异化。这篇小说的真实性令人战栗,文学的感染力却十分缺乏。在这些作品中,已透露出张贤亮创作出现的精神危机和艺术危机。

在艺术表现上,张贤亮小说的突出特点是强烈的思辨色彩。他小说中的主人公大多是一些思索者形象,无论在怎样的生活境遇中,他们都会对自己的生活道路作出回顾和反思,并把思考上升到哲理的高度。对生活和人生的哲理思考,突出表现在小说中的知识分子身上。他们一边为自己的基本生存而搏斗,一边审视自己的本能中所诱发出的卑贱和邪恶,寻求"比活着更高的东西"。不过这种对哲理思辨的追求表现得过于直露和急切,给人以游离、抽象、思想大于形象的感觉。

高晓声①是新时期擅长描写农民问题的作家。他的小说继承了鲁迅针砭"国民劣根性"的传统,真实地展现了极左政治给农民带来的灾难,深刻分析了农民生活贫苦的社会根源,揭示了农民历久形成的"精神创伤"。如《李顺大造屋》,通过一个普通农民几十年造不起自己的屋的悲剧,剖析了悲剧的双重原因:一方面是极左政策对农民的不断掠夺,另一方面也是农民逆来顺受的结果。作家写出了这种逆来顺受的品格与农民对"社会主义"的真诚拥护之间的紧密联系,又显示了作家对农民悲剧品格的深刻体察和无限悲悯,《李顺大造屋》因此而成为反思小说的重要收获。

视野更开阔的是"陈奂生"系列小说。"陈奂生"系列由《"漏斗户"主》《陈奂生上城》《陈奂生转业》《陈奂生包产》《陈奂生战术》《陈奂生出国》等组成。这个系列以农民陈奂生几十年的生活变迁为线索,描绘了农民在极左政策当道的年代里尽管艰苦奋斗,仍然无力摆脱贫困的命运,到了改革开放的年代才发挥自己才干逐渐过上小康生活的过程。其中,《陈奂生上城》通过主人公因为偶染风寒住进县委招待所的一段经历,刻画了主人公的复杂性格——对舒适生活的陌生与自卑,由此写出农民的贫苦与自卑相伴随的自欺与自大,这样的描写足以使人联想到阿 Q 的"精神胜利法"。改革开放是一场深刻的历史变革,它在改变农民物质生活的同时,也仍然存在着怎样"改造国民性"的严峻问题。由此可见,这篇小说与那些简单歌颂新时期农民精神面貌巨变的作品不同,展示了改革年代里的文化沉疴,显示了深刻的历史感。因此,《陈奂生上城》就将"反思"的主题与"改革"的主题成功结合到一起。另一方面,陈奂生又凭着他与县委书记的特殊关系和勤劳、朴实的品德,一步步走进了市场,走出了国门。在此过程中,他的朴实、憨厚常常使他在复杂的社会上显得颇为尴尬。小说由此写出了农民走向商品经济的惶惑和不易,进而写出了另一种改革的艰难。高晓声的"改革小说"既写农民的精神创伤,又写农民的人生巨变。风格亦庄亦谐,自成一格。

除"陈奂生"系列外,高晓声还写了一些别具一格的哲理小说。在这些小说中,作家超越了社会现实问题,将探索人性的目光升华到哲理的高度。如《钱包》就通过一群人在河里摸钱包的故事,揭示了人生的困境与尴尬:每一个人都希望自己能摸到钱包,发一笔横财;但每一个

---

　　① 高晓声(1928—1999),江苏武进人。毕业于上海法学院。1954 年开始发表小说。1957 年与叶至诚、陆文夫等人筹组"探求者"文学社被打成"右派",此后被迫回乡务农多年,直至 1978 年才重新开始写作。出版有 1979 年至 1984 年历年的年度小说集。《李顺大造屋》和《陈奂生上城》曾获全国优秀短篇小说奖。

人也都知道,自己摸到了,别人的希望就破灭,如果别人摸到了,自己的希望就破灭。钱包,成了一个绝妙的象征:既象征着希望,也象征着绝望;既象征着命运,也象征着人心;还象征着生存的困境和幸运与灾难之间变化无常的紧密联系。

高晓声的小说于朴素中藏深刻,在幽默里寓冷峻,因而包容了复杂的人生意蕴,耐人寻味。如《陈奂生上城》中那段"花了五块钱就买到了精神的满足"的文字读来似乎轻松,颇有喜剧意味,细细品去,蕴含着沉痛、悲哀的社会历史内容,令人深思,除了自我安慰的阿Q遗风以外,还表现出农民贫苦的生存状态和卑微处境。

高晓声的小说也有某些不足:由于作家写作的匆忙,"陈奂生"系列的后几篇小说在结构上显得松散,人物形象塑造也流于平面化,文字多有枝蔓。

4. 蒋子龙、路遥的小说

蒋子龙①是改革小说的代表作家,擅长在跌宕起伏的矛盾冲突中刻画棱角分明的人物性格,他以一系列改革小说谱写了新时期改革开放的时代画卷。《乔厂长上任记》就在复杂的矛盾冲突中塑造了一个"喜欢当主角"、锐意进取的实干家形象。乔光朴不仅面对着"文革"后普遍存在的"政治衰老症""精神萎缩症"的压力,而且在改革的进程中得罪了因为自身利益受到冲击而对改革不满的人们。尽管他大刀阔斧、一身正气、大义凛然地坚持斗争,可由于不谙权术,不搞"关系学",还是在"搞外交"方面遭到了失败,最后不得不离开机电厂。作家由此写出了工厂的改革牵涉到体制和社会环境的深层次问题,从而超越了仅仅为改革家呐喊的主题。到了《乔厂长后传》中,乔光朴与外商竞争的努力再次遭到老对手冀申的刁难。他向上级申诉,结果发现冀申的"关系网"强大到连经委主任也无可奈何。这样,作家就在热情讴歌改革家的同时,也真实反映了改革的艰难。《开拓者》中的省委书记车篷宽也在推进改革的过程中遭到了从省委第一书记潘景川到自己的妻子王剑秋的阻挠。为了不拘一格选拔人才,他敢于先罢妻子的官。他的举措激起了守旧势力的强烈抵制。最后,他被迫以退为进,向中央递上了退休报告。这些写改革艰难的作品都因此显得既慷慨激昂又十分悲凉。蒋子龙的"改革小说"风格沉雄悲怆,与他在作品中真实地反映改革的艰难、深刻地揭示改革家的内心苦闷密切相关。正因为如此,他的作品超越了一般的工业题材作品,显示出深刻的忧患意识。

中篇小说《燕赵悲歌》是以天津农村改革的先进典型大邱庄为原型写成的一部当代农民的"创业史"。为了改变贫苦的生活,大赵庄的支部书记武耕新苦苦思索三天三夜,从地主的发家史中得到了启示:要想富,得农业为本、经商保家、工业发财。为此,他解散生产队,成立承包组,大胆起用能人,多方聘请专家,创建了农工商联合公司,终于走上了富裕之路。蒋子龙笔下的武耕新是一位有眼光、有魄力的农民企业家,而作家敢于写他从地主的发家史中汲取致富的经验,也发人深思。然而,当大邱庄带头人禹作敏的问题暴露出来之后,蒋子龙在新世纪推

---

① 蒋子龙(1941—　　),河北沧州人。当过工人,1960年参军。1962年开始发表作品。1965年复员回原厂工作。1976年发表短篇小说《机电局长的一天》。出版有《开拓者》等中短篇小说集,《蛇神》等长篇小说,系列小说《饥饿综合症》等和《蒋子龙文集》(8卷)。《乔厂长上任记》《一个工厂秘书的日记》《拜年》曾获全国优秀短篇小说奖,《开拓者》《赤橙黄绿青蓝紫》《燕赵悲歌》获全国优秀中篇小说奖。

出了长篇新作《农民帝国》。小说以一个名叫郭家店的北方村庄为轴心,以村长兼支书郭存先的人生浮沉为线索,描绘了这个村庄和村民的变革历程。小说剖露出在经过改革步入富裕的生活道路之后,骨子里流淌着几千年封建文化血液的中国农民并没有彻底地脱胎换骨,改革领路人郭存先最后走到违规违法的地步便是突出的代表。郭存先初登政治舞台就十分迷恋权力,他把权力视作满足个人欲望与压制他人的工具,是一个具有浓厚的家长作风、"土皇帝"意识、"暴君"性格的农民改革家。通过这个艺术典型的塑造,作家提出了中国农村改革中的"郭存先现象"问题,并指出这一现象远非个案,试图从社会、政治、经济、文化等各方面探讨其形成的深层原因,这自然表明作家对农村改革的思考的进一步提升。

在人物塑造上,蒋子龙刻画的"开拓者家族"人物群像,是对当代文学人物画廊的重要贡献,他们堪称时代的英雄。作家对这些人物的刻画突破了规范化、模式化的窠臼,使他们的精神气质不同于"文革"文学中那些"高、大、全"、无往而不胜的"英雄"。开拓者的挫折、失败以及他们的内心焦虑都体现出改革的艰难和改革家鲜活的内心世界。

蒋子龙的小说雄浑深厚,风格以粗犷豪放见长。他善于在激烈的矛盾冲突中刻画人物性格,擅长在一波未平、一波又起的情节推进中展开故事。在这方面,蒋子龙继承了中国古典小说的创作传统。他曾经特别谈到《三国演义》给他的深刻影响。《乔厂长上任记》就是通过对主人公在关键时刻敢立"军令状"、激老战友出山、与狡猾的政客冀申交锋等一系列扣人心弦的情节推进塑造改革家叱咤风云、迎难而上的鲜明性格的。

80 年代中期以后,蒋子龙一度转向新的创作题材。长篇小说《蛇神》通过深入解剖邵南孙的病态人格,对"文革"在人心中发生的复杂效应进行了反思。系列小说《饥饿综合症》则通过刻画历史悲剧造就的种种病态人格,揭示了人格异化的政治与社会根源。这些作品显然是反思文学的继续,但与那些从政治、社会角度切入反思当代中国问题的作品相比,《蛇神》《饥饿综合症》具有心理分析的深度。这些小说显示了作家在改革小说创作上取得成就以后,努力开辟新的创作天地的可贵尝试。

路遥[①]走过坎坷的人生道路,他因此擅长刻画改革年代中不甘平庸、努力奋斗的农村青年形象。《人生》中的高加林是当代青年的一个典型形象。他有理想又心高气傲,有才华又不满现状。他向往城市文明,学习城里人的生活方式,在偏僻的乡村传播现代文明。为了追求城市文明,他不顾良心的谴责和乡亲父老的批评,抛弃了挚爱的女友刘巧珍。然而,他所向往的城市不仅没有容纳他,反而以令他难堪的方式深深伤害了他的自尊。小说中描写高加林在城里卖馍遇到老同学而羞愧的情节和最终被城里人赶回乡村的结局是具有强烈艺术震撼力的。作者刻画的高加林是一个既有追求又很浮躁的人物形象。他的追求、奋斗,他遭受的挫折、失败、痛苦,可以说是当代农村青年的一个缩影。这篇小说显然受到了法国名著《红与黑》的影响,但高加林又与《红与黑》中的于连·索黑尔不同,高加林的浮躁,不仅是他个人的,也是时代情绪的集中体现;他的追求有个人奋斗的色彩,但也体现了当代青年的变革渴望。作家在这个人

---

① 路遥(1949—1992),本名王卫国,陕西清涧人。当过民办教师。1973 年进入延安大学中文系学习,并开始发表作品。1976 年毕业后任文学刊物编辑。出版有长篇小说《平凡的世界》、《路遥全集》(6 卷)以及诸种中短篇小说集。《惊心动魄的一幕》和《人生》获全国优秀中篇小说奖,《平凡的世界》获第三届茅盾文学奖。

物形象身上倾注了既肯定又批评的复杂情感,深刻揭示了改革开放的浪潮冲击传统生活方式与传统伦理道德的必然性与复杂性,显示了作家深厚的思想与艺术功力。

《平凡的世界》是路遥的代表作。为了写好这部百万字的长篇小说,他准备了三年,写作了四年。作家在这部力作中展现了从70年代中期到80年代中期农村生活的巨变。作家通过孙、田、金三家农民的命运变迁与矛盾纠葛,表达了自己对社会的沉思、对故乡的依恋、对普通人艰苦奋斗精神的讴歌。在孙少安、孙少平兄弟的奋斗历程中,作家颂赞了不同于高加林浮躁的求实务实精神。他们既渴望走出传统的生活方式,又在与命运的抗争中保持了传统的美德。在艰苦的生活和复杂的社会矛盾中,孙少安朴实坚韧,立足于脚下的土地艰苦奋斗,最终成为一位农民企业家;孙少平热情执著,走出了乡土,在煤矿的劳作中出污泥而不染。作品充满深沉的道德力量,追求恢弘的史诗品格。作家还刻画了几个生动而富于历史感的人物形象,如大队党支部书记张志高、田福堂从艰苦奋斗的创业者到错误政策随波逐流的执行者和以权谋私者,并最终成为改革的阻挠者,他们是部分农村干部的缩影。

作为陕西作家,路遥十分景仰柳青,他像柳青一样刻苦写作,像柳青一样描写重大的社会主题,像柳青一样通过大量的生活细节刻画人物、渲染气氛,也像柳青一样喜欢抒发深沉、热烈的议论。他的《人生》《平凡的世界》也像柳青的《创业史》一样,以恢弘壮阔的气势为人所称道。不过,由于他所处的时代与柳青所处的时代的不同,他塑造的人物形象显然更具有人性的丰富性和深刻性。在语言运用上,路遥的语言风格是细腻中透出凝重。他擅长在对生活的细腻刻画中纤毫毕露地呈现生活的艰难与人性的压抑。如《平凡的世界》中描写孙少平背石头的一段文字在展示黄土高原广阔的社会生活画面的同时,也描绘了黄土高原的风土人情:沟壑纵横的黄土地,热情悠扬的"信天游"歌声,打枣的欢乐场面,都烘托出浓郁的陕北风情。不足的是,小说没能开掘更深厚的历史文化底蕴,人物性格的塑造也不够丰满,情节的推进迟缓。过于琐碎的细节描写也妨碍了作家提炼更丰厚的情节,开掘更深广的主题。

5. 王蒙的小说

王蒙①是新中国成立后崭露头角的作家,1956年就以短篇小说《组织部新来的青年人》引起人们的注意,产生过广泛的影响。半个世纪以来,他在经历了曲折和坎坷之后,仍然保持着充沛的激情与活力,在新时期他的创作大致分为三个阶段:70年代末至80年代初、80年代中后期和90年代以来。

70年代末,王蒙重新登上文坛就出现了一个喷发期,他连续写了《最宝贵的》《悠悠寸草心》《夜的眼》《春之声》《布礼》《蝴蝶》等一系列小说。这些作品以作者自己的人生经历与体验为基础,对新中国成立后30年的政治生活进行了深入的反思。小说通过对人物命运的描写,揭示了当时存在的那种无限夸大政治斗争的作用、无中生有、无限上纲的不正常气氛,揭示

---

①　王蒙(1934—　　),河北南皮人,生于北京。新中国成立初期做共青团工作并开始发表作品,创作了长篇小说《青春万岁》和短篇小说《组织部新来的青年人》。1957年错划"右派"后举家迁往新疆,1978年返回北京。出版有《王蒙小说、报告文学选》《王蒙中篇小说集》等诸多中短篇小说集,《活动变人形》等多部长篇小说,还出版了大量的诗歌、散文、随笔、文艺散论和专论集、自传和自述集,以及《王蒙文集》(45卷)。《悠悠寸草心》《春之声》获全国优秀短篇小说奖,《蝴蝶》《相见时难》获全国优秀中篇小说奖,长篇小说《这边风景》获第九届茅盾文学奖。

了那些善于玩弄权术、罗织罪名、陷害同志、落井下石人物的阴暗心理,对极左思潮进行了较为深刻的批判。如《布礼》,写的是一个视革命与事业为生命的知识分子,1957 年仅仅因为一首小诗被打成"右派",使他从革命的中坚变成了人民的敌人。小说从人物心理视角展示了这个悲剧性的过程,揭示了极左思潮逻辑上的荒谬与手段上的卑劣。在《蝴蝶》中,作者描写了主人公张思远由叱咤风云的军管会副主任、市委书记到走资派、张老头,再到张副部长之间的变化,发出了一种庄生梦蝶式的感叹。它提示读者:造成人物命运悲剧的并不是这个制度本身,而恰恰是这个制度受到了破坏。作者抓住张思远意识活动的线索,表现了他一生的苦闷、哀伤、痛苦和愧疚,写出了一个知识者兼政治家的心灵史。由于作者对 50 年代生活一直怀有眷恋,因此他的反思与批判不仅是有保留的,而且是有分寸的。作者在否定中有肯定,批判中包含着理解,尖酸刻薄的后面有温馨,热嘲冷讽的同时有深情,明显体现了一种宽容意识。

80 年代中期,王蒙的创作走向多样化。他对转型期出现的政治、社会问题进行了深入的反思,推出了《活动变人形》《名医梁有志传奇》《来劲》等一系列作品。

《活动变人形》是一部专注于文化反思、具有较大历史深度的长篇小说。作品描写了旧中国一个家庭的成员之间(以倪吾诚为一方,以姜氏母女三人为另一方)由于文化背景与性格上的差异而导致的斗争与厮杀,展现了一个惨淡的精神地狱,揭示了中西文化之间的差异与隔膜,批判了封建文化的落后、顽固以及对人性的戕害。作者通过对倪吾诚的刻画,揭示了 20 世纪中国知识分子的心路历程。倪吾诚是一个从封建地主家庭中分化出来的人物,受启蒙思想的影响,从小就表现出对封建文化强烈的叛逆性。他反对缠足,主张"耕者有其田"。留学欧洲回来后,对西方文明崇拜得五体投地,对中国文化的痼疾更是深恶痛绝。但是倪吾诚本质上又是一个纨绔子弟,是一个无能者;他性格软弱怯懦,夸夸其谈,满口高论,但又没有责任心和做实际工作的能力。去欧洲留学不仅没有学到本领,反而变得更偏执、怪异。作者将倪吾诚放在中西文化冲突的大背景上予以刻画,展示了他的生存悲剧,同时也显示了西方文化影响在中国强大封建势力面前的软弱和有限。作为小说另一方的姜氏母女中,王蒙着重刻画了静珍的形象,她具有受虐者和施虐者的双重性格。一方面,她是封建文化制度的受害者:静珍 18 岁结婚,19 岁就死了丈夫,而在一个所谓"知书达理"的家庭中,她不可能再婚,封建礼教堵塞了她走向正常生活的道路,使她虽生犹死,在心灵上蒙受了残酷的磨难;另一方面,由于从小接受封建教育,她很快就成了封建文化的卫道士和对他人的施虐者。这个人物在心理上是变态的:她在受虐以后只有通过对别人的施虐才能减缓心灵的痛苦,实现心理上的某种平衡。小说生动地描写了她以怨报德,突如其来地对女邻居"热乎"的一场恶骂;她在与倪吾诚的争斗中经常大打出手,以置对方于死地而后快;看到姐姐静宜与倪吾诚和解,她就有说不出的痛苦与失落。小说中,作者还将视点伸向人物的下意识,展示人物在性心理上所受的压抑与变态。

进入 90 年代,王蒙陆续推出由《恋爱的季节》《失态的季节》《踌躇的季节》和《狂欢的季节》构成的"季节"系列。这四部作品的时空框架基本上是以作者自己的经历为基础:时间跨度从 50 年代初到 70 年代中期"文革"的结束,地点则是从北京到新疆。在这样一个广阔的背景下,作者描写了一群"少年布尔什维克"新中国成立后的命运遭际、悲欢离合。作者力图通过对中心人物钱文心理的深层分析,表现新中国成立 30 年来一代知识分子的心路历程,并对那段历史进行政治和文化的反思。作者切入生活的角度与 80 年代初相比变化不大,仍围绕着"革命、青春、爱情、事业"等主题词展开,但这部作品出自王蒙创作的成熟期,因而带有某种总结性,他的创作的优势和劣势也通过这四部系列小说更清楚地表现出来。王蒙是一个具有诗人气质的作家,他激情澎湃,热情似火,因而"季节"系列中不少场面都写得很有鼓动性和煽情效果,能够真实地再现那个理想时代的火热的生活气氛;但从另一方面说,过多的激情反而会阻碍作家对生活的深邃观察和思考。在"季节"系列中,作者太多地被强烈的感情所激动和左右,对生活的理性批判未能得到充分开掘,艺术描写也流于表面而无法深入下去。

王蒙是当代小说艺术不懈的探索者,他率先借鉴西方意识流手法,对小说的传统结构进行了改造,如《春之声》所使用的就是意识流小说中较典型的放射型结构。小说让人物的思绪自由伸发开去,播散到他人生旅程的各个单元,包括了他童年的生活、他在几次政治运动中的遭遇以及他这次回乡的前因后果等。人物的思绪在广袤的时空中大幅度跳跃,显得非常灵活自如。继而他又尝试以现实主义为主体,以意识流为辅助手段,将二者有机地结合起来,创造出一种被称为"心理现实主义"的小说。这种小说的主体仍是人物和故事,但侧重于人物的心理描写;在注重事件逻辑联系的基础上,有限使用时空间的自由组合。如在《相见时难》中,作者就更注重事件之间内在的逻辑关系,不同段落之间的联系更加清晰;而每一个段落内部,基本是按自然顺序组织的。在叙述方式上,传统的第三人称全知叙述与意识流的内心分析和内心独白的结合,不同手法之间的过渡转换自然,显示了作者运用意识流手法趋于圆熟。

王蒙还多方面地借鉴了现代派的多种手法和技巧,如荒诞、象征、黑色幽默等。如《冬天的话题》中,作者将荒唐当作正常,将一种非现实的东西当作现实的东西加以描写,将正常的生活加以变形,夸大了生活中某些丑陋的东西,使丑恶的更加丑恶,荒诞的更加荒诞,而这正是荒诞派常用的表现手法。

在语言方面,王蒙也是一个勇于创新的作家。为了显示意识活动的特征,作者放弃了对语言完美、对称和整齐的追求,取而代之的是追求语言的多样化和陌生化,于是语言单位之间常常出现大幅度跳跃,甚至断裂和悖反。如《春之声》就用这样的语句模拟人物意识活动的特征:"自由市场。百货公司。香港电子石英表。豫剧片《卷席筒》。羊肉泡馍。醪糟蛋花……"这样的词组一口气列出了 12 个。作者还追求通过不同语体的混用,制造特殊的表达效果。如《说客盈门》《冬天的话题》等小说就较多借用了相声的话语方式,语言俏皮夸张,调笑成分很强。《布礼》《相见时难》则引入了许多政论文体以逼真表现新中国成立后政治运动中的特殊气氛。此外,杂文语体、文言句式、民歌与民谣也经常被用于作品之中。《布礼》中的"天昏昏!地黄黄!我是分子!我是敌人!我是叛徒!"就是将民谣与普通语言混用在一起。此外,王蒙作品语言的密度相当大,它往往由一个话题领起,然后铺张扬厉,洋洋洒洒,叙述角度不断转换,语义相近或相关的语词在句段中不断涌出。这些语词的使用通常超出了指称对象的实际需要,作者追求更多的是表现一种气势和面对杂乱纷纭时代生活的特殊感受。

幽默也是王蒙小说的主要风格。作者在反映不合理现象时,经常夸大生活中荒诞可笑的一面,表现了强烈的幽默感。如在《买买提处长轶事》中,作者用调笑的方式描写了"文革"中维吾尔族群众如何利用小计谋保持自己的民族习惯,用反讽的手法记述买买提处长如何想当作家而得不到承认,在红卫兵眼里却成了作家等。作者以高于生活的视角,俯视在荒诞岁月中发生的荒诞故事,显示出一种智力上的优越,从而让读者在轻松之中背负沉重,在笑过之后去思考。

王蒙的作品常常是汪洋恣肆,凭借滔滔不绝的诉说打动人,而不是通过细腻的描写影响读者;他小说的主题常常是某种理性的体现,较少那种对生活或生命的感性体悟,显得韵味不足。

三、城市小说

1. 城市小说的突起

城市小说创作的自觉始于 20 世纪 80 年代。首先,中国社会结构变化为城市文学发展提供了机遇。改革开放加速了中国现代化、城市化进程,城市在社会生活中越来越发挥着主导作用。随着中国乡镇向城市的过渡,农村人口向城市聚集,城市人口迅速增长,城市规模急剧扩张,城市文学也随之勃兴,呈现出广阔的发展前景。其次,从文学自身发展规律来看,80 年代前半期进入了文学多元化发展的兴盛期,以城市生活为表现对象的力作迭出,作家在对城市进行多层次的审美观照时,也在不断地寻找与之相适应的文学观念与文学样式。在这一进程中,作家们打破了以往从政治、经济等社会关系层面来反映城市问题的创作套路,形成自觉或不自觉的城市意识,城市小说的审美取向也逐渐集中到城市人的生存状态,描绘市井的风貌人情上,以此展开对历史与现实中的城市文化生态和心态的当代性思考。如邓友梅的《那五》,刘心武的《钟鼓楼》,陈建功的《辘轳把胡同九号》《找乐》,苏叔阳的《傻二舅》《夕照街》,陆文夫的《美食家》《小贩世家》,王安忆的《流逝》及稍后的《长恨歌》等。越到晚近,越体现出作家表现城市的自觉性,城市意识也由逐渐清晰到凸显,不仅能感受到不同一般的现代城市意识的散发,如徐星的《城市的故事》、刘索拉的《你别无选择》、刘西鸿的《你不可改变我》、刘毅然的《摇滚青年》等,而且久被忽视的城市市民文化群落开始受到作家的普遍重视,审美触角深入到当代文学少有涉猎的底层市民群落,如方方的《七户人的小巷》《风景》《落日》等。这种不断强化的城市意识,使城市小说创作逐渐形成了审美风格不同的作家群,也使城市小说的发展愈有其具体目标和追求,城市小说的总体形象开始在本时期文学中凸显出来。

对本时期的城市小说,可从纵向和横向两个不同角度加以审视。

从纵向角度来看,进入作家创作视野的城市,大都有着悠久的历史,从市井古镇到水陆商埠,从历史名城到现代都市,本身经历了一个相互关联、相互影响,不断扩大发展的递进过程,这既是一个城市生态和经济的发展过程,也是一个文化过程,保留着不同发展阶段的文化积淀,形成了具有历史沿袭性的城市生活传统和习俗,以及与此相协调的文化氛围。在城市进化过程中体现出的多种文化形态,为拥有不同文化背景和审美心理的作家提供了各自不同的创作空间,由此形成他们处理城市题材和主题的不同类型,并从创作的整体走向上反映出城市发展的历史沿革,记下了宏阔历史背景下世情民俗的流变。如邓友梅的《烟壶》和冯骥才的《阴阳八卦》等市井小说起笔于清末;叶兆言的"夜泊秦淮"系列,在辛亥革命以降的几十年的城市背景中,以文学的想象追溯和复原着历史名城南京的生活图景;王安忆的《长恨歌》则刻画了穿越新旧社会的弄堂市民典型,显露出上海市民文化的特殊品位;陆文夫的"小巷人物志"系列和陈建功的"谈天说地"系列主要将文学视角集中在现实社会中的市民阶层生存状态;方方的《风景》《落日》等对 80 年代底层市民的生存困厄和被扭曲的人格心理有着深刻的体察和把握;张欣的《掘金年代》等对90年代充分物质化了的城市及城市人作了细致的描述。而在日趋现代化的都市背景下成长起来的新一代作家,则展示了当下都市最开放、最追求物欲满足的一族,他们之中既有王朔小说中的"顽主"一族,也有池莉笔下的"都市新偶像"系列,更年轻的作家还推出了都市里的"新人类""新新人类"。可以说新时期的城市小说书写了中国城和城中人的百年史。

从横向的角度去观照城市小说,也有其特殊的意义。中国幅员辽阔,城市类型也多种多样,南方与北方,沿海与内地,文化型与经济型,大城市与中小城市之间,往往有着较大的地域差异,自然形成了城市间不同的文化个性和文化氛围。城市文化个性中,既有方言形式与地域风物、民俗习惯的区别,也有在当代各种经济文化力量冲击下产生的新的城市文化特点。特定的城市环境影响和塑造着城市人的文化心态和精神气质,形成了体现共性特征的市民文化形态,这就构成了地域文化格局中的城市文学类型,对城市小说创作的不同文化意蕴和艺术风格发生潜移默化的影响。如北京作家邓友梅、陈建功等的京味小说,天津作家冯骥才、林希等的津味小说,苏州作家陆文夫、范小青等的苏味小说,上海作家王安忆、程乃姗等承继的海派小说,武汉作家方方、池莉等代表的汉味小说等。城市的变化也影响着城市小说的变化,建构着城市小说的新格局。弥散着开放和商业气息的深圳、广州的城市小说最先表现出与内陆城市不同的新的城市文化特点,反映出沿海地区开放后社会经济和生活的变化,以及市民阶层呈现出的工商型文化心态,突出了金钱、竞争及市场和消费意识,人们的文化观念中也引进了外来的新的内容,因而"新都市小说"的理念也最早由深圳提出。北京在城市的类型上既是传统文化型的,又是现代化的国际性大都市,处在开放的前沿,同时又拥有年深月久的政治、经济和文化优势,因而城市小说的一些特异类型也最早出现在这里。80年代中期,北京曾出现过一批较为前卫的摹写现代西方城市文学的小说,这类小说关注的是现代都市人的精神境遇,抒写现代人身陷都市困境所产生的孤独、焦灼和异化感,表达一种无所适从、无以名状的都市心理和情绪,以及对传统的生存意识和既定秩序的反叛,如徐星、刘索拉等的小说以及后来徐坤的作品;而90年代中期,邱华栋的《手上的星光》等小说则以体现出人类创造力和想象力的大都市情景作为现代的审美对象,描写了现代化的北京最物质化的一面,在飞速耸起的高楼大厦、立交桥、星级酒店的背景下,以外来人和都市人的双重敏感触摸着北京的"都市心",用都市化的语言和节奏讲述着新一代城市人的欲望和游戏人生的故事。

80年代后期至90年代是城市小说发展的高峰期,它的突起改变了过去以农村或乡土为主体构架的小说创作格局,城市生活越来越成为作家创作的主要表现对象。城市文化的多元性、包容性和变异性,使得城市空间具有强烈的人文色彩及多种语境特质,城市在各种不同的经济和文化力量冲击下的变迁发展,以及城市环境所造就的各种复杂的人格类型,为城市小说创造了多样化审美的可能性和特殊性。不断变动中的城市现实为城市小说开辟了新的题材视域,过去一直被压抑的工商、金融、股市等主题,开始随着市场经济的勃兴和商品化进程的加快而越来越受到重视,出现了越来越多的写经商、炒股、兑汇的小说。城市人法律意识的提高,使司法刑侦题材成为热门。"打工族"成为作品中的主要形象,其中既有公司白领、银行职员、媒体记者,也有广告人、经纪人、音乐制作人、设计师等,还有现代城市中的弱势群体,如打工仔、下岗职工、保姆、盲流等。中产阶层构成了新的消费主体,股东、经理、歌星、影星、模特成为小说中的一道道风景。久被忽视的民间社会和市民文化传统得到关注,在作品中出现了个体老板、食客、寓公、小贩、黑道人物、坐台小姐等。王朔笔下玩世不恭的"顽主"们,是世纪末中国城市中出现的身份特殊的市民,为社会转型时期的城市人形象提供了新的类型。深入体察和把握中国市民阶层生存的历史与现状,正成为越来越多的作家的创作审美追求。随着乡村人口向城市的迁徙,有相当数量的作品写了"外来人"或"新移民"立足于城市所做的努力,如刘震云的《单位》《一地鸡毛》,张宇的《城市逍遥》等。在这些人物身上,乡村生活的传统准则和文化心理仍时常与城市现实发生冲突,使他们始终与城市有一种隔膜的心理。曹桂林的《北京人在纽约》、樊祥达的《上海人在东京》这一类域外题材小说,表现了城市人在中西文化冲突中的生态和心态,提供了具有异质文化色彩的城市景观,是城市小说创作在海外的延伸。

在城市意识的审美观照下,知识分子题材、女性题材、爱情题材等在题材的撷取和主题处理的角度上都迥异于过去,它首先面对的是人与城市环境交互作用下所产生的文学命题,要表达的是城市人的生存体验和精神感悟,对城市人生态和心态具有普遍的概括意义。如写女性,写爱情,在不同城市背景下的叙写有着明显差异,北京徐坤的《厨房》挖掘的是爱在精神上的深层困境,而广州张欣的《爱又如何》强调的是爱所必须依存的物质基础,体现出城市环境对人的观念和行为方式的渗透和影响。在城市进程中所出现的新事物以及面临的新的社会矛盾和问题,如网络、媒体、环保、下岗再就业、社会腐败、第三者、家庭情感危机等,都进入了作家的创作视野,可以说城市现实中所出现的一切新的社会现象和人物类型,几乎都被城市小说囊括,城市文化的多元性和城市生活的变动性,将会不断地为城市小说提供新的描写对象。

90 年代以来的城市小说发展,除题材开拓面的广度和深度外,另一显著特征是其在形式层面所进行的创新探索。城市小说在叙事技巧和语言上的新变不单是形式的变化,也反映出作家知识结构和审美模式的变化。在不同的形式层面上,作家以不同的话语方式和不同的叙事技巧进行着小说文体的创新,完成对既有小说模式的革新与突破。不但积极吸收借鉴西方现代的创作手法和技巧,使小说的样式更具实验性和前卫性,而且也注重对传统小说文体的创造,不断为其补充新质,以创新去丰富对题材的表现,体现了多样化的审美追求和创作风格。

2. 冯骥才、邓友梅、陆文夫的小说

冯骥才①于"文革"结束后开始创作,最初以《义和拳》《红灯照》等历史小说创作走上文坛。在伤痕文学和反思文学潮流中,他以大量的作品奠定了自己在当代文坛的地位,如《铺花的歧路》《啊!》《临街的窗》《雕花烟斗》等,这些作品揭示了"文革"背景下人的遭际和人性的变异。反思文学的创作路数在冯骥才那里延续的时间较长,成为他文学创作两大系列中的一支。冯骥才的作品题材广泛,涉及多方面的内容,构思角度新颖独特,表现手法上求新求异。《雕花烟斗》《临街的窗》《感谢生活》等作品的主人公都是在"文革"中遭受迫害的画家,人物的命运、心灵的伤痕,记载着"文革"留给人们的不可磨灭的记忆;同时让人感受最深的是叙述

---

① 冯骥才(1942—),原籍浙江慈溪,生于天津。1961 年高中毕业考上美院后,被选入天津市篮球队,后因伤转入天津书画社从事美术工作。"文革"期间当过工人、业务推销员、国画教师等。1977 年出版过《义和拳》等长篇历史小说(与李定兴合作)。新时期出版有《冯骥才中短篇小说集》等小说集、《一百个人的十年》纪实系列和《冯骥才选集》(3 卷)。《雕花烟斗》曾获全国优秀短篇小说奖,《啊!》《神鞭》获全国优秀中篇小说奖。

者对绘画和其他相邻艺术的深刻理解和见识。曾研习过绘画的冯骥才的艺术素质使这类题材优势得到了淋漓尽致的发挥,他的创作常常是以绘画的构思方式来完成的,画面成为构思的契机和小说的文眼,他对色调、质感、氛围的真切描摹,凸显了作品的画面感和空间造型效果,如在《高女人和她的矮丈夫》结尾,失去了妻子的矮丈夫雨天出门,伞仍高高地举在空中,而伞下面留下他人无法填补的空白,给人以绵长的回味。

"津味"市井风俗小说最集中地代表着冯骥才的创作成就和审美风格特征,这一创作起于80年代中期出现的"文化寻根"潮流,在这一背景下,作者开始了系列小说《怪世奇谈》的创作,并有着明确的创作指向:"还是追鲁迅的思路,寻找劣根性。"①冯骥才找到了最合适的表现对象,写了《神鞭》《三寸金莲》《阴阳八卦》。虽以文化作为创作的切入点,但是他把对中国历史文化的反思与展示淳厚的天津地域文化极好地融合在一起,一方面借辫子和小脚来影射和象征民族文化心理结构中的负面因素,赋予作品文化社会学的认识价值;另一方面又用天津方言口语来写市井风俗,体现地域民俗文化的丰厚。

《神鞭》中卖豆腐的傻二把辫子当作老祖宗传下来的国宝,以为靠他的辫子神功可以扫荡天下所向无敌,直到被洋人的枪子儿打断,才大梦初醒,明白时代在变,老祖宗的东西再好,却不是万能的,该割的时候就得割。这给小说增添了文化反思意味。在写作手法上,《神鞭》采用了通俗和武侠小说的形式,外加荒诞,如冯骥才自己归纳的是"荒诞+象征+写实主义或现实主义手法+古典小说的白描+严肃文学的思考+俗文学的可读性+幽默+历史风情画+民间传说"②,完全是在文体实验意识支配下所进行的一次有益的创新尝试。《三寸金莲》依托了更为繁复的文化背景,缠足这种病态之美在中国延续了上千年,正如小说开头写的"小脚里头,藏着一部中国历史"。正是这种社会病态的审美观念和社会规范,衍变成丑陋的缠足文化,不仅扭曲了人性,而且积淀成畸态的、以丑为美的民族文化心理。但作家对小脚知识写得过于铺张,则是小说的败笔。《阴阳八卦》显示出作者创作的某种变化和过渡。小说从黄家大少爷惹惹进二叔掌理的百年老字号萃华斋南纸局写起,围绕黄家的兴衰展开故事,以大写意的笔法勾画了各色人物,如一道千金尹瘦石、神医王十二、火眼金睛万爷、鱼阎王老麦、神偷糊涂八爷、天师蓝眼、龙腾云大师、铁嘴八哥、红脸相士等,真是神神怪怪,无奇不有。小说在内容上更为松散,也没有重点塑造的人物,而是以群像组合的方式展示各类市井怪异人物,与以后创作的集束式市井小说之间有着明显的过渡性。

《怪世奇谈》系列是冯骥才最具代表性的作品,写的是"天津本土的'集体性格'"③。天津卫本是水陆码头,居民五方杂处,性格迥然相异,冯骥才将目光聚焦于市井民间,搜罗各种怪异人物。这里既有靠真本事吃饭的正骨医生苏金伞、医术顶天的牙医华大夫、刷浆身上不着一个白点的刷子李、有一手钓鱼绝活的大回、古玩铺看假画的蓝眼;也有凭某种能耐生存的,如靠一张嘴发迹的杨巴、善偷的胖厨子、文混混刘道元、凭义气立身的大锅伙李金鳌、卖东西成精的蔡家二少爷等。写奇人必离不了奇事,闻所未闻的奇人妙事给人一种奇特新鲜的感觉,突出了市井风俗小说的趣味性。

① 马原编:《中国作家梦》,长江文艺出版社 1996 年版,第 439 页。
② 冯骥才:《我为什么写〈三寸金莲〉》,《文艺报》1987 年 9 月 19 日。
③ 冯骥才:《关于〈俗世奇人〉》,《文学自由谈》2000 年第 5 期。

　　传奇性是冯骥才市井风俗小说的主要特征。在选材上,他独辟蹊径,以构思绝妙取胜。他注重故事,故事编得神乎其神,人物写得邪乎奇特,却始终贯穿着严肃而深刻的文化思考。他的杂学知识为小说增添了血肉,穿插在故事中的有大量有关某一行当或技能的知识,如绘画、古玩、工艺,以及诊病、接骨、算卦、看风水等知识,也包括诸如辫子、小脚,以及各类江湖混混的行规和谋生技巧等博杂的内容,大量民俗学知识运用到作品中,浓墨重彩地展示出一幅幅天津卫市井风情民俗画卷。在语言上,作者吸收了说书的长处,以天津的方言俚语来写作,尽量保持原汁原味的话语形态。极啰唆的闲话和废话突出了天津"卫嘴子"贫嘴的特点,使叙事和人物语言更能体现市井韵味。

　　邓友梅①在创作上操持着两副笔墨:"有一半篇幅是写北京生活的,还有一半,写北京以外,以至中国以外的生活。"②但邓友梅最重要的作品都集中在对京城市井社会的描摹中,这些小说以纯粹圆熟的京白,生动传神地写出了古城帝都的历史印记,刻下了老北京人的精气神儿,体现出十足的"京味儿",承续了老舍京味小说最基本的美学特性。

　　在对传统文化把握的基点上,作者"向往一种《清明上河图》式的小说作品"③。他的小说背景从清末延续到当今,勾画出老北京的历史民俗长卷,这不仅体现在他对人物活动的文化环境选择上,如陶然亭、琉璃厂、天桥、鬼市(文物市场)、古玩店、碑帖店、书院、文人轩斋、清音茶社、二友居、四海居等,无不带有独特的北京地域文化色彩和浓郁的民俗文化色彩;而且也体现在他对小说人物的设置上,如耽于享乐的贵胄子弟(《那五》)、身怀工艺绝技的匠人(《烟壶》)、丹青和鉴画高手(《寻访"画儿韩"》)、收古董弄古玩的(《索七的后人》),以及京剧名伶、梨园弟子、票友、江湖郎中、落魄文人、武林高手等,这些人物大都带有各自鲜明的文化印记,他们所操持的古玩古董、文房墨宝、琴棋书画、京剧单弦、民间技艺等,无不体现着悠久的中国文化特色。另一方面,由于某些人物本身就带有历史的陈迹,如旧皇族遗老遗少、八旗贵族后裔等,在他们的日常生活中仍保留着清朝贵族豪华奢靡的做派,延续着闲逸玩乐的文化风气,体现着没落的寄生文化特征。但他们那种讲求品位、附庸风雅的闲逸玩乐或多或少对京城的市井习尚、市民趣味产生着潜在的影响,体现出某种浓郁的文化意蕴,使他的小说成为颇具代表性的京都市井风情录。

　　邓友梅的《那五》《烟壶》在审美表达上体现出各自不同的侧重点。《那五》在审美取向上主要立足于人,将人作为体现历史沿革和民族沧桑的活化石,来形象地展示历史和文化的韧性在个体生命中的衍化和承传。那五是一个生活在民国的京城市井人物,他既无钱也无身份,甚至没有一技之长。这个微不足道的小人物之所以能成为艺术典型,并在《寻访"画儿韩"》等作品中一再出现,是因为在这个八旗后裔身上集中体现了晚清寄生文化的孑遗,使他成为其所从属的阶层命运没落和文化颓败的象征。这个市井纨绔儿的人生态度和生活做派与他所处的历

　　①　邓友梅(1931—　),笔名右枚、方文等,原籍山东平原,生于天津。1942 年参加八路军,1943 年流浪街头时被骗往日本做苦工。1945 年抗战胜利回国,随即参加新四军,从事文化宣传工作。1951 年开始发表小说,1955 年以小说《在悬崖上》成名,但不久即受到批判,被错划为"右派"。重返文坛后出版有小说集《邓友梅短篇小说选》《京城内外》《烟壶》和《邓友梅文集》(5 卷)。《我们的军长》《话说陶然亭》《追赶队伍的女兵们》《那五》《烟壶》曾获全国优秀短篇、中篇小说奖。

　　②　邓友梅:《京城内外·题记》,人民文学出版社 1985 年版。

　　③　邓友梅:《〈寻访"画儿韩"〉篇外缀语》,《小说选刊》1982 年第 2 期。

史时代和社会环境完全是错位的,他只会吃喝玩乐,却又吃喝不起,仍改不掉耽于享乐,鄙视劳动和劳动者的本性,放不下贵族王孙的架子,这使他的生存状态荒唐而又可笑。在那五身上留存的将被历史尘封了的文化姿态,使他成为一个特殊的文化例证而获得特定的审美价值。《烟壶》主要以凝聚着民族精湛工艺的烟壶作为叙事线索,牵连起相关的人物命运。深得烟壶技艺真传的民间艺人聂小轩,为拒烧辱国辱民的八国联军行乐图样的烟壶而自残右手,在自己身上绝了这门手艺,表现了民间艺人讲操守、重气节的精神气质,而且也是对民族传统文化的珍重和护卫。他在牢中结识的八旗贵族子弟乌世保,则将其内画烟壶的高超技艺得以保留和发展,成为京城有名的文武全才的内画大师。乌世保和那五代表了衰落的旗人贵族的两种不同的人生,那五正经本事一样也不愿学,到处混吃混喝;乌世保则放下身份和架子,学成了一门技艺,成为自食其力的市井平民,找到他这一阶层人的新的出路。邓友梅对烟壶文化有一种玩古赏旧式的偏爱和眷恋,不惜花费大量笔墨来展示烟壶及工艺制作知识,传达出其对传统文化的审美情趣。和其他市井文学作家不同的是,邓友梅对京城市井所持的是一种纯粹的艺术审美态度,他关注的重心不是世俗的生存层面,而是对流落于市井生活中传统文化形态作玩古赏旧式的审美观照,因此文化审美就成了他京味小说最鲜明的特征。

　　陆文夫①创作的审美观照主要集中于当代的市井社会,小说中的地域背景明确限定在江南古城苏州,对古城风物文化的挚爱,以及对小巷市民群落的熟稔,形成他小说特有的“姑苏味”。由于所写人物和故事都取自市井小巷,因而他被视为“小巷文学”的代表。

　　在城市小说创作领域,陆文夫是最早具有市民意识的作家。写于50年代的《小巷深处》就已初现端倪,成为小巷文学的发轫之作。新时期伊始,陆文夫对表现城市生活更加自觉,《小贩世家》《唐巧娣》《美食家》《井》等凸显了自觉的城市意识,审美触角深入到底层市民群落,开始了以“小巷人物志”为副标题的系列创作。

　　“小巷人物志”是陆文夫努力构建的独具个人特点的艺术天地,从50年代的《小巷深处》,到60年代的《二遇周泰》《葛师傅》等,及至80年代的系列作品几乎都以此为题。在这个系列中,小巷既是文化背景,也是具体的生活环境。阡陌纵横的小巷成为苏州城市文化的一种外在表征物;生活在这个城市中的平民百姓不仅有自己独特的生活方式和民风习俗,而且也营造出一种有别于其他内陆城市的文化气度和格调。陆文夫作品中的地域人文环境具有浓郁的文化情致,石板深巷、楼阁长窗、拱桥码头、园林水路、吴越遗迹等构成了姑苏地域景观;苏帮美食、评弹越调、吴侬软语、古俗遗风则传达出“人间天堂”所特有的人文韵味。而小巷又是市民文化传统最厚实的沉积之处,聚合了市井社会的人情百态和世俗心相,浓郁的“苏州味”就从他对人物和环境的摹写中自然显露。

　　在陆文夫看来,小巷人物的独特性并不在于人物的身份和地位,而在于其本身所具有的城市文化内涵和文学审美价值,因而他写了形形色色的小人物。如挑担卖馄饨的朱源达(《小贩世家》)、出身于妓女的徐文霞(《小巷深处》)、好吃成癖的朱自冶(《美食家》)、得不到信任和重用

---

　　① 陆文夫(1928—2005),江苏泰兴人。1949年毕业于苏北盐城华中大学,后随解放军至苏州,从事新闻工作。1956年发表成名作《小巷深处》,后因“探求者”错案被下放劳动。1960年回江苏文联从事专业创作。出版有中短篇小说集《小巷深处》《小巷人物志》等,长篇小说《人之窝》,文论集《小说门外谈》及《陆文夫选集》(4卷)。《献身》《小贩世家》《围墙》《美食家》曾获全国优秀短篇、中篇小说奖。

的小职员马而立(《围墙》)、因文化缺陷而失去昔日光彩的老劳模(《唐巧娣》)、市井无赖朱世一(《井》)等,以园林式的组合构成了他的小巷人物系列。陆文夫的人物不仅不重复,而且把这些名不出闾巷、难以进入史册的小人物放到各自所处的历史背景中去审视其命运,这不仅使"小巷人物志"成为体现历史沧桑变化的人物命运记录,而且也收到凡人不凡、小事不小的艺术效果。

《美食家》的主人公朱自冶是个寄生型的市井人物,无职无业,全靠出租先祖遗存的房产过活,除了好吃善吃之外一无所长。朱自冶一生沉酣于吃兴食趣,也被江南美食所塑造,从解放前吃到解放后,从困难时期吃到"文革",再吃到新时期。他在吃中体验生命,吃不仅是他的生存方式,也成为一种审美的人生态度,寄寓着他的生活情趣和生命的快乐。朱自冶的食客经历也是中国社会四十多年的政治历史的缩影,从被社会唾弃的寄生者到一个到处被请吃品味的美食家,人物命运和角色的变化以及对传统美食的发掘,反映出当代社会情势和文化观念所发生的新的变化。

《井》的主人公女工程师徐丽莎不堪领导的打击、丈夫的逼迫、井边舆论的可畏而投井自杀,陆文夫通过对促成其悲剧的社会历史与现实成因的探究,对市民意识和市民心理进行了多方面的审视。"井"作为情节线索和象征意象贯穿于作品,井边不仅聚集了畸变的世相和扭曲的心态,而且也形成一股不可轻视的势力,构成陷人于死地的深渊,不仅无情地吞噬了徐丽莎,而且这种"黑洞"效应有形无形地沉潜在市民的日常生活中,给人以沉重感和窒息感。正是这种对市井社会负面因素的揭示,使《井》既有深度又有力度。

创作于 90 年代的长篇小说《人之窝》集中体现了陆文夫"文以载人","把生活中的普通人记载下来"①的创作理念,作品采用章回体的形式,分为上、下两部,共 59 回,时间跨度达半个多世纪,叙写了许家大院在不同的社会境遇中的历史变迁。许家大院最早是乾隆年间一位尚书的宅院,在经历了一百多年的历史沧桑之后,已凋敝为一个大杂院了。居住其中的各色人等各有各的欲望和追求,各显其不同的生存状态,众多人物的命运都围绕着争抢许家大院的住房而展开,人物的性格及人性的善恶都在争房的矛盾冲突中得以显现。《人之窝》体现了陆文夫写"人物志"的特点:以集体组合的方式为普通人"立传",使小人物活在小说里。小说具有浓郁的"苏州味",人物、场景写得细腻精致,语言洗练老到,保持了陆文夫惯有的幽默风格。

系列组合是陆文夫小说体式的主要特征,这种形散意合、容量自由的体式使他的作品既保持了相对的独立性,又使作品之间彼此关联,在总体布局上突出了特定的地域文化特色。在创作主题上,陆文夫将"多主题的统一"作为小说美学境界的极致,主题的多义性成为他后期创作的主要追求。在小说风格上,陆文夫表现出"糖醋现实主义"的特点,所写的人物是多重立体的,美丑好坏杂糅;人生既甘甜又辛酸,惹人发笑又令人沉思。

3. 王朔的小说

从 20 世纪 80 年代中后期到 90 年代初,是王朔②创作的鼎盛时期,他的小说以及根据小

---

① 陆文夫:《文以载人》,《当代作家评论》1996 年第 2 期。

② 王朔(1958—),满族,曾用名王岩,祖籍辽宁岫岩,出生于南京。曾服役于海军北海舰队,1983 年从北京医药公司辞职从事自由写作至今。1978 年发表处女作《等待》,迄今已创作长篇和中篇小说二十余部,代表作品有《浮出海面》《动物凶猛》《玩的就是心跳》《顽主》等,出版有杂文集《无知者无畏》,另有《王朔文集》(4 卷)等。参与了《渴望》《编辑部的故事》《私人订制》等多部影视剧的创作。

说改编的影视剧给一个时代打上了特殊的文化印记,他独有的话语风格也给人留下深刻的文学记忆。

《顽主》最突出地体现了王朔小说的特点,小说中的主人公于观、马青、杨重等人是王朔笔下最有代表性的人物类型,他们是些整天晃荡的无业青年,痞里痞气,一点正经没有,总做些令人发笑的事情,也正因此,王朔的小说曾被视为"痞子文学",这说明王朔所写的人物与当时中国社会和文学的价值评判标准是存在差异的,是些非主流的、从未进入过中国文学的形象。但王朔小说中的人物形象代表了城市中某一类人群的生存状态,反映了中国社会生活中的一种真实的存在。

王朔大受欢迎的另一类作品是都市言情小说,他笔下的爱情是纯情的、唯美的、痛苦的、纠结的,至死不渝,感人至深。像成名作《空中小姐》中的王眉,从小女孩时就爱上了大自己7岁的海军战士,这爱情清纯而又执著,不论后来发生了什么都始终不能释怀。还有《永失我爱》中即将结婚的男主人公何雷在知道自己患上肌无力疾病后,忍受着内心和身体的巨大痛苦,隐瞒了病情,不惜采用各种手段让未婚妻石静离开自己,去寻找真正的幸福。何雷与石静分手的过程,以及结尾何雷最后的眼泪,读来催人泪下。《过把瘾就死》在杜梅和方言不断的纠缠吵闹中,透露出父母情感生活在杜梅的生命里留下的阴影,这使杜梅在爱情上表现出一种偏执和疯狂,伤己又伤人。这爱情未疗好她的旧伤,又以方言的死在她心上划下了刻痕。

王朔的创作最突出的特点就是对自己和他所认为的"伪崇高"给以毫不留情的检视和调侃。《和我们的女儿谈话》采用了对话的方式来构成全篇,"北京老王"身上无疑有王朔本人的影子,在对过去的讲述中,主人公将自己的内心完全暴露出来,展示出彷徨、痛苦的思想历程。《美人赠我蒙汗药》《无知者无畏》这类作品更能体现出王朔的一种真性情,口无遮拦,敢贬敢骂,从鲁迅到金庸,从钱锺书到余秋雨,专拣名人开骂。而且是有的放矢,有感而发,从知识分子到学院派传统继承者,从文学史、大众文化到电影,都在他批评的视野中,涉及面极广,从中可以近距离地走近和感知王朔。

王朔的创作对当代中国文学是有其特殊意义的,一是他提供了某种特殊的经验来源,输出属于自己这一类北京年轻市民的"生命体验",塑造了一批文学画廊中前所未有的人物形象。二是王朔为当代文学提供了一种特殊的话语表达方式,直接把当下北京最市民化的口语圆熟地融入了自己的写作之中,用调侃、反讽的话语进行着一种率性的自由表述。他将小说语言口语化,尤其是人物对话,充满了当代都市人的机智和大胆,独具一种特殊的话语冲击力,读者可以在《顽主》几个主要人物的对话语言中直接感受到这一点。这种调侃、反讽的语言表述方式冒犯权威,挖苦崇高,亵渎神圣,也是他的小说受到一批青年人喜欢的重要原因。

四、乡土小说

1. 乡土小说的新进展

本时期的乡土小说承续着"五四"以来的乡土小说、新中国成立以来的农村题材小说,所不同的是它以犀利的批判精神楔入了当代现实生活,不仅大胆揭示了"文革"带给中国农民的厄运,而且也深刻反思了"大跃进"等政治运动给中国乡村及农民所造成的种种伤害,特别是对历史遗留下来的封建观念,以及极左思潮在人们心灵深处的沉疴,给予了鞭辟入里的揭露和剖析。在社会批判的同时,本时期乡土小说也关注着农民的生存境遇,叙写了艰窘的乡村生活对人的生命欲望的压抑和扭曲。这种多向度的创作追求,不仅体现出现实人生的深刻内容和强烈的时代色彩,表现了民族忧患意识和现实主义的批判精神,而且使乡土小说摆脱了对政治、政策的依附,把关注的重心逐渐从社会事件的演进过程转向了人的本身,这其中包括农民的心灵状态、精神历程,以及他们随历史变迁和社会动荡而升沉起伏的家族史、命运史,人物塑造也开始转向对人物个性化的探索。

本时期乡土小说创作最突出的成就,是成功地塑造了一批个性丰满、内涵较为丰厚的人物形象,为新时期的人物画廊增添了新的类型。如习惯于听人支配、缺乏自主意识的"漏斗户主"陈奂生(《陈奂生上城》),逆来顺受、唱着《希奇歌》的"跟跟派"李顺大(《李顺大造屋》),囿于习惯势力而又不忍昧良心的冯幺爸(《乡场上》),因袭沉重历史负担的隋抱朴(《古船》),与苦难和贫穷搏斗的孙少平(《平凡的世界》),努力改变人生命运的高加林(《人生》),为民众而以身试法的李铜钟(《犯人李铜钟的故事》),体现儒家道德风范的白嘉轩(《白鹿原》)等。这些人物形象明显改变了以往创作的人物性格过于单一的平面化倾向,更加注重表现人物性格的复杂性和多样性,深入揭示人物的文化心理和人性的多重内涵,使人物显得真实和生动。

在新时期文学的发展中,乡土小说明显表现出向乡土回归的趋向。它一方面形成了创作风格趋近的地域性文学集团,如"湘军""陕军""晋军"等;另一方面也造就了独具地域文化风格的个人创作系列,如贾平凹的"商州"系列、郑义的"太行山"系列、汪曾祺的"高邮"系列、林斤澜的"矮凳桥风情"系列、李锐的"厚土"系列、朱晓平的"桑树坪"系列、周大新的"南阳盆地"系列、刘恒的"洪水峪"系列等。

在艺术表现上,乡土小说打破了"十七年"农村小说较为单一的表现手法,实现了多样化的审美追求,不仅继承了中国传统艺术精髓,并且也吸纳、融合各种外来的艺术表现手法,使乡土小说呈现出异彩纷呈的局面。仅就小说文体而言,就有汪曾祺的散文化叙事,林斤澜的象喻性文字组合,韩少功《马桥词典》的词条结构体,贾平凹的文白杂糅语,张炜的诗性话语,以及莫言的幻觉现实主义,阎连科的"神实主义"等,显示了作家对小说文体自觉的创新意识,体现了乡土小说多姿多彩的创作个性风格。

由于作家的艺术视野、价值取向、审美趣味、写作意图的不同,乡土小说可以粗略划为风俗乡土小说、文化乡土小说、现实乡土小说等。

风俗乡土小说属于传统意义上的乡土文学,基本上延续着"五四"以来的乡土文学传统,把富于民族特色或地域特色的乡土民情和遗风异俗作为主要表现对象,在作品中艺术性地再现地方性和区域性的文化景观和文化氛围。在这类乡土小说中,作家多以追忆的视角回忆旧时生活,或以新旧参照的方式描摹故乡的现实情景。刘绍棠和汪曾祺等是风俗乡土小说的代表,他们在创作中更多地寄怀于故土人情,在乡土视野中挖掘民族的传统文化,表现出对传统美德和传统的民风习俗的眷恋与偏爱,以优美的笔触描摹出一幅幅色彩斑斓的乡土风俗画卷。在创作手法上,他们继承和发扬民族文学传统,积极汲取民间文化的活力,体现出一种地道的中国风味的审美格调。刘绍棠在积极倡导和推动乡土小说创作的同时,创作了《蒲柳人家》《瓜棚柳巷》《花街》《蛾眉》等一批风俗乡土小说,深入开掘燕赵古风熏陶下的人性的悍烈和淳美,展示运河沿岸充满诗情画意的、田园牧歌式的自然风光,以及京东地区独特的民俗风情。汪曾祺的风俗小说清新淡丽,表现的多是 30 年代的故乡高邮的人性、人情,描画出色彩浓郁的南方水乡的风俗画面,但在表达对故土风俗人情的美好情思时,也不乏对乡土陋习给予温和的针砭,其"除尽火气"的中和之美,更具中国文学传统的流风遗韵。林斤澜的"矮凳桥风情"系列小说描写的是他故乡温州一带的生活情景。尽管表面看来故事展开在现实的改革背景中,表现人们生活方式的变化,但他善于营造拙朴而隐奥的语言氛围,将整个叙事神秘化,在变幻多姿的叙事艺术中,把现实形态与虚构形态糅合在一起,制造着花非花、雾非雾、鱼非鱼的叙事意境,淡化了现实。这使他笔下的矮凳桥风情和人物成为他的主观想象中的寓言世界。

文化乡土小说是在一种大文化视野中去审视和表现乡土,从传统文化和民族文化的历史积淀中去关注和思考民族和个人的命运。与风俗乡土小说多表现故土人情有所不同的是,文化乡土小说往往借助虚拟的乡土场景,或太古洪荒,或远离现代文明的穷乡僻壤,作为生发人生意识的依托,表现作家对人类命运、民族精神,以及对人性的思考,以深远的历史眼光和特定的文化意识,深入地剖析深厚稳固的历史文化对人们的行为方式和心理动因所产生的种种制约,挖掘民族精神中的集体无意识,试图从历史文化内核中寻求新的精神动力。文化乡土小说同样具有民族或地域文化特点,但其与风俗乡土小说的分野,主要体现在它以文化反思作为观照乡土的立足点,以当代意识穿透历史和民族文化的沉积层,在理性的审视批判中达到重塑民族精神的目的。在 80 年代中期出现的"寻根文学"创作潮流中,韩少功、郑义、李杭育、郑万隆等的文化乡土小说占据着主导地位。

现实乡土小说主要关注乡村中的现实生存层面,着重对乡土中的现实人生作多角度的把握和表现,寓时代和政治风云于乡土画面中,表现作家对农民与乡村的深入思考。代表作家有何士光、周克芹、高晓声、贾平凹、路遥、张炜、陈忠实、张一弓、李佩甫、刘醒龙等。由于现实乡土小说在表现内容上与现实有着密切的联系,它几乎贯穿在新时期文学的整个进程中,在伤痕文学、反思文学阶段就涌现了不少颇具分量的作品。如《许茂和他的女儿们》(周克芹)、《芙蓉镇》(古华)以及贾平凹、张炜等创作的大量作品。进入 90 年代后,小说创作的多元化格局形成,乡土小说不再是当代小说创作的主流,但这并不妨碍作家敏锐地关注和表现中国农村在社会转型中所出现的各种新矛盾、新问题,以及农民的生存境况和心理变化。如《最后一个生产队》、《自家人》(刘玉堂)叙写吃惯了大锅饭的农民,从不愿退社、坚持保留最后一个生产队,到逐渐走向自强,终于在市场经济中迈出可贵的第一步的过程;《世纪预言》(许谋清)表达了对乡村变成都市这一现实的思考;《奔小康的王老祥》(何申)反映了农村改革过程中的农民心态;《万家诉讼》(陈源斌)则表现了农民法律意识和人格自尊的觉醒。90 年代的乡土小说还在人物塑造上出现了一些新的变化,除了《穷人》(何申)中的范老五这样的普通农民形象外,还突出了乡镇干部和农民企业家形象,如《信访办主任》、《年前年后》(何申)中的孙明正、李德林,《大雪无乡》(关仁山)中的陈凤珍,《分享艰难》、《路上有雪》(刘醒龙)中的孔太平、安乐等。而对农民企业家,则更多地揭示了这些人物的多重复杂性,从矫健的《古树》中的田壮林、张一弓的《流星在寻找失去的轨迹》中的宋福旺,到 90 年代谭文峰的《走过乡村》中的倪土改、《分享艰难》中的洪塔山,主要展示的大都是负面人格,诸如狭隘的小农意识的拘囿、伦理道德的失落,以及封建专制的强权施虐等,体现出作家对生活认识的深化和对农民性的思考。90 年代以来,家族小说和村落小说逐渐成为乡土小说创作的重心,出现了《白鹿原》《古船》《九月寓言》《家族》《丰乳肥臀》等颇具分量的长篇小说,显示出现实乡土小说一种新的创作趋向,将乡土小说的整体水平推向一个新的高度。

2. 汪曾祺的小说

汪曾祺[①]是深受中国传统文化特别是儒家思想熏陶的作家。他的小说以深厚的中国传统文化和审美经验为基础,且"纳外来于传统",创造出一种自成一家的、具有地道中国味的审美风格。他一般不写重大题材,主要从其丰厚的人生阅历和故乡的民风习俗中发掘素材,传达自己对悠久中国文化和自由人生境界的理解。

汪曾祺的小说创作分属于三个不同的时期:40 年代开始写小说,以后是一段创作空白;60 年代初发表过三篇小说;80 年代重涉文坛后进入了其文学创作的高峰期,最能体现个人审美风格的作品都集中在这一时期。他的小说按展示的环境背景,大致可以分为几类。一是以昆明为故事场景,如《钓人的孩子》《求雨》《鸡毛》等,明显带有 40 年代他在昆明求学生活的影子。二是写坝上生活,如《羊舍一夕》《七里茶坊》《黄油烙饼》等,既有 60 年代他下放张家口劳动时的经历,也有他在新时期对这段历史的重新回顾和认识。三是取材于京城生活,如《云致秋行状》《安乐居》《八月骄阳》等。四是以他的故乡江苏高邮为背景的小说,这类作品数量最多,代表作有《受戒》《大淖记事》《异秉》《八千岁》《故里三陈》等。

艺术地表现美,再现健康的人性,是汪曾祺创作的审美追求。写人物身上积淀的中国文化精神和民族传统美德,写亘古传承的人性之美,是他小说最突出的特征。《受戒》创造了一种美好欢快的人生场景,写了荸荠庵小和尚明子和庵赵庄小英子之间一种朦胧的对爱的感觉。明子面相清俊,聪明伶俐,字写得好又会画。小英子长着一双清亮的眼睛,美丽善良,热情大方。一对小儿女天真无邪,一起薅草车水,一同划船进城,扯起脆亮好听的嗓子唱歌喊号子。踩荸荠时,小英子故意用自己的光脚去踩明子的脚,明子看着她留下的脚印,萌生了一种从没

　　① 汪曾祺(1920—1997),江苏高邮人。1939 年考入西南联合大学中文系,1940 年开始发表小说,1948 年出版小说集《邂逅集》。1949 年参加中国人民解放军四野南下工作团。1954 年调中国民间文艺研究会,先后任《说说唱唱》《民间文学》编辑。1958 年被打成"右派",1961 年调北京京剧团任编剧,将沪剧《芦荡火种》改编为京剧剧本《沙家浜》。新时期以来出版有《汪曾祺短篇小说选》《晚饭花集》《蒲桥集》《晚翠文谈》和《汪曾祺文集》(4 卷)等。

有过的感觉。在小英子身上洋溢着率真淳朴的人性,她在乡间自然的生存空间中成长,少有封建礼教的束缚,她不要明子去做方丈,敢对明子说"我给你做老婆,要不要?"这种自然健康的人性光彩,给作品增添了一种优美的意蕴。关于《受戒》,汪曾祺说:"我写了人性的解放。"①这正是作家所要表现的美的诗意所在。受戒本是要斩断尘缘,从此受遏抑人性的佛门戒律的规范。但是荸荠庵里的和尚只是把出家当作一种谋生手段,无所谓清规戒律,过着一种率性自然的生活。他们和常人一样有着七情六欲,娶妻找相好,杀猪吃肉,也打牌、赌钱、唱酸曲。这种顺从自然天性的庵中生活,与现实佛门中被禁锢的人性形成鲜明的对立。作者无疑是以理想化的人生态度和民间叙事立场来重述佛门人生,可以看作是他对人性自由所做的独具个性的文学阐释。

《大淖记事》中挑夫的女儿巧云生得秀美如花,她深爱小锡匠十一子,却遭到地方武装中的刘号长的野蛮蹂躏。但他们不顾任何阻拦地走到了一起,为此小锡匠差点丢了性命,仍是执著地坚守着那份属于自己的爱。小说中同样引人注目的是大淖人顺应生命和个性的自由舒展而自在地活着,他们不受传统的道德贞操观束缚,只用一个标准"情愿"来决定感情的是非,这为巧云性格的形成,以及她与十一子曲折的爱情故事的发生作了必要的铺垫,这不仅充分肯定了人的自由本质的重要性,而且也体现出作者对民间文化和道德意识所持的审美立场。

对民族传统美德由衷地欣赏和赞颂,是汪曾祺艺术审美心理和文化素质使然。如《岁寒三友》叙写了画师靳彝甫与开绒线铺的王瘦吾和做爆竹的陶虎臣之间多年的友谊,患难中的相濡以沫令人感叹不已。《鉴赏家》中的果贩叶三不仅具有质朴的艺术鉴赏力,还有难得的人品,他一年四季为大画家季匋民送果子,季死后,他还在四季八节四处寻觅鲜果到季坟前上供,并在日本人面前表现出民族的节操。《徙》中的高北溟同样表现出贫贱不移、自守清高的品质。《大淖记事》《故里往事》里的生意人和工匠们,都遵行世代相传的道德准绳生活,和气而忍让,在那些普普通通的乡民身上都带有扶危济困、重义轻利、清逸淡泊、善良古朴的文化性格和文化心态。

汪曾祺喜欢刻画不同于一般常人而禀赋特异的形象,由此形成了一个色彩斑斓、类型各异的"异秉"人物系列。这类形象大都带有某种传奇色彩,或秉性独特,富有奇趣,或具有特异的智性才情,或掌握某种特殊技能,或精熟于某种手艺。作者不时插入对某些古老行当和诸种工艺技能的精细描绘,体现出一种富有雅趣的审美姿态和广博的杂学知识。《鉴赏家》中贩果子的叶三位卑而人微,也未受过教育,却阅历丰富,精熟瓜果之道。他对艺术之美有着一种天生的敏锐,能精当地点出画家的得意之处和败笔所在,因而成为大画家、大收藏家季匋民教授的知己。《鸡鸭名家》中的余老五是炕房这一行当中的顶尖师傅,他孵鸡鸭的才分如有神助,看似闭目假寐,不动声色,却有无人能比的精细、准确的感觉与判断,堪称孵鸡圣手。水乡农民陆长庚对付鸭子有一套出神入化的奇技,赶鸭如施了魔法,收放自如,人称陆鸭。《故里三陈》中的陈小手长着双怪异神通的小手,有着高超的接生本领。陈泥鳅是个水性赛浪里白条的水手,人奇心善。他好义,下水救人常不计较报酬。他也好利,捞尸上是不少要钱的。钱挣了不少,但他不娶亲,怕留下孤寡,全用于喝酒赌钱,扶危济困。瓦匠陈四踩高跷技艺精湛,有他人所求不来的神韵。《晚饭花·三姊妹出嫁》中的翁婿四人都是各自所操持的行当中的高手,秦老吉

---

① 汪曾祺、施叔青:《作为抒情诗的散文化小说》,《上海文学》1988 年第 4 期。

挑的南宋时期传下来的楠木挑子,以及做工讲究、鲜美清香的馄饨,都是全城第一份;麻皮匠绱鞋的手艺让路人着迷;剃头匠大福子脑筋活络、善出新意,笙箫管笛无不精通;三女婿有一手做糖艺的绝活,他们在低微庸常的营生中,创造出一种美的艺术境界。《八千岁》写了怪人宋侉子荒唐怪诞的侉脾气,也神气飞扬地写足了他相骡子、相马的绝艺等。汪曾祺的这类人物尽管形貌各异,在写作风格上也虚实掺杂,有刻意为之的痕迹,但都具有贯通一致的审美特点,主要着眼于对"奇"与"趣"的挖掘,浓墨渲染人物身上的异秉,在创作追求上体现出中国文学固有的搜奇集异的传统,也创造出独具个性特点的审美艺术境界。

汪曾祺尤其喜欢将自己的文化品性和审美意向寄寓在自己的故乡高邮,表达对故乡风土人情的美好情思,在一幅幅江南水乡的历史风俗画中,穿插丰富的逸闻掌故和民俗小考知识。作者很专业地再现了家乡各行各业的谋生特色和种种规矩,《茶干》写酱园,《八千岁》写米店,《异秉》中有药店、纸烟店、熟食店,写了各种熏烧炒货和刨烟、碾药的方法,以及有关烟茶的知识。而且他能精细地写出各行当内部的区别,如画画的,有画家、画匠、画师之分。他也喜欢写四季节令风物和古老民俗,如迎神赛会、年俗、顶香请愿等,所有这些都被汪曾祺"雅"化了,体现出一种独特的文化审美意境。

松散自由的结构,是汪曾祺小说文体的主要特点。他打破小说、散文、诗歌的界限,把小说当抒情诗、当散文来写,追求一种近似随笔的风格。他的小说没有重大的历史背景、完整的故事情节,往往采用淡化情节,重写气氛和情绪的散文化的处理方法,信马由缰,常由一人、一景、一物牵引出多人、多景、多物。《八千岁》中先写开米店的八千岁,由他买的碾米的骡子,牵出相马的宋侉子,再引出他包养的虞小兰,接着引出赵厨房、八舅太爷,其间顺势插入相关的风俗逸事,写得潇洒自如,文理自然,姿态横生,浑然成为一个有机的整体。在文体趣味上,汪曾祺深受宋人笔记小说的影响,他崇尚《世说新语》摹写人事的简洁隽永,不仅记人叙事笔墨精练,而且也深得笔记小说的神韵。

汪曾祺的语言有中国传统文学的韵味,淡泊悠闲,叙若家常,却功力深厚,体现出洁净、质朴、精炼、典雅的特点。他很少使用华丽的辞藻,多用白描和短句,以看似平常的语言,组合起美的意象,显示清逸冲淡的情致。作者还汲取文言和方言口语的长处,形成自成一体的语言特色,将一种淡而有韵味的语言风格发挥到极致。

3. 贾平凹的小说

贾平凹①是一位"有恒心、有恒产"的作家,他的创作即便有起伏,也从未枯竭过,而且每每引起文坛的强烈关注。他以《满月儿》在文坛上崭露头角,清纯明丽、轻盈跳脱,颇具孙犁的风格,但随之而来写的一组乡村阴暗面的作品,则因"消沉"的情绪一度受到批评,为此他多次返回故乡商州去体验和寻找新的表现对象。发生在乡土的巨大变革吸引了贾平凹的关注,使他

---

① 贾平凹(1952—   ),陕西丹凤人。1975 年毕业于西北大学中文系,曾在出版社、杂志社工作,现为陕西省作协专业作家。1974 年开始发表作品,出版有《腊月·正月》《天狗》等中短篇小说集,《浮躁》《废都》《高老庄》等长篇小说以及《贾平凹文集》(20 卷)。另有《商州三录》《月迹》等多种散文集和创作随笔出版。《满月儿》和《腊月·正月》分获全国优秀短篇小说奖和全国优秀中篇小说奖,《秦腔》获第七届茅盾文学奖。

"欲以商州这块地方,来体验、研究、分析、解剖中国农村的历史发展、社会变革、生活变化,以一个角度来反映这个大千世界和人对这个大千世界的心声"①。这个"设想"促成了贾平凹的"商州小说",在此后的二三十年中,他的大部分创作都围绕着商州展开,在浓重的地域文化和历史文化色彩中,又渗入鲜明的当代生活内涵,在乡村与城市、传统与现代、世道与人心、精神与物质的矛盾纠结中,表现自己的困惑、焦虑、凝思和感悟。

尽管贾平凹早期的作品就才华初露,但真正确立他文学史地位的则是从正面描写农村改革的《小月前本》《鸡窝洼人家》《腊月·正月》等中篇小说开始。这些作品摆脱了改革小说写改革家的人物模式和写改革与反改革的冲突模式,着力描写随着改革开放而进入农村的商品意识与现代生活方式对山乡古老民风、民俗的冲击,以及由此而引发的人们在价值取向上的冲突。其中最富戏剧性变化的莫如《腊月·正月》中韩玄子和王才在乡村身份地位的置换。韩玄子这位年过花甲"桃李满天下"的乡村知识分子习染了传统文化和思想观念,固守旧的生活秩序,企图永保自己在地方上的威望以及千百年来所固有的"龙"与"虫"的等级尊卑。但王才这位曾经"什么都不如人"、备受歧视的"虫",却在经商的潮流中凭精明的头脑毫不费力地撬翻了韩玄子的地位和声望,迫使韩玄子对王才由拒斥、鄙夷到渐渐接纳。写于1987年的长篇小说《浮躁》是写农村变革的总其成之作,相对于贾平凹此前的中篇小说和此后的长篇小说而言,《浮躁》算不上是很成功的作品,但作者对当时的社会心态的把握十分准确,并通过小说中的各色人物对这种心态产生的原因进行了深层次剖析,"浮躁"确实准确地概括了一个特定时代的精神特征。

在写乡土变革的同时,作者不忘的是对乡土文化的沉迷,他先后创作了《天狗》《黑氏》《古堡》《白朗》等一批作品,讲述商州的民情风俗、趣闻逸事和奇山异水,把当下关怀的重心移向了"家园之思"。从90年代到新世纪,他相继创作了《废都》《白夜》《土门》《高老庄》《怀念狼》《秦腔》《高兴》等长篇小说,小说表现的具体社会生活情景虽然各不相同,但始终贯穿着作家关于"精神家园"的思考,其中最有争议的是《废都》。

《废都》呈现的是精神家园荒芜、终极关怀丧失后的触目图景。小说通过主人公庄之蝶与周围各色人物的关系,织成一个错综复杂的人际关系网,通过对一群文人众生相的描写,剖露了社会转型中各路文化精英的没落心态。在作者看来,他们的堕落便代表着文明的沉沦,他们的绝望意味着文明的绝望。小说中,这类精英无一例外地由名人而闲人,由闲人而废人,直至沦为垃圾。其中以庄之蝶的沉沦于"性"最具典型性,他最后死在企图逃离文化废都的车站里,这种迟来的自我救赎显然软弱而无望。《废都》也是作者第一部正面描写城市生活的长篇小说,小说所流露出的对城市的本能排斥和回归乡土的心理十分明显。在中国乡土作家的写作中,贾平凹的这种心态颇具代表性。为了渲染精神家园的沦丧和文化价值的失落,作品充斥着大量《金瓶梅》式的性描写,因而引起见仁见智的热烈争论。不过,从贾平凹的创作意旨来看,《废都》不过是作者寄寓忧虑和孤愤的独特方式。

"失乐园"式的荒芜景观在《白夜》和《土门》等小说中持续呈现。《白夜》叙述了一群精神无着者对"家"和"家园"的凄惶找寻。整部小说透出一股苦寻而不得其门的悲凉意绪。主人公夜郎这个农民的儿子来到城里企图建立他的家园,一番苦斗之后他终究觉得"城,是人家的

---

① 贾平凹:《小月前本·在商州山地(代序)》,《小月前本》,花城出版社1984年版。

城",即便在这里寻到一个蜗居的空间,能够栖息的只是肉体,灵魂仍然在无着地漂游。《土门》的意旨承接《白夜》而来,展示了家园将失的人们为保护家园而进行的抗争。"土门"意指乡土之门,家园之门,也是农民的生命之门。然而,尽管人们视土地为生命之根,当作神灵膜拜,但城市的发展毫无温情可言,巨大的推土机在村口徘徊,就要开进来了。叙述者梅梅一直代表作者在追问:"我们将到何处去?何处将怎样等待我们呢?"家园将失,仁厚村人以他们自己的方式进行着抗争。但是作者在表现仁厚村人爱护家园之诚、保护家园之勇的同时,也以批判的眼光看到农民的种种劣根与痼疾,潜藏在大多数农民身上的小农意识,让他们并不感到家园将失的痛楚,因此他们也丝毫不能抗拒城市的种种诱惑。这样,作者便不无痛楚地表现出:现代社会培植起来的强烈物欲摧毁了仁厚村人守成怀旧的脉脉温情,也决定了他们的抗争是一种无望的抗争。

现代城市文明粉碎了乌托邦式的乡村家园美梦,然而又该如何去建构新的栖居家园呢?贾平凹把《土门》的这一思考带入《高老庄》。在这里作者试图用笔下的人物来表达他的重构家园的理想。几个主要人物是几种不同文化身份的代表:作者用孔子的学生子路为小说的主人公命名,他代表的是维系中国几千年伦理纲常的儒家文化;子路的夫人西夏,漂亮、刚健、修长如大宛马,她胸襟开阔,代表着城市文化中健朗向上、充满活力的一面;苏红从农村进入城市,利用青春作本钱进行资本积累,全然丧失了乡村的淳朴而染上城市文化中庸俗、萎靡、贪图享受的劣习;蔡老黑敢作敢为,带有匪气,代表中国"侠盗"文化在现代社会的遗留。几个人物之间的交往暗示着几种文化之间的冲突和重组。在作者的意向里,西夏留下来,不久会有一个新的高老庄出现。那也就是《土门》里的"神禾塬"。然而,西夏实在是作者一厢情愿的理想化,因而作者在这里表达的家园重建的期望其实是极其微茫的。

《秦腔》发表于 2005 年,作品通过日常生活状态的自然呈现的叙事方式,再现了 90 年代以来中国乡村被急剧的城市化进程所席卷的历史横断面。小说中的清风街是一个普通的中国村镇,到处呈现出荒芜破败的场景,大片的土地和良田被侵占,农民的精神生活危机重重。作家通过一个名叫张引生的疯子的视角,向读者真实地呈现了市场经济背景下乡村中国何去何从的当代境遇。在张引生的叙述中,古老的秦腔在当下中国的命运问题值得关注。

贾平凹是一个在艺术上有独到追求并取得卓越成就的作家。这首先表现在他具有一种较为开阔的文化视野,善于吸纳各种文化资源的优长为己所用。他从拉美作家,特别是哥伦比亚作家马尔克斯的成功中得到启示,注意特定的历史文化和地域文化对人们日常生活和心理世界的影响;从日本的川端康成身上获取了准确、细腻地把握社会心态和人物心态的总体特征和微妙变化的经验。同时他对中国本土文化的兴奋点也是多方面的,举凡各种正、野、稗史,民间占卜、禳祀、礼仪,百姓信奉的征兆、规矩、信条,婚丧嫁娶、请客吃饭等各种地方风俗以及乡村生活起居、建筑风物无不纳入其视野,融合在其血脉中,不经意地表露在文字里。其次,贾平凹对中国古典美学精神有一种独到认同。如他把"静虚"不仅当作对人生世事作静观默察的处世态度,而且作为创作的一种运思方式。他从中国远古神话传说、传奇故事、笔记小品和话本小说中吸取营养,含英咀华,努力揣摩中国传统文化的神韵,运用在自己的小说创作中,形成自己富有个性的文体和语体。另外,作者那种永不停止探索的精神对中国当代文坛也是大有裨益的,他从开始小说创作到现在,一直在进行小说形式的有益尝试。特别是在 90 年代的长篇小说写作中,他力图回到小说的原始本义,即最初的"说话"状态,追求一种看似无技巧的大境界。它们对具体生活情景的描写都较为鲜活,力图靠近生活原有的质朴状态,其中尤以新世纪创作的长篇小说《古炉》《老生》等更为明显。虽然并不是每篇作品都能达到读者和他自己的期望值,但这种永不停息的努力是让人钦佩的。

与其对生活细微精到的感知能力相比,贾平凹在理性思辨上稍嫌不足,有些作品带有过于理念化的痕迹,如《废都》中常为人所诟病的那条"哲学牛"。另外,他在创作中时有文学意境雷同,人物关系、情节组织重复,这些都是明显的缺憾。

4. 陈忠实、张炜的小说

陈忠实①出身于世代农耕家庭,又在乡村基层工作长达20年,世代传承下来的农民的生存意识、价值观念和伦理道德规范深深渗透在他的生命和灵魂中,造就了他的文化心理和精神气质。由于长期从事乡村基层工作,直接参与农民改变自己命运的一系列实践,因而陈忠实的创作始终紧贴着乡土现实。

在陈忠实初期创作中,对乡村基层干部的审视常常成为小说的切入点,如《信任》《初夏》等作品反映了中国农村社会几十年曲折的发展道路,以及人们的精神历程。总体来看,这类小说的主题都与特定的时代背景相关,人物性格相近,表现手法上比较单一。陈忠实稍后的一些作品打破了他惯常恪守的人物模式,如《蓝袍先生》等。在这些小说中,对人道的关怀,对人性解放的关注,对封建专制主义和极左思潮扼杀人性的揭示,不仅加强了作品的批判力度,而且其悲剧意识也得到充分展示,为《白鹿原》的创作作了思想和艺术上的准备。

长篇小说《白鹿原》代表了陈忠实文学创作的最高成就,也是中国乡土小说发展史上里程碑式的作品。小说的时空跨度宏阔,起笔于辛亥革命,终迄于解放战争,借关中平原上白鹿两大家族三代人的明争暗斗、恩怨情仇,将中国近现代史上所经历的诸多政治大事件囊括其中。作者以家族的兴衰沉浮来浓缩中国社会和民族历史的变迁,以当代性的艺术思考去穿透历史纵深,写民族秘史、悲怆国史、隐秘心史,再现历史艰难曲折的延伸与挺进,从而获得凝重、大气、深沉的史诗性品格。

《白鹿原》成功塑造了一批形象鲜明而又富有历史文化内涵的人物,如白嘉轩、鹿子霖、朱先生、鹿三、黑娃、田小娥、白孝文、鹿兆鹏、白灵、鹿兆海等。白嘉轩是陈忠实着墨最多的形象,他是白鹿两姓宗祠的族长,是一个地多财盛且又以耕读传家的乡绅。陈忠实从文化着眼,使之成为由小农经济与儒家文化共生的、代表着乡土文明的"白鹿精魂"的具体承载者。在白鹿原村,白嘉轩是正统道德和正义力量的化身,以正直、宽厚、威严的人格魅力震慑人心。他遵循"耕读传家"的祖训,像普通农人一样劳作,亲自躬耕田亩。他敬重文化人朱先生,重视对后代的教育,男女一视同仁,送他们去城里读书。他克己自律,严格按儒家修齐治平、忠孝节义的道德传统来要求自己,恪守《朱氏家训》,追求儒家修身"慎独"的至高境界。他对村民的博施众

① 陈忠实(1942—),陕西西安人。1962年中学毕业后,曾在中小学任教。1965年开始发表作品,1982年从事专业创作。出版有短篇小说集《乡村》,中篇小说集《四妹子》《蓝袍先生》,长篇小说《白鹿原》等,另有诸种文论集、散文集出版。《信任》曾获全国优秀短篇小说奖,《白鹿原》获第四届茅盾文学奖。

济,与长工鹿三的义交,在李家寡妇卖地过程中的慷慨周济,对鹿子霖、黑娃等人的以德报怨,无不体现着他的仁义和慈善,这使他在远近乡民中获得了广泛的尊重和敬畏。作者对人物的刻画并不只是正面的歌颂,他对白嘉轩另一层面的开掘,则使这一人物形象更为立体化,有了更深厚的内涵。作为仁义白鹿村的村长兼族长,白嘉轩也是一个封建正统的卫道士,他至死不渝地守着祖宗的祠堂,身体力行族规而建树起族长的威望,为维护封建礼教,他不许黑娃和田小娥进祠堂祭祀祖宗,为固守族规,他亲自带头用刺刷惩治田小娥,并在她死后修塔镇邪,使其永世不得翻身,体现出封建宗法制的残酷与无情。

在这部被誉为民族心史和秘史的作品中,文化视角成为陈忠实观照人生、塑造人物的切入点,而儒家文化则作为探寻不同事件中人性冲突和道德判断的参照系。不论是白鹿原,还是白嘉轩、朱先生,都已成为意蕴深厚的文化符码,凝聚着儒家文化的千年沉淀。白鹿原处在三秦地域文化的中心地带,儒家文化传统源远流长,被县令赐予的"仁义白鹿村"村名中的"仁义",是儒家传统文化的核心,也是白嘉轩这些深受儒家文化浸润的人物魅力所在。而"白鹿村"这一地名则与原始人类文化中的自然神灵和神话传说相连,有关白鹿精魂的故事,是陈忠实最富神奇想象的描绘。"白鹿"成为贯穿小说始终的一个重要的文化原型,作为原始的神话意象,它不仅以口头讲述的方式代代流传,而且沉积成白鹿原村民的一种集体无意识,寄托着人们对美好生活的向往和期盼。朱先生是小说中最具文化深度的人物,被隐喻为济世苍生的白鹿。他广泛吸收了中国传统文化的精髓并能灵活运用,既超然尘世独善其身,又在禁烟、赈灾、兵祸中挺身而出,他死后幻化成白鹿飞升。白嘉轩、朱先生等人物的成功塑造,得力于作者倾注的充沛文化意蕴,人物所包孕的丰厚的文化魅力超越了阶级或阶层的限定,而成为一个民族的心灵写照。

在艺术上,《白鹿原》发展了中国 20 世纪乡土小说,以一种有容乃大的气度吸收传统乡土文学的精华和当代文学的创作经验,并融进外来的新质以求有所超越。小说虽在总体上体现了传统现实主义的创作风格,但又吸纳了魔幻现实主义和象征主义手法。作品中多次出现对神奇的白鹿的描绘,在白灵死前,白嘉轩、朱白氏、白赵氏几乎同时梦见一只白鹿从眼前飘过去或沉入地下,传达出一种不祥的预感。田小娥死后鬼魂附身于鹿三,并招来在原上肆虐的大瘟疫。在焚烧田小娥的骨殖时,又在冬季出现许多彩色的蝴蝶飞舞。几乎被神化了的朱先生更是似真似幻,仿佛是天地之神能先知先觉,甚至算计到几十年后红卫兵会挖他的坟。在白鹿精魂和朱先生之间,作者成功地将浪漫主义与现实主义笔法融合在一起,其中非魔非幻的离奇情节给小说增添了独特的审美意味,这种开放的现实主义创作方法,也为乡土文学创作提供了有益的启示和借鉴。

张炜①是一位充满理想主义和浪漫情怀的作家。故乡胶东半岛的芦青河与葡萄园是他创作视域中的理想乡土,也是贯穿他作品中的审美意象,诸如"土地""田园""野地"的概念不断

---

① 张炜(1956—),原籍山东栖霞,生于山东龙口市。1976 年高中毕业后回乡参加生产劳动,1978 年考入烟台师专,1980 年发表处女作。出版有短篇小说集《芦青河告诉我》,中篇小说集《秋天的愤怒》等,长篇小说《古船》等,另有若干散文随笔集、文论集出版。《声音》《一潭清水》获全国优秀短篇小说奖,《秋天的愤怒》获全国优秀中篇小说奖。长达 39 卷、约 450 万字的系列长篇小说《你在高原》获第八届茅盾文学奖。

在他笔下被深化,成为他创作的动力和倾诉的源头。而乡土人情观念在他的作品中更是无所不在,尤其是深固的道德意识成为他难以走出理想主义和浪漫情怀的有力制约。正因为对道德立场的坚守,张炜才以充满忧患的眼光关注当代人的道德危机,关心人的价值和尊严,思考人的自我拯救之路,在一系列作品中完成其道德蓝图的描画。

以传统美德作为人物审美判断的尺度,这一特点从张炜创作之初就已显露出来,并贯穿他的整个创作历程。如《芦清河告诉我》《声音》《一潭清水》等作品不仅保持了童年生活纯真而清澈的记忆,而且更牵涉到道德,及对民族传统美德的赞颂。抱持这种道德情怀,张炜进入了一个持续达十年之久的创作勃发期。

首先是中篇小说《秋天的思索》《秋天的愤怒》和长篇小说《古船》等作品构成了张炜文学创作中的第一个高峰。前两个中篇小说是姊妹篇,作品揭露了部分农村基层干部假改革之名,利用职权和关系为自己谋求经济利益的丑恶行径,对新经济关系中新生的剥削者发出严厉的道德谴责。作者在小说中对主人公的理想化塑造,对深秋田野和大海滩景物的抒情,展示了张炜深蕴内心的浪漫主义的精神品格,并延续在此后的一系列作品中。

《古船》是一部具有史诗品格的力作,也是迄今为止张炜长篇小说中最为厚重的一部。小说叙写了胶东半岛洼狸镇上隋、赵、李三大家族厮斗浮沉的历史,时间跨度长达四十余年的社会风云。洼狸镇人所经历的历史场景,包括土改时期复查运动中的"乱打乱杀",自然灾害中制造谎言的荒唐景象和随后的大饥荒,"文革"中对人性的空前践踏,以及经济改革初期人们经历的痛苦等,浓缩了中国乡村走过的曲折而艰难的发展道路。张炜将过去、现在与未来聚合在一起,融入了其对历史与人生的深刻反思,对中国几千年封建的宗法残余及农民文化心理进行了深入的剖析,打制了"民族心史的一块厚重碑石"①。老隋家的第一代掌门人隋迎之是镇上最大的资本家,又是一个深受古圣先贤教诲的乡绅,在新旧社会转折时期,他作为一个真诚的忏悔者,觉得自己"欠了穷人的账",先于土改便把所有资产还给了社会和乡亲,自己也在"还账"路上吐血而死,从此这个地位显赫的富裕家族便走向衰微。老赵家崛起于土改,四爷爷赵炳的起家出于阴谋和恫吓,并从此君临洼狸镇四十年,不仅掌握了政治权力,而且也控制了支撑镇上经济命脉的粉丝厂,其所作所为无不出于极左政治对宗法制的庇护。作为知识阶层的李家,因给隋家开过机器同样受到歧视,也因经历和情感上的接近而在内心更倾心隋家,但表面上迫于权势不得不依附赵家。三个家族之间的矛盾冲突一直延续到改革开放,但所有的明争暗斗、悲欢离合,都能从各个家族不同的文化观念中找到动因。张炜以充满道德同情和义愤的笔触,塑造了隋见素、隋抱朴、赵炳、赵多多、隋不召、隋含章、茴子、李其生、李知常等一批各具深意和新意的人物形象,剖析了中国封建宗法观念的根深蒂固和潜移默化的影响,以及深入其中的沉迷与退避、觉醒与反抗。小说除了现实主义的描写,还以大量的象征意象附丽于人、事、物、景中,使现实主义和象征主义手法得以自然融合,有力地丰富了作品的艺术表现力。

自《古船》之后,张炜的长篇小说创作一发而不可收,接连发表了《柏慧》《家族》《外省书》《我的田园》《能不忆蜀葵》《丑行或浪漫》《刺猬歌》等一系列作品。

浓厚的传奇性和民间文化色彩,以及诗性话语的叙事,是长篇小说《九月寓言》的主要审美特征。小说以不同的回忆视角牵连起小村寓言化的历史。小村是由一群为生存而四处迁徙

---

① 雷达:《民族心史的一块厚重碑石》,《当代》1987年第5期。

流浪的人聚居而形成的;小村人的故事,也几乎都与流浪有关,这些故事都充满了传奇性。小村的物质生活虽然极度贫困,甚至不乏虐杀与搏斗的血腥和残暴,但小村人在一种自在自为的生存状态下,享有着另一种生存的快乐和生命的张扬。小村因被邻近的煤矿掏空地下而消失,在自由的天地中张扬生命只在村姑肥的记忆中留存,这也是张炜赠与现代人的浪漫寓言。

由道德情怀支撑起的浪漫主义是张炜小说创作的总体特征,这也使他的作品有明显的文化守成主义倾向,但在艺术表现上作者则不断尝试着不同的方式。《家族》从总体上说则是以现实主义笔法写成的。《外省书》和《能不忆蜀葵》在表现手法和内容上都有一些新变化。前者共分 11 卷,每卷以人物名字或是人物的动物性外号命名,如"鲈鱼""狒狒""真鲷"等,各卷展示了不同人物的命运和性格,又都与作品中的聚焦人物史珂有着直接或间接的关系。后者分为 4 卷,卷中以词或句子,如"挚友""五里一徘徊"为标题,切成不同的版块,然后再分节叙事。"蜀葵"在小说中贯穿始终,"蜀葵"也是一种寓意象征,隐喻着主人公淳于最初的生命和精神家园,因而他最终带着画有蜀葵的画不知所往,使作品成为失落和追寻理想家园的寓言。

张炜喜欢"静观",善于细致地描摹自然风光和自然景物。他刻画的人物大都细腻、深沉,展示了丰富的内心层次。他也喜欢在作品中注入思考,常用思想随笔式的叙事方式,在整体和局部都能感受到思想的冲击,但过重的理性色彩也影响了作品的审美意蕴的传达。这些特点和弱点在他长达 39 卷的系列长篇小说《你在高原》中均有突出的表现。

五、历 史 小 说

1. 历史小说的再度活跃

20世纪60年代，历史小说曾有过短暂的繁盛，随后由于极左思潮的干扰，历史小说陷入了一蹶不振的境地。"文革"结束后，历史小说迎来了它的兴盛期：获茅盾文学奖的就有《李自成》（姚雪垠）、《少年天子》（凌力）、《金瓯缺》（徐兴业）、《白门柳》（刘斯奋）、《张居正》（熊召政）五部历史小说；此外端木蕻良的《曹雪芹》、蒋和森的《风萧萧》、杨书案的《九月菊》、任光椿的《戊戌喋血记》、鲍昌的《庚子风云》、顾汶光的《天国恨》、唐浩明的《曾国藩》、二月河的《康熙大帝》等作品也有较大影响，涌现了一批卓有成就的作家。

新时期以来，特别是十一届三中全会以后，在思想解放的大潮中，作家的文学观念和艺术手法发生了深刻变化，历史小说创作也得到较快的发展，出现了像《曹雪芹》《戊戌喋血记》《星星草》《风萧萧》《金瓯缺》等质量较高的作品。作家在摆脱单一政治视角以后，历史小说的选材变得多样化。像义和团运动、百日维新、太平天国农民起义以及历史上东北人民抗击沙皇侵略的壮举等纷纷进入历史小说的视野。在人物塑造上，开始从过去那种千人一面的窠臼中解放出来，创造了一批性格鲜明的人物形象。其中，既有李自成、赖文光、黄巢等农民起义领袖的形象，也有中间人物形象，如牛金星、完颜阿骨打、李师师等。一些小人物，如《李自成》中的马伏王长顺虽着墨不多，也都写得栩栩如生。过去经常被脸谱化了的帝王权臣，如崇祯、洪承畴、曾国藩、李鸿章等的性格特点和心理活动也都得到真实的展示。这个时期的历史小说虽然取得了成就，但也存在着显而易见的问题，如在题材上较多局限在农民起义和中国人民反抗外来侵略两个方面，作者的立意仍较多受到阶级分析方法左右；还有一些作品违背现实主义创作原则，将政治倾向性置于历史真实性之上，使主要人物的塑造偏于理想化与概念化。

80年代中后期，历史小说更多地由对历史单一的政治观照转向文化的、美学的把握；由对农民起义的讴歌转向对历史变迁、朝代兴亡的思考；许多作品进一步突破题材上的限制，进入中国历史的各个领域和层面。在选材上，上下几千年，纵横几万里，将历史风云、时代变革尽收笔下。既有帝王将相的文治武功，也有《清明上河图》式的民间生活；历史上的朝代更替、王朝兴衰，农民战争铁马金戈的壮丽场面，封建帝王的宫廷生活，贵胄宠臣的争权夺利都进入历史小说的视野。许多作家并不满足于一般地反映历史，而且着力开掘历史事件和历史人物的文化底蕴。

进入90年代，历史小说创作变得更加丰富多样，作家在尊重史实的前提下，进一步发挥主体的创造性、能动性，力图找到自己对历史独特的理解，努力写出历史丰厚的底蕴，重构那些具有美学内涵的历史故事，涌现出一批独具风格的历史小说，如杨书案的《孔子》《老子》等先贤人物系列，凌力、二月河的清代帝王系列，唐浩明的《曾国藩》《张之洞》等近代人物系列。这些作品常以人物的生活经历为线索，着重刻画人物的心理与情感流程，在对人物心理洞察入微的探索中,写出人物性格发展的合理逻辑,寄寓着人生的哲理与感悟。

与"十七年"相比,新时期历史小说的成就主要有以下三个方面:

其一,历史的真实性和小说的虚构性得到较好统一,作家在尊重史实的基础上,充分发挥想象力与创造性,使作品的文学性有了很大提高。

历史真实与文学虚构是历史小说创作面对的一对主要矛盾。在新时期许多作家将尊重历史真实看成历史文学的基本要求,致力于对历史真实性的追求,力图按照历史的本来面目反映生活。然而文学创作并没有一成不变的模式,在历史真实与文学虚构的关系上,人们也可以作出不同的处理。近几年来,历史小说家的主体意识有所加强,历史小说创作也正向那些过去较少为人们所关注、历史记载不那么翔实的领域延伸,因此,作家的虚构与创造也明显得到强化。许多作家一方面仍然注重作品背景整体氛围的真实性,另一方面也开始不再以再现历史事件为目的,而用更多精力去刻画人物,描写人物的内心活动。凌力在《暮鼓晨钟》中着重描写了少年康熙走向成熟的过程。清史对康熙皇帝有很多记载,但对其少年时代的生活记载甚少,作者抓住清朝初年大的时代特点,通过虚构与想象刻画了康熙这个人物,写出了他丰富的内心世界以及他在政治上的逐渐成熟。杨书案的"中华文化溯源"系列《炎黄》《老子》《孔子》所面对的都是处在中华文明源头上非常久远的历史人物,在这些作品中,作者抓住有限的史料,充分发挥虚构与想象的作用,创作了炎帝、黄帝这些氏族首领的形象以及老子、孔子这些民族先哲的形象,作者特别注意将人物作为历史角色(氏族首领、民族圣贤)和他们作为人的一面结合起来,创造出既符合历史真实又血肉丰满的人物形象。

其二,历史人物的塑造取得了突出成就,人物性格显示出更多的丰富性与复杂性,具有独特性格的各种历史人物形象不断涌现。

在人物塑造方面,新时期历史小说最重要的变化就是突破了过去长期形成的以阶级出身和政治表现决定人的角色的传统模式,突破了在进步/反动、善/恶、美/丑这种两极对立中审视人物的简单化方法,而将人放在社会的大背景下,从社会、政治、历史、文化等角度去审视人物。作家也不再将视野只局限在少数英雄人物身上,而将注意力转向历史上的各色人物。由于作家看待生活的视角的变化,历史文学的人物画廊也变得丰富起来,那些帝王将相、王公贵族、圣人贤哲、才子佳人、草民流寇、市井百姓都在历史文学中占有了一席之地。另一方面,作家在塑造人物时也特别注意作为"各种社会关系总和"的人所具有的复杂性,注意挖掘人的本质所具有的多种内涵,刻画人物性格的各个侧面,写出那种美丑混杂、善恶兼有的人物形象。在表现手法上,注意通过心理描写刻画人物。许多作家不满足于仅仅写出人物外部的历史活动,如人物的雄才大略、文治武功等,而且进一步将视点对准人物的心灵,深入到人物的内心世界,揭示他们心灵深处的隐秘。作家将人物置于错综复杂的矛盾冲突中,在危机四伏的宫廷,在兵刃相见的战场,在金钱与女色的诱惑下写出他们心灵的变化;以人物的心灵为镜,折射与反映外部的大千世界,寻求人物历史活动更深层的原因。

其三,在表现手法上,在承续传统的基础上有所创新,出现了各具特色且有丰富文化与审美内涵的历史小说。

历史小说受到"史实"的框范,艺术探索的空间相对狭小一些,但是这一时期历史小说作家十分重视艺术形式的探索与创新。在结构方式的选择上,虽有一些作家还是按照自然时序,用多线索齐头并进的方式组织小说,但也有一批作家做了新的尝试。如徐兴业为了《金瓯缺》

的结构安排,从《三国演义》《战争与和平》等中外名著中汲取营养,兼取中外文学之所长,将"散点透视"与"焦点透视"结合起来反映中华民族内部的民族战争,取得较好的效果。还有一些作家有选择地使用了一些西方的现代派手法。如借用意识流描写人物的心理活动,使用蒙太奇的手法创造一种类似电影的时空转换的效果。在叙述方式上,把人物的对话、客观的描写与作者的议论融合在一起,叙述视角灵活多变,打破了按自然时序罗列故事的传统叙述模式。与此同时,还通过运用现代派的一些表现手法,让视点在历史与现实、不同角色的人物之间自由流动,人物的显意识和潜意识交织在一起,增加了叙事的扑朔迷离。在语言上,不少作家十分注重语言的创新。如姚雪垠善于从古典诗文中吸取营养,运用于语言风骨的创造,他的语言奇崛峥嵘,有很强的立体感。徐兴业长于将文言的神韵化用于白话之中,使他的语言典雅又不深奥,流畅活泼而又富于表现力。刘斯奋的《白门柳》写明末清初江南地区文人名士和秦楼楚馆中的妓女,为了与作品的整体氛围相一致,作品的叙述语言使用了纯粹的现代白话文,一般人物之间的交谈则使用了浅近的文言,而语言的总体风格则是和谐圆熟,流利典雅。

2. 姚雪垠的历史小说

姚雪垠①对当代文学的主要贡献是长篇历史小说《李自成》,全书共 5 卷,320 万字,创作历时 42 年。

《李自成》是一部以描写明末农民起义为主的长篇历史小说,这部作品的特点首先在于它全面、深刻地反映了中国历史上一次农民起义的过程。作者从历史唯物主义出发,写出了这次起义的原因、过程、结果和影响,力图在真实再现历史生活的同时,揭示历史的本质与规律。《李自成》这种从大视角、大眼界观照历史的追求,在新时期历史小说的创作中是相当独特的。小说中,作者不仅要再现李自成领导的农民起义过程,还要通过这个起义揭示明末封建社会发展的内在规律,因此,作者在突出农民起义军与明朝统治者的生死搏斗这一主要矛盾的同时,还安排了另外几组矛盾,其中有明王朝与清朝政权的矛盾、张献忠等起义军与明王朝的矛盾、明王朝统治集团内部的矛盾、各路义军内部的矛盾等。李自成领导的农民大起义牵动了各社会集团与各社会阶层,那些皇亲国戚、权臣宠将、大小地主,包括与统治者作战的各路义军,他们在这场阶级大决战面前都在为自己的利益而斗争,同时也展示了自己的特点。通过这些错综复杂的社会矛盾的展示,小说成功描绘了一幅封建社会的生活画卷,揭示了封建社会内部矛盾斗争的某些规律。

《李自成》第 1 卷前三章在交代了明朝末年阶级矛盾、民族矛盾空前激化,统治阶级内外交困的总的形势后,即开始直接描写义军与明军的战斗:李自成带领义军急于冲出官军的包围,结果在潼关附近陷入重围。在"潼关南原大战"中,农民军几乎全军覆没,李自成仅带 18人突围出来,起义陷入低潮。到了商洛山以后,李自成克服了种种困难,终于重整旗鼓,与突围到豫西的高夫人会师,并推动张献忠重新起义,使形势有了好转。但是在崇祯十二年(1639)

---

① 姚雪垠(1910—1999),原名姚冠三,河南邓州人。曾入河南大学法学院学习,"七七事变"后在北平、湖北、重庆等地从事抗日文化工作。解放后在武汉、北京等地工作。出版有长篇小说《李自成》、《姚雪垠书系》(22 卷)和《姚雪垠文集》(20 卷),以及诸种散文集、诗集、文论集。《李自成》(第 2 卷)获首届茅盾文学奖。

夏,商洛山中瘟疫流行,明军乘势进攻,同时起义军内部又有叛乱,情况十分险恶。李自成等义军经过艰辛努力,内平叛乱,外歼官军,终于赢得了胜利。这时,由于统治者的横征暴敛,再加上明末中原地区天灾频繁,农民走投无路,只有起来作武装抗争,各地已经形成星火燎原之势。李自成"星驰入豫"后,起义队伍迅速壮大,他们攻洛阳,杀福王,起义出现了历史性转折。但是在起义走向高潮后,农民起义军自身的狭隘性也开始暴露出来,胜利滋生了盲目的乐观情绪,农民起义中那种根深蒂固的流寇主义使李自成攻占洛阳后,不听李岩兄弟的劝告,放弃了这个中原重镇。各路农民起义军之间的斗争摩擦也在加剧,所有这些都为日后李自成起义军的悲剧结局埋下伏笔。在作品的第 1、2 卷中,作者准确地把握了当时历史斗争总的流向,令人信服地揭示了农民起义由低潮走向高潮的必然性,同时也深入挖掘了李自成农民起义失败的必然原因。小说在第 3 卷则描写了明军在明清两军对峙中具有关键意义的"松山之战"的失利,以及李自成农民军与明军在开封再次展开的血战,作品通过这两个事件进一步将情节推向了高潮。

小说的第 4、5 卷反映的是李自成农民起义的悲剧性结果。作者在写"李自成进北京"的同时,也浓墨重彩地写到"崇祯之死"和明朝的灭亡。对于"崇祯之死",作者没有把它作为一个个人事件,而是作为一个王朝覆灭的象征,突出了它的悲剧性,以及崇祯皇帝以身殉国的典型环境。同时,作者也进一步探讨了李自成农民起义军失败的原因:李自成一贯的流寇思想,进北京后滋生的自满情绪、享乐主义,军纪的败坏,军队战斗力的下降以及对清军战斗力的估计不足等,结果山海关一战李自成亲自率领的 6 万大军溃败。李自成和他的农民起义军是作品赞美的主要对象,作者虽然看到了他们的局限和不足,但仍然充满了爱戴和崇敬,因此对他们最后走向失败寄予了深深的同情,作品的结尾也笼罩在强烈的悲剧性氛围之中。

在创作中,作者没有因为作品中包含了广阔的历史内容而忽略艺术描写的真实性,相反,作者凭借自己丰厚的历史学养和一个历史小说家高度的责任感,力求让每一个艺术细节的描写都符合历史的真实性,表现了相当严谨的创作态度。作者为了让自己的历史小说具有艺术和百科全书的双重价值,他对当时许多生活细节都作了非常认真的考察和研究,如李自成在南原兵败后占卜用的"天启"铜钱由哪个衙门发布,作者都严格尊重史实;作品中描写的元宵节施放的烟火,米脂的火塔塔,宫廷中的那一碗值 20 两银子的黄瓜汤也都写得非常真实,这些精雕细刻的古代器物和风俗人情在今天看来都具有史料价值。

《李自成》的一个显著成就,是成功地塑造了一批个性鲜明的历史人物形象。作为一部卷帙浩繁的长篇历史小说,涉及封建社会的各色人物,这些人又分成不同的群体:其中有李自成、张献忠、罗汝才等义军领袖,刘宗敏、李过、郝摇旗、李双喜、袁宗第这些义军将领,牛金星、宋献策、李信、徐以显等参加义军的封建知识分子,高夫人、红娘子、慧英、慧梅等义军女英雄,还有作为封建统治者代表人物的崇祯、洪承畴、杨嗣昌等。然而作者着力最多的是主要人物李自成。作者在塑造这个人物时,着重突出了李自成性格中作为农民英雄的一面,表现了他的积极进取、坚毅沉着、英勇无畏,在困难和挫折面前百折不挠的精神。小说开篇,展示在读者面前的就是血腥的潼关南原大战,起义军数千将士陷入官军十几倍于自己的重围,李自成拒绝了敌人的劝降,以寡敌众,殊死奋战,结果蒙受重大损失。在商洛山练兵,粮草匮乏,瘟疫流行。外有官军大兵压境,内有石门谷杆子的叛乱。在起义军最困难的时候,郝摇旗又拉走自己的队伍。突围至鄂西以后,李自成希望与张献忠合兵一处,共举大业,不料徐以显又极力唆使张献忠杀掉李自成。正是在这种险象环生的矛盾冲突中,李自成显示了一个久经考验的义军领袖的英雄本质。同时作者又注重将李自成放在起义军由弱到强的大背景中,写出他性格的发展和变化。但是攻占洛阳以后,李自成在胜利面前滋生了骄傲情绪,他拒绝了李岩提出的"据宛、洛以扫荡中原,据中原以夺取天下"的方略,轻率地放弃洛阳,为农民起义以后悲剧性的结局埋下了伏笔。作者联系人物所处的外部环境探讨人物性格发展的内在逻辑,不仅丰富了人物的性格内涵,也使人物显得更加真实可信。

《李自成》在刻画义军将领的时候,非常注重彼此的差异。通过突出人物的特点,显示出他们的个性。如写刘宗敏,就着重渲染他的骁勇无畏,还刻画了郝摇旗的粗鲁豪爽、热情好义,李过的刚毅沉着,田见秀的忠厚淳朴和李双喜的少年老成、智勇双全等。

在封建统治者的群像中,作者着力塑造的是明朝末代皇帝崇祯的形象。在小说中,崇祯并未被写成那种荒疏朝政、沉湎于酒色的皇帝,相反,他17岁登基后,就除掉了魏忠贤等宦官,收回朝政。他自命"中兴之主",宵衣旰食,励精图治。但是,由于明末几代皇帝溺于声色,宦官把持朝政,社会积弊如山,阶级矛盾与民族矛盾都空前尖锐,明王朝已处于风雨飘摇之中,因此崇祯为中兴所作的努力根本不能改变明王朝的命运。作者写出了人物性格的丰富性和复杂性,既刻画了崇祯刚愎自用、横暴残忍的一面,又写出了他怯懦多疑、悲观迷信的性格特点。

在人物形象塑造上,作者善于在激烈的矛盾冲突中,在一种动态过程中展现人物的性格。如袁宗第是起义军中一个重要将领,小说就在矛盾冲突中写到他的勇敢和智慧,譬如仅凭只身赴会马兰峪的故事就显示了袁宗第的胆气和虎威。作者还善于通过细腻的心理描写凸显人物的性格。如马伕王长顺听说李自成将在洛阳称帝,心中喜忧交加,纷乱如麻。他喜的是跟随李自成这么多年,盼的也就是这一天;忧的是李自成一旦称帝,高墙深院,他再也不能随便见到闯王。这些都充分揭示了王长顺复杂矛盾的心理活动。

《李自成》突出的成就还表现在艺术形式的营造上。《李自成》是一部规模宏大、多卷本的长篇历史小说。小说视野广阔,人物众多,头绪繁杂。为了更好地表现历史生活,作者借鉴了西方小说多线索齐头并进的宏伟气势,但扬弃了它的散漫;借鉴了中国传统章回小说格局的严整,又扬弃了它的呆板。通过这种有选择的借鉴,成功地创造了被称为"单元共同体"的结构形式,即先将许多线索按主次不同配置成章节,然后将多少不等的章节组成单元,每一个单元又有相对的独立性。例如《李自成》第2卷的54章分成10大单元,如"商洛壮歌""宋献策开封救金星""杨嗣昌督师出京"等;每一单元根据内容的不同,章节有多有少,如"商洛壮歌"含15章,"宋献策开封救金星"就只有3章。用这种形式结构小说,作者的叙事就相当灵活,既可以选取生活的一个侧面,在一个横断面上展开对复杂生活详尽的描绘,也可以自由转向另一个断面,每一单元的内容相对集中,这样就照顾了中国读者的阅读习惯,另一方面,各单元之间灵活的衔接又创造了一种利斧快砍的艺术效果。

由于《李自成》的构思和大部分书稿的写作都是在"十七年"和"文革"期间,受到当时时代氛围的影响,作者对待这场农民起义的态度是只能肯定不能否定,只能从颂扬的角度仰视这场起义和起义中的人物,未能从多种角度写出历史人物性格的复杂性。从某种意义上说,有些人物也就成了单色的人,缺乏人物性格的丰富性。

3. 凌力、刘斯奋的历史小说

凌力①的长篇系列《百年辉煌》包括《少年天子》《倾城倾国》和《暮鼓晨钟——少年康熙》，三部作品相对独立，连续起来却反映了从明末崇祯三年（1630）至清康熙末年近一个世纪的历史。

凌力历史小说创作的一个突出特点是善于刻画人物，特别是在复杂的社会矛盾中展示人物丰富的性格内涵与深层次心理活动。当然，凌力的创作也经历了一个从以故事情节为中心，到倾心于展示人物的性格，再到着力于开掘人物心灵的过程。在其前期作品《星星草》中，作者本着"尊重历史"的原则，真实地再现了历史上捻军与清军之间一系列血腥的搏斗与厮杀，事件的叙述是小说的重心所在。但是到了《百年辉煌》系列中，作者就将精力转向了人物性格描绘和对人物内心世界的开掘。三部作品分别塑造了皇太极、孙元化、布木布泰、孔有德、银翘、汤若望（《倾城倾国》），顺治帝福临、庄太后、乌云珠、岳乐、济度（《少年天子》），康熙、太皇太后、鳌拜、苏克萨哈、冰月（《暮鼓晨钟——少年康熙》）等一批成功的人物形象。《少年天子》所写主要是清军入关后的第一代皇帝顺治帝福临的命运。清定都北京后，福临年幼，朝政由其叔父多尔衮把持，多尔衮基本上沿袭了明朝的一套制度，但又颁布了"圈地令"，允许满人强行霸占汉人的土地。福临 16 岁亲政，他雄心勃勃，锐意改革。他对汉文化有好感，决心缓和民族矛盾，在"得人心者，得天下"的口号下，实行了一些新政策，但不断受到满族保守势力的阻挠。小说中的福临是一个在性格上充满矛盾的人物。他聪明好学，又暴戾孤傲；有雄心大志，又喜怒无常；礼贤下士，又刚愎自用；既自尊自傲，又自卑怯懦。福临的自卑与怯懦一方面来自他的性格本身，另一方面也与大的时代背景有关。满族入关前正经历着从氏族社会向奴隶社会、封建社会转化的过程，经济、文化都很落后。入关后他们要统治的是经济、文化都远比他们先进的汉民族，而且人口有他们百倍之多，这对清朝统治者来说在心理上不能不构成一个很大的压力。作者在深入研读史料的基础上很好地把握了人物的特点。小说中，当福临得知郑成功率军北上围攻金陵后，受到极大震动，此时又正值后宫借"对食"事件加害于董鄂妃乌云珠，使他的情感一下子完全失去控制，长期压抑在下意识中的自卑与恐惧突然暴露出来，他吓得跑到母亲那儿大喊大叫，要逃到关外去。遭到庄太后的斥骂后，他的自尊受到极大刺激，于是他又来了一百八十度的大转弯，不顾一切地下令要御驾亲征。此后，他刀劈宝座，威吓乳母，封刀斩康妃，都是他要维护自尊的变态反应。

凌力还善于把握与描写尖锐复杂的政治、军事斗争，擅长组织与利用矛盾冲突，将其转化为动人心弦的故事情节。凌力的几部长篇作品或写战争或写宫廷斗争，故事情节都是在尖锐复杂的矛盾斗争中展开的。如《少年天子》的成功，作者特意强调它"实在也得力于历史上顺治皇帝那起落跌宕、大喜大悲的特殊经历和特殊命运"②。小皇帝即位，权臣把持朝政，特别又

---

① 凌力（1942—　），原名曾黎力，生于延安。1960 年入西安军事电信工程学院学习，毕业后曾做技术工作，并开始业余创作，1978 年调中国人民大学清史研究所工作。出版有长篇小说《星星草》、系列长篇小说《百年辉煌》等，其中《少年天子》获第三届茅盾文学奖。

② 李树声、凌力：《人的颖悟与梦的追寻——漫谈凌力的作品及其他》，《当代作家评论》1992 年第 4 期。

是在异族皇帝入主中原的特殊时期,民族矛盾、皇权与贵族实力派的矛盾、宫廷内部的矛盾都交织在一起,作者正是利用这些矛盾谱写了一部激昂浑厚的交响曲。《暮鼓晨钟——少年康熙》的主人公是少年康熙,作者意识到:"写孩子而要让一般读者感到兴趣,非把天下大势、朝廷中尖锐复杂的政治斗争与幼年康熙帝的小儿生活协调起来不可。"①于是作者依照历史的逻辑,围绕少年康熙的成长设计了一系列政治斗争:明史案、议政大臣费扬古和他的儿子御前侍卫倭赫等的被杀、天算案致传教士汤若望的死、圈换土地案冤杀三大臣、康熙亲政及辅政大臣苏克萨哈被杀、康熙擒鳌拜夺回政权。以上事件除后两件与康熙有关,其他史料上均无记载。但是作者从塑造人物性格出发,将所有这些事件都与少年康熙的成长联系起来。于是小说波澜叠起,险象环生。康熙小小年纪就被置于这样矛盾的漩涡中,面临一个又一个考验,正是在这些接连不断的考验面前,康熙完成了从童稚未泯的少年到一国之君角色地位的变化。

　　凌力的小说具有强烈的抒情性,这使她的作品具有了一种诗性特点。历史小说面对的是"史实",所写内容总会受到限制,但是"怎样写"作家有一定的自由。凌力的特点是她较多地将爱憎赋予对象,让自己的感情在叙事中宣泄出来,使历史叙事成为一种情感化叙事。在《星星草》中,作者就较多地将感情投入到战争描写中。小说中的几次大战,在数万人、数十万人的大厮杀中,作者不仅写出惊心动魄的战争场面,而且调动故事本身所具有的情感力量,给读者造成很大的震撼。

　　刘斯奋②《白门柳》的创作起步于 80 年代初,与当时流行的农民战争题材、王朝兴衰演义不同,它写的是封建社会后期一群文人的生活。作品以明末崇祯王朝的崩溃和清政权的建立为背景,描写了一批具有启蒙意识的学子、名士,如黄宗羲、钱谦益、冒襄、方以智、侯方域以及江南名妓柳如是、董小宛等人的政治活动和生活遭遇,它围绕复社与阉党余孽阮大铖的斗争、清军南下、南明小朝廷的建立与覆灭等情节,真实地再现了那个风云变幻时代的社会现实,写出了中国士大夫阶层在异族入侵、社会风雨飘摇境遇中的心路历程。作品的选材和观照生活的视角都是很有特点的。

　　《白门柳》的创作有一个明确的理念,就是要"通过描写明末清初著名思想家黄宗羲以及其他具有变革色彩的士大夫知识分子,在'天崩地裂'式的社会巨变中所走过的坎坷曲折的道路,来揭示我国 17 世纪早期民主思想产生的社会历史根源"③。作者认为,这代知识分子的觉醒对后来康梁变法乃至辛亥革命都产生了重要影响。当然作者的观点并不是在作品中特别地指出来,而是通过场面和情节自然而然地表露出来。小说描写了当时南京、苏州、常熟一带,由于商业、手工业的急速发展而呈现的欣欣向荣的景象;西方自然科学的传入,在士大夫中产生的影响;特别是明朝的灭亡给宋明理学以沉重打击,那种专注于修身养性的学理明显不能适应社会发展的要求,于是有头脑的士人学子开始寻找新的路径。早期的民主思想在时代大变革的急风暴雨中脱颖而出。由于《白门柳》的宗旨是要写出明末清初的"思想事变",因此作者一

---

　　①　凌力:《天子—孙子—孩子——有关〈暮鼓晨钟〉创作的思考》,《当代作家评论》1994 年第 1 期。
　　②　刘斯奋(1944—　　),广东中山人。1967 年毕业于中山大学中文系。长篇历史小说《白门柳》共三部,第一、二部出版后获第四届茅盾文学奖。
　　③　刘斯奋:《〈白门柳〉的追述及其他》,《文学评论》1994 年第 6 期。

直着意于创造一部心灵史,写出人物的心路历程。小说第一部《夕阳芳草》的中心是虎丘大会,钱谦益受周延儒之托要为阮大铖开脱,但作者对这一情节只作了简单概述,主要篇幅是用来描写钱谦益的犹豫、彷徨、前思后虑和提心吊胆的心态。第二部《秋露危城》写的是弘光王朝的建立与消亡,但作者把南明小朝廷的兴亡推向幕后,作品实写的是人们的亡国之痛,拥立新君时各自的打算以及复社学子激烈的政见之争。第三部《鸡鸣风雨》写的是士人学子在山河沦陷、江山易主的情况下,对可能丧失文化传统的深切忧虑。社会各个阶层都在考虑国家破亡之后的出路,悲凉之气遍布社会,而反清复明斗争的成败在小说中倒不是显得非常重要了。追踪人物的情感活动,描绘人物的心路历程,一直是作者关注的重点所在。

情调高雅、风格优美也是《白门柳》的一个显著特点。刘斯奋长期从事学术研究,致力于古典诗歌的研究和旧体诗的写作,在语言与文学上均有较高造诣,这为他的创作奠定了良好的基础。作者在性格塑造、感情抒发、细节描写、场面铺叙等方面都坚持一种美的标准,汰除粗劣杂乱,力求精致优美。在叙述中插入诗词歌赋和曲文,提高小说的审美品位。如《夕阳芳草》中编排了陈贞慧借阮大铖的家班演出《燕子笺》的文字,《秋露危城》有一段柳如是为阮大铖的《燕子笺》改写文字的情节,小说不断穿插《燕子笺》的戏文,颇具匠心,也给作品增加了不少雅趣。当然《白门柳》中最有魅力的还是语言。作品根据不同语境的需要,变换使用了三种语体,即叙述语言用经过提炼的现代汉语书面语,普通人家常口语使用旧白话,文人、士大夫之间的交谈则用比较浅近的文言。但无论哪种语言,作者在使用时都非常注意选择与提炼,去粗取精,尽可能剔除芜杂繁冗的东西,发掘汉语固有的色彩感、音乐美,力求使语言和谐圆熟,流丽典雅。

4. 唐浩明、二月河、熊召政的历史小说

唐浩明①的《曾国藩》全书 120 万字,代表了这位作家创作的主要成就。作为历史人物,学界对曾国藩的评价一直有很大的争议;作为艺术形象的创造,作者尊重历史,在大量占有史料的基础上,力图把握人物的个性和心灵世界,写出一个鲜活的历史人物。

把人物放到波澜壮阔的历史事件中,展示人物性格中的多面性,是《曾国藩》的主要特点。曾国藩是一个充满矛盾的人物,他意志坚强,坚忍不拔,显示了所谓"打碎了牙和血吞"的勇气;但是他的性格中同时又有怯懦、拘谨、谨小慎微和优柔寡断的一面。曾国藩出身汉族农家,靠自我奋斗从底层爬上高位,这种经历和他先天的素质造就了他思前虑后、患得患失的性格特点。虽然作为湘军统帅他竭力要显示出铁腕与果断,但在复杂的事态面前,他总不免显得软弱。靖港之役是湘军出湘后第一次重要战役,结果大败于太平军,曾国藩几乎被俘,绝望之余他跳入漩涡中,希望一死了之,被人救出,又被左宗棠臭骂一顿,才恢复了勇气。曾国藩非常羡慕东晋谢安闻"小儿辈大破贼"时的雅量和气度,但他一听到湘军获胜的消息,不是眼泪"簌簌流了下来",就是两眼一黑昏死过去。从道德方面讲,曾国藩的人格中也充满了矛盾。一方面,他是忠臣、严父,对家族和社会都有着强烈的责任感,小说特别提到了他的俭朴与持身的严

---

① 唐浩明(1946—),湖南衡阳人。毕业于华东水利学院(现河海大学),曾从事水利工作。1979 年考入华中师范大学攻读硕士学位,毕业后在湖南岳麓书社工作,曾任编审。主要作品有长篇历史小说《曾国藩》《张之洞》《旷代逸才杨度》等。

谨:他身为礼部侍郎,每餐菜肴仅为一碟豆腐、一碟辣椒、一碟蔬菜、一碗汤。吃饭时,遇到未脱净的谷粒,他总是剥去谷壳,将米嚼碎咽下。他的全部衣物总值不足三百两银子。房内除一张床、一张书案、两条长凳、三只大竹箱外,再无他物。床上蚊帐陈旧黑黄,低矮窄小,仅可容身,一床被子打了三四个补丁。清廷派来的监军德音杭布看了简直不敢相信自己的眼睛。另一方面,曾国藩又有邪恶的一面,湘军初创时,他严刑峻法,滥杀无辜,被抓的所谓乱民一律站笼而死。在惩治太平军俘虏时,他最常用的方法就是剜目凌迟。特别是攻占天京以后,他背信弃义,借韦俊、韦以德叔侄两人的头来裁撤湘军,更显示了他为达目的而不择手段的阴险与残忍。

从文化的角度理解和把握人物,也是《曾国藩》的一个重要特点。曾国藩身上包含了浓重的文化意蕴,他在近代史上之所以能产生重要影响,在今天能够引起人们的注意,都与他身上的文化气息分不开。他遵奉儒家"修身、齐家、治国、平天下"的追求,也体现了"内圣外王"理想;他的优点和缺陷都只有在中国传统文化中才能真正得到阐释。曾国藩从小就受过良好的教育,考中秀才后进了有着悠久学术传统的岳麓书院,进京以后更师从一代名师唐鉴专攻理学。传统文化的磨炼,造就了坚定的意志,强烈的责任心,塑造了他忠君、保守、卫道和虚伪等精神品质。曾国藩"墨绖"出山后,作出的几个重要决策都与他的文化立场有很大关系。如他组建湘勇,打出的旗号就是"卫教保道"。他视太平军为异端,号召天下士人学子挺身而出卫护孔孟之道。平定天京以后,曾国藩手握重兵,他不是不可以学赵匡胤黄袍加身的。左宗棠曾通过胡林翼送他一个对子:"神所依凭,将在德矣;鼎之轻重,似可问焉。"但曾国藩将原对子的"似可问焉"改成"不可问焉"还给了胡林翼。东洲书院学子王闿运劝他:"可在安庆首举义旗,为万民主。"曾国藩嘴上不便说,但他以茶代墨,在桌上连书数个"狂妄"。曾国藩拒谋"神鼎"固然有许多客观因素,但盘踞在其心灵深处忠、孝、仁、义的观念也起了很重要的作用。

《曾国藩》还有一个特点就是它所具有的悲剧性。作者说:"我曾经很仔细地玩味着曾国藩的文字,发现此人的心灵深处时时承受着极重的忧思抑郁,乃至痛苦。"[1]曾国藩悲剧的实质在于:大清王朝千疮百孔,他却想在这个时代重建孔孟之业。这一矛盾决定了曾国藩在出山之时就已经铸成大错,他的要求与历史潮流相左,因此他的每一步都遇到了重重困难;他的拘谨与过分自责又加重了这种悲剧性。打败太平军以后,曾国藩曾致力于整顿吏治和办洋务以自强,但这两件事在总体上都失败了;特别是在处理天津教案时,他不得不违心地决定讨好洋人,滥杀无辜,终于是"外惭清议,内疚神明",痛心疾首地哀叹"萃六洲之铁,不能铸此一错"。

作者以学者的身份写小说,所长在于识见的深刻,材料的充实,其不足是艺术描写略嫌粗糙。叙事的重点在情节,但作品则疏于通过虚构、想象创造精美的艺术细节。

在历史与文学之间,二月河[2]是一个长于文学创造的作家,他在尊重历史的前提下,充分发挥想象的作用,创造了清代"帝王"系列这个有声有色的艺术世界。

"帝王"系列的一个显著特点,在于它善于设计一波三折的艺术情节,表现复杂曲折的矛盾

---

① 唐浩明:《〈曾国藩〉创作琐谈》,《文学评论》1993 年第 6 期。

② 二月河(1945—),原名凌解放,山西昔阳人。高中毕业后参军,1978 年转业到地方工作。80 年代中期开始历史小说创作。出版有反映清初生活的小说《康熙大帝》(4 卷)、《雍正皇帝》(3 卷)、《乾隆皇帝》(5 卷),总称"帝王"系列,共 500 余万字。

冲突。在封建社会中,帝王是权力的象征,宫廷是权力斗争的中心,整个封建社会最激烈的矛盾斗争往往就是围绕着皇帝和那些权臣展开的。在小说各个基本的故事单元中,作者不是拘泥于史实,模拟历史场景,而是按照美的法则,对材料重新加工整合,最大限度地满足读者欣赏和审美的需要。作者对人物总是先作一个善与恶的区分,然后将"好人"置于极其险恶的环境中,在他们前进的道路上设置重重障碍,但最终总是峰回路转。他们或通过自己的努力,或通过外来的帮助摆脱困境,赢得最后的胜利。而各个故事单元之间又是紧紧连接,环环相扣,往往是一波未平一波又起,整个故事具有很大的吸引力。在《康熙大帝》中,作者从"智斗鳌拜"开始,先后写到镇压以吴三桂为首的"三藩"之乱和北京"朱三太子"杨起隆领导的八旗家奴起义,收复台湾,平定噶尔丹叛乱,情节波澜起伏,一环扣一环,具有诱人的艺术魅力。《雍正皇帝》则从四阿哥胤禛(雍正)到扬州办差开始,写了几个皇阿哥对王位的争夺:太子胤礽的贪婪、无能,八爷党的奸诈、狡猾;胤禛则凭着勇于任事、不结党营私赢得了康熙的好感,最终将皇位传给了他。作者没有采用历史上关于雍正勾结隆科多矫诏篡位的传说,而将雍正写成了一个合法的继承人。雍正登基后大刀阔斧地整顿吏治,抑制腐败,整治旗务,他创建了功勋,也激化了社会的矛盾。作者在设计情节时,非常注重通过层层铺垫渲染气氛,把故事讲得让人惊心动魄,以增强艺术效果。

在历史人物的塑造上,二月河借鉴通俗小说的经验,突出了"奇"的特点。他既不拘泥于史实,又不面面俱到、按部就班地写,而是抓住人物的性格特征,选取最有表现力的情节表现人物。如《雍正皇帝》写邬思道,是通过他在扬州酒楼和扬州太守车铭的较量。邬思道与同榜孝廉车铭相遇并受到羞辱,他立刻反唇相讥,当着众人的面讲了车铭进学之前的一个笑话:他曾将"昧"写成"妹",开篇就是"妹妹我思之",邬思道曾接语"哥哥你错了",然后讥笑他:"不知如今可有长进。"在车铭震怒要迫害他时,邬思道申斥车铭在太后薨逝未满半年就携妓宴饮,威胁要将一个帖子撒到楼下去,迫使车铭屈服。一个小故事就写出了邬思道的智慧与胆识。在《乾隆皇帝》中,作者写纪昀是突出了他的"武夫之魄,文秀之心"。纪昀嗜肉,在乾隆面前一次竟吃了三斤肉;爱抽烟,在抽烟时,皇帝召见,他竟把烟锅塞进靴子里,结果烧了鞋,在皇帝面前出了丑。这些生动的细节描写,都突出了人物的性格。

将纯文学的追求与通俗文学的手法结合起来,也是二月河创作"帝王"系列的一个重要特点。作者较多地使用了一些通俗文学的手法,如章回小说的形式就是通俗文学的常用手法。小说的主要人物像康熙、雍正、乾隆,包括八阿哥胤禩、邬思道、张廷玉等都是复杂多面的圆整人物,但是其他一些次要人物,则更像通俗小说中的那种类型化的扁形人物,在善恶两极中处在某个极端之上。如十三阿哥胤祥、叫花子出身的封疆大臣李卫等被写得太好,而弘时、鳌拜、车铭、诺敏、年羹尧等则被写得太坏。不过这种善恶分明的人物倒是更能唤起读者的爱憎感情,具有更强的煽情性。故事情节也有不少巧合和传奇的成分。小说的不足主要在于,作者在借鉴通俗文学手法时有芜杂、不精,乃至于粗俗之弊。

《张居正》在营构思路上贯穿着熊召政①对历史的理性观照,借助对历史上致力于改革重

---

　　①　熊召政(1953—　　),生于湖北英山。1973 年发表处女作长诗《献给祖国的歌》,1979 年以政治抒情诗《请举起森林一般的手,制止!》引发轰动。1981 年成为专业作家。著有长篇历史小说《张居正》(4 卷)、历史文学选集《明朝大悲咒》、散文集《文明的远歌》等。《张居正》获第六届茅盾文学奖。

臣的得失荣辱的叙写,对当代生活提供喻示。

《张居正》分为四卷,从明朝隆庆六年(1572)写到万历十一年(1583),时间跨度十余年。第一卷《木兰歌》从隆庆六年二月写起,到六月中旬新帝登基改年号万历止,仅是四个月时间,却以 32 万字的篇幅重彩渲染,情节密度大,包容的内容也比较多。小说对万历登基前的社会政治情势及官场黑幕作了细致的交代,为刻画张居正这一形象进行了铺垫。这一卷最突出的矛盾主要集中在次辅张居正与主辅高拱之间首辅之位的争夺上。第二卷《水龙吟》写由实物支付京城文武官员月俸银所引发的权争,最终以冯保纵火,烧死官员和平民 30 人,伤者数以百计,王希烈畏罪自杀而告失败,使原处在困境中的张居正控制了局势,并借机扫清了障碍,开始了万历新政。《水龙吟》围绕着事件着笔,又随处生发,因此铺展世相结实具体,细节描摹细腻生动,整个过程写得丰厚饱满,文采斐然,是文学色彩最浓的一卷。第三卷《金缕曲》着力描写了张居正因大力推行新政,整饬吏治、改革赋税、惩抑豪强所激起的各种社会冲突,通过朝野上下、宫廷内外错综复杂的政治斗争,充分展示了张居正老成深算、多谋善断的政治才能。而且也通过叙写张居正一系列具体的施政措施,真正地使张居正的形象站立起来,立体地完成了对这一历史人物的重塑。第四卷《火凤凰》以张居正命运的大起大落作为开篇和结尾,作为大明王朝开国以来最有权势的首辅张居正南归葬父,其享受的待遇规格已与帝王无异,沿途百官送往迎来,坐着自古未有的 32 人抬雕栏黄缎围帘大轿,其显赫之势,达到人臣之极。但数月后的结局孤凄悲凉,剥夺爵号、收回诰赠,家被抄、坟被毁。家人或蒙冤而死,或发配充军,他提拔、信任的大臣被尽数替换,所有与他有关系的人都遭到彻底清算。在这种上天落地、荣辱升贬的极端对比中,更能映衬出张居正的悲剧,以及官场风云翻覆的险恶。但作品未能充分挖掘这种悲剧性所具有的撼人心旌的冲击力。

《张居正》的创作让已沉寂了很久的明代历史重新凸显出来,形象地再现了跌宕起伏、场面纷呈的历史画卷,让扁平的历史人物从史籍中站立起来,在文学殿堂里获得了血肉丰满的艺术生命,使张居正这一封建社会改革者的形象走进了当代生活,成为具有艺术征服力量的文学典型。

六、军旅作家和军旅小说

1. 军旅作家群的勃兴和军旅小说的发展

本时期的军旅小说取得了长足的发展,一批锐意进取的军旅作家的崛起,为当代文坛创造了新的文学景观。如果说"十七年"描写革命战争的小说主要以歌颂革命军人的英雄主义业绩为宗旨,那么新时期的军旅小说在思想解放的浪潮影响下,以展示军人的丰富情感世界为特征。正是这一特征使本时期军旅小说显示出新的风貌。

本时期军旅文学从一开始,就从两个层面展现当代军人的精神世界:一个层面是通过对越自卫反击战的描绘,揭示人们在激烈的战争中的心灵变化。如徐怀中的《西线轶事》,通过对女兵在战争中的平凡业绩的描写,揭示了普通女兵的美好心灵世界;李存葆的《高山下的花环》因为将英雄人物的刻画与英雄人物内心承受的生活重负联系在一起,将揭露军内不正之风与讴歌凛然正气交织在一起描写,尖锐提出了引人深思的社会问题,从而引起了强烈的社会反响;韩静霆的《凯旋在子夜》、张廷竹的《他在拂晓前死去》等作品也因充满了英雄气,展示了战争的残酷与壮烈而饮誉文坛。这批作品在刻画当代军人的丰富情感与复杂人生体验上有了新的进展,作者既写出了他们身上的人情味,又写出了历史的悲剧、社会的问题在他们心中刻下的伤痕,这些都为当代军旅文学创作的发展开辟了新局面。另一个层面是通过描写和平年代的军人生活,展示平凡生活中的军人世界。如李斌奎的《天山深处的"大兵"》、唐栋的《兵车行》、刘兆林的《啊,索伦河谷的枪声》、朱春雨的《沙海的绿荫》讴歌了普通军人的崇高品德;朱苏进的《射天狼》《凝眸》则以深入揭示和平年代军人的困惑与梦想而著称。《天山深处的"大兵"》中的郑志桐、《兵车行》中的上官星、《啊,索伦河谷的枪声》中的冼文弓、《射天狼》中的袁翰,都是和平年代中尽忠职守的优秀军人形象,他们或对时代、对人生有着自己的独立思考,或是心中承受了生活重负的普通军人,他们在平凡的岗位上作出了不平凡的业绩。

80年代中期以后,军旅小说有了新的拓展,步入了开阔的历史境界或人生境界。如乔良的《灵旗》,李本深的《紫色泥泞》,黎汝清的《皖南事变》《湘江之战》《碧血黄沙》,在重写革命历史的悲剧方面表现出非凡的功力;莫言的《红高粱》《丰乳肥臀》显示了当代军人的"寻根"情结;苗长水的《非凡的大姨》《冬天与夏天的区别》披露了故乡人丰富而微妙的情感;张廷竹的《酋长营》《六十年的旷野》则重现了当年国民党军人的抗战历程;周大新的《汉家女》《走出盆地》,阎连科的《中士还乡》《夏日落》真切描绘了普通军人的凡俗生存状态和人生困境;朱苏进的《第三只眼》《绝望中诞生》则对军人的潜意识和病态进行了细致入微的描绘。

从军旅文学的成就来看,无论是写战争中的英雄好汉,还是写平凡生活中的普通军人,作家们都在深入探讨军人的丰富内心世界上下功夫:生死关头的考验、平凡深处的崇高、困境中的无奈、真诚与隐痛的交织、现实与历史的复杂关联、军人与农民之间千丝万缕的联系……都在当代作家笔下得到真实而生动的表达;军人的喜怒哀乐、军人的命运浮沉都在当代作家笔下显示了人性的深度。如乔良的《灵旗》大胆揭示了一个红军"逃兵"的复杂内心世界。他在革命高潮中参加红军，又在革命遭遇重挫时脱离了红军，甚至为了活命不得不加入到反革命的行列中，他的人性在血与火的考验中泯灭了。又如《汉家女》，作者刻画了一个朴实而泼辣、率直亦不乏狡黠的女兵形象。为了改变自己的贫苦命运，为了参军，汉家女显示出执著、狡黠、不择手段的浑身解数；参军以后，她吃苦耐劳，表现出农家女儿的淳朴。作家在对人物的描写中，深刻揭示了军人和农民之间的精神联系，表现了来自农民的军人的平凡而又不平凡的品质。

在当代军旅小说中，关于国民党军队抗战历程的故事引人注目。张廷竹的《黑太阳》《支那河》展现了国民党军队在缅甸抗日战场上浴血奋战的悲壮一幕。他们有人的七情六欲，更有中国军人的悲壮斗志，作家善于将粗犷的豪情与典雅的诗情熔于一炉，文风刚柔兼济。张廷竹的这些作品与周梅森描写同类题材的小说《军歌》《冷血》《国殇》《日祭》《孤旅》《事变》《大捷》一起，填补了当代军旅小说的一个空白。周梅森的《军歌》描写了国民党战俘在日寇的铁蹄下挣扎、抗争、逃生的故事。通过对战俘们的生与死、苟活与牺牲的痛苦选择中彷徨心态的刻画，表现了人生的黑暗与光明、脆弱与刚强常在一念中改变人的命运的深刻哲理；《国殇》通过写国民党军队在抗击还是投降的紧急关头分裂，由此上演了混战与仇杀的悲剧，表达了作家对历史复杂性的感悟："历史真是个说不清的东西"，"历史只记着结局。"《大捷》则在讲述一个有点荒唐的战争故事的同时，写出了历史的混乱与阴差阳错，以及击败日寇的大捷奇迹。周梅森在当代作家中以擅长揭示历史的复杂性、荒唐性而独树一帜。

敢于直面真实的人生，敢于揭示真理，突破禁区，是当代军旅小说的一个显著特点。在"十七年"的军旅文学中，那些反映革命战争的小说，如杜鹏程的《保卫延安》、王愿坚的《七根火柴》、任斌武的《开顶风船的角色》往往是正面讴歌革命战争，较少表现革命战争的复杂性、曲折性。甚至连路翎的《洼地上的"战役"》那样具有人情味的作品也因触及人情与军纪的矛盾、误解与忠贞的隔阂而受到不公正的责难。到了新时期，作家们突破了传统的创作模式，不仅写出了人物英勇奋战所创造的英雄业绩，而且写出了军人的七情六欲，写出了军人的烦恼与痛苦。这里既有朱苏进的《引而不发》《炮群》写和平年代军人渴望在战争中建功立业的作品，也有乔良的《灵旗》写逃兵的痛苦和李本深的《紫色泥泞》、阎连科的《自由落体祭》写军人的性苦闷的作品，还有朱苏进的《绝望中诞生》写军中狂人，李存葆的《高山下的花环》刻画农家出生的下层军官的牢骚与心中的隐痛，这些作品塑造了一个个性格鲜明、充满人性味的军人形象，大胆揭示了被历史遮蔽的那一幕，写出了军人的复杂情感世界。

在创作方法上，新时期军旅小说在继承现实主义创作方法的同时，还借鉴了现代派的手法。例如《灵旗》就运用了意识流的手法，小说通过主人公回首往事的思绪翻卷，将历史与现实交叉着写，从而突出了作品的沧桑感，也点化了个人的渺小与命运的强大、选择的无奈与历史的变化莫测之间的高深玄机。值得注意的是，这一时期的军旅小说强化了纪实成分，在虚构的传统之外产生了一批纪实作品，如《皖南事变》《湘江之战》《碧血黄沙》都是具有相当大纪实成分的历史小说。在这一系列旨在反思革命战争史的悲剧作品中，尤以《皖南事变》对项英与叶挺之间微妙关系的细腻描写，对二人复杂的内心世界的深入刻画，显示了作家的过人见识与深厚艺术功力，发现了导致历史悲剧的错综复杂因素，表达了自己对历史与偶然、意外与巧合的深切感悟，叙说了作者对皖南事变的独特理解。此外，阎连科的小说《瑶沟的日头》《瑶沟人的梦》《乡间故事》等以作家的本名作小说主人公的名字，也具有一定的纪实色彩。这些尝试都显示了新时期军旅作家创新意识的进一步强化。

　　在论述当代军旅小说时,女作家的创作是不应忽略的。毕淑敏的《昆仑殇》《阿里》以真实的笔触塑造了在严酷的拉练中挣扎、牺牲,在多重的压力下抗争的女兵形象。如《昆仑殇》中的肖玉莲、甘蜜蜜,《阿里》中的游星,都具有坚忍、刚烈性格。作家笔下的这些“烈女子”的性格与周大新笔下的“烈女子”形象有所不同。周大新笔下的“烈女子”时而会流露出狡黠的特点,而毕淑敏笔下的女兵则更加率真,她的军旅小说是当代女作家中最具阳刚之气的作品。与毕淑敏的作品形成对照的,是军旅作家于劲的女兵故事。在《血罂粟》中,于劲以遒劲又缠绵的笔触深入刻画了志愿军女兵在战争与死亡的威胁中渴望性爱与受孕的紊乱心情,以及志愿军的母亲对丈夫、儿子的刻骨铭心情感,表达了作家对生与死、爱与死的独到理解。在《蛐蛐儿的年代》中,于劲又以空灵而迷茫的风格重现了“文革”中一个普通女兵朦朦胧胧的生命感觉、糊里糊涂的人生经历,由此写出了“文革”中虚度的青春,以及军营生活的苦闷。于劲的故事别具匠心,语言也颇有个性,耐人寻味。

　　新时期军旅小说虽然取得了一定的成就,但也应该看到中国军旅文学与世界军事文学之间的差距。我们至今还缺少像托尔斯泰的《战争与和平》、赫尔曼·沃克的《战争风云》那样具有史诗气势的巨著,缺少像瓦西里耶夫的《这里的黎明静悄悄……》、拉斯普京的《活下去,并且记住》那样将人性的美好与悲凉写到极致的战争题材小说,其中的问题,值得好好思索。

2. 徐怀中、李存葆的小说

　　徐怀中①的《西线轶事》是新时期军旅小说的代表作。小说有意突破战争题材作品正面描写战争进程的传统模式,将笔触深入到六个女兵和一个男兵的平凡生活和内心世界,写出了战争的另一面:战争中的人情味,普通军人的平常心,并由此进一步写出了战场上的军人与社会、历史的纵深联系。小说对女兵的描写显然得益于苏联当代军旅小说名篇《这里的黎明静悄悄……》的启迪,但作品中对战斗英雄刘毛妹内心“伤痕”的描写明显具有自己的特色。“文革”使刘毛妹的家庭破裂、父亲含冤自尽,在刘毛妹心中刻下了深深的伤痕。他愤世嫉俗,苦闷迷惘。然而,在激烈的战争中,他又显示出军人的英雄本色:英勇无畏,壮烈牺牲。刘毛妹是新时期具有典型意义的军人形象。他的内心苦闷有深广的时代背景,他的英雄业绩因此才格外动人。作家通过刘毛妹形象的塑造,突破了传统的英雄形象模式,写活了一个平凡又非凡的军人。另一方面,小说以清新细腻的笔墨描写六名女兵的战场后方生活:她们在战争中的情绪波动,她们不怕死,却常常因为一些意想不到的困难,如对敌军尸体的恐惧而大惊小怪;她们挨了批评以后的委屈和她们排除困难,在关键时刻俘虏越军女兵的功绩,又烘托出女兵的平凡与可爱。作家特别注意通过平凡琐事表现女兵的单纯、活泼与坚韧,作品风格也因此而显得细腻清新。小说开篇写女兵们的生活习惯、个人秘密,结尾写女兵们凯旋后下河洗澡,都充满浓郁的生活气息。而在刘毛妹的悲壮牺牲与女兵们的平凡生活之间,也形成了刚柔兼济、张弛有致的节奏,使作品显得摇曳多姿。

---

　　①　徐怀中(1929—　　),河北邯郸人。1945 年参加解放军,50 年代在西藏、云南地区工作。出版有中短篇小说集《没有翅膀的天使》和长篇小说《我们播种爱情》,以及《徐怀中小说选》《徐怀中代表作》等。《西线轶事》获全国优秀短篇小说奖。

《阮氏丁香》是《西线轶事》的续篇。小说叙写了战俘管理所中越军女战俘的故事。她们有的坚持敌视中国的立场,有的在中国女兵的关心和帮助下发生了思想情感的转变,有的甚至爱上了中国的卫生员。小说对阮氏丁香及其母亲人生经历的描述也在再现个人辛酸的同时,成功展示了女主人公美丽大方、柔中有刚的性格魅力。作者以淡雅的笔触讲述了中国女兵关心、帮助越南战俘的故事,作品充满母女之情、女俘之间的友情、中越女兵之间的友情。小说正是以充满人情味、阴柔美的风格丰富了当代军事题材小说的创作。除了阮氏丁香母女的故事以外,小说对中国女兵陶珂一家在"文革"中的不幸命运的描写也是颇具匠心的:"陶珂在外祖母家熬过的那些天灾人祸的日子,正是越南抗美战争最紧张最艰苦的几年;而当陶珂和那些饥肠辘辘的小伙伴们一路外出讨生活的时候,中国大米正源源不断地运进越南南方。"这些富有历史感和强烈对比色彩的描写,不仅是阮氏丁香思想感情转变的关键,也进一步深化了小说的人类命运感。小说对另一个越南女俘何氏瑶的描写着墨虽然不多,但也令人难忘。她平时胆小,却敢大胆主动地向中国卫生员表达爱慕之情。作家写道:"这个举动显得多么不合时宜,多么空幻无望,多么可笑,又多么荒唐呵。这个女孩子又是何等傻气,何等痴心,何等的泼,何等的疯。"然而,通过作家的塑造,一个生动的人物性格也跃然纸上。作者擅长在生动的细节描写中揭示人物的情感世界,刻画女兵的性格,这使他的小说呈现出清新秀丽的艺术风格。

李存葆[①]的中篇小说《高山下的花环》是新时期的军旅小说力作。小说一方面热情讴歌了在中越战争中为国捐躯的英雄,另一方面又以对军内外一系列社会问题的触及而有了强烈的现实感。战前,权势者力图"走后门",让自己的孩子逃避战争,是对军内不正之风的暴露。而雷军长拒绝不正之风,又展示了高级干部中的凛然正气。战争中,梁三喜为救战友壮烈牺牲,留下以抚恤金还债的遗嘱,既显示了英雄的责任感,也折射出英雄内心的沉重屈辱,而那屈辱又是多年的政治灾难遗留下的苦果。排长靳开来是一个喜欢发牢骚的军人,在他冷眼看世界的牢骚后面,体现了当代平民对不正之风的强烈不满。尽管牢骚满腹,他在战场上依然冲锋陷阵,为了给饥渴中的战友采甘蔗而热血洒疆场,死后却因为违反"军纪"而与军功章无缘。他的故事也十分感人,发人深思。与梁三喜、靳开来这些农家子弟的悲剧命运形成鲜明对比的,是干部子弟、指导员赵蒙生的故事。他出身将门,养尊处优。战前曾在母亲的活动下想临阵脱逃,因被梁三喜等痛斥才走上前线。在战争中,他表现英勇,成为英雄。这样,作家就深刻写出了军中复杂的矛盾,写出了当代军人复杂的思想感情,写出了英雄心中的悲哀与无奈,并由此提出了一系列社会问题。这部作品因为展现丰富的社会内容而产生强烈的社会反响。作品的风格慷慨悲凉,感人至深。

《山中,那十九座坟茔》是一部以"文革"为背景,暴露军中悲剧的作品。师政委秦浩为了执行林彪的战略部署,强行在不适合建设军事工程的山中动工兴建龙山工程,并以弄虚作假的伎俩鼓动下级的热情。营长郭金泰力图阻止,连指导员殷旭升、副班长王世忠却狂热地想创造奇迹。郭金泰抵制秦浩的错误行为,结果被停职检查,受到批斗。秦浩的一意孤行终于导致19位军人死于大面积塌方,他却文过饰非,将悲剧作为英雄壮举予以表彰,并因此而升官。小

---

　①　李存葆(1946—　),山东五莲人。1961 年初中毕业后回乡务农,1964 年参军。1966 年开始发表作品。中篇小说《高山下的花环》《山中,那十九座坟茔》获全国优秀中篇小说奖。

说通过这场悲剧揭露了权势者的骗局和蒙昧者的悲哀,写出了真理有时不敌强权的无情现实,从而深刻揭示了"文革"悲剧得以上演的复杂社会原因。同时,作家在作品中穿插披露了"文革"中普通军人可怜的生存状态:有的因为贫穷娶不起妻子,有的因为不认识钟点而常常站岗超过时间,有的以比赛睡觉打发无聊的时光……贫穷、愚昧使他们目光短浅,任人摆布。小说因此而体现了作家对"文革"中政治、权势与人的命运的沉重思考。作品风格沉郁悲怆,发人深思。

在当代军旅小说中,李存葆以擅长正面描写战争悲剧和激烈的矛盾冲突而为人称道。他的小说常在跌宕起伏的情节波澜中展开对人物性格的描写,因而具有扣人心弦的感染力。同时,他还善于将英雄人物的崇高气节、美好心灵与复杂的社会矛盾、无情的悲剧命运交织在一起,从而使作品充满深刻的悲剧感。

比较而言,《高山下的花环》比《山中,那十九座坟茔》更有新意,更具社会意义。这也许与前者更擅长在错综复杂的矛盾冲突中展开情节,而后者的矛盾对立则显得简单化一些有关。

3. 周大新、阎连科的小说

周大新①的创作大体分为两个部分:一部分是军旅小说,如早期的《汉家女》《小诊所》《铜戟》《走廊》等;但是他更有影响的作品则是"豫西南有个小盆地"系列。作为一位河南籍作家,周大新的大部分作品集中描写故乡南阳的风土人情、历史沧桑。在这个系列中,他成功塑造了一个个朴实又有心劲的农民形象,以此写出了南阳的民魂。《家族》通过周家三兄妹争开棺材店,在互相的激烈竞争中同归于尽的故事,写一个家族的"窝里斗",但云娇的不信命、争强好胜和机关算尽,又显示出农村妇女的性情刚烈。《走出盆地》中的邹艾为了"将来长大一定要当一个比队长还大的官,要让光棍老七这样的人见了都害怕"的梦想而发愤读书,当兵后向当官的目标奋斗,受挫后回到故乡办医院,受骗后发誓"我不会认输的! 我还要再从头来!"刚烈坚强的性格跃然纸上。《伏牛》中的西兰从小嫉妒大队长的女儿生活好,立志长大后当大队长;因为男友的背叛而从心理上折磨男友,也处处透出刚烈之气。《香魂塘畔的香油坊》中的郜二嫂也是一个"拿了主意就要按主意办的女人",她婚姻不幸,却强颜欢笑,争得贤妻良母的名声;为了自己的情感需要,她一直偷偷有个"相好"的;为了给自己患癫痫病的儿子讨媳妇,费尽心机迫使环环上钩。在她的多重人格中,显示了刚强与无奈、责任与心计的生存困境。《银饰》中的碧兰因为不满丈夫的同性恋而主动追求小银匠……在这些作品中,作家显示了浓墨重彩刻画刚烈女子性格的才华。比起另一位河南作家李準笔下的李双双(《李双双小传》),李麦、雪梅、春英(《黄河东流去》)等有个性、泼辣、刚强的女性形象来,别是一重境界。如果说李準塑造的那些女性形象更多散发出人情美的诗意,那么,周大新笔下的女性形象不仅仅是贤妻良母,更具有现实生活的朴野气息。

在世纪之交,周大新创作了不少更显厚重的长篇小说,如《第二十幕》《21 大厦》《湖光山

---

① 周大新(1952—),河南邓州人。1970 年入伍,曾在解放军西安政治学院学习,在北京鲁迅文学院进修,现为部队专业作家。1979 年开始发表作品,出版有中短篇小说集《汉家女》《香魂女》等,长篇小说《走出盆地》《第二十幕》及《周大新文集》(5 卷)等。《汉家女》《小诊所》获全国优秀短篇小说奖,长篇小说《湖光山色》获第七届茅盾文学奖。

色》《战争传说》《安魂》等。三卷本的长篇小说《第二十幕》在近百年社会动荡的历史背景下，描写了尚家五代人为实现丝织业传家、再造"霸王绸"的梦想而艰苦奋斗的历程。为了家族的梦想，尚达志严格律己，牺牲了自己的爱情，断送了女儿的幸福，付出了惨重的代价也无怨无悔。其中既有坚忍不拔的民魂，也有传统的重负；既有人格的光辉，也有人性的痼疾。作品对家族命运的反思是与对中国传统文化命运的反思、对中国民族工业命运的反思水乳交融的。《湖光山色》讲述一个曾在北京打过工的乡村女性暖暖与命运抗争追求美好生活的不屈经历，故事以暖暖和她的丈夫旷开田的矛盾纠葛，涵盖了城乡冲突、伦理冲突、文化冲突等丰富的内涵，对中国乡村的艰难发展作出了自己的探讨，在新的形势下探求民族的精神底蕴。

周大新的小说十分注意通过对故乡风物的描写渲染浓郁的地域文化气息。如《香魂塘畔的香油坊》中对香油作坊的描写，《银饰》中对丰富多彩的银饰的介绍，《伏牛》中对南阳牛的刻画，《左朱雀右白虎》中有关考古知识的描述都烘托出浓郁的南阳文化氛围，连同作品对故乡民魂的刻画，构成了"盆地小说"系列的显著特征。

阎连科①的小说创作大致分为三个部分：

一是军旅生活题材的小说，在这方面，阎连科以大胆触及下层军官、普通士兵的生存困境见长。《中士还乡》深刻揭示了一个农民出身的中士渴望通过入党、立功改变命运，却在立功后因为被逼着在演讲中说假话受到战友的冷落，因而突然感到"没意思"，失去了上进的兴趣的困境，作品中弥漫着悲凉的氛围。《夏日落》淋漓尽致地描写了步兵三连内部的种种问题：连长赵林、指导员高保新既渴望升迁，又看透了升迁的阴暗面；既害怕出事，又感到危机四伏。战士夏日落的自杀使二人互相推诿责任，最终二人都受到处分而看淡前程。小说中对"忽然觉得没意思"的描写是点睛之笔。《和平寓言》也细腻刻画了军营机关中"人与人隔着一层……四顾没有知音"，"日复一日忙碌着，到头来似乎什么也没做的生活"。处长的敷衍，干事的窝囊，胡营长的牢骚，老军工的可怜，都写得十分真切。而那首几度出现的"叹世万空歌"则显然表现了"到头总是一场空"的主题。从这些作品中可以看出，阎连科的"军营"系列真实地反映了当代军人在历史变革中的生存境遇和困惑，是当代军旅小说的力作。

二是《东京九流人物系列》，包括《横活》（又名《鲁耀》）、《斗鸡》、《名妓李师师和她的后裔》等描写古都开封文化风情的小说。如《横活》刻画了清末民初著名"杠头"鲁耀的泼辣性格：行乞出身，能拉起丐帮捉弄富家；开杠局后，变着法子与富人开的杠局竞争，使对手关门；痛痛快快活了一生，临终散尽钱财给乞丐，死后路祭人山人海。作家由此写出了"我们的祖先中有的人并不挣扎在泥潭里"的主题。《斗鸡》描写了开封人的斗鸡史。喜爱斗鸡的人们"活得十分机巧超然"，在驯鸡、斗鸡的爱好中，"把岁月打发得堪称流畅"。而帝王对斗鸡的喜好、战乱对斗鸡的影响也使斗鸡与政治的兴衰紧密联系在一起；因斗鸡而聚赌上演的"鸡关人命"的悲剧又是人"完全被鸡斗左右"的证明。小说因此写出了斗鸡与社会、人性的深刻联系。在这个系列中，体现了作家熟悉三教九流、描写市井风俗的功力，是当代"市井文化小说"的收获。

---

① 阎连科（1958—　　），河南嵩县人。1978年参军，1980年开始发表作品。1985年毕业于河南大学政教系，1991年毕业于解放军艺术学院文学系，现为专业作家。主要作品有长篇小说《日光流年》《坚硬如水》和《阎连科文集》（12卷）等，以及诸种散文随笔集。

　　三是对故乡农民艰难生存状态的描写,"瑶沟"系列和"耙耧山"系列为其代表。由《瑶沟的日头》《瑶沟人的梦》和《乡里故事》组成的"瑶沟"系列都是深刻反映农村政治关系、政治斗争的力作。《瑶沟的日头》《瑶沟人的梦》表现了瑶沟人为了"冒出一个人物头"、摆脱政治上的低贱地位而齐心协力,不惜一切代价供连科读书、让连科当大队秘书的心劲,其中交织着艰苦奋斗、出人头地的种种辛酸和朴素的政治欲求。而连科最终因为承受不了全村人的巨大牺牲而放弃升学的结局和秘书位置被有后台的人夺走的结果,也渲染了虚无的氛围,给人以悲凉莫名的感觉。《乡里故事》以副乡长的孩子要娶亲为线索牵出复杂的矛盾纠葛。在乡间,婚姻与权力紧密相连:连科与村长三姑女的恋爱是建立在权力的算计上的,而村长拆散他们的关系也是为了让三姑女高攀副乡长。由此产生二人之间的恩恩怨怨,最后以副乡长的退休结束这场悲剧和闹剧。作家对农村政治关系中的复杂矛盾进行了有力的针砭,对中国农民的政治情结作出了入木三分的刻画。"瑶沟"系列以"阎连科"作主人公,也使作品平添了不少真实感。此后,阎连科又创作了"耙耧山"系列。在这个系列中,作家一方面继续表现贫困山区农民的苦难生存状态,如《天宫图》;另一方面,进一步刻画了在苦难中挣扎的人们与命运抗争的坚韧品格,如中篇小说《耙耧天歌》《年月日》和长篇小说《日光流年》。其中《耙耧天歌》通过尤四婆一心要将智力残障的女儿嫁给一个智力正常的"全人"的故事,写出了普通农妇的倔强意志。《年月日》通过一个 72 岁的老农先爷与一只盲狗在旱灾之年顽强生存的故事,谱写了一曲生命的颂歌。而《日光流年》着力渲染的也是故乡人与穷山恶水苦苦搏斗的感人故事:三姓村世代遗传了一种致命的喉堵症,大多数人都没有活过 40 岁。在艰苦的生存环境中,他们力图通过换土、修渠改变命运,通过出卖身上的皮筹钱,通过多繁衍后代与死亡抗争。这是一部农民的苦难奋斗史,也是一部感人至深的生命寓言。这部小说跃动着的生命激情,显示了作家在深刻反映人的绝望、人生的虚无之外,对生命仍然抱有的希望。

　　新世纪的十余年是阎连科小说创作的高涨期,他的长篇小说大多创作于这一时期,如《坚硬如水》《受活》《风雅颂》等,尽管其中有些作品不乏争议,但他的影响也随之扩大,以至于被视为大器晚成的作家。阎连科的创作以写实风格为主,但也十分注重现代派手法的借鉴,如荒诞和黑色幽默等。他一方面善于在故事中穿插具有象征意味的细节描写,如《两程故里》中贯穿始终的对古柏的叹息与厄运紧密相连的描写,既富于神秘意味,又具有象征意义;《和平寓言》中对那个并不存在的地址的描写,也有某种荒诞意味。另一方面,作家善于以新奇的意象去描写奇特的感觉,如《乡里故事》中的"太阳如饼如球……放羊的懒汉……把太阳拦在胸脯上,死睡"之类的句子,颇能传达出人物的微妙心态,也显示出作家努力超越"原生态"语言的文学功底。

七、知青作家和知青小说

1. 知青作家群的形成和知青小说的产生

在新时期文坛上,活跃着一批当过知识青年的作家。他们都有过在"文革"中上山下乡的经历,体验过从理想主义的天真热情跌落到生活困窘的巨变。这样的人生经历为他们的文学创作打下了坚实的基础。在新时期,知青作家群显示了强劲的创作实力,几乎每个重要的创作潮流都可以看到他们的身影,张承志、王安忆、铁凝、郑义、孔捷生、史铁生、梁晓声、韩少功、张抗抗、张辛欣、马原、李锐、蒋韵、叶辛、朱晓平、李晓、陆天明、陆星儿、柯云路、范小青、林白、老鬼(马波)、王小波等都是知青作家的代表人物,知青作家群也因此而成为新时期文学的重镇。

新时期的知青文学以三大主题最令人瞩目:一是暴露"伤痕"、反思"文革"的主题。通过描写知青的苦难,暴露"文革"的黑暗,反思"文革"的教训,凭吊流逝的青春岁月。这方面的重要作品有竹林的《生活的路》、孔捷生的《大林莽》、韩少功的《回声》、王安忆的《69届初中生》等。其中,《生活的路》以悲愤的笔触描写了一位女知青被恶势力摧残、毁灭的故事,是伤痕文学的力作;《回声》成功塑造了一个当代阿Q式的人物形象,深入揭示了"文革"爆发的社会根源——蒙昧与狂热;《大林莽》则通过几个知青企图征服大林莽,却被大林莽吞噬的故事,寄寓了作家对"文革"悲剧的哲理反思;《69届初中生》则是从世俗人生角度冷静观察"文革"的一部重要作品,小说写出了普通知青对"文革"狂热的免疫力,写出了世俗人生消解政治狂热的积极意义。直到90年代初还可以从张抗抗的《残忍》、王小波的《黄金时代》等小说中看到这类主题的延续。二是理想主义的主题。通过缅怀知青在苦难中的奋斗历程,抒发"青春无悔"的情感。这方面的重要作品有梁晓声的《今夜有暴风雪》、叶辛的《蹉跎岁月》、张承志的《老桥》、孔捷生的《南方的岸》、陆天明的《啊,野麻花》等。这些作品真实地塑造了一批在贫困、艰难中奋斗不息的知青形象,如《今夜有暴风雪》中的裴晓芸、《南方的岸》中的易杰等,他们的理想和追求在今天看来也许是微不足道的,但作家将这些朴素的追求写出了感天动地、感人至深的篇章,在这些作品中涌动的"怀旧"情感和崇高激情,也是知青作家在世俗化时代高扬传统人文精神的重要表现。直到90年代,张承志、梁晓声还是当代理想主义和批判现实主义思潮的代表人物。三是表现农民生活和命运的主题。这些作品或通过追怀往事表现农牧民淳朴、坚韧、无私奉献的可贵品德,如张承志的《骑手为什么歌颂母亲》、史铁生的《我的遥远的清平湾》等;或再现苦难年代里农民的悲惨人生,直面那些被苦难扭曲了的病态灵魂,如韩少功的《月兰》、郑义的《远村》、朱晓平的《桑树坪纪事》等。其中,《远村》以苍凉的笔触描写了农民的苦难生活和"拉边套"的无奈婚姻状态,并且在人的麻木与狗的威武的对比刻画中凸显了"人不如狗"的悲凉主题;《桑树坪纪事》通过对一个农村基层干部的复杂性格的刻画,成功塑造了一个集可怜、可恨、可怕、可笑于一身的"现实中的农民"的形象,显示了知青认识社会所达到的人性深度。直到80年代末,李锐的系列小说《吕梁山印象》还是这一主题的延伸。在

《吕梁山印象》中,作家冷峻地展示了农民的艰难与窝囊、善良与蒙昧、坚韧与麻木,同时也由此显示"真实的人的处境","更丰富地体察到人之所以是人,人之只好是人"①。在这样的主题的深处,体现了当代作家对中国农民的命运的深沉思考,也令人想起当年鲁迅有关"改造国民性"的思想。上述三个方面的主题,显示了知青小说的丰富思想内涵。在知青小说中,批判现实主义、理想主义和民本主义的思潮是联系在一起的,彼此激荡,气势壮阔。

80 年代中期的"寻根文学"是由知青作家发起的一场文学运动。韩少功、李杭育、阿城、郑义等作家发出了复兴民族文化的呼唤,这一呼唤不仅体现了当代作家力图以鲜明的民族文化走向世界的志向,也显示了知青生活在他们生命旅程中留下的深刻印记。在李杭育的《最后一个渔佬儿》《珊瑚沙的弄潮儿》,阿城的《棋王》,郑义的《老井》等作品中,充分表现了作家们对民魂的诗意理解。李杭育呼唤吴越文化的浪漫精魂,成功塑造了葛川江上的弄潮儿形象,表达了当代人渴望回归自然的浪漫情怀;阿城讴歌了平民百姓朴素的人生和以柔克刚的处世哲学,为那些在社会底层老老实实做人、平平淡淡处世的普通人谱写了一曲贫贱不移的精神赞歌。在他们的作品中,充满了当代人向往民间的浪漫与朴素的热忱,体现了道家追求自由境界的精神。郑义则写出了普通农民顽强与厄运抗争的精神,是儒家文化精神的结晶;而王安忆的《小鲍庄》则是冷静感悟传统文化的混沌与驳杂的别具一格之作,作品中对"这庄的人最仁义,可惜是太穷了"的描写,既感人至深,又发人深省。这些知青作家在下乡前接受的都是革命教育,只是在下乡的过程中,通过与农民的接触和农村的实践接受到传统文化的影响。由此可见,"寻根"思潮是知青文学中"重新认识农民"主题的发展与深化,它体现了知青作家的民本主义情怀。"寻根派"对传统民魂的礼赞又明显体现出当代人思想解放、人性自由的时代精神。从韩少功对"楚辞中那种神秘、奇丽、狂放、孤愤的境界"②的阐述,和李杭育对"吴越的幽默、风骚、游戏鬼神和性意识的开放、坦荡"③的解释来看,他们显然是借"寻根"去发掘传统文化中与现代意识相通的精神。另一方面,在 80 年代中期的先锋文学中,韩少功的《归去来》,马原的《错误》《上下都很平坦》也都是具有重要意义的作品。《归去来》通过知青返乡引起的误会点出了"我是谁"的永恒困惑,令人想起屈原的《天问》那神奇的风格,又与现代派文学探索自我的主题一脉相通。《错误》《上下都很平坦》在记录知青的悲惨往事中,提炼出世界充满神秘、人生不可知的现代主义主题。它们都将知青文学带入了哲理境界。此外,铁凝的《麦秸垛》刻画农村妇女与女知青在婚恋观念上的相似(都缺乏自立意识),由此生发出对女性命运的人性思考。乔瑜的小说《孽障们的歌》以调侃、玩世不恭的笔调描写了当年知青"篡改""革命歌曲"以发泄苦闷的故事,真实地反映了知青生活中的虚无与苦闷情绪,在知青小说中独具一格。

80 年代末,老鬼的"新新闻主义长篇小说"《血色黄昏》以粗犷、率真的纪实风格讲述了知青的复杂生命体验:在被政治运动捉弄的同时又不屈不挠地抗争;在积极上进的要求与自暴自弃的绝望中浮沉;在纯洁的向往与世俗的算计中彷徨。作品中关于"时代就是粗的,我自然也变得粗野"的主题具有熔社会批判意识与自我批判意识于一炉的深刻意义。作品中许多心理描写、哲理议论也具有发人深思的力量。

---

① 李锐:《〈厚土〉自语》,《上海文学》1988 年第 10 期。
② 韩少功:《文学的根》,《作家》1985 年第 4 期。
③ 李杭育:《理一理我们的"根"》,《作家》1985 年第 9 期。

　　90 年代的知青小说是在"知青文化热"的再度升温中平稳发展的。郭小东的《中国知青部落》通过对 1979 年的"知青大逃亡"的追忆,谱写了一曲慷慨悲歌;梁晓声的《年轮》充满了怀旧的真情,《泯灭》则追忆了一个知青出身的个体户被商品经济大潮吞没的悲剧,体现了作家对现代化进程中人文精神危机的忧患之情;叶辛的《孽债》通过知青留在乡下的子女进城寻找亲生父母的悲剧故事,表达了作家对知青在无法摆脱的历史与难以面对的现实之间彷徨的复杂心态,也触及了知青的历史隐痛;李锐的《黑白》《北京有个金太阳》则百感交集地凭吊了知青幻灭的理想,深入刻画了那些坚持到最后的知青质疑自己奋斗历程的悲凉心境;张抗抗的《残忍》甚至冷峻地追问知青牺牲的虚无意义——巨变的时代,已将过去的屈辱与抗争都抛入了忘川之中……在这类作品中,对"文革"的控诉与对知青自身的过失、缺憾的反省是交织在一起的。这是与"青春无悔"的主题明显对立的具有虚无主义色彩的主题:"青春有悔。"这一主题是知青文学主题的深化,它与巴金在反思"文革"时发出的"我忏悔"的呼声相呼应,显示出当代作家的真诚与痛苦。

　　知青小说突破了已有的模式,多方探索,多元发展。当代理想主义(如张承志的小说)、批判现实主义(如梁晓声的小说)、虚无主义(如乔瑜的小说)、世俗主义(如王安忆的小说)、文化保守主义(如"寻根派"作家的小说)、现代主义(如王小波的小说)等思潮都在知青小说中得到集中的体现。这样,知青小说就成为当代文化多元思潮的一个缩影,知青小说也因此充满活力。另一方面,知青作家在文学的探索中也常常不拘一格:梁晓声、王安忆、郑义是现实主义思潮的代表人物,张承志表现出典型的浪漫主义特征,韩少功、马原、王小波则在借鉴现代主义观念和创作手法方面取得了突出的成就,老鬼的《血色黄昏》则是纪实小说的力作。多元的文学探索,也是知青小说充满活力且得以持续发展的重要原因。

　　在知青小说取得成就的同时,知青文学如何超越自我,是一个亟待解决的课题。有人对知青小说中流露的"青春无悔"倾向提出了质疑,认为在"青春无悔"的口号深处,存在着难以超越自我的局限性。知青小说至今缺乏史诗之作,也是明显的缺憾。

2. 张承志、史铁生的小说

　　张承志①一贯遵循着"为人民"的宗旨,从 20 世纪 70 年代末的《骑手为什么歌唱母亲》中对蒙古族母亲无私奉献品德的讴歌,到 80 年代的《金牧场》中对人类追求理想的壮举的歌颂,再到 90 年代的《心灵史》中对回民在苦难中坚守信仰、不怕牺牲精神的赞美,作家不断从人民中汲取反抗庸俗、追求理想人生境界的精神力量。

　　在张承志的小说中,作家对人民的赞颂是与对人生缺憾的深刻理解紧密相连的。人民的伟大常常在人民的苦难、人民的牺牲中体现出来,"牺牲"成了张承志许多作品中的一个主题。在《骑手为什么歌唱母亲》中,是为了爱的牺牲;在《金牧场》《西省暗杀考》《心灵史》中,是为

---

　　① 张承志(1948—),回族,山东济南人。1968 年下放内蒙古当知青,1975 年毕业于北京大学历史系考古专业,1981 年毕业于中国社会科学院研究生院,获历史硕士学位。1978 年开始发表作品。著有短篇和中篇小说集《老桥》《北方的河》等,长篇小说《金牧场》《心灵史》,及多种散文集。《骑手为什么歌唱母亲》获全国优秀短篇小说奖。《黑骏马》《北方的河》获全国优秀中篇小说奖。

了理想的牺牲。由于"为人民"的创作宗旨是与"牺牲"的主题交融在一起,所以张承志的作品体现了崇高与感伤交织的审美格调。如《金牧场》就以壮阔的气势展示了回族义民、蒙古族额吉、藏族朝圣者、老红军、老红卫兵、日本歌手、美国黑人追求理想的心路历程,讴歌了"人类中总有一支血脉不甘于失败,九死不悔地追寻着自己的金牧场"的伟大精神。另一方面,张承志也写了一些以赞美、理解坚忍、自然、平和的普通人为主题的作品,如《老桥》《绿夜》《黑骏马》等。这些作品中的主人公或超然世外(如《老桥》中的蒙古老人),或天性坚忍(如《凝固火焰》中的里铁甫、《九座宫殿》中的韩三十八),或在灾难临头时坦然面对(如《黑骏马》中的白发老奶奶),都体现了作家对普通人淳朴品德的赞美。这一部分小说与讴歌理想和牺牲的小说在风格上有所不同,以优美见长。不过,无论是讴歌理想与牺牲,还是赞美民魂,都明显表现了作家的民本主义情怀,也体现了作家对人民、对理想的理解:人民是伟大的,也是平凡的;理想是崇高的,也是与艰苦奋斗联系在一起的。

张承志是当代理想主义的代表人物。他的小说《大坂》《北方的河》《金牧场》《心灵史》都激荡着理想主义的热情。《大坂》中顽强征服大坂的青年学者,《北方的河》中为了报考研究生而考察北方河流的有志青年都是理想主义者形象。其中,尤其是《北方的河》因为以开阔的意境、壮美的风格、充沛的诗情描绘了五条北方的河流,并使每一条河流都赋有人生品格的象征意味——黄河是传统的象征,湟水中的彩陶碎片是缺憾的象征,额尔齐斯河是青春力量的象征,永定河是坚忍的象征,黑龙江是理想的象征——而成为当代文学名篇。在《金牧场》《心灵史》中,作者的理想主义是与民本主义交织在一起的,而在《大坂》《北方的河》中,则是与孤独的硬汉子精神、知识分子精神紧密相连。张承志笔下的硬汉子形象既热爱人民,又孤立独行,这是作家在民本主义情感与个性主义意志、民族传统意识与现代个性意识之间上下求索的思想矛盾的集中体现。

作为一个热爱人民的作家,张承志在自己的作品中倾注了对内蒙古大草原、天山山脉、黄土高原壮丽风光的赞美。他的笔触饱蘸诗情,富于鲜明的色彩感。在《白泉》《绿夜》《黑骏马》《金牧场》这些小说的题目中,就显示了作家的色彩感。作家更善于将自己研究历史文化的心得融入小说创作中。如《黑骏马》开篇关于蒙古民歌起源于孤独与抒情冲动的描写,《心灵史》中对哲合忍耶教派历史的探源,对于"历史从来只是秘史"的感悟,都显示了作家的学养对于深化小说哲理意蕴的重要作用。另一方面,张承志的作品也富于鲜明的先锋品格。他的小说充满了象征意味,如《绿夜》象征美丽瞬间;《黑骏马》象征永远的缺憾;《老桥》象征过去和未来之间的深刻联系;《北方的河》象征理想的人生境界;《黄泥小屋》象征平凡而神圣的"念想"等。他还在《金牧场》中成功尝试了以繁复的结构和多种字体表现各民族追求理想人生境界的悲壮历程,以及自己和同龄人在追求理想的"自由长旅"中对生命与牺牲、革命与人民、宗教与奇迹、真理与异端的深刻体验。在蒙古族勇士寻找金牧场的传说中,在回民义军领袖宁死不屈、捍卫神圣信仰的历史中,在当年的红军战士长征和红卫兵小将重走长征路的故事中,在学生运动的记载中,在日本歌手的慷慨悲歌中,在美国黑人争取平等权利的斗争中,都贯穿了人类追求理想的共同激情。《金牧场》因此而充满激情又富于智慧。它既是一部人类追求理想的心灵史,也是一部个人成长的心灵史。它的意蕴十分丰富,被称作"智慧小说"①。张承志

---

① 《长篇小说〈金牧场〉恳谈会录音剪辑》,《昆仑》1987 年第 4 期。

的小说因此而拥有深厚的历史文化底蕴,具有鲜明的当代意识。他在世俗化浪潮喧哗的年代里,唱出了动人的理想之歌。同时,他又以对追求理想就必须付出沉重的代价的深刻认识,以即使一个人也要坚守自己的精神家园的气概,使自己的理想之歌充满悲怆的意味。这正是张承志的理想之歌不同于天真、单纯的理想主义的关键所在。

张承志的小说以"美文"而为人称道。他认为:"小说应当是一首音乐,小说应当是一幅画,小说应当是一首诗。"①他的小说常常飘荡着音乐的旋律,如《黑骏马》就是以蒙古族民歌作为贯穿小说始终的线索;《金牧场》中几度响起了日本歌手深沉又孤独的歌声;《GRAFFITI——胡涂乱抹》也以澎湃激昂的语言淋漓尽致地宣泄了歌手愤世嫉俗的情绪,充满诗情画意。再如《北方的河》中描写主人公面对黄河的一段文字,就洋溢着浪漫的诗情。在《金牧场》《心灵史》等作品中,都有类似充满磅礴气势的成段抒情文字,有时甚至直接将大段大段的诗句写入小说之中。音乐感、色彩感、诗情,组成了张承志小说的"美文"特色。

需要指出的是,深厚的民本主义情感和偏激的个性使张承志的创作也不时流露出偏执的愤世嫉俗情绪。这一点已经引起评论界的质疑与批评。尽管如此,张承志仍被认为是当代理想主义思潮的代表人物。这一现象又昭示了这样的哲理:虽然作家孤独地与时代对峙,他的激情在这个时代却激起了持久的回声。这一现象是耐人寻味的。

史铁生②是知青作家,也是当代作家中对人生哲理孜孜以求的、具有哲人气质的作家。

《我的遥远的清平湾》是一篇散发着浓郁的"怀旧"气息和陕北农村生活气息的小说。小说通过一个知青对插队生活的回忆,塑造了放牛老汉的感人形象。老汉曾经为革命出过力,却一直过着苦日子。老汉在艰难的日子里与小孙女相依为命,但也善于苦中作乐。作家以舒缓、动情的笔调描绘了陕北人的朴实、坚韧和善良。小说中对陕北方言和陕北民歌的记述,也为作品平添了浓郁的文化氛围,那回荡在作品中的"信天游"曲调,也使小说富于抒情感。中篇小说《插队的故事》继续着"怀旧"的主题,依然飘荡着陕北民歌的旋律,但作品中对农民艰难生存状态和无奈叹息的描写显然大大地增强了,小说中关于"人的命运真不知在什么时候,因为什么事情,就被决定了"的议论,使那些悲凉的乡村故事赋予了命运感。

1984 年发表的中篇小说《山顶上的传说》是一篇写残疾人苦苦思索命运的作品。小说中,作者表达了对在绝望中与命运抗争的"西绪福斯精神"的认同。此后,作家的一系列作品都在反复强化着与命运抗争就是生命的意义的哲理主题。如《命若琴弦》通过流浪盲艺人在虚幻信念的支撑下驱除绝望的寓言故事,表达了作家对人生真谛的感悟:生命只是一个过程,如何赋予虚无的生命以积极的意义,正是人生的关键所在。《礼拜日》浸透了作家对造物奥秘的参悟:上帝把人生的真谛藏起来了。男女之间的爱情、动物的生命节律、宇宙的起源奥秘……一切都是命中注定的。"时光无限,宇宙无涯。""花开花落,花开花落,悠悠万古时光。"宿命论到了史铁生的笔下,竟神奇般地焕发出庄严、肃穆的光芒。《原罪·宿命》通过一个残疾人生活

---

① 张承志:《美文的沙漠》,《文学评论》1985 年第 6 期。
② 史铁生(1951—2010),北京人。1969 年中学毕业后去延安地区插队。1972 年因双腿瘫痪转回北京。1979 年开始发表小说。著有小说集《礼拜日》,长篇小说《务虚笔记》,以及《史铁生作品集》等。《我的遥远的清平湾》《奶奶的星星》获全国优秀短篇小说奖。

在自己营造的神话中的故事和一个人偶然遭遇车祸、成为残疾人的故事,再次表达了对厄运发生偶然性的无奈的理解,以及努力超越厄运的可能,哪怕是虚幻的超越。《老屋小记》记述了几个普通人的"非凡的梦想",无论能否实现梦想,都是生命的支撑,心灵的寄托。在这些具有鲜明寓言意味的哲理小说中,作家表达了对苦难的浩叹,对人生的豁达理解,对世界的博大爱心。

长篇小说《务虚笔记》在史铁生的创作中有特别的意义。在这部思想深邃、意境高远的作品中,作家既深刻表现了命运的无情与人生的脆弱,又深情赞美了人的奋斗精神。作家有意模糊了小说中人物的身份与性格,突出了人的命运的偶然性,并由此进一步探索生与死、爱与恨、忠诚与背叛、信仰与怀疑、平等与差别、理想与牺牲这样一些永远诱惑人也困扰人的主题。小说讲述了女教师 O、政治家 WR、画家 Z、医生 F、诗人 L、残疾人 C 等各色人物的经历和命运,在这些显然具有高度概括意义的故事中,作家浓缩了一代人的生命体验,也浓缩了人类的生存悖论:每一个人都会偶然地与不幸遭遇;每一种人生的追求都会在无情的现实中遭遇困惑。然而,永远不可征服的,是人的欲望与梦想。这样,作家就从一个个人生的悲剧中发掘出了庄严,从一个个虚幻的梦想中发现了自由。有评论家认为:"史铁生在当代作家中是哲学素养最高的作家,这一点最集中地体现在他的《务虚笔记》之中。""《务虚笔记》已不是通常意义上的'小说',它是哲学……它的基本主题就是当代中国人的青春史。"[1]

无论是《我的遥远的清平湾》《插队的故事》等写实之作,还是《山顶上的传说》《命若琴弦》《务虚笔记》那样的充满象征意味的哲理之作,史铁生都写出了豁达、玄远的哲人风度。而他的小说语言也充满了肃穆、玄远的哲理意味,如《礼拜日》《我之舞》等作品中都不乏思辨或启悟性的文字。

史铁生的小说是当代"哲理小说"的重要收获。然而,作家对形而上问题的迷恋有时也导致了作品的晦涩,有些作品在结构上显得有些支离破碎,所要表达的主题也不那么明晰易懂。

3. 王小波的小说

《黄金时代》是王小波[2]的代表作,包括四部中篇小说(《黄金时代》《三十而立》《似水流年》《革命时期的爱情》)和一部短篇小说(《我的阴阳两界》)。在这个系列中,主人公都叫"王二",他们都出生于 50 年代初期,身份分别是"文革"期间下放到云南农场的知青、北京豆制品工厂的工人、80 年代的大学老师、医院的工程师等。他们生活在备受压抑的环境中,面临着来自政治的、体制的无孔不入的压力,但作家偏偏要将这样的环境命名为"黄金时代",显然并不仅仅是出于反讽的需要。在这些作品中,对性爱的书写构成了极其重要的内容。王小波本人并不讳言:"'性'是一个人隐藏最多的东西,是透视灵魂的真正窗口。"[3]在《黄金时代》系列

---

① 邓晓芒:《灵魂之旅》,湖北人民出版社 1998 年版,第 158、197 页。

② 王小波(1952—1997),生于北京市。当过下乡知青和工厂工人,1982 年毕业于中国人民大学贸易经济系,后在美国匹兹堡大学获硕士学位。1988 年回国后先后任职于北京大学、中国人民大学,1992 年辞去教职,成为自由撰稿人。1980 年发表处女作《地久天长》,著有以"时代三部曲"(《黄金时代》《白银时代》《青铜时代》)等为代表的中、长篇小说多部,以及《沉默的大多数》等杂文集。出版有《王小波全集》(10 卷)。

③ 王锋:《我希望善良,更希望聪明——王小波访谈录》,艾晓明、李银河主编:《浪漫骑士》,中国青年出版社 1997 年版,第 214 页。

中,这种性描写往往又蕴含着极其强烈的政治寓意和时代色彩。《革命时期的爱情》中"文革"后期的豆制品厂头头老鲁反复猛扑向王二(老鲁坚持认为王二在厕所墙上画了有自己性器官的淫画),试图捉拿他的举动,充满着性的隐喻色彩;《似水流年》中的李先生不停地将自己的隐私抖搂给众人,则以自我暴露的方式反抗当时集权体制给普通人带来的伤害。在《黄金时代》中,性爱还演变成一种无与伦比的生命之力。农场医生陈清扬因丈夫坐牢而独居,但她并没有变得憔悴不堪,反而愈加风韵迷人,因此被指责为"破鞋"。陈清扬请求王二为自己正名,王二说无法证明,不如将错就错,使她成为"名副其实"的破鞋。两人终于上演了一幕幕的性爱悲喜剧,"通奸"、被"通缉"、逃亡、被批斗,批斗大会因陈清扬的美丽和配合而成为农场的狂欢节。在这里,作家描写了有偷窥癖的压迫者和佯谬的被压迫者之间的奇异关系,言说了性爱的强悍无比的力量,这种力量甚至可以部分程度地对抗"文革"中的禁欲氛围。

尽管王小波的"性爱故事"摇曳多姿,不过,作家并非仅仅描写了"革命时期的爱情"——"文革"中病态的性爱,也并非重在对"文革"等历史事件作任何控诉式剖析。实际上,王小波的小说中有更多的篇什指向了一个时代的权力—话语机制,这些作品试图颠覆的是权力本身乃至权力背后的话语生产机制。从这个意义上来说,王小波的小说已经超过了伤痕文学和反思文学的思想深度。在作家笔下,压迫/反抗、理性/非理性、专制/自由都呈现出激烈冲突的状态,这都是残酷的现实背后权力机制所必然酿成的社会群体或个体心理的畸变。具体到性爱故事中,作家经常采取 S/M(sadist 施虐狂/masochist 受虐狂)的情节模式。在王小波的小说中反复出现一个细节,即白衣貌美女贼被公差抓走后遭遇强暴的细节,在《似水柔情》《舅舅情人》等作品中分别由小说的人物讲述这个故事,最后得出"被逮走就成了美丽温婉和顺从的同义语"的结论。显然,施虐/受虐的情节模式并非仅就性意味而言,而是具有格外丰饶的政治和文化意味,这也是作家屡次写到施虐/受虐场景的意图。

在王小波的小说中,施虐/受虐的复杂关系正是权力—话语机制发挥作用的重要基础:权力使施虐者拥有话语控制权,从精神到肉体,都肆无忌惮地压榨受虐者;受虐者除了忍受之外,别无他法。因此,王小波的小说较少启蒙主义的乐观情绪,更无意于"唤起民众",他更乐意写出"沉默的大多数"之所以沉默的内在质素。并且,在王小波的小说中,施虐者/受虐者的角色又并非固定不变的:×海鹰利用她的权力,用帮教的合法方式向王二施虐,反过来,×海鹰又把自己想象成被"狠心的日本鬼子"强暴的无辜少女,才能完成与王二的性爱过程(《革命时期的爱情》);李靖将洛阳城设计为躲避公差们追捕的天然屏障,等他成为"卫公"后,他所设计的长安城则使反叛者无所逃遁,受虐者又变成施虐者(《红拂夜奔》)。正是受虐者的参与和互动,才促使权力机制得以严密无缝地运行。

在《白银时代》《未来世界·下篇》以及未完成的《未来世界的日记》《黑铁时代》《黑铁公寓》等作品中,王小波将对权力机制的揭示与后工业社会的反乌托邦叙事结合起来。在这些作品里,作家用一个个荒唐的故事向人们展示了未来社会中高度的物质文明与权力机制合谋后对人们进行身心奴役的可怕景象。这些作品所指向的仍与《黄金时代》等作品相关联。

在王小波的文学主张中,尤其强调"有趣",这样的文学主张在其小说中多有表现。他的作品大都妙趣横生,充满智慧。在叙事策略上,他经常采取反讽的叙述手法、佯谬的个人语言、荒诞的故事情节来击破时代的谎言,甚至反转小说中人物的监管者/被监管者的关系。如在《黄金时代》中是这样写批斗王二、陈清扬的:"等了好半天,听了好几篇批判稿,才轮到我们王陈二犯。原来我们的问题是思想淫乱,作风腐败,为了逃避思想改造,逃到山里去。后来在党的政策感召下,下山弃暗投明。听了这样的评价,我们心情激动,和大家一起振臂高呼:打倒王二! 打倒陈清扬! 斗过这一台,我们就算没事了,但是还得写交代,因为团领导要看……挨斗时她非常熟练,一听见说到我们,就从书包里掏出一双洗得干干净净用麻绳拴好的解放鞋,往脖子上一挂,等待上台了……"在这里,被监管者利用自我供状的坦白,牢牢掌握了话语主动权,巧妙地扭转了自己的地位,将批斗会变成了一场盛会,效果令人始料未及,忍俊不禁。

王小波的语言充满戏谑色彩,对很多读者所习惯的抒情文风是一种明显的背离。王小波的小说中所出现的"磨屁股""革命时代的痔疮""地主老财的屎橛子"等语词,都以不洁的意象挑战人们对于革命的美好想象,革命时代的非理性也被展现出来。《似水流年》中自海外归国的李先生被"文革"中的造反群众踢伤了龟头,他连篇累牍地写出了长篇大字报,论证龟头血肿的问题。李先生的执拗、顽固显得可笑而不合时宜,众人的羞耻却隐藏着性虐待意味,这都折射出时代的荒诞不经。王小波还经常采用一些被认为是不洁、肮脏的意象,来揭示一个时代中精神沦陷的命运,乃至用"龌龊"的语词来挑战人们的阅读趣味,其中多有戏谑的语言,令人捧腹。

王小波的小说在当代中国的文化环境中是一个异数,他的作品充满天马行空的想象和汪洋恣肆的语言,他面对强大的政治和文化权力时所采取的解构姿态和反乌托邦叙事,显示了他与西方现代派文学的亲近。他用特异的写作方式建立了一个与现实相对的文学世界,张扬健康的人性,狂放不羁,自成一体,这是他的独特的文学贡献。

八、"寻根"和少数民族作家的小说

1. 寻根小说的涌动和民族文化的勘探

"寻根"可以前溯到 20 世纪 80 年代初。在当时文坛上,虽以现实主义创作潮流占据主导地位,但同时有一股新的文学寻根潮流正在悄悄酝酿之中,如李杭育的《最后的一个渔佬》、郑义的《远村》、阿城的《棋王》、乌热尔图的《七岔犄角的公鹿》、扎西达娃的《西藏,系在皮绳扣上的魂》等作品,或以对传统文化的关注,或以对古朴、原始的生活的眷顾,或以对文明冲突的忧虑而有别于当时的现实主义文学主流。

新的创作潮流的出现,很快引起一些作家、评论家的关注,并于 1984 年冬聚会杭州,集中探讨文化与文学创作的关系,提出了"文化寻根"或"文学寻根"的主张。从 1985 年上半年起,一批志同道合的作家陆续发表了一系列堪称"寻根"宣言的文章①,以表达他们的观点,较为共同的看法是:"文学有根,文学之根应该深植于民族传统文化的土壤里。"这些文章把当时思想文化界和学术界的"文化热"引入了文学界,在理论批评和文学创作中得到广泛的回应,"寻根文学"的潮流由此而蔚成声势。

寻根作家对于"根"的理解,总的说来是本民族的传统文化,但在各自的创作实践中则各有侧重。一批带有乡土背景的作家把"根"指认为一种具有地域特色的乡土或民间文化,并在小说中着力表现,如韩少功倡导的"楚文化",李杭育试图在"葛川江"系列再现的"吴越文化",贾平凹在"商州"系列中表现的"秦汉文化"等。一些少数民族作家则把本民族所具有的蛮荒色彩的原始生活形态当作他们的"根"之所在,如乌热尔图所表现的鄂温克族的独特的生活形态和失去传统生活的痛苦,扎西达娃在小说中所展现的藏族聚居区原始色彩与魔幻魅力的生存图景等。更有一些寻根作家注重从传统文化和人文精神的思想资源中寻找现代社会的精神支撑,因而他们把"根"指认为民族的传统精神信仰或文化价值观念,如张承志在《黄泥小屋》中体现出的伊斯兰精神,阿城在《棋王》中所推崇的庄禅精神,郑义在《远村》中写出的汉族深固的道德伦理精神,王安忆在《小鲍庄》中写出的儒家仁义精神等。

寻根作家虽然把审视的目光朝向传统,但他们对于传统的态度不尽相同,认同和批判大体上构成了这个创作潮流的两极,还有处于这两极之间的矛盾的态度。张承志、阿城、乌热尔图、郑万隆等对于传统基本上持认同态度,他们在"寻根"中发掘"种族之根"和"道德之气",用以解救当代城市文化的堕落以及现代人的精神颓败,因而极力张扬传统文化中崇高、昂扬、向上

---

① 参见韩少功:《文学的"根"》,《作家》1985 年第 4 期;郑万隆:《我的"根"》,《上海文学》1985 年第 5 期;郑万隆:《不断开掘自己脚下的文化岩层》,《小说潮》1985 年第 7 期;阿城:《话不在多》,《文汇报》1985 年 4 月 22 日;阿城:《文化制约着人类》,《文艺报》1985 年 7 月 6 日;郑义:《跨越文化断裂带》,《文艺报》1985 年 7 月 13 日;李杭育:《理一理我们的"根"》,《作家》1985 年第 9 期;李杭育:《文化的尴尬》,《文学评论》1986 年第 2 期。

的一面,这种认同带有浓烈的浪漫气息。韩少功、王安忆等作家则着眼于对"根"的批判,如韩少功从原始形态的生活形式和生命形式中一方面表现了先民强悍的生命力,另一方面更发掘出丙崽式的精神侏儒(《爸爸爸》),揭示出民族根性中的蒙昧性;王安忆则既写出了"仁义"在维系乡民生活秩序上的重要性,也以反讽的方式写出了"仁义"对人的个性发展和欲望表达所带来的束缚和压抑(《小鲍庄》)。基于一种"情理悖谬",郑义、李杭育、贾平凹等对传统持一种矛盾态度:他们在情感上对太行山、葛川江和商州等地所保留的那种古朴醇厚的儒风乡情以及趋于消逝的"最后一个"的生存方式表示眷恋和悲挽,但在理性上他们也不得不承认对古朴遗风的"破坏"及"最后一个"的消逝是一种社会和时代的进步。当这些作家对于传统眷顾的情感压倒理智时,在作品中就往往会透出浓郁的浪漫情调。

寻根小说的文学史意义首先表现在它打破了当代文学此前各种创作潮流所沿袭的单一的政治视野,而生成了更为开阔的文化视野,文化视野的形成极大地拓展了新时期小说创作的包容性和丰富性。其次,寻根小说打破了现实主义独尊的格局,不仅表现出浓郁的浪漫主义倾向,而且也糅合进现实主义和现代主义的多种表现手法,作家们在充分吸纳外来经验的同时也着力挖掘本民族的文化传统,并结合自身的实际寻找到切合自己的艺术表现方式,因而促成了中国当代文学的一次"文的自觉"。其三,尤其值得指出的是,"寻根"的主张给少数民族的小说创作注入了新的活力。

在新中国,少数民族作家的小说创作历来有坚实的基础,因而在新时期也复苏较快,是文坛上一支活跃的生力军。仅就长篇小说而言,除荣获茅盾文学奖的《黄河东流去》(李準,蒙古族)、《穆斯林的葬礼》(霍达,回族)、《尘埃落定》(阿来,藏族)等之外,还有诸如《幸存的人》(益希单增,藏族)、《醉乡》(孙健忠,土家族)、《血菩提》(朱春雨,满族)、《金牧场》(张承志,回族)、《最后一只白虎》(李传锋,土家族)、《瀑布》(陆地,壮族)、《战斗的年代》(柯尤慕·图尔迪,维吾尔族)、《骑兵之歌》(敖德斯尔,蒙古族)、《雪夜》(李元吉,朝鲜族)、《太阳树》(张长,白族)、《苏醒了的大地》(阿·乌铁库尔,维吾尔族)、《英雄博克》(夏莫斯·库玛尔,哈萨克族)、《太阳部落》(梅卓,藏族)等30多部长篇小说获民族文学创作奖。此外,还有一批受到读者好评的中短篇小说。少数民族作家的小说创作在主题和题材开掘、人物形象塑造、艺术手法探索等方面为新时期文学作出了诸多贡献,因而少数民族作家及其小说创作的地位也较之此前大为提升,其影响力已远远超出少数民族地区和少数民族读者。

"寻根"的主张对少数民族小说创作的推动是不言而喻的,特别是一批少数民族中青年作家在"寻根"的启悟下,充分发挥出其民族、地域等天然优势,着眼于本民族文化资源的深层勘探,不仅创作出饶有异域色彩和民族风情的作品,而且从中提取出深刻的人生和生命感悟,成为全民族共享的精神文化财富。定位于本民族文化根基、确立本民族的观照视野、寻求本民族的心灵表达,将它们提升到全社会和全民族的高度,这成为"寻根"提出后少数民族小说创作的一个新起点,由此也产生了若干少数民族史诗性作品,如张承志的《心灵史》、霍达的《穆斯林的葬礼》、阿来的《尘埃落定》等,这些作品的意义和影响大大超出了民族范围,成为整个中国当代文学的艺术瑰宝。

"文化寻根"的文学实践也引起一些质疑,质疑者担忧它的"回归"倾向会导致对传统文化不加批判的复古,取材上的偏废可能导致对现实的漠视,而且确有作品表现出贵远贱近、向虚背实的猎奇的趣味。这也正从一个侧面折射出现代人的文化困惑及因困惑而引发的焦躁心态。

2. 韩少功、阿城的小说

韩少功①的创作大体分为三个阶段。第一阶段以传统的现实主义小说为主,作品多取材插队时期的农村生活,这也是人们把他视为知青作家的主要原因。第二阶段以寻根小说为主。作为"文化寻根"的倡导者之一,他力图通过自己的创作"寻找我们民族的思维优势和审美优势"②。第三阶段则是去海南及返回湖南乡下期间,以《马桥词典》为中心,通过方言考察,表现独特的文化思考,这可以视为"寻根"的延续。

写于 1979 年的《月兰》是新时期较早触及十年浩劫中农村凄惨现实的重要作品。小说以一个知青出身的工作队员对于往事的回忆、思索,叙写了月兰的悲剧,从中可以看到极左路线给农村带来的灾难。《西望茅草地》是从伤痕文学向反思文学的延伸,作品写茅草地农场场长张种田以老革命的身份,用农民式的褊狭、固执和封建式的独断和专制统治着农场,最终导致农场的破产,在主题和题材上对现实生活中的封建专制残余作出了深入的挖掘。

1985 年发表的《爸爸爸》是韩少功转向寻根小说的标志性作品。小说通过描写湘西大山里一个原始部落的历史变迁,把乡村风俗、逸闻掌故、土语人情糅合在一起,以其丰富的想象力和魔幻现实主义手法,对本民族封闭、凝滞、愚昧、落后的文化心态给予深刻的揭露。这种揭露和批判主要通过丙崽这一具有象征意味的形象来体现。丙崽是个只会咕哝"爸爸爸"和"×妈妈"的白痴,其"眼目无神,行动呆滞,畸形的脑袋像个倒竖的青皮葫芦"。他仅会说的这两句话也只是他在"被寨子里的人逗来逗去,学着怎样做人"时学会的。这种话语方式与其说是丙崽的,不如说是鸡头寨人的。缺少正常理性而又被神灵化了的丙崽恰好喻示着深植于鸡头寨人头脑中简单的思维方式,作者以此针砭了一个民族在精神上的病态。继《爸爸爸》之后,韩少功又发表了《女女女》。在这部作品中,地域文化不再占据主导地位,而是从人类学的层面来表现人类的生存困境。小说中的幺姑有谜一般的经历,她的思维、语言和行为方式以及被送回乡下因禁锢而发生的畸变等,都使小说极富象征色彩,揭示了因个人与环境的相互抵牾而陷入的生存困境。在这一阶段,韩少功还写了《归去来》《蓝盖子》等,尽管这些作品多被视为寻根小说,但无论在观念或手法上都深受现代主义的影响。

《马桥词典》是作者移居海南以后创作的重要作品。在这部形式独特的小说中,作家首先提供了一个叫"马桥"的地方,它在古代叫做罗国,位于屈原流放和投江的汨罗江边。小说以知青为叙述者,上溯历史,下书当下,重点讲述马桥的风俗人情故事,但这一切都借词典的样式来展开叙事。作家运用词典编撰的方式,以马桥的方言土语为词目,将马桥的传说、历史、地理、风土、人物等纳入词典,然后叙述者以下乡知青和词典编纂者的双重身份来解释词条,在解释中叙事,引出一个个文学故事。"我"时而是马桥生活里的一部分,时而是马桥故事的叙述者,时而又以第三者的身份对这一切进行阐释,作品表现出来的思辨性,对时空、生命、价值、美

---

① 韩少功(1953—),笔名艄公、少功等,湖南长沙人。1968 年去湖南汨罗县插队。1974 年调县文化馆工作,开始发表作品。1985 年调入湖南省作家协会从事专业创作。1988 年去海南。1995 年策划同人杂志《天涯》,任海南省作家协会主席。2000 年年底辞去职务回湖南汨罗写作。出版有小说集《月兰》《飞过蓝天》,长篇小说《马桥词典》等,《山南水北》等散文随笔集,以及《韩少功文集》。《西望茅草地》《飞过蓝天》获得全国优秀短篇小说奖。

② 韩少功:《关于文学"寻根"的对话》,《文艺报》1986 年 4 月 26 日。

丑等的理解和议论,体现着一位思想者的深刻与睿智。在艺术上,《马桥词典》的贡献在于语言的探索。作者把语言作为小说展示的对象,小说的世界包含在语言的展示之中,马桥的人生活在马桥的语言中,失去了语言,就失去了马桥,小说也就失去了附丽。在这里马桥人用自己的语言来思维、来接纳世界,语言帮助他们构成了自己的精神世界和外部世界,韩少功把描述语言与被语言描述的对象以解释的方式紧密地结合在一起,使词语解释部分构成了小说最生动的叙事。例如关于年龄有三个词"贵生""满生"和"贱生",通过对这三个词的解释和具体应用,即可窥见马桥人对生活、生命和人生的理解及态度。《马桥词典》敏锐地抓住了"语言"这个民族文化的根本问题,通过对语言的读解来揭示马桥文化的模糊、混沌、退缩和压抑生命的本质,进而提醒读者关注民族的文化和生存状态。从这一点看,《马桥词典》不仅是韩少功"寻根"思想的延续和深化,而且是在 90 年代对启蒙思想立场的坚守和张扬。

进入新世纪,韩少功又发表了长篇小说《暗示》《日夜书》。《暗示》在写作意图上与《马桥词典》有一定的继承性,寄寓着作者对文化的追怀、对历史的沉思,以及对现实的深切关注;更增强的是对现代工业文明和知识体制的批判,及对本土村俗文化的诉求。2013 年出版的《日夜书》是韩少功返回汨罗后写成的长篇小说,堪称"50 后""致青春"的作品,有诸多对知青一代人生的回忆性元素。从这两部作品中可以领略到,尽管"寻根"潮流已过去近三十年,但"返回"意向仍是韩少功创作的重要推动力。

阿城①创作的小说不多,但由《棋王》《树王》《孩子王》构成的"三王"系列已足以使他成为寻根小说的代表作家。阿城在谈到自己的创作时说:"以我陋见,《棋王》尚未入流,因其还未完全浸入笔者所感知的中国文化,还属于半文化小说。若使中国小说能与世界文化对话,非要能浸出丰厚的中国文化。"②所谓"浸出丰厚的中国文化",也就是用中国传统文化—心理来观照、理解和表现世界,这是阿城小说不同于其他"寻根"作家的一个重要特点。因此,阿城的作品不像其他"寻根"作家那样极力去表现民情风俗、神话仪式、异乡逸闻,他的代表性作品大多以现代生活为背景或对象,在他看来,只要创作主体"浸入"了中国文化,不论是写什么题材,都可以流溢出中国文化气息。

《棋王》就是一个成功的范例。小说的主人公王一生是"文革"时期被"上山下乡"潮流裹挟到农村的知识青年,在"阶级斗争"的环境中,他却整天在小小的棋盘上心游神驰。他出身贫寒,虽迷于下棋,却深知温饱来之不易,以为"吃"才是人之根本。小说从饮食、下棋两个方面展开对王一生的描写,揭示人物独特的精神气质和性格神韵。在他那"道家"的外衣里包裹着"儒家"的骨气,在貌似禅庄的超脱旷达里隐藏着积极进取的精神,因而淡泊中有崇高,虚静中有壮烈,王一生正是以有所不为而有所为的人格操守,以下棋来完成人生价值的证明。这种独特的精神气质和性格神韵也表现在"三王"系列的其他作品中。《树王》里的肖疙瘩虽然不善言辞,好像无欲无求,但他倔强的性格更为突出,为了护树,不惜与大树同归于尽。在《孩子

---

①　阿城(1949—　　),原名钟阿城,祖籍重庆江津,生于北京。中学未读完,便下放到云南等地当知青。1979 年回到北京,曾参与策划"星星美展"。1984 年开始发表文学作品。90 年代后期出国,多从事文化随笔写作,现移居美国。著有中篇小说《棋王》,短篇小说《遍地风流》,随笔集《闲话闲说》等。

②　阿城:《话不在多》,《文汇报》1985 年 4 月 22 日。

王》中,让"我"去农场教书,众人皆羡慕,唯"我"淡如常,让"我"回队种田,众人皆叹惋,唯"我"复如初。这类宠辱不惊、平和散淡的人物正寄寓着中国传统文化的某种人生态度。

除"三王"系列之外,阿城还写了"遍地风流"系列短篇小说,其短者如《峡谷》《溜索》《洗澡》《雪山》《湖底》等,仅寥寥千字左右,截取一个小片段、一个小场景,叙说一人或一事;其长者如《会餐》《树桩》《周转》《卧铺》《傻子》《迷路》等,也不很长,叙事集中,略有周折,却无铺排。《遍地风流》中的一些人物,则干脆褪去了平淡、无为的外衣,表现边地男子汉雄浑、豪迈、旷达不羁的性格,歌颂了自然质朴的原始生命力。

在艺术探索上,当许多作家从西方现代派文学中寻求借鉴时,阿城从自己早年曾参与的现代派绘画运动中返回,以小说创作来刻意营造富含中国传统韵味的审美境界。

首先是静观默察的观照方式和叙事态度。在"三王"系列中,都由"我"作为"观者","我"在叙述事件时几乎无所谓喜忧,也无所谓褒贬,如在《棋王》中,"我"的父母在运动中被打死,剩下"我"孤身一人下放到边疆,"我"没有感情上的大悲大恸,以置身世外的态度旁观车站上熙来攘往送行的人群,"我"心静如水,心明如镜,不动声色地接纳和描述在"我"之外的现象世界。因为不受先在观念的牵制,所以他完全不用一般写知青生活的方式写知青,不用一般写"文革"的方式写"文革",这使他的作品在很大的程度上克服了理念化太强、审美化不足的毛病。其次,在叙述方式上,阿城的叙述出入自由,无碍于旁涉,感之深者则多写,感之少者则少写,有如行云流水,来去俱无拘束。如《遍地风流》里的一些小短篇,或描写一个场面,如《峡谷》;或叙述一个情节,如《溜索》。虽然只有惊鸿一瞥的诗意片段,但都娴熟地运用传统的叙述笔调和纯然的白描手法,简约洗练,举重若轻。最后,在语言运用上,阿城的语言是很有特色的,他很少采用铺排的方式,多用短句,且吸收了古代汉语的句法和词法,常有别出心裁之处。如果说文学是语言的艺术,那么阿城的小说可以说是用艺术性很强的语言构造的。

3. 乌热尔图、扎西达娃、阿来、霍达的小说

乌热尔图①的小说主要反映古老的狩猎民族鄂温克村落的生存现状和生活现实,他的小说力求展示鄂温克人真实的生活,几乎每一篇小说都是对那特有的原始森林风光的展示,也是民族部落生存环境和民族风情的图画。《琥珀色的篝火》中所写的那种雨中原始森林的生存情景,主人公尼库那种就地砍树而迅速制作桦皮锅的动作,那种迅猛猎取狍子而食其肚脏,取其鲜肉用木火烧熟而食的特有生存方式,使人们了解到鄂温克族特有的生活方式。作为鄂温克族的第一代作家,他将本民族的生活、历史与文化心理带进了当代文学创作领域。

乌热尔图的小说关注的中心是人物和人物的性格,他力图通过小说中人物的言行与心理揭示人物的精神世界。《七叉犄角的公鹿》中的"我",体现了鄂温克人的典型性格。小说写这个13岁小孩单独出去打猎,他第一次看到那只高大健硕的公鹿时心情激动,很害怕地放了一枪,虽然让公鹿受了伤,但他并没有追到,更没有找到。第二次他是故意放走了它,第三次他帮助公鹿打死了狼群,又放走了它。他是为公鹿充满爱的性情和善良的性格而感动才故意放走

---

① 乌热尔图(1952—　),黑龙江省甘南人。1978 年以《森林里的歌声》开始小说创作,出版有小说集《七叉犄角的公鹿》《乌热尔图小说选》等。《一个猎人的恳求》《七叉犄角的公鹿》和《琥珀色的篝火》获全国优秀短篇小说奖。

它的。公鹿在其幼鹿与母鹿还没有离开危险处境时所显示出的那种不畏牺牲的品格,让他激动不已。所有这一切,都被其继父看在眼里。他看到这个小孩成长为一个真正的鄂温克族男子汉而高兴,终于改变了对他冷淡的态度。最后,父子俩终于成了好朋友。小说通过人物独特性格的描写,体现了鄂温克族人的美好品质。

在艺术上,乌热尔图的小说具有诗情画意。他的小说语言自然而精炼、浑厚而明朗。小说对原始森林朴实而生动的展示,如诗一般给人清新迷人的印象。作者特别注意对自然与人物给以情景交融的描写。《老人和孩子》写一位 81 岁的老人和一位天真的少年到森林中,从早到晚就是为了要听一听野鹿唱歌,看一看野鹿集中在一起唱歌的情景。小说中所展示出来的听野鹿唱歌时的老人的心情和小孩的心情,与自然风情、动物性情有机地连在一起,使人们不得不为此情此景而深深感动,产生一种让人陶醉其中的境界。

乌热尔图的小说也有不足,如艺术格局还不够阔大,对现实生活观照不够,人性的深度与厚度也有待进一步开掘。

藏族作家扎西达娃①小说的独特之处,是他借鉴了魔幻现实主义以表现西藏历史文化与现代生活的融合,创作出一批有特色的西藏魔幻小说,如《西藏,隐秘岁月》以及被称为"虚幻三部曲"的《风马之耀》《世纪之邀》和《悬崖之光》等。

《西藏,隐秘岁月》是扎西达娃的代表作。它通过哲拉山区一个名叫廓康的小村庄中达朗家族五代人的繁衍生息,和四个名叫次仁吉姆的女子的命运纠葛,对近百年的西藏社会的历史变迁和人世沧桑作了艺术的浓缩。小说是在两个主要人物达朗和次仁吉姆的命运扭结中循环往复、螺旋渐进中展开的。次仁吉姆两岁时就能在沙盘上画"人世轮回图",刚学会走路就会跳早已失传的"金刚舞",她踩出的脚印竟正好是一幅"天空星宿图"。可是她那显示诸神化身的奇异迹象后来却因几个英国人的突然闯入顿时消失。进入青春期的她又被神秘的旨意赋予一项终身使命:按时给隐居在岩洞里的高僧奉送茶饭。为此她拒绝了深爱着她的达朗。很显然,这是一个宗教与神话、文化与历史相融合的人物,命定了她信仰的愚昧和虔诚,因而成了一种潜在的承传习俗的化身,成了一个被世俗化了的宗教文化模式的象征。而居住在哲拉山顶可以瞭望到次仁吉姆的身影并终生爱恋着她的达朗,目睹了人世间的沧桑变迁,在家族的繁衍生息中逐渐衰老,并带着解开生存之谜的强烈渴望和朦胧觉醒离开了人世。但是年轻的女医生次仁吉姆和达朗的儿孙们,没有重复老次仁吉姆和老达朗的命运。小说在整体架构上虽然很容易让人联想起马尔克斯的《百年孤独》,但达朗家族和四代次仁吉姆的命运,没有像布恩迪亚家族和马孔多村那样虽经百年兴衰,却始终在贫穷落后的绝望和孤独中轮回转圈。所以《西藏,隐秘岁月》的价值和意义,正如评论所指出的,它"所显示出的哲人作家的风采——一种形而上的灵视,一种对本民族历史与文化的诗性领悟,一种作为思想与心灵代偿的语码创造——使我们可以把它视为扎西达娃的代表作"②。

---

① 扎西达娃(1959—),曾用名张念生,祖籍四川巴塘。父亲是藏族干部,幼年在重庆度过。少年时到西藏,在拉萨中学读书,并在农村生活过一段时间。1980 年在中央戏剧学院编剧系进修,后成为专业作家。出版有《西藏,系在皮绳扣上的魂》等中短篇小说集和长篇小说《骚动的香巴拉》等。

② 王绯:《魔幻与荒诞:攥在扎西达娃手心里的西藏》,《当代作家评论》1993 年第 4 期。

阿来①的《尘埃落定》是少数民族文学创作的重要收获。小说描写康巴地区声势显赫的藏族麦其土司在酒后同买来的汉族太太生了一个傻儿子(人称"二少爷"),这个人人都认定的"傻子",却不是一般意义上的傻子,他有着超常人、超时代的预感和举止。他的人生经历和命运浮沉,展示了麦其土司家族的最后统治和藏族土司制度由盛而衰、逐步走向崩溃的历史过程,而傻子在这个过程中却扮演了一位历史的见证人和无奈的殉葬者。作者采用隐喻和象征的手法,描写了生命的消亡和土司制度的崩溃,用充满诗意与情思的体验,创造了一个"尘埃落定"的意象。"尘埃"的意象使小说以一种类似寓言的特点激发着读者的想象力,譬如人是尘埃,人生是尘埃,战争是尘埃,情欲是尘埃,财富是尘埃……它们都像尘埃那样升腾、飞扬、散落,始于大地而回归大地,周而复始地谱写出一支支关于"人"的无休无止循环往复的歌。透过这支关于"人"的歌,透过麦其家族中那位二少爷("我")讲述的关于麦其土司由兴旺而衰落的故事,读者可以从广泛意义上看到其中的"人"、人性与历史过程的深广内涵。作家以超然物外的审美视角,巧妙地塑造出一个既是故事参与者又是故事叙述者的"二少爷"的形象。这个既傻又不傻的二少爷是阿来的一个独特的审美创造。说他"傻",是从世俗的、土司家族的、正统的视点来看待的,因为他那诸如与世无争、"不识时务"、不热心权力之争、一切顺乎天性、不威胁别人甚至同情弱者的品性,与他那酷爱战争、私欲极强、随时渴望继承土司位置的哥哥形成了鲜明的对比;说他"不傻",是指他常常基于超越功利和逻辑的天性,不偏不倚地审视生活,大智若愚地作出不少超常的举止和决定。但是作为一个无望的守候者,傻子的悲剧是土司制度的悲剧,傻子的痛苦和绝望给作品染上了悲剧色调。

《尘埃落定》有半个世纪的历史跨度,从20世纪初叶到50年代,这是一个藏族土司制度由盛而衰、由存而亡的历史过程。作者运用现实主义和现代主义相结合的方法,即在总体布局和构思上遵循事物发展的规律和过程,但在具体描写和表述上则打破了传统的叙事时空,完全按照叙述人("我")的心理活动和意识流程进行,因而语言和画面都具有很大的张力,给读者以想象和联想的充分空间。在人物塑造方面,尽管傻子在全书中起着构架情节线索的重要作用,然而从现实主义的角度来看,作家并未具体地刻画他的音容笑貌和行为举止,甚至连傻子的面目长相、身材高矮都是模模糊糊的,但是他的出生经历、性格情绪、哀伤痛苦等是实实在在的。除傻子之外,土司父亲、汉人妓女出身的母亲,以及茸贡女土司和她美丽的女儿,还有那位两次遭遇"割舌"之祸的"新教"传播者翁波意西等,都给读者留下了回味绵长的印象。小说的民族地域文化底蕴浓厚。它立足于藏族土司文化的土壤,介绍了土司社会的诸如原始神话、谚语歌谣、巫术、医疗、建筑、音乐、舞蹈、枪法、骑术等富有民族地域特色的传统文化,增强了作品的民族特色。小说运用了一种清新、质朴而又富于情感和联想的诗意语言,表面平实淡然,而实则波俏意深,描述生动流畅,富于动作性和音响感。不过,小说在长篇结构的驾驭上仍有顾此失彼和粗疏杂芜之处。

进入新世纪,阿来创作的最重要作品是《空山》和《格萨尔王》。《空山》是《尘埃落定》写就十年后发表的长篇新作,在某种意义上可以说是《尘埃落定》的续篇,时间跨度从20世纪50年代到90年代,讲述的是土司制度终结后在新制度下的藏族聚居区生活。阿来将空间凝缩在

---

① 阿来(1959—),四川阿坝藏族羌族自治州马尔康县人。1976年初中毕业后下过乡,当过工人,后考入中等师范学校,毕业后当了一名教师。80年代中期开始创作,出版有小说集《旧年的血迹》、诗集《梭磨河》等。《尘埃落定》获第五届茅盾文学奖。

一个叫机村的藏族小村庄,用六个故事组构成当代藏族聚居区的乡村秘史。历时三年完成的《格萨尔王》是"重述神话"出版工程的一个项目,阿来设置了格萨尔王的故事和格萨尔说唱艺人的经历这两条线索,试图将神话史诗与当代人生沟通。

回族女作家霍达①的《穆斯林的葬礼》是中国当代文学中第一部表现回族人民,尤其是现代都市回族人民生存境况和情感世界的长篇小说,被老作家冰心誉为"中国百花齐放的文坛上的一朵异卉奇花",是"中国回族女作家写的奇书"②。小说以北京西南隅的牛街回族聚居地区的回民生活为蓝本,通过"玉器梁"一家三代人的命运和经历,塑造了一批具有鲜明回族文化心理特征的人物形象。

奇珍斋玉器行的第一代主人梁亦清是一位身怀玉器雕琢绝技、勤奋敬业、善良本分的人,虽然承接了《郑和航海图》的宝船雕琢合同,但熬尽生命也没能完成毕生的夙愿。奇珍斋的第二代是梁亦清自小收养的孤儿韩子奇。他不仅聪明好学,头脑灵活,而且眼界开阔,颇有心计。在他苦心经营下,奇珍斋名声大震,名冠京城,韩子奇也被同行誉为"玉王"。然而抗日战争爆发,使奇珍斋生意萧条。韩子奇离开妻子梁君璧来到英国伦敦,在家人离散的战乱日子里,与妻子的妹妹冰玉产生了恋情,并生下女儿新月。抗战胜利后,他们回到故里,由于不堪姐姐梁君璧的威逼与压迫,冰玉只得留下新月再次出国。而韩子奇则事业无成,在奇珍斋的逐渐消失和女儿的不幸夭折的沉重打击下,终于在"文革"中怀着孤独、破碎的心灵离开人世。

小说的民族自审意识和文化批判意识是通过成功塑造韩太太梁君璧这个贯穿始终、统领全书的人物形象实现的。梁君璧是一位性格复杂的人物,她是虔诚的伊斯兰教信徒。少年时代,她敢于冲破世俗观念,勇敢地以身相许韩子奇,并发誓帮他重振奇珍斋。可是当她作了女主人之后,便逐渐成了一位恪守教规、乖戾封闭、保守冷酷的女性。她狠心地辞退了为奇珍斋立下汗马功劳的掌柜老侯,令其全家生活无着;她出于世俗的功利目的,一手包办了儿子天星的婚事,使儿子痛苦莫名;出于狭隘的宗教观念,她硬是拆散了女儿新月与楚雁潮这对有情人;出于情仇和嫉妒,她不能容忍妹妹与丈夫的关系,终于使他们心力交瘁,各自东西。与此同时,小说也展示了这个人物性格的另一侧面。她尽心抚养新月,收留海大嫂,对儿子天星倾注爱心,就是对丈夫韩子奇,她也尽到了为妇之道。通过对人物的复杂性格的描写,体现了作家对人性的深层揭示。如果说《心灵史》着重在表现民族精神层面的话,那么《穆斯林的葬礼》则着重在表现民族生活层面。它的民族文化意识追求既表现在对人物日常心理特征的揭示上,也表现在关于穆斯林宗教习俗、语言服饰、婚丧嫁娶等礼仪形式的描写上,这些无不显示出浓郁的回族的文化气息与民族韵味。

在结构上,小说构思精巧,布局有方,采用了双线结构方式,即"玉"(玉器行奇珍斋的衰败)和"月"(韩新月与楚雁潮的爱情悲剧)两条线索,以"玉"为史,以"月"为情,将历史与现实叠映,将世俗风情与宗教文化融汇,把"玉器梁"一家三代人的不同命运同时展现在读者面前,使小说既充满历史沧桑感,又具有悲戚缠绵、儿女情长的世俗人情味。

　　①　霍达(1945—),出生于北京。1961 年考入解放军艺术学院学习话剧表演,后转入北京建筑工程学院学习。毕业后从事翻译、研究、编剧等工作,后来主要从事文学创作。著有中篇小说《红尘》、长篇小说《穆斯林的葬礼》等。《穆斯林的葬礼》获第三届茅盾文学奖。
　　②　《穆斯林的葬礼·序》,北京十月文艺出版社 1988 年版。

九、先锋作家和先锋小说

1. 现代主义的影响和先锋小说的艺术变革

新时期作家引入西方现代派文学艺术,经历了由表面到深层、由技巧剥离到观念接受这样一个逐渐深化的过程。新时期伊始,王蒙率先推出了一组被称为"集束手榴弹"式的意识流小说,拉开了学习现代派艺术方法和表现技巧的序幕。接着,不少作家写出了一批具有现代色彩的小说,或借鉴西方意识流小说的技巧,或使用现代派的象征、荒诞、变形等艺术手法,在文坛上引起了很大争议,形成了一个不小的冲击波。现代主义的影响使新时期小说的面貌发生了明显的变化。

其一,作品的主题构成出现了由单一向复杂多义或朦胧模糊的转变。有些作家借鉴现代派手法,将现实因素与非现实因素结合起来,使用象征、夸张与变形的手法扩大作品思想内涵的容量。如王蒙、宗璞等的作品因为阻断了艺术形象与主题之间简单的对应关系,在二者之间留下了更大的空间,可以让读者对作品作出多种理解。

其二,人物形象塑造出现了"向内转"的趋势,加强了对人物内心世界的关注,刻画人物心理活动的手法有了发展。他们较多地通过内心分析、感觉分析和内心独白,展示人物心理活动的流程,通过表现人物的内心冲突,甚至无意识、非理性、反逻辑的深层心理来表现人物的丰富性和复杂性。

其三,作品的结构形态由滞重呆板向纷繁多样过渡。例如对意识流手法的借鉴,打破了现实主义单一的线型结构,依循人物意识活动的线索加以重新组合,创造了一种放射式的结构形式。此外还有茹志鹃对电影"蒙太奇"手法的借鉴,刘心武的《钟鼓楼》采用的具有共时性的橘瓣式结构等。

80 年代中期,刘索拉、徐星、张辛欣、莫言等一批年轻作家异军突起,加入到向西方现代派学习的行列,他们的加盟使借鉴现代派的进程发生了新的变化。这批青年作家大多生于 50 年代中期或"文革"以前,他们的世界观、价值观都没有定型,而在"文革"中,传统的价值观、道德观受到批判,他们因此感到困惑与失落,对"文革"中出现的种种荒诞和非理性的东西有了切身的感受,他们这种感受正与西方现代派作家心灵上相通。特别是在 80 年代改革开放的大气候下,西方现代派文学理论与作品的大量引入,更为他们学习和借鉴西方现代派文学创造了条件。

与前期作家不同的是,这一时期作家对西方现代派的借鉴主要表现在对"现代主题"的部分认同上。由于文化传统和社会历史背景的差异,这种认同与西方是有区别的,西方现代派文学中的现代主题很大程度上是源于基督教走向没落后出现的信仰与精神危机,即人们对世界、对人类本性和人生价值的深刻怀疑。特别是近代以来,工业生产的快速发展一方面给社会带来了大量的物质财富,另一方面也带来了人的异化:人的生存空间受到挤压,人性失去了往日的丰富性,人不再是物质财富的主人,反倒成了它的附属品。于是普遍产生了幻灭感、荒诞感与孤独感,产生了反叛传统价值观念和价值体系的非理性主义情绪,这些正是"现代主题"的主要内容。而中国作家不可能完全接受和认同西方的"现代主题",他们的认同主要产生于他们在"文革"中的幻灭感和 80 年代社会转型期产生的困惑感。与西方现代派作家不同的是,他们的借鉴主要不是在形式层面上对世界意义的追问和对人类本性的思考,更多的是在社会与历史层面上对传统价值观念和价值体系的怀疑,对传统道德观念与理性原则的拒斥与反叛。如刘索拉的《你别无选择》,就是以鲜明的反传统姿态表现了音乐学院中教师和学生对待社会传统价值观的不同态度。小说中那位一心一意抓纪律的贾教授在传统小说中本是一个正面人物,但作品为这个人物提供的解释却是:他思想守旧,不学无术,熬到 40 岁才结婚,因而看不得学生谈情说爱,不能容忍学生学习西方现代派音乐。小说没有给读者提供传统意义上的正面人物,传统的价值观念也受到质疑和挑战,而那些坚持个性、我行我素的人物却得到了作者的理解与同情。再如徐星的《无主题变奏》,小说中的"我"虽然充满了一种惶惑与迷惘的情绪,但"我"又不是一个真正意义上的"多余人"。"我"离开大学和拒绝再去谋取学历,只能说明主人公不愿按照社会指定的方式生活,作品否定的是传统的价值取向,而肯定的则是个人独立自主的生活态度。这些都明显受到美国作家塞林格的《麦田里的守望者》的影响。

在艺术形式上,与前期作家有所不同的是,这一时期借鉴现代派的范围扩大了,不再局限于意识流小说,也包括了未来派、表现主义、超现实主义等。在艺术表现上,将象征、隐喻、反讽、魔幻、荒诞、变形等多种手法综合运用在一个作品中,而且手法纯熟,少有过去那种机械模仿的生涩与稚拙。他们不再追求精雕细刻地摹写生活,而是力图表现一种来自主体的情感体验,将自己的情感体验投射到生活中,让生活形象成为主体情绪的载体和象征。

80 年代中后期,一批受到西方后现代主义影响的先锋作家走上文坛,他们是马原、洪峰、残雪、余华、格非、孙甘露、北村等。后现代主义是第二次世界大战后西方兴起的一场相当广泛的思想文化运动,它出现在 50 年代末、60 年代初,鼎盛于 70 至 80 年代。其产生的根源是:西方在进入富足的后工业社会之后,公众、知识分子精英和艺术家厌倦了对某种超越精神的追求,变得随遇而安,对什么都无所谓;同时因为受到雅克·德里达、罗兰·巴特、米歇尔·福柯等人的理论的影响,他们开始怀疑一切既有的价值观念,反对权威,反对精英文化,甚至唾弃人类曾经有过的一切崇高信仰。在文学上,他们放弃一切超越精神的追求,极力瓦解文本的深度模式;阻隔文本与生活的联系,拉开能指与所指的距离,努力将旨在表现深度意义的"创作"变成私人性的仅仅作为短暂的词语欢乐的"写作";他们制造语言的迷宫,布置叙事圈套,力图让文本成为仅仅指向自身的语言游戏。

新时期先锋作家对后现代主义的借鉴,主要是从文本模拟开始的。起初多是学习后现代主义艺术的形式,高度重视形式技巧的营造,强化语言的自指功能,力图通过陌生化的语言形式阻断作品与生活的联系,拖延能指对所指的追踪,以技术化的叙事瓦解文本的深度模式等。如马原就一直致力于强化"叙述"在创作中的支配地位,他经常将自己引入虚构的故事以扰乱读者的视线,把叙述过程写入作品以提示作品的虚构性,他还将没有逻辑联系的生活片断置于同一作品中,以阻断读者对作品隐喻意义的追寻。余华则是最大限度地将来自现实的感觉与非现实的幻觉和梦境混合在一起,混淆现实与非现实的界限;现实的逻辑被怪异的想象所取代,表现感觉的能指词大量漂浮在文本中,而所指则深藏不出;真实世界受到阉割,文本中留下的只是一个梦魇般的世界。格非在创作中一直醉心于布置他的"语言迷宫",他的大部分作品都是在讲故事,但他又总将故事的关键部位遮蔽起来,形成"空缺",让那些想读故事的人失望,作者的用意也就是将读者从故事上引开,他要读者关注的实际上是他精心安排的叙事表演;在叙事中他还善于通过"事实"的互相否定使故事变得扑朔迷离。孙甘露的小说则几乎完全取消了文学对意义表达的承诺,他的《信使之函》一口气用了50多个"信是……"的判断句(例如"信是纯朴情怀的伤感的流亡"),这种叙述变成了作者体验汉语灵性的一种方式,变成了他诗性感悟的随意播散,能指与所指的联系几乎完全被切断,文本在被抽去意义以后,剩下的只是闪动着晶莹诗性的美丽的语言外壳。

由于西方现代主义和后现代主义的引进,新时期先锋小说打破了现实主义的一统天下,拓展了创作视野,丰富了当代文学的艺术方法与技巧,推动当代小说的多元发展。但它的局限性也是明显的。由于中西社会制度、文化传统方面存在巨大差异,中国作家与西方现代派、后现代派文学很难实现真正的沟通,中国作家的本土体验与外来形式之间也存在难以弥合的阻隔,因此他们的创作多有做作与不自然的缺陷,模仿的印记难以抹去。不少先锋作家过于注重艺术形式的营造,前期淡化情节、人物与背景,后期则削弱深度与意义,试图将创作变成语言游戏,令不少作品晦涩艰深,难以卒读。

2. 刘索拉、残雪的小说

作为音乐人,刘索拉①创作的文学作品并不多,但是中篇小说《你别无选择》使她声誉鹊起,被视为具有代表性的现代派小说家。刘索拉的小说反映了一代中国青年在传统价值观失落以后那种困顿、焦灼与无所归依的心态。十年浩劫曾使那些以革命名义虚构的神话在许多青年心中破灭,因此他们站在边缘人的立场对传统价值观和文化体制表现出强烈的怀疑与拒斥。他们既不甘失落,又找不到出路和灵魂的归宿,于是现代人特有的那种心灵自我分裂感就构成了刘索拉小说的主要内容。

在《你别无选择》中,作者叙写了一所音乐学院几个教师和一群学生的生活。这些人物乱纷纷地你方唱罢我登场,每人都按自己的方式作杂耍式的表演,经过现代主义哈哈镜的变形,每个人都显得非常滑稽与怪诞。作者写的那个"好"学生齐白每天练琴,连谈情说爱的时间也没有,但他学琴15年,小提琴还是一拉就走调。而李鸣一心想退学,常在宿舍睡大觉,但考试总得5分。小说似乎要向人们昭示,在生活中你越追求就越得不到,而有些好事你想躲也躲不了。然而刘索拉的小说与"黑色幽默"的区别也是明显的。作者没有像西方作家那样对世界与人生采取彻底的虚无态度,表现出完全的拒斥与绝望;她的小说在对传统的反叛中潜隐着理想与希望,在对现实的批判中寻求着精神上的寄托。如《你别无选择》中的森森和孟野,就体现了这种价值取向。这两个人物虽都带有刘索拉小说人物特有的玩世不恭,但他们对音乐刻骨铭心的爱,对自己理想执着的追求,他们身上洋溢着的青春气息与热情都给作品带来了亮色。小说中一边是充满理想与创造精神的森森、孟野等人物,另一边是带着庸俗气息的齐白与

---

① 刘索拉(1955—),陕西志丹人,生于北京。1982年开始发表作品。1983年毕业于中央音乐学院作曲系。1988年旅居英国,后定居美国,从事音乐制作。出版有《你别无选择》等中短篇小说集。《你别无选择》获全国优秀中篇小说奖。

董客,通过人物的对比,作者明确地表明了自己的价值观念与情感态度,显示她在否定中的肯定和玩世不恭中的那份真诚。

刘索拉随后创作的《蓝天绿海》与《寻找歌王》,也是在理想与庸俗的对立中展开冲突的。小说中的两个人物蛮子和 B 成了某种理想和超越精神的象征,两个同是歌手的女主人公有颇为相似的情感历程。她们与作为理想象征的人物有难以割舍的情怀,在下意识中将她们作为生命的支柱。但是在《蓝天绿海》中,那个像是快乐精灵的蛮子已经死去,她们之间已不能沟通;而在《寻找歌王》中,"我"又没有 B 的那种激情,不能认同她的全部追求。她们都不愿向世俗屈服,不愿在世俗的深渊中沉沦下去,但为了生计,她们又不得不割舍自己的理想。这两篇小说都真实地表现了现代青年在灵魂的自我分裂中感受的那种痛苦,表现了他们焦灼、困惑和无所归依的心态。与《你别无选择》明显地借鉴黑色幽默的做法不同,《蓝天绿海》与《寻找歌王》都使用了第一人称,通过人物自己的叙述交代了她们过去的经历和现实的处境;作品观照生活的视角不断转换,叙述在过去和现在两个层面交替着切入生活,其中也夹杂着人物自己的内心独白,生动地表现了一个崇尚精神追求又不得不屈服于现实的年轻女歌手困顿、失落与无可奈何的心境。

在新世纪刘索拉出版了长篇小说《女贞汤》和《迷恋·咒》,这两部作品在题材和表现方式上互有差异,但正如同在音乐领域中的尝试和探索一样,她试图在形式和内容上让东西方文化在碰撞中交融;另一点不变的是作者那种倔强的先锋精神。

残雪①作为现代主义的代表作家不仅是由于她创作的小说数量多、影响大,而且因为通过大量的阅读和评论所达到的对现代主义的深度了解和感悟。她不是通过文本模仿,而更多是在对本土生活的思考中实现对西方现代主义的认同。

残雪的创作大体分为三个阶段:第一阶段的创作包括中篇小说《黄泥街》和短篇小说《瓦缝里的雨滴》等。她的创作一开始就定位在人性批判上,但她的早期作品也混杂了相当多的政治与社会批判内容。如《黄泥街》以"文革"为背景,展现的就是一个被臆想出来的肮脏与丑陋的世界,人物被抽去现实的丰富性,剩下的只是阴毒的攻击欲和对莫须有事件的提防;他们随时准备去攻击别人,同时又时时处在一种被攻击的恐惧中。这部作品可以看作"文革"社会的缩影和对国民痼疾的审视与批判。第二阶段的创作包括中篇小说《苍老的浮云》和短篇小说《旷野里》等,这是残雪创作成就最突出的一个阶段。作品凸显了人性,淡化了政治、社会批判色彩。原来那些模糊不清的人物群像变成了一个个清晰的个性,正是在这些变形的、疯疯癫癫的人物身上,作者将人类"原欲"的丑恶最大限度地显示出来。第三阶段的创作包括她的第一部长篇小说《突围表演》、短篇小说《天堂里的对话》等。在这些作品中,作者进一步缩短了自己与人物的距离,人物成了作者传达心声的代言人。在《突围表演》中,作者较多地将自己的生活经历放置在虚构的 X 女士身上,通过她表达自己对各种事件的评价。小说中细节和氛围被淡化,人物的内心活动、感受较多地通过诉说被直接表现出来,作品的主观抒情性得到强

---

① 残雪(1953—　),原名邓小华,湖南耒阳人,生于长沙。"文革"期间小学毕业即在街道工厂当工人,后来成为服装裁剪个体户。创作始于 1983 年。出版有《黄泥街》《苍老的浮云》等中短篇小说集,《突围表演》《五香街》等长篇小说,《灵魂的城堡——理解卡夫卡》《解读博尔赫斯》等评论集,及《残雪文集》(4 卷)等。

化,但是文学作品应有的含蓄与蕴藉则相应有所削弱。

残雪称自己的小说写的"都是灵魂的故事"①,基本主题是表现现代人下意识中的生存焦虑,展现人性的阴暗面和现代人的生存困境。在她的小说中,占据人们视野的主要是那种无所不在的恐惧感,以及人物总是处在施虐状态中的紧张心态。小说中的人物委琐卑怯,他们生活在恐惧中,战战兢兢,如履薄冰,一方面随时提防着来自周围的侵犯,一有响动就惊得面色苍白;但另一方面,他们又有很强的攻击欲,一有机会就给别人制造麻烦,如弄死邻居的金鱼,将死雀子装进信袋扔到别人家里,藏在阁楼里往行人身上投石子。在《黄泥街》等小说中,作者所写的就是人物在同事与邻里之间的侵犯与被侵犯,而在《苍老的浮云》《山上的小屋》等作品里,这种施虐与被虐则内化到家庭中。家庭成员之间充满了猜忌、憎恶和仇恨,他们互相提防又不停地互相进行着精神上的折磨,家庭的血缘关系也因此而异化。这种人物变态并不是折磨与迫害的结果,而是人性中某些固有成分象征性的表露。正是在这个意义上,残雪小说摆脱了形而下问题的纠缠,直接进入对人的灵魂的审视,对人性本身的剖析,也正是在这点上,作者实现了与西方现代派文学在主题内涵上的沟通。

残雪小说在整体上是变形和超现实的。她在创作中总是将注意力集中在对自己内心世界的谛听上。残雪的特殊之处在于她总是有能力将下意识中各种飘忽不定的情绪、欲望与变态心理物化为一定的情境,把自己体验到的那种变态感觉扩大后分发给不同的人物,于是作者以对人类本性的深刻洞察为基础,创造了一个完全变形的世界。这里有粪水横溢的街道,被烧死人的烟灰笼罩着的天空,太阳是一个小小的、黄黄的小球,天气酷热,地上落满了楮树的怪味扑鼻的大白花。小说中的人物,则有专门养着一只秃尾巴公鸡以追打为乐的麻老五,有每天坐在粪桶上荡秋千的王四麻,有"贴墙溜行"的宋婆和"窜过来,窜过去,逢人就肯定地点一点头"的齐婆。小说还大量使用了超现实的艺术手法,如长出耳朵的桂花树、排满芦秆的胸腔、四面鼓风老是要飞起来的毛毯和长着人头发的枯树。残雪用自己的臆想创造了这样一个龌龊阴森的梦一般的世界。

由于残雪的小说创作主要植根于自己内心世界的某些特殊体验,因而具有很大的封闭性,它不可能在一个开阔的视野中容纳更多的生活材料。小说所提供的主要是某种深层体验的象征意象,没有明晰的逻辑连贯性,这对读者解读文本构成了较大的障碍。

3. 马原、余华、格非的小说

马原②的小说突破以故事为中心的传统格局,以叙事(方式)作为叙述的主要对象,使作品呈现出一种新的面貌。他的小说频频借鉴后现代主义的"元小说"手法,通过摆弄各种"叙述圈套"将读者吸引到叙述上来,将创作变成作者智慧的展示和无休止的叙事表演。这样,语言的自指功能得到凸显,叙述的自身价值得到强调。

---

① 《只要有凳子和笔就能写——访作家残雪》,《中华读书报》2002 年 2 月 27 日。
② 马原(1953—),辽宁锦州人。做过知青、工人,高考恢复后考入辽宁大学中文系。1982 年毕业后赴西藏 7 年。现为专业作家并在高校任教。出版有《冈底斯的诱惑》《虚构》等中短篇小说集,《上下都很平坦》等长篇小说,以及诸种文艺随笔和专论,另有《马原文集》(4 卷)等。

马原常用的一个手法是将作者自己引入作品,基本语式是"我就是那个叫作马原的汉人",有意混淆作者、叙述者、人物的关系。在《西海的无帆船》《虚构》等作品中,作者是叙述者,但也不断地充当人物出入作品,或者自我介绍一番,或者与虚构的人物逗笑打闹、互相调侃。有时马原也用大元、陆高或姚亮作为自己的代言人在不同的作品中进进出出,这一方面打破了传统小说的封闭性,使作品呈现出一种开放性;另一方面也混淆了文学中真实与虚构的界限,当读者不自觉地追问故事的可信性或者追问到底哪些是真实,哪些是虚构的时候,他们无意中就落入了作者精心设置的叙事圈套,不自觉地将注意力转向作者的叙事表演。

马原常用的另一手法是将叙述的手法与过程纳入叙事之中。他在小说中经常大谈自己写作的目的、动机,写作中遇到的困难以及解决办法等。他还在行文中插入题外话,谈论正在进行的叙事或者设想可能出现的结果。传统小说一直追求"似真性"的幻觉,马原将叙事过程写入作品的目的就是要打破这种幻觉,强调叙事就是叙事,不是生活,这也是西方后现代主义的"自反式"(self-reflexive)手法之一。

马原小说还有一个重要特点,就是叙述的平面化和故事的拼接性。他的小说拒绝寻找生活现象后面的因果联系,拒绝将生活纳入连贯性情节模式中,而宁愿将相关或不相关的故事拼接在一起,构成一个平面化文本。在《叠纸鹞的三种方法》中,作者开头煞有介事地讲了一个珠宝商人的死,一个康巴老太太和两个康巴汉子有杀人的嫌疑,这似乎是一个充满悬念的侦探故事。但随后作者话题一转,又交叉介绍了自己对一个酿私酒胖老太太的印象,一个倾尽家产收养野狗老人的故事,中间还插叙了汉族青年建新和藏族姑娘尼姆恋爱的经历。这几个故事都讲得有声有色,但故事之间的联系被作者有意地搁置了;或者说作者是在一个小说中讲了几个完全没有联系的故事。在《冈底斯的诱惑》中,作者则把观看天葬、探寻野人以及顿珠、顿月与尼姆的婚姻并置在一起,这些故事除了都是发生在西藏之外,相互之间再没有其他联系。

在新时期文坛上,马原引发了一批作家对叙事技巧的关注。但是作者过于热衷地玩弄叙事圈套和故事拼贴,在叙述方式上缺少新的突破,也难以容纳更丰富的内容,陷入了自我模仿和自我重复的怪圈,这是他后来中止小说创作长达近 20 年的重要原因。

之后马原再度出手,在新世纪先后发表了两部长篇小说。2012 年出版的《牛鬼蛇神》叙述了他同代人的青春人生,2013 年完成的《纠缠》则围绕着一桩遗产纠纷案展开当下的城市故事。照样有扑朔迷离的叙述,但无论是切实的历史背景还是当下的现实写照,马原的新作显示出他正在拉近小说与生活和读者的距离。

余华①的前期创作较为恪守传统小说的写法,多是歌颂美好的人性,同时带有感伤、唯美的风格。80 年代中后期受到西方现代派和后现代派的影响,其小说在观念、主题、形式方面都有一个相当大的变化,他创作了《十八岁出门远行》《现实一种》《一九八六年》等中短篇小说,被视为先锋文学的代表作家。进入 90 年代以来,余华的创作更倾向于新写实主义,发表了《在细雨中呼喊》《活着》和《许三观卖血记》等长篇小说,在新世纪则有《兄弟》(上、下部)和《第七天》。

---

① 余华(1960—),生于浙江杭州。高中毕业后做过 5 年牙医,1983 年开始创作。主要作品有《河边的错误》等中短篇小说集,《在细雨中呼喊》《活着》等长篇小说,《我能否相信自己》等随笔集,以及《余华作品》(13 卷)等。

80 年代中期,余华在深入研读了卡夫卡、罗伯·格里耶和博尔赫斯等作家的作品以后,在观念上有一个很大的变化,他意识到传统现实主义要求按照生活本来面目反映生活很大程度上限制了作家的视野,提出"生活是不真实的,只有人的精神才是真实的"①,于是,余华在创作中就一直在寻找"内心的真实",也一直致力于表现这种"真实"。

真实之一就是人性恶。与传统现实主义不同,余华认为人性恶不全由教育和社会环境造成,更多的是源自人的本性,因此对人性表现了深刻绝望。他在这个阶段的作品中大量描写了暴力、杀戮、流血和死亡。《现实一种》讲述的就是一个家庭内部骨肉相残的故事。这个家庭中,只有 4 岁的皮皮就表现出很强的攻击欲,他在大人不在的情况下,以打自己的堂弟(一个未满 1 岁的婴儿)取乐,致婴儿死亡,后来婴儿的父亲(皮皮的叔叔)杀死了皮皮,皮皮的父亲为了复仇又杀死了自己的亲弟弟,最终被枪毙,这样一个 7 口之家中的 4 个男性成员都在这种疯狂的杀戮和报复中死亡。

除了对人性深入的思考外,余华在艺术上也做了多方面的探索。首先,他大量使用了荒诞、变形的艺术手法。《十八岁出门远行》中那个少年搭乘的汽车遭到抢劫,但司机对自己的苹果被抢、汽车被毁无动于衷,最后竟拿着少年的背包和抢劫者一块扬长而去,小说中这个司机怪异的表现用任何逻辑都无法解释。《此文献给少女杨柳》则有明显的博尔赫斯元素,小说的时间、地点和人物都是不确定的;小说中的时间提示,例如"一九八八年五月八日""九月十四日",看似确定其实只是叙事迷宫的入口。小说讲述了少女杨柳的三种死法:车祸、白血病、无疾而终,但到最后读者也不会知道杨柳究竟死于何种原因。其次,受到卡夫卡和罗伯·格里耶的影响,余华使用一种冷漠、客观的叙事手法。在《一九八六年》中,作者用非常平淡、冷漠的口气叙述那个疯子如何在自己身上试用"墨""劓""刖"等刑罚,冰冷的语气更增加了场面的恐怖。

90 年代余华的创作出现了重大转向,主要有两个方面。首先,他的小说不再抽象、变形,不再呈现为梦魇一样的世界,变得较为平实、自然,显示出现实主义小说的风貌。其次,作者对待生活的态度发生了明显变化,开始流露出浓郁的温情。《活着》的主人公福贵的 7 位亲人相继死去,福贵最后只是一个人孤独地留在这个世界上,但是余华没有刻意强调死亡本身的残酷,而是更多地流露出关怀和同情,"活着"这个词流露的虽然是无奈,但也体现了一种顽强与韧性。《许三观卖血记》中的许三观一生 12 次卖血,其中 7 次是为了他的大儿子许一乐,许三观在明知一乐是情敌何小勇私生子的情况下用卖血的方式尽了一个父亲的职责。这个时期余华小说的主题也由展现人性恶转变为对苦难的坚韧承受,苦难叙事成了 90 年代以来余华小说的主要内容。

余华擅长于简单明快地讲述故事,如在《许三观卖血记》和《活着》中,作者放弃了面面俱到的讲述方式,而是提取若干事件和场景来概括人物数年的生活乃至一生的经历。作者的精力主要用于细节的提炼,余华小说中的细节不是对生活的照抄,相反其每一个细节都经过精心提炼,是充满美感的细节。

2005 年和 2006 年余华出版了《兄弟》的上、下部,作者明确指出在这部小说中要对历史和现实进行"正面强攻"。小说主要讲述了李光头和宋钢两兄弟在"文革"和改革开放后的生活。

---

① 参见余华:《我能否相信自己——余华随笔选》,人民日报出版社 1998 年版,第 159、164 页。

余华最初计划的篇幅是 10 万字,而最后则达到了 50 万字,在审美上作品也增加了喜剧意味和荒诞色彩。2013 年出版的《第七天》讲述了一个在生活中饱受挫折的小人物死后 7 天的见闻和经历,小说延续了此前的苦难主题,但是有更强烈的荒诞色彩,收录了一些最新的新闻事件,显示了较强的时代感。

格非[1]常用的手法是在故事的关键处留下空缺以营造"故事迷宫"。他的故事一般都比较复杂,喜欢在情节进展中不断设置疑点,其小说中人物行为和动机也总是可以有多种解释。例如《迷舟》中那个向萧报告其父死讯的老媒婆为何能找到严格保密的军事指挥所?那个老道为什么告诫萧要小心酒盅?萧的父亲临终前为何能未卜先知地断言儿子与其部队凶多吉少?特别是萧到榆关究竟干了什么?这些关节在叙述中都被悄悄抹去。故事的关键处被遮蔽,情节的逻辑关系断裂,故事成了无底之谜,成为后现代主义似的终极性消解。

格非另一个常用的手法是用语言瓦解貌似确定的生活"事实"。格非从文学的虚构性原则出发,不断地用一个"事实"否定另一个"事实",让文本中的"事实"互相否定,从而降低文学作品中"生活事件"的真实性,作者努力突出的是叙述在文本中的支配地位。在《褐色鸟群》中,棋到一个被称为"水边"的地方来看"我",她对"我"表现出"妻子般的温馨和亲昵",但"我"觉得并不认识她。其后"我"给棋讲了自己与另外一个女人的故事,但"我"叙述的故事又扑朔迷离:"我"对那个女人的雪夜追踪开始的时候颇为真实,但到后来叙事人自己就在瓦解它的真实性。若干年后,"我"再次与那个女人相逢,她只用一句话"我从十岁起就没有去过城里",就将整个叙述都颠覆了。小说中其实每个情节都既真实又虚幻,这正是"故事迷宫"的"迷"之所在。

对无意识的勘探是格非小说的一个着眼点,在他看来被深层欲望所驱动的无意识由于其深不可测、诡谲多变,这本身就足以构成悬念和谜团。在长篇小说《敌人》中,赵家的灾难不断、祸乱不已,"敌人"却始终没有出场,这似乎已在暗示,敌人就是潜伏在主人公内心的欲望。《欲望的旗帜》被认为是格非最具写实性的作品,但是这个小说中依然有很多不解之谜。小说中的贾兰坡是最关键的人物,但是叙事人对这个人物只是简单地介绍了他的身份:一个德高望重的哲学教授、研究斯宾诺莎的权威学者,在国内外学界有很大的影响,但是贾兰坡究竟是个什么样的人,作者始终没有正面回答。小说中所有关于贾兰坡人格、品德的描述都出自小说中的人物之口,而每一个人的评述又都不一样,甚至互相矛盾。然而,各种叙述的交集处都与欲望有关,而欲望就是谜面和谜底相互纠缠和自我解构,这是格非"故事迷宫"唯一真实的"存在"。

格非在新世纪推出了系列长篇"江南三部曲",这个系列长篇加强了现实主义成分,系列中的《人面桃花》《山河入梦》和《春尽江南》分别对应于 20 世纪的三个时期,即清末民初、新中国成立后的 50 年代末到 60 年代初,以及改革开放的 80、90 年代,以一个家族为线索表现了近代以来中国人对乌托邦的追求与理想的破灭。作品与其说是对乌托邦理想的赞歌,不如说是一曲挽歌。格非在对历史的思考中非常冷静地看到,20 世纪中国人很多乌托邦的想象中都既

---

① 格非(1964—　),原名刘勇,江苏丹徒人。1981 年考入华东师范大学中文系,毕业后先后在上海、北京高校任教。1986 年开始发表作品,出版有《青黄》《褐色鸟群》等中短篇小说集,《敌人》、"江南三部曲"系列等长篇小说,《小说叙事研究》等文论集及《格非文集》(3 卷)。长篇小说《江南三部曲》获第九届茅盾文学奖。

有伟大的普世情怀,也有浪漫甚至荒唐的想象,同时夹杂着狭隘与偏见,这些乌托邦设想一旦实现很可能造成对社会非常严重的侵害。例如《人面桃花》中陆侃的理想是"要在普济造一条风雨长廊,把村里的每一户人家都连接起来","他认为,这样一来,普济人都可免受日晒雨淋之苦了"。小说中的革命党人张济元相信"在未来的社会中,每个人都是平等的,也是自由的。他想和谁成亲就和谁成亲。只要他愿意,他甚至可以和他的亲妹妹结婚"。如果说以上这些想象既浪漫又有些荒唐,那么这些人的理想中也有让人不寒而栗的成分。例如晚清革命组织蜩蛄会在其作为革命纲领的《十杀令》中就列出皆应杀的十种人。在"江南三部曲"中,格非抓住乌托邦理想这个线索对20世纪中国人的思想史、精神史进行了深入反思,这是对他此前创作的明显提升。

4. 莫言的小说

作为第一位获得诺贝尔文学奖的中国作家,莫言①是一位勤勉、高产而又有灵气的作家,从80年代初开始创作,在30余年中他已创作了11部长篇小说、24部中篇小说、60余部短篇小说,另有剧本、散文等多部(篇)。

莫言创作的初始阶段发表过《春夜雨霏霏》《售棉大道》《民间音乐》等短篇小说,这个时期的作品大都使用第三人称全知视角,情绪基调清新明朗,基本保持了传统现实主义风格,也显示了莫言擅长从感性直觉出发创造空灵朦胧意境的特点。到了80年代中期,宽松而活跃的文学环境给莫言施展才华提供了良好的机遇,莫言的创作进入了第二个阶段,他相继发表了《透明的红萝卜》《红高粱家族》《红蝗》等中短篇小说。这个时期莫言以天马行空式的想象进行了大胆的实验和探索,很大程度上突破了传统的文学规范。进入90年代后,莫言的创作更多地转向长篇小说,相继出版了《丰乳肥臀》《檀香刑》《四十一炮》《生死疲劳》《蛙》等多部长篇小说,对历史和现实作出了更多的思考,拓展了人性和生命的主题,展现了更丰富的民间世界。在这些作品中,莫言把各种乡村经验拼合在一起,用西方现代手法和民间艺术手法将它们熔于一炉,创造了一幅五色杂陈的画卷,展现了一个博大、广阔、丰富的艺术世界。

莫言的成就主要有以下几个方面。

首先,莫言从个人化的角度切入历史,体验和表现历史。莫言以诸多作品构成了从晚清经民国到共和国的百年中国史,但他观照历史和表现的方式与主流小说或主流历史叙述有非常大的不同,他站在民间立场用个人眼光观照主流文学中的宏大叙事,他的别一种叙述超越了由革命现实主义设定的意识形态框范,更多地着眼于家族史和人物个人的历史,从而突破了革命现实主义作家总把历史演绎成国家、民族寓言的思维模式。

《红高粱》就是对革命历史小说的一次突破,其最大的特点是作者把本可以写成抗日故事的小说写成了一个弘扬生命意识的作品,把本可以写成抗日英雄的人物写成了一个兼有土匪

---

① 莫言(1955—),原名管谟业,山东高密人。"文革"开始后辍学回乡务农,1976年入伍,1981年开始创作。曾就读于解放军艺术学院文学系和北京师范大学创作研究生班,先后在部队和地方从事专业创作。出版有《透明的红萝卜》《红高粱》等中短篇小说集,《丰乳肥臀》《生死疲劳》等长篇小说及诸种散文随笔集,另有《莫言文集》(20卷)。《红高粱》获全国优秀中篇小说奖,《蛙》获第八届茅盾文学奖。2012年获诺贝尔文学奖。

和民间英雄特点的双面人物。正是在传统现实主义小说视野之外,莫言找到了认识历史的新角度:历史本来就是杂色的,五彩纷呈、五色杂陈才是历史的本来面目。

《丰乳肥臀》主要写了上官鲁氏一家的家族史,这部具有长达半个多世纪历史跨度的小说把连绵的战争、纷乱的政治运动和喧嚣的经济变革处理成背景,凸显上官几代人的升沉起伏,各色人等的不同命运充分显出了历史的复杂性。对人物作者也不是机械的政治划分或简单的道德评判,而是力求写出那种杂色人物。主人公上官鲁氏是大地母亲的化身,她忍辱负重,宽容地对待那些曾经给她带来巨大痛苦的人,但是,她毕竟是一个农村妇女,又生活在那样一个动乱频仍的环境中,因而她也没有被描绘成一个圣母的形象。

其次,莫言小说具有鲜明的民间性,这包括作家所处的民间立场、吸纳的民间内容和采用的民间艺术手法等。他从民间立场出发,看到了官方和知识分子视野之外的新的历史与生活。莫言很多作品主题的设置和对人物的评价都与他的这种价值取向有密切关系。莫言小说中最有民间特点的是那些民间化的生活场景。如《檀香刑》中的孙丙在德国人害得他家破人亡以后奋起反抗本来是正义的,但是这个演了一辈子草台子戏的戏班班主把战争与演戏混淆在一起,他把自己想象成岳飞下凡,他的手下则自命是孙悟空、猪八戒和各色古代人物,他们乱七八糟,念念有词,唱着戏文跟德国人打仗,结果把严酷的战争变成了一场狂欢式的民间闹剧。莫言的小说还大量借鉴使用了民间艺术手法。《生死疲劳》写的是自土改到改革开放半个多世纪的农村生活,但是小说采用了佛教的“六道轮回”说,让主人公兼叙事者西门闹死后大闹阴曹地府,后来转世为驴、牛、猪、狗、猴,最后又转生为大头婴儿蓝千岁。小说从人与动物混杂的视野中观照生活,它的本源其实是中国的民间文化。

再次,莫言小说还表现了很强的生命意识。《红高粱》《老枪》《秋水》等作品热情赞美了“我爷爷”“我奶奶”这一代人,他们敢恨敢爱,敢于直面生死荣辱,嗜杀成性又视死如归,杀人越货又尽忠报国,男的剽悍勇猛,女的风流俊俏,他们是自然生命的化身,体现了一种强悍的生命本能,在对传统伦理观念的反叛中,使人类的生命原欲得到了最为酣畅淋漓的宣泄与抒发,在高密东北乡上演了一幕幕动人的生命传奇。而在《枯河》《红蝗》《天堂蒜薹之歌》等作品中,同“红高粱家族”构成鲜明对比的则是“食草者家族”,与爷爷奶奶们辉煌的活法不同,父母一辈和“我”的同代人则显得麻木委琐,他们被沉重的生活压弯了脊梁,生命之火黯淡无光;他们善良勤劳又愚昧胆小,瞻前顾后,畏首畏尾,只能在庸碌的生活中苟且度日。作者在几代人的对比中,鲜明地表现了对生命之力的崇敬、赞美和对种族退化的深深忧虑。

擅长描写感觉是莫言艺术上的一个显著特点。莫言在创作中把写感觉放在一个非常重要的位置,他写出的是一个声、色、味俱全,真实可感的世界。他会让读者去分辨飘逸在大片黄麻地上淡紫色的雾气,倾听“高粱的茎叶在雾中滋滋乱叫,雾中缓慢地流淌着在这块低洼平原上穿行的墨水河明亮的喧哗”,陶醉于“从路两边高粱地里飘来的幽淡的薄荷气息和成熟高粱苦涩微甘的气味”。莫言更倾向于把读者直接带入“现场”,让他们从一株红高粱、一簇野花、一张忧郁的面孔上感知生活。当然莫言小说中的感觉描写不是对感觉记忆的简单还原,而是以感觉记忆为基础,在添加了艺术想象后的审美创造,它们很少是写实的,而是在主体介入后出现了明显的变形。它们有的是夸大了对象的某些特点:“泪水密集起来,颜色变深,质量变大,沉甸甸像稠而透明的胶水”(《爆炸》);有的使用了艺术通感,将不同感官的感觉嫁接在一起:“这声响初如圆球,紧接着便拉长变宽变淡,像一颗大彗星”(《爆炸》);也有的对感觉作了变形描写:"一轮巨大的水淋淋的鲜红月亮从村庄东边暮色苍茫的原野上升起来时,村子里弥漫的烟雾愈加厚重,并且都染上了月光那种凄艳的红色"(《枯河》)。

在艺术结构和叙事方式上,莫言也有很多突破与创新。在《红高粱》中,作者表面上是将叙事视角定位在第一人称"我"的位置上,以"我"的口吻叙述祖父母余占鳌、戴凤莲和父亲豆官在抗战中的经历,但在叙述中,叙事人又突破第一人称的限制,栩栩如生地讲述了解放后出生的"我"根本无法亲历的故事。作者实际上是将叙述岔入了父亲豆官的视角,或者干脆甩开第一人称视野,在第三人称全知视野中展开叙事。这种特殊的叙述方式使整个作品看上去是"我"在叙述自己家族的故事,给人很强的真实感和亲切感,同时又获得了第三人称全知叙事的那种开阔的视野。另外,作品的叙事也有很大的灵活性,它不完全依循时间的线索,而是在一个广阔的时空中自由穿梭、腾挪。在长篇小说创作中,莫言的《檀香刑》融合了猫腔的结构;《生死疲劳》让叙事人经历了驴、牛、猪、狗、猴、人的六道轮回,叙事人的感觉和思想也掺入了各种动物的特点;《蛙》在结构上又有探索与创新,作者将整个小说分成五个部分,前四部分采用书信体,第五部分则采用了话剧剧本的形式,新的结构给读者观照现实提供了新的视角。

十、女性作家和女性小说

1. 女性作家群的突起和女性小说的演变

自新时期以来,活跃在文坛上的女性作家,既有五六十年代已知名的作家茹志鹃、宗璞、刘真等,也有在 80 年代初就引起关注的中年作家张洁、谌容、戴厚英等,还有知青作家中的张抗抗、王安忆、铁凝等以及与她们年龄相仿的残雪、方方、池莉等。90 年代引起重视的女性作家又有林白、陈染、徐坤等人。她们在文坛上形成了一个耀眼的女性作家群。她们的小说创作呈现出"向内转"和"个人化"的趋势,从关注国家和社会,到关注个人、关注生命,直到女性自身,从个体出发书写自己的生活经历和情感体验,表达自己的感悟和思考。尽管这些女作家年龄层次不同、生活经历不同、创作风格与方法有异,然而她们都在创作中或隐或显地呈现出不同于男作家的女性特色,自觉或不自觉地在作品中透露出独立自强的女性意识。特别是 80 年代中期以来,随着西方女性主义理论在中国的传播,一些女作家不再回避性别而自觉地用女性的视角来反思历史文明,观照社会人生,她们的创作异彩纷呈,取得了令人瞩目的成就。

70 年代后期至 80 年代前期的女性小说还处在主流文学的众声合鸣之中。随着新时期文学的初潮,女作家与男作家一起走过了"伤痕—反思—改革"小说的创作道路,并以各自的实力在文坛上争得一席之地。如宗璞的《我是谁?》对"文革"荒诞性的表达,戴厚英的《人啊,人!》高扬的人道主义精神,谌容在《人到中年》中提出的中年知识分子问题等,均引起社会的强烈反响。在与男作家一同表现"人"的觉醒的同时,女作家们更开始了"女人"的觉醒。张洁 1979 年发表的《爱,是不能忘记的》,以一场刻骨铭心的婚外恋情冲破了世俗的道德标准,表现了人格独立的现代女性对无爱婚姻的理性拒绝,成为这一阶段最能代表女性意识觉醒的女性小说。不过,这一阶段女性小说的基本立场是社会的,在表现女性意识觉醒的同时,还难以超越男权世界的价值标准与主流话语。

八九十年代之交,在文学走向多元化的进程中,女性写作也恣肆奔放地逸出主流话语,寻找适合自己的表达方式。例如王安忆的《小鲍庄》、刘索拉的《你别无选择》、方方的《风景》等小说在艺术上各具特色,同时流露出试图超越男权话语的女性意识。王安忆、铁凝、残雪、池莉等女作家开始专注于女人的故事而逾越主流叙事:王安忆的"三恋"(《小城之恋》《荒山之恋》《锦绣谷之恋》)和《岗上的世纪》等以女作家的敏感直接突破"性"的禁区;池莉在《不谈爱情》《来来往往》《小姐,你早》等小说中讲述着都市女性平凡琐细的生活,在某种程度上消解了男权话语中关于女人和爱情的神话;铁凝的《玫瑰门》以关注女性又审视女性的眼光写出了三代女人从身体到心灵的方方面面,包括与女性心灵密切相关的性的成长、性的需要和冲动。如果说 80 年代前期的女作家是在"花木兰式"的扮装中力图以超越性别的身份写作,那么 80 年代后期以来的女作家们则亮明女性身份来表达属于女性的独特经验、感受和思考。

在 90 年代,随着西方女性主义的引入,"身体叙事"和"个人化叙事"给女作家们以启发,她们在写作中抛开羁绊来表现从身体到观念的觉醒，迅即成为文坛聚焦。1994 年以来，林白的《一个人的战争》、海男的《我的情人们》、陈染的《私人生活》等几部自传或准自传性的女性小说的相继出版，标志着女性小说在摒弃宏大叙事、抒写个人生命体验的写作潮流中走在了前列。这批激进的女性主义作家开创了一个新的写作空间。她们撕破男权社会的种种禁忌，直抵女性的内心世界，完成了对女性本质的体认，并引领了文坛 90 年代个人化写作的潮流。90 年代末期，卫慧和棉棉等 70 后女作家的写作在文学商业化、市场化转型中独领世纪末大众文化的风骚，她们的走红尽管不乏炒作的效果，然而作品表现的消费时代都市女性的心理迷乱亦有引人深思之处。

由以上简略的描述可以看出，70 年代后期以来女性小说的演变主要是围绕女性意识的表现、女性本质的探寻和女性话语的建构而展开的。在这种演变中呈现出女性小说，特别是 90 年代女性小说的如下特征。

首先，女性小说强烈地表现了女性的自主意识，并且逐步深化。70 年代后期开始出现的以张洁的《爱，是不能忘记的》为代表的女性小说，以诗意抒情的方式表现女性作家的女性意识。80 年代初，张洁的《方舟》和张辛欣的《在同一地平线上》《我在哪儿错过了你》以平等的观念叩问男女是否真的平等，对男权社会的双重标准提出了质疑。80 年代后期至 90 年代，女性小说家对女性意识的表现不再停留在是否能爱、是否平等的层面，而是深入到对女性本质的追寻中。如林白的《一个人的战争》、陈染《私人生活》，分别讲述了多米和倪拗拗的成长故事，她们以"个人化的写作"退回到私人空间，深入揭示了女性的内心隐秘。

其次，90 年代的女性小说的另一个特征是对男权文化的质疑，这集中地表现为对爱情的不信任。如果将张洁的《爱，是不能忘记的》和蒋子丹的《绝响》放在一起，不难看出 90 年代的女性小说怎样完成了对经典爱情故事的解构。同样是讲述一段隐秘的婚外恋情，《爱，是不能忘记的》相信"一生中连手都没有拉过"的钟雨和老干部终身灵魂相伴，而《绝响》终于将这个"大悲剧"演绎成姗姗所怀疑的"大笑话"。池莉的《不谈爱情》《绿水长流》等作品更为直接地表现了现代女性对爱情神话的解构，她一一列举了初恋、婚姻、家庭与爱情"无关"，用物质基础和利益关系颠覆了关于爱情的浪漫主义。

最后，女性小说在发展深化中力图建构自己的女性话语，特别是 90 年代的女性小说，在对女性内心世界的深入开拓中建构女性话语。一种方式是"内视角"的"身体写作"，这批女性作家不像张洁那样回避甚至厌恶性描写，也不像王安忆、铁凝那样以严肃的写实主义的态度，以一种远距离的审视姿态对待性描写，而是"以血为墨"，"将身体楔入历史"，敞开女性身体到心灵的隐秘。作品中大量关于自恋、自慰、异性恋、同性恋的详尽描写打破了女人不可以说"性"的禁忌，贴近了女人对"性"的真实感受，通过个人化写作对抗主流和男性话语中心。与之形成对照的方式则是将女人的故事置于复杂社会背景下全方位书写。如铁凝的《大浴女》、王安忆的《长恨歌》等将一个女人从生理到心灵的成长故事置于复杂的社会背景中，既展现女人，也展现社会的方方面面对一个女人的人格塑造，由此对女性本质作了更深的开掘。

90 年代末一批 70 年代出生的女作家卫慧、棉棉等的"另类"写作，曾一度成为文坛热点。在她们的作品里，可见对传统观念的"视而不见"，对"另类"生活的标榜，对物质的艳羡和责任感的缺失，其标榜的"另类"写作由于缺乏对终极意义的思考而很快沦为昙花一现的时尚。另一方面，她们能一夜成名、跻身文坛，与其前辈女作家们对自由写作权利的艰难争取是分不开的,她们的作品也或多或少表现了与传统观念不同的价值取向和某些都市女性的生活。

总之,本时期女性小说演变的核心是"女人"的充分觉醒,女作家们不再戴着男性的面具写作,进而主动地以女性身份看取人生、社会和文明,多角度地完成对女性本质的体认,解构爱情神话,颠覆男权话语,并力图构建男权话语之外的女性写作空间,在表现女性意识和探寻女性本质方面体现了女性小说的成熟。

2. 宗璞、张洁、谌容的小说

宗璞①出身于书香世家,良好的文化教养和独特的生活环境深深地影响着宗璞的文学创作,她的小说体现了中国知识分子的家国情怀。

在伤痕文学阶段,作者创作了多篇反映"文革"生活,控诉"文革"给人民特别是给知识分子带来巨大创伤的伤痕小说,如《弦上的梦》《我是谁?》《三生石》等。这些小说反映了知识分子在"文革"中遭受的精神戕害,同时也写出了中国知识分子身上特有的九死而不悔,威武不能屈的傲骨。在她的小说中,"人"是最为关注的问题。她用夸张、变形、荒诞的手法来表现"文革"的"非人"环境,提出"只有'人'回到了自己的土地,才会有真正的春天"(《我是谁?》),呼吁"每一个人,都应该像人一样,活在人的世界"(《蜗居》)。

在宗璞精心构筑的艺术世界中,描写最多的是大学校园里有着较高文化素养和多种艺术才能的知识女性,她写她们随时代漂泊的命运,写她们对国家、民族的热爱,对真理的执著,对爱情的追求,也写她们的失落与困惑。她们外表柔弱,内心坚强,情感丰富,知书达理。这样一群女性形象是宗璞所独有的,在系列长篇小说《野葫芦引》中也不时看到这样一群品质相似、性情各异的知识分子女性,给人留下很深的印象。

《野葫芦引》是宗璞最倾力的作品,从1985年4月动笔,直到2008年年底,她花了23年时光才完成了其中的3部。小说取材于抗战中西南联大辗转迁徙、艰苦办学的故事,再现了中国知识分子百折不摧、共赴国难的意志品格,谱写了一代中国学人的抗战史诗。有人称这部鸿篇巨制"是宗璞的《红楼梦》,也是她的《战争与和平》"②。

宗璞的小说风格含蓄、蕴藉,无论是她描写的社会环境,还是展现的人物世界,都可以追寻到中国古代哲学和文学传统的潜在影响。她的故事往往发生在大学校园,她的人物大都有着高洁的精神和淡泊的生活,她的文字有着中国古典诗词般的意境,这些都营造出一个优雅高洁的艺术世界。如《米家山水》的开篇于细腻流畅中萦绕着一种天然的柔美,深得中国古代"意境说"的神韵。宗璞的小说大多属于情感小说,但她的小说从来不以煽情和晦涩吸引读者,而是以深厚的文化内涵和清远的精神取胜。《三生石》中那个窄小破旧的小院内,却有着菩提和慧韵之间动人的爱和友情,在常人无法忍受的灾难面前,她们从中国传统艺术和哲学中汲取力量,寻求解脱,而菩提和方知在苦难中的真挚爱情,也成了这沉沉暗夜中的一线光明,人们能从

---

① 宗璞(1928—),原名冯钟璞,祖籍河南省唐河县,生于北京。1951年毕业于清华大学外文系。40年代开始发表作品,1957年发表短篇小说《红豆》,在社会上引起强烈反响。新时期著有短篇小说《弦上的梦》《我是谁?》,中篇小说《三生石》等。出版有系列长篇小说《野葫芦引》中的《南渡记》《东藏记》和《西征记》,《宗璞小说散文选》,《宗璞代表作》,《宗璞文集》(4卷)等。《弦上的梦》《三生石》分获首届全国优秀短篇和中篇小说奖,长篇小说《东藏记》获第六届茅盾文学奖。

② 文若洁:《宗璞和代表作〈野葫芦引〉》,《上海采风》2010年3月号。

中感知人类的善良和希望所在。

在艺术手法上,宗璞不断探索求新。早在 70 年代末,她就尝试突破传统的现实主义手法,有选择地吸收西方现代派的意识流、象征、变形等手法,进行艺术创新,《蜗居》就是其中较为成功的一篇。作品把人引入三重天界,目睹古今中外各种变形的人物和形象,他们是具有某种共性的现实生活中种种人物与现象的抽象写照。在梦幻与象征编织的世界中,任凭读者想象。这正是兼具中西两种文化修养的宗璞所追求的:把中国文化精神和西方现代手法相融合,营造一个言有尽而意无穷的艺术世界。

张洁①前期的小说如《从森林里来的孩子》和《爱,是不能忘记的》等,一开始就表现出她特有的清丽、忧伤和诗情,特别是后者被视为新时期委婉传递女性婚恋意识的开篇之作。小说通过钟雨和姗姗母女的对话和思考,表现了当代女性的婚恋观念。作品以感伤的笔调回溯女作家钟雨和一位有妻室的老干部刻骨铭心的爱,拘于社会成规,他们只能把爱情埋在心底,希冀着在天国相逢。他们待在一起的时间加起来不超过 24 小时,"一生连手都没有拉过",却爱得刻骨铭心。钟雨临终前反复叮嘱女儿:"如果找不到合适的人,我看你就一个人过好了。"因为"只有以爱情为基础的婚姻才是合乎道德的"。主人公的爱情观涉及严肃的道德伦理问题,在社会上引起强烈反响和激烈争论,而这种"痛苦的理想主义"不仅贯穿在张洁后来的创作中,更是开启了女性小说中经常被重述的主题。

在 80 年代,张洁应和着改革文学的潮流,创作了长篇小说《沉重的翅膀》、短篇小说《条件尚未成熟》等正面描写改革中的矛盾冲突的作品,但她对女性命运和内心世界的关注并未终止,她在《祖母绿》《方舟》和《七巧板》中塑造了一系列女性的形象,表现女性自尊、自主、自强的独立品格和自我意识,同时尖刻地揭露人性的虚伪,特别是抨击男权世界的丑陋。对男权世界的剖露和对女性心理的探秘在张洁此后的创作中延续下来。

在新世纪面世的三卷本长篇小说《无字》,是张洁历时 12 载的呕心之作,它以三代女性的婚恋史演绎了女性的生命史,也串起百年中国的风云史。作品中凝聚着作者的历史反思与自我清理,是张洁对于前期理想主义的一次较为彻底的颠覆与解构。小说的主人公副部长胡秉宸与作者前期小说《爱,是不能忘记的》中的老干部以及《沉重的翅膀》中的郑子云同属一个人物谱系,那些作品中被理想化的知识分子革命者形象,在这里被改写、还原,褪去了理想的光环,同时破灭的还有关于爱情的理想。追求理想之爱的知识女性吴为,感受到了从外婆墨荷和母亲叶莲子身上继承下来的女性的悲剧"宿命",并因此而发疯。作品对于几代女性历史与命运的揭示,带有鲜明的女性意识。从《爱,是不能忘记的》到《无字》,张洁的小说呈现了"一个女性的话语由想象朝向真实的堕落"②。然而,作品悲观、沉痛的叙事语调还是反衬出作者对理想人格与爱情的固守。

张洁还有一批针砭病态人格的作品,它们往往同撕破男权社会种种丑态相联系,如《只有

①　张洁(1937—　　),原籍辽宁抚顺,生于北京。1960 年毕业于中国人民大学计划统计系。1978 年开始发表小说。出版有小说散文集《爱,是不能忘记的》,中短篇小说集《祖母绿》,长篇小说《沉重的翅膀》《无字》等和诸种散文集,另有《张洁文集》(4 卷)。《从森林里来的孩子》《谁生活得更美好》《条件尚未成熟》获全国优秀短篇小说奖,《祖母绿》获全国优秀中篇小说奖,长篇小说《沉重的翅膀》和《无字》分获第二届、第六届茅盾文学奖。

②　戴锦华:《"世纪"的终结:重读张洁》,《文艺争鸣》1994 年第 4 期。

一个太阳》《她吸的是带薄荷味的烟》《红蘑菇》等,这类小说尖刻、辛辣甚至不乏粗鄙,对男权人格的无情批判更表现得淋漓尽致,但同时也暴露出张洁小说中偏激乃至偏执的另一面。

总体上看,张洁的小说既流露出女性的诗意美,又表现出自觉的现代女性意识。毫不掩饰地倾泻内心的风暴,是张洁创作的一贯风格。她的许多作品长于主人公内心世界的开掘,具有打动人心的魅力。张洁小说给人印象最深的还是那些有自主意识的知识女性形象。对女性内心世界的深入开掘,对爱情、婚姻突破传统观念的思考,对男性人格的揭露,使张洁的作品走在女性小说的前列,对于开拓女性文学视野、冲决男权话语有不可忽视的作用。

谌容①尽管在“文革”期间就出版过长篇小说《万年青》,但真正给她带来声誉的则是新时期创作的中篇小说《人到中年》。小说通过“无职无权,无名无位”而刻苦钻研、忘我工作的眼科女大夫陆文婷因长期“超负荷运转”而一病不起几乎去世的悲剧故事,反映了作为社会中坚力量的中年知识分子遭受冷漠而待遇偏低的社会问题,在当时引起强烈反响,对当代知识女性形象陆文婷的传神写照及其艰窘生存境况的入微描写使读者动容。谌容笔下的陆文婷具有双重的典型意义:她既是正直的中年知识分子的人格写照,又是具有传统美德的中国知识女性的代表。小说还塑造了与陆文婷完全不同的另一个典型形象秦波,这个自以为高人一等,惯于教训别人的“马列主义老太太”,虽出场不多,却刻画得活灵活现,入木三分。她的养尊处优、狭隘矫情同陆文婷的淡泊名利、潜心工作形成鲜明对比;她依附高干丈夫而颐指气使,又同陆文婷靠自己的才智与爱心为病人服务形成强烈反差。因此,这部作品不仅发出了救救中年知识分子的紧迫呼唤,而且具有批判现实的艺术冲击力。

切近现实人生,关注社会问题,特别是关心知识女性的命运,是谌容小说创作的一个显著特点。她常在平静的叙述中展现情节纠葛,从人生的种种矛盾中提出普遍存在的社会问题,特别是通过人间悲喜剧的冲突揭示知识分子的处境和心态。如《真真假假》描写了知识分子在新时期之初心有余悸的典型心态,提出了如何调动知识分子积极性的问题;作者对婚恋问题与情感生活的关注则体现在《错错错》和《懒得离婚》等小说中;长篇小说《人到老年》和《死河》还分别提出了老年问题和生态问题。

在人物塑造上,作者擅长刻画知识女性的形象。如小说《永远是春天》中的韩腊梅和陆文婷一样,不计个人得失,隐忍而坚强,这正是谌容笔下理想女性的特征。此外,《散淡的人》中的杨子丰刚直不阿,仗义执言,胸怀坦荡,被人视为恃才傲物,孤芳自赏,成为另一类知识分子的典型。《真真假假》刻画了学者型知识分子的群像,在令人忍俊不禁的描画中展现了知识分子的种种心态。《人到老年》塑造了一群向往着心理上年轻的知识女性的形象。

在艺术形式和表现手法上,谌容的小说比较讲究结构的创新和叙述方式的变化,写法灵活,形式多样。如《人到中年》,摆脱了传统的讲故事的束缚,打乱时间顺序,以病危的陆文婷时而清醒、时而朦胧的意识流动过程为主要线索,舒卷自如,跳跃性强,在两天之间、病房之内

---

① 谌容(1936—　　),原名谌德容,祖籍重庆,生于武汉。1954 年考入北京俄语学院,毕业后当过俄文翻译、音乐编辑。60 年代写过剧本,70 年代初开始小说创作,1975 年出版长篇小说《万年青》。在新时期出版有《人到中年》等中篇小说,《人到老年》等长篇小说。《减去十岁》获全国优秀短篇小说奖,《人到中年》《太子村的秘密》《懒得离婚》获全国优秀中篇小说奖。

的紧张生活中凝练地展示出她的人生旅程;《永远是春天》采用双重第一人称和序幕回忆的写法;《大公鸡悲喜剧》类似寓言故事;《太子村的秘密》则用第三人称和推理小说的形式;《玫瑰色的晚餐》主要是内心独白;《走投无路》《减去十岁》则是荒诞地表现主观愿望与现实之间的背离,具有讽刺意味。

3. 王安忆、铁凝的小说

新时期初期,王安忆①以《雨,沙沙沙》为代表的"雯雯"系列踏上文坛。小说通过女知青雯雯迷蒙而纯真的内心世界,写出了一代青年对过去挫折和失落的反思,以及对美好未来的向往和追求。那娓娓流淌的少女情愫,如春雨般甜美,似春风般清新。"在沙沙声中唱一支纯情的歌"之后,王安忆开始"怀着真诚唱一支年长的歌"(《流逝·书后独语》),去关注城市中的"庸常之辈"。这里有返城知青陈信(《本次列车终点》),曾经养尊处优的资产阶级少奶奶欧阳端丽(《流逝》),音乐才子韦乃川(《命运交响曲》)……对各种普通人的描绘,不仅显示了作者观察和表现生活的才能,更可看到她对生活的意义的执著探求。无论呈现在面前的生活多么暗淡,但总有一缕亮光、一丝温暖、一份厚爱。王安忆这一时期的小说,是那个时代劫后余生的年轻人对生活充满严肃反思、热情憧憬、美好向往的精神记录。

1984 年的美国之行,给了王安忆"一副新的眼光"②。她的艺术视野迅速拓宽,从现实生活的描摹深入到对历史和人性的文化反思。写于 1984 年年底的《小鲍庄》与大多数寻根小说挖掘和赞美中华古老的民族文化不同,王安忆用反讽的笔调重新书写了中国传统文化的核心——儒家仁义精神。小鲍庄是个仁义之乡,但与仁义并存的是贫穷和愚昧以及对人的天性的压抑和戕害,对照之下作品对仁义之乡的看似赞颂,自然就是反讽所在了。与此同时,另一组系列小说"三恋"(《小城之恋》《荒山之恋》《锦绣谷之恋》)表达的则是王安忆对人性深处那一角落——"性"的反思。三个故事各不相同,但主人公是"他"和"她",地点是含糊的"小城""荒山"以及远离现实社会的"锦绣谷",抽象性的人物和环境,更能显示出作者所要探询的人性的普遍性。作者通过描绘两性之间性爱的巨大力量来思考生命的本体价值,从生命原生态的角度寻找生命的原动力,这便是小说的出发点。

进入 90 年代,王安忆发表了《叔叔的故事》《纪实与虚构》《伤心太平洋》《乌托邦诗篇》等几部中长篇小说,这些小说的共同特点是采用纪实性与虚构性结合的叙事方式,建构了一部完整的家族史。《纪实与虚构》和《伤心太平洋》追忆和想象父母家族的缘起,是"母系的神话"和"父系的神话";《乌托邦诗篇》记叙了与台湾作家陈映真的交往过程和自己的创作道路,是寻找精神皈依之所的"个人的神话"。王安忆在新世纪创作的长篇小说《启蒙一代》更把寻找的人群扩展到包括她自己在内的一代人,连同上述作品构成了王安忆的"精神探索"系列。

发表于 1999 年的长篇小说《长恨歌》,标志着王安忆创作达到了一个新的高度。小说既

---

① 王安忆(1954—),江苏南京人。1955 年随母亲迁至上海,1970 年到淮北农村插队,1978 年调回上海,现为上海市作家协会主席。从 1976 年至今,已发表百余篇小说,结集出版的有短篇小说集《雨,沙沙沙》等,中篇小说集《小鲍庄》等,长篇小说《长恨歌》等,散文集《重建象牙塔》等,文论集《心灵世界》等和《王安忆自选集》(6 卷)。《本次列车终点》获全国优秀短篇小说奖,《流逝》《小鲍庄》获全国优秀中篇小说奖,长篇小说《长恨歌》获第五届茅盾文学奖。
② 王安忆:《小鲍庄·文学虚构·都市风情》,《语文导报》1987 年第 4 期。

描写了人物的命运,也展现了历史的变迁。王琦瑶本是上海弄堂里长大的女子,因参加"上海小姐"选美成功而进入繁华的都市社交圈,进而被某商界要人金屋藏娇,享尽人间富贵。但随着历史的演变,繁华不再,她也逐渐老去并被人忘却,最后因被抢劫而死于非命。小说的前半部极尽能事表现上海的绚丽华美,后半部则将人和城市都描写得极其简朴暗淡,有"繁华梦灭"之感。前后鲜明的对比是对一个城市"化繁为简"的历史命运的诉说。《长恨歌》充分地表现了上海的城市文化,小说的开头用大量篇幅写上海的"弄堂""流言""鸽子""闺阁",这是对上海都市文化生动的梳理和介绍,而王琦瑶的生活习惯、行为方式,乃至气质、韵味都是在上海文化氤氲氛围下形成的。王安忆对上海弄堂生活和市民文化非常熟悉,在《流逝》《文革轶事》《雀鸲一战》《米尼》《我爱比尔》等小说中都有充分体现,这是她最擅长表现,也是表现得最好的领域。这些小说与《长恨歌》一起,构成了王安忆小说中最生动、最精彩的一页——"都市小说"系列。这个系列的创作一直延续到新世纪,如《桃之夭夭》《富萍》《上种红菱下种藕》《遍地枭雄》等长篇小说。在 2011 年出版的长篇小说《天香》中她更是把历史推向晚明至清初的百年间,借"顾绣"来叙述上海的前世今生,加上小说采用的"红楼笔法",自然又是在尝试新的突破。她被誉为"海派传人"确实是有道理的。

铁凝①的青年时代是在广袤的华北大平原上度过的,华北农民的生活是她始终关注的焦点。她让自己的心灵不断地感应着农村各阶层真实的生存状态,以善意、真诚来描写他们的真实面貌,既写他们的善良、淳朴,也写他们的愚昧、落后。80 年代初期发表的《哦,香雪》是铁凝唱给乡村的一曲悠扬清新的歌,饱含着她对乡村女孩纯真心灵世界的赞美。铁凝运用散文化的语言,既有朴素的描写,也有清新的抒情,将香雪纯真美好的心灵世界与山区安静甜美的自然景色织在一起,朦胧的欢乐和希冀之中透出淡淡的伤感,创造了一个单纯、精致、隽永、余味悠长的艺术世界。

同是写农村题材的"三垛"(《麦秸垛》《棉花垛》《青草垛》)表现的却是农村人尤其是农村妇女的艰辛,以及深藏于她们意识之中的愚昧落后的观念。《麦秸垛》讲述了两代妇女大芝娘和沈小凤痛楚的人生故事。小说坦然承认了女性的爱和被爱的欲望,以及对生生不息的生命的热情,"麦秸垛"就是蓬蓬勃勃的生命力的象征,也是长期以来农村妇女爱欲被压抑的见证。《棉花垛》通过米子和女儿小臭子的故事,揭示了农村女性对男性的依附心理和不可逆转的悲剧命运。《青草垛》讲述模糊姊等人的故事,展示女人世代的悲苦和辛酸。"三垛"是铁凝对农村妇女唱出的一曲哀歌,诉说着传统思想对女性的束缚和她们千百年来被压抑、被扭曲的命运。

铁凝的另一类作品,是审视人性、人的灵魂、人的品格的小说,在这里既有"审美",也有"审丑"。80 年代发表的《没有纽扣的红衬衫》是"审美"的代表作。小说描写一个率真、坦诚、爱发议论而无所顾忌的女中学生安然,在家庭和学校复杂的人际关系中产生了一系列苦恼和惶惑,但她以诚实的双眼看待世界,在复杂的社会人生中,仍保持着纯洁的心灵和乐观的天性。

---

① 铁凝(1957—),河北赵县人。1975 年中学毕业后到农村插队务农,后任《花山》杂志编辑,现任中国作协主席。出版有中短篇小说集《没有纽扣的红衬衫》《哦,香雪》等,长篇小说《玫瑰门》等及多个散文集,另有《铁凝作品系列》(9 卷)。《哦,香雪》和《六月的话题》获全国优秀短篇小说奖,《没有纽扣的红衬衫》获全国优秀中篇小说奖。

在"审丑"的作品里,铁凝挖掘人性的阴暗面达到相当的深度。长篇小说《玫瑰门》是将扭曲的人性撕开来展现,尤其是剖析女性的心理在特定环境中发生的可怖的变异。司猗纹因婚姻生活的不幸,而对社会、对他人、对命运产生恶意的报复心理,"如同浸润过毒汁的罂粟花"一样,"她决心拿自己的肉体对人生来一次亵渎的狂想"。铁凝改变了人们传统观念中关于"母亲"的形象,更多的是赋予其被伤害、被扭曲的女人的特征,在经历了痛苦的磨炼后,她"以暴抗暴",伤害别人。她不仅表里不一、口是心非,还对自己的家人落井下石,或勾引公公,或陷害妹妹,或跟踪、窥视儿媳妇和外孙女的私生活……司猗纹的心理尤其是性心理是变态的,她的病态心理并非天生,更多是因为她"在毒水里泡过",在充满腐烂毒汁的封建家庭中被侮辱和歧视,在新社会又得不到周围人的接纳。司猗纹是铁凝创造出来的一个具有特色的"恶之花"形象。

在艺术手法上,铁凝变化较少,无论是早期充满诗意的作品,还是后来探索人性奥秘的作品,她都保持着以写实为主的艺术手法。铁凝能够将人物心理表现得很细腻,小说氛围的营造也很出色,但社会容量不大。铁凝在新世纪出版的长篇小说《笨花》依然以一个小村庄的生活为蓝本,截取了清末民初至40年代中期近50年的历史断面,描写了90多个人物,是目前为止铁凝容量最大的一部作品,也是她试图突破自己的一种尝试。

4. 林白、陈染的小说

林白①自认为她"第一部重要的中篇小说"是发表于1989年的《同心爱者不能分手》,这是一部简洁、精致、含义丰富的小说,它几乎涵盖了作家后来所有小说的构成元素,可以说,它是通向林白小说世界的一扇门。首先,从中可以看到小说描写的基本环境:小镇和城市——冷漠的城市,神秘的小镇。小镇的代名词是"沙街",曾出现在作家的多部小说中。它由深邃的丛林、弯曲的河流、潮湿的空气、幽暗的天井、厚厚的青苔、暗红的指甲花等构成,它们使小说具有浓郁的异国色彩,以及南方边陲地带特有的神奇、诡秘的故事氛围。其次,还可看到林白小说人物的基本类型:小镇中的女人和城市中的女人。城市中的女人被描写得现实而脆弱,如主人公"我",在各种高楼大厦间来回冲撞而被击碎;小镇中的女人则相反,如"女人",被描写得美丽而虚幻,像传说中美丽的妖女,在幽暗的时间隧道中散发出久远而神秘的气息。第三,也是更重要的,可以看到她写作的基本思路:书写"自我认同",如"女人"的自我爱恋;"女性认同",如"我"对"女人"的挥之不去的想象;"男性排斥",如天秤对"我"的冷漠、"女人"和"男教师"之间的隔膜。

如果说林白的小说会引起一些读者的"不适感",其原因就是小说里时常散发出来的"自我认同"和"女性认同"意识。林白善于发现和表现女性的美,常用天上的气流、雪野上的玫瑰、浮在冰山上的月亮来比喻女性的美丽和洁净。女性对自己的认识往往是通过"镜子"实现的,如多米用镜子观察自己的身体(《一个人的战争》),邵若玉在镜子前跳舞(《往事隐现》),

---

① 林白(1958—),原名林白薇,广西北流人。1982年毕业于武汉大学图书馆学系,曾任图书管理员、电影制片厂编剧、报社记者,现为专业作家。出版有《同心爱者不能分手》《致命的飞翔》等中短篇小说集,《一个人的战争》《万物花开》等长篇小说和若干散文集,另有《林白文集》(4卷)。

二帕"从镜子一看到自己的脸充满层次,富有质感","一次又一次地感到自己的魅力"(《瓶中之水》)。"女人""走到镜子前,对着镜子几乎是耳语的声音说:你爱我吗?""镜子"是林白小说里的一个重要意象,它象征着女性对自我的观照和认同。当这些女性面对镜子自我审视的时候,其实是以一种纯粹的女性的眼光认识女性自身,因此,"自我认同"意味着女性自己看自己,自己书写自己,改变了传统文本中女性"被看"和"被书写"的命运。

林白另一篇偏爱的小说是《回廊之椅》,这是一篇关于外乡人的故事以及革命的话题、主仆两个女人的友谊、神秘的回廊、茶杯和薰草的气味,它们隐藏在一座细雨蒙蒙的红楼中,悬浮在现实生活之上。和小镇上发生的其他故事一样,气氛是迷蒙、神秘、诡异的,蒙蒙细雨之下隐藏着一些凄美婉转的故事,而"外乡人的故事"和"革命的话题"都被后置成了遥远的背景,凸显出来的是主仆两个女人的友谊。面对富家太太朱凉的高贵、美丽,她的丈夫章孟达及其兄弟和革命投机分子陈农都无法理解,唯一能保护她、守卫她并欣赏她的美的,只有使女七叶。七叶在谈及朱凉时,"她的声音充满了无限的怀旧和眷恋之意,就像一个垂暮之年的老人怀念他年轻时代的铭心刻骨的爱情"。这种奇妙的情感接近爱情,又超乎肉欲,婉转妙曼,时隐时现,使"女性认同"意识得到了诗意的表达。在林白笔下,"女性认同"经常表现为同性恋,实际上恋爱的双方互为镜像,正如镜子一样,是女性的自我观照和认同。"女性认同"意识类似于西方女性主义者所说的"姐妹情谊",从这一点上说,林白的小说是真正意义上的"女性主义"小说。

相反,在表现女性与男性的关系时,林白却显示出"男性排斥"的倾向。她否定男性的美,也几乎不写男性和女性之间的温暖,相反,却是冷漠和紧张的对抗。《致命的飞翔》展示的男女关系紧张而绝望,李芮、北诺与登陆、高岗、秃头男人进行权与色的交易,但男人们玩弄女人之后就扬长而去,于是,故事只能以血腥的复仇来结束。小说将北诺杀害秃头男人的场面描写得触目惊心又充满快感,这是一场男女之间的"性别之战",暗示了她写两性关系时的一贯思路:男人之于女人,就像"子弹穿过苹果"似的,只有穿透、破裂、粉碎和疼痛。在这一点上,林白表现得过于激烈和极端了。

在新世纪,林白的小说创作在选材上出现了一些变化,她的长篇新作《万物花开》和《妇女闲聊录》把视野投向底层乡村的民众,为苦难的乡村感到悲哀和忧伤。《致一九七五》则是林白的"致青春"之作,作者通过第一人称叙事把回忆中所有纷乱的人和事编织成一个艺术整体,把读者带进那个特殊年代的社会历史和内心生活,这部作品显示出审视历史的倾向。

林白将自己的写作方式称为"个人化写作"。她从一个女性个体生命的感官、心灵出发,写个人对世界的感受,这是一个突破。正如她自己所说:个人化写作"将包括被集体叙事视为禁忌的个人性经历从受到压抑的记忆中释放出来……她们的身影在民族、国家、政治的集体话语中显得边缘而陌生,正是这种陌生确立了她的独特性"①。林白的艺术手法丰富多变,她想象奇丽,喜用色彩感强、对比度大的词语,意象丰富。但由于对一些生活琐事的多次重复,使她的小说流于琐屑。

---

① 林白:《记忆与个人化写作》,《一个人的战争》,内蒙古人民出版社 1996 年版,第 303 页。

　　陈染①与林白在女性主义观念和个人化写作方面有相似之处,但差异也很明显。陈染童年时代家庭气氛沉闷、压抑、冷清,且从小学习音乐,越来越沉浸在远离现实的梦幻之中。长大后的她落落寡合、默默不语,独守着空空落落的房间和心灵,与诗歌和哲学为伴。陈染很喜欢萨特、维特根斯坦等哲学家,对哲学的偏好决定了她形而上的思维特点,即使和林白一样写的是女性的生存状态,但林白是经验性的,而陈染却是思辨性的;林白是感性的,陈染是理性的;林白笔下绚丽的女性世界是对现实的描摹和渲染,陈染作品中的玄思妙想是对现实的提炼和抽象。因而陈染说自己有“一种现代的创作情绪”。

　　统领这种“现代的创作情绪”的核心是“孤独感”,陈染笔下的女主人公都是深刻了解和体会孤独之痛和孤独之美的人,她们多为知识女性,置身于冷漠而空旷的世界中,却执拗地要追寻“灵魂世界”。黛二小姐出现在陈染的多部小说中,是这群孤独者中最让人怜惜和感慨的一个,也是陈染偏爱的人物,作者通过她来讲述女性在这个“空荡荡的世界”中所经历的深刻的孤独感。黛二的孤独和苦闷在中篇小说《无处告别》中表现得最明显和全面,小说的四个小标题“黛二小姐与朋友”“黛二小姐与现代文明”“黛二小姐与母亲”“黛二小姐与世界”预示了黛二在多维关系的世界当中的孤立无助的境地。黛二在现实世界中格外固执地追求精神性的东西,因而所受到的伤害就特别大,失望也特别大,她的灵魂无所栖息也无处告别,成了一个精神的流浪者。除黛二以外,陈染其他小说中的主人公如水水(《时光与牢笼》)、雨子(《潜性逸事》)、旖旎(《与假想心爱者在禁中守望》),都是执著追求精神生活的知识女性。她们如“谪仙人”那样,虽身陷尘世却仍带着特有的高贵和傲慢,她们纤弱、敏感,言辞却尖刻、睿智,一面讥讽世俗的生活方式和道德规范,一面在世俗生活中品尝孤独的深味;一面嘲弄人类所谓的“终极意义”,一面又沉溺于这种思索之中。她们是一群贬谪于世俗社会的“精神贵族”。

　　陈染的长篇小说《私人生活》曾经很受关注,因为正如标题所暗示的那样,其中展现了女性最隐秘的“私人”的生活。但这篇小说的本意或许并不仅仅如此。主人公倪拗拗是一个患有“幽闭症”的精神病人,她常常自言自语,她的语言自身构成了一个自足的世界,她沉浸于其中,也无人能入侵。小说详细记录了倪拗拗许多莫名其妙的话语,如她对死亡的假想,对彼岸世界的玄想,疯狂的性幻想,对现实生活的议论等,与她周围的人的世俗言论形成鲜明对比。倪拗拗的生活是孤独的,但更为孤独的是她的精神,她所有的行为和思想都与世俗的伦理道德和行为规范不一致,在现实生活中,她成了个畸形的、异常的人。与其说《私人生活》展现的是女性不为人知的隐秘生活,不如说它透露的是女性幽闭的精神世界和女性不被理解的思维方式。

　　陈染的语言不像林白那样绚丽多彩,而是更带有知识女性的优雅和睿智。嬉笑与感伤并存,嘲笑与自嘲同行,亦庄亦谐,俊逸潇洒。但陈染的作品过分沉浸于内心世界,容易割断与社会生活的联系,长此以往,不利于创作出有气魄的作品来。

---

　　① 陈染(1962—),生于北京。幼时习音乐,18岁开始从事写作,曾任大学教师、报社记者、杂志社编辑,20岁开始发表作品。出版有中短篇小说集《与往事干杯》《嘴唇里的阳光》等,长篇小说《私人生活》,散文集《声声断断》等及《陈染文集》(5卷)。

十一、新写实小说

1. "新写实"的缘起

　　20 世纪 80 年代中后期,作为创作潮流的"新写实小说"继寻根小说和先锋小说出现后而产生。在最初的评论文章中,有人认为新写实主义是对现实主义的"回归"①,并赋予其"后现实主义""现代现实主义""新现实主义小说"等称谓,也有人从题材的角度称之为"写生存状态"或"写生存本相"的小说。② 新写实小说作为一股创作潮流的形成,除批评家的关注、引导外,文学期刊也给予了很大的推动。1989 年 6 月《钟山》文学丛刊以较大的篇幅,颇有声势地推出了"新写实小说大联展",该栏目的卷首语特别强调新写实小说"仍以写实为主要特征,但特别注重现实生活原生形态的还原",而且"借鉴现代主义各种流派在艺术上的长处"③。这两点基本上可以视为新写实同传统的现实主义尤其是革命现实主义的主要区别,亦即"新"之所在;而"还原原生态"更是被当作新写实的主要特点,尽管它在理论上是值得商榷的。经过作家、评论家和文学期刊的联手协作,"新写实"便成为被广泛认可的称谓。

　　寻根小说兴起后的新写实小说像是一种反拨,它摈弃了寻根文学的浪漫化期待,它更关注的是人们窘迫的物质生活现状以及与之相应的性格与心理状态,而嘲弄各种超越于现实的崇高理想和人生目标;它放弃了对生活背后是否隐藏着"意义"和"真谛"的探询,而把生活的意义限定在对生活本相的描写过程之中,回避对日常生活现象作出明确的价值判断。因此,新写实更多地表现出社会转型期文学世俗化的价值取向,即追求物欲而淡化理想,趋于平庸的消解崇高,所描写的对象多为庸常之辈的凡俗人生,既没有明确的理想,也没有澎湃的激情,而多为世俗的经验和感性的欲望所纠缠。这种"原生态"的生活即被视为意义之所在。因此,在新写实小说"还原生活原生态"的旨趣中明显地表现出反浪漫、反激情、反理想的倾向。

　　新写实小说也是对先锋小说疏离读者大众的一种反拨。从思想层面上看,新写实表现出对世俗人生、大众趣味的亲和甚至趋附;从技术层面上看,新写实小说则以传统的写实为基础,表现出对大众阅读习惯的认同,甚至投其所好地制造出在内容和形式上"可读"的文本。然而,经过先锋小说的熏染,先锋小说的一些特质也被新写实小说吸纳。首先,一些由"先锋"转向"新写实"的作家在写实的大框架中,探究写实的多种"新"的可能,力图产生新的效果。如苏童由过去的对故事、人物的着意消解,到在《妻妾成群》中关注故事、人物的新效果;叶兆言用言情小说的笔法来写《艳歌》,而在关键地方又破坏言情小说规范,因而在写言情小说的同

---

① 雷达:《探究生存本相,展示原色魅力》,《文艺报》1988 年 3 月 26 日。
② 分别参见王干:《近期小说的后现实主义倾向》,《北京文学》1989 年第 6 期;张德祥:《论"新现实主义"小说的美学特征》,《小说评论》1990 年第 5 期;雷达:《关于写生存状态的文学》,《小说评论》1990 年第 6 期等。
③ 《"新写实小说大联展"卷首语》,《钟山》1989 年第 3 期。

时又在反言情小说等。其次,有些新写实作家虽然没有写过先锋小说,但他们受过西方现代主义的影响,因而作品中表现出与先锋文学的亲缘关系。如方方的《风景》,以家庭中一个死孩子的眼睛来观照其他活着的家庭成员的生活情况,将逼真的生存图景镶嵌在一个总体上荒诞不经的结构框架之中,使细部上的写实与总体上的荒诞结合在一起。刘恒的《虚证》借助于真实、细致、绵密的叙事构成了一篇典型的心理分析小说,明显带有先锋小说叙事迷宫的色彩;而《伏羲伏羲》结尾处的"无关语录"三则则像是新写实为自己装上了一条先锋的尾巴。再次,由于对作品观照和解读的眼光不同,即便是从最具"生活流"的作品中也可以看出现代主义因素。如池莉、刘震云的许多作品一般被认为离先锋最远、最无操作技巧,但如果仔细分析他们的《烦恼人生》《单位》等小说,同样不难发现其中的反讽、黑色幽默、荒诞等因素。

如果把新写实小说放在中国当代现实主义文学的整体格局中看,新写实从命名到具体创作,是竭力与革命现实主义相区别的。"'现实主义'与'写实主义',它们不过是英文'realism'的不同译法,但这译名的一字之差又传达了选择的偏向……在八九十年代之交,评论界放弃沿用了半个多世纪的译名,拾回曾流行过却又久违了的'写实主义'并冠之以'新'。译名的选择已经隐含着可以领会的趋向。"①同革命现实主义相比,新写实小说的变异大致表现在以下几个方面:

第一,革命现实主义中"大写的人"为"小写的人"所取代。新写实小说大多描写各类小人物的生存困境,表现他们物质性和精神性的烦恼,揭示人的各种尴尬处境,以对人的具体行为方式和卑下生活境遇的描述置换掉关于人生终极价值的判断,放弃对人生意义的追问。这些地位卑下的小人物为自己身边的日常生活琐事所包围、所淹没,只关注一己之利。相对于革命现实主义作品中那些"大写的人"而言,他们是"小写的人",如刘震云"官人"系列中的小林,池莉"人生三部曲"中的印家厚、庄建非、赵胜天等。

第二,革命现实主义中"生活的故事"为"活着的故事"所取代。新写实小说家普遍看重人的基本生存境遇,着力表现顽强的生命欲望和本能冲动,把具有形而上意味的"生存"转变为对形而下的"活着"的过程性展示。如刘恒的《狗日的粮食》《伏羲伏羲》都涉及人的"原欲",前者写"吃",后者写"性",二者都属于生命欲望的本能冲动,作者有意淡化时代性和社会性因素,写出一个个"为生而死"的故事。余华的《活着》《许三观卖血记》则写出了一种在"活着"的欲望驱使下生命的顽强和坚韧,这些都属于"向死而生"的故事。

第三,革命现实主义中的典型化、纵深感被零散化和平面感取代。新写实小说倾力罗列琐屑的日常生活片断和细碎的感性经验,对平庸的世俗人生作不厌其详的现象描绘,以图还原"生活本相",拒绝向典型化提升和向生活的纵深切入。如池莉的《烦恼人生》《不谈爱情》《太阳出世》等"人生三部曲"是这方面的典型文本。

第四,革命现实主义中的细节真实为自然主义式的真实细节所取代。新写实小说不回避粗俗、猥琐的场面描写,用艺术画面展现大量卑污、鄙陋但又闪现真实光芒的细节。如方方的《风景》,无论是在整体上对一户人口众多的平民家庭的日常生活的描写,还是对这个家庭每个成员的具体行为方式和心理活动的呈现,都达到一种近乎"裸呈"的程度,有很浓的左拉味道。这种鄙陋的画面同样也出现在苏童的《米》等作品中。

---

① 刘纳:《无奈的现实和无奈的小说——也谈"新写实"》,《文学评论》1993 年第 4 期。

第五,革命现实主义充满激情的理想主义为冷静的客观主义所取代。新写实小说家在写作时采取"主观退场""不动情观照"或称为"零度写作"的方式,极力回避主观介入叙述对象,抑制对所描写人物和事件作出直露评价。绝对的"零度写作"自然只是一种理想状态,但新写实极力消解理想主义激情的倾向却是明显的。如李晓的《最后的晚餐》、杨争光的《赌徒》等都表现出极其冷漠的叙述态度。

新写实小说呈现出被革命现实主义有意摈弃或遮蔽的一些生活经验,开拓了表现现实的新空间,对随后的一些小说潮流如"新状态小说""新都市小说"以及"现实主义冲击波"等都产生了一定影响,甚至可以说,新写实逐渐成为现实主义的主流形态。

与新写实小说同根异枝而生的新历史小说,是新写实小说家把目光转向历史题材而派生出来的,如叶兆言的"夜泊秦淮"系列(《状元境》《十字铺》《追月楼》《半月营》等)、苏童的"妇女生活"系列(《红粉》《妻妾成群》等)、刘震云的"故乡"系列(《故乡天下黄花》《故乡相处流传》《故乡面和花朵》等)。这些作品除了具备新写实小说的一般特征外,还表现出对历史真实的质疑。作者多运用诸如偶然性覆盖必然性、以静止观质询发展观、以荒诞性挑战合理性等"反史诗性"的叙述策略,突出历史的虚构性,表现出一代人对历史的新的感受和理解。

2. 刘震云、刘恒的小说

刘震云①最初是以一系列写乡土生活的中短篇小说走上文坛的,此后,写乡村、写农家子弟就一直是他小说创作较稳定的题材,而故乡延津则成为他小说或隐或现的背景。

《塔铺》是刘震云早期的作品,写农家子弟所承受的生活的辛酸苦涩以及在严峻的生活现实面前无法把握自己命运的无奈,让人感到难言的压抑和沉重。农家子弟的卑微人生在《新兵连》中得到了扩展,而且同权力角逐扭结在一起,成为刘震云"官场"小说的一个重要过渡。《新兵连》中新入伍的士兵形象委琐而卑微,争上"骨干"的宏大目标不过是为了入党提干,最终摆脱农民身份这一世俗愿望的掩饰。卑微的动机外化为卑微的行为,他们争相降低人格,巴结上级,彼此猜忌、使绊,惯于要阴谋和小聪明,却又常常不得要领而弄巧成拙,甚至最终还酿成悲剧。即便是到了城市,到了"单位"或者"机关"当上"干部",农家子弟也难摆脱被权力捉弄的命运。大学毕业的小林满怀抱负地进入机关,看到的是在权力和世俗生活的交合点上人性的卑微表演。在《单位》和《一地鸡毛》中,出于婚后生活的窘迫,小林一反惯常的逍遥自在的处世方式而违心地奉迎领导,竭力给领导留下一个"好印象",作品表面展示的是庸常人生的琐屑生活,其深层内涵揭示的是无所不在的权力关系对人性的腐蚀。

官场是权力的角逐场,权力的角逐也正是为了谋取更多的实际利益。刘震云以不动声色、冷眼旁观的姿态挑开了官场权力角逐的一角,揭示了人性最为阴郁的一隅。《官场》中两个副专员为争当专员而明争暗斗,《官人》中局长老袁因官和权带来名利双收,《新闻》中某市市长和市委书记为了争权夺利而挖空心思吹嘘政绩……"官人"们挖空心思、尔虞我诈,"官场"中

---

① 刘震云(1958—),河南延津人。1973 年入伍,1978 年复员在家乡当中学教师,同年考入北京大学中文系,1982 年毕业到《农民日报》当记者并开始文学创作。出版有中短篇小说集《塔铺》《官场》等,长篇小说《故乡天下黄花》《一句顶一万句》等,以及《刘震云文集》(4 卷)。《塔铺》获全国优秀短篇小说奖,《一句顶一万句》获第八届茅盾文学奖。

拉帮结派、钩心斗角,刘震云的官场小说将一出出近乎黑色幽默的荒诞剧尽收眼底。如果说当年王蒙的《组织部新来的青年人》是当代官场小说的开篇之作的话,那么刘震云的官场系列正体现了从理想主义到新写实的蜕变,若将前后两个小林作一比照的话,更可以见出这一点。

在刘震云的精神世界中,官场和乡土是他思考的两个维度,而将这二者扭结在一起的就是权力,《故乡天下黄花》就是一个代表。小说聚焦于马村,采用历时性叙述,从民国初年讲到"文革"夺权,显然是想透过社会历史的变动不居,去发现隐藏在社会历史深处恒定不变或变化极缓的深层积淀,因此在故事的表层是不同历史时期的"夺权,反夺权,反反夺权……",而故事的内核一言以蔽之,就是积淀为集体无意识的权力争斗。一部马村半个多世纪的历史,看上去斗转星移、天翻地覆,岂知"城头变幻大王旗"只是形式,在内容上只不过是在权力欲驱使下无休止的角逐。刘震云对历史的审视使他进入了"消解正史"的新历史小说家的行列。题为"故乡"的另两部长篇小说《故乡相处流传》和《故乡面和花朵》,以及《温故一九四二》,构成了刘震云的"故乡"系列,但是"故乡"在刘震云笔下不再是温馨的所在,也不是精神家园的所在,长久以来附着在故乡上的所有宏大的政治、历史与文化意识形态,都被作家客观冷峻而又谐谑调侃的叙述给颠覆了。

反讽,是刘震云揭示权力场上的生存悖论和谋权者的荒诞人生的主要艺术手段。人们永远在谋求权力,却永远为权力所拨弄。这是《故乡天下黄花》的反讽,也是在他许多作品中重复出现的反讽。在刘震云的作品中,人物的行为动机卑微、琐屑,行为方式卑劣、歹毒,但其结果往往事与愿违,适得其反,二者间形成强烈反差,从而达到独特的反讽效果。《单位》和《一地鸡毛》中的小林为了入党而学会了吹捧巴结、行贿送礼,而具有反讽意味的是,小林巴结了一个,得罪了另一个,最后苦心与苦力全都白费,还得回到原点。《官场》《官人》等小说中的人物都在为谋求权力而煞费苦心,但最大的讽刺莫过于他们大多数至死都不曾意识到自己不过是权力场上一个没有台词的跑龙套的角色,这是刘震云对权力场中形而下的世俗人生作出的形而上的反讽性观照。

新世纪以来,刘震云继续创作了《一腔废话》《手机》《我叫刘跃进》《一句顶一万句》《我不是潘金莲》等长篇小说。这些作品又从历史回到了当下,表明作者的现实关怀。除了保持惯用的反讽,刘震云强化了对话的功能,不仅以对话塑造人物、表现环境、交代故事,还直接突出对话的人生意义。如《一句顶一万句》由两部分组成,前一部分写过去的事:农民杨百顺在失去唯一能够"说得上话"的养女后,为了寻求沟通,走出延津;后半部写他养女的儿子牛建国,同样为了摆脱孤独寻找"说得上话"的朋友,走向延津。这一出一进,都是为了摆脱人生的孤独而寻找心灵的沟通。刘震云的这些小说写出了当代人生存的悲哀和尴尬,即便他们生活在现代社会,依旧在泥淖中越陷越深,堪称现代启示录。

刘恒①的创作始于"文革"结束后,但成名于文坛的则是《狗日的粮食》和《伏羲伏羲》。这两个作品前者写"食",后者写"性",是刘恒以自己故乡为蓝本的"洪水峪"系列中最重要的作

---

① 刘恒(1954—),原名刘冠军,北京人。中学毕业后在海军服役6年,退伍后当了4年工人。1977年开始发表作品,后调入北京市文联。出版有中短篇小说集《狗日的粮食》《贫嘴张大民的幸福生活》等,长篇小说《黑的雪》《苍河白日梦》等,以及《刘恒文集》(5卷)。

品。在这个系列中,刘恒写农民赖以生存的"粮食""力气"和"性"①,写他们在极度贫困的挤压下萌生的欲望和仇恨。

《狗日的粮食》是刘恒的成名作。在饥饿的年代,洪水峪的杨天宽用二百斤谷换来了瘿袋老婆,生了一串子女依次以粮食命名,但加剧了饥饿的威胁。瘿袋凭着撒泼无赖不顾一切到处去扒食,然而当粮证终于到手的时候瘿袋却偏偏弄丢了它,这毁灭性的打击使刚强的她变得脆弱,因此也结束了自己的性命。《狗日的粮食》强化了"食本能"给人带来的苦难和异化,《伏羲伏羲》讲述的则是"性本能"的厄运。洪水峪的小地主杨金山用三十亩地换回了貌美的妻子王菊豆,从此欲望和人伦的纠缠与搏斗给这个家庭带来危机。性无能的杨金山因不能得到梦寐以求的儿子,而无休止地虐待菊豆;侄子杨天青却一直对婶婶怀着本能的渴望,同情和欲望造成了婶侄间的不伦之爱;不伦之爱的结果使杨天青在无法承受的压力下于水缸中自溺而亡。刘恒在作品中从不回避写人的本能欲望,且能深刻剥露出欲望受到压抑的苦闷;但他决不将本能欲望浪漫化,相反倒是写出了欲望或本能给人造成的困境。

刘恒另一类以城市或城镇生活为背景的作品同样引人关注,如《黑的雪》《白涡》《虚证》《逍遥颂》《苍河白日梦》等。作者在这些作品中侧重用精神分析来彰显人的欲望与现实的冲突,深入地探讨了人的精神状态。

《黑的雪》写的是一个浪子回头却发现自己找不到精神家园,觉得活着"没意思"的故事。从劳改队回家的李慧泉一直希望自己开始新生活,可是新的生活一直不知道在哪里,整日围绕着他驱之不散的精神阴霾是"没意思"。从情节发展上看,李慧泉的死出于意外和偶然,是飞来横祸,显得有些突兀和牵强,但是既然不知道怎么个活法、怎么活才算有意思,那么人生的意义也就流失了。《虚证》同样是写一个活得"没意思"的故事。小说是以郭普云的死和"我"对其死因的推理开始的。所有的分析看来都有一定的道理,但是好像又说明不了问题的全部。所有的分析是从人们的外视角观照所得,但是他内心究竟是怎么回事没有人能够知道,也许郭普云自杀的真正原因就是不知道自己在这个世界上该怎么活下去。刘恒把这视为"人性本身的困境"或者"人的困境"。

刘恒的"洪水峪"系列和城市系列看似差异极大,实际上写出了一种意义流失后的"荒野"景观,区别仅在于"洪水峪"系列侧重写物质的极度贫瘠,城市系列侧重写精神的极度贫瘠;但二者的结果都一样:物质和精神的贫瘠都会导致意义的流失,这就是产生"荒野"景观的缘由,这一景观的呈现得力于他对人类生存现实及其困境的深切关注。

90 年代中期以来,刘恒的小说创作逐渐从沉重、压抑的悲剧叙写中走出来,用一种夸张而戏谑的笔调,把现实的艰辛和苦难描写得细腻而琐屑,其代表作是中篇小说《贫嘴张大民的幸福生活》。小说围绕房子问题而展开经济问题、兄弟姐妹间的爱情婚姻问题以及儿子的健康成长等一系列问题。但他深谙"忍"和"韧"的人生智慧,以阿 Q 式的精神胜利法来对付生活中所面临的一切,以耍贫嘴的法子苦中寻乐,在嘴巴的短暂幸福中凝聚的却是说不完的辛酸和苦难,让人能品味到人生的五味。

运用精神分析方法来探讨人物心理,是刘恒小说的突出特征。如《黑的雪》出版时被加上"一部探索性的精神分析的小说"副标题,《白涡》被喻为当代男性心理分析小说,《伏羲伏羲》

---

① 　参见刘恒:《伏羲伏羲》(创作谈),《中篇小说选刊》1988 年第 6 期。

《虚证》《逍遥颂》《冬之门》《苍河白日梦》等也打上精神分析的痕迹。精神分析既能使叙述保持一种客观冷静的态度，又能积极介入人物的内心世界，对人物的反常之举作出推断。因此刘恒小说中的人物是有心理深度的，而作者也凭着对心理深度的剖露揭示其人性深度。把温情的悲悯和苦涩的幽默揉为一体是刘恒小说的又一特色。如《伏羲伏羲》末尾附录的"无关语录"三则，《苍河白日梦》对那些卑微的亡灵所作的温和的调侃，《贫嘴张大民的幸福生活》那种在苦中给自己找乐子的耍贫嘴，都可以让读者从啼笑皆非的幽默里析出挥之不去的苦涩和辛酸。

3.　方方、池莉的小说

方方①最初的小说创作充满学生时代的理想主义和浪漫主义色彩。如《"大篷车"上》《十八岁进行曲》等，作品格调明快清新，充满年轻人的向往与追求，洋溢着青春气息和勃勃生机。随着阅历的增长和对底层生活体察的深入，理想色彩也逐渐减弱，而更加关注现实人生，发表了《司机秦大宝》《七户人家的小巷》等市民生活小说，成为她转向新写实的重要过渡。发表于1986 年的中篇小说《风景》因直面人性溃败的社会现状，揭露底层社会的真相，创作风格也变得冷峻和尖刻，使她成为新写实的代表作家。

方方驾驭题材的能力是不凡的，无论是市民题材、知识分子题材，还是爱情题材、公安题材，都处理得娴熟自如。在以《风景》《黑洞》《落日》等为代表的市民题材小说中，作者从芸芸众生的物质生活境遇入手，揭示在恶劣的生存状态下的人性撕咬和爱恨情仇，审视、剥露他们阴暗甚至丑恶的庸常心理，诸如"父亲"的平庸、麻木，"七哥"的鄙俗和"浅薄"（《风景》），陆建桥的顽劣和浑噩（《黑洞》），乃至整个市民阶层的精神弱点——庸俗、自私、麻木、愚昧、目光短浅等。但她不是将自己的艺术目光仅仅停留在对底层市民生活困顿境遇的扫描上，而是针对着他们整个的"活法"进行严峻的审视和批判。在这类作品里，既有质疑，又有喟叹，还有深沉的哲学反思。她的作品表明：生活原本不应该是这样，是环境造成人的性格变态，环境扭曲人性，社会使人堕落，使人生变得沉重，而人在奋斗与抗争中常常处于一种尴尬无奈的境地。在《行云流水》《祖父在父亲心中》《无处遁逃》等描写知识分子的作品中，方方着重表现了在社会环境的挤压下知识分子精神上的沉重、痛苦和理想的失落。作品中的同情与批判共存，表现了现实生活对知识分子的嘲弄和知识分子与现实生活的错位。在《船的沉没》《随意表白》《桃花灿烂》等爱情小说里，更多的是一种错位模式，最后的结局都是爱情的失败——由于社会、环境、人的地位和人的心理等因素而导致失败。

在方方的作品中，既有对现实世界的不满，又无能为力，于是，她的创作在一种两难境地中挣扎：在对理想信念的恪守中，又表现出一种对现实的无可奈何；沉溺在"无言无奈的痛苦"中，又竭力跃出泥淖，表达自己对理想的守望。因此她的小说不是停留在对现实矛盾的描绘上，而是极力传达出当代人受传统和现实影响所产生的撕裂感。

方方的语言才能也是多方面的，其中有两套话语系统尤具特色：

---

① 方方（1955— ），原名汪芳，江西彭泽人，生于南京。中学毕业后做过 4 年装卸工人，1978 年考入武汉大学中文系，毕业后在湖北电视台工作，后调入湖北省作家协会从事专业创作，现任湖北省作家协会主席。出版有短篇小说集《"大篷车"上》，中篇小说集《风景》，长篇小说《乌泥湖年谱》等，另有《方方文集》（5 卷）。《风景》获全国优秀中篇小说奖。

其一是智慧的调侃与幽默。方方擅长在调侃中将嘲讽、揶揄、讥诮灵活运用,揭露现世人生的诸多病态与荒唐。如"三白"系列中的《白驹》围绕一个叫王小男的青年意外死于车祸的原因作了种种假设、判断和了解。在这个过程中,把人的无赖相、市侩气淋漓尽致地给予了嘲讽和自嘲:"小男虽龌龊,却龌龊得深刻。"《白雾》透过报社记者豆儿的种种见闻展示出一幅幅令人啼笑皆非的世相图。《白梦》通过写业余作家"家伙"来嘲讽社会。"家伙左眼零点一,右眼零点二,对世界的认识很少有清楚的时候。"家伙说"我若戴了眼镜,把世界的底细看得个一清二楚便会不认识了自己"。这种幽默和嘲讽在"三白"系列中比比皆是。正是通过这种特殊的表达方式,作者使她笔下的社会世相、人生百态发生了大幅度的变形,既使人看到这个世界的荒诞,也化解了人生的几分沉重,让人生透出几分自在和潇洒。

其二是优雅的诗性语体。善于在小说中营构诗性氛围,是方方一贯坚持的写作方式,即使是像《风景》《落日》《定数》这些写实作品,也呈现或隐含某种诗意的色彩。方方喜欢在小说中穿插引用各种诗词文句,尤其是古今中外的名诗。对此,作者解释说:"这是一种氛围上的需要。引用的原因一个是因为我自己喜欢,再就是这首诗的氛围特别吻合,还有就是引入这种可以沟通感觉的诗可以把读者一下子带入这种氛围之中。"① 如《祖父在父亲心中》篇首,引用屈原的《天问》"何阖而晦? 何开而明? 角宿未旦,曜灵安藏?"以此来吻合小说对于 20 世纪中国三代知识分子命运的追问与思索。《随意表白》里以"衰草低衬斜阳。斜阳外,水冷云黄。借使有肠也须断,况无肠"呼应靳雨吟对于男性情爱绝望后,堕入滥情而心枯如石般的悲凉。将波德莱尔和艾略特的诗句分别置入《风景》和《落日》的题首,则是方方刻意追求诗意的明证。

在跨入新世纪之际,方方创作了长篇小说《乌泥湖年谱》,继续关注知识分子的命运。这部长篇小说以编年体的叙事形式,真实而残酷地书写了当代中国知识分子在 1957—1966 年的精神炼狱历程。方方以冷静平实的笔触叙述了一代知识分子人格萎缩的心灵史。独具"汉味"的市民生活也在方方笔下延续,并融入了"底层写作"的潮流,她的中篇小说《出门寻死》《万箭穿心》等写尽了武汉市民(下岗工人)的酸甜苦辣、啼笑悲欢。历史题材的开拓是方方在新世纪的新收获,《武昌城》和《水在时间之下》叙说着充满传奇色彩的旧事,这是城的历史,更是人的历史,方方正是从故人往事中觅得了"汉味"的文化底蕴。

池莉② 的创作大致可以分为三个阶段:一是 80 年代初期的学步期。这时池莉的小说以青少年题材为主,具有浓郁的青春气息,主要作品有《月儿好》和《有土地就会有足迹》等。二是80 年代中期到 90 年代中期的成名期。这一时期的创作用池莉的话来说,是一个"撕裂自己"的过程③,由纯情幼稚的"少女式"叙事转而关注普通市民的日常生活,细致入微地展示普通人生活中的卑微、琐屑、烦恼和无奈,以"人生三部曲"(《烦恼人生》《不谈爱情》《太阳出世》)、《冷也好热也好活着就好》为代表。三是从 90 年代中后期开始延续至今的都市言情期。这时

① 曾军、李骞:《世俗化时代的人文操守——方方访谈录》,《长江文艺》1998 年第 1 期。
② 池莉(1957—　),湖北仙桃人。曾当过知青、小学教师,后到武汉冶金医学专科学校读书,毕业后从事医务工作。七八十年代之交开始发表作品,后从事文学编辑与创作。曾出版《烦恼人生》《生活秀》等多种小说集,《来来往往》《水与火的缠绵》等长篇小说,《熬至滴水成珠》《怎么爱你也不够》等散文集和《池莉文集》(8 卷)。
③ 参见池莉:《写作的意义》,《池莉文集》第 4 卷,江苏文艺出版社 1995 年版,第 240 页。

的池莉不再把关注的重点放在底层市民的生活,进而将从底层打拼出来的成功者塑造成都市新偶像,通过他们来表现都市生活方式、价值观念、道德行为的变化,如《来来往往》《小姐,你早》《生活秀》等。

池莉的市民小说主要叙述芸芸众生世俗生活中的柴米油盐、家长里短、鸡毛蒜皮的故事。在这类作品中,她多依据自然时序的进展来组织日常生活画面和细节,在叙述市民日常生活中的矛盾、纷争、烦恼和苦闷的同时,将主人公对于自身生存处境的感受分布在叙事时间的每个点上,刻意宣泄人对于现实存在的感悟和随遇而安的心境。成名作《烦恼人生》虽说是一篇虚构的小说,但更像一部新闻纪实短片,移动的镜头追随着印家厚一天的生活,从凌晨 4 点起,直到当晚 11 点多,所有的事件依照时间的推移展开。事件不分大小,情节没有轻重,一切随着时间流逝。故事随着事件开始,也随着事件结束。这样的写作方法一直延续到《不谈爱情》《太阳出世》等作品。这些表现市民生活的小说,倾注了作者对世俗人生的钟情。

池莉涉及都市商界的一系列作品可以视为市民小说的延伸,主要描写了一系列在商界打拼出来的成功人士。他们不再是为温饱而奔波的凡夫俗子,而是令人艳羡的市民新偶像。他们凭着自己的吃苦耐劳,也巧妙地利用自己的关系与智慧以及尚不完善的市场游戏规则,游刃有余地暴富大贵。为了展示人在物欲面前的身心变化,作者在小说中设置了各种各样人物的升沉起伏:康伟业官场升迁无望时偶遇老同学贺汉儒,下海经商致富引发了他潜在的占有欲(《来来往往》);孤儿小丁吃苦耐劳,勤学好问,以忍辱负重的精神令老板刮目相看,遂步步升级,几年以内就做了总经理助理(《小姐,你早》)等。这类人物都经历了由穷变富反复无常变化的过程,反映出社会转型期都市中的人生世相。

池莉小说中的人物虽然出身、职业、教养、性格不同,但人生态度的转变有许多相似之处,几乎都是通过家庭生活和人事关系的磨合而改变自己的个性,以适应世俗社会。这逐渐形成了池莉中后期小说较为普遍的故事模式和审美风格:以絮叨的语言讲述琐屑的故事,对世俗生活进行细腻精致的描绘,迎合当下世俗化、物质化的现实人生和读者的心理欲求。于是也形成了池莉小说中带有类型化倾向的人物模式:凡俗者温厚可爱,豁达宽容,如印家厚(《烦恼人生》)、李志祥(《一去永不回》)、猫子和燕华(《冷也好热也好活着就好》);知识者冷酷卑琐,心态阴暗,智力落后,如金祥(《云破处》)、王贤良(《你是一条河》)、列可立(《惊世之作》)、戚润物(《小姐,你早》);多才女子逃离爱情、家庭,成年以后保留着"喜欢富有情趣的毛病",如李立雪(《锦绣沙滩》)、苏素怀(《一夜盛开如玫瑰》)、江晓歌(《口红》)等。小说的仿真描写使人物、事件被一层生活原色笼罩,给人以自然逼真的感受。小说语言善于吸收武汉地域的方言俚语,或幽默俏皮,或质朴凝重,具有自己的风格。

4. 叶兆言、苏童的小说

叶兆言[①]的小说创作由言情写到侦探,由拟旧写到新潮,各种小说样式均有涉足。他的小

---

① 叶兆言(1957—),江苏南京人。1982 年毕业于南京大学中文系,后任江苏文艺出版社编辑,现为江苏省作协专业作家。出版有《夜泊秦淮》等中篇小说集,《一九三七年的爱情》等长篇小说和多种散文集,及《叶兆言文集》(7 卷)。《追月楼》获全国优秀中篇小说奖。

说大体有四类:一是爱情小说,如《一九三七年的爱情》写一个大时代里伤感的爱情故事,作者本意写战争,最终却写了爱情。正是这缠绵奇特的爱情故事,再现了 1937 年南京城一段繁荣至颓败的历史。二是"风月"故事,如《悬挂的绿苹果》《路边的月亮》等,以作家成长中所熟悉的剧团生活为内容,勾勒台上台下的风月好戏,以平实取胜。三是刑侦犯罪小说,如《走进夜晚》《重见阳光的日子》等,都是写临近退休的老公安老李和顾骏办案的故事。前者写案中有案,后者写辨冤案。四是反映市井生活的小说,如《不娶我你后悔一辈子》《哭泣的小猫》《小杜向往的浪漫生活》等。这些小说描写世俗生活的家长里短,恩恩怨怨,小说取材通俗,意趣盎然。

叶兆言突出的成就主要体现在他那些以旧时代为背景,写当时人们的恩怨情仇、升沉起伏的新历史小说,作家糅合旧时市井小说和言情小说的笔法铺叙历史陈迹,为当代作家艺术地处理历史的人和事辟出了一条新路。

新的尝试首先出现在《枣树的故事》中。小说细致地描写了一个叫岫云的女人在动荡的时代背景下颠沛流离的一生和她在几个男人之间的戏剧性转移,展示不可知的命运对人的支配。继《枣树的故事》之后,叶兆言完成了"夜泊秦淮"系列,这个中篇系列最初的设想是:第一,对旧小说故事的结构形态加以发掘与拓展,以夜泊过程中五个景点——状元境、十字铺、半边营、追月楼、桃叶渡为题,构成一个既互相独立又互相连缀的整体;第二,《状元境》写性,《十字铺》写官场,《半边营》写女人,《追月楼》写气节,《桃叶渡》写禅,力图运用通俗小说样式,戏仿民国春色,重现鸳蝴风月。在实际完成的四个作品中,《状元境》写琴师张二胡与军阀小妾三姐的一段患难姻缘;《十字铺》写士新与季云的个性对比及官场的倾轧,同时加入姬小姐与季云、士新之间移花接木的爱情悲喜剧;《追月楼》写晚清遗老丁老先生勇拒日伪政权的忠义事迹;而《半边营》则细述抗战胜利后一个家族败亡的最后一页。"夜泊秦淮"的故事虽不新鲜,但充分展示了作家对于民国历史的熟稔、深厚的学养承传和高超的想象能力,以及惟妙惟肖的"仿古"风格。"夜泊秦淮"犹如一部民国的风俗史,语言流畅,通俗易读。除叙史之外,小说的新得力于语言风格。为了开拓汉语叙述的表现力与包容力,作者努力寻求描述与表现的综合,使平实的勾描与情绪化的渲染互为映衬,力图将清新简洁的语态与典雅丰赡的语境在最佳效果中融合,于平实淡泊中蕴含浓重丰厚的文化气韵。

在小说艺术上,叶兆言的探索颇能体现新历史小说所具有的若干特色。

首先是以戏拟的方式重构历史。新历史小说家不大注重真实的历史要素,而是通过戏拟的历史空间再造历史氛围,使读者立足于历史与当下的连接点,以一种虚拟的、审美化的历史感去体验旧日情怀。在"夜泊秦淮"、《花煞》、《一九三七年的爱情》等一系列作品中,作者把从清末民初到三四十年代的江南城乡描绘成绮丽迷人、颓废感伤的末世风景,虽然其间发生过一系列天地翻覆的历史事件,但它们只是被点缀在背景的天幕上,烘托出一种历史的沧桑感,犹如斑斑青苔营造出一种历史陈迹的氛围,而台前出演的人物,则不受这些历史事件的摆布,或置身于历史之外,或视历史变动如过往烟云,充其量也只是在日常生活中卷起圈圈涟漪。历史变故过去,留下的仍是一片氤氲朦胧的六朝烟水。

其次是在叙事的实验中重述历史。叶兆言的叙事从表面上看似乎沿袭着现实主义的成规,然而他又经常看似不经意之间打破这一成规。如他不时采用元小说手法,有意暴露叙事方式,让具有自我意识的叙述者经常不失时机地发表一些如何叙事的幕后设想。从《枣树的故事》到《关于厕所》，叶兆言有意将叙事规则显露出来，以阻止叙事与现实之间习以为常的混淆。他还以追叙或预叙打破现实主义的故事时序或历史叙述的时序，使叙事得以任意转折和随意结合，以表现人生的莫测感或宿命感。在《枣树的故事》中就是运用"许多年以前"和"许多年以后"这类干扰故事时序的叙述语式，把当下时刻同历史情态衔接起来，从而扩大了叙事的张力。

再次是用白描写世俗人生。叶兆言汲取了张恨水、李涵秋等鸳鸯蝴蝶派小说的言情以及张爱玲海派传奇的长处，十分看重人情世故和人生跌宕，但在笔法上喜用白描而不多渲染。如《状元境》中写琴师张二胡与小妾三姐的啼笑姻缘，三姐的性格、形态用的是白描，只一笔"她身上的肉一块一块都是活的"，人物俨然就从纸上跳出。写三姐与张二胡娘骂街一节，先写三姐跳着脚地骂，后写她揪着头发踢，写出了三姐的泼辣。强烈动作每一笔都显出层次的变化，在变化中明暗光影都体现出来。用白描手法显现出的层次，使三姐的形态、神态每时每刻都是鲜活的。小说前边写尽她的"娇极、满极、轻极、浮极"，收尾处再写她的反面，每一笔都透出哀婉。以收敛的笔法写出韵味深长的人物及市井大观，于此颇能见出叶兆言的文学功力所在。

苏童[1]的小说题材广泛，如写少年生活的《桑园留念》《刺青时代》等，写城市漂流的《平静如水》《一个朋友在路上》等，写故乡传奇的有以"枫杨树故事"为代表的《1934 年的逃亡》《罂粟之家》等，写婚姻困境的有《离婚指南》《已婚男人》等，写历史演义的有《我的帝王生涯》《米》等。

在艺术表现方面，苏童的小说具有如下特点：

其一，有意设置多重人称，模糊叙事人与作者之间的界限，造成作品的间离效果，借以显现出奇幻而神秘的色彩。如《1934 年的逃亡》，叙述人明确告诉读者："你们是我的好朋友。我告诉你们了，我是我父亲的儿子，我不叫苏童。"这样的叙述方法意味着在缩短距离的同时拉大距离，瓦解叙述的真实性。《罂粟之家》中，叙述人"我"、读者"你"和故事中的人称交替出现，现实与历史交叉替换，制造出阅读的隔膜和间离。叙述从容舒缓，圆熟老到，显示出作者驾驭叙事的能力。

其二，采用零散的、断断续续的故事结构，打破了经典现实主义那种具有完整故事的结构方式。苏童小说的故事总是讲得零零散散，飘移不定。如《妻妾成群》，叙述是借助四太太颂莲的视觉展开的，知识女性所特有的敏感和细腻使小说弥漫诗意的色彩。故事零落而断续地发展，一步一步汇聚起来走向悲剧。苏童不喜欢那些很大的题材，他的小说关注的是人内心的挣扎。小说故事虽然零散，人物心理却把握得恰到好处。

其三，善于在小说中编织总体的隐喻结构，隐喻的组合构成其小说艺术的又一特点。小说中的隐喻关系扩展了作品的情节能力，增强了故事的奇幻色彩。在《1934 年的逃亡》中，陈家的历史笼罩在由雾瘴、枫杨树、影子、竹刀、狗粪、干草等隐喻形象构成的总体氛围中。罂粟在《罂粟之家》中也是作为全篇的总体隐喻形象出现的。罂粟与竹刀的意义一样，渲染出神秘奇

---

[1]　苏童（1963—　　），原名童忠贵，生于苏州。1980 年入北京师范大学中文系，1983 年开始发表作品，1985 年调入《钟山》杂志社当编辑。出版有《1934 年的逃亡》《妻妾成群》《刺青时代》等中短篇小说集，《米》《我的帝王生涯》等长篇小说，以及《苏童文集》（13 卷）等。长篇小说《黄雀记》获第九届茅盾文学奖。

幻的氛围。

　　进入新世纪后,苏童创作了《蛇为什么会飞》《碧奴》《河岸》和《黄雀记》等长篇小说,他在重新调整自己的创作思路的过程中实现了新一轮的艺术回归。之所以写《蛇为什么会飞》,苏童是想调整自己一贯关注历史的创作套路,转而表现市场经济体制确立后中国城市的社会面貌和都市人的精神心理状态。但对这部作品,苏童本人并不满意。随后,苏童创作了长篇小说《碧奴》,对中国流传了千年的孟姜女哭长城的历史传奇进行重述。苏童在重述中将孟姜女的名字改为充满了生命苍凉意味的"碧奴",并对"碧奴"为了生存而练就的九种哭法进行大肆的铺陈和渲染,通过种种奇诡瑰丽的想象,作者重塑了自己心目中的孟姜女形象。与其说苏童是写孟姜女千里寻夫的历史,毋宁说他写的是一个民间女子在灾难年月里如何摆脱人生困境的过程。苏童真正想表现的还是"历史"——他所理解和表达的历史,于是有了《河岸》。这是把历史与现实、人伦与政治、成长与寻找纠缠在一起的作品。苏童曾就这部作品论道:"所有的历史都只有一个真相,但之所以一代代人都在以各自的立场书写记录历史,是因为历史借助于人的公正性甚至是倾向性得以书写,容许改写,或者留下了改写的空隙,历史因此是有活力的,具有不确定性的,历史不是空屁,但从某种意义上看,我认为它也可以是虚无的。"①这或许是理解新历史小说的一把钥匙。

---

　　①　袁复生、苏童:《我有意表现那个时代特殊的"性压抑"气氛》,《晨报周刊》2009 年 6 月 5 日。

十二、"归来诗人"的诗

1. "归来诗人"的诗及其特点

新时期初始,一批在新中国诗坛上一度被冤屈而消失了的诗人重返诗坛,唱起了"归来"的歌,他们被称为"归来诗人",其名得之于艾青的诗集《归来的歌》。"归来诗人"有广义和狭义之别,广义的说法还包括"文革"中被打倒、受批判的诗人,狭义的说法仅指50年代中期到"文革"以前的政治运动中受到错误批判的受害者。在他们之中,大体分为三种情况:一是在1955年所谓"胡风反革命集团"案中蒙难或受到株连的诗人。除胡风之外,还有鲁藜、绿原、牛汉、曾卓、冀汸、彭燕郊、罗洛、胡征等,他们大多是抗战时期在胡风创办的《七月》等杂志刊发诗文或受其影响而走上诗坛的诗人,因而被称为"七月派诗人"。二是在1957年被错划为"右派分子"的诗人,其中既有在三四十年代就已成名的艾青、公木、苏金伞、吕剑等中老年诗人,也有50年代诗坛出现的年轻诗人,如公刘、邵燕祥、白桦、流沙河、周良沛、孙静轩、孔孚、胡昭、梁南、昌耀、林希、赵恺等。三是40年代后期一批在西南联大从事诗歌创作的诗人,如穆旦、杜运燮、郑敏、袁可嘉以及在上海出版的《诗创造》《中国新诗》上发表作品的陈敬容、辛笛、唐祈、唐湜、曹辛之等,为当时的政治环境所不容而从诗坛消失。粉碎"四人帮"以后,江苏文艺出版社出版了他们的诗合集《九叶集》,因而被称为"九叶派诗人"。这些诗人重新归来时,虽然有的已步入中年,有的已届暮年,然而他们却以受伤的心灵唱着既欣喜又悲叹,既真挚又深沉的归来的歌。

呼唤真实,恢复诗歌的真实性传统,是归来诗人重获创作权利之后最初的呼声。艾青复出之后提出了"诗人必须说真话"的问题。他说:"人人喜欢听真话,诗人只能以他的由衷之言去摇撼人们的心。"[①]接着,公刘、周良沛、曾卓、蔡其矫等都先后指出,诗歌必须同"瞒与骗"的文艺和空泛的"豪言壮语"决裂,必须同社会生活紧紧拥抱。曾卓说:"真情实感是诗的生命,是真诗和非诗的分界线,也是诗的美学基础。"[②]他们认为说真话是恢复和发扬现实主义传统最起码的要求,也是写诗、做人最基本的品德。他们要求诗歌表现历史与时代的真实,抒发诗人真挚的内心情感。如艾青的《在浪尖上》、穆旦的《演出》、公刘的《伤口》、流沙河的《故园六咏》、邵燕祥的《记忆》、胡昭的《山恋》、赵恺的《我爱》等,这些诗或探索十年动乱的原因,或写一个时期社会的悲剧、历史的创伤,或写家庭的苦难、个人的厄运,从不同的角度对"文革"、对"左"的思潮所酿造的恶果作了真实的描绘:"我们曾经像蜗牛似的,/在墙脚根上慢慢地爬行;/我们曾经像喇嘛教徒似的,/敲着木鱼,念着经消磨时间。"(《迎接一个迷人的春天》)"我把平反的通知,/和亡妻的遗书夹在一起;/我把第一根白发,/和孩子的入团申请夹在一起。/绝望和希望夹在一起,/昨天和明天夹在一起。"(《我爱》)这些诗展示了历史与生活的真实,抒

---

① 艾青:《诗人必须说真话》,《诗论》,人民文学出版社1983年版,第3页。

② 曾卓:《和大学生谈诗》,《诗人的两翼》,生活·读书·新知三联书店1987年版,第25页。

发了因失落而惆怅,因归来而奋进的复杂感情。既有哀怨与悲愤的血泪,更有希冀与奋进的激情,因而撼人心魄,引人深思。

　　歌咏"归来",诉说冤情,袒露心志,是归来诗人创作的共同主题。归来诗人曾是新生活的热情追求者与创造者,有的甚至受过严峻的革命斗争磨炼。然而,突然有一天,他们被一阵"风暴"卷出了正常的生活轨道,跌入了历史的野外荒郊:"哪里来的一阵风暴,/给了你致命的一击?/你的翅膀被打伤了,/颤抖着跌落在荒野里。"(《赠友人》)复出之后,他们不约而同地用"归来"为诗作或诗集命名,流沙河写了《归来》,梁南写了《归来的时刻》,有的诗人尽管没有以"归来"命名,但其归来的心态、归来的悲喜却是相同的。曾卓的《我期待,我寻求》、流沙河的《一个知识分子赞美你》、梁南的《合欢花开了》、周良沛的《珍珠》等诗,一方面抒写了他们在被迫害的岁月里内心的痛苦与精神上的创伤;另一方面抒发了对祖国与人民始终不渝的忠诚、热爱。公木在《棘之歌》中展现了一种虽遭劫难其志弥坚的人格魅力:"西风裸露了我褐色的躯体,/而夺不走我累累的果实。/这日月与风雷结晶的珍珠啊,/像一簇簇火星儿点燃在天宇。"胡昭的《雁叫》把深夜传来的声声雁叫与诗人主观的情感和抽象的思想融合为一体,表达了归来诗人受冤离队的痛苦;唐祈的《土地》以"即使流放在祖国的土地上/我也愿以无罪的血滴/化成你春天溶溶的浆液"抒发了冤屈者的赤诚与忠心;昌耀以象征的手法展示了归来者们勇往直前的信念与百折不挠的毅力。从这些诗中,我们看到了一代知识分子忍辱负重,坦诚磊落,矢志不渝的品格。

　　回忆"自我",反思历史,将鲜明的艺术形象与强烈的批判精神融为一体,是归来诗人诗作的又一特征。归来诗人复出后的创作大都以自己生活的经历为依托,带有自白和自传的性质。他们长期沉落在社会的底层,与人民有着密切的联系,对历史的沧桑、人间的冷暖有深刻的观察与思考。如艾青的《鱼化石》,林希的《无名河》,梁南的《树》,绿原的《又一个哥伦布》,曾卓的《悬崖边的树》,牛汉的《巨大的根块》《半棵树》《华南虎》,罗洛的《贝壳》《文竹》等诗中的形象、物象大都是一些被囚禁者与被损害者,他们不幸的遭遇暗示着历史的悲剧给个人带来的厄运,或者说,他们的厄运暗示着共同的历史性创伤。"既然历史在这儿沉思,/我怎能不沉思这段历史?"(公刘《沉思》)"沉思历史"几乎是所有归来诗人共同思索的问题,白桦的《珍珠》是有代表性的作品:"新中国的三十年啊!/光明交织着阴影;/惶惑冲击着信仰,/欢乐混合着怨闷","精神和血肉之躯在长期痛苦中","凝结了一颗巨大的珍珠,/它的名字叫做:觉醒。"经过巨大的历史挫折和创伤,现在成熟了,觉醒了。尽管因为诗人各自的生活经历不同,所受文化熏陶有别,但探求祖国富强之道与民族振兴之路的挚情是一致的。反思历史,以强烈的批判精神对以往历史重新审视,是归来诗人对现实主义思潮的重大贡献。艾青的《在浪尖上》、绿原的《重读〈圣经〉》、穆旦的《夏》、公刘的《刑场》、流沙河的《哭》、孙静轩的《历史在这里沉思》、白桦的《阳光,谁也不能垄断》等诗,在对十年动乱发出严肃批判的同时,也无情地剖析自己:"正是我们自己给自己酿下了一杯苦酒/自己把自己推进了深深的峡谷/假若,假若我们举起森林般的手臂制止/也许能制止太阳神的错误。"(《历史在这里沉思》)这是诗人的觉醒,也是时代的觉醒,诗歌的觉醒,是文学启蒙的强音。

　　在新时期文学"向哲理深化"①的进程中,归来诗人创作了大量闪耀着哲理光彩的诗篇。

---

　　①　艾青:《〈管桦诗画集〉序》,《艾青谈诗》,花城出版社 1982 年版,第 206 页。

它们或从日常生活的一景一物中窥探哲理,如艾青的《酒》《镜子》《鱼化石》,蔡其矫的《珍珠》,杜运燮的《车站》等;或从纷繁的社会人生中提炼哲理,如陈敬容的《只要是广阔的世界》,绿原的《白云书简》等;或从漫长的历史与茫茫的宇宙中探求人类历史的规律与自然宇宙的奥秘,如艾青的《光的赞歌》,公木的《谈史断想三题》等。这些诗将形象性、抒情性和哲理性融为一体,其哲理思考所涉及的范围之广博,其思辨所达到的深度,其技巧与艺术手法的圆熟与多样都是过去所不及的。

在诗的艺术风格上,归来诗人大多继承了现实主义优良传统,并在融合中外诗歌精粹的基础上有了新的发展变化。他们的诗风大多由过去的单纯、明朗转向深沉、凝重,诗笔雄健又各有特色。艾青的诗平易精炼,幽默机智,既有民族精神,更具现代意识;公木的诗深沉老到,乐观豁达;绿原、牛汉、曾卓等人的诗,则于深沉、乐观的情绪之中渗透着冷峻而苦涩的情思。还有些诗人的诗作既注意艺术手法的变异,又注意观念的更新。公刘的诗是激情和睿智的结合,邵燕祥的诗是热情与思辨的诗化,流沙河的诗多伤感而富于理智,白桦的诗明朗而敏捷,梁南的诗真挚而凄婉,昌耀的诗空灵而悲怆,林希的诗诚挚而悲凉。"九叶派"的诗歌主要继承40年代的现代主义诗歌探索精神而闪耀着新的色泽:辛笛的诗主要以捕捉物象的色彩和光影而显示出对印象主义诗歌的青睐;穆旦的诗以"冷静的热情"观照人生,是理性与情感的交融;杜运燮的诗则把心理分析与诙谐幽默融为一体,自成一格;郑敏的诗于女性的真诚中蕴含哲理的情思;陈敬容的诗于女性的细腻幽深中追寻悠远含蓄的意境。他们与诗坛突起的朦胧诗歌相呼应,拓展了诗歌领域,为新时期多元化的诗坛作出了积极的贡献。

2. 艾 青 的 诗

以《大堰河——我的保姆》一举成名的著名诗人艾青①,在反右运动中蒙冤受屈,在东北大森林和新疆大沙漠中经历了20多年的坎坷生活。新时期到来,他以卓越的才华和诗情,为人们献上一首首激情如火的诗篇,结集为《归来的歌》《彩色的诗》《雪莲》等。如果说,艾青在新中国诗坛上呈现的是"吹笛者"形象,那么在新时期的"归来的歌"中,人们听到的是"迎接一个迷人春天"的"最大的交响乐章"。

作为呼唤光明的号手,艾青复出之后,从过去听命于将令的呐喊,转向以自我主体意识为核心,对历史社会和人类命运给予了深刻而沉痛的反思。《在浪尖上》是献给"四五"运动的一曲颂歌,曾以充满激情的旋律掀起人们感情的波澜。这首诗不仅以犀利的笔锋揭露了极左的罪恶,赞美了"四五"运动及其英雄们的伟绩,更重要的是在天安门事件平反之际,诗人抒发了压抑在人们心底已久的呼声:"我们要的是真理,/我们要的是太阳!"他"归来"的诗作是他把对历史的反思和人民的希望化为自己的感情的血肉凝聚而成的艺术结晶,它们的共同主题是批判"文革"的专制主义,讴歌科学和民主。《听,有一个声音……》是为被残害致死的女共产

---

① 艾青(1910—1996),浙江金华人,现代著名诗人。1928年考入杭州国立西湖艺术学院,1929年赴法国学画。1932年回国参加"左联",并开始发表作品。著有《向太阳》《火把》《大堰河——我的保姆》《海岬上》等诗作和《诗论》《艾青诗谈》等诗论集。新时期出版有《归来的歌》《彩色的诗》等诗集和《艾青全集》(5卷)。《归来的歌》和《雪莲》先后获全国优秀新诗(诗集)奖。

党员张志新烈士而创作的一首颂歌,深切地抒发了对烈士精神与人格的赞美:"你们害怕我/因为我和真理在一起/你们仇恨我/因为我和人民在一起……""我最爱光明/你们夺走了阳光/我最爱自由/你们把我关进牢房……"这是张志新的声音,又何尝不是艾青的心声呢?如果说《在浪尖上》和《听,有一个声音……》从十年动乱的反思中提出了反专制、要科学、要民主的问题,唱出了呼唤光明的歌,那么,《光的赞歌》和《古罗马的大斗技场》则纵观人类历史的发展,横览宇宙万物的变迁,讴歌了人类追求科学和民主,战胜愚昧与专制的漫长历史过程。《光的赞歌》的基调就是歌颂光明,借助辉煌无际的"光"的形象,以象征的手法,展示了人类漫长的历史,描写了科学与民主之光怎样砸开一层层权力专制的枷锁,挣断一条条束缚精神的锁链,争取自由和解放的艰难过程。

　　"归来"之后,艾青还写出了一批颂赞世界各国人民友谊的诗篇。从 1979 年到 1983 年,诗人出访了多国,他诗如泉涌,创作了《古罗马的大斗技场》《威尼斯小夜曲》《爱荷华》等诗作。这些诗像一条"蓝色的纽带"(《蓝色的多瑙河》),连接着中国和世界;像"天山的云彩、风、雨和阳光"(《墙》),滋润着和平、友谊的种子,传播着人类共同的愿望。还有些诗作,如《巴黎》《红色磨坊》《香榭丽榭》《芝加哥》《纽约的夜晚》《旧金山》《纽约》《百老汇舞蹈》等,让人们在真实地、多角度地领略西方世界现代化都市面影的同时,将思维的触角由现实的表象伸向历史的内蕴,给予人们多角度的审视与思考。

　　诗人这一时期的诗作同他在三四十年代创作的《马赛》《巴黎》《大堰河——我的保姆》《向太阳》等诗作相比,从总体上看并无逊色,其中有些诗作有新的拓展和超越。如《光的赞歌》被人们誉为诗人创作道路上的"又一座里程碑"。诗人以交响乐似的篇章纵情歌唱光明、科学和民主,把火热的感情贯注在哲理化的表达之中,让人们看见了诗人火热跳荡的诗情和对我们民族以至整个人类光辉前景的坚定信念。较之他以往写的《太阳》《向太阳》《火把》等显得思想更为深邃,技巧更为圆熟。那些概括现代化国际大都会风貌的诗,采用以少胜多、以神显形的方法,表现了深刻的历史内容与鲜明的时代色彩。

　　在艺术风格上,艾青"归来"的诗作既保留了他 50 年代明朗朴素的特点,又吸取了他 30 年代用得较多的现代派艺术手法的长处,形成机智精巧和朴素自然相交织的艺术风格。

　　首先,诗人善于凭借敏捷的艺术感觉力捕捉意象,抒情言志。他把一些抽象的概念化为可见、可感、可触的具体形象。如在《致亡友丹娜之灵》里,他用"像火灾后留下的照片,/像地震后留下的瓷碗,/像沉船露出海面的桅杆,/一场浩劫之后的一丝苦涩的微笑,/永远无法完成的充满遗憾的诗篇……"五个比喻反复类比,把诗人同捷克斯洛伐克汉学家丹娜之间艰辛而可贵的友情具体化,变成了一串生动、丰富的意象组合,表达了动人肺腑的深情与牵肠挂肚的感叹。他善于运用现代意象来表现现实生活,使诗作具有浓郁的现代色彩。如用"那些岁月/像'一台绞肉机'/好的、坏的、肥的、瘦的/都绞烂在一起"(《历史的尊严》)来写十年动乱时期的暴虐;用"欢乐像啤酒泡沫,/要从杯子里满出来了"(《重访维也纳》)来表现奥地利人民结束四国军事占领之后的欢乐;用"跪在圣母院/祈祷宽恕的白天"和"不穿紧身衣的夜晚"(《红色磨坊》)来揭示巴黎社会的双重性等。这些意象都是用现代物质生活和精神生活中常见的事物来创造的,既平易朴实,又新奇有趣。他善于抓住事物的特点,创造拟喻型的意象,赋予描写对象以生命和性格。如《维也纳》《慕尼黑》别开生面地创造了两个形神兼备的拟人化的形象:一个是美丽、温柔、酷爱和平的公主,一个是健康而有风韵却曾同魔鬼交过朋友的主妇。前者抒发了诗人对动荡不安的世界局势的关注,后者概括了第二次世界大战的过程,以及诗人对德意志民族的殷切希望。

其次,把象征性的抒情同哲理性思辨结合起来,抒发对时代、社会、人生的真知灼见。诗人往往借助平凡物象来暗示深刻而新颖的思想,如《镜子》就是象征性极强的咏物诗。诗中把镜子真实反映客观事物的物理特征拟人化:"它最爱真实/绝不隐瞒缺点",其中隐喻着诗人说真话,爱真实,求真理的高贵品质。《人和上帝》也是一首具有强烈讽喻色彩的象征寓言诗。诗人以丰富的想象虚拟了人和上帝之间的哲学世界。既写了人自欺欺人"创造了上帝"的愚昧,也写了人在受骗上当中的觉醒,揭示了人与神、存在与意识、物质与精神、群众与政党之间的多种关系,其象征内蕴很深。再如《鱼化石》,表面写"鱼"的悲剧,实则倾诉"人"的灾难,堪称启迪心智的佳作。

同第一个创作高峰时期相比,艾青"归来"后的诗在艺术上达到了新的高度:有"大堰河"时期的深沉,却没有那种总难拂去的忧郁;有《吹号者》的激情,却让激情更趋内在而同深邃的哲理结合。在艺术上勇于创新,表现形式无所羁绊,有早期诗歌的舒卷自如,行所当行,止所不可不止,却更加出神入化,而进入炉火纯青的境界。他的诗把诗情和画意,抒情和哲理,细腻甜美的柔情和鞭辟入里的揭露,恢宏豪放的气势和优美精致的格调融为一体,形成了朴素、单纯、集中、明快的风格。

3. 曾卓、牛汉、绿原的诗

曾卓①是一位热情奔放、才华横溢的诗人。他所要求的首先是感情上的忠实。他"用真实的眼泪沐浴自己的灵魂","用嘶哑的声音,唱着自己的歌"。他的诗具有鲜明的自传色彩,呈现在人们面前的是一个负伤的、痛苦的,然而又是坚强的、充满活力的"骚动的灵魂"。当突然的风暴使他在"沙漠中飘泊",被"钉在十字架上受尽众人的嘲笑凌辱"(《是谁呢》)的时候,他用"严肃而又明澈的心情"拷问着"自己的一生","张开双臂迎接新生命中又一个黎明"(《醒来》);"为了不被孤独的风暴压倒",他同"颓唐""梦魇"进行"决死的斗争",期待和寻求着获得第二次生命(《我期待,我寻求……》)。诗中苛刻的自责和近乎愚钝的忠诚,真实地再现了老一代知识分子在特定的境遇中对集体、对理想的依恋。

如果说曾卓 1957 年的《寂寞的小花》表现出一个孤独与寂寞的"自我",写于 1975 年的《生命》开始表现出自信,那么新时期以后写的《生命的激流》《海之谜》《呼唤》等诗的"自我",已从寂寞和孤独中走出来,成为一位追求伟大事业的探索者了,并从一个侧面反映了几十年来社会政治生活的变迁。诗人在逆境中不仅写政治抒情诗,还写了不少爱情诗,著名的有《有赠》《两只小船》《我能给你的》等。这些诗所表现的是一个受凌辱的勇士得到亲人的爱抚、鼓励时内心泛起的微妙的感情波澜:既有期待的痛苦,也有重逢的喜悦;既有默默无言的感激,也

---

① 曾卓(1922—2002),原名曾庆冠,生于湖北武汉。1939 年开始发表作品,1947 年毕业于中央大学,解放前出版诗集《门》和长诗《母亲》。新时期出版有《悬崖边的树》《老水手的歌》《曾卓抒情诗选》等诗集,《美的追求》《听笛人手记》等散文集,《诗人的两翼》等诗论集和《曾卓文集》(3 卷)。《老水手的歌》获第二届全国优秀诗集奖,《听笛人手记》获全国优秀散文奖。

有铭心刻骨的誓言。这是诗人献给妻子的一首首情深意笃的心曲,也是对那些蒙冤者的忠贞伴侣由衷的赞美。

曾卓诗的感情是真挚的,形象是鲜明的。不论是"荒凉的峭崖上"的"美丽的小花"(《寂寞的小花》),还是"暴风雨中"失而复"会"的两只小船(《两只小船》),抑或是"从感情的沙漠上来的""饥饿、劳累、困顿"的"旅客"(《有赠》);不论是"在高空自由地盘旋"的鹰(《呵,有一只鹰……》),还是"即将倾跌进深谷"的树(《悬崖边的树》),抑或是"怀念大海,向往大海"的老水手(《老水手的歌》),都有着浓厚的历史感和时代感,融含着一种坚强、真诚、坦荡无私的人格力量。《悬崖边的树》写得尤为感人。全诗托物寄兴,以树喻人,塑造了一个遭飓风突袭,面临深渊而"倔强"地向上奋争的艺术形象。树尽管被"不知道是什么奇异的风"吹到了"临近深谷的悬崖上",它的身体被风吹折而"弯曲",显得"孤独""寂寞",然而,即使面临粉身碎骨的绝境,仍"要展翅飞翔"。这首诗通过"弯曲"的树的形象,联系到意欲"展翅飞翔"的鹰,恰切地描绘了一位身处逆境而又昂扬奋进的战士形象,画出了一代人被扭曲的生活形态,表现了强烈的忧患意识和理想追求。

曾卓对古典诗词和外国文学有较深的素养,其诗作深受"五四"新文化运动的影响和现实主义诗歌创作的启迪,正如牛汉所说:"他的诗即使是遍体伤痕,也给人带来温暖和美感。……他的诗句是湿润的、流动的,像泪那样湿润,像血那样流动。"[1]他善于从个人的体验中提炼出使人警醒、启人睿智的思想,让浓郁的诗情在饱含情感的思想中油然而生。其诗作格调清新,语言凝练,富于哲理,耐人寻味。

牛汉[2]新时期的诗作,大体可以分为前后两个时期。1980 年以前的诗大多写于"五七"干校,这是一个最没有诗意的时期,可是牛汉却在沉重的体力劳动和精神重负之下,从"大自然的创伤与痛苦"中引起他"心灵"的"共鸣"。其作品几乎全都是托草木以言志,借鸟兽以抒情,抒发"自我"的变异,显示了诗人在说假话受褒奖、说真话遭戕害的时代,不甘寂寞,不愿沉默,曲折地表达他对美丑善恶的扬抑褒贬。在这些作品中,映照着诗人坚强的性格和不屈的意志,是诗人"自我"的物化。如《鹰的诞生》以浓重而粗犷的笔墨描绘了鹰在"暴风雨里"诞生,在"电闪雷鸣"的交响乐中唱着"激越而悠长的歌声"的壮烈场面;《华南虎》中的虎的形象,虽被囚禁,趾爪被铰,牙齿被锯,但仍渴求自由,向往"苍苍莽莽的山林",发出石破天惊的咆哮声。这些描写燃烧着诗人火热的感情与鲜明的爱憎。《半棵树》《车前草》《毛竹的根》《巨大的根块》《蚯蚓的血》等诗把一些被砍伐、被践踏、被蹂躏的生物写得有感情、有思想、有血肉、有骨气,是那个特殊时期一些虽遭厄运而灵魂高洁的被害者的化身。《悼念一棵枫树》写"最高大的枫树"被伐倒三天以后,"叶片上还挂着明亮的露水",招引着"湖边的白鹤"和远方的"老鹰";即使被肢解为宽阔的木板,仍散发着芳香和"凝固的泪珠"。枫树横遭砍伐的年代虽已过去,但悲剧令人难忘。

---

① 牛汉:《一个钟情的诗人》,《学诗手记》,生活·读书·新知三联书店 1986 年版,第 79 页。
② 牛汉(1923—2013),蒙古族,原名史成汉,山西定襄人。1940 年开始发表诗作,著有《彩色生活》《在祖国面前》《爱与歌》等诗集。新时期出版有《温泉》《牛汉抒情诗选》等诗集,《滹沱河和我》等散文集,诗论集《学诗手记》等。《温泉》获全国优秀新诗(诗集)奖。

牛汉 80 年代以后的诗作继续沿着《毛竹的根》《华南虎》等诗作向深层拓展,将痛苦的磨炼与意志的坚忍,灾难的深重与理性的企求,巨大的挫折与矢志不渝的精神铸成鲜明形象。如《鹰的归宿》《鹰如何变成星的童话》《复杂的刺》等,每个字都带着痛苦。它有深的根,深入到一段历史最隐秘处①,显示了诗人"站在自然与社会之间,力求向人世艰难与人生忧患的深处探寻,把自己的痛苦与欢乐","溶入由坚韧行进而萌生的幻景与欲望之中"②,由此又产生了《阳光恋》《呐喊》《梦游》《诗人和鹅和小河》《空旷的远方》等作品。它们以意识流动、时空交错,时梦时真、时虚时实,抒发了一种痛苦的人生体验。

牛汉在浸润着人生体验的真情和深刻的思想意蕴的基础上,追求力与美的结合,粗犷与豪放的交融。他后期的诗比前期的诗凝重深沉,多了一些苦涩。40 多年来,他一直写自由体诗,从坎坷的生活经历中努力捕捉同他的个性、时代精神相辉映的鲜活意象,用朴素的现代口语抒写出真挚而深隽的感情。这种形式、韵律与内在感情协调一致的境界不易达到,但也是诗人毕其一生在追求的。

对祖国的热爱、对理想的追求始终是绿原③诗歌的一个鲜明主题。即使在被隔离审查失去自由仅写的一首诗《又一名哥伦布》中,他仍以 20 世纪的哥伦布自况,尽管他没有"圣玛丽娅"号船和众多的水手,只有孤身一人和"四堵苍黄的粉墙",却在巨大的寂寞和忧伤中思索着,于无边的险浪和痛苦中追求着,他"坚信前边就是'印度'——/即使终于到达不了印度/他一定也会发现一个新大陆"。"文革"期间,他陆续写了十几首诗,表达了在险恶环境中对现实的深沉思考。他坚信"明天照样出太阳/田野里照样有花香"(《但切不要悲伤》)。从 1976 年天安门事件中,他看到了人民的力量,预言"四五"烈士们的鲜血将变成"无穷无尽愤怒的微粒,/充塞着全中国的空气"(《不是奇迹》)。他复出后的第一声呼唤就是:"诗人的坐标是人民的喜怒哀乐","人民的代言人才是诗的顶峰"(《听诗人钱学森讲学》)。他远涉重洋访问异国,也时时眷恋着祖国和人民,在诗人看来,"异国是爱国主义的培养基,/别离是爱情的维生素"(《白云书简》)。诗人在回顾一生中坎坷地写诗的过程时曾说:"写作绝不是个人的什么'名山事业',不过是为人民服务的一种方式;任何一点成绩都只是人民的乳汁和眼泪的结晶。"④几十年来,诗人始终坚持为人民、为理想唱着痛苦而欢乐的歌。

绿原的诗具有冷峻的思辨色彩,这同他长期与世隔绝的孤寂以及从事文艺理论翻译工作是分不开的。然而,绿原又是一位感情沸点很高的诗人,他的感情的高温可以使诗作达到理与情的融合。他的诗不仅有充沛、真挚、丰富的感情,而且有新鲜、明晰、深刻的思想,能动人以情,晓人以理。《又一名哥伦布》抒发了他内心的巨大痛苦和对真理的不懈追求,将深刻的理融化为深沉的情。《重读〈圣经〉》则通过《圣经》故事巧妙地对十年浩劫的混乱局面进行了猛

---

① 参见牛汉:《我这个人以及我的诗》,《文论报》1998 年 7 月 30 日。

② 杨匡汉:《智慧的痛苦与欢乐——〈牛汉抒情诗选〉序》,吴思敬编:《牛汉诗歌研究论集》,时代文艺出版社 2005 年版。

③ 绿原(1922—2009),原名刘仁甫,湖北黄陂人。1941 年开始发表作品,解放前出版过诗集《童话》《集合》等。新中国成立初期出版了诗集《从 1949 年算起》。新时期出版有诗集《人之诗》《人之诗续集》,诗论集《葱与蜜》等。《另一只歌》获全国优秀新诗(诗集)奖。

④ 绿原:《人之诗·自序》,《葱与蜜》,生活·读书·新知三联书店 1985 年版,第 71 页。

烈抨击,既给人以感情上的震动,又启迪人们进行理性的思考。《读泰戈尔》《读聂鲁达》《读里尔克》《读惠特曼》《读波特莱尔》等诗作,以对现实和历史人物的歌吟,表达了他对人生和艺术思考的理趣。绿原同其他"七月派"的诗人一样是自由诗的自觉追随者,诗语朴素、明朗隽永,以现代口语和内在韵律来表现深刻而丰富的思想。

4. 公刘、邵燕祥、白桦、流沙河的诗

如果说公刘①50 年代的诗是一朵带着"旭日的光彩"的云,闪耀着青春而奇幻的浪漫色彩,那么,他在新时期的诗则是一团熊熊燃烧的烈焰,融化着坚冰,给人以温暖。

说真话,直面现实,袒露胸襟,抒情言志,是公刘新时期诗歌的血肉和灵魂。他说,"诗人可以不写诗,但不可以背叛诗"②。天安门事件发生后,面对暴行高压,他大声疾呼"条条道路通向天安门广场/为什么……广场竟通向了牢房?"(《星》)哀悼周总理和诗人郭小川的《沉思》《哀诗魂》,表现中国农民苦难与命运的《父亲》,解剖自我的《解剖》,凭吊张志新烈士的《呼喊》《刑场》等,都因说真话,抒真情,真实地反映了生活的真相而受到人们的喜爱。

对现实的强烈关注、对历史的深沉反思和浓郁的思辨色彩融于一体,是公刘新时期诗歌的另一重要特色。"既然历史在这儿沉思,/我怎能不沉思这段历史?"(《沉思》)同许多诗人一样,公刘一方面沉思历史,一方面思索现实,把现实生活中的政治性问题同历史联系起来,或隐或显地作出了剖析和评价。因此,他的诗显得深沉雄浑,给人以深刻的启示和有力的警策。在不少诗篇中,他既肯定领袖的重要作用,又批判个人迷信对人民的愚弄;既赞美旗帜的先导性,但更强调旗帜对风的依存关系(《十二月二十六日》);在《爆竹》中,他纵情欢呼第二个春天的到来,鞭挞"文革"对人性的禁锢:"千万不能再有了,捆绑解放者的锁链,/千万不能再有了,囚禁革命者的牢监";在《上访者及其家属》《车过山海关》《乾陵秋风歌》《假如这些秦俑突然活过来》等诗中,提出了民主与法制、诗歌与政治、历史与现实等一系列迫待直面的问题。他善于把历史的审视、现实的忧患与未来的警示交融起来,加大了诗的内涵与深度。

公刘是一位性格坦荡、才思敏锐的诗人,他善于从历史的沉痛教训和现实的生活中发现诗意,发现哲理,寓理于形象,托物于情思,使所言之理具有无可辩驳的震慑力。他的诗是其"灵魂"在"时代的铁砧"上"铸造"而成的,内涵丰富,气势宏大,语言泼辣,冷峻浑厚,饱含着对时代的忧患与民众的真情。

邵燕祥③在新时期创作的诗,仍像 50 年代一样充满青春的活力。他歌唱改革的时代,歌唱理想,具有催人奋进的召唤力量。当有些人沉湎于伤感之中,他却在《假如生活重新开头》

---

① 公刘(1927—2003),原名刘仁勇,又名刘耿直,江西南昌人。1949 年参军,在部队从事新闻、文化工作。新时期出版有《白花·红花》《仙人掌》《大上海》等诗集和长诗《尹灵芝》,散文集《酒的怀念》和《诗路跋涉》《谁是 21 世纪的大师》等评论集。诗集《仙人掌》获全国优秀新诗(诗集)奖。

② 公刘:《离离原上草·自序》,人民文学出版社 1980 年版。

③ 邵燕祥(1933—　),浙江萧山人。1946 年开始发表作品。解放后,在中央人民广播电台工作,曾出版有《歌唱北京城》《到远方去》等诗集。新时期出版有《含笑向 70 年代告别》《在远方》等诗集,诗论集《晨昏随笔》和《邵燕祥文抄》(3 卷)等。诗集《在远方》《迟开的花》先后获全国优秀新诗(诗集)奖,《邵燕祥随笔》获首届鲁迅文学奖。

中以积极进取的姿态告别过去:"假如生活重新开头,/我的旅伴,我的朋友——/还是迎着朝阳出发,/把长长的身影留在背后。"尽管前面是"风雨的长途",即使"在喉管被割断的时候",我们仍然"该欢呼的欢呼,该诅咒的诅咒",因为诗人坚信"阳光下毕竟是白昼","明天比昨天更长久"。全诗以积极乐观的情绪表现了一种矢志不渝地追求理想、奋勇前进的精神。《中国的汽车呼唤着高速公路》是作者 50 年代初期创作的《中国的道路呼唤着汽车》的续篇。诗人满怀激情地发出了充满历史艰辛与现代意识的呐喊:"空话不能起动汽车,/豪言壮语也不能铺路。/但我们难道还不能铺一条/高速公路——/有这么多的痛苦,/有这么多的愤怒,/甚至有这么多的血肉/化为我们特有的混凝土!"在他的诗里,历史与现实、生活和理想得到较好统一,体现出较为深沉的历史感和时代感,鸣奏出鲜明的时代主旋律。

犀利的思想锋芒、鲜明的政治色彩与浓烈的真情实感融为一体,是邵燕祥"归来"后诗作的显著特征。这一特征在他的一系列抒情长诗中表现得尤为显著,如《不要废墟》《我是谁》《走遍大地》《长城》等。在这些诗里,诗人从宏观的角度,以高屋建瓴的气势抒写了他对历史、时代、民族、祖国、人生的独特感受和深刻思考,展现了一代人的思绪和命运,发出了振兴中华、奋斗不息的心声:"让每一寸国土/不再出现历史的废墟/让每一寸心灵/不再出现精神的废墟。"(《不要废墟》)他宣称:"路是无穷尽的/跋涉也将无穷","未知永远多于已知/日月跟我携手同行。"(《命运》)这些都是诗同政论的结合,诗的激情同哲理的统一。

邵燕祥的诗有民歌体,有自由诗,有"楼梯式",表现形式不拘一格,但以自由体为主。他追求诗的散文美和内在的音乐感,具有潇洒自如、徐疾相宜的韵致。在表达方式上,不回避直白和明朗,往往直抒胸臆,迸发激情,呈现出一种豪迈昂扬的格调。

白桦①既写小说、诗歌,也写话剧、电影文学剧本,但以写诗为主。新时期以来,歌颂祖国和人民仍是其诗歌的主要内容。《情思》《眼睛》《小草》等表现了他对祖国的挚爱。为了"伟大中华民族""展翅飞翔",诗人表示:"我坚决站在捍卫未来的行列里,/用我的脊骨去加固通往未来的桥梁。"(《情思》)在《小草》中,他把人民喻为小草,它们"给大地以芬芳",如果"饥渴逼得它们形容枯槁",它们会"拼将纤细的生命化为烈火,/在天地间疯狂燃烧"。这些诗显示着诗人对人民深深的爱恋之情。

反思历史,关注现实,反映人民锐意改革的心声,是白桦新时期诗歌的另一特点。他的《阳光,谁也不能垄断》《春潮在望》《珍珠》等诗作形象地揭示了思想解放运动的意义,表达了人们希望摆脱思想禁锢的强烈愿望:"我们就像蜷伏在蛋壳里的鹰,/苏醒了的鹰,怎么能容忍窒息和黑暗?!"(《阳光,谁也不能垄断》)他大声疾呼:"看! 窗外正是明媚的春天,/快捅破与世隔绝的窗纸吧!/就需要这一点。""这一点"就是要打破阳光的垄断,让人民有权获得享受阳光的广阔空间;"这一点"就是冲破,就是解放,就是觉醒;它是中华民族"精神和血肉之躯在长期痛苦中""结晶"成的"珍珠"(《珍珠》)。这些诗句铿锵有力,催人奋起,以其干预生活的尖锐性和形象的生动性而受到欢迎。

---

① 白桦(1930—　),河南信阳人。1946 年开始发表作品。1947 年参加解放军,从事文化宣传工作。出版有《白桦十四行抒情诗》《白桦的诗》等诗集和《鹰群》等长诗,《妈妈呀,妈妈!》《哀莫大于心未死》等长篇小说,《我想问那月亮》等散文集,《白桦剧作选》等多种话剧和《苦恋》等电影文学剧本。《春潮在望》曾获全国中青年诗人优秀诗歌奖。

白桦的诗感情真挚深沉,常常因题材和描写对象的不同而呈现不同的色彩。50 年代多呈现清新明丽的色彩,"归来"之后更为关注现实,不少诗作带有浓厚的政治色彩,严峻而尖锐地揭示现实生活的弊端。他的诗语言明快,形象鲜明,有动人心魄的激情和启人心扉的哲理。

以诗作《草木篇》蜚声诗坛的诗人流沙河①,"归来"之后仍然从事诗歌创作。其诗歌的一个重要特点是情真意挚,老到凝重。同"归来"派诗人一样,他的诗作大都是自己悲剧命运与情感历程的真实写照,《故园六咏》《妻颂》《情诗六首》《梦醒》等诗作就以真切的感情深深地感染着读者。如《故园六咏》中的《哄小儿》写诗人给幼子当马骑,这原本是天伦之乐,但此时诗人是"牛鬼蛇神","连累"幼子也受人歧视,于是从赎罪的心理出发作马让儿骑,并连声说:"乖乖儿,快用鞭子打!"这种苦中求乐、悲里寻欢的自嘲,是对十年动乱的有力鞭挞。

流沙河善于吸收古典诗词、民歌和新诗之长,融会贯通,自创一格。他的诗无一定之规,富于变化。既有长诗,又有短章;有的整齐,有的参差;有的有民歌的风味,有的有古典词曲的色彩,更多的是自由诗的神韵。语言朴实,幽默风趣,自然流畅。

① 流沙河(1931—),原名余勋坦,四川金堂人。1948 年开始发表作品。50 年代出版诗集《农村夜曲》《告别星火》。新时期出版有《流沙河诗集》《故园别》等诗集,《流沙河诗话》等诗论集和短篇小说集《窗》等。《流沙河诗集》获 1979—1982 年全国优秀新诗(诗集)奖。

十三、现实主义诗歌

1. 现实主义诗歌发展概貌

新中国成立以后,现实主义诗歌经历了一段艰难而曲折的发展历程。20 世纪 70 年代中期以来,现实主义诗歌既恢复了受到严重破坏的诗的传统,又对传统作出了超越性的变革与创新,以崭新的面貌展现在人们面前。

1976 年清明前后的天安门诗歌运动,有力地批判了文化专制主义,拉开了新时期现实主义诗歌复苏的序幕。粉碎"四人帮"后,出现了一批以揭露和批判"四人帮"、缅怀和歌颂老一辈无产阶级革命家为主要内容的现实主义诗作。不过,这一时期的诗歌在艺术上还比较粗糙,无论是批判与揭露,还是怀念与歌颂,都还存在比较严重的公式化、概念化的倾向。70 年代后期局面有所改观,诗歌逐步摆脱单纯解释生活的旧有套式,开始寻求对社会生活的自觉感受和思考。一批"归来"诗人以特有的情感方式和思想穿透力,丰富和深化了现实主义诗歌的反思主题。他们或表达在时代更迭期人们的复杂感受,或对历史和现实进行批判思考,新老诗人在诗歌界也促成了以启蒙为主旨的思想解放潮流和人道主义潮流。1985 年前后,现实主义诗歌被置于一个多样化的诗坛格局中,各种西方现代文艺理论和创作技巧对小说、散文、戏剧、诗歌创作都带来不同程度的冲击。新时期诗坛形成现实主义、浪漫主义、现代主义、后现代主义等多元发展共分天下的局面,山头林立、流派纷呈,现实主义的统治地位被打破。在此背景下,现实主义诗歌在审美观念、创作方法、创作题材和艺术表现形式等方面都有不同程度的变化与发展。

现实主义诗歌在复兴过程中,首先恢复和加强了诗歌同现实生活及人民情感的密切联系。诗人作为人民心声的代言人,重新调整被扭曲的诗与现实关系的第一步当然是恢复诗的真实性。早在新时期之初,艾青等诗人就明确提出要把诗的"真实"和诗人"说真话"作为诗歌创作的首要问题。强调诗歌必须同"瞒和骗"的错误倾向和空泛的"豪言壮语式"的伪浪漫主义决裂,必须同社会生活真实紧密相连。诗人们深化了对现实主义内涵的理解,诗歌创作以前所未有的参与意识和批判意识积极地干预生活,写出了一批表达社会心理和社会情绪的诗篇。如黄永玉的《不准》是对不正常的年代的深刻揭示,刘祖慈因《为高举的和不举的手臂歌唱》而被诗界冠以政治抒情诗人,叶文福的《将军,你不能这样做》揭露了现实生活中存在的官僚特权问题,曲有源的《关于入党动机》以漫画式手法揭露了"文革"中权力欲重的人把入党当作敲门砖的种种丑态,熊召政的《请举起森林般的手,制止!》中为民请命之情鲜明而强烈,杨牧的《站起来,大伯》体现了诗人对历史的反思和对人民命运的关切。还有韩瀚的《重量》、骆耕野的《不满》、边国政的《对一座大山的询问》、李发模的《呼声》等也都引起社会的关注,体现出诗歌切入时代和现实生活所达到的新高度。诗歌在批判与反思的同时,也体现出强烈的当代意识。赵恺的代表作《我爱》抒写的是一种历经磨难仍执著如初的爱。诗作运用强烈的对比(爱的萌生—爱的失落—爱的回归),同时将诗情和哲理融合,体现了重新获得生活权利的人对青春真谛的深刻领略,从而使"爱"的呼唤更为真切,也让人更觉珍惜。

从创作方法上讲,现实主义诗歌进入了一个动态、横向的发展和吸收、借鉴的过程,诗人不仅承继传统现实主义创作了大批佳作,而且向心态现实主义、哲理现实主义、日常现实主义掘进,大大丰富了现实主义的表现领域。在创作题材上,新时期诗歌所涉猎的领域比以往任何时候都要广泛,形成了以现实主义精神为主导的众多诗歌派别,如政治抒情诗派、军旅诗派、边塞诗派、乡土诗派、山水诗派等。

政治抒情诗在中国当代诗坛一直占有独特的地位。新时期创作政治抒情诗有影响的诗人有李瑛、张志民、朱子奇、柯岩、纪宇、王怀让等。纪宇的《风流歌》、王怀让的《我骄傲,我是中国人》都曾产生过较大影响。新时期的军旅诗由先前的以表现战争为主的军旅战争诗逐步过渡到以表现军人日常生活为主的军旅意境诗。军旅诗人除老诗人外,更多的是新秀,如周涛、李松涛、贺东久、孙中明、胡世宗等。作为诗坛新秀,他们大胆实验,不断探索和开辟新领域,谱写出当代军旅生活缤纷多彩的交响曲。周涛的《界碑》,李松涛的《连长失恋了》《我捎回一棵仙人掌》等都体现了军旅意境诗的特点。而边塞诗人把边塞的历史和现实、过去和未来糅合起来,把雪山和沙漠、戈壁和绿洲、骆驼和红柳尽铺纸上,对险山、荒原、大漠或歌颂或诅咒,使边塞诗在新时期成为一道奇异的风景线。昌耀、周涛、杨牧、章德益、林染、马丽华、高平、卢萍等是其中的佼佼者。

乡土诗在某种程度上最能体现现实主义的创作原则,许多作品反映了新时期农村发生的深刻变化,尤其是农民在思想观念、道德标准等方面的变化。刘章的《紫檀木书架》通过一个小小的紫檀木书架,反映出农民生活的变化。刘小放的组诗《我乡间的妻子》深情地描写了"乡间的妻子"的勤劳、善良、精干、温柔与体贴,使人物形象呼之欲出。陈所巨的《一千双眼睛和两双眼睛》、王耀东《鸟语声中》或注重细节的勾勒,或着眼于感官的挪移,均增强了乡土诗的美感。晏明和孔孚是新时期山水诗的代表诗人。诗人写山水,但不为山水所局限,往往借山水抒性情,现人格,体现着东方艺术精神的回归。如晏明的《黄山印象》、孔孚的《钓鱼台小立》、苗得雨的《迹》等均是代表性作品。

除抒情诗外,这一时期的现实主义诗歌还有散文诗、讽刺诗、寓言诗等多种门类,可谓百花竞放,佳作纷呈。同"十七年"相比,本时期散文诗变得深沉,而且吸收了很多现代艺术技巧。如刘湛秋的《是你在敲门》、李耕的《暴风雨中的独奏》、耿林莽的《声响辩证法》等诗作。不过,从总体上讲,新时期散文诗阴柔之气过重,黄钟大吕般的振聋发聩之作不多见。这一时期的讽刺诗可谓是异军突起。黄永玉、陈显荣的讽刺诗,刘征的寓言诗等都具有针对性以及隐喻现实的意义。

在表现手法上,现实主义诗歌吸收了现代主义和其他表现手法,促成自身的深化与发展。老诗人和中青年诗人都有不同程度的突破。艾青的诗作是现实主义的,但他对意象、象征、隐喻等现代主义手法却运用自如,炉火纯青。公刘在坚持现实主义手法的基础上,也借用一些象征、隐喻等手法。从诗歌发展的角度讲,老诗人对先前的诗歌观念和艺术手法的偏差、失误有较为深刻的认识,因而在再次握笔时便会对先前的道路有所突破。一批中年诗人在继承新诗深厚的现实主义传统的同时,富有艺术上革新的勇气。他们的作品为现实主义诗潮带来许多新的东西。

总体而言,新时期现实主义诗歌在固守传统的同时,又不断吸取新的营养丰富自我,完善自我,进而超越自我,面对新的诗歌潮流的冲击,仍然有着旺盛的生命力。当然,面对多种艺术潮流的兴起,现实主义诗歌自然受到一定程度的冲击。在新的历史条件下,如何促成现实主义诗歌的发展,仍是一个需要探讨的问题。

2. 雷抒雁、张学梦、骆耕野、叶延滨的诗

《小草在歌唱》是雷抒雁①影响最大、流传最广的一首诗,它是新时期诗歌控诉和反思"文革"和野蛮的专制主义的标志性作品。诗作以小草为象征,将烈士张志新还原成为一个有血有肉的普通女性,即她首先是"一个女儿,一个母亲",然后才是"为光明而献身的战士"。视角的下调使诗人笔下的巾帼烈女褪除了神话色彩,增添了人间气息,让人觉得英雄的可亲可敬和恶势力的可恶可憎。诗人断言"她不想死","她不会想到死",未曾料到"她却被枪杀了,倒在生她养她的母亲身旁",借助极具张力的悖论情境,向丑恶和凶残的专制主义喷射出愤怒的火焰。诗人抒发感情时而沉着痛快,时而含蓄蕴藉,时而慷慨高歌。诗人在剖析自己时,往往直抒胸臆;咏叹烈士时,运用拟人、象征、幻想等多种手法,移情于物,咏志抒怀。诗人赋予小草以正直的人格力量,平凡的小草象征着惨案的见证者,苦难的承受者,不屈的抗争者,真理的求索者。它是千千万万普通民众的化身,同烈士的形象交相辉映,营造出既温馨而又悲壮的诗意氛围。诗中有时通过议论来抒情:"昏睡的日子,比死更可悲;愚昧的日子,比猪更肮脏",简练奇警,力透纸背。诗的结尾富于想象,充满浪漫主义精神。牺牲的烈士从草原上回来,重现了《赋得古原草送别》中作者对于超强的坚韧生命力"野火烧不尽,春风吹又生"的赞叹,复活心中的夙愿,淡化沉重悲悼的情绪。

雷抒雁创作的哲理小诗温润剔透,如绝句小令。他撷取时代洪流的一个断片,人生旅程的一帧剪影,让"生命在搏击中放出耀眼光华"(《瀑布》)。像"因为巨痛或欢乐/我的心常被撕裂/从裂缝里渗出的血液/我把它涂在诗页"(《血与诗》)这类诗句,言简意赅却慷慨激昂。《早熟》只有四句,"动乱的年代/是炎热的气候/只用了一半的时间/孩子就像父亲一样成熟",喜耶？悲耶？诗人借用精巧的比喻,寥寥数语浓缩了时代的悲剧。

《现代化和我们自己》的发表,吹响了张学梦②进军诗坛的号角。张学梦的诗大多为现代化而歌,为现代化而谏。他的诗作直接触及现代化的物质层面和精神层面,尤其是现代化所面临的严峻挑战。在这首诗里,诗人直接提出"人的现代化"问题。"努力使自己现代化吧!/难道这不是一个/烧着了眉毛的问题？"他甚至还先知似地预测道:"在二○○○年的门槛上/挂着这样一块木牌:'愚昧无知的人勿进!'"他用炽热的诗句高呼"学习、学习、再学习",可视为开给愚昧主义的一剂猛药。《休息吧,形而上学》寓庄于谐,用幽默的口吻在笑声中埋葬"左"倾思潮赖以寄生的毒瘤——"什么都要割裂开来/什么都要引向极端"的形而上学。《齿轮》歌颂的是全心全意为人民服务的"齿轮"精神。《致讽刺诗人》要求恢复诗文的美刺功能,

---

① 雷抒雁(1942—2013),陕西泾阳人。曾先后在部队、报社等部门从事文字工作。1959年开始发表作品。出版有《小草在歌唱》《父母之河》《跨过世纪的桥》等诗集,诗文集《春神》等。诗集《父母之河》曾获全国优秀新诗(诗集)奖。

② 张学梦(1940—　),河北唐山人。初中毕业后当过工人。1979年开始发表作品。主要作品有诗集《现代化和我们自己》《爱情箴言》(与他人合著)。《现代化和我们自己》获全国优秀新诗(诗集)奖。

实现国人的自我鞭策。《科学说:我来啦!》既是声讨愚昧迷信的檄文,又是对文明科技新风的深情召唤。《诗苑在沙化吗?》等一系列评述诗坛危机及出路的"论诗",剖析症状,追本溯源;探索出路,苦心孤诣。否定中含坚持,失落中寓希望。

张学梦的抒情诗大多采用第一人称"我"作为抒情主人公。诗人善于把枯燥无味的抽象名词、科学术语和现代事物形象化地织入诗里,如"形而上学""辩证法""千百万分贝的强音""袖珍电子计算机""元素周期表和日历"等,丰富了人们对现代化的感性认知。分析问题,纵横捭阖,用语通俗易晓。他还写出了数量不少的咏物诗,这些诗比喻精妙,字少情长。如将春雨比作"仙子的泪滴"(《春雨》)化实为虚;说陨铁"冷峻,带着火焰的印痕/多像一颗诗人的心",化具象为抽象,平实而峭拔,琅琅可诵。

骆耕野①的诗作《不满》曾轰动一时,广为传诵,它既是对青草嫩叶等新生事物的细心呵护,又是对病菌污秽的有力扫荡。不满,是怀疑,是否定,是面对"生存还是毁灭"的严肃思考后的呐喊,呐喊声中跳动的是对祖国无限的憧憬和对民族深沉的爱恋。诗人在诗的开头和结尾反复吟唱:"像鲜花憧憬着甘美的果实,/像煤核怀抱着燃烧的意愿:/我心中孕育着一个'可怕'的思想,/对现状我要大声地喊叫出:/——'我不满'!"不满中有"气",不满中有理,不满中有识,不满中有韵。它蕴含着犀利的辩证思想:"不满正是对变革的希冀","不满乃是那创造的发端。"整首诗运用排比句和反诘句,气势充沛,感情炽烈,语言摇曳多姿,情绪起伏跌宕。《不满》走的仍是传统现实主义的道路。不过在诗人坚持现实主义创作的同时,也学习、借鉴现代派的表现手法和技巧,如组诗《舞迷》,意象层叠,镜头频繁切换,寓意模糊,显示了现代主义手法对他的影响。在他的诗作中,尽管现实主义的底色仍在,但现代主义的色调越来越浓,抒发的情感也因之而变得含蓄深沉,难以捕捉。在《车过秦岭》中,于八百里秦川蜿蜒穿行的列车象征着在艰难曲折中踽踽前行的新中国。白色的时间、黑色的时间构成了奔驰运行的列车的"双轨"。它蕴含着丰富的"矿产":痛苦与欢乐,现实与理想,死灭与新生,历史与未来,失望与希望。它们长时间地平行与对峙,启人深思。《再生》容易让人联想到"五四"时期郭沫若的《凤凰涅槃》,结构上明显受到欧美诗人但丁、艾略特、聂鲁达的影响,现实、古典、浪漫、现代主义相互穿插。全诗共分六章:《大限》《天朝旧梦》《圣地》《复活的海》《人间炼狱》《诞辰》,吟咏的是苦难深重的民族,只有穿越生死的大限,历经炼狱的煎熬,才能迎来灿烂的诞辰。诗作弥漫着宗教气息,更镶嵌着深沉的理性思索。诗人直面"晕旋世界中心的最后死寂"的悲凉,品味"除了梦还是梦而且仅仅是梦"的苦涩,勇敢地逼近"死亡的城市",绝境中寻找出路,终于明白"这世界/抛弃我们的时候/就是/拯救我们的时候"。诗作通过隐喻、暗示、象征等手法,融神话、传说、寓言、历史于一体,意象繁密驳杂,寓意深远玄奥。

叶延滨②的诗题材广泛,举凡古往今来,大江南北,市镇乡村,传说掌故,被他悉数摄入。

---

① 骆耕野(1951—),重庆人。当过插队知青,1984 年毕业于中国文学讲习所。曾供职于《星星诗刊》,后下海经商。出版有诗集《不满》《再生》等。

② 叶延滨(1948—),黑龙江哈尔滨人。1975 年开始发表作品。主要作品有《不悔》《二重奏》《心的沉吟》《美丽瞬间》等诗集和杂文集《生活启示录》等。组诗《干妈》获全国中青年诗人优秀奖,诗集《二重奏》获全国优秀新诗(诗集)奖。

早期的作品致力于讴歌真善美,但字里行间飘着一种拂不去的"忧郁"。他在新时期创作的《干妈》是献给伟大母亲的赞美诗,带有鲜明的自传色彩。诗人通过追忆的方式,精心剪辑一幅幅平淡、朴素的日常生活图景,再现悲惨、荒诞的历史一幕,讴歌了一位普通农村妇女美好的道德情操,抒发了"我"对"干妈"的深深眷念和无尽哀思。

如果说《干妈》是献给平凡女性的乐章的话,那么《黄土谣》便是唱给粗犷的陕北汉子的铿锵之音。它呈现的是一幅流光溢彩的黄土风情的油画,在或幽怨或高亢的谣曲里,夹杂着新时代行进的脚步声。《黄土谣》采用陕北民歌信天游形式,多用比兴。它一反《干妈》冷静的客观抒情,转向狂放的主观宣泄。《环行公路的圆和古城的直线》有感于北京第一条立交道的开通,从某种意义上说,一条立交公路的开通不单在于改变古城交通格局,而且在于它轰击着"在古城盘了数百年/尚未僵死的保守和自满"的僵化思想。只有替"死去的过去留下的遗产"画上"一个巨大的句号",才能开启"车轮飞旋"的新时代。《想飞的山岩》体现了反抗虚无、反抗绝望的战斗思想。它托物言志,一开始便展开"富于包孕的片刻":"一只鹰,一只挣扎的鹰/向江心伸直尖利的嘴吻/爪子陷进山腹/两只绝望而又倔强的鹰翅上/翼羽似的松林/在凄风中颤动",形象富于雕塑感。此岸是展翅欲飞的苍鹰——想飞的岩石,彼岸是安于宿命"永远不能动"的神女峰,对比中蕴含深刻的寓意。"你的自由将需要你/用耸立千年的雄姿换取/你将消失/和禁锢你的死神一起消失。"小至个体,大至民族、国家,不安于现状,冲决禁锢才能超越悲剧,迎来自由和幸福。

90年代以来,叶延滨的诗加强了讽刺的力度,一洗往日的温馨浪漫,代之以冷峻犀利的幽默讥诮。如《最后一课》,好似一幅诗化的"八骏图",形式虽然滑稽荒诞,但指陈不可谓不深刻。他的诗作风格或冲淡,或富丽,或平实,或荒诞,或典雅,或绵柔,气象万千,不拘一格。

3. 昌耀、杨牧、周涛的新边塞诗

昌耀①的诗浸润着生活的血泪体验。1957年因写作抒情小诗《林中试笛》而遭厄运,从此便戴着右派帽子,被放逐在大山之中。"归来"之后,却久久难以忘怀那段艰难的人生历程,他以宏阔的眼光,写下了具有史诗品格的长篇诗作,如《慈航》《山旅》等。这些诗既有对诗人生命体验和人生过程的细致描述,又有对人性的思考,在较广阔的文化哲学背景和无限的时空中展开戏剧化的心理冲突,并集叙事、抒情于一体,思辨和描述交错,集中表现了人与命运的永恒主题。《慈航》长达400余行。诗作反复回旋的是善与恶、爱与死永恒搏击的主旋律:"是的,在善恶的角力中/爱的繁衍与生殖/比死亡的戕残更古老/更勇武百倍!"这在诗中反复出现的诗节,是诗人对人性、人情和人类良知的执著呼唤。

如果说昌耀的长诗着重表现人的命运,其格调冷峻深沉,蕴含着浓郁的思辨意味,那么他的短诗则是另一种风格:或恬淡,或凝重,多是对于自然的一种情绪寄托。在描述事物的过程中,往往着重渲染出一种意蕴或境界。事物中透露的或是一种冷冽的情怀,或是一种淡淡的愁

---

① 昌耀(1936—2000),原名王昌耀,湖南桃源人。14岁步入军旅生涯,17岁时在朝鲜战争中负伤致残,回国后来到青藏高原,并在这时开始诗歌创作。出版有《昌耀抒情诗》《运动之书:昌耀四十年诗作精品》《一个挑战的旅行者步行在上帝的沙盘》《昌耀的诗》等。

绪,抑或一种深邃的理趣。从总体上说,昌耀的诗是"冷"的,西域的自然风景和人经过诗人的冷处理之后,似乎显得更加冷峻凝重。如孤独清冷的寒月、终年积雪的冰山、寸草不生的荒原……都是与"冷"联姻的冷风景。无疑诗人的情感与这里的自然环境达成了某种默契,因而给诗笼罩上冷冷的色调,这种冷漠内蕴着一种有力度的冷峻。因此,他的诗总是在一种冷凝的氛围中显现为人生的悲壮感、崇高感。

在艺术上,昌耀是一位无形式论者。他的诗往往凭借一种灵感、一种诗意的冲动宣泄出来,诗的形式显得格外自由随意。他的诗大都不押韵,诗节也没有定规,诗句可长可短,意完句断,或者意未尽而言尽。诗中大量的删节号,给人一种意犹绵绵的感觉,开拓了想象空间。他还常采用一种拦腰切断的突兀意象,使诗的描述从一种状态过渡到另一种状态,显现出大跨度的跳跃性。他的想象怪异奇拙,意象陌生,在诗坛可谓独树一帜。如面对一座矗立在繁华街区、镶嵌着 24 部灯的铁塔,一位远方来访的诗人真实地称为"伞塔",昌耀却以栖鸟、时辰、金花、金杯、耳坠、昆虫腹下的发声板等一连串比喻,描述他的独特的想象和感觉,使人感受到全然陌生的意象体验和创造的喜悦。

昌耀的诗以其"归来"者的心灵历程与西部悠久的历史文化和艰难而多彩的现实生活的碰撞所产生的诗的火花,照亮着当代的诗坛。他的诗既以沉郁、苍劲著称,又以精微、丰富见长;既以现实主义为主体,又兼容现代主义之长;既有真实的品格,又有浪漫的情调,还有理智的烛照,颇多现代意象与情韵,兼具黑色幽默,有些诗还有浓厚的宗教神秘色彩。诗歌语言是充分"散文化"的,但内在的韵律与节奏是强烈的,具有自然洒脱的散文美。他喜欢使用奇崛的语汇,其诗作雅俗兼备,既有古典的儒雅,又有当代的世俗,文白杂糅,具有一种新鲜、奇特的艺术感染力。

杨牧①最初以政治抒情诗享誉诗坛,一首《我是青年》引起了一代人强烈的共鸣。这首诗叙写出了一代人深刻的人生体验,当诗人回首往事时,不禁感受到一阵阵心灵的凄苦:"青春曾在沙漠里丢失/只有叮咚的驼铃为我催眠/青春曾在烈日下曝晒/只留下一个难以辨清滋味的杏干//荒芜的秃额,也许正是廉价的土丘/弧形的皱纹,也许是轻易的抛物线。"但是,特殊时代造成了特殊"青年"的概念,他们虽已进入中年,可人们和社会却依然赋予他们以"青年"的资格与名义,这是荒诞年代所酿成的既苦涩又甜蜜的灰色荒诞曲。当然,他们也并不怀疑自己作为"青年"的条件,他们面向世界宣言:"我是青年","我的秃额,正是一片初春的原野,/我的皱纹,正是一条大江的开端。"诗中奔涌着一腔年轻的热血,而由此焕发出的青春意志和力量,既粗犷豪放,又刚健深沉,给人以强烈的艺术震撼。后来,诗人从政治抒情诗转而着意于对边塞风物和生活的描绘以及表达由此所生发的感悟和情绪,使诗歌更加贴近生活和自我体验。如诗人写力与力较量的摔跤,写人与大草原交融一体,身上长出草来的感觉,还有那敲着皮鼓、击着生命黄昏的哈萨克老人……这一切,都不再仅仅拘泥于沙漠、草原、雪山、红柳的表面,它是独特的地域和民族生活的交响。

杨牧的诗歌在内容上追求表现生活的真实性,艺术上追求热烈。因此,他的诗不是"人比

---

① 杨牧(1944—),四川渠县人。1958 年开始发表作品。1964 年到新疆生活。著有《绿色的星》《复活的海》《边魂》《野玫瑰》《雄风》等诗集。《复活的海》获全国优秀新诗(诗集)奖。

黄花瘦"的凄切,而是惊涛裂岸式的壮美。尤其是那些政治抒情诗,表现得尤为豪放雄浑,即使描绘边塞风情和生活的短诗,也显现出厚重的蕴涵与恢宏的气势。

周涛①既是新边塞诗,又是军旅诗的代表诗人。在他的诗中,你会看到皑皑白雪覆盖的博格达峰峦,茵茵绿草遍染的巩乃斯旷野,绿浪里"露出一角帆顶"的孤独的毡房,雪山下兀立于沙漠边缘的被遗弃的胡杨,还有风雪古道、日暮黄昏、大漠孤烟、戈壁冷月……这一切,诗人均以冷冷的笔触,渲染出凄厉苍凉的边塞风景。正是在这严峻的生存背景之下,让人感受到了一种难以遏止的生的渴望和顽强的生命力。比如他写"被遗弃的部族"——孤独的胡杨,它"兀立于戈壁或沙漠的边缘/坚持在人迹罕至的蛮荒/任流沙的浪涛/一直淹没在脚边","它并不打算唤起人们的敬意/只想提示另一种存在"(《胡杨》),这"存在"揭示给人们的,就是面对如此严酷的生存环境如何焕发生命的意志和精神。再如那"兀立荒原""三五成群"的野马群,它们"以空旷天地间的鼎足之势/组成一幅相依为命的画面","即使袭来旷世的风暴/它们也是不肯跪着求生的一群"(《野马群》)。这种生命意志的执著、坚忍、强悍,正是对恶劣的生存环境的挑战与回答。诗人歌咏生命,呼唤生命,然而这种生命绝不是苟且的生,诗人生命意识的最动人、最深刻之处,就在于那种生与死的辩证法:"我愿以短暂的死/换取你永恒的生"(《我属于北方》),因为"不被遗忘的死/比暗淡的生更有意义"(《古城遗址》)。

周涛在艺术上常采用象征方法,他不仅写人,而且更多的是写自然景观。他笔下的自然景观或隐喻一种思想及情感,或指向人或其他事物。比如那棵胡杨,是坚忍、顽强而又孤独的生命形态的象征;沙枣林则是沙漠旅途中一种希望的象征;那鸦群所形成的氛围,是一种肃杀、恐怖气氛的象征;笑傲苍天的雄鹰,则是搏击风云、不畏强暴、敢于牺牲的英雄者的象征……而由这种象征方法所构成的诗歌形态,又呈现出豪放的艺术品格。周涛把"豪放"理解为"一种面对人生的战斗姿态,男儿的天性,高贵灵魂的豁达与坦荡,强大自信力的精神折射,人对自身尊严的肯定,智慧对整个客观世界大而化之的渗透和包容"②。从诗人主体角度而言,它确是一种气质,一种个性精神;但从客体层面说,它与西部独有的狂放旷达、奇伟冷峻的自然密不可分。

---

① 周涛(1946—),山西榆社人。1979 年入伍,1972 年开始发表作品。已出版长诗《八月的果园》和《牧人集》《神山》《鹰笛》等诗集,《稀世之鸟》《深夜倾听海》等散文集。诗集《神山》获全国优秀新诗(诗集)奖。
② 周涛:《我已经寻找过我自己》,《解放军文艺》1987 年第 7 期。

十四、朦胧诗及其他

1. 朦胧诗和 80 年代以来的诗歌变革

20 世纪 70 年代末 80 年代初,随着改革开放的深入,一批年轻诗人开始崛起于诗坛,带来了一股新异的诗风,因被称为"新诗潮"而引起了社会的广泛注意。他们中的主要代表有:郭路生(食指)、北岛、舒婷、芒克、多多、顾城、江河、杨炼、林莽、梁小斌、王小妮等。新诗潮之所以在 70 年代末出现于中国诗坛,是由特定的时代语境和历史积淀所形成的。就其发生和发展过程而言,最早可溯源至"文革"时期知识青年"上山下乡"运动。当时许多知识青年普遍怀有一种不解、怀疑、愤怒、无奈、对抗等纷然交织,既模糊又强烈的情绪,那种被抛弃的失落感、对幻灭了的理想的沮丧和坚执、对失去家园的牵系等,成了这一代人的情感主线和内心基调。郭路生写于 1968 年的《这是四点零八分的北京》就是这种情绪的最初宣泄。郭路生曾被人们称作"文革"时期"地下诗歌"第一人,后来他创作的《相信未来》一度在知青中流传,对"地下诗歌"的发生和成长具有开拓作用。

当时,全国各地的知青点曾出现许多文学创作群落,其中尤以"白洋淀诗歌群落"最为有名。它是在 1969 年至 1976 年由北京赴河北白洋淀一带插队落户的一批知青构成的创作群体,主要包括芒克、多多、根子(岳重)等。由于白洋淀距北京不远,各种新思潮便很快波及这里,从而形成了适宜于"地下诗歌"生长的独特人文环境,也使许多成员日后成为新诗潮的主将。

1978 年 12 月 23 日,由北岛担任主编、芒克任副主编的民间刊物《今天》刊行面世,这是新一代诗人第一次以集群的形式出现于诗坛。1979 年 3 月,《诗刊》发表了北岛的《回答》,标志着朦胧诗开始浮出地表,从而形成了强烈的艺术冲击波。由于这批年轻诗人大都经历过十年浩劫,有过激情和理想从狂热到幻灭的过程,所以当他们意识到自己年少时天真和单纯的信仰被欺骗之后,不免有些失落和迷惘。由此,他们便开始产生一种悖逆心理,不仅怀疑"文化大革命",甚至也怀疑起自己和周围的一切:"告诉你吧,世界,/我——不——相——信!"(北岛《回答》)这就是一代人在特定历史时期所怀有的特定情绪。但是,他们并没有就此沉落下去,而是开始了执著中的奋起,迷惘中的寻求。"黑夜给了我黑色的眼睛/我却用它寻找光明。"(顾城《一代人》)顾城笔下一代人的形象,正是这一代青年最真实的象征。因而,在他们丰富而又复杂、矛盾的内心世界中,既有置身于那个时代的惊悸、恐惧、苦闷、激愤,又有心灵的痛苦、迷茫、空虚、失落,同时也有在反思过程中所孕育的新的希望和理想……当他们怀着这种情绪走近诗歌时,又不期然地与西方现代派艺术达成了某种程度的默契和汇通。于是他们一改传统直白浅露的抒情模式,而大量采用象征、隐喻、反讽、变形、通感、暗示等艺术手法,使之呈现出一种朦胧隐奥、含混甚至歧义的诗意氛围,因此人们便把这类诗称作"朦胧诗",甚至贬称为"古怪诗"。

　　在思想和艺术上,朦胧诗表现出鲜明的特点,这主要体现在自我表现的主体性特征和独特的意象艺术两个方面。朦胧诗崇尚人的价值,认为诗人首先是人,他们"愿意尽可能地用诗来表现""对'人'的一种关切"①。在朦胧诗这里,"人"被解释为一个会思考、会怀疑、有七情六欲的"自我","表现自我"则成为他们共同遵循的诗学主张。朦胧诗与以描写性、直白式为特点的诗歌写作方式不同,诗人更加关注透过自我折射的心理现实,即所谓"向人的内心进军",从而形成自然与人、主体与客体融合为一的意象艺术,并在意象创造、形式结构方面都表现出鲜明的特点。如大量运用象征、隐喻、通感、错觉,抽象词与具象词的巧妙搭配和超现实想象等多种艺术手法,既使意象内涵丰富,富于暗示性,又使意象组合和结构方式多种多样,摇曳多姿。

　　由于朦胧诗在思想内容和艺术手法上的变革,对中国诗歌传统和欣赏习惯带来了强烈的冲击,也由此产生了两种截然不同的看法。"朦胧诗"这一称谓可前溯自《诗刊》1980 年第 8 期发表的署名章明的《令人气闷的"朦胧"》,该文由老诗人杜运燮的一首诗《秋》所引发。在章明看来,此诗用语稀奇、别扭,深奥难懂,使人产生思想紊乱;接着他又举出青年诗人李小雨的《夜》作为例证,认为这类诗晦涩、怪僻,叫人读了似懂非懂,半懂不懂,甚至完全不懂,百思不得一解,实在令人气闷。气闷之余,便写下这篇文章,将此类诗体姑且名之为"朦胧体"。自此,"朦胧诗"这个略含贬义的称谓,便成为日后这个新诗潮的命名,并围绕着它展开了一场激烈的论战。

　　持肯定、赞赏态度的一方主要以谢冕、孙绍振、徐敬亚为代表。他们分别写了《在新的崛起面前》《新的美学原则在崛起》《崛起的诗群》②等文,为新诗潮推波助澜,故被称作"三个崛起论者"。谢冕对新诗的探索和创新给予了充分的肯定和支持。他指出,在新的挑战面前,一批新诗人在崛起,他们不拘一格,大胆借鉴西方现代诗歌的表现形式,写出了一些看似古怪实则新异的诗篇,这情景实在让人兴奋。孙绍振在文中一方面支持谢冕的看法,另一方面又将此上升到"新的美学原则的高度"来认识。所谓"新的美学原则",即是"不屑于作时代精神的号筒,也不屑于表现自我感情世界以外的丰功伟绩"。他们"不是直接去赞美生活,而是追求生活溶解在心灵中的秘密",也就是表现自我。而徐敬亚更是对朦胧诗得以产生的社会历史根源、诗人的诗学态度、文本实验及风格特征等作了系统而具体的阐释,犹如中国现代主义的宣言,在文学界激起了轩然大波。论争的另一方以丁力、郑伯农、程代熙以及老诗人艾青、臧克家等为代表。他们以历史传统和现实政治的视角观照诗歌,认为朦胧诗是晦涩诗、古怪诗,"崛起论"是古怪诗论,从而基本否定了朦胧诗的艺术探索。③ 对朦胧诗和"崛起论"基本上也持一种批评甚至否定的态度。当然,更有许多批评家和诗人既肯定了朦胧诗所具有的探索精神及取得的成就,又指出其不足,认为对其作品应给予具体分析。论争结果,既更新了趋于封闭的诗学观念,又促进了朦胧诗的影响及新诗诸流派的繁荣。

　　朦胧诗在新时期之初从民间走上诗坛,很快就达到了它的鼎盛期,1982 年之后逐渐走向

---

　　① 舒婷:《〈诗三首〉序言》,《诗刊》1980 年第 10 期。

　　② 分别见《光明日报》1980 年 5 月 7 日、《诗刊》1981 年第 3 期、《当代文艺思潮》1983 年第 1 期。

　　③ 参见丁力:《新诗的发展和古怪诗》,《河北师院学报》1981 年第 2 期;郑伯农:《在崛起的声浪面前——对一种文艺思潮的剖析》,《诗刊》1983 年第 6 期;程代熙:《评〈新的美学原则在崛起〉——与孙绍振同志商榷》,《诗刊》1981 年第 4 期;艾青:《从"朦胧诗"谈起》,《文汇报》1981 年 5 月 12 日;臧克家:《关于"朦胧诗"》,《河北师院学报》1981 年第 1 期。

分化,并延伸为以江河、杨炼为代表的文化寻根诗;与此同时,又一轮新潮诗歌也开始处在涌动中,这主要表现为以热态生活诗和冷态抒情诗为特点的校园诗歌创作,并在 1985 年酿成了又一次诗歌实验新潮。

文化寻根诗萌发于一些诗人对东方现代史诗的探求,这在早期的江河、杨炼那里就有比较自觉的意识和追求。在江河的《纪念碑》和杨炼的《大雁塔》等诗作中就已内蕴着一种史诗特质。随着整个社会现实政治和文化历史反思浪潮的深入,文化寻根思潮同样在青年诗人中蔓延。杨炼继《大雁塔》之后,又写出了《诺日朗》、《半坡》组诗、《敦煌》组诗、《西藏》组诗等,江河也在 1985 年奉献出《太阳和它的反光》这组现代中国的神话史诗。学考古出身的王川平则写了《雪舞》《大足石刻》等系列史诗作品。后来标榜新传统主义和整体主义的新古典主义诗人,前者如廖亦武、欧阳江河,后者如石光华、渠炜等,更是力图从个人体验出发提升到人生与宇宙精神的汇通,从而使诗歌负载起一种文化使命,在整体上表达了一种对东方精神和东方艺术的回归。

校园诗歌是第三代诗歌产生的直接背景。在 1982 年至 1984 年,一方面,热态生活诗在校园诗歌中较为流行;另一方面,一部分甘于寂寞的校园诗人,不随俗流,只是默默地执著于诗的实验,由此产生了一种冷态抒情诗。热态生活诗包括“新生活颂诗”和“新生活宣叙诗”。年轻的校园诗人较早感受着改革开放的召唤,并开始从先前刻意的模仿中挣脱出来,由关注自我转向关注周围的生活,由内心走向了身外的世界。因此,一些带有时代特征的日常生活镜头纷纷进入了他们的诗行。冷态抒情诗虽不像热态生活诗那样在诗坛表面流行,但从日常生活书写与叙述性等实验看,它却成了日后第三代诗歌最直接的温床,并提供了最初探索的实绩,如韩东的《山民》等。

1984 年是第三代诗歌蓄势待发的潜伏期,许多有相同或相似倾向的诗人开始组合成创作群体或社团,“他们”“莽汉主义”“海上诗群”等纷纷成立。1985 年 3 月,最具影响力的社团刊物之一《他们》创刊。1986 年,第三代诗歌进入全面的喧哗骚动期。这年 5 月 4 日,另一重要文学社团刊物《非非》创刊,一些报刊如《中国》《诗歌报》等也刊载了大量青年诗人的实验性作品,特别是年底《深圳青年报》和《诗歌报》联合举办的《中国诗坛 1986’现代诗群体大展》,更展现了先锋诗坛的全景性景观。《他们》是综合性文学刊物,尤以诗歌闻名,主要作者有韩东、于坚、丁当、吕德安等,马原、苏童(阿童)等小说家也曾是《他们》的作者。“非非”的主要成员有周伦佑、蓝马、杨黎等,这是一个包容性极强的诗歌团体。他们宣称,所谓“非非”,“是对宇宙本来面目的‘本质性描述’”①。此外,四川还有以“反文化”自居的“莽汉主义”诗歌社团,自称是“腰间挂着诗篇的豪猪”,其主要成员有万夏、李亚伟等。上海则有孟浪、陈东东等组成的“海上诗群”,宋琳、孙晓刚等的城市诗以及“撒娇派”“语言诗”“不变形诗”和“体验诗”等。几位女性诗人如伊蕾、翟永明、唐亚平等,虽没有结成统一的群体,但她们所共有的女性体验和“黑夜意识”,给实验诗歌提供了另一种女性主义的写作范式。

朦胧诗后出现的诸多诗群及诗人也被称为“第三代”②。针对后期朦胧诗或文化寻根诗的

---

①　《非非主义宣言》(1986.5),《非非》第 1 期。

②　“第三代”概念来源于《第三代诗会》题记:“随共和国旗帜升起的为第一代,十年铸造了第二代,在大时代的广阔背景下,诞生了我们——第三代人。”四川《现代诗内部交流资料》1985 年第 1 期。

文化崇拜,第三代诗人提倡非文化,即回到生命或事物本身;非崇高,即消解文化的美学形态;非意象,即消解文化的具体艺术方式。他们自认为不是英雄,也不像朦胧诗人那样去做一个时代的代言人,他们只代表他们自己,重要的是回到个人,关注感性的生命和日常平凡的生存状态。他们采用自然、清新的"口语"与叙述方法,也就是所谓"从语言开始,到语言为止"。他们主张"诗就是诗本身",这就是第三代诗人提出的语言、事物与生命三位一体的本体论诗学。

　　朦胧诗之后,在80年代后期,诗坛还存在着一种游离于第三代诗潮之外的写作走向,后来它与知识分子写作形成合体,构成了新时期诗潮另一重要脉流。这里采用"后朦胧诗"称谓,意在揭示朦胧诗之后知识分子写作与朦胧诗在某些方面的精神传承关系,比如理性主义、现实承担意识和历史性诗学等。其主要成员有王家新、西川、陈东东、孙文波、肖开愚等。海子的神性诗学倾向与历史建构意识与此具有相似性,可以将之整合进"后朦胧诗"群体。

2. 北岛、舒婷等的朦胧诗

　　北岛①前期诗歌的基本内容是对"文革"十年惨痛历史的陈述、反思和批判,因而充满着浓烈的否定色彩、怀疑意识和批判现实主义锋芒。他与同代人一起经历了从非理性狂热到理想幻灭的精神蜕变,当他意识到自己陷入一场政治骗局之后,内心的痛苦、失望和激愤自然难以释怀和平复。《一切》即以沉痛、幻灭的声音宣喻了一代青年的精神危机和传统价值观念的解体,如艾略特笔下的精神荒原一样,北岛诗中的荒原意象成了"文革"后一代人精神世界的象征和写照。作为一位思辨型的诗人,北岛将审视的触角从政治意识形态扩展开来,对历史、文化、民族心理、社会伦理直至自我给予了全方位的省思和观照。他试图从"拱桥自建成之日/就已经衰老"(《关于传统》)中探寻传统的历史惰性;从"结成蛛网"的古寺"消失的钟声"里聆听沉滞死寂的历史脚步,洞见封闭的民族心理结构;尤其《触电》一诗,更是以荒诞不经的超现实手法,既揭示了人与人之间的隔膜、敌视,批判了"他人即地狱"的生存现实,又对自我给予了无情的审视和批判。北岛又是一个理想主义者。正如《回答》末节所写到的,作为一种寓言和理想的未来象征,它不仅是透露给荒原世界的一线光亮,同时也是与食指等一起为一代人建构的精神纪念碑,上面写着:"相信未来!"为了那个不可抗拒的远方召唤和理想目标,他一次次追求和寻找。所以从他的诗中,不难发现那种执著的"寻找"意识。尤其在他诗中反复出现的主题意象"海",均从不同向度和姿态的抒写中表现了北岛对理想彼岸的向往和追寻。

　　北岛诗作的格调孤傲奇峭、冷峻沉郁,这与诗人独特的人生体验和心灵遭际不无关系。个人的悲剧和民族的悲剧交融在一起,形成他内心世界浓重的悲剧情结。而强烈的怀疑意识、批判意识和济世人格,又使他对命运采取了不屈服的态度,就如他笔下孤悬于一隅的岛屿,虽然孤零冷漠,但傲世而立,让人感受到一种凛然的崇高气节。北岛在艺术上多采用象征手法,尤其受到西方象征主义的影响,更多的是力图表达某种智性与思考,诗中也因此充满着较强的思辨性,这与后期象征主义多有相似之处。另外,他的诗还多用隐喻、通感、改变视角和透视关系、打破时空秩序等具体手法,并试图将电影蒙太奇的手段引入诗中,形成意象的相互撞击和迅速转

---

　　① 北岛(1949—　　),原名赵振开,祖籍浙江湖州,生于北京。1978年年底创办《今天》,现旅居海外。著有诗集《陌生的海滩》《零度以上的风景线》《北岛诗选》等,另有中篇小说《波动》和散文集《青灯》等。

换,以激发或唤起人们的想象力,去填补因大幅跳跃而留下的空白,使诗歌具有更大的张力。

舒婷①是朦胧诗的代表诗人。民族、个人的生存现实及种种不幸遭际、体验,是她沉入诗歌创作的动因和情感基础。她早年遭遇过家庭的悲剧和各种挫折,给她幼年的心灵烙印下难以抚平的伤痕和痛苦。因而,渴望爱和人际的温暖,就成为她心灵上的强烈诉求。她曾体验内心"沉沦的痛苦",又曾经历"觉醒的欢欣",由此便滋长了对传统观念的怀疑、挑战心理与自我选择的主体性意向②,进而决定了她以理想为核心的基本情感倾向和诗歌特征。她对理想的追求,主要表现为对人的尊严、人的价值的认同,对祖国母亲的挚爱,对他人的关切等。她渴望以此在人性沉沦、价值失落的时代重建一个充满人道和人性的美好理想世界。

在《流水线》中,诗人感叹和体验着"我唯独不能感觉到/我自己的存在"的痛苦,从而否定和批判了将人异化为物的单调机械劳动,表达了主体意识的觉醒和对自由人性的向往。《船》借一只搁浅的船只,象征理想与现实之间的距离,但她并不绝望,她相信爱情和理想能"穿过生死的界限/世纪的空间/交织着万古长青的目光"。如果说这些诗还更多包蕴着个人的命运和痛苦,那么像《惠安女子》《神女峰》《风暴过去之后》等诗,则将"痛苦,上升为同情别人的泪"。比如《神女峰》对传统价值观"煽动新的背叛",由此揭示了作为人的价值和存在的意义。舒婷的许多诗中都有"你"字和"我"字,她这些诗的确也多是写给某一个具体对象的,仅从这一点,也可看出诗人对他人炽热的关切和爱。"如果你是火/我愿是炭","如果你是树/我愿是土壤"(《赠》),这就是诗人对待他人的人生态度。

舒婷的诗借鉴了西方象征主义的艺术手法,总体上又呈现为浪漫主义色彩。从艺术气质上看,舒婷是一位内向型和情感型的诗人。她往往凭借自己的感觉和悟性去体验和领悟外部世界,揭示客观事态融化在心灵中的内在隐秘。她将浪漫主义的自我表现与现代主义的象征手法结合,注重情感的意象性和暗示性,使诗意朦胧、含蓄,充满张力,呈现为多义性或复调特征。

舒婷的诗表现了女性诗人特有的委婉、细腻和柔美的风格。一方面,在传达内心世界曲折而隐秘的情感时,她善于采用清新的意象和富有个性的语言。如她较多描写塔松、木棉等自然意象,也多采用白描手法。为使微妙的内心情怀传达得更为婉曲、细致,诗人还喜欢运用诸如"纵然……也""与其……不如""若是……又"等特殊的关联句式和融入极具古典味的语词如"夜阑""浣洗""岸柳"等。前者令人读来起伏跌宕,有一波三折之情致;后者含蓄蕴藉,使其在白描中又具优美典雅的韵味。除此,诗人还善于设置特定的情景以衬托某种情绪,比如她的赠答诗,几乎大都以"海边的星月"和"一扇小窗"作背景,以此传达凄清而深远的意境。

顾城③被人们称为"童话诗人",他的诗是梦的世界、幻想的王国,具有鲜明的童话色彩。

---

① 舒婷(1952—　　),原名龚佩瑜,福建厦门人。1969 年初中未毕业即去闽西山区插队,1972 年返城后做过工人,后在福建省文联从事专业创作。出版的诗集有《双桅船》《会唱歌的鸢尾花》《舒婷的诗》,散文集《心烟》等,另有《舒婷文集》(3 卷)。

② 参见舒婷:《生活·书籍与诗》,《心烟》,上海文艺出版社 1988 年版,第 151 页。

③ 顾城(1956—1993),北京市人,出生在一个诗人家庭。1969 年随父亲下放到山东,1974 年返回北京后当过工人、编辑等,1988 年赴新西兰讲学,后隐居新西兰激流岛,1993 年 10 月 8 日在激流岛的寓所杀妻后自杀。出版有诗集《黑眼睛》《顾城新诗自选集》《顾城童话寓言诗选》《顾城诗全集》,以及《顾城散文选集》等。

顾城幻想中的童话世界是一方由花朵、蝈蝈、塔松、雨滴等组成的未被污染的净土,是一个与社会和世俗人生相对立的彼岸王国。顾城就是要像安徒生那样"运载着一个王国","运载着花与梦的气球",去建造一座诗和童话的花园。

顾城诗歌的童话倾向是在写诗伊始就已经确立的。"文革"伊始他就随父亲下放到渤海湾畔,灰色的社会人生在他幼小的心灵投下浓重的阴影。但是,童年的心毕竟是一个幻想的世界,尤其当他置身于鲁北那片未被污染的大地时,看着路边出现的紫色、绿色的小草和初春的雪色映照着的北方深蓝色的苍穹及飘浮的燕鸥,倾听着弥漫荒原的大雁和野鸽的鸣叫……渐渐地,他觉得脱离了自己,与这颤动的世界融成一体,于是,他在靠近水波的沙地上,用手指写下了早期的代表作《生命幻想曲》:"用金黄的麦秸/编成摇篮/把我的灵魂和心/放在里边……"这首诗以美妙新奇的感觉建造了一个远离尘嚣的童话天国,表达了童话诗人对纯净的自然世界亲密无间的融合和神往。这与日后他重新面对世俗人生和社会现实的苦难时所表现出来的厌恶和批判意识形成了鲜明的反差。比如《弧线》对社会中卑琐、丑恶、扭曲的人格给予了尖锐的嘲讽和批判,而由隐喻所暗含的对于自然中各种美丽的"弧线"的赞美,则体现他倾心和亲近自然的内在心理。这在《远与近》中同样有鲜明的表现。自然和社会在顾城诗中完全是两个对立的世界,而他在远离现实的另一个世界所营造的童话王国,又多少具有虚幻色彩和彼岸性。所以当他最终弃绝尘世,在大洋彼岸的岛屿上营造一个所谓的童话王国时,悲剧性的结局也就在所难免了。这也从根本上宣告了乌托邦世界的终结。

顾城对童话王国的耽迷,向大自然的皈依,使他的审美理想趋于纯粹性。他的诗有一种纯净、天然的美,自然、清新、澄澈,不加雕琢。在艺术手法上,往往采用幻觉、通感、超现实的梦想等方式,从而摒弃外力的拘役直达本体,营造起一个童话幻想王国。

江河和杨炼代表着朦胧诗的另外一种写作倾向,即对东方现代史诗的探索。早在 1980 年,江河就呼唤史诗:"为什么史诗的时代过去了,却没有留下史诗?"①他先前的《纪念碑》《祖国啊,祖国》和杨炼的《大雁塔》《乌篷船》等诗,就已蕴含着一种史诗的气魄和特质。不过,那时朦胧诗的整体追求还是去寻觅西方新异的声音,并表现出对社会现实的反映。因此,即使江河、杨炼,那时也不能一味地以历史的眼光流连在古文化遗址之上,他们频频环视着周围广阔的地平线,而被一种现代和现实意义浸润着。如江河的《让我们一起奔腾吧》《星星变奏曲》,杨炼的《织与播》《走向生活》,都表现出强烈的社会现实意义。随着对现实的反思逐步向历史文化的深层拓展,江河、杨炼充当了"文化诗"的先行者。杨炼继《大雁塔》之后,又写出了《诺日朗》《半坡》《敦煌》《西藏》等系列作品,为东方现代史诗的创作提供了较早的实绩和范式;江河则在 1985 年写出《太阳和它的反光》这组现代中国的神话史诗。他们为东方现代史诗的创作作出了有益的尝试,达成了现代意识和民族传统精神的对话。但有些诗作只是一味地图解历史和文化,甚至变成难以索解的哲学文体。如杨炼后来创作的大型组诗《太阳与人》即是如此。

梁小斌是以《雪白的墙》和《中国,我的钥匙丢了》赢得赞誉的。他的诗善于以小见大,见

---

① 《请听听我们的声音》,《诗探索》1980 年第 1 期。

微知著,从一粒沙中见出整个世界。如他以"我的钥匙丢了"这件个人小事,象征着"文革"中失去的理想和信仰,将小小的钥匙置于中国这一大的语境之中,由此形成语境压力,使之具有一种隐喻效应。他写琴声惊动的鸽子、啃着苹果的孩子,写玫瑰花开,写一颗螺丝钉……在微小的事物和俯拾即得的自然意象中蕴含着丰富的社会内容、沉重的历史省悟和对社会人生的思考。他的诗另一个特点就是单纯性。他一方面写走出窒息心灵的阴影而获得阳光与自由的天真烂漫的少年儿童,另一方面更以一种童稚单纯的眼光看待周围的一切,使丰富复杂的内容在纯净透明的意象中呈现出来。

王小妮是新时期最早的校园诗人之一,初期的诗多以乡村生活为母题。她曾在乡村读过中学,下过乡,每当拿起笔,就好像"又回到了某个小村"。她写陈旧的碾盘和细细地瞅着这碾盘的老人,写碾子沟里蹲着的石匠,写小村,写大地和大山,她以轻柔善意的敏感和清新自然的笔触,描绘着对事物与周围场景的感觉及印象。因此有人称她的诗为"印象诗""感觉诗"。后来她在写城市生活的作品中,这种把握生活的方式得到更充分的发展,比如《我感到了阳光》《风在响》《假日·湖畔·随想》等。王小妮的印象诗富有深厚的穿透性,常蕴含着深切的思想内涵。她的诗歌语言富有口语色彩,诗风朴实、真挚,较为恰切地表达了她的平民倾向。

3. 海子、西川、王家新的后朦胧诗

海子①自 1984 年创作完成了《阿尔的太阳》《亚洲铜》之后,便进入一个诗情喷涌的爆发期,在短短五年时间内,他创作了大量诗歌作品,其中影响最大、流传最广的是他的抒情短诗。《亚洲铜》是海子的成名作,也是他最具代表性的抒情短诗之一。其标题即具有多重象征意蕴。"亚洲铜",就其质地和颜色,它隐指中国北方浩茫强悍的黄土地,铜深埋于地下,暗示人根自土地的本质。它又是我们民族古老文明的一种象征。诗共有四节,第一节写人类或种族生命的递嬗和延续;第二节由人类、种族的生命转向自然,写人与自然的交融与合一;第三节抒写人与种族诗性文化的关系;第四节是天、地、人浑融交合的大和谐与大境界。《亚洲铜》虽是一首抒情短诗,但质素已经预示了诗人日后所追求的史诗的基本路向:透视出超迈玄奥的乌托邦气息。在他的乌托邦世界中一再被书写的原型意象,如大地、村庄、河流、麦芒、天空、月亮、"我"的马和"我"的王等,都是这种乌托邦情结的隐喻形态。

海子是一位才华横溢、追求大气的诗人。他不满足于仅仅写作短诗,他几乎独步在自己所渴望的"大诗"的路上。他说:"我的诗歌理想是在中国成就一种伟大的集体的诗……我只想融合中国的行动成就一种民族和人类的结合,诗和真理合一的大诗。"②他甚至将抒情短诗的写作看作是最终创作一部大书的预演和储备。1986 年之后,他开始倾力创作后来被称作《太阳七部书》的大书。七部书的想象和取材空间东至太平洋,西至两河流域,分别以敦煌和金字

---

① 海子(1964—1989),原名查海生,安徽怀宁人。1979 年考入北京大学法律系,毕业后任教于中国政法大学。1989 年 3 月 26 日在河北省山海关附近卧轨自杀。大学期间开始诗歌创作。已出版的诗集有《土地》《海子、骆一禾作品集》《海子的诗》《海子诗全编》等。

② 《海子简历》,《海子诗全编》扉页,上海三联书店 1997 年版。

塔为两极中心,北至大草原,南至印度次大陆,并以神话线索"鲲(南)鹏(北)之变"贯穿其中,从而在这广阔宏大的地域之上,建立起他自己意志和理想的象征图式和原型谱系,成就他所谓的"民族和人类的结合,诗和真理合一"的"真正的史诗"。其中"土地篇"被认为是其中的扛鼎之作。诗依大自然的四季轮回而对应于生命内在的冲突演化,从而触及和折射出人类在当代的生存命运。诗人说,关于这首诗的主题,是"由于丧失了土地,这些现代的漂泊无依的灵魂必须寻找一种代替品——那就是欲望,肤浅的欲望"①。然而,"土地死去了/用欲望能代替他吗?"面对土地沦丧和毁灭的命运,诗人发出了强烈的诘问和质询,在诗中焦灼地寻找和呼唤着那位"拯救大地的人",表达了强烈的悲悯情怀和救赎意识。

西川②大学时期开始写诗,是"知识分子写作"的倡导者和实践者。他认为,"诗人既不是平民也不是贵族,诗人是知识分子,是思想的人"③。他的诗作呈现出鲜明的智性、超验性和冥想的特征。他似乎相信事物的根部或其背后,始终存在着一种隐秘深邃的力量在起支配作用,他试图潜入事物的深处,由现实进入冥想,并将其幽闭的隐秘揭示开来。有论者将西川潜在的精神和诗歌形式结构称作"镜式结构",或者说他不是支起一面镜子,其实他本身就是一面镜子,映照着现在、过去和未来,此在与彼在,生命与灵魂,自我与他者……因而他的目光从不仅仅停驻在现实的事物之上,他是一个始终在"眺望"着并不断"远游"的诗人,在他的《眺望》《远游》《近景和远景》等诗作中,无论"眺望"还是"远游",都是为了超越生存空间,使生命与远方相连,建构起绚烂的生命世界。那《近景和远景》中的"海市蜃楼",同样是一个超越现在、过去和未来的精神家园和乌托邦世界。

西川诗歌的智性、超验性和冥想的特征,在艺术上表现为诗人对自我的剥除。他对现实和民族命运的关注和思考,使他将纯粹的个人性降低到最低限度,甚至抛诸脑后,"从'个我'走向'他我',继而走向'一切我'"④,剥除自我之后,诗人成为人类的感官和民族命运的代言者,由此贡献自己的智慧之光。正是基于这种摒弃自我后的超验特质,使他的诗充满着隐喻性和象征性。另外,如果说他的前期诗歌具有鲜明的歌唱性,那么后来逐渐过渡到融叙事性、歌唱性和戏剧性于一体的"综合创造",这使他的诗更加沉厚、繁复、精致,表现出学院派诗歌的纯正性和技术性。

王家新⑤是校园诗歌的代表诗人之一,在较长时期里,他一直游离在热闹的诗潮之外,一方面恪守自我,另一方面又不断寻求调整和突破。1989 年年底,他创作的《瓦雷金诺叙事曲》等作品被认为是他写作转折的标志。第二年,他又完成了《守望》《帕斯捷尔纳克》等系列作

---

① 海子:《诗学:一份提纲》,《海子诗全编》,上海三联书店 1997 年版,第 889 页。
② 西川(1963—),原名刘军,祖籍山东,出生于江苏省徐州市。1985 年毕业于北京大学英文系,曾在新华社国际部《环球》杂志任编辑多年,后在北京一所大学任教。出版的诗集主要有《中国的玫瑰》《隐秘的汇合》《大意如此》《西川的诗》等。
③ 西川:《诗歌炼金术》,《诗探索》1994 年第 2 期。
④ 西川:《关于〈母亲时代的洪水〉》,《未名诗人》1992 年第 2 期。
⑤ 王家新(1957—),湖北丹江口人。1978 年考入大学,大学期间开始诗歌写作,毕业后做过教师、编辑。已出版诗集《纪念》《游动悬崖》,诗论集《人与世界的相遇》,随笔集《夜莺在它自己的时代》等。

品,他的创作由此也进入一个新的阶段。他在作品中表现出来的一种"守望""承担"的姿势和精神形态,成了那个时代特有的精神症候。如《守望》,诗人以尖厉的语言,表达了对其生存处境的深刻体验与感悟:"雷雨就要来临,花园一阵阵变暗/一个对疼痛有深刻感受的人/对此无话可说。"其实诗人说他早已感受到了这阴沉的先兆,现在它来了,只有守望者以巨大的坚忍和意志承受着这一切,并且把生命"放在这里"与黑暗抗衡,相信终会有一天,"花园会亮起来的"。一份执著和坚定信念蕴含在字里行间,饱满而有力。诗中的"花园",可看作是理想的生存处境或人类精神价值的隐喻,因而守望"花园",也即是守望人类生命和精神的家园。诗中同样表达了"承担"的主题,承担命运和不可躲避的生存的困境,这是一种高贵的内在律令和使命。这一主题在《帕斯捷尔纳克》中表达得更加充分。帕斯捷尔纳克是苏联时期一位注重个人内在体验的诗人"承担者",是王家新灵魂上"无言的亲近"对象。诗中写他面对一次次劫难和悲剧命运,"只是承受、承受,让笔下的刻痕加深/为了获得,而放弃/为了生,你要求自己去死,彻底地死"。这种来自内在的"最高律令"和把承受苦难当作幸福的灵魂和承担者形象,使帕斯捷尔纳克成了 90 年代"守望者"和"承担者"的精神象征。

4. 韩东、于坚的第三代诗歌

韩东① 1981 年因组诗《山》一举成名,后与几位写诗的朋友一起创办了"云帆"诗社,试图超越朦胧诗,走出自己的一条新路。1982 年创作的《山民》《老渔夫》以及后来的《有关大雁塔》等作品,作为最初探索的实绩,对第三代诗歌运动产生了重要影响。《山民》是一首冷色调的抒情诗,诗人借"山民"形象,表达出对民族与个人命运的深切咏叹和思考。走出群山去见大海的愿望与现实中无法抵达的落差,使他深深遗憾;可想到遥远、虚幻的未来,又不免感到疲倦。唯一可以面对、持有和体验的只有此时此在的个体生命本身,由此便引出了第三代诗歌的基本母题:生命意识。如《有关大雁塔》,这首诗表面上看似乎仅仅是剥除和消解大雁塔的历史、文化属性而返回事物,然其本质上依然是生命意识的应有之义。再如《明月降临》,诗人犹如与月亮一起降临至生命的"原乡"一样,回到最自在天然的事物之源地。

韩东重视一个人的"此时此地",因为只有一个人的"此时此地",才是具体生命得以存在的唯一现实时间和空间。就此来说,韩东已从往事的幻觉和一无所有的远方回到当下,这从他诗中一些时间副词的使用也可感知,比如"今晚我穿过城市","这时,我听见杯子","现在我们看不见她的脸"……即使一些诗并没有嵌入时间副词,也能让人感受他的此时此在。其实韩东也并不拒绝彼地、彼时,甚至他还有点喜欢"从此地到彼地"之类的命题,因为"在彼"能使与之相连的时间获得持存状态,在空间上也产生距离。这样反而能使生命得以体验由时间的持存所展开的过程,并得以用生命多向度的存在与展开的方式填充"此"与"彼"之间的距离,从而既呈现状态,又构成关系。比如韩东诗歌中车厢、机场、火车等空间场所的频繁出现,犹如一个个旅途驿站,呈现出生命过程的游走性。而由空间距离产生的"间性"——人与人、人与事

---

① 韩东(1961—),江苏南京人。1969 年随父母下放农村,1982 年毕业于山东大学哲学系,曾在高校任教,后辞职成为自由作家。1986 年开始诗歌创作。出版有诗集《白色的石头》《爸爸在天上看我》,长篇小说《扎根》,小说集《西天上》《我们的身体》,散文集《韩东散文》等。

物、事物与事物之间的多重关系,才真正构成人于自在之外一种复杂的生命本相。

韩东诗歌的语言朴素、质感、沉实。他曾提出"诗到语言为止"。这似乎不经意间说出的话,却成了第三代诗歌最具本质性的论述和概括,甚至成为第三代诗歌的诗学宣言。所谓"诗到语言为止",是指用一种原生态的语言呈现存在着的生命本身。这是韩东,也是第三代诗人试图建立的生命、事物与语言同构一体的本体论诗学。

于坚[①]的早期诗作多以云南高原的人文地域环境为背景,表现了高原人的生存状态和诗人浓厚的高原情结,如《高山》《河流》等。但真正使他产生广泛影响的是《罗家生》和《尚义街六号》等系列诗作。《罗家生》写一位平凡的工厂职工,有一天生命突然终止,可在那个英雄崇拜的时代里,他的死就如活着那样默无声息,不会引起人们特别的注意。然而诗人却被这种平凡人生深深触动,于是他把笔墨倾注在平民罗家生的日常生活事件之中。其后创作的《尚义街六号》更以一种客观和平静的叙述姿态,呈现了一群大学生小沙龙式的生存状态及生活方式。这里没有优雅和崇高,没有戏剧式的装扮,有的只是日常琐屑、平凡的生活,平淡无味而又凌乱,但他们没有怨气,更没有对命运的感叹,因为他们知道,生活本来就是如此地存在着,无所谓有意义还是无意义,最重要的是生活着和体验着,仅此而已。这种对平民人生和日常事件的关注和叙述,在宏大叙事和启蒙话语之外,开辟了新的写作空间,并由此影响了日常生活叙述和口语诗写作。

于坚有一个诗学观点,即"拒绝隐喻":"对隐喻的拒绝意味着使诗重新具有命名的功能。这种命名和最初的命名不同,它是对已有的名进行去蔽的过程。在这一过程中,诗显现。"[②]他的《对一只乌鸦的命名》即是对乌鸦进行去蔽并给予重新命名的实验。在历史和文化的语境中,乌鸦成为各种黑暗、邪恶、不祥之物的隐喻,不是那种在天空疾速上升、跳跃,自由自在地变化组合着各种图案的鸟类。可"当一只乌鸦 栖留在我内心的旷野/我要说的 不是它的象征 它的隐喻或神话"。现在诗人要说出的,是剥除了世界对它的臆造之后的乌鸦本身。这种去蔽、剥除的过程,即是还原和抵达事物本身的过程。

进入 90 年代,诗坛一度陷于沉迷的困境之中,而于坚却以他执著而强劲的实验,给诗坛带来了强烈的冲击。比如他的长诗《0 档案》,就曾在诗坛引起了很大反响和争议。这是一首拟档案体的戏仿之作,"0"象征着封闭而又无意义的圆圈和生命的荒原。诗人将一个 30 岁男人的生涯分成出生、成长、恋爱和日常生活等几个部分,并将其重心放在"文革"这一特殊的历史语境中加以解剖,从而揭示了个体生命与公共书写的本质而又荒诞的内在性关系。一个人从他出生的那天起,就不得不成为"词的寄生者":"一些词将他公开 一些词为他掩饰 跟着词从简到繁 从浮浅到深奥 从幼稚到成熟 从生涩到练达",个人最终成了无生命质感的躯壳。《0档案》将人的一生用"档案"的方式给予戏仿,从而揭示出社会生活中的非个性、荒诞性和奇特性存在,进而达到颠覆的效果。

---

① 于坚(1954—),四川资阳人。1970 年至 1980 年在工厂当工人,1980 年考入云南大学,毕业后在云南省文联工作。已出版诗集《诗六十首》《对一只乌鸦的命名》《于坚的诗》,长诗《0 档案》,散文集《棕皮手记》《人间笔记》,以及《于坚集》(5 卷)等。《只有大海苍茫如幕》获第四届鲁迅文学奖。
② 于坚:《从隐喻后退》,《棕皮手记》,东方出版公司 1997 年版,第 248 页。

5. 伊蕾、翟永明的女性诗歌

在新时期的女性诗歌中,伊蕾①的诗作表现了一种强烈的"被围困感"和"突出重围"的叛逆激情。在她 80 年代中期的诗作中,出现了一系列诸如"栅栏""魔圈""囚笼""挂满三月雪的篱笆""封闭的夜空""墙壁"和"门槛"等"被围困"意象,表现了一个女性在既有的文化秩序和男权话语世界中所体验的严峻的生存现实。在《被围困者》第五部分"被缚的苦恼"一节中,诗人将摆在案头、每日伏案攻读的"一本历史悠久的典籍"比作"魔力无边"的白色的长方形,它"渐渐扩大","终于把我整个框在其中",任我如何变动,它都如影随形:"我的脚迈不出它的门槛/它跟随我到任何一个地方/任何时候与我同在/被缚的苦恼不如死/我在偷偷积蓄经验/酝酿一次爆炸行动。"女性"被缚"和"被围困者"的地位和处境,显然激起了一些女性先觉者强烈的叛逆意识。伊蕾渴望突出重围,获得女性自身的自由。她曾反复吟咏和书写自我涅槃后的新生,"我好像在经历着历史的毁灭/我就要在毁灭中获得新生"(《浪的恒星》)。在《被围困者》第 12 小节"我把我丢失了"中,诗人写"我把我丢失了","我"到处寻找,到处没有"我",到处却"都是我的气息"。最终,"我"突然感觉到了自己:"我在大地上嘣嘣跳动/我的形态和天空合为一体/我包罗万象无所不有/我无边无沿",真正抵达了天地"我"浑然合一、无拘无碍、自由延伸的生命本体世界。回到生命本体的自由世界,既是诗人的出发点,也是其归宿。如她在诗中所写:"苍鹰啊,啄食我自由的灵魂吧/我为自由而生/也为自由而死。"值得注意的是,在《独身女人的卧室》中,诗人为女性主体及其生命的自由,特地设定了一个独自拥有的空间,就如伍尔夫笔下的"自己的房间",它既是女性获取自我的物质保证,也是其生命自由的一种隐喻或象征。组诗共 14 首,它从不同的视角,细致而深入地描述了"自己的房间"里摆设的各种物什、发生的生活细节以及自我心灵的剖白,揭示了处在本然状态中的个体生命的隐秘经验和深层欲望。诗中以大胆率性、惊世骇俗的呼唤"你不来与我同居",既向传统道德发出了有力的挑战,又表达了对人性的追求与渴望。

伊蕾诗歌的基本题材和主题就是情爱、性爱,她把女性个体生命的"自由"及其价值和意义聚集在这一基本生存的现实之上。在《独身女人的卧室》这本诗集的扉页上诗人写道:"爱的自由,就是全部的自由。"因而她对男权文化的漠视、疏离和对现实处境的抗争、反叛,最终指向并渴望抵达的便是这情爱自由的境界。从这一意义上说,她既是一个现实的叛逆者,也是一个激情奔放的理想主义和浪漫主义者。因而她的诗一改女性诗人细腻柔婉的诗风,语言泼辣、尖锐,富有力度。那种宣叙直白的语调,率性、自然、真诚,而瀑布般的铺排语式更是一泻而下,不仅再现了生命存在的真实情态,而且对女性的现实处境和传统的男权文化秩序也给予了强有力的冲击。

翟永明②作为诗人为诗坛所注目,是在 1984 年完成了大型组诗《女人》的创作之后。这组

---

① 伊蕾(1951—),原名孙桂贞,生于天津。初中毕业后插队落户,两年后调入某铁道兵工厂。1984 年至 1988 年先后就读于文学讲习所和北京大学作家班,毕业后调至天津工作。出版有诗集《独身女人的卧室》《女性年龄》《伊蕾爱情诗》等。

② 翟永明(1955—),生于四川成都。1980 年毕业于成都电讯工程学院,曾在某研究所工作多年。1981 年开始诗歌创作。已出版《女人》《在一切玫瑰之上》《翟永明诗集》等多部诗集和随笔集《纸上建筑》等。

诗由 20 首诗构成。诗人以隐曲纤细的笔触，深入揭示了女性个体的内在经验和生命存在的隐秘。尤其是诗前那段序言《黑夜的意识》，更被人们视作 80 年代中国女性主义诗歌的宣言书。诗人所说的"黑夜的意识"，即是指女性在面对一个外在于自己的男性的文化世界和自身命运时，应该竭尽全力地投射生命，去反抗并且创造出一个与男性"白昼"相对应的只属于女性自己的世界。"黑夜""黑夜的意识"所具有的隐喻性，在一段时间里，几乎成了女性诗人共有的意识形态，而由"黑夜"引申而来的"黑色"意象几乎成了标识性的话语方式，如"黑裙""黑房间""黑色的太阳""黑色沼泽""黑色洞穴""黑色石头"等。

与伊蕾诗歌近乎男性英雄主义式的强悍、热烈而张扬的品格相比，翟永明诗歌相对温婉、平和与隐潜。她既反对"那种裹足女子气的抒情感伤"，也反对"那种不加掩饰的女权主义"。她以一向所具有的"不同寻常的平静"，沉入女性"黑夜"深渊之中，一面独自承担着命运的磨难，一面呼应内心真实的召唤，渴望在反抗中建立起女性自身与自由的世界。她把女性比作在暗夜中"孤零零地流浪"的黑色蝙蝠，"他执意的飞行永远无法接近鸟类/因他生就的苦难将难以自由"（《我的蝙蝠》）。这就是女性在几千年的男性世界和文化秩序中被派定的命运，而女诗人最关心的恰恰就是同性生存的命运。她在《预感》中写道："穿黑裙的女人贪夜而来/她秘密的一瞥使我精疲力竭……貌似尸体的山峦被黑暗拖曳/附近灌木的心跳隐约可闻/那些巨大的鸟从空中向我俯视/带着人类的眼神/在一种秘而不宣的野蛮空气中/冬天起伏着残酷的雄性意识……"命运女神的到来把一顶罪恶的荆冠戴在了女性头上，使她们陷入一种"秘而不宣的野蛮空气"和"起伏着残酷的雄性意识"的笼罩之中。可女诗人以那种"不同寻常的平静"，面对如此生存的困境，似乎有了某种预感和醒悟，她说她在"白天看见黑夜"，隐指不仅感觉到了女性万劫不复的深渊，更看见了一个独立自由的女性世界。正是在这种女性主体的觉醒和反抗中，终有一天要宣告"我已离开这个死洞"，而获得一个独立自由的女性自我世界。

继《女人》之后，诗人又先后完成了《静安庄》《人生在世》《死亡的图案》《称之为一切》《颜色中的颜色》等一系列组诗或长诗，继续关注女性的命运、个体生命的成长及其精神历程，揭示女性生命的存在情态及其历史。但由于诗人对女性命运的悲悯情怀和女性独特的生命体验，尤其是她所谓的女性身体内部所隐藏着的"一种与生俱来的毁灭性预感"，她的前期诗中过多地出现了"黑暗""死亡"等意象和主题，尤其是"死亡"主题，似乎一度成了她伸手即可触摸和所要抵达的生命的本质。这显然是受了美国自白派女诗人普拉斯的影响，包括那种自白式的语体风格。自《死亡的图案》之后，诗人试图抹掉作品中死亡的阴影以及绝望的语调，以此彻底摆脱自白派诗歌的影响，像《土拨鼠》《我策马扬鞭》等诗，无论题材还是语言风格，都表现了一种转换的迹象。但这种改变毕竟是渐进的，事实上直到 90 年代初，翟永明在旅居美国回国后创作的《咖啡馆之歌》，才算完成了这种转变。之后她又创作了《莉莉和琼》《脸谱生涯》《十四首素歌》等作品，这些诗作从前期注重内心生活和生命体验的自白语调中走出来，而呈现出一种对日常生活场景作客观描写的叙述风格，有时还加入了一些戏剧成分，虽然某些方面仍以自白的方式出现，但所表现的却是客观冷静的抒写态度。

十五、散文的新变

1. 走向多样化的散文创作

本时期的散文,以 20 世纪 80 年代中期为界线,大体分为两个阶段。从粉碎"四人帮"至 1985 年,散文创作经历了一个由恢复到沉稳发展的过程。新时期伊始,由于社会的深刻变革,人们面对着新旧交替、百废待兴的现实,心态是复杂的,既有倾诉不完的哀痛,又有对历史的反思、对未来的希冀。这一时期的散文恢复了现实主义传统,一批以怀人忆旧为主体的散文表达了人们郁积已久的内心感受。其间,既有缅怀老一辈无产阶级革命家的,如巴金的《望着总理的遗像》、何为的《临江楼记》、刘白羽的《巍巍太行山》等,也有怀念知识分子和亲朋好友的,如楼适夷的《痛悼傅雷》、宗璞的《哭小弟》、郭风的《致亡妇》等,还有反思历史悲剧、总结历史经验教训的,如丁玲的《牛棚小品》、杨绛的《干校六记》、萧乾的《"文革"杂记》等。这些作品以真实的感情、真实的故事控诉了极左思潮给人们心灵留下的伤痕,反思了已经逝去的历史,传达出内心感情的本真,以其至情真性和思想哲理紧紧叩击着人们的心弦。特别是巴金的《随想录》,真实而又深刻地反映了十年浩劫对人们特别是知识分子带来的灾难和创伤,谱写了一曲人的灵魂之歌,是本时期散文创作的重要收获。总的说来,这一时期的散文虽然取得了可观的成绩,但由于传统思维方式和散文观念的陈旧,散文创作难以体现新时期的普遍心态和共同情结,因而发展得有些滞后。到了 80 年代中期之后,散文创作的局面有所改观,甚至出现了一股散文热。随着以人文观点审视历史文化发展和社会变迁的"大散文"的提出,散文创作也发生了新的变化:个体意识进一步强化,视角更为开阔。冰心的《病榻呓语》表现了对人生的体味与感悟;贾平凹的《商州初录》等反思历史文化问题,表现出对社会和人生问题的关注。在艺术表现上,张承志的《静夜功课》、西川的《让蒙面人说话》、翟永明的《纸上建筑》、于坚的《棕皮手记》、周涛的《伊犁秋天的札记》等,都有新的探索,这些探索体现出散文创作的新追求。

散文观念的突破。在改革潮流的冲击下,不少人认为,传统散文因为缺乏与当代人的精神联结而不能适应变革时代的需要,失去了散文的魅力;有的认为,散文是心态的流露,不应有任何框框和规范,有一篇散文就应有一种新的写法,散文是任人驰骋的广阔天地。斯妤提出:"散文作为一种文体,已到了蜕变更新、重放光芒的时候了,我们这一代作家应该有所建树。"这应该说代表了诸多散文家的想法。雷达指出,新的散文需要"一是形而下与形而上的融合,二是渗透现代人生意义的哲理思考,三是继承传统,转化传统,创造新的语体和语感、新的节奏和表述方式"。张洁更是认为,写作散文不必有什么规定要求,"谁也甭想让谁听谁的。谁爱怎么写就怎么写"①。观念的突破给 90 年代的散文注入了新的活力。

审美内涵的丰富。1992 年,贾平凹在创办散文刊物《美文》时,明确提出了"大散文"的主

---

① 以上引文均见南野选编:《新散文十二家代表作》,湖南文艺出版社 1994 年版。

张。此后，散文摆脱了传统散文的构思模式与审美格局，不仅出现了文化散文，也出现了学者撰写的学者散文，还出现了女性散文、新媒体散文、寓言散文、校园散文、历史散文、影视散文、摄影散文、网络散文……此外，杂文、小品、随笔、日记也有了很大发展。

文化散文、学者散文是在八九十年代引人注目的一种类型，这些散文大多出自学者、教授、专家之手。摘去了"臭老九"的帽子，解除了工农兵生活的桎梏，知识分子的观照、体验和思考以个性化的方式得以充分自如地表达。余秋雨的《文化苦旅》《文明的碎片》等，表现了作者对历史、对文化的感悟与思考。叶至诚的《散文二题》写的是两件小事，一件是写给孩子提名和"有关我自己名字的事"，事情虽然平凡，但在这些平凡的事中包含着厚重的文化意味。冯至的《塞纳河少女的面模》记叙自己阅读罗曼·罗兰的一封信时的人生感受，在平缓的叙述中寄寓着深刻的哲理。学者散文并非始于本时期，早在"文革"之前，就有一些学者如叶圣陶、翦伯赞、曹靖华等写出了脍炙人口的篇什，然而学者散文的发展与繁荣却在90年代之后。学者散文以其特有的魅力熠熠生辉，或凝重，或素远，或精深，或质朴，读来总使人眼界豁然开朗，境界得以提升。如《名家心语丛书》二辑，就是季羡林、张岱年、钟敬文、周一良、任继愈、冯钟芸等学者的散文随笔选集，这些散文不仅显示了学者的学术造诣，更体现了他们在处世行事、道德情操、风格个性等方面的人格。如季羡林的《九十述怀》、袁鹰的《沈园柳老不飞棉》、金克木的《九八年二题》、张中行的《昆虫二题》、周汝昌的《不悔——知愧》等，都是这方面的佳作，它们以其蕴含的对社会的人文关怀，进一步提高了散文的文化品位。

女性散文的出现，为本时期散文增添了一道靓丽的风景线。女性散文既继承了"五四"散文张扬个性、主张人的解放的传统，又在新的历史条件下有了新的超越。与男性散文有所不同的是，女性散文以女性特有的视角观察生活、体察人生，以自身的经历体验女性心理，传达女性特有的对美的追求与理解，展示女性的私人空间。如张洁的《潇洒稀粥》《没有标题的声音》写的都是生活中常见的小事，但从中可以看出作者对历史的回忆和反思，对朋友、对家人的爱恋。苏叶的《写给自己》和《车辚辚马萧萧》袒露了自己作为一名女性的心路历程。张抗抗的《牡丹的拒绝》是一篇反题正作的散文，由牡丹谈到灵性，谈到品位，显示出作家立意的新颖、洞察的深邃。斯好的《夜晚》《爱情神话》，韩小蕙的《悠悠心会》等，既写出了平凡生活中的焦躁与无奈，也写出了焦躁中的期望，反映了女性在生存困境中的生命冲动和旧的心理秩序被破坏后的情感骚动。王英琦的《我遗失了什么》、荒林的《女性独白》叙说了女性在男权中心社会受到的压抑和生存的困境。唐敏的《女孩子的花》、叶梦的《羞女山》则是对女性命运的探寻，对女性精神的张扬。素素的散文则与上述女性散文不同，她所表现的是一种豪放与大气，作者写的东北系列散文如《煌煌祖宅》《走进瑷珲》《笔直的阴影》等，有力地表现了茫茫苍苍的东北历史和文化，为女性散文在以男权为中心的文化中开拓了一片新天地。总的说来，这一时期的女性散文把笔触伸向了女性的隐秘世界，让女性的柔弱、忧伤、自信、倔强浮出地表，展现出女性自我意识的另一面。

杂文经历了十年坎坷后，作家的思考比以往更深邃，艺术上也趋于老辣。唐弢答《人民日报》记者时说："新时期的散文和杂文确实达到了非常高的水准。可以这样说：比起鲁迅时代，比起建国后至1978年这一时期，新时期的散文和杂文都有突破，我个人认为杂文比散文突破得更多一些。"①这个看法是有道理的。从内容上看，这一时期的杂文大体分为三类，一类是揭

① 《人民日报》1989年4月20日。

露、批判"四人帮",总结、反思历史的经验教训,如秦牧的《鬣狗的风格》、秦兆阳的《思索偶记》、秦似的《漫谈左右》、刘征的《"帮"式上纲法》、吴祖光的《"左"辩》等;另一类是揭露封建主义给人们带来的危害,批判国民性的弱点的杂文,如邵燕祥的《切不可巴望"好皇帝"》、牧惠的《华表的沧桑》、老烈的《小花还活着吗?》等;还有一类是针砭时弊、揭露社会现实生活中的问题,如黄秋耘的《算盘心理》、严秀的《重谈"雷峰塔的倒掉"》、唐弢的《座右二铭》、王小波的《智慧与国学》、舒展的《处级和尚》等。这些杂文大都短小精悍,言之有物。作者往往抓住一事一议,有的放矢,在娓娓的论述中寄寓深刻的哲理,有较强的针对性和现实性,感到不足的是有些杂文重复热门话题,缺少新意;有的杂文浮浅,深度不够,杂文味不足。

　　游记、随笔、日记在这一时期也得到大力提倡。由于政通人和、社会稳定,游记有了进一步的发展与繁荣,在小说、诗歌等文学样式不宜表现的人文景观方面,游记显示了自己的优势。林非的《大漠行》、何满子的《苏州园林随喜》、魏钢焰的《雾游黄山》、施蛰存的《在福建游山玩水》、菡子的《香溪》、峻青的《观海日出》等游记盛赞了祖国的古迹名胜,陶冶了人们的灵性。随着改革的深入、国际交往的广泛,一批写域外风情的游记涌现出来。王蒙的《晚钟剑桥》、冯亦代的《漫步纽约》、叶君健的《远足野餐》、叶文玲的《乌篷摇梦到春江》等一批优秀的作品给广大读者留下深刻的记忆。这一时期,除广州的《随笔》外,天津的《文学自由谈》《散文》,西安的《美文》等刊物也发表了大量的随笔、日记。随笔、日记形式活泼,顺手写来,不拘一格。或以小见大,或借景抒怀,或谈天说地,或锋芒毕露。在随笔、日记中,见个性、见真情、见艺术素养、见文字功力。这里需要特别提及的是《顾准日记》,作者大胆地描叙了困难时期的真实情况,记下了人们面临的生存困难,这是一本智慧与良心的实录,也是"一个时代的实录,一个受难的灵魂的实录"①。

　　在散文作者的构成上,散文不再是少数散文家的专利,一批新作者的加盟,大大扩大了散文创作的队伍。在这支队伍中,有小说家如王蒙、李国文、张洁、贾平凹、王安忆、梁晓声、张承志、张抗抗等,有诗人如流沙河、王小妮、西川、周涛等,有评论家如雷达、贺兴安等,有表演艺术家如黄宗江等,有专家学者如季羡林、金克木、周汝昌等,还有剧作家、画家、音乐家等,他们都留下了脍炙人口的篇章。一批中青年散文作者的涌现,又为散文园地增添了新绿。如叶梦的《羞女山》、吕锦华的《小巷女子》、韩小蕙的《我的大院,我昔日的梦》、周涛的《谁在轻视肉体》、西川的《记蒙面人说话》、王小妮的《手执一枝黄花》等,都是本时期有影响的散文佳作。

2. 巴金的散文

　　在新时期的散文创作中,巴金②是取得卓越成就的一位老作家。他和他的一家虽在"文革"中遭受过残酷的迫害,但他并没有因此而消沉。粉碎"四人帮"以后,他以饱满的热情继续从事创作,写出了《随想录》《再思录》《十年一梦》等为人传诵的作品。

　　巴金的散文在不同的时期有不同的内容,呈现出不同的风姿。在新中国成立后,巴金的散

---

　　①　李慎之:《顾准日记·序》,《良知的感叹——二十世纪中国学人序跋精粹》,海天出版社 1998 年版,第 442 页。
　　②　巴金(1904—2005),原名李尧棠,字芾甘,生于四川成都。现代作家、翻译家,曾任中国作家协会主席。在新时期出版有散文集《随想录》、《巴金全集》(26 卷)、《巴金译文全集》(10 卷)等。2003 年被国务院授予"人民作家"称号。

文大体分为五类:一是反映抗美援朝斗争生活的作品,如《我们会见了彭德怀司令员》《生活在英雄们的中间》等,真实地记录了作者在朝鲜前线的见闻与感受;二是歌颂社会主义新生活的作品,如《大欢乐的日子》《给我们伟大的祖国》等,热情地讴歌了祖国的沧桑变化;三是描写异国见闻的记游散文,如《从镰仓带回的照片》《富士山和樱花》等,再现了异国他乡的人情风貌;四是怀念革命先辈和亲朋故友的散文,如《忆鲁迅先生》《悼振铎》《哭靳以》等,这些作品真实具体,以情感人;五是作家对社会和人生的反思、探索,对自己的剖析,如《"随想录"总序》《谈"望月"》等。

《随想录》是巴金新时期散文的代表作,也是作者长期探索、深刻反思的真实记录。从1978年秋开始写《随想录》,并陆续在香港的《大公报》和《文汇报》等报刊上发表,到1986年9月,82岁高龄的巴金终于完成了共150篇的《随想录》的写作,按时间顺序,包括《随想录》《探索集》《真话集》《病中集》《无题集》五集。这是他晚年的业绩、生命的辉煌。正如作者所说,它是"我这一生的收支总账"①,是"作为我这一代作家留给后人的'遗嘱'"②。

讲真话、抒真情、求真理是《随想录》的总主题。巴金说:"我们已经吃够了谎言的亏,现在到了多讲真话的时候了。"③巴金还说:"人只有讲真话,才能够认真地活下去。"④面对虚伪的存在,巴金沉痛地说:"我必须用最后的言行证明我不是一个盗名欺世的骗子。"⑤他痛恨虚假、欺骗,他要把心交给读者,讲自己的心里话,讲自己相信的话。在几篇谈骗子的散文中,作者深刻分析了骗子产生的原因、土壤和气候,提出了识别骗子的办法。他说,骗子之所以能够行骗,就是有些人"替骗子们创造活动的条件,提供活动的机会,即使后来明白自己上了当,也要保护骗子过关,表示本人'一贯正确',或者让骗子漏网,大事化小,或者让大家相信新社会万事大吉,不用杞人忧天。那些人喜欢听好话,发展到喜欢听假话,再发展到喜欢讲假话,这样同骗子们就有了共同的语言"⑥。这些分析切中时弊,入木三分。在《怀念鲁迅先生》中,作者赞扬了鲁迅为了真理,敢爱敢恨,敢说敢做,敢讲真话的精神,他说:"几十年中间用自己的燃烧的心给我照亮道路的还是鲁迅先生。"巴金正是以鲁迅为楷模,讲真话,把心交给读者,"借用先生的解剖刀来解剖自己的灵魂"⑦。这些发自作家肺腑的声音,表达了一位伟大作家的真诚。

反思"文化大革命",批判"文化大革命"给人民带来的灾难,是《随想录》的一个重要内容。巴金在多篇文章中都激愤地谈到"文化大革命"这场历史大悲剧给国家、给民族、给人民所带来的严重后果。他以冷峻的笔触真实地反映了人民所受的苦难,记下了中国一代知识分子经受折磨时痛苦的心灵轨迹。在《二十年前》中,作者重温旧梦,回顾二十年前的那场"文革",仍然感到那些往事"叫人心痛肠断",批斗受辱,毁灭性的抄家,没完没了的检查交代,使一些作家死于无辜,如著名作家以群的自杀,老舍的"玉碎",傅雷的"绝笔"以及那些受迫害冤死的知识分子,"那十年中间每个人都有写不完的惨痛的经历。说惨痛太寻常了,那真是有中

① 巴金:《无题集·后记》,人民文学出版社1986年版,第187页。
② 巴金:《探索集·后记》,人民文学出版社1986年版,第131页。
③ 巴金:《人到中年》,《探索集》,人民文学出版社1986年版,第91页。
④ 巴金:《再论说真话》,《探索集》,人民文学出版社1986年版,第97页。
⑤ 巴金:《无题集·后记》,人民文学出版社1986年版,第187页。
⑥ 巴金:《四谈骗子》,《无题集》,人民文学出版社1986年版,第77页。
⑦ 巴金:《怀念鲁迅先生》,《真话集》,人民文学出版社1986年版,第64、65页。

国特色的酷刑：上刀山，下油锅，以及种种非人类所能忍受的'触皮肉'和'触灵魂'的侮辱和折磨，因为受不了它们多少人死去"①。由此作者提出，要"记住过去的教训"，"让大家都牢牢记住那十年中间出现的大小事故"。在《纪念》《"样板戏"》《"文革"博物馆》《牛棚》等文中，作者进一步表述了自己对"文革"历史的不能忘怀，明确提出最好要建立一座"文革"博物馆。让"子子孙孙、世世代代牢记十年惨痛的教训"。这种反思历史的精神具有警示今人、教育后代的力量。

在《随想录》中，作者对历史的反思和对自己的解剖是紧密联系在一起的，表现了一种可贵的自审意识。在不少篇章中，他对自己的解剖几乎达到冷酷的地步。巴金认为，解剖自己，只是为了弄清"浩劫"的来龙去脉，不再上当受骗，免得将来重犯错误。巴金从自己做起，不将责任推给别人，这充分显示出作家强烈的历史责任感和民族的自信心，表现出民族的自审意识在觉醒。在《怀念胡风》中，他回忆起 50 多年来与胡风的交往，特别就自己在 1955 年"反胡风斗争"中写过三篇文章，主持过几次批判会作了沉痛的反思："想到那些'斗争'，那些'运动'，我对自己的表演（即使是不得已而为之吧），也感到恶心，感到羞耻。"②在《纪念雪峰》一文中，作者从与雪峰的女儿谈到为雪峰开追悼会一事说起，回忆自己同雪峰相识的过程，解剖自己 1957 年在中国作家协会党组扩大会议上与靳以联合发言批判丁玲、冯雪峰、艾青等人的错误，作者说："这二十二年来我每想起雪峰的事，就想到自己的话，它好像针一样常常刺痛我的心，我是在责备我自己。我走惯了'人云亦云'的路，忽然听见大喝一声，回头一看，那么多的冤魂在后面'徘徊'。我怎么向自己交代呢？"③严厉的自审，严格的要求，充分体现出作者的博大胸襟和胆识。

在《随想录》中，作者写的一批怀念亲朋好友的散文，如怀念作家郭安仁的《关于丽尼同志》、怀念方令孺的《怀念方令孺大姐》和回忆画家俞云阶为自己画像的《三次画像》，还有怀念茅盾、老舍、赵丹、中岛健藏、诺·利斯等的文章，都写得情真意切，感人肺腑。而作者写的那些怀念亲人的散文更是如诉如泣，情深万斛，如《怀念萧珊》《再忆萧珊》，作者满怀对亲人的无限怀念和对"四人帮"的愤懑之情，叙写了萧珊生病和失去萧珊的那些梦魇一般的日子，那些血泪凝成的文字能让读者深深感到作家那种悲愤的情绪。这些敞开心扉说真话的作品，具有震撼心灵的力量。

在艺术表现上，自然天成、返璞归真是《随想录》的鲜明特色。在《随想录》中，作者往往从一件小事说起，直陈其事，娓娓叙说，在平淡的叙述中蕴含深刻的哲理。如他写的一组访法散文，大都从小事写起，以小见大，寓平凡于不平凡之中。在《再访巴黎》中，作者想到 52 年前在卢梭的铜像前的瞻仰，由此想到世事沧桑，心潮起伏，思绪万千。在《愿化泥土》中，写作者在访问巴黎时，住在凯旋门附近一家四星级旅馆的四楼，透过白纱窗帷看窗下安静的小巷，想到了祖国，忆起六七十年前成都老公馆的一段生活，忆起门房听差、轿夫对自己的启迪教育，感受到只有通过"文革"，才懂得了受苦净化心灵的意义，并由一首歌生发开去，抚今忆旧，表达了作者对祖国、对人民的深沉的爱。

---

① 巴金：《二十年前》，《无题集》，人民文学出版社 1986 年版，第 132 页。
② 巴金：《怀念胡风》，《无题集》，人民文学出版社 1986 年版，第 176 页。
③ 巴金：《纪念雪峰》，《随想录》，人民文学出版社 1986 年版，第 131 页。

巴金散文的语言质朴无华,精湛圆满,清新明朗,感情炽烈。作者说自己"不是一位冷静的作家"①,"一开口就不肯停,一定要把什么都讲出来才痛快","提起笔我就无法控制自己"②。他的语言像一条感情的河流,汹涌奔放,酣畅淋漓。如他写的五篇题为《病中》的散文,就以朴实的语言表达了自己的真知灼见,淡墨素彩,平中见奇。在《小狗包弟》中,作者用冷峻的笔调叙写了"我"与小狗包弟的深切情谊,然而在红卫兵抄"四旧"的时候,"包弟变成了我们家的一个大包袱",在迫不得已的情况下,把包弟送到医院去,从此不再听到狗叫声了。作者在这里既控诉了"四人帮"对平静生活的破坏,也为自己"不能保护一条小狗"感到羞耻。在平缓冷峻的叙述之中,蕴含着耐人深思的道理,寄寓着作者的深情。

总的说来,巴金的《随想录》是一部体现作家高尚灵魂、充满智慧和才华的大书。如著名评论家冯牧所说,这是"一部在思想上、艺术上都是十年文学中具有文献价值、思想价值、艺术价值的重要的著作"③。

3. 杨绛、孙犁的散文

杨绛④是一位学者型的散文作家,她的散文以小见大、以一当十,寓深切的人生体验于平淡述说之中。钱锺书说她的散文"是大背景的小点缀,大故事的小穿插"⑤。《下放记别》是一篇感人至深的作品。文中记述了两次送别。第一次,有女儿、女婿;第二次,就只有女儿,没有女婿。其因是女婿在一月前自杀身亡。从简约的叙述中,我们看到历史的大背景,感受到作者内心的痛楚和悲哀。

杨绛的忆旧散文见修养、见学识,在平和淡远之中透着真挚,从叙写凡人细事中见人间真情。记叙干校生活的《干校六记》最能体现这一写作特色。《干校六记》包括六个部分:《下放记别》《凿井记劳》《学圃记闲》《"小趋"记情》《冒险记幸》《误传记妄》,记述了作者1969年至1972年春和家人去"干校"及返回北京的生活轨迹,描述了一批老知识分子在那个特殊环境下的人生遭际和心态历程。作者写所见所闻真实而细腻,写所感所思澹泊而深远,如《凿井记劳》写干校菜园班没有机器单凭人力凿一眼井的故事,开始挖地,"那块地硬得真像风磨铜。我费尽吃奶气力,一锹下去,只筑出一道白痕,引得小伙子们大笑",后来大家使劲挖,"狠干了一天,挖出一个深潭,可是不见水",直到挖到二米才见到水,这个时候井口一片泥泞,大家都脱了鞋袜,把脚踩进污泥,"和它亲近了,也就只觉得滑腻而不嫌其脏"。作者用朴实的语言写出了劳动后获得成功的喜悦,更写出了干校学员所受到的歧视,不仅种的白薯、种的菜被偷掉,还被斥为"穿得破,吃得好,一人一块大手表的'他们'"。《冒险记幸》记叙了"我"的几次冒险,有一次走出灯光所及的范围,便落入一团昏黑里,"天上没一点星光,地下只一片雪白;看不见树,也看不见路",于是硬着头皮走进黑地里,"走了一回,忽一脚踩个空,栽在沟里,吓了

---

① 巴金:《谈谈我的短篇小说》,《巴金论创作》,上海文艺出版社1983年版,第307页。

② 巴金:《谈我的散文》,《巴金论创作》,上海文艺出版社1983年版,第320~321页。

③ 冯牧:《这是一本大书》,《文艺报》1986年9月27日。

④ 杨绛(1911—　　)原名杨季康,江苏无锡人。1932年从东吴大学毕业后入清华大学读研究生。毕业后去英、法留学,回国后任震旦女子文理学院、清华大学教授,新中国成立后任中国社会科学院研究员。在新时期著有小说集《倒影集》,长篇小说《洗澡》,散文集《干校六记》《将饮茶》《我们仨》,及《杨绛文集》(8卷)等。《干校六记》曾获全国优秀散文奖。

⑤ 钱锺书:《〈干校六记〉小引》,中国社会科学出版社1992年版。

我一大跳"。"我"虽然经历了几次冒险,但都化险为夷。在"山穷水复疑无路"之时,寻得"柳暗花明又一村"。作者在《干校六记》中还写到老夫妻在菜园相会,"远胜于旧小说、戏剧里后花园私相约会的情人"。虽同在干校,身处逆境,但仍是相濡以沫,温情脉脉。由此写出了诸多小人物,诸多小事,透露出人的真性情、真心境。作者正是在记情、记闲的沉重中透露出调侃,在艰苦的境遇中以强者的姿态主导人生,这也体现出作者深刻的洞察力和不凡的智性。

《干校六记》的名称、写法和清末沈复写的《浮生六记》有些相似,但在内容和风格上有很大不同:《浮生六记》记述了个人或喜、或怒、或哀、或衰的生活历程,以及"我"及"家"喜从天降、乐极生悲的暗淡景象,《干校六记》在记述个人所见、所闻、所感的同时,可见社会的大背景、大气象。从艺术风格上看,《浮生六记》追求华丽美,《干校六记》追求朴素美。两部作品相比,可见不同时代的知识分子心境之差异。不论从作品中的丰富蕴涵来看,还是从文字精到而论,《干校六记》都属翘楚之作。继《干校六记》之后,作者又有散文集《将饮茶》问世。与《干校六记》有所不同,作品虽然也有一部分内容写到"文革",但重点是对往事、对亲人的回忆。在写法上,作者从一个客观事物进行议论再生发开去,而后又返回到议论的事物之上,并创造出意境。作者记人述事从生活出发,忠于真实,朴实无华。

杨绛散文最吸引人之处,是她对亲友美好情操和人格魅力的真情记叙。她写过丈夫钱锺书、父亲杨荫杭、妹妹杨必、姑母杨荫榆等。在这些记述中,《我的姑母》是一篇知人论事、耐人咀嚼的散文。这篇散文写的杨荫榆是作者的"三姑母"。过去,读者知道的杨荫榆只是她在女师大事件中的作为,而后,作为一条"落水狗"而销声匿迹。对于杨荫榆"在日寇陷苏州时骂敌遇害",世人鲜知。作者不顾世人说长道短,真实地记述了杨荫榆的生活片段并作出了自己的评价。杨荫榆的死是极为悲惨的。作者写道:"一个兵向她开一枪,另一个就把她抛入河里。他们发现三姑母还在游泳,就连发几枪,看见河水泛红,才扬长而去。"对杨荫榆的一生,作者作了这样的评价:"我看见母亲的棺材后面跟着三姑母的奇模怪样的棺材,那些木板是仓猝间合上的,来不及刨光,也不能上漆。那具棺材,好像象征了三姑母坎坷别扭的一辈子。"一个聪慧过人的大家闺秀,做了封建礼教的牺牲品。她好强抗争,闯出樊笼,留美回国,企图有所作为,然而一位学富五车、风光灿烂的新女性竟成了人人喊打的"落水狗"。最后,即使死在日寇屠刀之下,也鲜为人知。这确是"坎坷别扭"的一生。

杨绛的作品有自己的审美视角,总体风格给人以"柔中有刚""绵中藏针"之感。她在经历了苦难的折磨之后,并没有直露地叙写自己所遭受的痛苦,常常是在平淡的叙述中表现出冷嘲和蔑视,在冷静的剖析中蕴藏着智者的宁静。

孙犁①吸收了中国古代散文的丰富营养,溶化而成为自己散文的血液。他的散文是一种高境界的追求。他写美的事、美的人、美的情感。他用美的情操呼唤人们觉醒,以美的情操作为基石,营构了与众不同的散文美学风貌。

短小精悍、晶莹剔透是孙犁散文的一个显著特色。他的散文篇幅都不长,有的一两千字,有的几百字。咫尺天地能容参天大树,方寸之内能见万里之遥,孙犁的散文达到了这个境界。

---

① 孙犁(1913—2002),河北安平人。现当代著名作家。在新时期著有散文集《秀露集》《澹定集》等十余种,小说集《芸斋小说》等。出版有《孙犁全集》(11 卷)。《远道集》《谈作家的素质》《耕堂序跋》相继获鲁迅文学奖。

他常在一篇作品中写一人一事,或一个场面,或一点感受。他有意将人物、事物、场面浓缩在一个极短暂的时间和狭小的空间之中。如《丝瓜》取采撷丝瓜花喂养蝈蝈这一区区小事,仅用百余字便道出时日不再、旧情犹余的感慨和欣慰。这样的散文言已尽而意无穷,如橄榄,非反复咀嚼方知人生之味。

孙犁的散文以小喻大,以情感人。他惜墨如金,努力在每篇作品中写出自己的真情,写出自己的独特感受。如《亡人逸事》中的这段文字:"我们结婚四十年,我有许多事情,对不起她,可以说她没有一件事情是对不起我的。在夫妻的情分上,我做得很差。正因为如此,她对我们之间的恩爱,记忆很深。我在北平当小职员时,曾经买过两丈花布,直接寄至她家。临终之前,她还向我提起这一件小事,问道:'你那时为什么把布寄到我娘家去啊?'我说:'为的是叫你做衣服方便呀!'她闭上眼睛,久病的脸上,展现了一丝幸福的笑容。"通过一件难忘的小事的记述,展示了"亡妻"的高尚人格,作者噙着泪水述说人间自有真情在的道理,具有强烈的艺术感染力。

孙犁擅长勾勒,精于素描。他勾勒人物,线条简约、准确、流畅。他用字极为俭省,将每一个字、每一个标点都镶嵌在最合适的位置上。《天灯》写的是五家点天灯的事。这是一篇忆旧散文。作者仅仅用了五六百字,就展示出翻身农民昂扬的情绪和激荡的心理态势。写于 1976 年 12 月 7 日的《远的怀念》,是一篇怀念当代诗人远千里的文章,远千里是孙犁的挚友,"文革"期间被"四人帮"迫害致死。他们相识于 1938 年,进城后,又在一起工作。30 年来,朝夕相处,情深意切,如果详细描写几万字也写不完,而孙犁只用了两千字,就写了一篇悼念性的散文。他只写了几件感受最深的小事,交代两人的交往,赞扬远千里的精神,最后以使人断肠的文字呼唤:"现在,不知他魂飞何处,或在丛莽,或在云天,或徘徊冥途,或审视谛听,不会很快就随风流散,无处召唤吧。历史和事实都会证明:这是一个美好的、真诚的、善良的灵魂。他无负于国家民族,也无负于人民大众。"

孙犁不仅是作家,而且是有真知灼见的文艺理论家。他要求作家一要有修养,二要有生活,三要有追求。作家的修养,不仅指思想修养,而且指艺术修养。孙犁的散文创作实践是他文艺理论的形象注脚。他散文的语言自然而简约;他的叙述文字,呈坦然状;描述文字,呈潇洒状;记事件之变幻,呈急促状;抒肺腑之深情,呈跳荡状。他散文中的语言或疾或徐,或详或略,都由作品气韵之走向而定。

4. 余秋雨、张中行的散文

余秋雨[①]的散文有多重的文化主题。无论是写自然山水,还是写漂泊旅程,都和历史文化紧密相连,赋予山水以文化内涵。他称自己心底的山水是"人文山水"[②],基于此,作者写了一系列评述文化的散文。如《沙原隐泉》,作者写鸣沙山和月牙泉:"唯有大漠中如此一湾,风沙

---

① 余秋雨(1946—),浙江余姚人。上海戏剧学院毕业后留校任教。著有论文集《戏剧理论史稿》《戏剧审美心理学》,散文集《文化苦旅》《文明的碎片》《山居笔记》《霜冷长河》《千年一叹》《行者无疆》等。《山居笔记》获第二届鲁迅文学奖。

② 参见余秋雨:《文化苦旅·自序》,知识出版社 1992 年版。

中如此一静,荒凉中如此一景,高坡后如此一跌,才深得天地之韵律,造化之机巧,让人神醉情驰……给浮器以宁静。惟其这样,人生才见灵动,世界才显精致,历史才有风韵。"这样就将景与情、人与自然融在一起了。在《寂寞天柱山》中,作者不仅写了天柱山石美、水美,更写了天柱山的空灵美、静寂美、人之美。作者将古代宗教、战火兵燹与现代生活进行类比,在与历代文人的对峙中,揭示出令人深思的文化命题。再如,作者写《三峡》,也同文化联系在一起。三峡历来是古今作家关注的一个话题,有关三峡的诗文很多,如果写不出新意,其作品也就失去了艺术魅力,作者力避窠臼,着重写自己的文化感受。先从白帝城写起,由白帝城说到"白帝托孤",再写到台湾当代诗人余光中《寻李白》中的诗句,将古今文人的感受糅合在一起,给文势带来几分神奇。接着,作者没有泛泛地写三峡之美,而是把重点放在神女峰上,写神女峰,也不写神女峰的奇削美丽,而是写神女峰的寓意,甚至不惜篇幅引用诗人舒婷的"与其在悬崖上展览千年/不如在爱人肩头痛哭一晚"这种具有强烈女性生命意识的诗句,与古代文人的诗文相对峙,使作品具有较深的文化底蕴。

余秋雨散文的又一个显著特点,是理性成分的加强和深化。他写山水,写古今人物、事件,不是就事论事,而是驻足阔大的历史空间,发掘历史遗迹,评价历史事件,借山水风物寻求文化灵魂和人生真谛,探索中国社会传统文人的悲剧命运及人格构成;借古代的物象去演绎时代的盛衰、王朝的更迭、天体的运行、人类的演变,从而勾勒出中国文明发展的艰难历程,倡导新的文明的构建。如《废墟》,作者指出,废墟既是毁灭和灾难,也是归宿和起点。"没有废墟就无所谓昨天,没有昨天就无所谓今天和明天。废墟是课本,让我们把一门地理读成历史;废墟是过程,人生就是从旧的废墟出发,走进新的废墟。"作者由此提出中国历来缺少废墟文化,对废墟来说,"要义在于保存"。圆明园废墟是北京最有历史感的文化遗迹之一,如果把它完全铲平,造一座崭新的圆明园,多么得不偿失,这样民族的郁忿不见了,历史的感悟不见了,收拾的不是前夜残梦,只是今日的游戏。作者认为,"废墟的留存,是现代人文明的象征","我们挟带着废墟走向现代"。《这里真安静》写作者在新加坡参观一个神秘地方的感受。作者去的是一座坟地,在这座埋葬着日本"皇军"、妓女还有一个文人的坟地里,作者浮想联翩,陷入沉思之中,想到这里的"真安静",实际上是历史"沉淀成宁静",是历史的浓缩体:"民族历史的大课题,既在这里定格,又在这里混沌。甜酸苦辣的滋味,弥漫于树丛,弥漫于草地",这是一种历史文化的动态的凝固。作者把文化融入风物之中,把知性融入了感性,从而增大了散文的力度。

余秋雨的散文主旨鲜明,雄浑大气,行文如行云流水,洋洋洒洒,一气呵成。他的散文语言典雅而又随意。他的散文也有不足,如有些作品结构比较单一,缺少变化,有模式化倾向。在对历史事件和人物的评价上,有的不够准确。

张中行①是一位功力深厚的人文学者。他纵览群书,学养恢宏,行文迅捷,笔力老道,向有"博闻强识、倚马可待"之誉。他的随笔体散文博大深邃而又情趣横生,行文自然随意而又古朴简约。《辜鸿铭》《启功》《历下谭林》《报国寺》《直言》《难得糊涂》《梦的杂想》《才女•小

---

① 张中行(1909—2006),河北香河人。毕业于北京大学,先后在京津冀等地任教,新中国成立后主要从事编辑出版工作。80年代以来陆续出版散文、随笔集《文言津逮》《作文杂谈》《负暄琐话》《禅外说禅》等,另有《张中行作品集》(8卷)。

说·实境》《刚直与明哲》《临渊而不羡鱼》等作品是他的代表作。

能抓住最足以展示人物性格特征的事例进行述事言情、生发议论,是张中行散文的显著特色。如在《辜鸿铭》中,作者抓住辜鸿铭的"怪"言、"怪"形、"怪"为的特点,写活了这位历史人物。时间到了 20 世纪 20 年代,身为北大教授的辜鸿铭,竟"蓄发梳辫,戴红顶瓜皮小帽、穿绸长袍马褂、双梁鞋","张口子曰、诗云,间或也流利地,好辩,好骂人",看到这样的形象,人们称他是"十足的怪物"。作者以哲学的眼光,从不同侧面展示了辜鸿铭的鲜明个性和真实的性情。既使人感到可爱,又让人可笑。

善于熔裁,善于将不同属性的事物穿缀在一起,进行考证评说、过滤筛选,是张中行散文的又一显著特色。如《历下谭林》《报国寺》等属这类作品。在《历下谭林》中,作者由济南说及李清照。由李清照的"帘卷西风",又说起王渔洋的"若过洛阳"。接着,说到《聊斋志异》,又由《聊斋志异》说及《老残游记》。回过来,再补写 1956 年冬去济南了解语文教学事宜。工作之余闲而说"禅"、说"红楼"、说"家家泉水,户户垂杨",继而又说起晚清书法大家何少基的书联"海右此亭古,济南名士多"。这篇散文本在重点说泉,而作者却汪洋恣肆写与泉有关的人文景观,把作品的文化氛围渲染得浓浓的,但又不牵强附会,给人一派自然洒脱之感。说及泉,作者重点写了趵突泉,也旁及金线泉、黑虎泉、珍珠泉等。游历下,说名泉,文末从人生苦短,又谈及"无心人欲定何如"。结尾处,作者自谦"下笔千言,离题万里"了。这正是作品的成功之处。散而博大,散而自然。

张中行有很强的驾驭语言的能力。他习于短句型写作,或三字或四字成句,又不时运用叠词、顶真、排比、比拟等修辞手法,将古汉语中有生命力的成分与现代生动口语掺糅在一起,且有行云流水之感。这种行文风范是张中行散文风格的一个重要组成部分。

十六、报告文学的跃动

1. 全方位发展的报告文学

本时期是报告文学进入全盛发展的时期,呈现出全方位跃动的态势。尤为重要的是,"报告文学这一生动活泼的文学品种,已经由附庸蔚为大国"①,这突出地体现在"涌现出了一支规模可观的报告文学作家队伍,成立了自己的社团——中国报告文学学会;创作发表的园地日益扩展,在任何一种文学报刊上,报告文学都占据着相当重要的版面;在各种文学研讨会和文学评奖当中,报告文学都具有举足轻重的分量"②。在本时期,《人民日报》《光明日报》《文艺报》和《文学评论》等报刊多次召开各种座谈会、研讨会,开展有关报告文学问题的讨论。中国作协举办了多届全国优秀报告文学评奖活动,还在鲁迅文学奖中专设了报告文学单项奖。

在本时期,报告文学自身艺术嬗变的内驱力,使其全方位的跃动经历了一个由迅速崛起到初步繁荣,由鼎盛一时再到平稳发展的渐进过程。

七八十年代之交,以徐迟的《哥德巴赫猜想》为代表,黄钢、黄宗英、理由、陈祖芬、柯岩等人创作的《大雁情》《中年颂》《祖国高于一切》《船长》《命运》《正气歌》《中国姑娘》等作品预示着报告文学一跃而起,成为把握现实的强有力的艺术表现方式。这一时期的报告文学主要立足于对十年动乱中受到压抑、迫害的知识分子、领导干部和思想解放运动先驱的歌颂,其中尤为突出的是对知识分子的价值肯定及对先进人物的形象重塑,不仅成为社会问题报告文学强劲崛起的先导,而且对于整个文坛冲破极左观念束缚,推动思想解放也有着深刻的意义。许多作品在不同程度上揭示了极左或僵化保守的思想所造成的负面影响,报告文学作家以敏锐的思考和犀利的笔触洞察社会、针砭时弊、讴歌光明、抨击阴暗,因而,许多作品不胫而走,产生广泛的"轰动效应",使报告文学在新时期文学中的地位显著提高。当然,在艺术表现上,大多还是沿用以单一视角表现单一人物与事件的传统写法,但从《哥德巴赫猜想》等作品中已能洞见这一文体即将开始的艺术变革。

随着80年代中期以《唐山大地震》《在这片国土上》为代表的中长篇报告文学的崛起,李延国、孟晓云、乔迈、刘亚洲、麦天枢、贾鲁生、贾宏图、张胜友等新锐作家脱颖而出,报告文学呈现出繁荣景象。更为重要的是,从《中国的小皇帝》《北京失去平衡》《阴阳大裂变》《恶魔导演的战争》《西部在移民》《伐木者,醒来!》《世界大串联》《北京人》《转型人》等作品中显示出与变革时期社会生活相适应的变化,如描述对象的空前广泛、思维方式的宏观综合、审美指向的现代感与多元化。这无疑标志着报告文学正在发生具有历史意义的艺术流变,它表现为努力

---

① 张光年:《社会主义文学的新进展——在全国四项文学评奖授奖大会上的讲话》,《1981—1982 全国优秀报告文学评选获奖作品集》,人民文学出版社 1984 年版,第 5 页。

② 张锲、周明:《报告文学的繁荣与发展》,《光明日报》2000 年 4 月 13 日。

拓展艺术思维的广阔空间,以报告文学的固有优势,越过平面单一的事件描述和过于精雕细琢的人物特写,以全景式、集合式等结构方式,口述实录等多样化的叙述手段,形成全方位宏观描述、大规模信息量的汇聚以及时空感的伸延等特色,力图表达作家反思历史、审视现实以及预测未来的个性化阐释,成为 80 年代中后期文坛上独树一帜的文体形式之一。

90 年代以来,报告文学由兴盛逐渐回落到平稳发展。以李鸣生、卢跃刚、张建伟、何建明、杨黎光、杨守松、黄传会、马役军、邓贤等为代表的"第三代"作家,在报告文学创作中又有了新的变化。他们创作的作品,如《飞向太空港》《无极之路》《长江三峡:中国的史诗》《中国乡村教师》《昆山之路》《中国知青梦》《走出地球村》《没有家园的灵魂》《锦州之恋》《落泪是金》《中国高考报告》等,展示出与 80 年代报告文学在诸多方面的变异。在这一时期,"问题报告文学"不再成为主角,它与弘扬社会主义主旋律、揭露腐败现象、反映生态环保以及重现历史警醒今人的报告文学一道构成多元化的题材布局,传统的人物型、记事体与全景式、集合式结构的作品并存,昭示出报告文学叙述方式的多样化发展方向。

报告文学的全方位发展,还突出表现为描写对象的多样化,真实地再现了社会生活的各个方面,显现出作家把握生活的全新视野。这里既有重大政治事件,也有社会生活热点。从高层政要到社会精英、平民百姓,乃至三教九流、五行八作等无所不包。

以知识分子为描写对象,成为报告文学突破固有模式的先导。自徐迟的《哥德巴赫猜想》问世以来,许多作家都描写了"位卑未敢忘忧国"的"中国牌"知识分子爱国、奉献、拼搏的崇高精神和人格魅力。柯岩以富于想象力的诗化笔触,书写了忍饥受寒刻苦攻关的青年学者罗辽复(《奇异的书简》),饱受"文革"冤狱之苦却不失对美的追求的画家韩美林(《美的追求者》),为挽救失足青少年而呕心沥血的工读学校校长(《特邀代表》)等令人肃然起敬的人物。肖复兴在《生当作人杰》中生动地勾画出嵇汉雄这位历经爱情、家庭的重大创伤,却仍奋力拼搏的"中国居里夫人"的感人形象。王家达在《敦煌之恋》中对以常书鸿、段文杰等为代表的几代敦煌文物保护研究者的描述,李鸣生在《走出地球村》《飞向太空港》《中国 863》《寻找"北京人"》等作品中对致力于中国航空航天事业、高科技计划、考古学家的艺术表现,张建伟、邓琼琼在《中国院士》中叙述的几代中国院士的奋斗史,都从不同侧面谱写出中国知识分子群体爱国敬业的恢宏乐章。另一方面,诸多作品又从不同角度对知识分子在当代的命运与遭遇进行了深刻的反思。孟晓云的《胡杨泪》、霍达的《国殇》、郭慎娟的《知识的罪与罚》等作品,或揭露和批判了僵化体制、陈腐观念以及各种邪恶势力对人才的压制、打击,或表达出对知识分子生存环境与身心健康的深切忧虑。总之,以知识分子为题材的报告文学以其前所未有的广度和深度成为新时期报告文学崛起的重要标志。

改革开放的时代潮流是本时期报告文学关注的又一焦点。作家们敏锐地把握历史前行的方向,对我国由农村到城市、从企业到军队的改革开放作出了全方位的描写。多数作品在描述生机勃勃的改革图画时,更注重表现人们由传统观念向现代观念转变的艰难历程,力图以此表明改革的必要性和艰巨性。这里有展示农民冲破传统观念束缚,从贫困落后走向文明富裕的《中国农民大趋势》(李延国),《沂蒙九章》、《大王魂》(李存葆等)和《昆山之路》、《苏州"老乡"》(杨守松);也有卢跃刚等在《寻找农民的真理》中所写的新一代农民在工业文明面前的躁动与追求,这已深刻触及市场经济条件下农业文明与工业文明之间的冲突。在反映城市改革和企业改革方面,除陈祖芬的《挑战与机会》系列之外,还有以《温州大爆发》(朱幼棣等)为代表的有关"温州模式"的全景透视,以《深圳的斯芬克思之谜》(深圳市委宣传部)为代表的对深圳等特区的运作现状作出描述与分析的一系列作品。袁厚春的《百万大裁军》则以恢宏的气势,真实地再现了改革带来的思想观念及行为方式等方面的冲击;《"两用人才"的开发者们》(徐志耕等)又从培养军地两用人才的侧面描绘了中国军人在改革大潮中的观念变化。在宏观展示各个领域的改革的同时,一批具有现代意识和现代素质的企业家形象被作家栩栩如生地再现出来。而在《步鑫生现象的反思》(周嘉俊)、《世界第一商品》(理由)、《亚细亚怪圈》(贾鲁生)、《钱,疯狂的困兽》(谢德辉)等作品里,则对改革中暴露的文明与愚昧、新旧体制与道德观念等种种冲突进行了深刻的批判与反省。

随着改革的不断深化,各种新的社会现象成为报告文学审视和描写的热点。不少作家以强烈的忧患意识和批判意识涉足社会现实问题,其题材之广,层次之深,构成了"社会问题报告文学"的新景观,也使报告文学的社会意义和思想内涵更加厚重。这里有对中国教育问题的思考,如陈冠柏的《黑色的七月》对高考现状的忧思,涵逸的《中国的小皇帝》描述的独生子女教育问题,孟晓云的《多思的年华》所谈的中学生早恋,苏晓康等的《神圣忧思录》对教师艰难处境的描述,何建明的"大学教育"系列对大学贫困生及高考制度的深入思考,有黄传会的《中国山村教师》《"希望工程"纪实》,梅洁的《西部的倾诉》对贫困地区山村教师境况及失学问题的写实;也有对当代人爱情、婚姻危机及性问题的反思,如麦天枢的《爱河横流》《白夜》,蒋巍的《人生环行道》等;还有对人与生态环境关系的思索,如徐刚的《伐木者,醒来!》《沉沦的国土》,沙青的《北京失去平衡》,陈桂棣的《淮河的警告》,马役军的《黄土地、黑土地》等作品。残疾人、老年人、移民、乞丐等特殊群体的生存状态以及人口、粮食、交通等令人忧虑的问题也均进入报告文学创作的视野。

面对世纪之交的风云变幻,报告文学作家还真实地展现了中国近代、现代、当代史的重大事件。如《昨天》(麦天枢等)对中英鸦片战争的回顾,《海葬》(钱钢)对北洋海军从建军到覆灭过程的展示,《温故戊戌年》《最后的神话》等"晚清篇"系列(张建伟)对晚清历史的全方位再现,《远东朝鲜战争》(王树增)对战争的全景描述和战争中人的理想品格与坚强意志的书写,《恸问苍冥》(金辉)由日、德等国对战争反省的不同态度引发出的哲学思考,"中国革命斗争报告文学丛书"对现代史上历次重大战役的艺术化重现,《历史沉思录》(胡平等)、《大寨在人间》(张正隆)等从不同角度对"文革"的叩问,都体现出反思历史、揭示真相、警醒与激励今人的艺术震撼力。

面对众多的艺术描写对象,报告文学的价值取向具有强烈的现实性和时代感:歌颂与批判、质疑与针砭同在,展示与呼吁、忧患与反思并存。许多作品都在力图摆脱庸俗社会学式的社会分析所带来的负面影响,从对好人好事的简单记录,到捕捉爆炸性新闻、写时代的"英雄",到剖露普通人的心灵,再到表现具有现代意识的"新人",直至全景式把握人与社会、人与自然、人与历史的多维关系,报告文学越来越表现出对人的命运、人生价值的关注,在体现其认知价值的同时也表现出深切的人文关怀。

在艺术表现上,艺术形式的变革打破了过去几十年间报告文学只能在小说、散文和新闻特写等形式的刻板临摹中徘徊的局面,"文体意识"的日趋自觉,使作家们努力创造出报告文学的多种样式。在结构上,在传统的单一事件与人物描述的基础上,这一时期出现了如《唐山大地震》那样的全景式结构,以及如《中国农民大趋势》《中国的小皇帝》那样的集合式结构,它们突破了过去报告文学对事件所作的"平面"叙述,将某一社会热点问题的诸种现象(事件或人物)作并列连缀组合,以此表达某个主题,显现其理性的思考。在表现手段上,作家们广泛吸取诸种文体形式的特长,将其作为报告文学艺术表现手段的组成部分,许多作家因此也形成了自己的风格。如徐迟、柯岩用诗的语言写报告文学;理由、刘亚洲写人叙事多用小说式描写;黄钢、黄宗英、陈祖芬运用电影蒙太奇、戏剧式对白等手法,使作品显得跌宕多姿;肖复兴作品散文式的清新笔调与境界,麦天枢、徐刚、贾鲁生等调查报告式的数据组合、论文式的逻辑力量,都表明了多样化的艺术个性。

由于商品化、市场化的影响,本时期的报告文学也存在一些问题,如有些报告文学为经济利益所驱使,蜕变为"广告文学";有些作者为招徕读者、抢占市场而猎奇斗艳,以抖搂秘闻、隐私为乐;有些作者把写作变为炒作,跟风而上,甚至不惜造假等,都在一定程度上损害了报告文学的品位与声誉。

2. 徐迟、黄宗英的报告文学

徐迟[①]的《哥德巴赫猜想》以中国当代科学家为描述对象,首先以文学形式提出了知识分子在现代化建设中的重要作用问题,使具备崇高精神品质和人格魅力的中国知识分子形象出现于报告文学领域。这不仅昭示着徐迟报告文学创作的新进展,也标志着当代报告文学创作步入了一个新的阶段。

徐迟曾说,"报告文学就是要我报告我们时代的使命"[②],这正是作家对报告文学新闻性之最高境界的追求。因此,把握时代趋势、捕捉时代热点、讴歌时代英雄就成为徐迟创作的一个核心。出于这一追求,作者率先把笔触伸向科研攻关或大型现代化建设工程,而这些又主要是通过讴歌科学工作者来具体展现的。在个性不同、身世各异的科学家身上,作者突出强调的是他们最宝贵的两个方面,即忘我地献身科学的精神和崇高的爱国主义情感。如《地质之光》中的李四光,摆脱国民党的阻挠,毅然回到新生的人民共和国,投入毕生精力开创地质力学,提出新华夏构造体系理论,为新中国的石油工业鞠躬尽瘁。《生命之树常绿》写植物学家蔡希陶青年时代起就披荆斩棘,踏遍云南的热带雨林,探索中国植物学、森林资源开发的科学规律。《在湍流的涡漩中》截取了一个特写镜头,描写研究湍流理论的物理学家周培源处于政治斗争漩流中刚正不阿、爱党爱国的博大情怀。《哥德巴赫猜想》中陈景润的形象则最为成功。这篇报告文学将中年数学家陈景润的过去与现在贯穿起来,在对他少年时代孤僻、内向性格及对数学的偏爱作特写式描述之后,把笔力聚焦于他那6平方米的斗室内,浓墨重彩地渲染这位被人诬为"白专典型""怪人"的科学家奋力拼搏,努力攀登数学上的珠穆朗玛峰。在充满激情的叙述中,主人公忘我献身科学的个性突兀而出。他忍受着"文革"中来自恶意诽谤者的攻击、侮辱,"在抽象思维的高原,他向陡峭的巉岩升登",党组织给了他关怀,他终于"移动了群山",积

---

① 徐迟(1914—1996),浙江湖州人,现代著名作家、翻译家。新中国成立后,曾任《诗刊》副主编、湖北省文联副主席等职。出版有《哥德巴赫猜想》《结晶》等报告文学集和多种诗集、散文特写集、文学评论集及译著。《哥德巴赫猜想》《刑天舞干戚》获全国优秀报告文学奖。

② 徐迟:《我的不解之缘》,《文汇报》1992年6月16日。

在楼板上三尺深的运算稿纸"忽然化为膝下群山,雪莲万千",形象地揭示出陈景润的思想境界和爱国情操。这是当代文学中第一次矗立起的经历曲折、个性独特的科学家形象,他是一个时代性的标志,昭示着科学技术的春天和现代化建设高潮的到来。

徐迟的报告文学带给读者的还有独具艺术魅力的人物塑造和澎湃诗情,其艺术上的大胆变革为新时期报告文学的发展拓展了新的思路,为报告文学从新闻文体向文学文体的转变奠定了基石。

徐迟所叙述的科学家系列,基本上是以记人为主的报告文学。尽管作者采用了较传统的叙述方式,如全知视角、时间上的连贯叙述、线型结构等,但其创新又是显而易见的。他突破了"先进事迹介绍式"或"编年体式"模式,对人物形象的刻画采取特写式手法,即不在乎叙述完整的故事情节,甚至也不着意描述更多的细节,只突出人物一生中能够"点睛传神"的若干片段。全景式的概述与工笔式特写结合,达到绘形与写意相得益彰的效果。在《哥德巴赫猜想》中,作者突出描述的是对陈景润一生产生重大影响的那堂老师讲哥德巴赫猜想的数学课,以及"文革"中主人公埋头攻关等主要情节,而对其童年、少年以及"文革"中受到的迫害则只作了概括叙述。《地质之光》中着力刻画李四光冲破阻力、回国参加建设的细节,并注意把握主人公将科学研究与爱国情感紧密相融的个性特点。

作为一位诗人,徐迟的报告文学也具有浓郁的诗意。如《哥德巴赫猜想》中将"陈氏定理"比作"幽兰、杜鹃、人参、雪莲",把主人公描绘成玉羽雪白、鹤顶鲜红的白鹤;《结晶》中对试管里好似芭蕾舞演员的晶体的描述;《生命之树常绿》中对杜鹃花海的赞叹等,都创造出一个个诱人的诗境。除了这些抒情、描写性较强的句式外,作者还大量运用铺排的对偶句式,增强了语言的情感力度和气势,同时又不失典雅秀丽,如《地质之光》中的"中南海上,轻尘不飞,勤政殿前,纤萝不动"等。

此外,作者还善于用联想与想象的方式、用诗化的语言来深入浅出地揭示自然科学的深刻道理。由于数论公式、地质力学论文观点等艰涩抽象,因此徐迟在叙述时大量使用了抒情性的、能引起人们丰富想象的语句,如对试管晶体、对"陈氏定理"公式、对新华夏构造体系的描述等,使艰深难懂的生物化学、数论和高能物理在作者妙笔生花、富有灵气的笔下变成了"科学的诗篇"。

黄宗英[①]的作品具有独特的艺术品位,从《大雁情》《小木屋》《橘》等作品中,不难看出作者着力描述的主要对象是那些默默无闻从事科学研究、不见经传又个性特别、多有争议的知识分子。这正显示出作者独特的选材角度和清醒的写作意图。在描述这些人物时,作者又大多遵循这样的思路,即通过观察发现一个往往是被人误解,不被承认、尊重或重用的别具一格的人物,继而进行深入的采访和调查,或冲破重重阻力,或与当事人共同生活一段时间之后,发掘出这些知识分子在普通甚至乖僻的外表下隐匿的追求理想、忘我工作、忍辱负重、无私奉献的崇高美德。这样,就使其作品成为为知识分子命运鼓与呼的悲壮乐章。如《大雁情》,以"我"

---

① 黄宗英(1925—   ),原籍浙江瑞安,生于北京。电影表演艺术家、专业作家。20 世纪 60 年代初发表了《小丫扛大旗》等有影响的报告文学作品,新时期出版有报告文学集《星》《橘》《小木屋》和《黄宗英报告文学选》等,文艺论集《文艺和现代化》《诗与生活》等。其中《大雁情》《美丽的眼睛》《橘》和《小木屋》曾获全国优秀报告文学奖。

对全国科学大会上的一个非正式代表、一个凝神眺望北飞大雁的秦官属的采访为线索,着力刻画她在逆境中拼搏、在挫折中奋进的动人形象。《小木屋》中女林业专家徐凤翔放弃在南京的优越条件,自愿援藏来到西藏农牧学院,常年坚守在原始森林里,在恶劣的生存条件下像一个"知识的苦力,智慧的信徒,科学与文化的'朝佛者'",一步一步坚韧不拔地向科学的险峰攀登。另外,像《橘》中的柑橘分类与栽培专家曾勉、《固氮蓝藻》中的藻类专家黎尚豪都有类似经历。作者对这类人物的选择与再现,写出了行进中的人们的艰难,在歌颂知识分子献身精神的同时,也无情鞭挞了种种摧残人才的落后观念、极左思潮和丑恶现象,深化了报告文学的思想意蕴。

在叙事视角上,作者常常选择第一人称"我"的视角,"我"是与人物、事件共同构成叙述整体的主观介入者,而非一个冷眼的旁观者。因此,作者的个人形象与个性就在作品中不时地闪现出来,与所写人物同忧愁、共欢乐,有着强烈的情感冲击力与震撼力。《大雁情》中"我"与秦官属的来往,《小木屋》里"蘑菇的玩笑"一节中"我"和徐凤翔情同手足的生活,都是这种客观情节叙述与主观情感交融的最好例证。

对诗意的追求,也是黄宗英报告文学的一个突出特点。这种与严峻的现实形成鲜明对比的诗意,充溢着浪漫主义的乐观情感,象征着作者对主人公精神品质的肯定。黄宗英报告文学的诗意,又主要是通过抒情性和想象性较强的叙述和描写语言来实现的,这种语言主要用在构筑抒情画面(情境)和人物肖像的刻画上,如在多篇作品结尾所营造的诗意氛围即是如此。人物肖像刻画上的诗意主要表现在作者对"眼睛"的特写式描摹上,如秦官属"沉静的目光",杨光明"美丽的眼睛",徐凤翔"蕴蓄着知识者的专注的内在的坚定"的眼睛等,在此,眼睛传达诗情,诗情抒发心声。作者对诗意的追求,还与大胆、率真的议论结合在一起,这些议论酣畅淋漓,提升了作品的思想品位。

3. 陈祖芬、理由的报告文学

陈祖芬[①]有着广阔的艺术视野。她曾坦言自己对"平凡的人和不平凡的精神""爱国热和爱国难""精神的需要和精神的力量"三类题材最感兴趣。因此,她的笔下就拥有了从《人缘》中的省级干部、《一个成功者的自述》中的艺术家、《她创造时间》里的劳模,到《给有头有脸的人看的不起眼的故事》中的乡村幼儿教师、《画外音》里徒步从乌鲁木齐走到北京的"狂傲"怪人等各色有意味的人物。然而在她的艺术画廊中,最引人注目的还是她对"中国牌"知识分子的描述,以及对经济体制改革的全方位展示。

80年代初,陈祖芬在诸多作品中讴歌知识分子的奉献与拼搏精神,并特别着力于对知识分子"位卑未敢忘忧国"崇高品质的再现。《祖国高于一切》中的内燃机工程师王运丰、《中国牌知识分子》中的女副教授程渊如、《活力》中的林俊卿、《黄家驷道路》里的黄家驷等也无一不是"中国牌"知识分子,"他们既经历了中国知识分子所经历过的特殊遭遇,他们更表现了对待

---

① 陈祖芬(1943—　),生于上海,1964年上海戏剧学院毕业后,曾在北京市文工团等处工作,现为北京市作家协会专业作家。出版有《陈祖芬报告文学选》《陈祖芬报告文学二集》等多种报告文学集和其他作品集。其中《祖国高于一切》《共产党人》《催人复苏的事业》《理论狂人》和《孔雀西南飞》获连续五届全国优秀报告文学奖。

这种特殊遭遇的特殊态度"①。80 年代中期以后,作者在表现知识分子爱国精神的同时,还通过对《理论狂人》中的党治国、《我们无罪》中的陈宗棠、《最佳年龄》中的陈祥祯以及《飘走的蒲公英》里的宋蓉等人各自身世与遭遇的叙述,对"中国牌"知识分子或屡遭厄运与压制、或忘我工作英年早逝等引人深思的问题作了有力的揭示,使这些作品辐射出力透纸背的思想冲击力。

　　陈祖芬广阔艺术视野中的另一方世界,是对我国改革历史进程的直击、追踪以及多角度、多层次的全方位展示。80 年代中期至 90 年代初,作者敏锐地把握住经济领域正在出现的划时代意义的变迁,充满激情地创作了《全方位跃动》《经济和人》《论观念之变革》等 11 篇总题为《挑战与机会》的系列报告文学以及《一九八七:生存空间》《孔雀西南飞》等重要作品。它们以集合式架构之宏大叙事,极力铺陈抓住机遇、迎接挑战,扬弃传统观念与陈旧体制,开创新视野与新文化的改革大趋势。在刻画企业家的人物性格内蕴时,更注重发掘出如《孔雀西南飞》中攀钢总经理赵忠玉和《人和自然保护区》里厂长李铁锤等形象身上所浸润着的创造性潜力、开拓精神和以人为本等现代企业文化理念的本质内容,使人物形象的内涵更富于现代感。

　　陈祖芬的报告文学大致可分为人物型和集合式两种,前者多集中于 80 年代初和 90 年代初这两个时段,后者则以 80 年代中期的作品最为典型。叙事视角上全知视角和第一人称限制视角的独立运用或转换交替,非时序叙述为主、连贯与交替叙述的参差其间,非线型的结构方式等都构成其叙事上富于个性的灵活性。陈祖芬又是新时期较早实践集合式报告文学类型的作家。这种把几个相对独立又有内在逻辑联系的事件和人物连缀成一个有机整体的文本形式,被作者运用于反映改革的系列作品之中。《全方位跃动》选择了深圳、广州、扬州及辽阳等不同时空中的药厂、领带厂、童装厂的企业家进行的多种形式的改革,以此来表达包括观念变革在内的"全方位跃动"。《日本启示录》则在"日本的危机感""东西方文化的合流""一幅竞争的图画"等板块组合下,以多个事例和大量数据来说明日本现代化进程的"启示"与"代价"。这种宏观扫描与微观特写相结合的集合式结构,较好地演绎了多层次、多方位经济改革的宏伟图画。

　　对于报告文学中议论、评述的把握,陈祖芬也常常独树一帜。她的议论情感性强,往往超出文本所叙事件、问题的一般层面,进入到文化、道德甚至哲学层次的深入叩问,以显示作者对人生价值及意义的发现。《挑战与机会》中首钢工人孙永枝凭着惊人的毅力学习,党政干部基础理论班入学考试得了第一,作者将此生发至更高境界,她写道:"获得第一的人,总是具有一等的承受苦难的力量和一等的迎接考核、迎接挑战的勇气。人的力量取决于意志的力量,人能不能成功则取决于能不能抓住机会。"作者的议论还多似意识流,往往联想翩翩,由此及彼,由彼及他,尽管有时不免缺乏精练或语意重复,但与作者使用的排比句式结合起来,就产生出恢宏的雄辩气势。

　　理由②的报告文学所表现的对象大致可以分为两类,一是着力于刻画科学家、艺术家、运

---

　　①　梅朵:《寻火者·代序》,《陈祖芬报告文学选》,北京出版社 1982 年版,第 4 页。
　　②　理由(1938—　),原名礼由,辽宁辽中人,生于北京。新时期以来致力于报告文学创作,出版有《她有多少孩子》《纯情》《倾斜的足球场》等多个报告文学集和《理由小说报告文学选》,论文集《文学这个灰姑娘》等。《中年颂》《扬眉剑出鞘》《希望在人间》《南方大厦》《倾斜的足球场》等作品获全国优秀报告文学奖。

动员形象,如《她有多少孩子》《痴情》《扬眉剑出鞘》等;另一类则是对社会热点及改革信息的追踪与再现,如《南方大厦》《希望在人间》《倾斜的足球场》《世界第一商品》《元旦的震荡》等。这些作品展示出新时期以来社会生活的广阔画面,塑造了一系列体现时代精神、独具个性魅力的人物形象,而这正是理由报告文学的主要成就。

在作者的笔下,《中年颂》中的索桂清、《高山与平原》中的华罗庚、《让我们活得更年青》中的童第周、《扬眉剑出鞘》中的栾菊杰、《希望在人间》中的黄宗汉、《南方大厦》中的邓汉光等形象鲜明夺目。在充满激情的笔调中,展示出这些"社会的壮工,国家的筋骨"身上的敬业、爱国、顽强拼搏的时代精神,以及不畏艰难、执著向上、乐观旷达的高尚人格。同时,作者又在多样化的描写中勾勒出人物的不同个性:黄宗汉的胆识与机敏、林巧稚的朴素与真诚、索桂清的含辛茹苦与无私奉献、华罗庚的执拗与自信、栾菊杰的韧劲与勤奋等,形象多姿多彩,各具魅力。

在艺术表现手法上,理由较多运用了小说叙述方式和多样化表现技巧。他写于 70 年代末、80 年代初的作品,大多为人物型报告文学,其运用的小说笔法较明显地体现于以科学家和知识分子等为表现对象的作品中。为了强调客观叙事风格,作者多用全知叙述视角,以减少"我"的过多介入;结构上选用易于情节展开、简洁明朗的线型叙述结构;时间安排上主要采用连贯叙述,但考虑到报告文学刻画人物的特点,他常常截取人物一生中最能展示其个性的重要片段进行特写式描述。如《让我们活得更年青》中对童第周在"文革"中从事科学实验工作的情景,《依傍田野的小屋》里小麦专家蔡旭"文革"时期面对身心创痛仍矢志不渝的叙述即是如此。对人物形象的再现,作者则重点用场面、细节和肖像描写来突出人物的个性。如《她有多少孩子》里林巧稚慈母般安慰临产的产妇,《扬眉剑出鞘》里栾菊杰清秀稚气的脸庞,《让我们活得更年青》中童第周两鬓染霜、眼神清澈似水等都给人留下深刻的印象。

80 年代中后期,理由除继续写作人物型报告文学之外,还运用全景式、口述实录体等形式,对社会热点问题或重大事件进行再现,如全景描述海南倒卖进口汽车的《世界第一商品》、多方位记录 1985 年"5·19"中国足球队败北的《倾斜的足球场》等。在叙述事件时,对主要人物的刻画与其人物型报告文学一脉相承,即使是在《香港心态录》《元旦的震荡》这类以口述实录为主体的报告文学中,作者也没有放弃对人物作现场直击式的肖像描写或形象化叙述。可以说,用小说的叙述方式和表现手法再现独具特色的人物,是理由报告文学取得成就的一个最重要原因。

4. 钱钢、李延国的报告文学

新时期之初,钱钢①与江永红合作的《奔涌的潮头》《"蓝军司令"》等作品,均以改革开放背景下的军营生活为主要描述对象。作者以新一代军人的眼光和新闻记者的敏感,表现出对改革者的肯定、对改革精神的赞颂以及对现实问题的有深度的揭示。80 年代中后期,钱钢着

---

① 钱钢(1953—),浙江杭州人。1969 年参军,1972 年开始发表作品,1984 年就读于解放军艺术学院文学系。曾任记者、报刊编辑和传媒研究员等职。著有《"蓝军司令"》(合著)、《奔涌的潮头》(合著)、《唐山大地震》、《海葬》等。其中《"蓝军司令"》《奔涌的潮头》《唐山大地震》获全国优秀报告文学奖。

力于对重大历史事件的描述,先后写出了《唐山大地震》和《海葬》。这两部作品并非平面再现历史,更多地洋溢着以历史之镜反观今日之生活的现实精神,进一步凸显出作者思考的新维度和艺术表现的新视角。

《唐山大地震》是作者为纪念唐山大地震 10 周年而作的长篇报告文学。从整体构思上看,作者并没有忘记勾勒出一幅幅自然灾害给人以致命打击的悲壮的历史画面;但作者更着眼于在广阔的领域里,写出人在毁灭性的地震面前所表现出来的种种心态、行为,善与恶的较量,写出大地震与当时的政治文化环境的某种联系,以及人类战胜自然灾害的勇气和生命力。作品超越了传统报告文学中单一描述自然灾害这一惯常的主题模式,而以新的思维方式,发表对人与自然关系的思考。与这种宏阔的思维相适应,作品扬弃了传统报告文学在叙述事件时的单一叙事视角和语言表达方式,以及线型的结构模式,而代之以“全景式”的建构。在叙事视角上,作品将第一人称限制视角与全知视角更迭转换,多方位、多角度地展示自然灾变中人与人之间、人与自然之间的复杂变奏,使作者的主观评述与客观历史纪实有机地融合。在结构上,打破严格意义上的情节连贯性,采用叙议结合的非线型结构方式,叙述中大量非叙事性话语的渗入,有利于读者对整个事件作全景式的审视与思考。作品还体现出多种文本样式的组合,直叙、白描、口述实录、电影分镜头、采访笔记、报刊新闻、史料、唁书等十几种形式融为一体,大大丰富了作品的表现力。从这一意义上说,《唐山大地震》确是“一幅属于唐山人民也属于人类的‘7·28’劫难日的‘全息摄影’图”①,它标志着钱钢的报告文学创作达到一个新水平,同时,它也作为新时期全景式报告文学的代表作之一,为中长篇报告文学走向成熟奠定了基础。

80 年代末发表的《海葬》,再一次显示出钱钢报告文学的宏阔视野、哲理意味和文体创新意识。作者在对大清国北洋海军从成军到失败的悲壮历史作纵横驰骋的“全景式”回眸时,将目光投射到现实的改革焦点上,尤其是两个相距百年的特别年份“八八年”的互为映照,使得“呼唤变革图强”成为这部作品的主旋律。多种文体形式的融合,画面的频繁剪接,富于哲理、激情和气势的句式排列,都使《海葬》充溢着现代感和时代气息。

李延国②报告文学的基本特点是善于在广阔的历史背景下选取为大众所注意的、最亟待解决的问题作为主题,并通过塑造不同的人物形象,把握社会发展变革的走向与脉搏,向社会和人民发出真诚的呼唤和呐喊,多角度地写出时代前进的乐章。与此同时,作者并不回避现实中的种种矛盾,以及社会转型时期人们的复杂心态,恰如其分地对这一切作了充分的展示与反思,这就使其作品大多具有某种深刻的历史剖析和文化反省意味。如《在这片国土上》《中国农民大趋势》和《走出神农架》这三部报告文学,其所述内容各异,但从某一特定角度宏观把握当代中国经济改革与社会进步之现状的实质是一脉相承的。《在这片国土上》是作者开始宏观报告文学写作的第一部作品,也是新时期较早出现的全景式报告文学。作者对引滦入津这一历史性大型工程作了全方位的展示,但他并未繁琐冗长地叙述工程建设的技术性过程,而是

---

① 徐怀中:《凝神于北纬 40°线的思考》,《解放军文艺》1986 年第 3 期。
② 李延国(1943—　　),山东牟平人。1964 年参军。1970 年开始文学创作,后在部队从事专业创作。出版有《在这片国土上》等报告文学集。《废墟上站起来的年轻人》《在这片国土上》和《中国农民大趋势》分别获全国优秀报告文学奖。

通过对参与这一工程的上至市长、将军、总工程师,下至普通士兵、干部、农民等数十位人物形象的描述,把"在这片国土上"沉淀着的中国人民的无私奉献、相互协作和尊重科学的精神表现得淋漓尽致。以胶东农村为背景的《中国农民大趋势》,用新旧对比映照的方式,既写出了冲破传统观念的束缚,初步走向现代文明的各式各样农民企业家在生活、劳动、婚姻、审美等观念上的巨大变化,也触及了由小农经济向市场经济过渡时期,农民们精神上所显示出来的种种困惑、彷徨和阵痛,勾勒出中国农民艰难地步入现代文明的大趋势。《走出神农架》则从历史、民族和文化等不同层面,深入探究我国重要的汽车生产基地二汽的艰难发展轨迹,在对古今中外汽车文化的比照中,展示出中国汽车工业在发展过程中所承受的传统文化的重负,以"走出神农架"作为打破封闭、原始和保守观念的象征,发出了倡导民主与科学精神、发挥人的创造性、实现民族腾飞的呐喊。

从艺术上说,在《敢立军令状》和《废墟上站起来的年轻人》等早期作品中,作者仍然采用传统报告文学建构,多用倒装叙述,以及叙述单一事件始末或再现单一人物形象为主的重情节连贯性的线型结构。而从《在这片国土上》开始,便出现了从全景式到集合式再至卡片式的创新:以重大工程(事件)为线索,串接起几十位人物的片断描述。无论是时间的跨度、空间的转换,还是人物设置的广泛性,都体现出全景观照和片断组合并用的特点。《中国农民大趋势》将胶东农村的宁海、西关、蓬莱等不同地区的多个相对独立又相互联系的人物和事件并列连缀成一个有机整体,形象地表达作者对农民观念现代化的深刻思考。文中大量使用电影蒙太奇手法,拓展了作品的时空感。《走出神农架》则采用新颖的卡片式,即将全文内容切割成从几百字到上千字不等的板块,再用 100 个小标题及序号组合,犹如"卡片"一般,每个"卡片"的内容可自成一体,也可与前后内容衔接。这种同时兼容了口述实录、民谣、赋、诗歌等多种文体的形式,剔除了缺少节制的铺叙及句式上的过渡、转折,使文体更简洁,也更富于张力。

5. 何建明、赵瑜的报告文学

何建明①的报告文学大多浸透着作家的问题意识与危机意识,其创作倾向与 80 年代盛行的"社会问题报告文学"有着内在的一致性。他直面现实、最具影响力的报告文学是 90 年代创作的"大学教育"系列,已发表有《落泪是金》《中国高考报告》《中国高考作弊报告》。这些作品集中考察了高考及高校贫困生等问题。《落泪是金》是报告文学创作中第一次对高校收费体制改革后产生的"贫困生"现象的全方位展示。作者从大量的采访素材中重点描述了 70 多个典型个案,深入剖析高校贫困生现象产生的现实原因,以及贫困生的生存压力和心理状态,写出了学校和社会各界对贫困生的救助和关怀,呼吁建设中国大学生的"希望工程"。《中国高考报告》则力图多层次地对中国高考进行全面反思。作者从对比中西大学观念的差异入手,以丰富的人物与事件的个案链接,详细分析了中国高考中已经司空见惯的非正常现象,如赶课时进度、分班分流、模拟高考、排名次以及户口大迁移等,在此基础上又对现行教育的诸多

---

① 何建明(1956—),江苏常熟人。1976 年参军,曾在部队从事新闻工作,后调入中国作家协会成为专业作家,现为中国作家协会副主席。出版有《东方神话》《落泪是金》《部长与国家》《北京保卫战》等多部报告文学。其中《共和国告急》《落泪是金》《部长与国家》获第一、二、四届鲁迅文学奖。

方面,如语文教育的误区,语文教材缺乏科学性和时代感,高考录取的地区不平衡性等进行了剖露。《中国高考作弊报告》以谈古论今的方式深刻揭露了高考以来各种作弊方式的滋生与蔓延,在展示和揭露问题的同时,还提出了以理性态度解决问题的意见和建议。从这一角度讲,何建明的"大学教育"系列报告文学在保持批判现实锋芒的同时,又在关注民生与人生的广度和深度上有所超越。

在艺术建构上,何建明继承了 20 世纪 80 年代以一个或若干个问题为中心,统摄若干人物或事件的集合式为自己报告文学创作的主导形式。《落泪是金》《中国高考报告》的篇幅长达30 多万字,它们大多由一个序言加上若干个章节组成,类似于中长篇小说的框架结构。如《落泪是金》即由一个"引子"加上 4 部共 15 章组成;《中国高考报告》也由"开篇语"加 9 章共 43个小节组成。这样大的容量既有利于多方位、多层次地展开叙述,也带来了一些诸如材料取舍提炼不够、相似个案堆砌较多等问题。从叙述方式上看,何建明报告文学多以故事性较强的陈述为主,叙述人(作者)与作品中人物的大量对话,强化了报告文学作为非虚构性文本的现场感、亲历性。为了避免中长篇叙述的单一,作者注重在以叙述人陈述为主的基调中,加入口述实录、日记、书信、消息、新闻特写等多种文本,力求叙述的多样化。

新世纪以来,何建明的创作进入一个高产时期,这以他的"国家叙述"为代表。"国家叙述"一方面是指作品叙说的对象,多指那些具有全国性或全球性影响的事件与人物,以及践行社会主义核心价值体系的重要典型;另一方面,也指其叙述方式,即全景式、多角度、多层次的高屋建瓴式描述,以及这种描述所显示出的国家形象、文学气势与民族风格。这类作品既包括《国家》《部长与国家》《国家行动》《北京保卫战》和《生命第一》等,内容包括对利比亚撤侨行动、三峡移民、抗击非典、汶川大地震等一系列国家重大事件与人物的描写,也包括改革开放的重大题材,诸如以江苏苏州地区改革开放进程或以吴仁宝和吴栋才等苏南基层农村干部为描述对象的"苏南三部曲"(《我的天堂》《我们可以称他是伟人》《江边中国》),以及《破天荒》《台州农民革命风暴》等表现其他地域和领域改革开放的作品。总之,表现国家意识形态和社会主义核心价值观的作品已成为何建明报告文学创作的主导性的主题。

赵瑜①是一位"体验型"的作家,他的报告文学题材大都与过去生活的经历与地域密切相关。总体上看,其作品的视域主要有两个方面,一是以山西本土,特别是晋东南地区的人与事为对象,二是对当代中国体育现状的反思与批判。他的报告文学因对现实生活的热切关注和对重大社会问题的揭示、反思与批判,常引起热烈反响与争议。

《但悲不见九州同》《中国的要害》《太行山断裂》《第二国策》等均选材于山西及晋东南地区。但不论是写人还是写事,作者都未囿于具体事件过程的琐屑描述,而是以深沉的理性思考发掘人事表象背后那些看似局部而实则具有普遍意义的内涵。

最能代表赵瑜报告文学特色,也是其最具影响力和争议性的作品,是他的"中国体育三部曲"。在赵瑜之前,以中国体育为描述对象的文学作品多为歌颂式的"金牌文学"。赵瑜则反

---

① 赵瑜(1955—),原籍河北安平,生于山西长治。曾当过自行车运动员和篮球教练,1978 年开始发表文学作品,1983 年毕业于晋东南师专政治系。山西省作家协会副主席。著有《中国的要害》《但悲不见九州同》《强国梦——当代中国体育的误区》《马家军调查》等报告文学,其中《革命百里洲》(合著)获鲁迅文学奖。

其道而行之,在肯定成绩的前提下,对中国体育界为金牌和冠军的光芒所掩饰着的弊端作出深入反省与批判。

《强国梦——当代中国体育的误区》是一篇颇有"众人皆醉我独醒"风格的作品。作家没有陶醉于中国获得第 23 届奥运会 15 枚金牌的空前喜悦之中,而是通过中国与西方发达国家体育发展现状的对比,深刻揭示当代中国体育在观念和体制上存在的重大"误区",即在浓厚政治功利性的文化心理与民族情结的支配下,将体育视为表达民主意志和国家强盛的符号。作品列举大量事实和数据说明:貌似强大的中国体育其实潜藏着深刻的危机,比如文化素质低下、因追求锦标与金牌而导致的腐败之风、体育人才的匮乏、体育科研的薄弱、群众体育有名无实等。《兵败汉城》并未对第 24 届奥运会中国队仅以可怜的 5 枚金牌而"兵败汉城"的现场作全景记录,主要是对奥运军团归国后的追踪采访,作品通过描述女排教练李耀先的悲怆人生、李宁等体操运动员内心"无边的压抑"、国家体委官员与中青年体育理论工作者赛后的不同想法与冲突,进一步证实了作品中对中国体育现状及危机的分析。作者将体育运动与重建传统人格,进而拯救中国文化联系起来思考,使作品更具文化批判意味。

沉寂十年之后,赵瑜于 20 世纪 90 年代末发表了报告文学《马家军调查》。在这部近 40 万字全景式架构的作品中,作家以"马家军兵变"为切入视角,以"谁重创了马家军"为问题的线索,详细再现了马家军由盛及衰的过程。作品以理性的笔触再现了马俊仁这样一位被誉为"民族英雄"的著名教练的形象。马家军的成败,实际上是中西文化冲突的反映,是现行的体育体制成就了马家军,也重创了马家军。作品将锋芒指向亟须改革的旧体制,并将其扩展到对中国当代社会政治文化、民族主义、爱国主义、人道主义等层面的思考,具有较为深远的社会意义。

赵瑜的报告文学既遵循真实性原则,又注重叙事的故事性、语言的口语化和生动性,而叙事结构的多变与作家作为"内叙述人"的切入,又使作品在探索问题、捕捉现象、发掘本质的时候,能保持内外结合的双重观照。在叙述结构上,既有传统的以连贯叙述为主的人物或事件型文本,如《太行山断裂》《但悲不见九州同》;也有以问题、现象为主线索的集合式,如《中国的要害》《强国梦——当代中国体育的误区》;还有以时空交错叙述为主的全景与集合特性交融的《马家军调查》。

进入 21 世纪,赵瑜创作了《革命百里洲》(与胡世全合作)、《火车头震荡》等作品,前者形象地回顾了湖北百里洲农村近百年的历史,在探寻长江农人命运的同时,对农民、土地及其与中国革命的关系作出深刻剖析;后者写的是国内最复杂艰险的宜万铁路建设历程,展现出不畏艰难险阻勇于奋斗的民族精神。这些作品承续作者的一贯写作风格,在描述人物或事件的过程中,表达具有国家胸怀、民族情怀和人文关怀的深切思考。

十七、话剧的振兴

1. 话剧艺术的复兴与探索

"文革"的结束,从根本上改变了"八亿人八个样板戏"的局面,话剧创作进入一个新的发展历程。本时期话剧振兴的大致经历,是 20 世纪 70 年代末现实主义话剧传统的恢复与 80 年代初"探索戏剧"的出现;尤其是以后者为标志的话剧革新浪潮,开创了一个从戏剧观念、美学法则到创作方法、演出形式的多元开放的话剧时代。

1976 年 10 月的历史转折,催发了新时期话剧的萌芽。一批以揭批"四人帮"为主题的剧作很快出现在舞台上。《枫叶红了的时候》(王景愚、金振家编剧)、《丹心谱》(苏叔阳编剧)、《于无声处》(宗福先编剧)等,无情地揭露和嘲讽了"四人帮"的倒行逆施,抒写了人民群众在逆境中的凛然正气与斗争精神。这类剧作虽然在艺术上不够成熟,但紧密配合了当时的政治斗争,表达了民众的心声,因而受到欢迎。

与揭批"四人帮"和反思历史的创作潮流相关联的,是一批为无产阶级革命家塑像的剧作。《曙光》(白桦编剧)勇开先河,《报童》(邵冲飞、朱漪、王正、林克欢编剧)、《秋收霹雳》(赵寰、庞加兴编剧)紧随其后,接着,《东进! 东进!》(所云平、史超编剧)、《陈毅市长》(沙叶新编剧)等陆续出现在舞台上。这些作品通过对历史是非与经验教训的评价给予现实以褒贬,具有很强的针对性,从而将话剧的现实主义传统推向一个新的高度。

一批勇于揭露社会矛盾的"社会问题剧"的出现,成为七八十年代之交戏剧舞台的新景观。面对新时代的召唤,剧作家从"左"的禁锢中解放出来,他们一方面对新中国成立以来走过的道路进行深刻反思,另一方面把艺术视角扩展到现实社会生活的新领域,及时地反映"四化"建设中的新矛盾、新问题。崔德志的《报春花》猛烈抨击了"血统论"对人性的禁锢与摧残,呼吁重视人的价值;赵梓雄的《未来在召唤》把笔锋指向现代迷信,反映出新时期工业战线上思想解放与思想僵化的尖锐斗争;邢益勋的《权与法》揭露某些干部利用职权营私舞弊的丑行,提出了加强法制的问题;梁秉坤的《谁是强者》对现实生活中存在的"关系学"等歪风邪气进行了批判;中杰英的《灰色王国的黎明》通过揭露一伙混进共产党的丑类经营的独立王国,提出了反封建主义的问题;宗福先、贺国甫的《血,总是热的》揭露原有经济体制的弊端及在改革过程中遇到的种种阻力与矛盾。反映军营生活的《向前向前》(冠潮编剧)、《宋指导员的日记》(漠雁、肖玉泽编剧)、《高山下的花环》(俞志光、于德义、任清编剧)从不同侧面反映了部队建设中的问题,大胆揭露了军队内部存在的特权思想。反映农村变革的《张灯结彩》(宋凤仪、孟谨编剧)、《赵钱孙李》(栗栗、李佩、庞家岚编剧)、《高粱红了》(李杰编剧)等,以对农村改革复杂矛盾的深刻揭露,反映出农村中新的精神风貌。"社会问题剧"以其反映社会现实问题的敏锐、迅捷和尖锐引起人们的广泛关注。

随着改革的深入发展,人们的审美趣味、艺术观念和欣赏水平发生了巨大变化,广大观众不再满足于那种过分强调政治宣传功能而忽视艺术独创性的剧作,而是要求以多种戏剧形式满足日趋多样化的文化需求。可喜的是,一部分中青年剧作家受西方优秀文化成果的启发,开始以新的视角、新的艺术形式去反映生活,写出了一批有新意的、写实的剧作。如谢民的独幕悲喜剧《我为什么死了》,马中骏、贾鸿源、瞿新华的哲理短剧《屋外有热流》,高行健的无场次心理剧《绝对信号》等,这些剧作开风气之先,给人以耳目一新之感。这些剧作在戏剧界导致了一场戏剧观的大讨论,话剧由此进入了一个探索的新时期,一个从美学观念到创作方法都开放的、多样的、更富有生命力的新时期。

纵观本时期的话剧创作,改变了以易卜生的社会问题剧和以斯坦尼斯拉夫斯基的写实主义为主的简单格局,使不同戏剧观念指导下的戏剧形式都有了自己发展的天地。剧作家在追求艺术形式变革的同时融入自己对民族文化、人类命运的深切关注与思考,从而挖掘出生活的丰富内涵。在众多的探索剧中,既可看到诸如《一个死者对生者的访问》、《十五桩离婚案的调查报告》(刘树纲编剧),《寻找男子汉》(沙叶新编剧),《初恋时,我们不懂爱情》(费明编剧),《狗儿爷涅槃》(锦云编剧),《桑树坪纪事》(陈子度、杨健、朱晓平编剧),《古塔街》(李杰编剧)等遵照现实主义戏剧美学原则,并在具体表现手法和艺术技巧上吸收、借鉴西方现代主义戏剧的作品;也可以看到诸如《车站》、《野人》(高行健编剧)、《红房间·白房间·黑房间》(马中骏、贾鸿源、秦培春编剧),《荒原与人》(李龙云编剧),《天才与疯子》(赵耀民编剧)等属于现代主义范畴的剧本;既有以传统写实为主的《天下第一楼》(何冀平编剧)、《旮旯胡同》(蓝荫海、顾威编剧)、《明月初照人》(白峰溪编剧)、《中国·1949》(刘星编剧)等剧作,又有以写意为主的《中国梦》(孙惠柱、费春放编剧)、《黑骏马》(罗剑凡编剧)等剧作……呈现出一种群芳争艳的态势,为濒临困境的话剧增添了生机。

本时期剧作的一个重要特点是,剧作家不再满足于表层地、肤浅地再现现实,复制生活,而是将艺术触角伸向属于深层结构的社会人生,挖掘其丰富的思想内涵,表现自己对现实人生与历史文化的独特感悟与阐释。《屋外有热流》从现实生活司空见惯的事件中,深刻发掘出十年动乱给一代青年造成的巨大精神创伤。作者借助夸张、怪诞的艺术手法,通过死者与生者、"屋内"与"屋外"、"冷"与"热"的对比,揭示出一种象征性的寓意:人为什么活着和怎样活着。《一个死者对生者的访问》对一个见义勇为的青年同歹徒搏斗而壮烈牺牲的故事进行了全新的处理,以死者对生者的访问,剖析人的灵魂,探究人生的价值,贬斥那些在邪恶面前丧失良知的人们,发人深省。《魔方》(陶骏执笔编剧)的形式与内容犹如斑驳陆离的多彩人生与世相,表现出当代青年对社会人生多角度、多层面的哲理性思考。

本时期剧作的另一特点是,剧作家在思考社会、人生的同时,力求站在时代的高度去挖掘、剖析中华民族在历史流变中积淀而成的文化心理,探求这种文化心理的历史变异,以及人们为摆脱古老传统的惰性和历史羁绊所经历的痛苦的心灵历程。《野人》最早楔入文化反思的主题,以现代意识表现了古老民族悠久辉煌的历史文化,同时,揭示出由此所产生的沉重的历史重负;李杰的《田野又是青纱帐》和郝国忱的《榆树屯风情》在描写改革给农村带来可喜变化的同时,突出了改革的艰巨性和复杂性;《寻找男子汉》提出了提高民族素质这一重要问题,它以一个未婚姑娘寻找男友为线索,揭示出振兴中华首先应着眼于思想文化建设。《狗儿爷涅槃》和《桑树坪纪事》是两部探索剧,前者塑造的狗儿爷形象既反映了新中国成立后农村经济政策失误给农民带来的精神创伤,也表现了历史积淀下来的农民自身文化意识的缺失。后者以

"文革"为背景,展现了黄土高原贫瘠的自然环境,封建宗法家族观念,不合理的买卖婚姻,愚昧落后、自私狭隘的心态,在一个特殊政治思潮之下对人性的扭曲与残害,以及桑树坪人民顽强坚韧的生存力。这两部作品都超越了特定的时空限定,映射出中国乡村甚至整个民族艰难的精神蜕变,从而达到对生活进行艺术抽象化和哲理化的高度。

从艺术方法上讲,这些剧作广泛吸收中外文化艺术的宝贵经验,为创作出具有中国特色的话剧艺术闯出了一条新路,这突出地表现在如下几个方面:

首先,戏剧结构日趋多样。其中,采用最多的是非情节的散文式结构,剧中往往不设贯穿全剧的中心事件,不组织全局性的戏剧高潮;不分幕,不分场,时空、情节的跳跃性大。如《陈毅市长》,较早地运用了这一结构形式。全剧没有采用传统的封闭式情节结构,将陈毅市长在上海解放初期一年间的十个在情节上并无必然联系的故事,组合成被称为"冰糖葫芦式结构",从多方面塑造了陈毅的性格。《红房间·白房间·黑房间》采取的是不同房间的人物多线平行发展的表现手法,既无集中的情节冲突,也无所谓主要人物、次要人物,仿佛随意截取一段现实生活,不加雕饰地搬上舞台。《魔方》借节目主持人的即兴评点,将几个互不关联的小品连缀成为组合式结构,表现出剧作家对社会、对人生的哲理思考。《十五桩离婚案的调查报告》则通过大学生路野为完成毕业论文到法院进行调查,将十五桩离婚案借助男女两个叙述者连成一个整体,在灵活多变的时空里,表现现实生活的风貌与作家的独特思考。这些新的结构形式,给人耳目一新之感。

与散文化戏剧结构相关的,是以人物心理、感情、情绪为剧情发展轴心的"心理结构"或"情感、情绪结构"。《绝对信号》《一个死者对生者的访问》《街上流行红裙子》等剧作,把生活中互不关联但同人物思想性格有密切关系的戏剧场面,按照心理感情逻辑有机地组合,有层次地展开;有的则将人物的心理活动外化为具体场景,从而深刻地开掘出人物的心理空间,展示人物的内心世界。这种结构带有更大的随意性,有利于表现人物的情感、情绪,有利于人们的哲理思考。剧作家还借鉴布莱希特的"叙述体戏剧",采用夹叙夹议的手法,形成以叙述贯穿全剧的小说式结构。如陈白尘改编的《阿 Q 正传》,幕间由"原著者"或介绍人物身世,或评说人物行动,或剖析人物心理,既串联剧情、引导剧情发展,又不时把观众从幻觉中"间离"出来,同时又保持了鲁迅原著的特有风格。《狗儿爷涅槃》则由主要人物狗儿爷的独白(叙述)组织和展开情节,他的坎坷命运,对土地的眷恋以及由此产生的愤懑与不平,他那保守、自私、狭隘的小农意识与心理特征,都在喋喋不休的内心独白的过程中,外化为富有戏剧性的场面表现出来。

其次,广泛吸收了西方表现主义、象征主义、超现实主义、荒诞主义等戏剧的方法,使艺术表现手法丰富多样,进一步扩展了话剧的表现力。如《一个死者对生者的访问》引进了歌队、鼓手,以说唱、歌舞串联全剧;《野人》将音乐、歌剧、面具、傀儡、哑剧、吟诵作为戏剧的有机组成部分,与人物、剧情融为一体;《桑树坪纪事》采用戏曲的虚拟写意手法与象征主义手法,配以歌、舞、音乐,使东方的和西方的、传统的和现代的表现手段融在舞台艺术形象里,收到很好的艺术效果。

80 年代下半期和 90 年代初出现的以探索剧为代表的话剧剧作,对中国话剧由"传统型"向"现代型"转换起到了很大的推动作用。但从另一方面看,在市场经济的影响下,话剧创作萎缩,话剧剧本不仅数量不足,质量高的也不多,失去新时期初期的轰动效应。

2. 苏叔阳、李龙云的剧作

1978 年春,正是"伤痕文学"方兴未艾之时,苏叔阳①带着处女作《丹心谱》一举成名。剧本精心设计了以老中医方凌轩为一方,以方凌轩的女婿、医院党委委员庄济生为另一方的尖锐矛盾,围绕"03"新药的研制,展开了翁婿之间、夫妻之间、亲友之间、同志之间的冲突,表现了一代知识分子为造福于国家与人民,在极其恶劣的环境中,坚持科学研究,同"四人帮"所进行的斗争。剧本成功地塑造了一系列不同类型的知识分子形象,他们都是普普通通的知识分子,其思想感情和所作所为都像生活本来面目那样真实自然,具有性格的丰富性和复杂性。一代名医方凌轩有着传统知识分子的品格,为人光明磊落,刚直不阿,为捍卫党和国家的"金梁玉柱"不惜坐牢杀头,倾家荡产。但作者并未回避他的性格弱点,在复杂的斗争中,他有苦恼,有困惑。然而正是在这些描写中,展露出人物的思想性格。"风派"人物庄济生的形象是作者的一个创造,他从一个年轻有为、举止洒脱的"精明干部""孝顺女婿"逐渐堕落,走向反面,是他个人主义极端膨胀所导致的必然。由于作者对剧中人物把握得准确有度,从而使剧作蕴含着丰富的社会容量。

苏叔阳有意识地向老舍学习,以现实主义创作方法反映北京市民生活,在《丹心谱》中已初显端倪,他之后创作的《左邻右舍》《家庭大事》则日趋成熟,成为典型的京味剧作。作者运用平实流畅的北京语言,用写实的手法写出了北京市民特别是居住在大杂院中的中下层市民的悲欢喜怒的日常生活,显示出独有的剧作风格。《左邻右舍》写一个大杂院中五户人家从"四人帮"横行到覆灭时期的一段生活。其中,有"文革"中被革职的厂长兼书记,有靠造反起家的老工人,还有中学教师和青年工人等。他们各有其境遇与个性,从不同侧面折射出"文革"给国家与人民造成的灾难和创伤。退休工人赵春有正义感,敢说敢为,是大杂院的主心骨。贾川是一位中学教师,他恨造反起家的洪人杰,当洪人杰欺辱他时却只会忍气吞声,这是一个在特定环境中受压抑而被扭曲了性格的人。洪人杰则是一个在极左思潮下产生的"历史怪胎"。他靠造反发家,在狼面前是羊,笑脸相迎,唯唯诺诺;在羊面前是狼,飞扬跋扈,不可一世。但历史是无情的,到头来他既失去了亲人,也失去了朋友。《左邻右舍》就是凭借这些人们熟悉而陌生的市民形象赢得了观众。同样,《家庭大事》也是依靠人物形象支撑着剧本,推动着剧情的发展,表现出剧本的主题。剧本看起来写的是家庭琐事,儿女情长,却从进入 80 年代后家庭成员所产生的躁动和不安,爱情的离异和组合与两代人之间的思想鸿沟,侧面反映出改革的深入人心和由此引起的生活与心态的变化。这些变化一经作者点染,化为活生生的艺术形象,便会给人以艺术享受和人生启迪,显示出作者敏锐的观察力和艺术功力。

总的说来,苏叔阳走的是一条传统话剧的现实主义道路,注重在典型环境中塑造典型性格,通过顺序发展的线性结构与时空变化再现生活。但每个剧本又有所创新,互不雷同。《丹心谱》强调事件的因果关系,在情节发展链上揭示人物性格。《左邻右舍》《家庭大事》的情节

---

① 苏叔阳(1938—　),河北保定人。1956 年考入中国人民大学中共党史系,毕业后长期从事教学,1977 年开始创作,1978 年调北京电影制片厂任编剧。主要剧作有《丹心谱》《左邻右舍》《太平湖》等,长篇小说《故土》等。《左邻右舍》曾获全国优秀剧本奖。

因素趋向松散、淡化,在平凡的生活流程中加强对人物性格与心理的剖析。前者以主要人物为中心向外辐射出一系列人物,通过人物的具体行动和感情变化,引发出一个个富有生活意义的戏剧场面;后者同样以人物性格为中心,把散漫的日常生活事件与人物性格联系在一起,使普通人与普通生活细节产生出诱人的艺术魅力。

在创作《丹心谱》等剧作之后,苏叔阳继续新的探索。为了纪念老舍逝世 20 周年,他创作了《太平湖》。作者突破了一贯恪守的现实主义原则,大胆借鉴了超现实主义的表现手法,现实、幻觉、追忆、闪回所构成的大幅度的跳跃,让老舍同"文革"幽灵"那个人"不断对话,同死去的母亲、同他笔下的人物对话,此外还出现了与剧情紧密相连的《龙须沟》《茶馆》的演出片段。整出戏熔再现与表现于一炉,可谓匠心独运。

自小生活在大杂院里的李龙云①对北京十分熟悉。他不仅了解北京的历史,而且对北京的民俗民情、轶闻趣事也了如指掌,特别是对北京市民坚忍不拔、刚直真诚的性格更是情有独钟。这些都为他的创作提供了取之不尽的源泉和动力。因此,当他初试锋芒,从事戏剧创作时,不仅很自然地落笔于"小院""小井"里那些熟悉的人物和事件,稍加点染便化为一个个具体生动的形象,而且表现"底层人的尊严"②更形成了李龙云剧作特有的思想内涵与艺术魅力。

老舍善于通过对"小人物"的性格刻画与命运描写反映社会的变化,创立了与众不同的戏剧风格。李龙云有意识地学习老舍的创作经验,从"小院""小井"中的"小人物"处落笔,写北京普通市民的生活与命运的变化,写新旧北京的历史变迁,通过"小社会"形形色色的众生相,反映大社会的历史风云变幻。《有这样一个小院》以 1976 年"四五"天安门事件为背景,通过一个小院几户市民的悲剧命运,揭示出天安门事件发生的原因、伟大意义,无论是思想性与艺术性,或是戏剧性与倾向性的统一诸方面,都比先它发表的同类题材的剧作《于无声处》略胜一筹。《小井胡同》将五户人家的悲欢离合置于几十年的历史中——北平解放前夕、"大跃进"年代、"文革"初期、"四人帮"倒台前夕直到党的十一届三中全会以后,深刻而形象地表现半个世纪的历史变迁,为观众提供了一幅当代城市居民的风俗长卷。就其透过"小人物"的生活变迁反映社会的变迁而言,《小井胡同》无疑受到老舍《茶馆》的影响,有的评论家就干脆称之为"《茶馆》续篇"③。但同《茶馆》相比,《小井胡同》更多了一些历史的反思意味与深沉的悲壮感。剧中的小井人经历了太多的磨难:旧社会的黑暗统治、"大跃进"的折腾和"文革"的创伤,但他们硬是挺过来了。《小井胡同》看似很小,其实是小中见大,反映着民众的韧性精神和乐观向上的精神。

在人物塑造上,从《有这样一个小院》到《小井胡同》,作者艺术功力日趋成熟。《小井胡同》的"题记"写道:"老街坊们都说,小井要是有个会说书的该多好。"李龙云在塑造人物上就采用了不少评书的艺术技巧,关键人物出场时,像评书那样对人物的个性特征以及在剧中的作用作出介绍,人物对话更像评书对话那样绘声绘色,惟妙惟肖,像老舍刻画人物那样"话到人

---

① 李龙云(1948—2012),北京人。1966 年高中毕业,1968 年到黑龙江生产建设兵团劳动,1978 年考入黑龙江大学中文系,后在南京大学师从陈白尘获硕士学位,主要从事话剧编剧工作。主要剧作有《有这样一个小院》《小井胡同》《这里不远是圆明园》《荒原与人》等。

② 李龙云:《古老的"南城帽"》,《钟山》1984 年第 4 期。

③ 陈辽:《〈茶馆〉续篇——〈小井胡同〉的出现》,《江苏戏剧》1984 年第 7 期。

到"。这样,虽然全剧有四五十个人物,却各有其生活遭遇,各有其个性。这里有义胆侠骨的水三儿,乐观幽默的刘家祥,机智豪爽的疤拉眼,憨厚耿直的许六,光明磊落的小曹等。自然,还有那个虽然老实本分、温顺朴实,但最后被卷进"左"倾思潮不能自拔,人称"南霸天"的小媳妇。其中,最为感人的是滕奶奶的形象。这位被称为"小井胡同一块历史的碑石"的老人,凭着一股"豪横劲儿"历尽沧桑,在恶势力面前刚直不阿,正义凛然。她的每一次出场,都给人以振奋的力量。

在结构艺术上,《小井胡同》也有《茶馆》般的规模、气势与严密。剧本以五个顺序发展的历史阶段为经,又以小井胡同中的五户人家的生活变迁为纬,二者交错发展,形成经纬交织的网状结构,将剧中众多的人物与纷纭复杂的社会关系紧密联结在一起,构成一幅历史的风俗长卷,如戏剧家陈白尘所说:"这种结构,是中国现代戏剧史上罕见之作。"①

李龙云以创作具有京味的现实主义剧作见长,但他并没有就此止步,而是有所创新,有所突破。1987 年,他创作的《荒原与人》便与原有的写作方法与风格大相径庭。剧本反映的是一群知识青年在荒原上的悲剧命运,描写的重点不在于塑造个性化的典型形象,而在于以类型化的人物挖掘人的心理的文化内涵。剧中人物诸如马兆新的离开落马湖、李天甜走向落马湖、于大个子对权力的贪婪、李长河对生命的残害,都来自个体生命、爱情、理想被摧毁后的心理欲望和近乎偏执的情绪。从这种欲望和情绪所支配下的行动中,显示出某些具有普遍意义的哲理意蕴和文化内涵。剧本正是从"落马湖荒原上的人们重建自己理想的愿望的破灭"的过程中所产生的悲怆惨烈的情感、心理中获得了魅力。李龙云从传统的写实风格逐渐转向现代主义美学观念,以《荒原与人》实践了他的"写作是生命存在的一种方式"②,它代表着新时期剧作家思维方式及反映世界方式的变化。

3. 沙叶新、高行健的剧作

20 世纪 70 年代末 80 年代初,沙叶新③的十幕话剧《陈毅市长》刚一面世立即引起轰动,这出戏选取了几个具有典型意义的场景,从一个新的角度塑造了陈毅市长的形象。作者倾注全力写出陈毅对经济建设的巨大热情,对群众疾苦的深切关怀,对干部的严格要求,对党外人士的真诚团结,对科学文化的高度重视,以及他廉洁奉公,实事求是,襟怀坦荡,严于律己的可贵品格。沙叶新正是从现实生活的密切关系中找到了处理历史的契合点,使剧本闪烁着时代的精神,从而引起观众的共鸣。

陈毅市长形象的成功塑造,还得力于作者突破了神化革命领袖人物的思维模式,力求把陈毅塑造成一个有着喜怒哀乐、人情味十足的普通人。剧中的陈毅性格开朗、豪爽,谈吐诙谐风趣,妙语连珠,他在哪里出现,哪里便笑声不绝,气氛轻松活泼。例如,在资本家傅一乐的夫人面前,他自称是"上海市的大老板",与之大谈生意经;夜访化学家齐仰之,自称"敝人是上海市

---

① 陈白尘:《重读〈小井胡同〉》,《钟山》1984 年第 2 期。
② 李龙云:《我与我的文学》,《戏剧》1993 年第 3 期。
③ 沙叶新(1939—　),回族,江苏南京人。1956 年开始文学创作,1961 年考入上海戏剧学院戏曲创作研究班,后任上海人民艺术剧院编剧。主要剧作有《假如我是真的》(又名《骗子》)、《陈毅市长》、《马克思秘史》、《寻找男子汉》、《耶稣·孔子·披头士列侬》等。其中,《陈毅市长》曾获全国优秀剧本奖。

的父母官,本市的市长",并与之大讲"共产党人的化学"等,使陈毅的性格、情态俱现。陈毅市长形象的成功,为新时期的剧作提供了宝贵经验。

1985 年兴起的"文化寻根"文学思潮,加深了沙叶新对社会现象的认识和对历史的反思。写于 1986 年的幽默喜剧《寻找男子汉》,透过大龄姑娘寻找理想中的"真正的男子汉"的表层结构,深刻剖析了在某些人的心理气质中潜藏很深的诸如"向儿童甚至向胚胎退化"的"胎化病",畏惧懦弱的缺钙症,动辄"中国人就是不如外国人"的崇洋媚外症,贪图蝇头小利的短视症等陈旧意识,肯定了具有自强不息、开拓进取精神的"阳刚之气",提出了重铸民族性格的重大社会课题。另一部幽默喜剧《耶稣·孔子·披头士列侬》与《寻找男子汉》有所不同。作者用荒诞的形式表现现代的事,古今中外不同时代的著名人物聚合在一起,相互之间交流、比较与碰撞,讥讽人类社会中的拜金主义和极权主义,呼吁"人生的最高目的就是清除邪恶,纯洁灵魂,端正思想"。"不要再依仗神力了,人类还是依靠自己的力量吧。"可谓点题之语,表现出一种大文化意识。

沙叶新善写喜剧,即使写正剧,也往往掺杂着喜剧成分。这同上海盛行喜剧、上海人又喜欢喜剧有关,然而更重要的,是沙叶新以睿智的目光观察生活、褒贬生活的表现。如《假如我是真的》,作者以批判的眼光,对四处招摇的骗子以及为骗子提供方便的官僚主义者进行了辛辣的讽刺,不少喜剧性的台词痛快淋漓,发人深思。《马克思秘史》虽是严肃的主题,依然不少喜剧成分。如马克思一边写作一边用脚推着摇篮哄着一岁的维克多入睡。当孩子哭声减小了,马克思说:"你真了不起,很有政治觉悟!"孩子又被摇醒了,马克思说:"对不起,这次是我不好,违反了辩证法。摇得过重,就走向了反面。"满口的哲学术语,把马克思的几分天真书呆子气表现出来,让观众在笑声中感到马克思的可敬可亲。喜剧色彩赋予沙叶新剧作世俗化、大众化的品格,为观众喜闻乐见。

沙叶新在不断拓宽剧作题材的同时,在艺术上也不断创新超越。《陈毅市长》采用"冰糖葫芦"式的结构形式,将彼此并不连贯的 16 个片段、10 件事集中在陈毅身上,且前后关联、照应,浑然一体。《寻找男子汉》采用无场次结构方式,围绕主人公寻找男子汉的过程及意识流动,虽无连贯的矛盾冲突,却通过对众生相的解剖深化了主题。《耶稣·孔子·披头士列侬》则是一种寓言式戏剧,其自由度、宏观度和怪诞度,都是他先前的剧作所没有的。

高行健①开始文学创作,正值我国改革开放初期,西方文化与思潮的介绍与引进,加之他的外语专长,使他的价值观、文学观明显受到西方现代主义的影响。他的剧作艺术个性鲜明,强调戏剧的演出效果,总是把文学与舞台、舞美、导演、演员、音响、灯光等综合起来考虑,尽可能发挥戏剧的综合特点和艺术魅力。

《绝对信号》的突出特色是吸收、借鉴我国传统戏剧和西方现代戏剧手段,充分发挥假定性的戏剧审美特征,突破传统话剧的时空界限,多侧面、多角度地刻画人物,赋予舞台以丰富的生活容量与内涵。剧本虽然写的是知识青年黑子险些在车匪的威逼下走向犯罪道路的故事,但作者没有把它写成一出情节戏,而是写成一出心理剧。剧本将几个人物全部安排在一节夜

---

① 高行健(1940—),江苏泰州人。1962 年毕业于北京外国语学院法语系,1978 年开始发表作品,1997 年入籍法国。创作的剧本有《车站》、《绝对信号》(与刘会远合作)、《野人》、《彼岸》等,文论集《现代小说技巧初探》《现代戏剧手段初探》等,小说集《有只鸽子叫红唇儿》,长篇小说《灵山》《一个人的圣经》等。

间行驶的守车里,随着舞台的切割与时空的变化,人物为外部冲突所触动,在现实、梦幻、想象、回忆等规定情境中,各自敞开心扉,袒露隐情,由此产生心灵的撞击和交锋,将人物的思想感情、个性气质展示在观众面前。尤其可贵的是,作者把传统话剧用以揭示人物内心活动的"内心的话""画外音"外化成可视可听的舞台形象,如蜜蜂在河边草地的自我抒怀,黑子与蜜蜂的内心交流,车长与车匪的心理冲突,蜜蜂想象中的黑子被戴上手铐,车长想象中与黑子的格斗等,都使观众置身于人物的内心深处,收到很好的艺术效果。

艺术贵在创新。如《车站》就与《绝对信号》不同,作者更多地借鉴现代荒诞派戏剧的一些手法,以散文化结构、类型化人物、喻意的象征及多声部的对话,去揭示富有哲理意义的思想内涵,使剧本具有多义性与朦胧色彩。正如舞台提示所说:"表示的也许是一个十字路口,也许是人生道路上的一个交叉点,或是各个人物生命途中的一站。"正因为如此,给读者带来解读的困难而引起争议。从剧本提供的人物类型来看,作者显然是在揭示现代人的某种窘境,否定那种既不满于窘境又缺乏清醒认识的惰性与盲目性,肯定像"沉默的人"那样不尚空谈、认真进取的精神。剧本虽然受到法国荒诞派剧作家贝克特的《等待戈多》的影响,但贝克特所宣扬的是无望的等待,是悲剧,而高行健则立足于对进取精神的期待,是喜剧。

作者说,他要创造的是"一种不同于老式戏曲而又保存和发扬了它的艺术传统的新戏剧,一种和西方现代戏剧大不相同的东方现代剧"①。可以说,《野人》正是这一大胆设想的一次探索和实践。关于剧本的写作意图和特点,作者在《关于演出本剧的建议与说明》中已经说得很清楚。作者十分强调的是主题的多义性,即"将几个不同的主题交织在一起,构成一种复调"。《野人》打破了传统剧作惯用的单向思维与闭锁结构,多向度、大跨度地对我国上至混沌初开的洪荒时代,下至当今现代人的社会问题、家庭问题、爱情问题进行了历史性考察与表现。其中,有对野人这一古今中外之谜的追寻与推理,有对维护自然生态平衡的呼唤,有对原始文化的寻根,有对现实生活、事业、感情的揭示……而这些发生在不同时空的事物,是通过生态学者的眼睛和感受而进行横向的共时性的并列展现的,构成一种开放、综合、纵横交错的复调结构,使全剧内容丰富,气势磅礴。当然,复调中仍有主调,这就是人与自然的和谐。剧本通过众多的戏剧场景,深刻揭示了野蛮与愚昧是如何严重地破坏自然界,自然界又如何给人类以应有的惩罚的。可悲的是,人们还没有意识到破坏自然生态平衡就是破坏自然生存的环境,没有意识到自己可能就是破坏生态平衡的一员。剧中老歌师对大自然的顶礼膜拜,生态学者对壮美、宁静,未经砍伐、践踏、焚烧、掠夺,保持着原始生态平衡的森林的向往和"救救森林"的呼喊,林区梁队长对乱砍滥伐森林的不满与自责等场景,都凸显了这一主调。剧的结尾让一个叫细毛的小孩在梦幻中同野人手拉手,嬉笑共舞,象征着人与自然的互相理解和沟通,进一步深化了这一主题。

在艺术表现上,《野人》注重多种艺术手段的综合运用。剧本突破了一般话剧的表现形式,将歌舞、音乐、朗诵、说唱、傀偏、哑剧、面具等集于一台,从载歌载舞、百戏杂陈的多媒体综合中显示出现代戏剧的活力。剧中穿插出现的薅草锣鼓、上梁号子、赶旱魃的傩舞、伐木者的舞蹈、老歌师反复吟唱的民族史诗《黑暗传》、娶亲时众人合唱的《陪十姐妹》歌等,既改变了话剧单一的表现手段,又体现了长江流域非物质文化的价值,使《野人》始终充溢着浓郁的文化气息,呈现出特有的艺术魅力。

① 高行健:《谈戏曲不要改革和要改革》,《光明日报》1986 年 6 月 26 日。

第3编

21 世纪初期的文学

一、21世纪初期的文学概况

1. 本时期文学发展的社会历史背景

新世纪文学指的是 21 世纪文学,它是在不同于 20 世纪 70 年代以来的社会历史背景下生成和发展的,尽管从 20 世纪 80 年代后期到 90 年代这一背景就已或隐或显地发生着改变。其中最重要的变化就是伴随着改革开放的深入和社会主义市场经济体制的建立和实行,包括文学的生产机制和传播机制等在内的文学运行体制发生了根本转变。这样的转变从内在方面说,适应着消费时代人们的文化需求;从外在方面说,适应着媒体时代人们的技术需求。消费时代和媒体时代构成了本时期文学发展的新空间,而市场和商品机制就是联结这两个空间的文学运行轨道。十多年的文学实践表明,新世纪文学在经过最初的适应期之后,已经较为自如地驰骋在新的社会环境中了。

(1)文学生产市场化机制的形成。建立和健全文学生产市场化机制,是 20 世纪 80 年代以来国家全面实行经济体制改革的有机部分,是计划经济向市场经济转型在文学领域中的具体表现。经过新世纪十多年的熔冶和锻铸,文学的生产和传播已经形成较为成熟的市场化体制和商品化运作,它们构成了新世纪文学的全新背景。

从 20 世纪 80 年代以来,随着改革的深入,包括文学、文化在内的各出版单位逐步由"单纯的生产型"转变为"生产经营型",诸多改革的举措给文学生产机制带来的最大冲击就是"转型",即各类文学出版社和文学期刊社由事业单位转变为企业,文学的生产与传播由计划经济模式转变为面向市场并由市场予以调控的市场经济模式。

对文学生产市场化作出最快捷也是最直接反应的就是文学期刊"改版热"。

在中国当代文坛,文学期刊一直是发展和繁荣文学创作的基地,又是发现和培养文学新人的苗圃,特别是新时期以来,文学期刊曾经呈现出前所未有的繁荣局面,不仅《人民文学》《解放军文艺》《收获》等老牌权威期刊继续引领文坛风骚,更有被誉为"四大名旦"的《十月》《当代》《花城》《钟山》等大型文学丛刊加盟其中,连同各地方作协、文联主办的文学期刊一起,不断推进着新时期文学的滚滚春潮,不论就其"轰动效应"还是艺术变革而言,文学期刊都功不可没。因此在新时期文学的第一个十年,文学期刊迎来了它的"黄金时代"。但是随着文学生产机制的转型和大众文化消费的多样与分流,文学期刊很快从它的巅峰跌落下来,普遍陷入了前所未有的窘境:读者越来越少,发行量急剧萎缩,诸多文学期刊变得难以为继。文学期刊的困境成为"改版"的主要动因,而"改版"则是文学期刊尝试突围的主要举措,它带来了新世纪文学期刊的大"变脸"。

"改版"的路径大致有三条:重新定位,以特色取胜;内涵扩展,打破文学限域;以刊养刊,扶持原创新作。

重新定位是应对受众分化、抢占市场的积极举措,老牌的青年文学期刊《萌芽》和名不见经传的《佛山文艺》均是通过这条路径改版重生的代表性范例。前者从青年文学期刊转为校园文学期刊,读者定位从文学青年转向在校学生,除了在栏目设置上更贴近校园青年,其活动方式和经营方式也更加社会化、校园化。尤其是从 90 年代末开始举办的"新概念作文大赛",更是火了市场,活了刊物,社会效益与经济效益都在成倍增长,从这里走出了以韩寒、郭敬明、张悦然等为代表的"80 后"文学新军。后者则在市场细分的过程中占得先机,最早将刊物定位于打工者群体,使一家地区性文艺刊物突出重围,赢得"第一打工文学大刊"的美誉,堪称文学期刊中的奇葩。

内涵扩展是解除画地为牢,拓展市场的另一举措,《天涯》杂志是这方面较早的起步者。1995 年年底,著名作家韩少功履新海南省作协主席,同时着手改造《天涯》,令人瞩目之举就是"跳出狭隘的旧文学的小天地,走向提倡人文关怀,追求独立自由精神的泛文化、杂文学的大境界"①。《天涯》打破了文学期刊在栏目设置上的传统模式,取消由小说、散文、诗歌、评论组成的四大板块,别出心裁地设置了"作家立场""民间语文"等栏目,将人们收藏于箱底的日记、书信、检讨书、揭发信、总结稿等纳入"作品"之列,将文学话题"泛化"为文化话题,将狭义的文学期刊改造成综合性的文化评论刊物,且被海内外诸多媒体推举为"文化名刊"。

以刊养刊甚至以刊号养刊最初是文学期刊缓和经济之困的权宜之计,但经过十来年的摸索,现今已成为文学期刊自我培育、自我发展的常规之举。《北京文学》一直是中国当代原创文学的重要基地,也是面向市场转型较早的期刊,从 90 年代初的改版开始,就出版了《大纪实》增刊。此后《北京文学》将月刊改为半月刊,上半月刊是母刊,发表原创作品,下半月刊是增刊或子刊,如派生出《报告文学精选》《好看小说精选》《中篇小说月报》等。一刊二辑乃至多辑已成为许多文学期刊以刊养刊的普遍方式,如被誉为"新中国文学第一刊"的《长江文艺》在保留母刊的基础上曾以季刊的方式发行过《长篇小说·长江文艺》,后又改为母刊和《长江文艺·好小说》的一刊二辑制。当然,这样的一刊二辑制已经超越了以刊养刊的生存之需,而是文学期刊适应着文学创作和读者需求的自我发展。

持续了近 20 年的文学期刊改版,几乎是新世纪文学转型的一个缩影。随着市场机制的建立和完善,随着有关著作权和稿酬制等相关法规和制度的出台,随着社会各方面资源向文学的注入,随着文学的生产者、传播者和接受者对新的文化体制和机制的逐步适应,可以说,新世纪文学已经度过了转型之初的阵痛和困境,开始在一个全新轨道上运行。

（2）文学传播的全媒体化。以计算机和网络技术为基础而迅即发展起来的全媒体传播在短短一二十年中已经有力地改变着新世纪文学的面貌。随着传播速度的便捷、传播范围的扩展、传播形式的多样、传播受众的分化,全媒体不仅影响到文学期刊和出版社的运作,也深刻地影响到作家的创作。

所谓全媒体是指利用现代信息技术对报刊、广播、电视、网络等不同媒体形态的优势整合,它既可以融文字、图形、音频、视频等各种信息于一体,也可以发挥各种信息媒介的自有优势,通过电脑、电视、手机等多种终端设备传播与接受。全媒体改变了文学以某种特定的文体样式、特定的媒介方式予以传播和接受的传统规范,造就出新世纪文学新的文学生态和文学景观。

---

① 单正平:《跳出小天地,走向大世界——我观〈天涯〉》,《当代作家评论》1999 年第 2 期。

新世纪文学传播的全媒体化可追溯到 20 世纪 90 年代网络文学的兴起。从 1998 年台湾作家痞子蔡(蔡智恒)的网络小说《第一次亲密接触》引发的网络文学热开始,迄今仍然长盛不衰,其中最大的变化是从边缘性的自娱文学,逐渐楔入中心地带,从当年的一张文学摇床转变为新世纪的一片文学沃土。

首先,从网络文学领域成长起一批新世纪文学的代表作家,诸多新世纪文学的创作群体和作家都从网络写手起步,逐渐登临文坛。2002 年,北京作家宁肯的网络小说《蒙面之城》荣获第二届老舍文学奖,这是一个标志性的事件,表明网络文学被主流文学认可。该作品后来由作家出版社和人民文学出版社相继出版,宁肯本人则任《十月》大型文学杂志副主编,这标志着网络文学与传统文学、网络作家与主流作家之间鸿沟的填平。

其次,具有鲜明网络写作特色的类型小说从网络走向纸媒,大大扩充和改变了传统文学的领域。所谓类型小说多用于对通俗文学在主题、题材、情节模式、文体特征等方面作出的分类,如武侠、公案、狭邪、黑幕等。在网络文学高涨的新世纪,各种类型小说前呼后拥、排闼而出,叫人应接不暇,例如由武侠演化出仙侠、玄幻,由科幻衍生出奇幻、灵异,由侦探扩展到悬疑、惊悚,由历史腾跃至宫廷、穿越,由官场延伸至商战、职场,由言情细分到伤情、哀情等。至于类型小说中的官场、职场、谍战等诸多作品早已突破了严肃/通俗的界限,进入了主流文学的行列。

其三,网络文学和从网络文学起步的作家中不少人后来成为全媒体化的主要推手。如郭敬明在中学时代就在文学网站"榕树下"发表作品,此后发表或出版小说《幻城》等作品而一举成名,成名之后先后开办过文学创作工作室、文化传播公司,并创办了《最小说》《最漫画》等刊物,2012 年他将其创作的长篇小说《小时代》改编成电影,并任导演,相继推出《小时代》1—4集,在票房大获成功的同时,郭敬明还通过期刊、书籍、影视、音乐,利用博客、微博、微信等方式广泛传播自己的作品、观点、感言等,俨然已成为全媒体时代的文化明星。

文学传播方式的全媒体化说到底是对大众传播媒介的有效利用,这种传播方式同以市场化为主导的生产方式结合在一起,在短短的时间内填平着"严肃/通俗""精英/大众""主流/非主流"的鸿沟,改变了从新中国成立到新时期以来的文学格局,也深刻地影响到文学观念、文学功能的变化。在市场化和全媒体化时代,"好看"成为大多数作家、出版机构、媒体的首选项,而"好看"的基本要素就是建立在大众趣味基础上的娱乐性,在市场和媒体的双重"挟持"下,不仅"通俗文学"凭"好看"占得先机,"严肃文学"也须在"好看"上下功夫。"好看"提升了新世纪文学的娱乐性,促使文学功能向娱乐化偏倚,这又反过来促使文学更紧密地同影视、网络结缘,推动着文学传播的全媒体化。

2. 文学创作和文学思潮的多元分化

本时期文学思潮最主要的特点就是"无主潮",它是对 20 世纪 90 年代中后期文学态势和格局的承续。由于文化环境的宽松、媒体渠道的多样和作家自主性的增强,在新世纪文坛上,作家更看重的是差异和分化,而不是趋附和聚集,即便是倾向类同的作家也表现出极大的差异。在不断分化的文学创作中,作家的书写对象、审美情趣乃至于出生代际,成为考察和阐释本时期文学创作潮流和文学思潮的重要着眼点,加上评论界受到西方文化批评或文化研究的影响,就形成了对本时期文学创作若干突出现象的理论阐释,从而使之具有思潮评析的意味。

这些现象包括了"底层写作""小资写作"和"青春写作",其创作主体也大致涵盖了新时期主流作家之后成长起来的"60 代""70 代"和"80 代"作家。

（1）"底层写作"和"新左翼"思潮。"底层写作"或"底层文学"是新世纪十多年中较具规模也较引人关注的创作潮流,围绕这个创作潮流而展开的讨论,进而还引出了"新左翼"的话题,因此"底层写作"的创作实践和"新左翼"的理论倡导交相推挽,把这场关于创作的讨论提升到了文学思潮的高度。

还是在 20 世纪 90 年代后半期,在先锋文学和新写实的余波中,一股书写下岗职工、进城农民、民办教师、基层干部、失地村民以及形形色色的弱势群体生活的作品已悄然而生,到新世纪初,当书写底层的作品和作家勃然兴起的时候,俨然已经成为一股创作潮流了。在这当中除了有本身就来自"底层"的"农民工"创作、编辑的"打工诗歌""打工文学"引起关注,更有专业作家发表的诸多书写底层生存困境的作品。这些直面现实、关注底层人生的创作同所谓"回到文学本身"的"纯文学"、沉湎于"自我"小天地的"个人化写作"、宣泄物质欲望的所谓"欲望化写作"或"下半身写作"、吟弄"高雅趣味"孤芳自赏的"小资文学"或"中产趣味"等形成强烈的反差,很快成为评论的聚焦。

随着书写底层的创作渐丰,关于"底层写作"的讨论也逐渐兴起。从 2003 年开始有越来越多的评论家、作家介入这一话题,2004 年《天涯》杂志首开"底层与关于底层的表述"专栏,2005 年《文艺争鸣》在"关于新世纪文学"专栏中辟有"在生存中写作专辑",《文学评论》《上海文学》《当代作家评论》《当代文坛》等期刊都曾组织讨论,推动对"底层文学"的创作和认知。

在这里首先面对的是如何写"底层"的问题。有论者指出,要看到"底层"的不确定性、动态性与丰富性,"更何况,底层本来就不应该是单一的、平面的、凝固的,而是一个丰富的、立体的、变动的存在","只有基于这样的认识,作家笔下的底层人物才可能饱满立体,所展示的底层世界才可能真实可信,底层写作才有可能继续前行"①。更进一步说,"平视、介入、设身处地的写作才能造就出真正的底层叙述——指向底层、为了底层、呈现底层自身的文学"②。这些观点就很接近于毛泽东关于表现人民大众的说法了,因而"底层写作"也被当作"左翼文学"的例证来阐释。

但是也有不少论者指出,"底层写作"固然承续了左翼文学干预现实、介入社会的传统,但也如左翼文学一样,其艺术性、文学性多有欠缺。"底层文学"中的"苦难叙事"尤其遭人诟病,不少评论家一再指出:"底层文学""过多地渲染了那些受凌辱与受损害者的粗俗和动物性的一面","不断将'苦难'叠加、堆积,推向极致。甚至在小说叙事和场景描写中出现了一种'快意苦难'的倾向"③。来势汹涌的"底层写作"后来稍显乏力,就同上述缺陷密不可分。

尽管存在诸多缺陷,但"底层文学"无疑是新世纪文学中最具现实主义品格的创作潮流,其批判性、暴露性和悲剧性不仅承继而且超越了伤痕文学和反思文学。但是也由于"底层文

---

① 赵学勇:《新世纪:"底层叙事"的流变与省思》,《学术月刊》2011 年第 10 期。
② 王晓华:《当代文学如何表述底层》,《文艺争鸣》2006 年第 4 期。
③ 参见李建军:《被任性与仇恨奴役的单向度写作》,《小说评论》2005 年第 1 期;李云雷:《底层写作的误区与新"左翼文艺"的可能性——以〈那儿〉为中心的思考》,《海南师范学院学报》2006 年第 1 期;洪治纲:《底层写作与苦难焦虑症》,《文艺争鸣》2007 年第 10 期。

学"的现实主义品格,在不少批评家的阐释中又引出了"大众性"(或"人民性")、"反抗性"(或"倾向性")等与革命现实主义似曾相识的概念和观念,并且将它同中国现代文学史上的"左翼文学"传统相勾连,提出所谓"新左翼"。有批评家解释说:"新左翼文学则指向于主题上的抗议性和批判性,其情感状态指向于严肃的质问和控诉,其现实效果是强烈的现实参与的行动性……由此,底层具有了左翼文化理论中的阶层、阶级话语复活的倾向性。"①

"新左翼文学""不仅包括了一些直面现实的'底层写作',还应该包括那些充分体现着'新左翼精神'的面向历史的文学创作,张广天的戏剧《切·格瓦拉》《鲁迅先生》和《红星美女》,韩少功的长篇小说《暗示》和中篇小说《兄弟》及张承志的很多散文,便是其中的代表性作品。"②如果再加上散文、诗歌创作领域中的杨键、雷平阳、田禾、谢湘南、郑小琼和夏榆等人的文学实践,孟繁华、旷新年、邵燕君、李云雷、何言宏等人的理论阐发,还有"乌有之乡""左岸"《文艺理论与批评》《天涯》等舆论平台,"新左翼"确实已经成为 21 世纪初颇有声势的文学思潮。但是如果贴合着创作而不是对所谓"新左翼"的思想观念的鼓噪来看,也确实如有的评论家所说:"'底层文学'发生的真正动因,与其说是'新左翼'思潮的影响,不如说是现实主义文学精神的复苏。"③

(2)小资写作和中产阶级趣味。最能够标志新世纪文学之文化变异的是"小资"和"中产阶级"的提法浮出水面。在 20 世纪 50 至 70 年代,"阶级"一直具有强烈的政治内涵,"小资产阶级"不论是在社会生活还是文学批评中多被赋予贬义,是需革除或改造的倾向;"中产阶级"的提法尚不多见,因为它直接被归并到资产阶级的行列中了。小资写作和中产阶级趣味的提出是伴随着新世纪文学的文化变异而来的。在 20 世纪 90 年代,一批表现都市人生的文学作品悄然而生并迅即扩展为一股创作潮流,其别有意趣的情调或情绪很快被评论家们贴上了"小资情调"或"中产阶级趣味"的标签,尽管有评论家努力分辨"小资"同"中产阶级"的区别,但他们所言说的对象并无很大的差异和清晰的界限。在有的评论家所论述的"小资情调"中"比较容易识别的是附着在 1990 年代的'美女写作'和'新市民写作'之上的,从张欣、张梅、唐颖、陈丹燕到更年轻的'美女作家','都市'、'美女'和欲说还休的'情绪'、'情感'是其基本元素"④;而在有的评论家谈论的"中产阶级时代的文学"中,言说的主要对象包括了王安忆的《长恨歌》,陈丹燕的《上海的风花雪月》系列,张欣的《岁月无敌》等"白领丽人"系列,池莉的《来来往往》等"新市民小说",还有陈染、林白、邱华栋等书写城市生活的作品⑤;还有评论家则以为王安忆的《长恨歌》、陈丹燕的《上海的风花雪月》系列、卫慧的《上海宝贝》、安妮宝贝的《告别薇安》等"共同组成了新的小资产阶级文化肖像"⑥。言说对象的交叉重叠也表明"小资"和"中产阶级"之类概念的含混朦胧,但是二者之间较为共同的地方是一种文化的命名而非政治的判断。

---

① 白浩:《新世纪底层文学的书写与讨论》,《文艺理论与批评》2008 年第 6 期。

② 何言宏:《当代中国的"新左翼文学"》,《南方文坛》2008 年第 1 期。

③ 邵燕君:《从现实主义文学到"新左翼文学"——由曹征路〈问苍茫〉看"底层文学"的发展和困境》,《南方文坛》2009 年第 2 期。

④ 何平等:《当下文学中的"小资情调"和"中产阶级趣味"》,《文艺争鸣》2005 年第 6 期。

⑤ 参见程光炜:《中产阶级时代的文学》,《花城》2002 年第 6 期。

⑥ 参见南帆:《小资产阶级:压抑、膨胀和分裂》,《文艺理论研究》2006 年第 5 期。

有人把小资写作概括为如下几个特点:从题材选择来说,偏向于"邂逅的都市情爱";从艺术风格来说,多系"精致细腻、含蓄婉约的风格";从叙事方式来说,看重"丰富奇妙的故事情节";从语言技巧来说,喜欢"华丽纤巧的语言"①。

所谓"中产阶级趣味"是从"中产写作"或"中产文学"提取出来的一种价值取向和审美趣味。它在叙事和修辞上表现出"过度关注细节、细节描写过剩、放大名牌商品的符号意义、标榜品味和情调、讴歌欲望、炫耀消费、张扬优雅"②等特征。"中产阶级趣味"不仅存在于上述小说中,也弥散在诗歌、散文、话剧等其他文类中。如诗歌所表现的冷漠、自恋、无节制叙事等,话剧所表现的"小众"趣味、时尚文化、都市新人类等。上述情况致使批评家预言:"'中产阶级'不仅与商业、消费、现代传媒、时尚、大众文化紧密联系在一起,其世界观、生活态度及行为方式,也将会对革命时代形成的世界观、生活态度和行为方式产生极大的冲击。可以想象,在未来的 20 年中,中产阶级的人物系列可能会对传统的工农兵人物系列、知识分子人物系列取而代之,变成文学创作中的'主流形象'。"③这一预言在新世纪逐渐得到了证实,即如有的评论家所说:"中产阶级文学又以特殊的形象符号描绘了中产阶级时代的价值观念、思想感受和心理情绪。它已经走出了'理论预设'和'文学想象'的阶段,变成了一个文学阅读的事实。"④

(3)青春写作和青年亚文化。不论是从文学还是从文化着眼,以"80 后"为代表的"青春写作"都是新世纪文学中一道抢眼的风景,作品的迭出多变,媒体的争相炒作,评论的众说纷纭,共同织就了新世纪初叶炫人眼目的文化景观。这样一个起步于网络,得力于"新概念作文大赛",成名于各自的惊世之作,扬名于各类媒体的包装制作的创作群体,甫登文坛便吸引了来自各方面的目光。

所谓"80 后"自然指称着作家的代际分野,但是它引来的各方关注和热烈讨论远不止于这代作家的出生年份,更在于其特别的文化色彩给新世纪文学带来的新的内涵——对这样一个年轻而后起的作家群而言,人们首先关注的是其文化新质的文学表现。

透过"青春写作"中那些"情节的单纯飘忽,表达的张扬外露,文字的华丽浓艳,结构的自由散漫,格调的感伤游移"⑤等特征,人们很容易注意到,"'80 后'写作是以边缘青少年生活为其主要表现对象,以消极、无奈为其典型情绪,以忧伤、冷漠为其写作风格的与主流青少年文学相背离的 E 时代的写作现象"⑥;在更深刻的精神层面上,"青春写作"洋溢出的反叛性或反抗性更是有目共睹,这包括"反抗家庭的强制性文化灌输,反抗学校制度化的单调枯燥生活,反抗虚妄的文化理念,反抗历史叙事的政治价值"⑦等。这样一种以青春期反叛为主导的文化精神,连同其孤独、迷惘、忧伤、冷漠的情绪感受,表现出较为明显的青年亚文化特征,致使新世纪的青春写作不仅有别于王蒙的"少年布尔什维克"式的青春写作,也有别于新时期文学中类似

---

① 参见张丽:《论当下的小资和小资文学》,《温州大学学报》2007 年第 5 期。
② 参见向荣:《想象的中产阶级与文学的中产化写作》,《天涯》2007 年第 1 期。
③ 参见张清华:《持续狂欢·伦理震荡·中产趣味——对新世纪诗歌状况的一个简略考察》,《文艺争鸣》2007 年第 6 期;徐健:《中产阶级趣味与新世纪话剧的审美定位》,《艺术广角》2009 年第 3 期。
④ 程光炜:《中产阶级时代的文学》,《花城》2002 年第 6 期。
⑤ 孙桂荣:《"80 后"文学的写作姿态》,《文学评论》2009 年第 4 期。
⑥ 苏文清:《论"80 后"写作的亚文化意义》,《湖南科技学院学报》2007 年第 2 期。
⑦ 季红真:《从反叛到皈依——论"80 后"写作的成人礼模式》,《文艺争鸣》2010 年第 15 期。

于王安忆的《雨,沙沙沙》那样的青春写作,同世纪交替时郁秀创作的《花季·雨季》式的青春写作更是有很大的距离。"80 后"写作体现的青年亚文化是以"断裂"为标志的,这不仅是同主流文化(文学)传统的断裂,也是同中国当代文学中青春文学的传统的断裂。

考察青春写作的青年亚文化性质是探讨"80 后"作家的一个主要着眼点。有论者指出:"青少年写作连同阅读行为在本质上更接近于一种亚文化,一种通过风格化方式挑战主流文化以便建立某种群体认同的附属性文化形态。"①"80 后"作家之所以被视为青年亚文化,是因为"这一群体特别具有反叛个性与浪漫品质,在自我思想上也有着自身某种独立的思考和追求。不过,他们的思想目前还处于社会一种边缘、弱势境地,还没有对主流意识形态造成政治经济上的实质影响,只能表现为对主流精英与主流意识的某种疏远离散状态"②。青年亚文化的出现并形成势头正表明新世纪文学的文化多元性,也表明评论界和全社会对"异类"的开放和宽容态度。有人信心满满地指出:"1. '80 后'文学拥有了完全不同于前辈的文化背景与文化资源,这是他们的优势也是幸运;2. 具有不同时空青年亚文化所共同的文化精神特征,即叛逆性;3. '80 后'文学的文化精神与前辈文化和世界文化不同国度时代的文化具有精神延续的脉络可寻;4. 青年亚文化殊途同归,最终将支持、改造、回归社会主流文化,就文学而言,'80 后'的'青春写作'入史无疑,代表作品也有望成为时代经典。"③

青年亚文化仅仅是"80 后"作家在成长过程中一个时间上的定格,在新世纪文学第一个十年已经过去的时候,"青春"已进入了"成年","80 后"作家也逐步定位于各自的归宿:张悦然等人回归主流文学圈,韩寒以博客为阵地打造自己的公共知识分子形象,郭敬明继续扮演着消费时尚的偶像,这一切同"青春写作"已毫无关系,"80 后"也类似于"60 后""70 后",除了出生的代际标志,已经祛除了整体性的特定文化意义,青年亚文化也就成了这一代作家馈赠给新世纪文学的一份精神遗产。

---

①   孙桂荣:《"80 后"文学的写作姿态》,《文学评论》2009 年第 4 期。

②   王文捷:《现实的困顿与精神的探望——论青年亚文化中的"80 后"》,《文艺争鸣》2011 年第 1 期。

③   江冰:《80 后文学与"80 后"概念》,《文艺争鸣》2008 年第 10 期。

二、持续深化的现实主义小说

1. 新世纪小说中的现实主义

在 20 世纪八九十年代已然形成的文学多元化格局中,尽管面对多种文学观念和创作方法的挑战与竞争,现实主义仍然以其强劲的生命力和影响力对新世纪文学的整体走向和审美选择发挥着引领作用,这在小说创作领域尤其突出。

新世纪小说中的现实主义审美取向首先来自现实主义传统的力量,这里既包括新时期以来更新了的现实主义传统,也涵容了新中国成立以来以理想主义和英雄主义为旗帜的革命现实主义传统。在新世纪小说的创作队伍中,新时期的主流作家依然是其中的中坚,这里既有步入老年的王蒙、宗璞、张洁、蒋子龙等,也有人过中年的贾平凹、王安忆、铁凝、莫言等,他们将现实主义传统带入新世纪的小说创作,创作了许多优秀作品,如王蒙的"季节"系列、宗璞的"野葫芦引"系列、张洁的《无字》、蒋子龙的《农民帝国》、贾平凹的《秦腔》、王安忆的《启蒙时代》、铁凝的《笨花》、莫言的《生死疲劳》等。在这些作品中,现实主义的启蒙精神和批判精神得到进一步张扬,对历史的反思和对现实的叩问强化了现实主义底色,作家个人的感受、体验、情感更深地浸润在现实画幅中,从而产生出更具个性特色的现实主义力作。现实主义传统的辐射力是强大的,已经成长为"中生代"的一批作家,如方方、刘震云、刘醒龙、阎连科等,尽管在新时期文学的不同阶段曾受到过寻根文学、先锋文学的影响,但现实主义传统所留下的刻痕是显而易见的,且不说"新写实""新历史""现实主义冲击波"等创作潮流本身就是现实主义的衍生形态,难能可贵的是他们在各自的基础上继续向现实的深层钻探,方方书写的底层市民、刘震云刻画的小公务员、刘醒龙塑造的乡村教师、阎连科叙述的"受活"人生等,都堪称新世纪现实主义的艺术结晶。

现实主义传统的辐射力更突出地体现在被称为"转向"或"回归"的趋势中。所谓"转向"是指当代中国文学八九十年代的一批先锋小说家对现实主义的皈依,这其中最有代表性的当数余华。他在 20 世纪 90 年代就放弃了先锋实验,开始变得平实、自然,显示出现实主义小说的风貌,《活着》《许三观卖血记》等作品显然超出了他先锋小说的影响;在新世纪他的长篇小说《兄弟》和《第七天》等大致延续着写实的基本方式。对于其他先锋作家而言,比"转向"更确切的说法则是"嫁接",这是将"先锋"的观念和某些技巧手法"嫁接"在现实主义的"母本"上。莫言的《丰乳肥臀》《蛙》等作品已有这种倾向,作为先锋小说代表作家的马原和格非对现实"母本"的寻绎更出现了引人注目的变化。2012 年,马原搁笔多年之后再度推出他的长篇小说《牛鬼蛇神》,尽管这部作品不能当作"文革"的历史存照来读,但他所叙述的同代人撕裂的青春期,却无疑拉近了作品与时代和生活的距离。格非也不打算对先锋执拗地坚守,他在新世纪推出的长篇系列"江南三部曲"不仅刻意打上历史的印记,而且立意探讨 20 世纪中国人的"乌托邦"情结,这本身就是一个非常具有当下意义的"现实问题"。同样可以视为先锋作家的林白，她最明显的"转向"是走出了"自己的房间"，她在新世纪发表的长篇新作《万物花开》和《妇女闲聊录》，把个人化的悲哀和忧伤转变为对乡村底层民众的关注，时代、社会、民众从她惯常的迷蒙、神秘、诡异的叙述中浮现出来，开始超出她女性小说的胸襟和境界。

与先锋"转向"的若即若离不同，一批作家向理性主义和英雄主义的"回归"是明朗而坚执的，在邓一光、都梁、徐贵祥、柳建伟、石钟山、尤凤伟等的小说中不难感受到革命现实主义的余脉尚存，因此可以说他们的创作是在新的历史条件下对革命现实主义的"续写"。在世俗主义和物质主义的重压下寻求与之抗争的精神支撑是触发"回归"和"续写"的主要动机。正如尤凤伟所说："在自己的魂魄中具备着一种英雄浩气，这种英浩之气，大到可以防止一个种族的退化，小到可以抗拒平庸生活对人精神上的磨砺与腐蚀。总之，这是一个社会走向进步与健康不可替代的东西。"①于是邓一光在《父亲是个兵》和《我是太阳》等小说中用追忆的笔墨回顾"父亲"的光荣往事，重返宏大叙事，表达了对父辈创造的英雄神话发自内心的认同与崇拜。石钟山也在"父亲"系列小说及《最后的军礼》《玫瑰绽放的年代》等作品中塑造了革命军人的硬汉形象，他们身上体现出对过去英雄生活无限的眷恋。因此，在新世纪的小说中出现了久违的革命英雄形象：关山林（邓一光《我是太阳》）、李云龙（都梁《亮剑》）、梁大牙（徐贵祥《历史的天空》）等，能够让人联想起《红日》中的石东根或者刘胜。当然，上述作家、作品对革命现实主义的"回归"或"续写"，并不是对革命话语的原版复制，而是受现实社会文化语境的影响，作出了相应的调整，如其中阶级对立的观念被淡化，英雄人物的刻画也变得灵活多样，革命理想主义和革命英雄主义在作品中呈现出某些世俗化和大众化的特征，明显打破了既往革命历史书写的政治规范。这些作品的出现很大一部分缘于作家对现实的忧虑，他们转而在历史中寻找慰藉，正好应合了平常年代大众的怀旧心理。

不论是用"继承""发扬"，还是用"转向""回归"来描述新世纪小说的现实主义，都不应该忘记新世纪现实主义自身所表现的多种形态。有研究者将新世纪现实主义形态描述为五种类型：启蒙现实主义、奇异现实主义、文化现实主义、抒情现实主义、寓言现实主义。② 这一概括是否准确自可商榷，但新世纪现实主义已经呈现出有别于传统现实主义的多种形态，则是一个不可否认的事实。

新世纪小说中现实主义的最大变异是现代主义因素的渗入，因此有研究者称：新世纪小说中的现实主义是和先锋文学的现代主义无法分开的。③ 且不论先锋作家的"转向"，即使是那些一贯关注现实、坚持现实批判的作家也择取现代主义乃至后现代主义的观念和艺术表现手法来强化对现实的表现力和批判力。如莫言在诺贝尔文学奖的颁奖词中被冠以"幻觉现实主义"，这固然是为了容纳他对神话传说、民间故事、乡村戏曲等中国元素的吸收，但没有人会怀疑他向福克纳、马尔克斯等现代主义或后现代主义大师的借鉴。几乎可以说，即便是现实主义小说，在引起读者阅读不适的地方，很可能就遭遇到现代主义；当然，还有另一种情况：某些看来很平实的现实主义小说却可能处处埋有后现代主义的陷阱，刘震云的小说就属于这一类。

现实主义与浪漫主义的结合，这本来就是革命现实主义的传统，但这一传统除了被"回

①　尤凤伟：《战争往事·后记》，人民文学出版社 1997 年版，第 278～279 页。
②　参见周志强：《现代主义的现实主义——21 世纪长篇小说的五种文体图景》，《天津师范大学学报》2011 年第 2 期。
③　参见王春林：《新世纪长篇小说中的先锋叙事》，《文艺争鸣》2010 年第 3 期。

归"或"续写"的作家继承,更有一种崇尚自然、古朴的浪漫主义深深浸入了新世纪的现实主义,其典型的代表是一批西部作家创作的西部小说。在新世纪进入创作盛期的杨志军、雪漠、红柯等人以大西北的雪域、大漠、戈壁为背景,书写下一派荒原奇观,生命的搏杀、英雄的复活、隐秘的历史、异域的风情,囊括了浪漫主义的诸多要素,但是作家们着意在浪漫色彩甚浓的背景下投射清晰的现实景观,这里有生态失衡的隐忧,有时代荒谬的观照,有兵团垦荒的回溯,有农民心灵的洞见,在现实和童话的交融中,他们给作品注入了历史学、民俗学、民族学、宗教学、生态学的丰厚内涵。

同新世纪小说中的现实主义倾向实现"无缝对接"的,可以说是新写实主义。从 20 世纪 80 年代中后期兴起的新写实在 90 年代绵延不绝,终于成为中国当代文学现实主义的主导样式。这种"写生存本相"或者"特别注重现实生活原生形态的还原"的"写实主义",在新世纪也获得了切实的内涵,有两个关键词是与之密切相关的,一个是"底层",另一个是"日常生活"。

作为一个小说创作潮流的"底层叙事",无论从左翼文学的渊源来看,还是从左拉式的自然主义倾向来看,它是最能凸显文学的现实主义精神的。作为一个文学话题,"底层"虽说兴起于新世纪初,但是其端倪早已深藏在新写实小说里。新写实的代表作家方方在 80 年代中期发表的《风景》就已具备了底层叙事的各种现实和艺术的要素:左拉式的贫民窟、猪狗式的人生、神经质的人物、相互咬啮的人际关系等。类似的情景在长篇小说《落日》中得以复现,一直延续到新世纪的《出门寻死》《万箭穿心》等作品,方方也因此成为专业作家介入底层叙事的代表;反过来说,"底层叙事"写地位卑下的小人物的生存本相,宣示生命和生活欲望备受压抑的苦难,展现大量卑污、猥琐、鄙陋的生活细节等,本身也同新写实一脉相承,因此可以说新写实直接启动了"底层叙事"。

"日常生活"是最具现实主义品格的,现实主义就是"对普通人日常生活的深切关注"①。理论界热衷于讨论"日常生活"是受到西方文化批评的影响,但创作界热衷于表现"日常生活"则发轫于新写实。"日常生活"的去理想化、去政治化、去行业化是新写实"还原生活原生态"的基本写作策略,这给现实主义提供了极其广阔的艺术空间,也是新写实之后众多作家乐于驰骋的艺术空间。"日常生活"是新写实给新世纪文学的一份馈赠,新世纪的诸多小说家是这份馈赠的承继者。"60 后"作家毕飞宇既是这份馈赠的承继者,又是新写实的超越者。他以日常化的叙述方式来叙述日常生活,这是不少研究者已经注意到了的,也是他从先锋文学撤离而"重返现实主义"的一个明证。但是渴望自己写出"庄严而又宏大的东西"则是他对新写实的超越的一个证明。在《推拿》中他从一群盲人琐屑而平庸的日常生活中找到了这种东西,这就是尊严,这也使他成为"60 代"作家中超群拔萃的一位。不仅是毕飞宇,从"70 后""美女作家"的自我提升,到更多"70 后"作家的涌现,都不难发现"日常生活"给他们铺就的攀升之路。

---

① 伊恩・P. 瓦特:《小说的兴起》,生活・读书・新知三联书店 1992 年版,第 62 页。

2. 周梅森、陆天明、张平的反腐小说

在创作反腐小说之前,周梅森①已经是一个较为成熟的作家了。20 世纪 80 年代,他以《喧嚣的旷野》《沉沦的土地》《黑色的太阳》等小说构成的总题为"历史·土地·人"的煤矿史系列在文坛崭露头角。随后又创作了《国殇》《军歌》等"战争与人"系列小说,成为新历史小说的代表作家。这两类作品都充溢着浓厚的悲剧氛围,在恢弘的历史画卷上展示出复杂的人性,形成了自己的特色。90 年代中后期以来,周梅森的创作发生了重大转变,开始关注当下中国现实,陆续推出了《人间正道》《中国制造》《至高利益》《绝对权力》等反腐小说。

周梅森的反腐小说视野开阔,大气而颇有深度。他的小说不局限于现实社会某一横断面,而是力图全景展示当代中国政治、经济改革进程。如《至高利益》围绕李东方继任市委书记之后处理前两任大搞政绩工程所造成的严重后果推展开来,涉及干部任用、民主选举、政绩工程、下岗就业、治理污染、防汛抗洪、计划生育等。这种对当代社会和政治的整体性观察和书写,是其他反腐小说很少涉及的。

周梅森的反腐小说首先依托于对中国式的权力文化思考,他从揭示"官本位"意识入手,带出当代中国社会政治生活中的种种深层次问题。《中国制造》《至高利益》《绝对权力》等几部小说集中展示了官本位意识滋生出的家长制作风、绝对权力、权力递延、权力异化等现象,以及官场权力的运作规则或潜规则,以此告诉人们,不受任何约束的权力是怎样催生了腐败的。与此相关的是,这些小说细致传神地写出了官本位体制中人们对权力的敏感、崇拜、依附、敬畏甚至惧怕等种种心理样态。如《中国制造》中即将离任的老书记姜超林,面对从省里空降下来的新任市委书记高长河"惊异不安",并产生了省委的安排对平阳是机遇还是权力游戏的思考;信守"谁有权力就崇拜谁"的刘意如,多年市委办公室主任的工作经验已经将她打磨成一个十分善于窥测方向、看脸色、听招呼,机敏活络的人;副县长金华向县长耿子敬提出不同意见之后,耿子敬居高临下、不屑一顾的姿态,竟然使金华改变了原则,脊背上直冒冷汗。这些场景描写浸透了作者对于孕育几千年人治社会土壤中的权力文化的冷峻思考,生动而又有力度。

作为推动改革的正能量,小说正面刻画了几位位居权力高端的政治家、改革家。从市委书记吴明雄(《人间正道》)、高长河(《中国制造》)、李东方(《至高利益》)、齐全胜(《绝对权力》),到省长赵安邦(《我主沉浮》)、省委书记钟明仁(《至高利益》)等,他们都是时代的弄潮儿。作者赋予了他们政坛精英的理想人格——为国家改革事业甘愿压上身家性命的凛然正气和牺牲精神。可贵的是,作者对人物的刻画并没有停留在脸谱化上,而是直面现实,切入内心,揭示他们无力挣脱官场规则时无奈而复杂的心理,让形象自身孕育出批判和反省的力量。如高长河在复杂的政治斗争中或为保全自己,或顾全大局,也不得不迁就官场种种潜规则,甚至在省委领导面前还流露出"惧上"心理等。这些描写既丰富了人物的性格内涵,更增添了作品的批判力量。

---

① 周梅森(1956—　　　),江苏徐州人。当过矿工、文学编辑,现为一级作家。出版有《人间正道》《绝对权力》等长篇小说,《周梅森政治小说读本》(3 卷)、《周梅森反腐经典小说》(5 卷)、《周梅森文集》(12 卷)等。

在叙事艺术方面,周梅森擅长营造不同凡响的开端。作者常常开篇就将主人公置于权力斗争的"危机"时刻,或权力交接的"敏感"时机。如《人间正道》和《中国制造》因突然而至的权力交接引发政坛地震,《至高利益》中由严重污染事件引发权力中枢核心人物的两难处境,《绝对权力》中主人公刚从国外回来就经历女儿和夫人双双被查处的"惊魂之夜"等。这种情节安排,既有利于刻画政治人物的情怀和复杂性格,也使情节的发展积蓄足够的推力并充满悬念,然而人物性格与矛盾冲突的类同是周梅森未能避免的缺陷。

陆天明①是以知青题材小说引人注目的,1986 年发表的《桑那高地的太阳》讲述了上海支边青年开发新疆的历史。1993 年发表的《泥日》更以"文字的力度和精神的气势""俄苏文学的亮度""拉美魔幻的色彩"②受到好评。1995 年发表的长篇小说《苍天在上》,率先在新时期文学作品中正面反映社会转型期的反腐败斗争。

陆天明的反腐系列小说显示出作者对反腐败问题思考的逐步深入,小说的展示空间和开掘深度也不断增长。《苍天在上》把反腐寄希望于清官。章台市代理市长黄江北上任于危难之际,小说写到普通民众的反腐愿望和期待,但更多的还是表现黄江北以个人之力与腐败集团的斗争。《大雪无痕》探讨了社会监督也就是体制与法制的问题。小说围绕着"东钢股票行贿案"和"副市长周密杀人案"展开复杂曲折的故事情节。反腐力量不再是几个"青天式"的党政领导了,人民群众成为反腐的主力,人民参与的程度决定了反腐的前途。《高纬度战栗》以处于高纬度的北方某省发生的一起涉及代省长的腐败大案为背景,深刻剖析了当代社会现实关系。作者不再简单写正义与非正义的斗争,而是通过对当代社会世风的变化,透视腐败滋生的社会生态和群体心态。劳东林在调查过程中,不仅遭遇到老朋友的出卖,而且倍感孤立无援。由此,小说在对群体意识和人性进行开掘的同时,也严肃地提出了腐败形成过程中普通民众承担怎样的责任等问题。这无疑切中了当下社会的要害。

对反腐英雄的着力塑造是陆天明小说的一个重要特点,在一系列小说中,陆天明怀着敬意和感动塑造了一批反腐英雄形象,其中有《苍天在上》中的黄江北,《大雪无痕》中的方雨林、廖红宇,《省委书记》中的贡开宸、马扬,《高纬度颤栗》中的劳东林、邵长水等。不管身份、地位怎样,他们的共同特征是对国家和党忠诚,对人民利益高度负责,对腐败分子憎恨。这些人物是新时代的楷模,寄托了作者的社会政治理想。作者深入到他们的内心世界,写出了种种复杂情况对他们的灵与肉的考验。比如《省委书记》中的贡开宸,作为"封疆大吏",他是为自己所忠诚的事业而活着,然而他又是一个有血有肉有感情的人,正义与邪恶,亲情与党性,个人前途与人民利益,让他在责任与人情的旋涡中痛苦地"挣扎",几经身心憔悴而又总是不屈不挠,真是一个令人百感交集的省级干部形象。

在叙事艺术上,陆天明袭用了悬念设置+逻辑推理的侦探情节模式。如在《高纬度颤栗》中,劳东林和邵长水先后深入到"敌人内部"秘密调查副市长持枪杀人案,小说处处设疑,环环

---

① 　陆天明(1943—　),生于昆明,长在上海。两次上山下乡,曾在安徽农村当过农民、小学教师。1957 年开始创作。又下放在新疆生产建设兵团当过农工和干部,后奉调北京,从事专业创作。出版有中篇小说集《啊,野麻花》,长篇小说《苍天在上》《省委书记》等。

② 　孙郁:《陆天明的另一面》,《当代作家评论》2002 年第 6 期。

相扣,悬念迭出,在一系列阴谋与凶杀案的侦破中,现出惊天腐败大案。毫无疑问,这是人们喜爱的叙事模式,它展示出主旋律作品借助通俗叙事手法的一种可能性。

张平①的创作可以分为两个时期:80 年代和 90 年代以来。1981 年张平发表短篇小说《祭妻》,随后又创作了《姐姐》等近十篇"家庭苦情"系列小说,这类小说从普通人家庭生活琐事出发,写出了他们的悲情生活故事,体现出哀婉悲切的风格。90 年代前期发表的《法撼汾西》《天网》直面贫苦农民没有法律保障的冤屈,塑造了一个富有正义感、为民申冤的艺术形象——刘郁瑞。这两部作品标志着张平的创作走出"家庭",走向广阔的社会,由抒写个人苦情转向关注民间疾苦和现实社会问题,与此后创作的反腐小说之间有着明显的过渡性。

《抉择》是张平的代表作,小说反映了国有企业腐败的问题。拥有数万人的特大型企业中阳纺织集团公司生产经营陷入困境,濒临破产,导致大批工人准备上街游行抗议。此事震动了市领导层,市长李高成开始了调查。随着调查的深入,一个上至省委副书记、下至厂党委书记、正副经理的腐败集团暴露出来。小说展示了国有企业普通工人的生存状况:连续两次在全国技工比赛获得冠军的高级技工只能在厕所旁摆修鞋摊,工作了 30 多年当了 96 次劳模的退休女工与全家挤在狭小的屋子里,工人宿舍无水、无电、无暖气,生病、生孩子只能在严寒的屋子里苦熬……小说叙述平实、节制而冷静,使作品蕴含着浓浓的悲剧性。这一方面鲜明地表达了作家对底层老百姓的关切,对腐败分子深恶痛绝的情感立场;另一方面,也揭示了当代中国社会现实关系的深刻变化,显示了作家直面现实的勇气。

《国家干部》是为民写作的深化。小说关注点不在于揭露贪污腐败,而是政治权力价值观取向的问题,即当官是为人民还是为个人或者小集团利益?夏中民是一名有才华,有能力,想干事,能干事的好干部,他在嶂江市勤奋工作了八年,但每一次升迁都遭遇到极大阻力,反复被审查,结果在市党代会上竟被"合法"地选下台。而刘石贝则通过自己的亲信,牢牢控制着嶂江市的大权,形成了一个强大的地方利益集团,披着合法的政治外衣,利用人民所赋予的权力为所欲为。作者不动声色地描绘了这一独特的政治奇观,意在暴露当代政治生活和体制中的弊端,这是小说的尖锐性之所在。

张平的创作具有很强的"清官情结"。刘郁瑞、李高成、夏中民等人物形象都被塑造成新时期的"高大全"式的英雄。在他们身上寄托了作者的期待,饱含广大群众的期望。但过于理想化的刻画不仅使人物形象显得扁平,不够立体和丰满,而且也削弱了主题的深刻性,如《抉择》《国家干部》都以"光明的尾巴"回避现实的矛盾。

3. 李佩甫、刘醒龙、毕飞宇的乡村小说

李佩甫②的乡土小说,除了持续观照中国乡村的历史变迁与现实境况,更擅长剖析当代农

---

① 张平(1953—　),山西太原人。1981 年开始发表作品。1982 年毕业于山西师范大学中文系。主要作品有中短篇小说集《祭妻》《姐姐》,长篇小说《抉择》《国家干部》等。《抉择》获第五届茅盾文学奖。
② 李佩甫(1953—　),祖籍河南许昌。1971 年下乡插队,当过四年车工。1978 年发表处女作。1984 年毕业于河南电视大学汉语言文学专业,从事文学编辑和专业创作。发表有长篇小说《李氏家族》《城市白皮书》及"平原三部曲"(《羊的门》《城的灯》《生命册》)等,中篇小说集《无边无际的早晨》《黑蜻蜓》等。

民的精神世界及其文化根源。他在 80 年代发表的长篇处女作《李氏家族第十七代玄孙》就通过一个家族繁衍发展的兴衰史,深度开掘了"豫中平原文化"的独特性。随后的中篇小说,如《红蚂蚱 绿蚂蚱》《黑蜻蜓》等,一面叙述民风民俗,一面又在小人物形象的塑造中,赞扬农民卑微而坚韧的生存意识,表现出城市文明冲击下乡村文化心理的变革与冲突。进入新世纪以来,李佩甫的创作笔触扩展到农村之外,不仅涉足官场、商战,刻画权力欲望驱使下的人性沉沦,还格外聚焦农民进城的艰难历程。

　　与新时期乡土文学中多系乡村赞歌不同,李佩甫深厚的乡土情结并未减弱他对农民人性的双重考量,他常以"植物"喻人,把土地与农民的关系看作是土壤与植物的关系,用观察植物生长的方式来考察人心。《羊的门》开篇就颇有特色地描写了豫中平原上"土壤的味道"和"草的名讳",并从中概括出农民"败中求生、小中求活"的"草性精神":一方面,他们是最贫贱卑下的,因而也最能承受苦难,敢于冒险,充满了向外扩张的征服欲望;另一方面,他们又是最目光短浅的,可以为了蝇头小利就见风使舵、随波逐流。在李佩甫的小说中,这种"有气无骨"的农民性,不但催生了一批追逐权力、不择手段往上爬的野心家,如《羊的门》中的呼国庆、《城的灯》中的冯家昌、《败节草》中的李金魁等,更孵化出了一种根深蒂固的权力崇拜意识。在《羊的门》中,村党支部书记呼天成集儒家"内圣外王"与现代专制的威权意识于一身,以经营"人场"的方式经营"官场"40 年,把呼家堡打造成了一个经济富足、思想凝固、绝对服从个人权力统治的乡村帝国。通过塑造这个"东方乡村教父"式的人物,李佩甫写出了专制权力结构如何侵蚀传统乡村伦理的历史寓言。

　　《羊的门》之后,"城市的诱惑"成为李佩甫小说的核心主题。《城市白皮书》通过一个小女孩的病态视角,描绘出一副怪诞狰狞的城市地狱图。《等等灵魂》以都市商战为背景,写人如何在金钱和欲望的侵蚀中一步步投降。《金屋》则进一步将城市所象征的现代诱惑推到古老乡村的边缘,写金屋带来的人心变乱和道德溃败。尽管李佩甫在城乡对立关系的表达中倾向乡土,拒绝城市,但他也明确地意识到,"古老的、有传统意义的、纯粹的乡村已经不存在了"[①]。

　　这种现代性焦虑集中透射到李佩甫小说中的"离土叙事"上。在《城的灯》《生命册》中,李佩甫相继塑造了两个离乡背井、走进城市的农村知识青年形象:《城的灯》中的冯家昌,为了改变穷困卑贱的农民命运,不惜出卖尊严和良心,背叛农村姑娘刘汉香的爱情;《生命册》中的吴志鹏,虽然吃"百家饭"长大,成为一名大学教师,但他为了彻底摆脱农村,还是选择下海经商,成为资本经济时代追逐金钱名利的弄潮儿。对于这些迷失本心的离土者,李佩甫既批判又同情,既尖锐地指出农民"精神上的贫穷才是万恶之源",又以历史透视的深度,表现离土者不得不"背着土地在城市中行走"的身份困境与精神煎熬。

　　李佩甫以神性写作的特殊形式,为时代提供了一部反省书。无论是《城的灯》中要用花之美来改造人心、重建乡村的刘汉香,还是《生命册》中虫嫂、老姑父等坚韧自尊的普通农民,都象征了以乡土伦理为根基重建人性的理想之光。虽然"平原三部曲"的题记皆引自《圣经》,但李佩甫说,"我们的源头或者说我的源头,仍然是中华文化",只有超越"罪的苦海",寻找到"一

---

① 孔会侠:《以文字敲钟的人——李佩甫访谈录》,《创作与评论》2012 年第 8 期。

个民族的思维神性"①，才能重建人之为人的根本信仰。

刘醒龙②的创作大致可分为三个阶段：第一阶段以 20 世纪 80 年代创作的"大别山之谜"系列小说为代表，这显然受到寻根思潮的影响，他一面以汪洋恣肆的想象力，开掘故乡大别山独特的风土民情，一面又以当代人的敏锐观察，速写现代文化冲击下的乡村变革，表达出浓郁的乡土情结。

进入 90 年代以来，刘醒龙第二阶段的创作则开始从抽象的文化迷思回归具体的现实生活，用简洁朴素的语言，探讨生命的意义和人的精神问题。在这一阶段作者虽有涉猎都市的作品，但其创作重心仍是乡村，而且道德理想主义成为贯穿他一系列小说的主旨。面对现代化进程中乡村日渐被边缘化的悲痛事实，刘醒龙更倾向于以感恩之心去发现乡村故事中的美好与温情。《村支书》塑造了一个为百姓谋福利的农村基层干部形象。《大树还小》中的农民秦四爹，多年来坚守着他对女知青文兰的痴情。《凤凰琴》反映山村民办教师艰难窘迫的生存境况，凤凰琴不仅寄托了上一代民办教师的爱情和悔恨，更成为后继者践行理想、为人师表的象征。《凤凰琴》后来成为长篇小说《天行者》的基础，作品仍旧围绕"转正"引发的矛盾冲突，写出了民办教师默默承受苦难的责任与良知。这个阶段创作中强烈的道德救世主义情结，使刘醒龙的风格迥异于流行一时的新写实小说，避免了停留在形而下层面的生活还原，但过于理想化也削弱了小说的批判力度。

在刘醒龙第三阶段创作中，主观浪漫与客观现实之间的悖论趋于融合。长篇小说《痛失》在直击官场权力腐化、利益斗争等社会现实之外，深刻地展现了人在剧烈时代变迁中痛失道德理想的精神裂变过程。刘醒龙在这个阶段的创作还进一步拓展到历史空间中。《弥天》以"文革"为背景，一条线索写大批贫苦农民被迫在严冬中修建一座只为政治宣传服务的红旗水库，一条线索写回乡知青温三和的情爱追求，写人性在革命名义下的扭曲变形。他的三卷本长篇力作《圣天门口》时间跨度更为宏阔，从土地革命延展到"文革"，以天门口小镇雪、杭两家的恩怨情仇为线索，在家国叙事中反思革命暴力，通过对梅外婆等女性形象的塑造，在血腥暴力的历史中重建了另一种追求仁慈、宽恕与和解的宗教信仰与民族精神。

毕飞宇③曾一度以其极具先锋色彩的语言实验，被看作是"晚生代"作家中的重要一员。1999 年《青衣》的发表，被认为是毕飞宇创作转折的重要标志，在此后的"玉米"三部曲(《玉米》《玉秀》《玉秧》)、《平原》、《推拿》等小说中，毕飞宇把对小说技术层面的关注转移到人物命运，以精致的语言，平实地叙述日常生活，从历史和形而上的哲学层面思考权力意识支配下的人性悲剧，形成他独具特色的现实主义风格。

对极权文化的批判是毕飞宇小说的核心主题，而这一主题又是从三个层面逐渐展开的。

---

① 李佩甫、舒晋瑜：《看清楚脚下的土地》，《上海文学》2012 年第 10 期。

② 刘醒龙(1956—)，湖北黄州人。曾任水利局施工员、阀门厂工人、群艺馆创作员。现任湖北省作家协会专业作家。代表作有中短篇小说《凤凰琴》《威风凛凛》，长篇小说《圣天门口》及《刘醒龙文集》(4 卷)等。其中《挑担茶叶上北京》获首届鲁迅文学奖，长篇小说《天行者》获第八届茅盾文学奖。

③ 毕飞宇(1964—)，江苏兴化人。1987 年毕业于扬州师范学院中文系，曾在南京特殊教育师范学院从教，后任《雨花》杂志编辑。90 年代以中短篇小说创作闻名，代表作有《哺乳期的女人》《地球上的王家庄》《青衣》等，另出版有《平原》《推拿》等长篇小说。其中《哺乳期的女人》和《玉米》分获首届和第三届鲁迅文学奖，《推拿》获第八届茅盾文学奖。

首先,毕飞宇善于在小人物的悲剧人生中,剖析其情感意识和命运由来。他笔下的主人公往往处在焦虑不安中。《青衣》里的筱燕秋既是一个善妒、任性的女人,又是一个"一根筋式"的人物,周身洋溢着纵使无力回天也要拼死一搏的悲剧气息。毕飞宇不仅写出了名利熏心下扭曲的面孔,更用她骨子里的坚韧与不甘震撼人心。尽管小说中弥漫着宿命论色彩,毕飞宇还是通过戏团团长乔炳璋、赞助演出的烟厂老板等人物,影射梨园乃至整个社会生活中畸形的生存法则,思考造成筱燕秋人生悲剧的外部原因。

　　这一创作意图在后来的"玉米"系列中被更明确地表达为文化层面的权力批判。毕飞宇触目惊心地塑造了被极权文化戕害的三姐妹形象,写权力如何渗透到人的自我意识中去。玉米这个任性要强的农村姑娘,作为长女,在父亲出轨、母亲自残的家庭中无怨无悔地承担了一切,在美满婚姻破灭后,甘愿嫁给一个县里干部做填房,并迅速成为依仗权力残害他人的人;妹妹玉秀为了摆脱姐姐的控制,一面利用姐姐做保护伞,一面加倍讨好郭家兴父女,向姐姐夺权;小妹玉秧虽然靠自己的能力考入县城,却也轻易被权力俘获,甘当校卫队队长魏向东监控学生的工具。"要有权"的自我意识仿佛躲在暗处的厉鬼,操控着王家庄姐妹们相互厮杀、自取灭亡。毕飞宇尖锐地将这种日常生活中的权力逻辑概括为"鬼文化","这个鬼就叫'人在人上',它成了我们最基本、最日常的梦。这个鬼不仅仅依附于权势,同样依附在平民、大众、下层、大多数、民间、弱势群体乃至'被侮辱与被损害的'的身上"①。虽然毕飞宇在《玉米》的创作中有意淡化时代背景,但"文革"显然构成了这一权力异化主题的历史来源。

　　作为毕飞宇的第一部长篇小说,《平原》用鲜活感性的"小叙事",勾勒出一幅 70 年代末期苏北平原的乡村生活图,在日常生活中审视极权文化的政治运作。作品一反以往伤痕文学依附宏大叙事的感伤控诉,尽管极权文化照例以开会、听报告等政治形式改造农村,但就像由节气时令决定着播谷收割一样,农民的日常生活仍继续遵循着它自身的逻辑,而黑夜里的男女私情、秘密开展的宗教活动等,更构成了乡村文化对政治权力的挑战。在《平原》中,农村青年端方和知青出身的大队书记吴蔓玲,分别代表了这两种力量。端方之所以能成为家庭和村庄生活的强者,是因为他懂得如何利用乡约民俗建立权威,但当端方不能忍受农村生活的寂寞,想要参军进城时,他又不得不匍匐在掌握政治权力的吴蔓玲脚下。而为革命几乎丧失性别意识的吴蔓玲,一面不可抑制地爱上端方,一面又在情欲无法满足时更加堕入被权力异化的深渊。《平原》中的几个次要人物,老鱼叉、混世魔王等,都表现了毕飞宇对"文革"时期人的异化的深刻洞察。

　　在《推拿》中,毕飞宇将叙事视角转向城市,叙述一个推拿店里一群盲人按摩师的悲苦人生。他摒弃"自上而下的悲悯",而是站在盲人的角度去感受、观察和理解世界,以人道主义的立场,重申人的尊严。他的语言既精致又充满了世俗关怀,他始终追求超越生活表象,直抵要害,用鲜活的人物和精准的语言表达对普世价值的回护和声张。

---

　　① 毕飞宇:《我们身上的鬼》,《小说月报》2001 年第 5 期。

4. 迟子建、毕淑敏、叶广芩等女性作家的小说

迟子建①早期创作以中短篇小说为主,所写主要是带有鲜明边地特点的乡村生活。2000年出版长篇历史小说《伪满洲国》,2005年再推出《额尔古纳河右岸》,这两部作品在文坛上都产生了较大影响,标志着迟子建创作的新拓展。

迟子建的中短篇小说有两个特点,首先是主题和人物关系比较单纯。从迟子建的创作历程来看,她虽然经历了一个从寻求童话到走向开阔与复杂的过程,但观照生活的角度是连续一贯的。不论是早期的拟童话小说,还是其后反映日常生活的作品,支撑它们的主要是家庭成员之间的亲情、夫妻之间的爱情、人与人之间的温情。她写了很多心地善良、淳朴、乐于助人的人物,他们虽然大都是小人物,但是他们善良的天性往往成为小说诗意的源泉。像《沉睡的大固其固》中的媪高娘、《逝川》中的吉喜、《日落碗窑》中的吴云华、《驼梁》中的汽车司机李德、《福翩翩》中的柴旺等。迟子建也写了很多善恶混合的人物,但是,即便是恶人,作者也着意挖掘其人性中比较好的东西,着意于善对恶的感化和转变。除了主题比较单纯外,迟子建小说的人物关系也比较单纯,最常见的是一种家庭模式和夫妻模式。她的小说主要有两个背景:边地乡村和哈尔滨,而以边地乡村为背景的小说占了大多数,这与其早年的记忆有非常密切的联系。迟子建的很多小说都是把早年的生活背景融入作品中,中国北方极地的乡村、山川河流、冰雪覆盖的大地、广袤的森林、用原木做成的木刻楞房子、房子周围的菜园成了迟子建小说的背景。

迟子建中短篇小说的另一个特点是充沛的诗意与温情。迟子建把寻求感动作为自己小说探索的主要方向,她花很多时间谛听自己的心灵,寻找自己被感动的一刹那,当她找到那份感动的时候也就找到了创作的灵感。因此,她的小说都有一个打动人的闪光点,而这个闪光点能够照亮生活,使平凡的故事变得不平凡。《亲亲土豆》中的秦山癌症晚期,临死前给妻子买了一件宝石蓝色的软缎旗袍,妻子李爱杰最后穿着这件旗袍给丈夫守灵。《逆行精灵》中的音乐教师一曲琴声,让所有人都受到感动。迟子建即便讲述一个悲剧故事,也会在困境中流露出爱、韧性和牺牲精神,把这份爱和温情挖掘出来,让它温暖整个故事,酿造成安乐和肃穆的氛围。

迟子建的两部长篇历史小说《伪满洲国》和《额尔古纳河右岸》都有较大的时空跨度,涵盖了众多人物。《伪满洲国》的故事起笔于1932年伪满洲国建立,终止于1945年溥仪的退位,大体涵括了这十余年在东北发生的主要事件,如溥仪在长春就任伪满皇帝、东北匪患、日本移民开拓团在东北、731部队的罪恶、东北抗联的斗争等。作者力图全方位展现"伪满洲国"的历史,写日本侵略者的暴行,东北人民的不幸,以及他们反抗侵略者的英勇。《额尔古纳河右岸》则通过一个鄂温克族老人之口讲述了鄂温克族的一个小族群的历史,包括300年前鄂温克人被迫从贝加尔湖迁居额尔古纳河右岸,光绪年间李鸿章派人在漠河开采金矿,伪满时期日本人对鄂温克族的奴役和压迫,新中国成立后林业工人进驻大兴安岭,鄂温克人下山定居等。两部

---

① 迟子建(1964—),生于黑龙江省漠河县。1983年开始写作。1984年毕业于大兴安岭师范学校,后就读于西北大学中文系作家班,现任黑龙江省作家协会主席。出版有《伪满洲国》《额尔古纳河右岸》等长篇小说,《北极村童话》《逝川》等中短篇小说集,《伤怀之美》等散文集,另有《迟子建文集》(4卷)出版。其中《雾月牛栏》《清水洗尘》《世界上所有的夜晚》曾先后获得三届鲁迅文学奖,长篇小说《额尔古纳河右岸》获第七届茅盾文学奖。

小说都包含了较丰富的历史内容,体现了作者对历史的思考。作者在处理这些历史事件时,没有沿袭传统历史小说的手法,不是努力复述和再现宏大历史事件,而是用很多篇幅描写普通人的生活,把历史进程化成普通人的生活史。作者对历史既没有采取颠覆、解构和戏仿的态度,也没有循规蹈矩地描述历史,而是将"正史"与民间生活结合起来,以"正史"的"线"串起大量的民间生活。在这两部历史小说中,迟子建的艺术视野明显扩大,容纳了更多的生活内容。

毕淑敏①的创作有三个重要支点,即军人、医生、女性。小说的取材多与此有关,人物的身份往往包含着这几个要素,在她的创作中这三方面内容常常是互涉的。

毕淑敏涉及军旅的作品有《昆仑殇》《补天石》《阿里》《君子于役》等,这些以喀喇昆仑山为背景的系列小说,是 11 年军旅生涯对毕淑敏创作的馈赠。《昆仑殇》以一般人所无法体验的经历,以其悲壮的气魄撼动人心。在人类禁区阿里高原上进行的军事拉练,残酷地夺去了年轻军人的生命,像金喜蹦、李铁等,尤其令人痛惜的是最优秀的军人郑伟良参谋,还有永远留在五千米雪线之上的美丽善良的女兵肖玉莲。毕淑敏作品中的人物很多都是军人,人生故事都与军队、与女性有关,像《红处方》中的简方宁、沈若鱼,《鲜花手术》中的柳子函、黄莺儿,《女人之约》中的厂医兰医生等,军人是她们曾经的经历,而刚毅、果敢的军人性格也在她们身上有所体现,这与毕淑敏的个人经历有着直接的关系。

从医 22 年的经历对毕淑敏的创作影响巨大,她不仅可以用专业的思维方式和医疗知识来写作,而且她对人有一种细察和关怀,把医生治病救人的仁心扩展成为普度众生的人文关怀,这构成了她创作的突出特色。她最主要的作品,如《紫色人形》《预约死亡》《红处方》《血玲珑》《拯救乳房》《花冠病毒》《鲜花手术》等,都与医生有关,涉及各种医学及伦理问题。代表作《红处方》集聚了毕淑敏创作的诸多特点。军医简方宁从西藏转业回城,应聘戒毒医院当了院长。但她的美丽和才干被同样美丽而聪明的吸毒者庄羽所嫉恨,她想让简方宁变成和自己一样的人,所以暗设机关,给简方宁的办公室送来一幅含有毒品"七"的画,使简方宁在毫无察觉中染上毒瘾。毒品"七"根本无法戒除,只有切断大脑中枢蓝斑,不过这也会使人永远丧失对快乐和痛苦的感受力。但简方宁不想成为这样的苟活者,她毅然决然地给自己开了一张红处方,采用自我结束生命的方式,战胜了毒品的侵害,展现了人类自我掌控的强大意志。与简方宁一样,毕淑敏也是一个视责任为天职的人,她为写《红处方》几乎将国内有关戒毒方面的书都读尽,将写毒品的危害视为自己不可推卸的责任。

毕淑敏是北京师范大学心理学硕士,注册心理咨询师,这在她的几部小说中都有所体现。《拯救乳房》中海外学成归来的心理学博士程远青,面向社会招募乳腺癌病人,组成癌症小组进行心理治疗。小说写了各种各样的乳腺癌患者,反映了她们在对癌症和死亡的抗争中所展示的心灵冲突与挣扎,也写了人性的温情。《女心理师》对心理治疗奥秘的探索更为突出。小说通过贺顿的个人成长史,展示了当代人的心理困惑。《花冠病毒》写的是"花冠"突袭燕市,在没有特效药的情况下,人类通过组合自我心理能量与病毒博弈。毕淑敏想要表达的是,在身

---

① 毕淑敏(1952—),山东文登人,出生于新疆伊宁。17 岁参军入藏,从事部队医务工作。1980 年转业回北京。1987 年发表处女作《昆仑殇》成名。1991 年成为专业作家。著有长篇小说《红处方》《血玲珑》《拯救乳房》等,发表中短篇小说几十部,出版有《婚姻鞋》《素面朝天》等多个散文集,另有《毕淑敏文集》(12 卷)出版。

体和心灵遭遇突变时,最终能依靠的必有人的心灵能量。

　　叶广芩①在小说题材和人物选择上独具特点,作为叶赫那拉氏的后裔,作者耳闻目睹了曾经显赫的族人在历史变动中所表现出的生存欲求和命运变迁,也从老一辈族人那里听到大家族的各种故事传闻,这种潜移默化的渗透与影响,为她的创作提供了得天独厚的创作资源和特殊的文化视角。叶广芩较早受到关注的家族小说是《本是同根生》,作品描摹了皇戚家族风雨摇曳中的衰败,通过舜铨这个人物,表现了没落的贵族后裔当下的平民化生活,以及他对自我精神和传统人格的固守。这类作品还有长篇小说《状元媒》《全家福》《采桑子》,中篇小说《黄连厚朴》《梦也何曾到谢桥》等多部,不仅选材独特,融入了丰富的建筑、风水、古玩、戏剧等传统文化知识,而且也充分地展现了世俗民情、规矩礼节、京腔京韵等文化形态,体现着浓厚的文化韵味。

　　《采桑子》是家族小说的力作。叶广芩用纳兰性德的《采桑子·谁翻乐府凄凉曲》的词牌、词句作为书名和八个章节的标题,一是为纪念纳兰性德这位叶氏族人,二是借其凄婉深沉的寓意来扩展小说的视界,感慨人生的悲歌。金氏家族几百年来一直是锦衣玉食,清亡,金家也随之衰落,十四个兄妹与众人各奔东西。小说以十四格格耗子丫丫的回忆,讲述了金家的风雨沧桑,叙写着这些贵族后裔的命运浮沉。这些兄弟姐妹各有不同的人生遭际,或生或死,或抗争或妥协,构成了一幅色彩斑斓的文学画卷,传达出深厚的文化底蕴。

　　叶广芩另一类受人关注的小说涉及生态和动物,如《老虎大福》《黑鱼千岁》《猴子村长》等。这其中不少作品是叶广芩做记者及挂职县委副书记长期蹲点秦岭腹地的收获。叶广芩最开始写《狗熊淑娟》时,主要还是走家族小说的路数,由贵族的筵席与熊掌展开故事。而走遍秦岭,与动物近距离接触,或是更容易听到口口相传下来的动物故事,使她有了更明确的生态和动物保护意识,这些都自然地体现在作品中。《老虎大福》写了秦岭最后一只华南虎大福被猎人枪杀。《黑鱼千岁》中黑鱼和儒的较量,看似是儒把罕见的大鱼捆绑上岸,但还是被鱼拖入水中,最后鱼死人亡。《猴子村长》中猴子在与人的斗智中输给了人而遭到捕杀。《长虫二颤》的老佘为了钱而不惜将蛇赶尽杀绝。叶广芩对破坏生态、杀戮动物的人类有着明确的批判立场,随着近些年对生态和动物保护的重视,叶广芩这些涉及动物题材的小说也被归纳为生态小说而受到重视。

　　长篇小说《青木川》是叶广芩创作的超越。青木川是秦岭深处的小镇,小说以土改工作队队长冯明旧地重游为主线,展示历史上发生在这里的恩怨情仇,而土匪出身的民团司令魏富堂则是令人关注的主角,他身份复杂,面目模糊,却是一个承载着一方历史的人物。围绕他伸展开去的故事富有传奇性,增添了小说的历史厚度。

---

　　① 　叶广芩(1948—　),满族,出生于北京。1968年到陕西,做过护士、编辑、记者。1980年发表处女作《夫妻之间》,1995年成为专业作家。著有长篇小说《状元媒》《采桑子》《全家福》《青木川》等,中篇小说《豆汁记》《本是同根生》等。中篇小说《梦也何曾到谢桥》曾获第二届鲁迅文学奖。

三、底层写作中的小说

1. 聚焦于"底层"的小说创作

底层写作或底层文学,主要指反映社会底层群体生存状况及精神世界的文学创作,包括小说、诗歌、散文等不同体裁的创作,其中,小说创作也经常被称为"底层叙事"。底层文学创作萌发于20世纪80年代中期,90年代中期形成一个潮流,小说创作一直是底层文学的主要板块。

参与底层文学创作的主要有两大群体:打工作家和专业作家。

打工作家主要是来自南方的打工者,他们是底层文学的先行者和生力军。20世纪80年代,随着改革开放步伐的加快,大批"三资"企业和"三来一补"企业在珠江三角洲迅速崛起,南粤大地像一个强大的磁场,吸引了来自全国各地的"打工仔"和"打工妹"。这些年轻人大多来自农村及边远贫困地区,逐渐形成一个庞大的"打工阶层",随之表现打工者的生活状况和精神世界的"打工文学"应运而生。"打工文学"是底层写作的早期形态。林坚、张伟明、周崇贤等是底层文学萌发期的主要作家。林坚的小说《夜晚,在海边有一个人》被认为是第一篇"打工小说",《我们的INT》《下一站》《阳光地带》等反映打工者生存艰辛及劳资矛盾的打工文学在当时产生了一定影响。20世纪90年代是打工文学兴盛期,此时,黄秀萍、斯土、鄢文江、黎志杨、缪永、阎永群等纷纷发表作品,《作品》《花城》《广州文艺》《特区文学》《大鹏湾》《佛山文艺》《打工族》《江门文艺》等刊物成为打工小说的主要载体。张伟明的《对了,我是打工仔》、黄秀萍的《绿叶,在风中颤抖》、黎志杨的《禁止浪漫》、周崇贤的《那窗 那雪 那女孩》等作品获得了最初的反响,而谭伟文的《广州梦》、林坚的《有个地方在城外》、周崇贤的《隐形沼泽》等长篇小说开始显现出打工小说创作的厚重。

与小说创作形成呼应的还有报告文学与"打工诗歌"。如安子的《青春驿站——打工妹写真》于1991年先后在《深圳特区报》、上海《文汇报》连载,随之结集出版,成为当时的畅销书;谢湘南的诗作曾引起学界的广泛注意。在严肃文学边缘化之际,打工文学在南方激起朵朵浪花,增添了勃勃生机。在90年代后半期,打工文学成为一块泥沙俱下、鱼目混珠的领地:市场的介入使打工文学显现出通俗文学色彩,少数创作甚至显现出庸俗化倾向。进入21世纪后,嘈杂纷扰的局面渐趋平稳,打工文学进入调整阶段。打工文学刊物的自我定位和整体创作的价值选择是调整的具体表现。在20世纪90年代后半期至21世纪初这一时段内,作家队伍发生了变化:王十月、卫鸦、戴斌、柳冬妩、郑小琼等一批作家脱颖而出,毕亮、陈再见、程鹏、昌平等"新生代"作家崭露头角,还有不少作家成为"签约作家"或"吃皇粮"的文化人,以及有稳定收入的自由撰稿人。自强不息的精神与多年积累的文学经验还使少数打工作家脱颖而出,成为具有作家和学者双重身份的文化人,如周航、柳冬妩等,他们从文学创作步入文学评论乃至文学研究领域,他们的特殊经历使打工文学研究独具特色。

与专业作家的底层写作比较,打工作家底层写作的特色主要表现在四个方面。

第一,立场的底层性。"我手写我口"的打工文学立足于打工群体立场叙事,其底层性有两大表现:一是去主流意识倾向,主要表现在对分隔城乡的户籍制度的否定、对现行城市治安管理的嘲讽和对保护富人政策的质疑,其核心是质疑主流意识的社会公平原则、怀疑制度文化的合理性、挑剔"官方话语"的内在逻辑。二是立足于贫民的平等意识,对生存权和人格平等的吁求。这种平等意识出自农民工群体的生存现状与道德理想,包括朴素的民本观念及具有原始意味的平均主义思想。

第二,叙事的通俗性。市场运作机制与特定接受群体的审美需求决定了这一特性。叙事的通俗性主要表现为:主题普泛,性爱故事演绎占有一定比例,借鉴传统通俗小说的叙事策略,表现手法质朴,语言平易。

第三,艺术的芜杂性。良莠并存,参差不齐,是芜杂性的主要表现。部分作品创作手法稚嫩,艺术粗糙。少数作品讲述俗艳的情爱故事,杜撰缺乏思想深度的性爱传奇,甚至渲染色情。创作主体丰厚的生活积累与艺术素养欠缺所致的反差,底层打工群体的业余消遣和作品传播的市场机制,是造成打工文学的芜杂性的关键因素。

第四,题材的单一性。打工群体的底层写作主要描写"打工一族"的城镇务工生活,乡村生活及其他方面的描写在打工文学的整体创作中所占比例极小。

打工文学既是一种文学现象,又是一种出现在农业大国现代化过程中的文化现象。从某种意义上讲,打工作家的底层写作在反映生活的真实性、感受生活的体验性,以及对打工阶层的辐射力和影响力方面均有超过专业作家的地方,如何保持和提升打工文学的可贵特色和整体水平则成为打工文学研究的重要问题。

专业作家的底层写作萌发于 20 世纪 90 年代初,90 年代中期出现兴盛势头,进入 21 世纪之后形成热潮。在 90 年代,刘醒龙的《白菜萝卜》、阎欣宁的《庄园的毁灭》、刘庆邦的《阳光》、关仁山的《九月还乡》等作品可以看作专业作家介入底层写作的标志。2000 年至 2004 年是"爆发期",李肇正的《傻女香香》、罗伟章的《我们的路》、邵丽的《明惠的圣诞》、夏天敏的《接吻长安街》、项小米的《二的》、荆永鸣的《创可贴》、陈应松的《马嘶岭血案》、曹征路的《那儿》、刘继明的《放声歌唱》等是这一时期中短篇小说的代表作;而尤凤伟的《泥鳅》、孙惠芬的《上塘书》、张继的《去城里受苦吧》、贾平凹的《高兴》等长篇小说也在这一时期问世。

专业作家底层写作的动因比较复杂。现代化进程中中国社会结构的"断裂"或"社会分层"的形成,以农民工和下岗职工为主体的"底层"的出现,是底层写作萌发的外因;内因是底层群体的生存状况对作家良知和责任的激发及文学自身的"突围",以及对先锋文学、自恋文学(如"个人化写作")、商业文学等的反拨与逆反。此外,还有多种思想资源对部分专业作家底层写作的支撑,其中包括阶级论的社会学思想、聚焦"三农"的主流话语、被广为引用的城乡二元社会理论、传统的人道主义思想等,这些都是专业作家从事底层写作的主要思想依托。例如,阶级论与《那儿》《茶鸡蛋》等作品的主题内涵有着源流关系,"三农问题"与《花牤子的春天》《踏着月光的行板》《拯救父亲》《我们的路》《荒弃的家园》等作品存在呼应关系;《谁能让我害羞》《北京的金山上》《马嘶岭血案》等作品立足于"关注弱势群体"理念和人道主义思想;"构建和谐社会"理念、城乡二元社会理论与《泥鳅》《高兴》《寂寞嫦娥》《悲恸之地》等作品的思想内涵一脉相通。出于不同的创作动机,大批专业作家参与了底层写作,这里有因底层写作而引人注目的曹征路、罗伟章、李肇正、荆永鸣、王祥夫等,长期关注和书写底层的刘庆邦、陈应松、刘继明、毕飞宇、尤凤伟、孙惠芬等,还有新时期文学中成就突出的代表作家王安忆、贾平凹、铁凝、方方、李锐、迟子建等。专业作家的强势介入不仅扩大了底层写作的影响,提升了底层写作的质量,使底层写作成为新世纪初期耀人眼目的小说创作潮流;而且对于作家本人来说,也是思想和艺术境界的拓展,是新世纪现实主义潮流的壮大。

专业作家创作的底层小说个性十分鲜明,主要表现在三个方面。一是创作富含人文精神。专业作家大多采用俯瞰的叙事视角,以悲悯情怀描写农民工的生存状况,表达对农民工的尊严、价值、命运的深沉关切,展示社会转型阶段复杂的社会矛盾以及其中的种种悖论。二是相对独立的写作立场。专业作家群体对主流意识形态既有依顺又有审视,对时尚的文学潮流既有追随又有拒斥,对大众文化既有借鉴更有疏离,相对独立的写作立场使专业作家的底层写作蕴含丰富,意旨深远,艺术品位比较高雅。三是艺术建构的精致。与打工作家的直白、淳朴、粗糙不同,专业作家总体来说技艺娴熟,手法多样,注重多种艺术技巧的运用,因而作品比较精巧细致。他们的底层小说大多叙事简洁,但手法简洁而不简单。隐喻、象征、反讽是专业作家常用的手法。例如,铁凝在《谁能让我害羞》中围绕城市贵妇与乡村少年、矿泉水与自来水、手机与"呼机"、手枪打火机与玩具折刀等意象设置情节,使这些意象成为两两相对、具有特殊能指作用的象征喻体,表层叙述与深层内涵构成巨大反差,从而揭示了城乡对立与城乡差别,表达了深邃的主题。艺术的精致在一定程度上弥补了专业作家因生活不足所致的缺憾。

当然,由于生活积累的缺乏,专业作家的底层小说存在诸多不足,如以形象阐释理念,过多地渲染、夸张苦难,将底层"苦难"抽象化,致使作品的"思想大于形象",正面深入描写现实生活有所欠缺。

2. 刘庆邦、陈应松、刘继明的小说

刘庆邦[①]小说的底层关怀有以下几个特点。

一是关注底层的生存现状及未来。矿工是离开土地的农民,刘庆邦的小说真实地展示了底层矿工的生存艰辛与屈辱。《新房》讲述了这样一个故事:老矿工国师傅分到了新房,实现了一家人几十年的凤愿,但他不知道新房是他年方 20 岁的女儿用身体与矿长进行交易的结果。《雪花那个飘》展示了底层矿工生活的严酷:徐海洋焦急地等待父亲脱险的消息,希望父亲平安地走出矿井,但潜意识里又期待自己能因为父亲死亡而"顶班",解决工作和爱情问题,生存的尴尬逼迫他在父亲生死与自己前程这二者之间徘徊。在刘庆邦的笔下,底层的今天不太辉煌,明天并非一片光明。《到城里去》是个城市梦破灭的故事。村妇宋家银因年轻时被变为城里人的男友抛弃,遂下定决心使自己的丈夫成为城里人。她逼迫丈夫去省城、去北京打工,希望过上城市生活,又把希望寄托在读高中的儿子身上,但最终谁都没能成为城里人。

二是关注底层的精神世界。农民(包括矿工)是刘庆邦的主要关注对象。现代化的快速推进将农民、农村、农业摆放到一个尴尬的位置,农民的精神归宿、精神健康等方面的问题随之

---

① 刘庆邦(1951—),河南沈丘人。当过农民、矿工和记者。出版有《走窑汉》《神木》等中短篇小说集,《断层》等长篇小说。短篇小说《鞋》获第二届鲁迅文学奖。

产生,刘庆邦对此表达了深沉的关切。《到城里去》通过宋家银的进城热望与杨成方的进城失败,展示了一对普通农民夫妇的精神焦虑。《完碎》是一篇充满寓意的小说。作品以"完整的破碎"隐喻当下乡村家庭的存在状态,表达了对留守儿童的精神健康和对乡村家庭的忧虑。《咱俩不能死》描写了两个年轻矿工的同性性行为,揭示了一个特殊群体的生存困境与精神苦闷。

三是对底层人格精神与道德的审视。揭示底层的人格缺陷,批判底层的道德堕落,是刘庆邦小说与某些底层作品的不同之处。《卧底》在揭示资本强权的暴虐、部分文人的卑劣的同时,展现了窑工们的冷漠、自私、麻木与愚昧。长篇小说《红煤》中的宋长玉从极端赤贫的农村来到煤矿挖煤,受尽了矿区头头、工友的欺压和歧视,最终他当了矿长,他对曾经欺压过他的人逐一进行丧失人性的报复。《平地风雷》《只好搞树》《双炮》《人畜》《在牲口屋》《五月榴花》等一系列作品对底层农民的种种"劣根性"进行了批判。《神木》向读者展示了触目惊心的现实,揭示拜金主义对人性的扭曲。

无论展示底层贫民的生存艰辛与屈辱,还是审视底层的精神与人格,刘庆邦总是将温馨与阳光投向底层。在《到城里去》中,作家最后给宋家银留下一线"到城里去"的希望。在《咱俩不能死》《雪花那个飘》《完碎》等作品中,作家满怀同情与悲悯,尽量为小人物的明天留下希望。对于那些道德沦落的人物,作者也恰如其分地展示他们人性的闪光。如《离婚申请》中的妻子孙宝英发誓要对得起死去的丈夫,断绝了与"坐地虎"的不正当关系,拒绝工会主席的勾引,挺起脊梁做人;《神木》中的赵上河在与同伙杀害"侄子"元凤鸣的最后关头,他救下 17 岁的元凤鸣,自己和同伙同归于尽。同情与悲悯使刘庆邦对底层的邪恶多了一份宽容,少了一份怨恨。

陈应松[①]的底层小说有两个主要背景:鄂西神农架林区和地处鄂中的"郎浦"湖区,他关怀的重心是乡村贫困,首先是底层农民的物质贫困。《火烧云》中,山民们每天要翻山越岭到 20 里外的伙计沟去背水,县上资助的抗旱物质被村民哄抢,马家母子为了少得可怜的房产而反目成仇大打出手,劳改释放归乡的寒巴猴子住在别人的牛棚中,用木瓢吃"混合饲料"。在《失语的村庄》中,湖区的农民一直在贫困中挣扎。《草荒》中的"草荒"是乡村破产的象征。物质贫困与精神贫困有着因果关联,陈应松展示了底层因物质贫困所致的精神贫困,如愚昧无知,视野狭窄,观念陈旧,消极无为等。在《马嘶岭血案》中,与贫困相关的精神蒙昧是官九财铤而走险谋财害命的重要因素。在《神鹜过境》中,贫穷的丁连根夫妇捉到国家保护动物秃鹜后考虑的第一件事是怎样烹饪它们,随后又拿秃鹜当"诱鹰"牟利。《弟弟》中的山民冒着生命危险在悬崖峭壁上砍伐濒临灭绝的铁匠木廉价卖给不法商人烧制"金炭",根本不知道他们的菲薄收获给自然生态造成的破坏。《失语的村庄》中的青年农民罡罡整天做着"稻草换木耳"之类天上掉馅饼的美梦,而对要力气的农活兴趣全无。

陈应松小说的底层关怀寄寓了深沉的思考。

一是对作为乡村的对立物而存在的城市的思考。作家的思绪首先指向城市化对乡村生活

---

① 陈应松(1956—),原籍江西余干县,生于湖北公安。武汉大学中文系毕业,出版有《马嘶岭血案》《豹子最后的舞蹈》等中短篇小说集,《猎人峰》《到天边收割》等长篇小说,《世纪末偷想》等随笔文集,以及《陈应松文集》(6 卷)。

的冲击。陈应松揭示了这样一种现实:以城市利益为旨归的经济运作使乡村日趋贫困,城乡劳动回报的巨大反差迅速地消融着农民的劳动积极性与人生自信,城市的价值意识与道德观念无情地解构着乡村的价值体系,传统价值体系的解体使乡村陷入精神迷惘;乡村的相对贫困迫使农民逃离乡村,但农民自身的缺陷及城市对乡村的本能拒斥又使农民无法融入城市。审视城市对乡村的漠视是陈应松对城乡关系的另一种观照。作家在审视城市的"现代化"与乡村贫困的内在关联之际,揭示了城市对乡村贫困的冷漠。

二是对底层农民生存出路的思考。陈应松对"农民进城"进行着两难的思考:农民流向城市是农业大国城市化过程中出现的必然趋势,但农民对城市生存的不适应性、城市对农业人口的文化排斥、城市对农业人口的承载局限等因素制约着农民的发展,因此陈应松对"农民进城"满怀疑虑。《失语的村庄》《星空下的火车》《望粮山》《太平狗》等作品鲜明地体现了作者的态度。陈应松对走进乡村的城市文明也心存疑虑:城市文明之光的照耀有助于乡村摆脱贫困,但由于现代城市文化本身存在缺陷,陈应松以挑剔的目光看待靠近乡村的城市文明,更多的作品揭示了城市文明在精神和物质两个层面对乡村的负面影响。

二元对立是陈应松底层叙事的基本模式。《狂犬事件》《独摇草》《松鸦为什么鸣叫》等作品展示了城市对乡村剩余劳动的占有或对自然资源的掠夺,《吼秋》《太平狗》《失语的村庄》《马嘶岭血案》等作品观照了城市文化的强势地位,《归来》《人瑞》《母亲》等作品审视了城市道德对乡村的侵蚀。陈应松不是肆意夸大底层的痛苦,而是理性地观照底层的生存现状,一分为二地看待底层,既展示底层遭受的不公,又指出底层的精神缺陷与道德缺失。

刘继明①是较早参与底层写作的作家之一。《小米》《放声歌唱》等作品的主题是叙写底层在强权高压之下的屈辱与辛酸,《回家的路究竟有多远》《刀下》等作品主要展示城乡二元格局中底层农民的生存困境,而《送你一束红花草》《王贵与李香香》则将观照乡村底层的精神危机放在首位。最能体现刘继明底层叙事特色的是其他作家较少涉足的两类创作:

一是从社会主流价值观的嬗变看底层的精神世界,主要是从社会价值体系的更替角度切入,观照底层的精神困境。《茶叶蛋》《生死扣》等作品是这一方面的代表作。《茶鸡蛋》讲述了这样一个故事:何幺婆当年是村里的妇女主任,丈夫何大奎是农会主席,新社会让两个穷苦人翻身获得解放,却与黄家结下"怨业";时过境迁,地主儿子黄老三现在成了腰缠万贯、红道黑道皆奉之为神的大款,而何幺婆则成为家徒四壁、靠卖茶蛋艰苦度日的孤老。听说黄老三正在四处散财,花千元买了一个茶鸡蛋,何幺婆经过痛苦的思想斗争,用自家的鲜鸡蛋精心制作茶鸡蛋,恭恭敬敬送上黄府,黄老板却对她肆意羞辱,而乡干部还在一旁帮腔,何幺婆无地自容,当晚自尽。作品展示了这样一种现实:在新的历史条件下,某些价值观念红黑易位,当下的政治与资本出于各自的利益追求而媾和,而底层群体则成为价值体系转换的牺牲品。《生死扣》展示的是底层的另一种价值困惑。扣子和常小娥自小彼此爱慕,"生死扣"是儿时的婚约,长篇小说《平凡的世界》既是他们长大后的爱情信物,又是一种价值理念与人生观的载体。但城乡差别导致有情人最终未能成为眷属。扣子的悲剧不在于常小娥没有践行爱的承诺,而在

---

　　① 刘继明(1963—　),湖北石首人。1988 年考入武汉大学中文系。毕业后先后担任湖北省歌剧团专业编剧和报刊编辑,现为湖北省作协专业作家。出版有中短篇小说集《我爱麦娘》、长篇小说《仿生人》等。

于时过境迁的社会对传统价值信念的摒弃。因此,扣子杀死城里的转业上士,从某种意义上说,是陷入精神困境的底层的精神宣泄。

二是从社会体制的转型看底层的生存状况,《被啤酒淹死的马多》《我们夫妇之间》等作品是这一方面的代表作。两个作品讲述的都是下岗职工迫于生计而明里暗里出卖肉体的故事,刘继明从物质与精神两个层面展示了这个特殊底层的遭际。在物质层面,作者主要描写了他们的生活困窘;在精神层面,突出了这一群体的两大精神困厄:一是由"主人翁"突然坠入底层的惶惑感,二是人的尊严被踩躏的痛苦感。马多和贾大春的命运就活画出处于精神煎熬中的底层人生。

刘继明小说采用了某些革命年代的思想和文化资源,如《茶鸡蛋》等作品中隐约可见阶级论的投影,而《我们夫妇之间》则借用了《杜鹃山》等红色经典的叙事元素。值得一提的是作者对革命年代文化资源的反讽使用有时会取得特殊的艺术效果,如《我们夫妇之间》《放声歌唱》《王贵与李香香》等作品套用"红色经典"的作品名,"旧瓶装新酒"的反讽手法会产生时代对比、价值反思、社会批判等艺术效果,使作品具有幽默、荒诞等意味。刘继明的个别作品存在概念化倾向,还有的作品有叙事拖沓的弱点。

3. 曹征路、罗伟章的小说

曹征路[①]的代表作《那儿》主要描写工人领袖朱卫国维护底层利益的抗争悲剧。朱卫国是一个有正义感的工会主席,他把矿机厂看成三千工人和他自己的家,当厂领导打着改革的旗号把国有资产据为己有致使几千名工人失业时,他奔波上访,组织下岗工人进行斗争,但斗争的结果是又一次使工人们上当受骗。最后,悲愤的朱卫国为了证明自己的清白,在空气锤下结束了自己的生命。《霓虹》叙述一名女工沦入社会底层的过程。倪红梅曾经是绢纺厂质检员、团支部书记,有过辉煌的过去,但体制改革与家庭的变故使她的生活陷入困顿,最终成为暗娼。《问苍茫》真实地描绘出一幅当代中国劳资关系的生动图景,展现了底层在资本原始积累时期的痛苦与无奈。以柳叶叶、唐源为代表的劳工是作品描写的重心,他们进城后的几种不同命运是底层打工者命运的缩影。柳叶叶从个人奋斗到最终走上启蒙工人进行合法罢工的道路,在她身上寄予了作者的理想。

曹征路底层写作的主要关注对象是曾经作为"领导阶级"活跃在经济领域与政治舞台的"工人阶级"。在曹征路笔下,当下社会的"工人阶级"是以下岗工人为主体的"无产阶级",是资本与威权的对立面。尽管同一般底层写作一样,曹征路描写了农民工群体的都市生存,但有两点与一般底层写作不同:一是农民工不是主要描写对象,二是农民工也以"工人阶级"的身份出现。如在《问苍茫》中,来自乡村的五级钳工唐源是新时代"工人阶级"的代表。

同一般底层小说一样,曹征路揭示了底层民众的生存困境,如《那儿》与《霓虹》这两部小说都讲述了年轻女工因生活所迫而沦为妓女的故事,但曹征路更注重揭示底层之所以成为底层的原因,将工人群体"底层化"的过程作为叙事重心。《那儿》展示了这样一种事实:少数人

---

① 曹征路(1949—　　),江苏阜宁人。1971 年开始发表小说,出版有《开端》等短篇小说集,《只要你还在走》等中篇小说集,《反贪指南》等长篇小说。

借经济改革之机,以改制或转产为幌子将国家财产据为己有,成为新的"资产阶级",而与此同时大批工人失业下岗,成为新的"无产阶级"。曹征路还注意到底层在精神层面的底层化状况:尊严被剥夺,原有社会地位丧失等;而话语权的丧失是底层之所以沦为底层的原因之一。在《那儿》中,三千工人无力阻止"厂领导"出卖工厂,随后又被"厂领导"玩弄,工人们"自愿"以自己的住房做抵押"入股",为有产者筹措资金;在《霓虹》中,昔日的工厂明星成了"霓虹灯下的哨兵",沦为被资本消费的对象,"大机关"的领导凭借其威权而肆意作践女工。这些表明:资本威权与市场逻辑无视"工人阶级"过去所作的贡献,新的游戏规则使"工人阶级"失去了"主人翁感"。

曹征路的底层小说采用了有产阶级(阶层)与无产阶级(阶层)二元对立的叙事模式,这种叙事模式与作者择取的思想文化资源有关。人们一般认为,曹征路的底层写作与 20 世纪曾经盛行的左翼文学和阶级斗争学说有着渊源关联,二者的渊源关联主要表现在三个方面。一是展示资本在当下社会中的负面作用。在《那儿》《霓虹》《问苍茫》等作品中,资本仍然具有马克思所说的剥削和压迫的本性,它在当下社会同样是使"工人阶级"沦为底层的祸首。这些作品对待资本的态度与当年的左翼文学有着相似之处。二是为"工人阶级"张目,期待"工人阶级"斗争精神的回归与社会地位的恢复。阶级对立是《那儿》等作品的基本情节结构模式,"工人阶级"一词反复出现,作者刻意展示"工人阶级"的精神失落与生存困窘,从而表达对资本权力再度横行的愤怒,抒发因幸福彼岸渐行渐远的悲愤。在《问苍茫》中,作者通过工人之口质问:"从前没得多少工人的时候,全国也不过两百万的时候,天天都在喊工人阶级,劳工神圣,咱们工人有力量! 现在仅广东省就有几千万工人,怎么听不到工人阶级四个字了?"《问苍茫》试图给出底层改变自己处境的基本方案:依靠自己的力量和"好的政策、法规"来维护自己的权益。三是张扬共产主义理想的价值内核。尽管曹征路不赞成将他的底层写作归入"新左翼文学",但认为可以从"审美理想"层面审视其底层写作与 20 世纪 30 年代左翼文学的关系。①在《那儿》等作品中,作者不仅让人物反复吟唱宣扬革命理想、鼓舞斗争精神的《国际歌》,还通过具体描写演绎《国际歌》的政治蕴涵,表达了一种审美理想。

特殊的思想与文化资源使曹征路的底层小说独具一格,决定了他作品的思想深度及社会批评的尖锐性,但同时也引发了值得深入思考和探讨的问题:革命年代的思想和文化遗产是否适用于已全然发生了改变的社会现实? 这不仅是曹征路的作品,也是底层写作本身所面对的问题。

罗伟章②因一直关注底层,引起新世纪文坛的重视。贫穷的乡村教师、进城务工的农民与在大巴山艰辛劳作的农民是他描写的主要对象,童年的"饥饿记忆"与家乡人的生存困境是他参与底层写作的重要推力。《我们的成长》《故乡在远方》《我们的路》《大嫂谣》是罗伟章底层小说的代表作,其中有三个特点尤其值得关注:

全面反映社会转型中农民的困境。"三农问题"是罗伟章底层叙事的立足点,他的底层小

---

① 参见《曹征路访谈:关于〈那儿〉》,《文艺理论与批评》2005 年第 2 期。

② 罗伟章(1967—　),出生于四川宣汉,1989 年毕业于重庆师范大学中文系,出版有中篇小说集《我们的成长》《妩细》,长篇小说《饥饿百年》等。

说既展示农民工的生存艰辛,又描写乡村的凋敝与贫穷。乡村贫困描写有时与农民的都市苦旅展示并行,或构成叙事"复线",或构成城市打工生活的背景。《大嫂谣》集中描写了打工农民的都市艰辛。为了维持摇摇欲坠的家庭,年过50的大嫂进城打工,先后遭遇老板恶意拖欠工资、企业主逃薪,饱受城里人的蔑视。《我们的路》通过返乡农民工的眼睛见证了乡村的困窘。离家五年的郑大宝在新春来临之际回到家乡,发现乡土失去了生命的活力。作品告诉读者:村庄在城市的诱惑中失陷了。罗伟章注重揭示进城农民的精神困惑。对女性农民工的描写更集中地体现了他的思考。在《我们的路》中,16岁的春妹接受了老板的"爱情",为老板生下了孩子,但老板因她未生男孩而将她抛弃。她带着瘦得像老鼠的婴儿回到故乡,遭到家人的嫌弃与村民的歧视,骨瘦如柴的她不得不重新踏上前程渺茫的流浪之路。《我们的成长》中的许朝晖有着与春妹相同的城市经历,不同的是她不得不带着心灵的创伤留在故乡,照顾日渐衰老的父亲。昔日的"美少女"变成了乡民眼中"真正的农妇",比她大几十岁的老光棍也不愿意娶她,因而留在故乡给父亲及她自己带来更大的伤害。惨痛的城市经历是春妹和许朝晖永远的梦魇,故乡成为遥远的记忆。《故乡在远方》的描写具有一定的象征意味:故乡是打工者永远不可企及的梦想。罗伟章对农民困境的观照主要来自他对大巴山农民生存境况的了解和体察。

有别于曹征路的阶级二元对立模式,罗伟章采用的是城乡二元对立模式来观照和表现生活,但他不是廉价地同情乡村,简单地谴责城市或资本,而是用历史的眼光看待"三农问题",强调"在历史上的某一时期"乡里人"必须承受"(《我们的路》)。"承受",即承受社会转型之际的阵痛,也是乡村为一个农业大国的现代化付出的代价。这种理解正是罗伟章底层小说的特殊之处。

罗伟章的底层小说采用的是"边缘人"叙事视角,他多以第一人称叙事,"我"是事件的旁观者或见证人,其身份有时是农裔市民,有时是乡村精英,"我"总是立足于利益群体的边缘。特殊的叙事视角赋予罗伟章底层小说某种超越性的优势和便利,能在客观冷静地呈现农民的生存状况的同时,揭示农民自身的缺陷与不足,同时又给予适当的评说。不过他的小说主观议论较多,有的作品不够精粹。

四、新生代小说

1. "断裂"与新生代作家创作

　　"新生代"是 20 世纪 90 年代以来评论界广为关注的一个作家群体,这代作家的创作也是连接新时期文学和新世纪文学的重要桥梁。他们大致包括出生于 60 年代的"晚生代"作家,如韩东、朱文、鲁羊、邱华栋、何顿、毕飞宇、东西、鬼子、刁斗、李洱、李冯等;①出生于 70 年代的卫慧、棉棉、戴来、魏微、朱文颖、盛可以、乔叶、邵丽、鲁敏等;及至 90 年代,又有一批 80 年代出生的年轻作家崭露文坛,如韩寒、郭敬明、张悦然、李傻傻等,人称"80 后"。新生代作家总的来说同此前的文化和文学传统表现出一种"断裂"的特点,如力图挣脱宏大叙事束缚,以个人化为基本写作方式,作品具有欲望化和日常生活审美化的倾向等。新生代作家在 90 年代开始崛起,"断裂"事件是"60 代"作家的集体亮相,由于这一事件,新生代作家受到了更为广泛的关注与争议,"断裂"也成为人们描述 90 年代以来文学状况的一个高频词汇。

　　1998 年夏天,韩东、朱文等南京青年作家以"断裂"的名义发起了一场影响广泛的问卷调查,该问卷以夸张的措词与对立的方式向被调查者提出 13 个问题,内容主要包括新文学传统,在新时期产生重要影响的思想资源,以及当时的文学批评与研究是否对被调查者产生了"不可忽略"的"影响"。这一问卷最初被直接寄发给全国 73 位主要出生于 60 年代的作家,收回的 55 份问卷答案颇为一致地表达了对以上三方面问题的否定性态度,且言辞激烈。其后,问卷及答案以《断裂:一份问卷与五十五份答卷》为题在当年的《北京文学》第 10 期全文发表,同期发表的还有韩东的《备忘:有关"断裂"行为的问题回答》,对可能面对的质疑进行答辩。韩东在文中宣称:"我们的行为针对现有文学秩序的各个方面及其象征符号。""这一行为要划分的是一个空间概念,即在同一时间内存在着两种水火不容的写作。如果我们的写作是写作,那么一些人的写作就不是写作,如果他们的那叫写作,我们就不是写作。断裂,不仅是时间延续上的,更重要的在于空间,我们必须从现有的文学秩序之上断裂开。"朱文也发文表明,发起"断裂"行为是为了"明确一代作家的基本立场及其形象"。

　　问卷的公开发表在文坛引起了一场轩然大波,虽然韩东在文章中已经表明问卷事件只是一个"行为","偏激"也是其"行为的一部分",但问卷中问题的提出方式与广泛针对面及参与者回答问题的措辞与态度,包括他们对前辈作家的敌意、对主流刊物的攻击、对文学批评及大学文学教育的贬损等,还是激起了不满。一时间,口诛笔伐,满城风雨,"断裂问卷"也成了 1998 年文坛上的一个"事件"。

　　"断裂"行为的特别之处在于它以一种尖锐的方式"强调"其文学理念与写作姿态,主动与

---

　　① 这批作家更多地被称为"新生代""晚生代""60 年代出生作家群"等,本书所称的"新生代"则是广义地指称 60 至 80 年代出生的更为年轻的创作群体。

主流文学界划清界限,凸显自我。新生代作家迫不及待要突出的写作立场与审美诉求大致可归结为如下几个方面:

首先,民间化是新生代作家写作的基本立场。这里,"民间"是与"秩序"相对的一个概念,在"断裂问卷"中,"秩序"被具体化为一系列主流文学体制,如作协、《收获》、《小说月报》与茅盾文学奖等。在新生代作家们看来,"作协是一种计划体制下的官僚机构"(邱华栋),"代表政府管理作家"(韩东),茅盾文学奖"具有官方钦定的价值"(沈东子),是"政府部门在有关方面有意嘉奖某些写东西的人"(鲁羊),因此它们所代表的文学体制对文学并无实质性帮助,反而束缚了写作。新生代作家中相当一部分都有过进入公职单位再主动离职的经历,他们游离于体制之外,在代表主流体制的边缘存在,以自由与独立相标榜;他们对以作协为组织机构的主流文坛普遍表示一种拒绝的态度,同时将关注的目光转向了"身边的事情",转向了日常生活,转向了内心,在传统的主流文学之外拓展了"民间"这一写作空间的价值。

其次,个人化是新生代作家写作的基本方式,这与新生代作家们远离"秩序"的民间立场相一致。在"断裂问卷"中,韩东们批判和否定了传统、文学批评、偶像、思想权威以及官方文学机构,其实质就是强调写作者的个体性、私人性充分释放,强调写作的"非公共化""非历史化",乃至"欲望化""消费主义"。

从创作内容的角度看,新生代作家的"个人化写作"首先表现为它对普遍意义的话语实践的拒绝,对意识形态化的重大题材和时代的共同主题的疏离,以个人经验和日常生活为主要写作内容及生存探测的边界。从"60代"的何顿,到"70后"的魏微,无不以个人经验作为其写作的基本出发点,其中携带了大量的个体感受与私人记忆,即便是涉及如"文革"等历史题材,也常常是从个人的视点切入,构成对权威话语与主流叙事的消解。如韩东早期的小说多以其童年时代随父母下放到苏北农村的生活为素材,以小视点和片断性故事反映知青的怯懦与自私,农民的质朴与愚昧,生活的温情与荒诞,如《西天上》《母狗》《描红练习》等。区别于之前对"文革"书写的控诉与反思,韩东此类题材的小说更多体现为历史的日常性、具体性与细节性,本质化的历史叙述让位于常态的个体生命,生活的荒诞与诗意并存,人性的崇高与卑琐相伴。在新生代小说中,"存在"大多呈现为这种摆脱了社会期待的充满个体感受与想象的"经验",这里,真实与虚幻的边界因为经验的过滤而不再清晰,感受与想象交融,存在的可能性与丰富性得以最大限度敞开。

在叙事方式上,对个体经验的重视带来了新生代小说文本中作者、叙述者与主人公同构的叙事形态。新生代小说中的叙述者大都被还原为以主人公形态出现的与作者具有生命同构性的世俗性、欲望化的生存个体。在新生代作家的小说中,都存在着一个贯穿性的、与作家本人在性格、经历与命运等方面相互指涉的主人公,如韩东小说中的"小东"、朱文小说中的"小丁"、卫慧与棉棉小说中的主人公等。作者试图通过这些人物来表现摆脱宏大叙事的束缚后,主人公个体生命的丰富性及生存困境。

第三,感性化是新生代作家写作的基本美学形态。感性化强调个体真实的生命体验和欲望表达,为此,他们正视身体的直接感受,试图抹去附加在身体之上的精神文化色彩和意识形态符码,撕开纠缠在个体生命中的重重伦理雾幛,探寻人性深处的原始与丰茂。这使得他们的创作往往表现出反道德或非伦理的偏向。如在朱文的《我爱美元》《美元硬过人民币》《作为一种艺术的谋杀》等作品中,都充斥着金钱和性相互纠缠的欲望表达和所谓生命体验,在还原身体及其感性作为"日常生活"的本来面目的同时,又显然可见某些新生代作家对感性、身体、欲望、生命等所作出的肤浅理解和片面表现。

除了身体感觉及与之相关的情绪的渲染,新生代作家在其文本中同样不遗余力地展现各种日常情绪,包括如卑琐、无聊、焦虑、疼痛、颓废、欣快、感伤等与现代都市生活密切相关的情绪。感性写作的理念在新生代作家中深入人心。如韩东的《三人行》对一个文学家群体无聊情状的描绘,邱华栋的《天使的洁白》对现代都市人寻求心之安宁的展现,朱文的《傍晚光线下的一百二十个人物》在琐碎的场景描绘中呈现的忧郁。作家们往往将场景、情绪与人物作为一个完整的意象传达给读者,从中表达其个人化的情感与思考。

值得注意的是,新生代作家们的感性写作又是与理性相互纠缠在一起的。很多新生代作家如韩东、朱文、鲁羊、李洱、毕飞宇、东西等的小说中常常暗含着他们的哲学思考,不同的是,他们的这种思考常常是通过体验性而非观念性传达,在血肉丰满的生存痛感中切入哲学追问而非在某种理念的指导下进行哲学推衍。因此,有评论家认为,"感性"被新生代作家们附加了传达理性的美学任务。①

2. "60 代"作家的小说

李洱②是一名知识分子型作家,这不仅指其知性的写作方式,同时也指其坚持"干预生活"的写作立场。李洱不止一次地表达过对知识分子型作家如加缪、萨特、昆德拉等的敬仰,他的小说并不着力于从身体寻求意义,而主要在对知识分子生存困境的探讨、对整个人类生存境遇"困难"的书写及其独特的文本形式中呈现其"个人性"。

李洱揭示知识分子生存困境的小说主要有《导师死了》《饶舌的哑巴》《遗忘》等。在这些小说中,李洱展示了知识分子群体在世俗生活场景中的生存境况,曾经被仰视并寄予厚望的知识分子在商业社会中处境尴尬,日益世俗、平庸、苟且、堕落,但也因而更为亲切与真实。成名作《导师死了》是李洱探索知识分子境遇与命运的开始,小说里的主人公吴之刚教授不再是忍辱负重的"启蒙者",而是困于琐屑的日常生活和情感生活疲于奔命,他最终在教堂圆顶上纵身跃下;吴之刚的导师常同升在学术界一言九鼎,但其个人生活卑琐不堪。李洱以"导师死了"这一呼应着尼采、福柯、德里达的句式宣告了知识分子神话的终结。《饶舌的哑巴》堪称李洱此类小说中知识分子主人公的"共名",他们学富五车、才华横溢却无所作为、无可作为,他们鄙视名利却又周旋于名利,知识的累积仅仅带来了其倾诉的欲望与行为,但听众寥寥且不知其所云。作品中的费定正是"失语"的知识分子这一悲剧角色的代表。

虽然新生代作家普遍强调个人化写作,但李洱对"个人"是否可能是表示怀疑的。在《花腔》中他对这一问题进行了探索。《花腔》以三个叙事人分别在不同年代的叙述呈现主人公革命知识分子葛任的一生。来自不同视角的叙述相互冲突又互为补充,构成了小说的含混多义。

---

① 参见梁鸿:《暧昧的"民间":"断裂问卷"与 90 年代文学的转向》,《文艺争鸣》2009 年第 6 期。

② 李洱(1966—　),河南济源人。1987 年毕业于华东师范大学中文系,大学时代开始小说创作,20 世纪 90 年代初期开始发表作品。曾在高校任教多年,现从事文学编辑和创作。出版有《花腔》《石榴树上结樱桃》等长篇小说,《饶舌的哑巴》《破镜而出》等中短篇小说集。

虽然三个互相猜忌的叙事人都想放葛任一马,但最后还是只好以"爱"的名义杀了他。拨开叙述的迷雾,《花腔》其实是在讲述"一个真正保持个人性的人,在人的社会里会有怎样的最终结果"①的故事。

可见,知识分子的现状以及如何成为一个有独立精神的知识分子一直是李洱关注的焦点,同时也是他反复强调"对话"的理由。李洱小说中的人物一直在滔滔不绝地说话,此外,他的小说有明显的互文性特征,他常在小说中引用或化用各种典籍或出版物,甚至杜撰其他文本以嵌入小说。"李洱的潜在意图是,在他笔下的不同人物,不同时期的文本,各种典籍、出版物、文化史上的各种言论之间建立一种全面的对话关系。"②李洱还以设置多重叙述人、开放式结尾、留空等方式增强文本内部以及作者与读者的对话,如《花腔》中叙述人与人物的对话,《遗忘》中作者与读者的对话。就文本内部而言,对话是呈现事物复杂性的手段,在文本外部,对话则是知识分子干预生活的方式。

邱华栋③是"当代最早自觉"的都市文学写作者之一,也是"真正具有城市感觉的人"④。一度在报社跑社会新闻的邱华栋其写作集中于城市的"地理学"与"病理学",在其小说中充满摩天大楼、高速公路、豪车、名酒、美食、奢侈品、广告牌等都市符号,有扑面而来的交织着美感与欲望的现代都市气息;但他又特别关注有各种都市病的人,尤其是闯入、挣扎、游荡于城市的边缘人群,如艺术家、诗人、作家、摇滚歌手、画家、民工、酒吧女、各种自由职业者,甚至拾荒者等底层人物。他力图以其写作"在浮华的都市表象描摹和迫切的生存焦虑缓释中"逼近"人的存在之核"⑤。他的小说也大致可从欲望都市、异化人群及价值追寻三方面加以把握。

同样以北京为主要活动空间,邱华栋的小说不再有从老舍、邓友梅到王朔都浸润于其中的京味,邱华栋的北京是一个被各种饭店、写字楼、购物中心与娱乐场所包围的"钻石山""玻璃山",与"底特律、休斯敦或纽约"并无不同,昼夜不停地闪烁着"动人的奢华之美"。邱华栋将这些极具视觉冲击力与符号意味的都市意象拼贴于其各个文本之中,构建了一个割断了历史与文化的诱惑之都。人们源源不断地涌向这座充满着繁华与蛊惑的城市,但这一开放与奢华之都同样也有着冷酷的品格。丰富的物质挤压了精神,阶层迅速分化,欲望无限膨胀,"整座城市只是一个祭坛,在这个祭坛上,物是唯一被崇拜的宗教,人们为了物而将自己毫无保留地献给了这个祭坛"(《闯入者》)。

邱华栋的小说有广阔信息量,对城市中的各色人等都有涉猎,大体而言,其中的形象可分为三类:"闯入者""都市新人类"及"游荡者"系列。

"闯入者"是邱华栋早期小说中的一类主要形象,如《手上的星光》中的林薇、《生活之恶》

---

①　魏天真:《我读李洱》,武汉大学出版社 2007 年版,第 73 页。

②　格非:《记忆与对话》,《当代作家评论》2001 年第 4 期。

③　邱华栋(1969—　　),祖籍河南西峡,生于新疆昌吉。16 岁开始发表作品,18 岁出版第一部小说集,1992 年毕业于武汉大学中文系,在北京某报工作多年,现为《人民文学》杂志副主编。出版有长篇小说《城市战车》《夜晚的谎言》等,小说集《哭泣游戏》《都市新人类》等。

④　参见谢有顺:《爱情有一夜之间就消失的恶习》,《南方都市报》2002 年 10 月 30 日;陈晓明:《生活的绝对侧面》,见邱华栋:《夏天的禁忌》,北京十月文艺出版社 2003 年版,第 276 页。

⑤　林舟:《生命的摆渡》,海天出版社 1998 年版,第 229 页。

中的眉宁、《闯入者》中的郝建、《哭泣游戏》中的黄红梅等,他们如拉斯蒂涅一样带着野心与激情从外省来到"机会就像退潮后留在沙滩上的漂亮的小鱼儿一样多"的北京,但首先面对的就是城市对这些"不请自到"的人的冰冷的拒绝:警察的驱逐、人群的漠视、体制的排斥……于是,他们只好将自己作为物品纳入商品与欲望规则中以谋取立足之地与更大的发展,其结局或成功,或沉沦,但在城市这一巨大的"磨盘"下,其最初的清纯与梦想都无一例外地被碾碎,而陷入虚空与压抑之中。可以说,邱华栋此类形象的塑造,是对 90 年代以来移民潮的一个"立此存照"。

"都市新人类"系列则是邱华栋作为都市观察者对城市人群所作的扫描。90 年代以来,在城市化发展中出现了许多新的职业及从业者,人们的生活也在商业化的左右下发生了很大变化,邱华栋以此为题材,陆续写下了"××人"系列,并结集为《都市新人类》出版,其中包括《公关人》《钟表人》《直销人》《时装人》《电话人》等。这些都市新人类最主要的特征就是"异化",即人在物的挤压下失去了价值与尊严。这类人生活于庞大的物的网络之中,被异化成了社会机体上的一个有机分子,丧失了自我存在的合理性,表达了作者对城市由初期的向往与陷溺转入了城市与人之间关系的深层思考。

"游荡者"系列包括如《天使的洁白》中的袁劲松、《城市战车》中的流浪艺术家群体、《鼹鼠人》中的叙述者,以及《闯入者》中的吕安及拾垃圾者等,事实上,邱华栋本人就是一个不折不扣的游荡者。城市化压抑了人性,但也提供了新的审美对象与方式。邱华栋小说中的这些游荡者有着对抗理性异化的自觉,并终日游荡于城市的褶皱之中,发现与重构属于其个人的审美世界。"游荡"是这些深感物化城市压抑的人们找到的新的价值实现方式,这一立足审美、指向内心的行为也是物化时代主体精神的闪光。

总之,邱华栋小说以其丰富的信息量为消费时代的都市展现了一幅全景图,也为奋斗与挣扎于城市中的人们留下了一段心灵史。

东西、鬼子、李冯被合称为"广西三剑客","鬼子瘦硬奇崛、东西诡秘灵巧、李冯清峻隽永"①,形成了新生代作家中一个不可忽略的地域性创作群落。

《没有语言的生活》是东西②的代表作,小说以夸张的方式呈现了一种极限生存境况:瞎子父亲与聋子儿子相依为命,后又娶了一个哑巴儿媳,组成了一个奇特的家庭,他们以一种特有的方式交流,并以沉默面对村里人的轻贱与侮辱,这种局面并没有在健康的下一代出生后结束,相反,耳聪目明、活蹦乱跳的孙子在村里依然受到歧视。生存的苦难、人性的卑琐、生命的坚韧与尊严、语言(规则)的霸权与无力,都在这种物质贫困与精神匮乏的交织中得以表达。更重要的是,在这种卡夫卡式的荒诞处境中,又始终流淌着富于民族气息的田园诗意。东西认为,小说就是夸张,因此,他不惜把人物的处境绝对化、荒诞化,呈现出明显背离日常生活经验的变异状态,如《反义词大楼》中人们必须正话反说,《商品》中两个上车时素不相识的人下车时已经有了孩子等。

---

① 陈晓明:《又见广西三剑客》,《南方文坛》2000 年第 2 期。
② 东西(1966—),原名田代琳,生于广西天峨。1985 年毕业于河池师专中文系,现在广西文化厅艺术创作中心工作。著有《没有语言的生活》《抒情时代》等中短篇小说集,《耳光响亮》《后悔录》等长篇小说。

东西对现代人的精神危机如孤独、自我认同危机、信任危机、生存焦虑等有着独特的关注。在《抒情时代》《痛苦比赛》《不要问我》等小说集中,东西集中描述了现代社会的生存困顿,作品大都切入主要以城市社会为背景的当代生活的某一症状,在荒诞可笑的人物境遇中发出对现行价值与生存方式的质疑。在长篇小说《耳光响亮》及《后悔录》中,东西联系更为广阔的历史时空剖析现代人的精神状况,探索其生存的荒诞与痛苦。前者以自叙传的体例,叙述了伟大领袖辞世和生身父亲出走之后,牛青松兄妹处于文化精神与家庭生活意义上的双重"失父"的生存境遇。后者表现的则是革命时代的禁欲主义文化对人性的异化和扭曲,以及个人从这种伦理秩序中逐步复苏的过程。

东西的小说叙事饱满、机智,洋溢着反讽的快乐,在悲观的境遇中保持了不息的生存愿望,在颇具黑色幽默色彩的故事中寄予对历史、时代与个体的深沉思考,因此,荒诞中又产生一种触动人心的真实感。

与哲学型的作家东西相比,鬼子[①]更具传统现实主义色彩,他有强烈的忧患意识,追求小说的震撼力,因此,其目光总是关注着底层普通生命的受难与挣扎,作品中充满了生命内在的灼痛感与宿命情怀。《上午打瞌睡的女孩》中,父亲的出走将下岗的女工程师母女推入了极度的物质贫困;《被雨淋湿的河》中,陈村与世无争却屡遭命运的打击;《一根水做的绳子》中,热烈地爱上了乡村教师的贫家女历尽磨难后与情人双双赴死……鬼子的小说中几乎所有人物都在以不同的方式承受着无处不在的各种苦难,从而造成了其作品瘦硬、悲悯而又萦绕着宿命气息的美学风格。在小说叙述上,鬼子善于利用底层人物的微小欲望来推动叙事的发展,在寻找/破灭的退守式循环中展现一个个震撼人心的故事。

李冯[②]被认为是"最典型的后现代作家"[③],他与现实的关系既不像鬼子的紧张,也不像东西的纠结,他是跳脱的、清新委婉的、游戏的。他的小说可分为两类,一类是颠覆经典的戏仿小说,如《十六世纪的卖油郎》《孔子》等,以恶作剧般的消解崇高体现了新生代作家的叛逆情绪;另一类以当代生活,特别是"新人类"的情爱迷惘为主题,如《王朗与苏小眉》《多米诺女孩》等,写出了当代青年松弛、散漫的生存状态。他的小说从容典雅,又对现代人的心理捕捉得细致入微,能将琐碎的日常生活写得妙趣横生。

3. "70 后"作家群的小说

卫慧和棉棉[④]是最早成名的"70 后"女作家,她们的创作中有若干共同的特征。

首先,她们与都市生活之间有着一种天然的亲和性,擅长于都市生活的描绘。城市在她们

---

① 鬼子(1958—),原名廖润柏,仫佬族,生于广西罗城。1989 年毕业于西北大学中文系,现为广西文学院副院长。主要作品有"瓦城三部曲"(亦称"悲悯三部曲",包括《上午打瞌睡的女孩》《被雨淋湿的河》《瓦城上空的麦田》),长篇小说《一根水做的绳子》。

② 李冯(1968—),原名李劲松,广西南宁人。1984 年入南京大学化学系,第二年转中文系,1992 年获文学硕士学位。曾在广西大学任教,1996 年辞去公职,现居北京,为自由作家。著有长篇小说《孔子》,小说集《庐隐之死》等。

③ 张钧:《小说的立场》,广西师范大学出版社 2002 年版,第 260 页。

④ 卫慧(1973—),原名周卫慧,浙江余姚人,现居纽约与上海,专职写作。1995 年毕业于复旦大学中文系,1996 年发表处女作《梦无痕》。代表作有《像卫慧那样疯狂》《上海宝贝》《我的禅》《狗爸爸》等。棉棉(1970—),原名王莘,出生于上海。16 岁开始创作诗歌和短篇小说,1997 年开始发表作品。出版有长篇小说《糖》等。

的笔下只是一种单纯的生活场景,她们更倾向于毫无负担地享受着现代都市中的物质文明,并让作品中的人物沉溺于她们津津乐道的物质享受之中。她们的爱情也是以物质的满足为前提的。卫慧的小说《上海宝贝》以第一人称叙事讲述了上海女作家倪可与中国男友天天、德籍男友马克之间的恋情。故事发生地是 20 世纪 90 年代末期的上海,小说以拼贴手法将各种物质符号集结在这个国际化大都市中,小说人物以迪厅、酒吧、高级公寓为日常生活场景,各种国际名牌时装、香水、烟酒、咖啡品牌等时尚化符号充斥其中,甚至连倪可与马克在厕所做爱时,也不忘告诉读者,倪可穿的是"CK"牌内裤。作品通过西化的生活场景、夹杂洋文的语言营造出一种浓郁的西方情调,表达作家对于全球化的文化想象。

其次,作为女性作家,卫慧等都注重女性心理的描写,尤其是生理欲望与感受的书写,因此,卫慧、棉棉的写作也被称为"身体写作"。与女性主义作家所不同的是,在卫慧等人笔下,"身体写作"变成了纯粹女性躯体生理感受的寻觅与书写。如棉棉的小说《糖》充满了前卫、叛逆的气息,小说叙述了一个问题女孩因不堪承受好友死亡的打击而辍学,在舞厅中认识了一个叫赛宁的男孩,两个同样来自破碎家庭的人在一起生活,一起沉沦。他们酗酒、吸毒、滥交,一边痛苦迷惘,一边又无法抗拒身体感官的诱惑,声色犬马,纵情欢娱,度过了一段残酷的青春。作品充满了欲望的狂欢,充斥着男女的性事,对传统写作禁忌予以最彻底的颠覆和解构。《上海宝贝》中也有许多篇幅用于性爱场面的描写,充分表现了毫无道德束缚的情欲放肆和感官享受。

第三,作为最早成名的"70 后"女作家,卫慧、棉棉等人的登场还与出版社的商业化运作与媒体的炒作不无关系,伴随她们的作品映入读者视野的还有冠以"美女作家"的一幅幅经过技术处理的照片。这些照片有意无意地提醒读者,美女作家既是欲望的创造者,也可以直接作为欲望的对象,这是将作家的身体与脸蛋作为性感的符号,与作品同时推向市场,供读者消费。

综合以上特征可以看出,经商业化包装而广为推销的所谓"美女作家"的某些作品,本身就掩抑不住地表现出物质时代和消费时代颓靡和衰朽的一面,这正暴露出物质的丰裕掩饰不住精神空虚的另一种危机。

戴来①的小说关注现代人的生存压力与精神困扰,常常能在日常的社会生活中发现普通人心理的矛盾和处境的尴尬,描绘出现代都市生活中各色人等的众生相。与多数同龄女作家不同,戴来很少用女性的叙事角度写作,她小说的主人公大多是男性,其中还不乏与她自身生活体验相距甚远的中年或老年男性,这些人大多是生活的失意者,处于时代边缘的小人物,他们没钱、没地位,物质生活匮乏,而内心常常处于无聊、荒诞与虚无之中。《准备好了吗》展示的是一次父子之间的冲突被消解的过程。老万为阻止儿子搞行为艺术,他以自杀的方式对儿子进行威胁,引来了围观者和警察。儿子则把父亲的自杀事件命名为"围观·致命的高度"的行为艺术。《对面有人》讲述了一个极为荒诞的故事,在女友刘末的提议下,安天搬入了新居,但他常会有一种很不踏实的感觉。有一天,安天突然发现自己的日常生活以《LOOK》之名被

---

① 戴来(1972—),江苏苏州人。1998 年起在《人民文学》《收获》《钟山》等期刊上发表作品,出版有长篇小说《对面有人》《甲乙丙丁》等,中短篇小说集《要么进来,要么出去》《别敲我的门,我不在》等,随笔集《我们都是有病的人》《将日子折腾到底》。

搬上了网络,正被全球上千万的人收看,与此同时,女友失踪了。面对新家那几个摄像头窥窿,安天的生活陷入了迷惑、愤怒和没完没了的寻找之中。

戴来的小说常常采用"偷窥"这样一个独特的视角,《对面有人》显然是一个典型的例证。《茄子》则通过看陌生人的照片来进行"偷窥",小说讲述的是一家彩扩店的老板老孙头和他的儿子小龙在洗照片时发现了隐藏在两套照片背后的隐私,一个有家室的中年男子与一个姑娘的一段婚外情,老孙头不由得想起跟别人跑了的前妻,因此格外愤怒,而儿子小龙则认定那个姑娘一定是受骗了,于是出于好意不断打电话给那个姑娘,却一次次地遭受对方的辱骂,最后终于明白那个姑娘根本不在乎。一个看似简单的故事,在戴来的笔下波澜起伏,透过"偷窥"这个独特的观察生活视角,表达了作家对于传统婚恋道德观沦丧的怅惘与叹惋。

戴来的小说语言没有传统意义上女性语言的浪漫抒情、温和柔婉,她的语言冷静、节制,像一个外科医生拿着手术刀一样,对待她笔下的事件和人物,情绪和语感的控制非常到位。同时,在冷语调与冷幽默之下,又能以女性特有的敏感细微地把握人物的心理层次和那些不易察觉的生活细节,以此实现对于日常生活的深度勘探与挖掘。

盛可以[①]的写作虽大多与女性的身体有关,但是不同于卫慧、棉棉的身体写作,她笔下的身体是一个蕴含着丰富隐喻的意义场。《手术》讲述的是一位年近 30 的女记者唐晓南,因怀疑患上乳癌而接受肿瘤摘除手术的故事。小说构思精巧,以交错进行的叙述,将女主人公唐晓南接受乳房手术的过程以及她的感受,同她的恋爱史和爱情期待,建构在一种互为阐释的双层关系之中。接受手术的是唐晓南的女性躯体,她的乳房,而伴随手术进程的是主人公的自我反省,一个处于微妙年龄阶段的职业女性的性、爱、婚姻逐渐打开。外科手术在某种意义上象征着主人公所有问题的症结所在。小说从女性视角去探寻男欢女爱行为中女性易于沉溺的原因及进退失据的隐痛,提供了一份道德失序时代的爱情病理分析报告。

在"70 后"女作家中,盛可以是关注中国底层生活的作家。长篇小说《北妹》讲述农村女孩钱小红离开家乡湖南,先到当地县城打工,后与另一女孩一起到广东 S 城,成为"北妹"的一员。作为城市边缘人,钱小红一无所有,由于身体发育过早,她生了一对丰乳,天然地被人们从良家妇女的行列中排斥出去。凭借对美好幸福的生活的向往和执著的努力,她从发廊妹到工厂打工妹,再到医院合同工,一步步地企图寻找生存下来的根基。但由于多重劣势,她处处遭受各种男人的骚扰和城市女人的猜忌。在钱小红身上,丰乳既是她身为女性不得不忍受屈辱的缘由和标记,也象征着蓬勃的生命力,尽管身处社会最底层,她仍然坚强地生活着。作家以平实而冷静的笔调书写着钱小红这类普通人在艰辛的环境下所表现出的坚韧、挣扎和勇气,也传达出作家对于底层人群生存困境与心灵苦难的关注。

通常被列入"70 后"作家群的还有不少男作家,如徐则臣、冯唐、李师江等,其中徐则臣[②]

① 盛可以(1973—),湖南益阳人。2002 年开始小说创作,著有《北妹》《水乳》等多部长篇小说,以及《可以》《留一个房间给你用》等多部中短篇小说集。

② 徐则臣(1978—),出生于江苏东海。毕业于北京大学中文系,文学硕士。2002 年开始小说创作,代表作有长篇小说《午夜之门》《耶路撒冷》,中篇小说《跑步穿过中关村》《苍声》,短篇小说《花街》《最后一个猎人》等。

是特别值得关注的一位。

　　徐则臣的小说主要有"故乡"和"京漂"两个系列。"故乡"系列从容细腻,回味悠扬,"京漂"系列则以轻快的节奏和精彩的叙事见长。

　　"故乡"系列的故事大都在"花街"上演,在《花街》《花街上的女房东》等作品中,故乡花街的自然风物、人情世故,带给读者世外桃源般的诗情画意,其中又隐含着作家内心的乡愁。这种乡愁不仅指向地理意义上的故园,还寓指遥远的文化之乡和精神之乡。长篇小说《水边书》是"故乡"系列的力作。小说以陈小多的成长为主线,沿着成长与自我、家庭、社会三个维度,讲述了花街繁复细碎而又行云流水的过往变迁,他以耐心的叙事、冷静的回望,构建起了多彩的青春世界,其中饱含着对成长的警觉和向往,对生活的探索与认知,对爱的领悟和珍视,对世界的质疑和理解。

　　"京漂"系列通过漂泊于京城的各种人群,展示了底层平民在理想与现实、快乐与疼痛之间的左冲右突,书写京漂一族的生活状态和精神焦虑。《啊,北京》中的"边红旗",《三人行》里的厨师小号,《天上人间》里的子午,《跑步穿过中关村》里的敦煌、旷山和夏小容等人都是"北漂"一族,他们疲于奔波的艰难窘境固然显示了生命的执著与坚韧,但更多的还是命运的错位与无奈。长篇小说《耶路撒冷》标志着徐则臣的小说走向成熟。这部花费了作家 6 年的时间创作完成的小说讲述了在北京名牌大学读博士的主人公为了筹集求学耶路撒冷的费用,回江苏老家卖掉祖宅,而与几位儿时伙伴相遇。他们各自的人生境遇、理想追求和对往昔生活的回顾,映照出一代人的成长,也提供了当代中国从乡村走向城市、又从城市走向世界的转型时代的多个侧面。小说时间跨度长达 70 年,从第二次世界大战时犹太人避难上海写到美国的"9·11",从中国的"文化大革命"写到北京奥运会之后的 2009 年。在浩繁复杂的背景下,小说聚焦在出生于 70 年代的一代中国年轻人,旨在通过对他们的忠实描述,深入地探寻在疾速的现代化、城市化进程中一代人的精神脉络,探寻他们的焦虑、疑难与出路,呈现社会转型时期里一代人的心灵史。

4. "80 后"作家的小说

　　"80 后"作家韩寒[1]小说创作的主题是对学校教育的批判,这决定了其作品思想倾向的主导面。韩寒抨击现行教育体制,七门功课不及格后留级、退学,且拒绝了大学特招。在《穿着棉袄洗澡》中开篇第一句就是:"如果现在这个时代能出全才,那便是应试教育的幸运和这个时代的不幸。"[2]他的小说《三重门》《长安乱》《光荣日》等都有对当下教育现状的冷嘲热讽。

　　对教师形象的丑化与另类少年的美化是韩寒人物形象塑造的突出特色。与传统意义上"人类灵魂工程师"的教师形象不同,韩寒塑造了一批很不体面的教师形象。这些教师不仅不学无术,而且毫无责任心和爱心。如《三重门》里面的语文教师马德保、梅萱,《像少年啦飞驰》

---

[1]　韩寒(1982—　　),上海人。1999 年以《杯中窥人》捧得首届"新概念作文大赛"一等奖而进入人们的视野,2001 年退学,在从事创作的同时兼做职业赛车手。出版有《三重门》《长安乱》等长篇小说,《零下一度》《韩寒五年》等文集。

[2]　韩寒:《三重门》,作家出版社 2003 年版,第 362 页。

里的刘班主任、体育老师,《光荣日》中刘小力等,"教师已不再是太阳底下最光辉的职业,而只是养家糊口的一种途径"①。而一般人眼中的问题少年,或者说与多数同龄人有着不同生活观念、生活方式的另类少年却往往成为作者赞赏的人物形象。他们大多有自己独立的思想与追求,秉持反叛的姿态,拥有反叛的资本。比如《三重门》中的林雨翔理科考试不及格,却拥有超人的文学才华;《长安乱》中的小和尚则是方丈口中天赋过人、能救世的人物。对教师形象的丑化与另类少年的美化成就了韩寒作品反叛现行教育体制的主题,引起了青少年读者的感情共鸣,也引发了人们的争议。

韩寒长篇小说的结构一般比较松散,缺乏长篇小说的严谨性,体现出边缘化的文体特征。他的小说主要依靠锐利的思想和率性、幽默、老练的语言来支撑。韩寒的语言是自由、率性的表达,他常常能说出别人想说而说不出或者不敢说的话。比如:"踢皮球就是政治的一部分,当然除了把问题踢来踢去以外"(《光荣日》);"都是打工的,何必把自己的名声搞的像联防队和城管一样臭呢"(《他的国》)等。

韩寒的小说语言从创作《三重门》开始,就没有一点儿童稚的表达,他习惯用"掉书袋"的方式增加作品的文化内涵,去除童稚气。如"这位化学老师,声音细得仿佛春秋时楚灵王章华宫里美女的腰",这里运用了"楚王好细腰"的典故。他也善于幽默,"不幽默那么几下,他似乎就难以维系他的文字"②。他的幽默不是局部的,而是贯穿始终的。他的幽默是智慧、新奇的幽默,他常常把两个看起来无关的事物奇怪地组接起来以形成陌生化效果。比如"语文课立马像闪电战时的波兰城市,守也守不住,一个礼拜只剩下四节"(《三重门》),同时用战争时期的城市来比喻和平时期的课堂,又诞生出许多新意,形象描绘了老师们为了多留几节自己的课而争抢的混乱局面,形成新奇的幽默效果。

由对教育体制的批判开始,韩寒逐渐将批判的笔触伸向社会生活的各个方面。2005年开通的博客是他表达自己思想的平台,2008年以前博客论战、批判的对象主要集中在文学界及其制度上,如韩寒与白烨关于文坛的"韩白之争"。2008年以后,他几乎对于诸多社会热点问题都要发表见解,比如对"韩峰案""福建马尾案"的议论等,这使他改变了以往叛逆少年的公众形象。

郭敬明③的作品是以华丽唯美的语言言说青少年的成长。郭敬明对自己的读者群体有非常清晰的定位——一二十岁的学生,而且以女生为主。所以,无论是他的玄幻类作品,如《幻城》《临界·爵迹》系列,还是现实类作品,如《梦里花落知多少》《1995—2005夏至未至》《悲伤逆流成河》《小时代》系列等都会在青春言说上或者在生活实际上贴近青少年,因而往往被认作"青春文学"的代言人。

表现"小时代"的"小情怀",是郭敬明创作的总体特色。他擅长为自己的作品设定一种类似于童话逻辑的叙事逻辑,始终把主人公的角色定位为与成人世界格格不入的孩子,"然后把

---

① 韩寒:《通稿2003》,作家出版社2003年版,第23页。
② 曹文轩:《序》,见韩寒:《三重门》,作家出版社2003年版,第7页。
③ 郭敬明(1983—),出生于四川自贡。高中时期就在文学网站"榕树下"发表作品,2001年和2002年连续获得"新概念作文大赛"一等奖。先后经营"岛"工作室和《最小说》刊物等文化产业,出版有《幻城》《梦里花落知多少》和《小时代》等作品。

自己的叙事置于与社会现实完全隔离的'幻城'中,后来他又把自己的人物放置于与大时代、大叙事南辕北辙的小时代。在这样一个预设的逻辑中,'孩子'们可以不管社会现实,不管历史责任与时事政治,也可以鄙视成人世界。撇清了一切与外界的关系后,什么都不重要了,重要的只有自己,因为'每个人的成长在自己心里都是惊天动地的事儿'"①,所以青少年成长的疼与痛、欢乐与悲伤顺理成章地成为青少年关注与抒写的主要内容。这样一种叙事逻辑是非常讨巧的,因为它既论证了作者青春写作的合理性,也印证了青少年读者接受的合理性。

《小时代》系列小说是郭敬明的代表作,包括《小时代 1.0 折纸时代》《小时代 2.0 虚铜时代》《小时代 3.0 刺金时代》。"小时代"既指计划经济向市场经济转型后的"90 年代",也指放弃崇高、宏大主题的叙事姿态;既指反映青少年生活、情感的叙事题材,也指与成人世界相对立的"孩子"世界,但小说主要表现"小时代"里不愿长大的"孩子"们的友情、爱情、生活、事业等青春故事。

什么是青春?"青春是道明媚的忧伤。"忧伤在郭敬明的小说里,不仅仅是叙事风格,而且是叙事内容的重要组成部分,是"小时代"里典型的"小情怀"。无论作品的情节有多大不同,贯穿其中的情绪都是相同的忧伤,只是每个故事、每个人忧伤的原因各异而已。《幻城》中的卡索既因和樱空释兄弟情太深而陷入难以排解的孤独和忧伤中,也因为所爱的离落死亡而忧伤,更因坐上王位后失去自由而忧伤。《梦里花落知多少》中的林岚既为与顾小北的分手而忧伤,又为对自己用情颇深的陆叙被暴打身亡而忧伤,也为朋友火柴的家庭环境和最终入狱而忧伤,还为顾小北被情人诱骗又背叛而忧伤……到了单亲家庭少女易遥这里,更是"悲伤逆流成河"了。由于读者大多是女生,郭敬明更多地以女生为描写对象,以女性视角来表现,这使忧伤叙事更为缠绵。

"小时代"的"小情怀"还包括对城市的迷恋,对物质的崇尚与追逐。郭敬明的小说故事多发生在北京、上海这样的大都市里。《小时代 1.0 折纸时代》开篇就将上海和北京、台北作比较,凸显对上海的偏爱。在"小时代"里充斥着对物质的崇尚与追逐,物质符号性大于功能性,时尚品牌比比皆是:奔驰 S500、凯迪拉克、LV 的皮包、Burberry 的西装等。韩寒指责郭敬明向青少年输出"很贱"的价值观也不是没有所指的。

郭敬明比韩寒注重讲述故事,希望通过曲折生动的故事情节来表达"小时代"的"小情怀"。但由于生活阅历不够,却过于关注故事情节而常常导致抄袭。《梦里花落知多少》因与庄羽的《圈里圈外》有诸多情节相同或实质上相似而被法院判为抄袭。其余未经法院判定的指责也不绝于耳。

郭敬明的语言从不吝惜词语,甚至不惜堆砌词语,尤其是宇宙、星球、世纪、世界这样的具有大意象的词。用这些大词来表现"小情怀",可以无限泡发青春期的忧伤与痛苦,强化读者的自我中心意识,引起青年读者共鸣。

"80 后"作家中当时颇有影响的还有张悦然、春树、李傻傻、胡坚、小饭等人,其中后三者在先锋作家马原主编的《重金属——80 后实力派五虎将精品集》中被列为"实力派",以示同韩寒、郭敬明、春树等"偶像派"作家的区别。事实上不论是哪一派,"80 后"作家在初登文坛的

---

① 郭敬明:《爱与痛的边缘·后记》,东方出版中心 2008 年版。

过程中,他们所描绘的青少年生活与当代主流作家的成长小说都有深刻的差异,对主流价值的叛逆倾向、边缘化的文体形式、新颖怪异的语言表达、忧伤冷酷的写作风格都表现出青年亚文化的若干特征,其文化影响远大于文学影响,倒是在他们步入成年之后,其文学创作才是值得关注的。

五、依托于影视、网络的小说

1. 在媒体帝国影响下的小说创作

进入 20 世纪 90 年代，媒体帝国迅速崛起，尤其是电视、互联网改变了人们日常生活的组织形式与内容，大规模地侵入政治、经济、文化、生活领域，文学自然深受影响。

首先，电影、电视以视听语言为传播符号，而网络具有多媒体传播属性，从而决定了影视传媒已在当今社会形成明显的媒体霸权和接受强权。由于视觉符号系统主要是运动的图像与声音的结合，直接诉诸观众的视听感官，对受众的文化层次要求不高，因而在传播方式上明显优于小说的文字传播。影像叙事的现场直观性、仿真性和超现实性，使影像化的传媒叙事成为文化市场"畅销"的叙事方式。电子传媒的崛起使我们进入了视觉文化时代。随着发展迅猛的大量当代小说的影视化改编势头，也随着一些小说家的主动"触电"，当代小说家的小说写作与影视之间有了更亲密的"联姻"。在这种联姻中，作为大众文化的影视剧深刻影响着当代小说，使其在价值追求、美学趣味、题材、主题、内容、手法、风格等方面都发生了明显的变化。

其次，小说和影视都具有各自独特的生产和创作方式。传统小说创作是一种个人行为，一种高度个性化的精神活动，遵循艺术创作的基本规律。而现代影视是一种大众文化，形成了文化工业。在市场经济的前提下，影视固然不乏高度艺术化的精品，但更多表现为对文化工业法则的屈从。因此，商业化、大众化、工业化、程式化的文化生产方式就成为影视的生存与发展的基础。在影视影响下，传统意义上的小说创作方式正在被解构。个性化、私语化、独白式的语言操作正受到前所未有的冲击，影视文学的大众化、规范化、程式化话语系统正在浸染小说，促使小说话语系统重构。在影视艺术的挤压之下，为了生存，小说要趋附于影视；为了发展，小说又竭力摆脱影视的束缚，在超越中寻求自我。

趋附于影视的小说创作遵循工业化生产的法则，其创作活动被纳入工业化生产流程，思维、想象、联想、感悟等都受到一定程度的抑制。从作品本身看，大众化、通俗化的题材，类型化、定型化的人物，公式化、类同化的情节，都表明工业生产的程式化正在取代作者的独创性。比如"海岩现象"就是小说程式化生产的代表，其作品典型地体现了影视艺术商业化、大众化、工业化、程式化的创作特征。海岩的小说创作追求"类型化"和"影视化"，开创了"公安言情小说"的类型。其笔下的主人公都是涉世未深的年轻男女，总有一方非富即贵，在对真挚爱情的追寻中，常常陷入各种刑侦案件。有爱情有凶杀，有浪漫有悬疑，这种相当通俗的故事情节越来越迎合世俗大众，在语言风格上越来越趋向于简便化和符号化，这种工业化式的小说创作模式完全符合新时期大众化市场的需求。其后期的作品，甚至是按照"海岩模式"团队集体打造的成果。类型化是通俗小说成为文化产业的重要体现，也为小说的影视化改编创造了条件。目前，中国内地通俗小说具有强烈类型意识和成熟的类型特征的作家、作品还不多，而海岩、王海鸰、王跃文、麦家等是少数具有成熟的类型特征的作家。王海鸰因其多部小说改编的影视剧的热播而获得"中国现代婚姻第一写手"称号,王跃文被誉为"中国官场小说第一人",麦家被称为"谍战小说之王"。

在当今媒体帝国的强势影响下,有意识把小说创作与影视结盟的人不限于海岩、王海鸰等人,越来越多的小说家意识到,经由小说改编而成的影视剧,借助影视、网络的广泛传播力和影响力,可"一举成名天下知",从而实现小说与影视的双赢。因此,有些小说家在小说创作时已经在为改编做准备,这不仅包括小说内容与形式的多个层面,甚至还涉及影视艺术的技巧和技法,比如更加注重题材的通俗化、故事情节的戏剧性、人物的动作性、描写的画面感、语言的简洁性、加强人物之间的对话、内容的生活化、场景的展示、蒙太奇结构的运用等,使当代小说文本逐渐向影视化的叙事性文本转化。这样改变了小说创作的传统方式,形成了小说与影视文学的"共生"现象。

小说对影视的趋从,一方面来自影视对小说的挤压,另一方面也是作家面对新的媒介环境,力求创作转型的一种自觉行为。它表明小说家对新兴艺术形式的向往和试图从中吸取艺术以丰富其表达方式的渴求。比如王海鸰的小说有一种竭力与影视艺术沟通的文学精神,体现了电影平民化、通俗化、影像性的艺术特质,其突出表现在于:描绘世俗人生的家庭生活,营造有声有色的环境氛围,借鉴电影的艺术手段、技巧和语言等,成为具有"电影化"倾向的文本。

作家在小说创作的影视化趋向中也并非一味地"投其所好",而是力图维护小说创作的传统,有意识地突出小说创作的个人化风格。比如麦家虽打造了"谍战小说"的品牌,但其独有的个性化的语言风格、峰回路转的叙事结构,既适合影视化的改编,又凸显了个人化的写作风格。龙一也写谍战小说,但与麦家不同,他将谍战小说引向了日常审美方向,具有自己鲜明的特色。王跃文写官场小说,以其独特的视角,以近乎写实的方式展示日常化、世俗化的官场生态,官场众生相以工笔画的方式惟妙惟肖地展现在读者和观众面前。王海鸰的作品基本都被搬上了电视荧屏,在追求大众品位的同时,其作品常常通过日常生活的表面,直接抵达文化本身,表现其人生关怀与理性反思。由此可见,在影视帝国的影响下,许多作家既遵循作品的大众品位,又不放弃自己的文学理想,他们的作品各具特色,同时又融入对生活的挖掘和思考,传达道德理想和理性精神,从而使得作品有了一定的厚度。

影视的大众化属性决定了它的叙述对象尽可能地选择贴近大众的生活,因而传媒时代的许多作家在选材上注重家庭性、日常生活性的题材。综观一些影视作品,或如《蜗居》《裸婚时代》《老有所依》等直面尖锐的现实之痛和现实之惑,或如《牵手》《中国式离婚》《新结婚时代》等对现代婚姻问题的深入思考,或如《房前屋后》《全家福》等对东方民族传统道德价值观回归的呼唤,或如《绝对权力》《国家公诉》等对腐败现象的揭露,这些作品用大众的目光审视现实、社会、人生,向读者展示的是关于社会人生的一种经验形态,与人们所居住、所生活的经验世界存在着同构、对应关系,因而引起普通大众的共鸣。电视剧的大众化审美取向,成为当代小说创作追逐的目标。比如,海岩的小说旨在满足大众读者的阅读期待,加之故事、情感、悬念的蓄意化操作,深得人心。因而无论是文学叙事的日常化和日常生活的审美化,还是文学叙事的传媒化,文学的这种转换,都是以迎合大众的消费趣味为主要价值取向的,其目的就是最大限度地获得销售量和收视率,以取得文学物质效益的最大化。

网络传媒除了具有影视化特点外,其数字化、多媒体化、实时性、交互性、开放性和自由性等鲜明特点,也影响着小说的创作者、读者以及小说的文本构建。

网络的自由性和开放性使"民间小说"的发表、出版权获得解放,给小说提供了一片新的天空。比如宁肯因其长篇小说《蒙面之城》在新浪网连载而成名,和众多的传统作家一样,宁肯曾把该小说寄往各大文学期刊,可惜一直没有消息。宁肯抱着试一试的想法,将自己的作品登在网络上,一举成功。同时,更多的文学爱好者在不断尝试、读写磨合、海量更新的过程中锻炼了文笔,张扬了个性,安妮宝贝、宁财神、李寻欢、今何在、慕容雪村、当年明月、南派三叔等均在网络时代脱颖而出。网络为广大文学爱好者提供了作品传播、共享的便捷平台,改变了以往"你写我读"的精英化书写方式。网络的交互性使得作者与读者之间的互动性得以加强,形成读写之间情感思想交流的平民化书写方式。

网络世界独有的话语体系,使网络小说在语言上表现为更大的自由性、随意性、真实性,以及极为丰富的创新性等区别于传统文学的语言特征。网络小说创作者大都喜欢用简便、直白的语言来表达当下的思想和情感,其特点表现为:文字简练;随意铺排的简短句式的大量使用,甚至一句即成一段;多使用对话体;大量奇特新颖的网络语言的出现等。网络小说的这些语言特点,使其具有得天独厚的"先天"性特色:天然质朴,直观印象和直观感受相结合,展露出大众化和口语化的特点等,这在一定程度上迎合或满足了大众朴实无华的审美风尚。

玄幻科幻、都市青春、官场职场、游戏竞技、灵异惊悚、新军事和新武侠……当今网络小说类型琳琅满目,内容形式独具特色,这不仅丰富了当代中国小说谱系,更促使小说创作朝着个性化和多元化方向发展。然而,网络写作者虽具有非凡的创造力、新颖的写作笔法,仍然掩盖不了网络小说整体创作水准和思想含量不高的现实,大量网络小说内容单薄、主题单一,娱乐价值有余而文学价值和社会价值不足。

网络小说之于传统小说,不同的只是发表的平台和交流的媒介。归根结底,网络小说最核心的所在还是语言、形象、情感、思想。因此,它同样要坚守观照现实生活、激发人类情感、抵达人性深处等传统小说创作的基本规律。许多网络时代涌现出的写手,昙花一现后淡出了人们的视线,而宁肯、安妮宝贝等因对文学的坚守,从而走出了一条不同的小说创作道路,在当代小说界为自己找到了坐标。

2. 麦家、海岩的小说

麦家①从 1986 年起就开始了小说创作,1988 年发表第一篇小说《变调》,之后虽有零星创作,但鲜有影响;2002 年长篇小说《解密》出版并获得好评。但麦家从名不见经传,到一跃成为中国当代文坛炙手可热的作家,走进公众的视野,还要得益于其长篇小说《暗算》改编的影视剧的热播。继《暗算》之后,他的《风声》《风语》等作品也相继被搬上银屏。

麦家的主要作品大都叙写谍报工作、密码破译等故事,充满神秘和悬疑。在中国文学创作领域,谍战题材的作品并不少见,但麦家独树一帜。无论是《解密》《暗算》,还是《风声》《风

---

① 麦家(1964—),原名蒋本浒,浙江富阳人。1983 年毕业于解放军工程技术学院无线电系,历任军校学员、技术侦察员、宣传干事、处长等职。1991 年毕业于解放军艺术学院文学创作系。1997 年转业,供职于成都电视台电视剧部,任编剧。出版有长篇小说《解密》《暗算》《风声》《风语》等。《暗算》获第七届茅盾文学奖。

语》,麦家小说都与密码有着解不开的情缘。密码在麦家的文本里呈现了它的多重特质——诡异、神秘、分裂、残酷,这也决定了其作品题材的神秘与悬疑,人物命运神秘莫测,情节发展诡秘而又玄机四伏,读者要拨开重重迷雾、缜密推理才能揭示小说结局,麦家的作品因此也被誉为"新智力"小说。

麦家是讲故事的能手,这一方面是因为多年军旅生涯的独特阅历,让他具有讲述陌生故事的先机,但最主要的仍因麦家在故事讲述过程中表现出来的逻辑能力和叙事策略。在作家独特的叙述方式下,读者往往陷入精心布置的叙事陷阱而不自察。《风声》讲述了抗战期间发生在杭州汪伪政权机要部门泄密的事件,为了找出代号为"老鬼"的共产党卧底,"反间谍"部门把涉嫌的吴志国、金生火、李宁玉和顾小梦四人关在一幢封闭的小楼中,由日军特务课机关长龙川肥原亲自布置和主持审问。结果,吴志国被刑讯逼供而死,李宁玉为了证明自己清白服毒自杀,其余人秘密失踪了,共产党领导也安全脱险。那么谁是"老鬼"?情报又是如何送出去的?真相在于李宁玉遗画中暗藏的一组摩斯电码。但故事并没有结束,李宁玉的哥哥潘老、远赴台湾的顾小梦却有着完全不同的解释,再一次把读者拖进了迷雾之中。重重迷雾,悬疑多多,不但造成读者的阅读悬念,更激发了读者在阅读中参与解密的欲望。

麦家小说的叙事视角比较丰富,多重视角讲述事件,第三人称和第一人称交叉叙述,既有故事内的叙事视角,也有叙述者以故事外的个人视角讲述故事、评价人物,有回忆,有穿插,有日记,有采访,有评述,叙事视角的综合运用已成为麦家重要的小说技巧。透过变换的视角,可以看到一个真实与虚幻交织、真话与谎言并存、崇高与丑陋同在的复杂世界。同时,这种叙事方式将过去的回忆与当下的讲述穿插起来,时空变换贯穿于小说之中,时空来回切换,一个个片段在眼前不停地闪回,仿佛电影的蒙太奇,镜头感十足,这样的创作也为麦家作品改编成影视剧提供了便利。

麦家小说一方面以曲折的故事取胜,另一方面,作者挖掘人性的深度和揭示人生主题的深刻,使其区别于一般的通俗小说,体现出较高的文学价值。麦家在书写密码,也在思考关于"人类存在"的密码。这种思维方式把麦家笔下的密码世界提升到"人类命运密码"的层面——选择、徘徊、苦痛、信仰、坚持。《解密》《暗算》《风声》等小说中,主人公无论是瞎子阿炳、容金珍,还是黄依依、李宁玉等,都是从事破解密码的特殊人员,从事惊天动地的国家最高机密工作,他们都具有极高的智商,但命运变幻莫测,结局也都极具悲剧性。《暗算》抓住了人的欲望的不可遏制来写天才人物的悲剧命运,阿炳死于屈辱感,黄依依死于为所欲为的性爱方式。《风语》由陈家鹄与日本妻子惠子的爱恋叙事切入人物内心深处,描写了国家与个人、情感与意志的交锋,还写出了政治力量之间错综复杂的斗争关系。《风声》将绝望浓缩在一个狭小的环境中,将战争、杀戮、陷害等对人伦秩序、生命意志的冲击力表现得触目惊心,同时也突出了生命在绝望中的忍辱负重和对理想信仰的追求和坚持。麦家没有写生活中常态的人和事,而是把主要精力放在非常态的生命的书写,通过对生命之存在、存在之极限的深度掘进,写出了一种生命的极致状态。但是,这种极致状态并不是一味地渲染生存场景的残酷和现实的绝望与黑暗,而是致力于刻绘生命的顽强和坚韧,以及他们为理想奋斗、为信念付出的献身精神,让读者从中受益。

麦家的小说文字简洁,少有心理描写和长句子,人物轮廓鲜明,线条简括,既没有人物状态描述,也少有场景的描述,为了尽快交代人物背景,迅速转移场景,常常使用镜头式的语言交代主角、描写景观,文字描写画面感很强,这些正好契合了麦家小说与影视的合谋。

海岩①是相当适应市场化和影视化写作的作家,从 20 世纪 80 年代创作处女作《便衣警察》轰动一时,到其后《一场风花雪月的事》《永不瞑目》《拿什么拯救你,我的爱人》《玉观音》《五星大饭店》等系列小说的畅销,海岩创造了小说艺术性和商业性兼收的神话。同时,根据这些小说改编的电视剧屡屡掀起收视热潮,产生轰动效应。综观海岩创作,无论是前期还是后期,其故事情节几近类似,都是围绕两人或多人的爱情故事展开,然后穿插着刑侦案件。这既是海岩创作的局限所在,也是其作品畅销的保证。有爱情有凶杀,有浪漫有悬疑,这种相当通俗的故事情节,符合新时期大众化市场的需求以及改编成影视作品的文本特质。

从《便衣警察》开始,海岩的创作就基本奠定了"公安言情小说"的类型。海岩惯以警察与罪犯的角逐作为小说的基本框架,以言情作为小说的血肉,从而展示出更为复杂的社会场景和更为丰富的人性内涵。

在《便衣警察》中,海岩吸收了现代言情小说多角恋的人物关系模式,使小说人物关系错综复杂,故事情节曲折多变。同时把纯真的爱情故事放在厚重的历史背景、错综复杂的事件演变中,这使小说气魄宏大、真实感人。20 世纪 90 年代以后,海岩的创作风格发生了一些变化,追求"类型化"和"影视化"的趋势日益明显。其作品中的现实因素逐渐减少,言情、惊险色彩日益浓厚,作品的模式化创作、娱乐化功能日渐凸显,靠情节的曲折、人物的生动、故事的离奇为特色的通俗小说特征日渐明晰。

演绎生死困境这一独特情境下的唯美爱情,是海岩小说追求的主调之一。海岩笔下的爱情故事蕴含唯美、纯真与浪漫,其主人公都是外貌出众、受过高等教育并且涉世未深的年轻人,他们为爱痴狂,不在乎名利身份,即使面对险恶环境抑或丰厚的金钱与物质的刺激,也一心只为自己所爱的人考虑安排。《永不瞑目》中的肖童、《玉观音》中的杨瑞和安心、《一场风花雪月的事》中的潘小伟、《五星大饭店》中的杨悦……这些性格各异、出身不同的男女们在海岩的笔下尽情展现着青春的唯美与痴狂。他们表达了海岩对人生的诉求与渴望,也契合着读者对纯美爱情的向往与梦想,迎合了大众的审美趣味。

但如果一部小说仅以男女爱情作为主线,这种过于大众化的情节已经很难再有什么卖点,所以在情爱之中,案件尤其是刑事案件就成为海岩小说的另一大亮点。当海岩把至善至美的爱情与残酷凶狠甚至血腥的犯罪事件联系到一起,使读者在思维和感觉上产生反差很大的冲突与碰撞,以此强化作品的吸引力和冲击力。

当然,海岩小说也绝非简单地用"公安+言情"便能概括,在演绎生死困境的爱情主题下,对道德与人性进行深刻拷问,同样也是海岩小说不变的追求。在案件与爱情背后,其作品闪烁着道德与人性之光。海岩小说常常通过塑造品质有缺陷的人物进行人性的拷问。在其作品的人物长廊中,《永不瞑目》中的肖童、欧庆春和欧阳兰兰,《玉观音》中的安心、毛杰和杨瑞,《拿什么拯救你,我的爱人》中的龙小羽和韩丁等,无不是充满了性格魅力、具有较高审美价值的

---

① 海岩(1954—　),原名侣海岩,湖南衡阳人,生于北京。1969 年应征入伍,退役后当过工人、警察、共青团干部,后从事企业管理工作。1988 年加入中国作家协会。出版有长篇小说《便衣警察》《一场风花雪月的事》,中篇小说集《死于青春》,以及《海岩散文集》《我笔下的七宗罪》《姆》等,还有《海岩文集》(9 卷)、《海岩电视小说书系》(9 卷)出版。

人物形象。这些人物具有一大共性，即在品质上存在各式各样的缺陷。即便是代表正义、善良、美好的一方，也依然有品质上的瑕疵和缺陷，不可避免地受到人性深处的欲望、惰性、自私等的控制。海岩正是利用他笔下的这些人物，让读者透过表层的面纱，看到了人物内心深处的真性情，也展示了隐藏在人性中的美与丑、罪与罚。海岩小说始终高扬传统道德的旗帜，善恶有报、赏罚分明的结局为娱乐功能极强的通俗小说注入了主流价值。

3. 王跃文、王海鸰的小说

1998 年，王跃文[①]以长篇小说《国画》进入人们的视野。从《国画》到《梅次故事》，从《西州月》到《苍黄》等，王跃文以一系列特定题材的小说赢得了"中国官场小说第一人"的称号。由其同名小说改编的电视剧《大清相国》《龙票》等均掀起收视高潮。王跃文有从政经历，他"熟知 20 世纪 80 年代以后中国官场的况味"[②]，特殊的人生履历为其官场小说创作奠定了坚实的基础。

与陆天明、周梅森、张平等的反腐小说不同，王跃文的官场小说超越了传统的"二元对立"式的官场书写，他的从政经历使其以独特的视角，站在非道德化的价值立场，以近乎写实的方式展示日常化、世俗化的官场生态。在这里，很多官员更多的是在为一己之私利、为官位的升迁、为平衡各种关系而奔波忙碌。笼罩在"官场"上面的神秘面纱被他轻轻挑开，官场众生相以工笔画的方式惟妙惟肖地展现在读者面前，传统小说中官员形象的神圣光环和英雄主义色彩消失殆尽，世俗化取代了神圣化。

王跃文小说着力塑造的主人公大多属于文人型官员，他们身上多具有知识分子气质，但在这个特殊的官场氛围中逐渐迷失了自我，充当着官场的"实验品"，体验着权力面前人性的扭曲与畸变。这些人物大体分为两类：一类是大学刚毕业初进官场的青年知识分子。他们带有学生的朝气，对官场抱有朦胧的幻想，看待官场的一切都是理想化的，比如《很想潇洒》中的汪凡，《国画》中的朱怀镜，《秋风庭院》中的关隐达等。作者在他们身上寄予了自己的人生理想。他们初入官场时，书生气比较浓厚，"达则兼济天下，穷则独善其身"的传统士人的处事原则在他们身上表现得比较明显，当他们的理想遇到官场这个大熔炉时，在书本中接受的观念和官场现实中的规则发生冲突，并且往往是自己的理想被官场游戏规则击败，他们的信念开始在坚持与放弃中摇摆，慢慢地被官场规则同化。另一类官员形象是掌握权力的当权者，他们处于权力旋涡的中心，各种力量的交锋更是此起彼伏。这种情况下，即使他们想为平民百姓作些贡献，也是心有余而力不足。这两类形象有时是交织在一起的，当初入职场的知识分子熬成位高权重的权威人物时，他们的内心经历了漫长的困惑与挣扎。另外，王跃文还描写了曾经在官场中叱咤风云、离开官场后不知如何适应平民生活的退休官员。这些人不再为官位钩心斗角，却换成另外一种方式互相攀比，如退休后享受的待遇级别，生病不喜欢让自己的儿女伺候，却要秘

　　① 王跃文(1962—　　)，湖南溆浦人。1984 年大学毕业后分配在溆浦县政府办公室工作，后调入湖南省政府办公室。1989 年开始文学创作。2001 年辞去公职，专职写小说。出版有长篇小说《国画》《梅次故事》《龙票》等，散文随笔集《有人骗你》《胡思乱想的日子》等。
　　② 王跃文：《有人骗你》，中国工人出版社 2004 年版，第 3 页。

书来陪等。可以说,官性的影响已经严重侵蚀到了官员的灵魂深处。

王跃文的作品写出了人与人、人与环境、人与体制之间存在的深层矛盾,以及作为个体的人对个人命运的内心焦虑。在日常与世俗化叙事中,作者对千百年来的官场文化进行了有力的批驳,对这种文化产生的根源进行了无情的解剖。小说叙事的焦点从"官场"入手,却在深刻性上超越了"官场"本身,是对官场政治文化的批判与揭露,具有深邃的社会意义和文学意义。

王跃文作品的艺术处理,基本上是将情节展示和细节剖析、人物刻画和习性描述相结合,表现出一种对官场生活细节及其行为依据的特别关注。在按照官场逻辑对人物行为细节进行剖析的过程中,作者往往既站在日常生活逻辑立场,对官场生态予以归谬式的嘲讽、调侃和揶揄,又时时设身处地对作品人物进行辩解、慨叹与怜悯。这种既冷眼旁观又感同身受的叙述笔调,使作品显示出一种亦庄亦谐、不无暖色与善意的反讽色彩。

王海鸰①是大众传媒时代又一个自觉把小说创作与影视结盟并取得成就的作家。其代表作品《牵手》《中国式离婚》《新结婚时代》《大校的女儿》等均取得了影视与小说的"双赢"。

20 世纪 90 年代以来,伴随着社会转型,家庭婚姻问题日益成为引起普遍关注的社会问题。这一时期,婚姻显示出新的特质和内容,各种婚恋危机困扰着社会大众。王海鸰正是在这样的时代背景下,紧紧抓住当代人婚恋状态,掺入当今时尚元素,从生活的细节出发,用敏感纤细的笔触,创作了一系列现实主义作品。在这些作品中,家庭生活和婚姻感情是其创作的母题。看似相同的题材,作者却以女性独特的视角,反映出爱情、婚姻中存在的不同问题,引起社会大众的共鸣。

《牵手》是王海鸰在 20 世纪 90 年代末期推出的一部婚恋题材小说,这部作品一经问世便引起轰动。《牵手》以一对夫妇的婚姻危机为主线,直面婚外恋,并由此提出了"婚外恋是否是婚姻的第一杀手"这一问题。《中国式离婚》则从外部转向了婚姻本身,深刻剖析了三对夫妻的情感和他们各自在婚姻生活中所面临的问题,揭示了在婚姻契约下夫妻之间的三种背叛:心的背叛、身的背叛、身心的背叛。在《新结婚时代》中,王海鸰一改以往几乎仅仅局限于夫妻双方感情纠葛的模式,从一个新的角度——城乡差异切入,再度探访婚姻中面对的重重矛盾和困扰。王海鸰的自传体小说《大校的女儿》用女军人的视角观察军人感情世界,是她对自己爱情和婚姻的反思。《成长》则记录了一个男性生命的成长过程,以空军飞行员家庭的故事,聚焦当下社会家庭价值观,探讨男女平等与家庭分工。《新恋爱时代》讲述了三个"80 后"女孩的三种爱情,并深入探讨了如何实现自我、如何应对职场、如何收获爱情等问题。

王海鸰善于写"家长里短",擅写中国式婚恋。在王海鸰笔下,婚姻是个最温馨也最惨痛、最丰富也最乏味、最给人以安全感也最折磨人的话题。她入木三分地剖析了中国人无比真实又无处言说的婚姻真相,通过对当代婚姻生活由外部到内部、由他人到自身、由小家到大家、由个人到社会的回环往复的探寻,多层面、多角度地对当代婚姻进行了反思。王海鸰的作品透析

---

① 王海鸰(1952—),山东济南人。16 岁中学毕业后,到济南军区某部海岛当兵,做过通信兵、卫生兵、业余宣传队队员。1980 年开始发表作品,1983 年调至总政话剧团任编剧,1986 年毕业于解放军艺术学院文学系。出版有长篇小说《牵手》《中国式离婚》《新结婚时代》,中篇小说集《她们的路》《星期天的寻觅》等。

百态婚姻,冷静而敏锐,睿智而深刻,透彻到几乎残忍,它就像一把"生活的解剖刀",把生活的真相剖开给人看;它又像一面镜子,照出读者的婚姻困惑,引发一系列关于爱情婚姻生活的深度探讨。

王海鸰小说的语言细腻而不张扬,温婉而不华丽,看似庸常的婚姻生活在她的笔下娓娓道来。不靠贫嘴,不靠重口味,作者用敏感纤细的笔触,从生活细节出发,平静地以人物命运和性格来打动读者。小说在平淡的述说中蕴藏着暗涌,使作品富有穿透力和洞察力。王海鸰小说中的人物形象真实生动,对白也很精彩,父子情、兄弟情、夫妻情、母女情、友情等情感关系描写到位。同时,作品松紧有驰的节奏、较强的故事性,都为其小说的影视化改编做了准备。

4. 宁肯、安妮宝贝的小说

宁肯[①]的《蒙面之城》是一个关于流浪者的故事。作品塑造的流浪汉马格精神独立,有自己的追求,是一个物质上的乞丐、精神上的富翁。他在流浪中生活,但他从未感到精神上的寂寞,这是一个带有一定神性色彩的流浪汉。马格的漂泊流浪是现实心灵的飞扬,它暗通了文学面对生活的审美功能。《蒙面之城》因塑造了一个在精神领域超越自己的人而获得读者认同,表达了人们心灵深处摆脱生活固有程式的渴望。

《沉默之门》被宁肯视为《蒙面之城》的续篇,作者习惯称它们为第二部和第一部。只是无论从人物塑造到小说技法,这两部小说都呈现出不小的反差。《蒙面之城》中的主人公马格是行动型的年轻人,他从秦岭到西藏再到深圳的一路辗转,都有年轻人一往无前的执著与舍弃,它是诗意的、行云流水的线性叙述。《沉默之门》的叙述更跳跃,甚至有意略去了常规小说所要交代的人物背景与情节铺垫,诗性的语言出现在这部小说的部分章节中。这是一部精神写意式的作品,贯穿小说始末的是一种超度苦难的内在精神。李慢"柔弱的坚强"与倪维明老人的坚韧、林散之的淡泊相互映衬,小说表现了一种"沉默"的精神力量。在《环形女人》中,宁肯再一次以神性的审视苍生的眼光,将一个现实版的成功人士故事与一个侦探故事写得波诡云谲,令读者心惊肉跳。与苏明侦探类似,简女士、叶子、苏未未、马术教练等人物都是作为一种精神形象出现的,他们都带有某种偏执性格,每个人只活在自己的精神世界中。对人物内在精神的高密度审视是宁肯小说的灵魂,这样的审视既有西藏精神的影响,又与现代小说的创作方法相通。宁肯小说中氤氲着一种不食人间烟火的神性氛围,《日光之城》继续实践了这样的"神性"。小说对西藏佛教的思考认知,采取的是现代知识分子的视角,作品塑造了王摩诘、维格、马丁格等修行者形象,小说通过他们之间充满哲理的对话以及丰富的人物性格内涵,实现了对西藏文化精神的探寻。

宁肯的小说偏好精神分析,小说中的精神分析拓展了小说的意义空间,使人物形象更加饱满。宁肯小说中的人物形象思想深刻、富于洞察力,是时代的精英,但又是时代的病儿,他们的"心理障碍"无不是非人性的现实所造成的,小说在对隐秘内心世界展开分析的同时,笔锋指向了对现实的批判及对更理想、更人性的社会的渴望。

---

① 宁肯(1959—　　),原名宁民庆,河北河间人。1982 年开始发表作品。1983 年北京师范学院第二分院中文系毕业,当过中学教师、报刊编辑等。出版有长篇小说《蒙面之城》《环形女人》等。

从《蒙面之城》到《日光之城》,宁肯小说中的人物都比较少,故事情节也不复杂。作者追求小说细节上的丰富,努力拓展人物的内心世界,加大叙述人对故事的干预。小说中适当插入诗词或散文片断,于内在意蕴上与小说的故事相辅相成,形成一种贯穿其中的内在情绪流,使小说具有诗的气质。

宁肯是有个性的作家,他对小说有自己的独到理解,并自觉地追求小说技法的革新。从《蒙面之城》到《日光之城》,小说各有其不同的风格。"《蒙面之城》自由、舒畅,《沉默之门》沉郁、庄重,《环形女人》奇崛、荒凉,《日光之城》艰涩、厚重。宁肯承续的是西方现代派小说的传统,致力于写一种智性的知识分子小说。"①

安妮宝贝②同宁肯相近,都崛起于网络文坛,继而因网络广泛的影响力而获得人们的认可。1998 年,安妮宝贝凭借小说《告别薇安》迅速蹿红网络,后陆续出版了多部小说。综观她作品的内容,轶群之处不是繁丽的辞藻、离奇的情节,而是追寻与表达的"人"的主题。安妮宝贝的小说以现代都市为背景,从表现都市边缘人的挣扎,到灵魂深处的探寻,再到对人生的清淡、感恩的讲述,她的小说注重人物内心的分析和观察,力求获得通往他人内心的路径,使读者与小说中的某类现代都市人建立关系,产生共鸣。

《告别薇安》《八月未央》既是安妮宝贝的早期代表作品,亦是其成名作。作者这一时期的创作主要以爱情和无法摆脱与挽救的宿命为主题,故事结尾和人物的命运多是凄惨的离别和死亡,作品充满了悲凉、挣扎、绝望等阴郁色彩。这一时期,安妮宝贝的文字充满着极端、破碎和绝望的气息。随着个人成长和创作的深入,作家思考的广度和深度不断扩展,不再止于青春期的风花雪月和爱恨情仇。在此后的作品中,安妮宝贝的创作视野有了较大拓展。长篇小说《彼岸花》《二三事》和散文小说《蔷薇岛屿》《清醒纪》是其沉淀思考期的代表作品。这一时期的创作,从内容到形式都逐渐走向成熟。在形式上也开始尝试结构独特的长篇小说创作。同时,在主题的选择上也慢慢地扩展开来,行走、游历、边缘、沉寂等都被纳入思考和表达的范围。作者这一时期的作品开始由网络上创作与传播转为纸质印刷出版,因此,一些早期作品中由于网络这一特殊创作载体的独特性而引发的某些创作上的特征,如行文的零散、随意,只句成段,以对话体表达故事情节等,都有了相应的减少。但总的来说,作品的内容、精神境界和气质韵味等,仍是决定于作者本身的选择,而非网络的选择,因而仍与前期作品保持着创作风格上的基本一致。长篇小说《莲花》、散文集《素年锦时》《春宴》则标志着安妮宝贝创作的明显转变与升华。安妮宝贝逐渐为小说中的人物摸索到最终归宿,她用冷静而清醒的心态,随意而淡定的笔调,勾勒出人物心灵的选择和命运的归依。《莲花》承载了作者的精神世界和哲学观,表达的东西涉及对人性和事物理解的各个层面,需要渗透表相,感受内在肌理。《莲花》的文字体现和保持的是"一种自决,内省,敬畏和警醒,它像一个人穿越漫长黑暗隧道追逐光点的过程"③,寻找到的是远离城市喧嚣与畸形之后的简单和真实,这种从繁华热闹蜕变而出简洁朴

---

① 周志雄:《灵魂的歌手——论宁肯的小说创作》,《文艺争鸣》2010 年第 11 期。

② 安妮宝贝(1974—),原名励婕,浙江宁波人。大学毕业后曾任职银行职员、广告公司策划、网站编辑、杂志社专栏撰稿人等。1998 年起开始在网络上写作和发表作品,主要作品有短篇小说集《告别薇安》《八月未央》,长篇小说《彼岸花》《莲花》,散文小说《蔷薇岛屿》《清醒纪》以及随笔集《素年锦时》等。

③ 《安妮宝贝长篇专访——暗涌,自决,内省》,《城市画报》2006 年第 11 期。

素,更具真味,也更为长久。

安妮宝贝的思想是独立的、自我的,甚至是抗拒的,与外界保持着距离。她一直在追求对这个世界更为理性和清醒的认识,对她眼中的世界做透彻淋漓的揭露,对被迫潜藏于世俗规则下的心灵空间做大胆而不倦的求索,探索人性深处的广阔空间,阐释生存的意义、生命的欲望和目的。

安妮宝贝的小说不强调故事性。她把小说的故事性弱化,注重对人物内心的分析和观察。作者热爱和关注那种自我的生活,细心享受和品味构成生活诸多要素的细枝末节,小说中很多故事都是来源于她对过往的感触与回忆。她在生活中经历漂泊,其小说中的人物也是如此。

安妮宝贝的小说语言短促而平快,极具张力。她还善于使用短句,能在极短的句子或篇章里,通过频繁断句,或是对话体的方式,诉说一个哲理,营造一个意境。简练的文字,从容的语调,不时闪回的画面,使她的文字往往不经意间构造出一种别具意味的意境,表现出明显的散文化和诗化的特征。而在散文化过程中,由于细节描写、心理描写、抒情议论性文字的增加,小说的故事性有所淡化,但在一定程度上丰富了小说的内蕴,特别是抒情和心理描写的增加,使小说愈来愈近于诗化。这种有诗意美的小说,既有生活的具体实感和美感,又有引人思索的丰厚内涵。

六、在纷争中分化与重组的诗歌创作

1. 世纪末的诗学论争与新世纪诗歌

从 20 世纪 70 年代末到 80 年代初,朦胧诗作为一股新异的诗潮在诗坛异军崛起,不仅在诗坛,甚至在整个文学界都产生了深刻影响。但是随着朦胧诗 1982 年之后渐趋衰微的同时,一种新的诗歌美学和写作风气开始于校园诗歌中发育成长,且在 1985 年浮出地表,开启了一个新的诗歌美学天地,这就是"第三代诗歌"。

"第三代诗歌"以民间刊物《他们》的延续出版作为标志,它是继《今天》之后又一个具有重要影响力的民间刊物。1989 年之前,《他们》共出刊 4 期,90 年代之后又连续出刊 5 期,直至 1995 年终刊。后由小海、杨克主编的《他们——〈他们〉十年诗歌选》于 1998 年出版,由此推出了一大批"他们"诗歌的重要代表人物,如于小韦、朱文、杨克、杨健、吴晨骏、刘立杆、伊沙、侯马、杜马兰等。此外《一行》《诗参考》《葵》等先锋诗报、诗刊也蔚成气候,同样聚集起一批民间更年轻的实验、探索性诗人,虽然其势头不像 80 年代诗潮那么汹涌激荡,但其热情和勇气也并未消减。从另一层面看,80 年代后期的思想文化氛围对诗坛发生的影响也是显而易见的,尤其是对那些具有精英幻想和人文主义情怀的知识分子来说,他们感到从未有过的内心深处的变化,包括心境、艺术趣味乃至认知、态度的完全改变。如欧阳江河所述:"对我们这一代诗人的写作来说,1989 年并非从头开始,但似乎比从头开始还要困难。一个主要的结果是,在我们已经写出和正在写的作品之间产生了一种深刻的中断。诗歌写作的某个阶段已大致结束了。"①或许因为对 90 年代之后历史进程与文化状况等的认知、感受不同,表现在诗歌书写中,其处理艺术与社会,艺术与历史、文化,艺术与日常生活及自身经验的方式、方法就会有所不同,这就使 80 年代的诗学歧见不可避免地放大,以致形成世纪末一场民间立场与知识分子写作的诗学论争,并对 21 世纪初期诗歌走向产生深远影响。

这场诗学论争的直接背景和导火索,与所谓"90 年代诗歌"这一概念的形塑以及一系列事件有关。首先,在 90 年代初的几年间,全国诗歌界相对平静,而在北京,被称作后朦胧诗或知识分子写作的诗人们却比较活跃。他们利用校园诗歌节或大学生诗歌活动,比如北大海子诗歌节、各大校园诗歌朗诵会等,常常出入于校园与年轻学子之间,或朗诵、或演讲、或探讨、或交流,由此形成了较为浓烈的诗歌氛围和认知场域。其次,涉猎"90 年代诗歌"的选集系列也陆续出版,加之诗人、评论家和学者不断言说,并将之置入历史,使其俨然成了主潮与范式性诗歌写作形态,而北京也似乎成了"90 年代诗歌"写作中心。程光炜于 1998 年编辑出版的"九十年代文学书系"诗歌卷《岁月的遗照》犹如点燃了一根导火索,引发了世纪末诗学论战的硝烟。

---

① 欧阳江河:《89 后国内诗歌写作:本土气质、中年特征与知识分子身份》,《谁去谁留》,湖南文艺出版社 1997 年版,第 234 页。

随之，北京师范大学中文系沈浩波撰写《谁在拿九十年代开涮》①，以尖锐、嘲讽的笔法，对该诗选的编选者以及诗选代表性诗人给予严厉批评，认为 90 年代好像成了编选者任意装扮、开涮的历史场域。之后于坚、徐江、谢有顺等也分别发表《诗人的写作》《乌烟瘴气诗坛子》《内在的诗歌真相》②等系列文章，参与讨论和批评。于坚、韩东、杨克、谢有顺等以"民间立场策略"策划出版了《1998 中国新诗年鉴》③给予反制和矫正。对此知识分子写作阵营随后撰文反击，诗坛便开始弥漫起一股论争的硝烟味。

　　这场论争于"盘峰会议"发生直接碰撞。1999 年 4 月 16 日至 18 日，中国社会科学院文学研究所、北京市作家协会、《诗探索》和《北京文学》编辑部在北京市平谷县召开了"世纪之交：中国诗歌创作态势与理论建设研讨会"，会议由谢冕、吴思敬主持，来自全国的 20 余位诗人、批评家围绕"知识分子写作"和"民间写作"的相关理论问题发生了激烈的论争，事后被人们戏称为"盘峰论剑"。这次会议不久，由《诗探索》编辑部与《中国新诗年鉴》编委会于 1999 年 11 月 12 日至 14 日，在北京主办了"'99 中国龙脉诗会"，来自全国的 40 余位诗人、评论家出席，就诗学论争及相关问题进行了深入对话与研讨。而先前出席"盘峰会议"的知识分子写作诗人与评论家却集体缺席。尽管如此，从"盘峰会议"前后到"龙脉诗会"期间，持不同观点的诗人、评论家纷纷撰文参与论争，分别在《诗探索》《大家》《北京文学》《文论报》《南方周末》等报刊上发表了大量文章。参与论争的"民间立场"一方主要有：于坚、沈奇、杨克、伊沙、徐江、韩东、谢有顺、沈浩波等；"知识分子写作"一方则有：王家新、西川、孙文波、唐晓渡、陈超、程光炜、臧棣、西渡等。论争虽掺杂着诗坛"话语权"的争夺、诗歌秩序的占有以及小圈子义气，但其不同诗学观念的交锋构成了论争的价值所在。

　　秉承"民间立场"的一方认为，以《岁月的遗照》等为代表的"知识分子写作"对诗歌秩序的排定是虚妄的、具有遮蔽性的，所谓"90 年代诗歌"有"压制别种写作的倾向"。在他们看来，能够代表近十年诗歌创作成就的恰恰不是 90 年代的"知识分子写作"，而是《他们》《非非》等坚持民间立场写作的诗人们。知识分子写作靠知识写作，靠寄生于西方的翻译语体写作，根本缺乏的是生命的体验和感受。④ 这种写作"是对诗歌精神的彻底背叛，其要害在于使汉语诗歌成为西方'语言资源'、'知识体系'的附庸"⑤。而民间立场的写作与"民间的概念"一样，"则是自足的和本质的"，"民间立场就是坚持独立精神和自由创造的品质"⑥。与民间立场相伴生的即是"口语化写作"，在他们看来，口语具有原创性质感，"适于表现日常人生的现时性、当下性"等生命状态，"口语写作丰富了汉语的质感，使它重新具有幽默、轻松、人间化和能指事物的成分"⑦。

　　与"民间立场"相对立的知识分子写作一方，首先严词批评民间立场对知识分子写作的丑化与扭曲，竭力为自己辩护。他们认为知识分子写作面临着"被丑化和庸俗化的双重危险"，

---

①　沈浩波：《谁在拿九十年代开涮》，《文友》1991 年第 1 期。
②　参见于坚：《诗人的写作》，《中华读书报》1998 年 9 月 23 日；徐江：《乌烟瘴气诗坛子》，《文友》1999 年第 3 期；谢有顺：《内在的诗歌真相》，《南方周末》1999 年 4 月 2 日。
③　杨克主编：《1998 中国新诗年鉴》，花城出版社 1999 年版。
④　于坚等诗人观点，参见孙基林：《世纪末诗学论争在继续——'99 中国龙脉诗会综述》，《诗探索》1999 年第 4 期。
⑤　于坚：《穿越汉语的诗歌之光》，杨克主编：《1998 中国新诗年鉴·代序》，花城出版社 1999 年版，第 7 页。
⑥　韩东：《论民间》，《芙蓉》2001 年第 1 期。
⑦　于坚：《诗歌之舌的硬与软》，《诗探索》1998 年第 1 期。

硬将知识分子写作说成是"渴望与西方接轨"是一个浅薄的流言。① "'知识分子写作'何罪之有?""许多伟大的诗人都同时是知识分子,写作无法回避西方的文化和精神资源。"②"如果它要切入我们当下最根本的生存处境和文化困惑之中,如果它要担当起诗歌的道义责任和文化责任,那它必须是一种知识分子写作。"③与此同时,他们对民间立场的写作也给予了质疑,认为"'民间立场'并不存在","因为'民间'并不那么可靠","'民间'是最没有独立性的场所,民间心理就是从众心理,看热闹心理"④。

一些持中立态度的学者和批评家,则客观评说了两种不同向度的写作,一个较为普遍的认知是:两种写作分歧"是深刻的美学追求的差异",如就主要资源看,"知识分子写作比较注重外国经验,民间立场注重本土经验"。如从另一视角看,知识分子写作是"圣化写作",民间立场是"俗化写作",二者是不同方向的差异。"圣化"是向上的,强调寓意、哲学、"强调超越,强调艺术的纯化";而"俗化"则是向下的,强调"生命欲求"和"躯体写作","是艺术审美图式的生活化和世俗化"。也有学者试图弥合两种写作的差异与对立,从不同之外寻求同一性和相似性。而诗人们则渴望走出和超越二元对立的模式或"圈套",提出了"另类写作"或"第三写作"主张,这为新世纪"第三条道路"的寻找发出了最初的声音。⑤

世纪末诗学论争是继朦胧诗之后一次较为深刻而又影响深远的诗学论战。它发生在先锋诗歌内部,并通过一次论战的方式将裂隙、矛盾、分歧揭示出来,既是对先前两种不同写作道路的回望和不同美学形态的构建,同时也廓清了新世纪诗歌发展的方向和路径。后来的写作者无论是"70 后"还是"80 后"诗人,甚至包括处于"第三代"与"70 后"之间的"中间代",他们或各自有着自己的写作天分和性格,但也大多有着自己的谱系和传承链条,有的受第三代诗歌与民间写作的影响多一些,有的或许与知识分子写作有某种家族相似性,这也是他们不易形成独立流派的根本原因。

2. "民间写作"与伊沙

"民间写作"或"民间立场"源自 1998 年 10 月于坚、韩东、杨克等在广州策划出版《1998 中国新诗年鉴》时所确立的诗学立场和观念,即"艺术上我们秉承:真正的永恒的民间立场"。于坚为《年鉴》所作的代序《穿越汉语的诗歌之光》犹如民间写作的宣言书,而韩东的《论民间》则在此基础上完成了"民间"诗学的理论阐释和建构。于坚认为:"民间的意思就是一种独立的品质。民间诗歌的精神在于,它从不依附于任何庞然大物,它仅仅为诗歌本身的目的而存在。"在他看来,新时期诗坛 20 余年的历史,虽不乏民间的声音,包括《今天》的独立性和民间性,但真正的"民间"还是来自以《他们》《非非》为标志的第三代诗歌运动。在他们看来,第三代诗歌是"本世纪最重要的诗歌运动。其意义只有胡适们当年的白话诗运动可以相提并论……发

① 臧棣:《当代诗歌中的知识分子写作》,《诗探索》1999 年第 4 期。

② 分别为王家新、孙文波语,参见张清华:《一次真正的诗歌对话与交锋——"世纪之交:中国诗歌创作态势与理论建设研讨会"述要》,《诗探索》1999 年第 2 期。

③ 王家新:《知识分子写作或曰"无限的少数人"》,《诗探索》1999 年第 2 期。

④ 西川:《思考比谩骂更重要》,《北京文学》1999 年第 7 期。

⑤ 分别为谢冕、吴思敬、王光明等学者的观点,参见孙基林:《世纪末诗学论争在继续——'99 中国龙脉诗会综述》,《诗探索》1999 年第 4 期。

韧于中国南方的这场不谋而合的诗歌革命的要害,乃是一场民间话语的起义"。在韩东的论述中,"民间的存在是一个基本的事实,有其确切的物质形态和精神核心"。他以1976年以来的当代"民间"为依据,指出所谓"物质存在",是指"大量的民间社团、地下刊物和个人写作者";所谓"精神核心",则是"独立意识和创造精神";而他们所秉持的"民间立场",就是坚持独立精神和自由创造的品质,"它要求的是独立、自由和创造的可能,抵制的是权力、奴役和'庞然大物'(于坚语)"。而在新的时代和历史背景下,"这奴役精神和窒息创造的庞然大物不仅是由体制派生出来的权力话语,更有人们津津乐道的西方话语优势"。显然,这里直指"知识分子写作"因仰赖于西方话语资源,以西方文学继承者和守护者自居,毫无独立性可言。在此前提下,韩东呈现了民间写作由"今天"发端,到"他们""非非""南方诗志"等的物质存在和精神核心成长的历史,并指出90年代以后"民间写作的主导力量"是更年轻的一代,另有80年代民间写作运动中出现的中坚力量。

　　90年代以后民间立场的写作如从精神品质和美学向度上分析,大体表现出诸如崇尚原创、日常生活书写与基于"口语"的叙述性等特质及倾向。崇尚原创性,是与他们拒绝依赖知识、传统和权力意识形态等"庞然大物"相并行的。于坚强调"由日常语言证实的个人生命的经验、体验、写作中的天才和原创力总是第一位的"①。杨克说:"我一直相信真正的艺术必须具有原创性,生存之外无诗。"②因而,那种悬置价值判断,剥离既有观念预设与浮着的现象学还原以及消解式写作,即是原创性书写的出发点之一;而基于生命原初意识与感觉的语感描述,则是原创式写作纯然本在的起点与源地。前者如于坚的《对一只乌鸦的命名》《我梦想着看到一头老虎》等诗,均试图消解和剥离掉事物身上任何先定或强行进入的语义和概念,而回到一只乌鸦或一头老虎真正具体的自己,回到对它的第一次触动和命名;后者如韩东的《明月降临》、于坚的《避雨的鸟》等诗,是诗人面对事物时最初的触动与感知,纯净、澄明、清新,既自然亲和,又灵动如初,一切都是自己身边存在的事物,诗人的生命也便自然而然进入体验与交会的事境或物境之中。由此,也可见出民间写作偏重日常生活书写的特征。走出崇高美学和宏大书写之后的民间写作,一个最显在的转向就是回到了自己所置身的日常生活场域。如朱文的《形体生长的一个过程》即是对自己身体感受过程的一次记录和描写;《一直在汽车上》《四个兄弟和午餐肉》是对再平常不过的每个人都可能经历的日常事境的书写。当然,日常生活书写既是回到人的日常生命状态的一种书写,同时也体现着作为"诗人写作"的另一面,即发现和揭示日常生活的意味,包括诗性的本质与意义的另一面。与日常生活书写相照应,"民间写作"从艺术层面上看呈现为基于口语的叙述性特征,以至于形成拒绝象征、拒绝隐喻的写作方法。从于坚的《尚义街六号》、"事件"系列,韩东的《甲乙》到侯马的《天黑时妈妈喊我回家吃饭》、伊沙的《等待戈多》等,均在消解意象和传统修辞之后,以口语化的讲述或叙说方式表现出鲜明的叙述化倾向。

　　持民间立场的写作者众多,因它不属于一个流派,所以群体的界域相对具有开放性。就一个时期诗坛整体流向来看,大体上可以把第三代诗歌以及受此影响的一些诗人看作是民间写作群体的诗人,伊沙便是其中的代表。

---

① 于坚:《穿越汉语的诗歌之光》,杨克主编:《1998中国新诗年鉴·代序》,花城出版社1999年版,第7页。

② 杨克:《〈中国新诗年鉴〉98工作手记》,杨克主编:《1998中国新诗年鉴》,花城出版社1999年版,第518页。

　　伊沙①成名于 90 年代,在"知识分子写作"势头渐盛的时候,他作为"民间写作"的代表凸显在诗坛,因而,有人认为谈论 90 年代以来的诗歌,伊沙虽然存在争议,却是个无法回避的存在。

　　伊沙曾是"后他们"的一员,他坦承"韩东教会我进入日常生活的基本方式和控制力,于坚让我看到了自由和个人创造的广大空间"。他还说他"从李亚伟那里偷到了一种愤怒与忧伤交相混杂的情绪","偷到了丁当的虚无与洒脱,偷到了默默坏孩子的顽皮与智慧,偷到了杨黎语言的陌生化效果……80 年代,自朦胧诗后具有进步写作倾向的第三代诗人中的佼佼者,被我偷遍了"②。由这段话可以看出他的诗学传承关系以及承上启下的影响,因为"70 后"一脉作为第三代诗歌与"民间写作"谱系的传续者,其实也多从伊沙那里获得启发,尤其像"下半身""诗江湖"等群体里的部分诗人即是如此。伊沙以一种不妥协的叛逆性姿态,强化和拓展了亵渎、解构式的诗学面向,并采用戏谑、反讽式修辞,尖锐、刻薄的嘲弄口气与批判态度,对既成权力体制、主流意识形态、传统价值观念以及思维方式等给予强力解构。比如早期最为有名的《车过黄河》,表达的便是对历史、文化的不屑以及对传统价值观念的解构。黄河本是民族历史、文化的源头,古老文明的神圣图腾,而"车过黄河"也本应是一次文化朝拜的注目仪式,可在事件叙述者兼行为主体的"我"这里,只不过厕所里的一次小便,就让黄河流远、消逝了……这显然以一次后现代式的行为艺术,消解和剥除掉了置入黄河这一庞然大物身上的"本质主义"观念而回到了本然的存在自身。而《饿死诗人》则对海子死亡效应所引发的麦地狂欢现象,即"整个诗坛似乎都在大面积种植麦子"给予嘲讽、批判:"诗人们已经吃饱了/一望无边的麦田/在他们腹中香气弥漫。"如此矫情、虚妄、不切实际的浪漫,既缺乏生命的质地,也无现实的关怀。伊沙在看似轻松、幽默,毫不留情的嘲谑(包括自嘲)又不无激愤的批判言语中,对高蹈式乌托邦浪漫倾向给予了彻底解构、拒斥,从而唤醒和建构一种新的美学。

　　日常生活书写与基于口语化的叙述性是新美学的两大标识,也是"民间写作"的基本内质。伊沙诗歌的日常性和口语化具有代表性,也不乏自己的特点。只是伊沙诗歌所充满和触及的日常性,更多不是能带来诗意的优美事物,比如乡村、麦子、歌谣、少女等,而是大量充塞着波德莱尔式的丑、恶或滥俗的题材与现象,比如收尸者、梅毒、酒鬼、交媾、死亡、法西斯、野史、乞丐王等,还有"俗人在世"日常俗见的那些事物,哪里有什么诗意可言!可它们以或显或隐的面目进入日常生活之后,使诗人不得不面对、审视,从而在诗歌书写中揭示出其生存的本质,或日常事物中隐秘的意味与真相。与日常生活书写相对称的口语化叙述方式,也在解构和摧毁传统观念、主流意识形态以及旧模式的基础上,试图寻找、探索出一些新的书写方法,比如《结结巴巴》便体现出鲜明的戏仿性特征:"结结巴巴我的嘴/二二二等残废/咬不住我狂狂狂奔的思维/还我的腿。"它通过对结巴话语方式及语态的戏仿,既对传统的语义结构及思维模式给予解构与反讽,同时又在语感上获得了意想不到的阅读效果。他的《半坡》则通过捕捉语词延异、播撒的踪迹,以一种伪装的日常心理和能指滑动,消解严肃的历史深度,从而将文化

---

　　①　伊沙(1966—　),原名吴文健,生于成都。1989 年毕业于北京师范大学中文系。曾任《文友》杂志主编,创办《唐》诗刊并担任"唐"诗歌网站站主。中学时代开始发表作品,主要从事诗歌、随笔、小说写作。著有诗集《饿死诗人》《野种之歌》《我终于理解了你的拒绝》《我的英雄》,随笔集《一个都不放过》,小说集《俗人理解不了的幸福》,长篇小说《江山美人》等。

　　②　伊沙:《无知者无耻》,朝华出版社 2005 年版。

遗址指称的"半坡"移向地形属性的半坡。再者,他诗中那种短促、急切、类乎重金属击打的摇滚节奏,似乎也已成为一种伊沙风格。伊沙是位不甘于现状的诗人,近年尝试写了一些长诗,比如《唐》,试图通过现代或后现代修辞与想象的方式,直面当下与历史的唐朝,在现在与传统之间找到一条创造的隙缝,以求获得一种对话,达致某种突围,进而开拓一个诗歌天地。

3. "知识分子写作"与臧棣

"知识分子写作"是后朦胧诗的主要构成部分或者"90 年代诗歌"的另一称谓,因为早先由一批诗人、批评家所称的"90 年代诗歌",事实上即是指"知识分子写作"。此概念据说最早来自 1987 年 10 月《诗刊》社举办的第七届"青春诗会",西川与陈东东、欧阳江河等在会上提出了"知识分子写作"这一概念。之后,西川与陈东东参与民间诗刊《倾向》的创办,并于 1988 年秋季出刊,该刊提倡"以知识分子态度、理想主义精神和秩序原则为宗旨"①。由此初步确立了"知识分子写作"的基本原则和倾向。

"知识分子写作"提出的更深层原因,源于 80 年代同 90 年代之间"产生了一种深刻的中断",即"诗歌写作的某个阶段已大致结束了。许多作品失效了。就像手中的望远镜被颠倒过来,以往的写作一下子变得格外遥远,几乎成了隔世之作……"②这种因"中断"产生的"阵痛",成为一批学院派诗人提出"知识分子写作"的触发点。他们以为 80 年代基于政治意识形态的对抗性写作、返回日常生活的非历史性诗学以及耽于幻想与激情的青春期写作,在 90 年代现实语境里均失去了写作效力和诗学价值。因此,程光炜认为,"知识分子写作"所要做的,就是对"两种诗歌态度"的纠偏工作:"一种是服务于意识形态或以反抗的姿态依附于意识形态的态度;另一种是虽然疏离了意识形态,但同时也疏离了知识分子精神崇尚市井口语的写作态度。"③显然,前者是指朦胧诗,后者指的即是第三代诗歌。针对朦胧诗年代那种群体性或集体性的政治对抗性写作,他们坚持个人写作的理念;针对第三代诗歌所谓疏离历史、社会而回到日常生活的倾向,他们倡导一种历史性诗学。与于坚所说"民间立场意味着一种'诗人写作'"不同,"知识分子写作"要求写作者首先是一个具有独立见解和立场的知识分子,其次才是一个诗人。因此,他们所谓"个人写作",实际是指具有知识分子立场和个人独立性的写作,或者说是个人作为知识分子身份的一种写作。首先,它强调了特定历史语境中的话语差异性以及个人与特定历史语境的一种关系与其处理方式;再者,它还蕴含了"个人写作"既是个人的写作,同时也是一种"超越了个人"的写作,即如王家新所说,它"坚持把个人置于时代语境和广阔的文化视野中来处理","坚持以一种非个人化的、并且是富于想象力的方式来处理个人经验"④。所以"个人写作"与他们所倡导的"历史性诗学"是一体同构的,只是"历史性诗学"针对第三代诗歌的"非历史性诗学",更强调其"历史性"和"及物性"。

---

① 参见《西川创作活动年表》,西川:《大意如此》,湖南文艺出版社 1997 年版,第 293～294 页。

② 欧阳江河:《89 后国内诗歌写作:本土气质、中年特征与知识分子身份》,《谁去谁留》,湖南文艺出版社 1997 年版,第 234 页。

③ 程光炜:《不知所终的旅行》,《岁月的遗照·导言》,社会科学文献出版社 1998 年版,第 17 页。

④ 陈均:《90 年代部分诗学词语梳理》,王家新、孙文波编:《中国诗歌九十年代备忘录》,人民文学出版社 2000 年版,第 396、397 页。

　　"知识分子写作"的所谓"历史性诗学"与"及物"主义方法论的艺术表现,即是"叙事性"。这是有别于第三代诗歌的"叙事性",它既是诗歌处理历史、现实与个人经验的艺术手段,同时更是一种新的思维方法或艺术想象力。正如臧棣所说,90 年代诗人对叙事性的运用,主要还不是"把它作为一种表现手段","而是把它作为一种新的想象力","它显形为一种新的诗歌的审美经验,一种从诗歌的内部去重新整合诗人对现实的观察的方法"①。如果说第三代诗歌或民间立场的写作更多关心和体验日常生活中的细微事物的话,那么"知识分子写作"则更倾心于对时代生活的综合透视和处理,这里既有个人一己的命运,亦有国家、民族的忧患,由此在个人独立自在的话语叙述中去开掘和揭示自我经验中的历史、文化与社会元素。比如王家新的《回答》,它倾诉式叙述的主要线索虽表面看不过就是个人私领域的生活史或历经家庭变故的悲喜剧,却与一个时代的历史过程和宏大书写相连接,使之成为了历史的摹本、镜像或寓体形态,由此映现在时代转换过程中的精神变迁及情感表征,同时也体现了知识分子写作者鲜明的坚守意识以及对物质现实的排斥态度。再以西渡的《一个钟表匠的记忆》为例,诗中所写显然均与"某个特定的时间标记"有关,也一定不脱那个在远处隐藏着的所谓"历史潜本文"。"一阵风一样跑过"、"世界"在"加速"、"红色的夏天"、"大红袖章"等,诗中一些语词和概念,或明指或暗示,一如标签那样指向一眼即明的特定年代,甚至成为那个特定年代难以挥别、剥除的胎记或公共记忆。诗中还以反讽叙事的笔法讽喻"某些伟大事物"等荒唐事件,从而表达那种"无法言喻的敌意",揭示个人经验中的历史记忆。

　　"知识分子写作"主要代表诗人有王家新、西川、欧阳江河、张曙光、肖开愚、孙文波、臧棣、西渡等。

　　臧棣②是"知识分子写作"的代表诗人。有人批评他太过于注重诗的技艺,是个"语言的神秘主义者";也有人赞赏他,认为他是"属于那种必然要成为一种诗歌源头的人"。臧棣在走出早期象征主义诗风之后就意识到,诗歌的"一切问题最终都将是如何处理历史的问题"③。他把"90 年代诗歌"的主题概括为"历史的个人化和语言的欢乐"④。但与其说这是"90 年代诗歌"的主题,还不如说是他个人写作的主题更为恰切。在臧棣这里,"历史的个人化"不仅仅是个人经验的历史,更是个人想象力的历史;历史不仅仅是过去的过去性,它还是过去的现存性,同时也有永久性,这是艾略特式历史意识的时间本质。落实在具体写作上,臧棣所指个人经验和想象力的历史,在诗歌书写中其实就是语言的历史。这种语言、历史与个人同构一体的个人历史性诗学,其个人与历史的交会或"历史的个人化",显然已从社会、时代的"风云史"或宏大叙事中走出,进入个人生活、情感、意识等经验之中,从而使历史成为具有"个人主体性"的历史。尤其他将日常生活当作历史个人化的内容与经验对象,由此打开了"知识分子写作"与"民间写作"的通路,只是第三代诗歌或"民间写作"意在返回日常生活、事物和生命本然的世界,而臧棣要返回或建构的却是一个"日常生活寓言",一个与历史或历史的现存性、永远性

---

① 臧棣:《记忆的诗歌叙事学——细读西渡的〈一个钟表匠的记忆〉》,《诗探索》2002 年第 21 期。
② 臧棣(1964—　),生于北京。参与编辑民刊《发现》《标准》。著有诗集《燕园纪事》《风吹草动》《新鲜的荆棘》等,编有《里尔克诗选》。
③ 臧棣:《人怎样通过诗歌说话》,《北京文学》1997 年第 7 期。
④ 臧棣:《90 年代诗歌:从情感转向意识》,《郑州大学学报》(哲学社会科学版)1998 年第 1 期。

相互纠缠、同构并具有语义指向的现代寓言世界。

在这个"日常生活寓言"或现代寓言世界，其中最本质的是存在于事物间的"隐秘的连接"，这是臧棣诗歌写作中的一个突出标志。与那种直达事物本身的诗学不同，在他的世界，存在的本质不在单一的事物自身，而是万千事物间的"隐秘的连接"，而诗人的责任也便是寻找、发现并揭示这些事物间的隐秘联系。当然，既然是由"语言的欢乐"所构成的一个寓言世界，那么"事物间的隐秘"就非单纯存在于事物间，显然它是由个人的经验和想象所达致的语言同构。虽然他的笔下不断地写到事物，但那事物已经不在自然的语境中，他让经验甚或知识与事物在语言中相互进入、生发，进而同构一体。就如其笔下的《月亮》，它与诸般事物间由"不是"或"是"所构成的隐喻关联，既发现了事物间"非同一性"的差异，也揭示了它们之间某种意义的"同一性"。显然，不同于民间立场日常口语化的写作倾向，臧棣代表着一种学院风格。他把诗歌看作"一种特殊的知识"，当然这不是让诗人炫耀学问，而是坚守一种对待生活的态度。他的诗注重技艺与想象力，充满幻象奇思、玄学妙喻，多施以隐喻、反讽、悖论、矛盾修辞、拆解、变构等方法，甚至连词、副词的运用也有讲究，或关乎语式的衔接、递进，或着意于意义的转折、延宕，或强化质疑，或深入盘诘，再加以心理的或知性的分析，形构了一个幽玄、歧变、繁复而又错综的独特艺术世界，由此也体现了诗人直面和处理人类复杂经验的综合能力。比如《月亮》："它不是一幅静物画。/它有图腾般的力量，/它的视野不属于我们中的/任何人，/它绝非只有/一只眼，但它像/只有一只眼似地瞪着/你抬头看它时犹豫的样子。"这是诗中的几句，其中"它不是""它有""它绝非只有""但它像/只有"等语词间所体现的语义回旋、繁复的内质，即能体现前述一些特点。

4. "中间代"与"70后诗群"

20世纪末，正当"民间立场"与"知识分子写作"热烈论争之际，"70后"与"中间代"开始相继登场，试图以自我命名的方式摆脱"影响的焦虑"，在诗歌中谋求自己的位置。饶有意味的是，"中间代"这一概念指称的代际为"60后"，显然它应前出于"70后"，然而事实上它是晚出于"70后"的"迟到"了的命名，因为正是"70后"诗人群体的崛起，在"第三代"与"70后"之间似乎出现了一个空白地带，于是"中间代"便填充其间，成为一个醒目的诗歌代际标识。这与诗人黄礼孩在广州创办的民刊《诗歌与人》不无关系。那时黄礼孩因推出"诗歌与人：中国70年代出生的诗人诗歌展"而声名大震，大展由此也成为"70后诗群"崛起的标志。于此安琪建议黄礼孩不妨趁热打铁，顺势推出一个"'第三代'与'70后'中间这一代人的选本"，于是有了2001年10月于广州印行，由黄礼孩、安琪编选的《诗歌与人：中国大陆中间代诗人诗选》。随后，于2002年出版的《第三说2002——中间代诗论》（安琪、康城编）、2004年出版的《中间代诗全集》（安琪、远村、黄礼孩编）等，更为"中间代"这一代际命名奠定了基础。在安琪看来，这一代人是"近十年来中国大陆诗坛最为优秀出众的中坚力量，他们介于第三代和70后之间，承上启下，兼具两代人的诗写优势和实验意志，在文本上和行动上为推动汉语诗歌的发展做出了不懈的努力并取得了实质性的成果"[1]。如此解释与判断是符合实际的。有学者说："中间

---

[1] 安琪：《中间代：是时候了!》，安琪、远村、黄礼孩主编：《中间代诗全集》下卷，海峡文艺出版社2004年版，第2306页。

代是对整个第三代'漏网之鱼'的一次大捕捞,一次并非晚到的作业。"①对于"中间代"诗人,批评家和学者有不同看法,然而一个较为普遍的共识是:"中间代"仅仅是个按代际划分的诗人群体,而非美学命名,因为它没有明确或潜在的宣言、相近的主张和倾向。

从代际特征上看,安琪所说的"中间代",虽与"第三代"同属 60 年代生人,但"第三代"大都属 60 年代早期出生,而"中间代"则于 60 年代中后期出生,80 年代末开始登上诗坛,90 年代才走向诗歌创作的成熟阶段。时间上介于"第三代"与"70 后"中间,虽未直接参与"第三代"诗歌运动,但大都受"第三代"诗歌影响。因此既有影响与突围的焦虑,也有被漠视及忽略的焦虑,这些便成了其浮出地表的内驱动力。而女诗人安琪是"中间代"最有力的命名者、实践者和推动者,也是最具代表性的诗人之一。集聚在这一诗群下的诗人有余怒、徐江、黄梵、朱朱、桑克、中岛、树才、叶匡政、杨晓民、刘洁珉、海男、周瓒等人,从年龄段上说有些诗人已分别划归了其他诗群,比如朱文、伊沙、侯马、臧棣等诗人,他们或者属"第三代"与"民间写作"代表诗人,或者属"知识分子写作"与"学院派"代表诗人。如果从统合同一性的视角观察这一群体,或许他们的类型大都属非革命型和非运动型的。② 一般认为,20 世纪 80 年代是个充满激情主义的革命年代,对历史、文化与主流意识形态的反叛、对抗,成了那个年代诗歌实验的第一驱动力和再平常不过的行为姿态,无论朦胧诗还是第三代诗歌,都是在反叛和解放中确立自己的诗学向度和主潮位置的。朦胧诗对于政治意识形态的对抗,第三代诗歌对于历史、文化以及"大写的人"的消解,同时也包括对于朦胧诗诗学观念的反拨,都在此中既摧毁了对方,也确立了自己。但是大多数"中间代"诗人由于出生于 60 年代中后期,"文革"记忆淡漠,缺乏革命情结,大都沉潜内敛,不露锋芒,与朦胧诗的英雄主义反叛姿态或第三代诗歌的弑父行为不同,他们既不热衷于参与群体,也不乐于被潮流裹挟,所以只能处于边缘或隐蔽处,默默打理着个人主义的手工劳作。沉默、无声便成了他们写作与存在的常态或宿命。

"中间代"诗人的另一种标识,就是暧昧、含混,或杂合性、多元性。致使他们缺乏整体风格与美学上的通约性以及大致相似的特质。当然从中也可以发现几种大致走向,比如西渡、周瓒等,显然具有明显的"知识分子写作"或"学院派"倾向,强调诗歌对社会、历史及人的复杂经验的聚合与处理;而朱文、侯马、徐江等,他们拒绝知识和隐喻的日常生活书写,又显然倾向于"第三代"或"民间立场"的写作;另有"第三写作"或"第三条道路"所倡导的"独立、多元、传承、建设、提升"等诗学理念可以构成"中间代"写作的核心向度,但这些并没有形成"中间代"诗群的群体共识。

"70 后诗群"则是先于"中间代"的一次自我命名行为,它以 2001 年 1 月黄礼孩在广州推出"诗歌与人:中国 70 年代出生的诗人诗歌展"作为一代人崛起的标志。当然在此之前,"70后"作家和诗人就已经开始在不同场合集聚。"70 后写作"这一概念最早出现于 1996 年陈卫在南京创办的民间刊物《黑蓝》上,他在刊物上首次打出了"'70 后——1970 以后出生的中国写作人聚集地"。随后于 1999 年 5 月,《外遇》诗报推出"1999 年中国'70 后诗歌版图",以板块形式推出"70 后"诗人诗作展。黄礼孩是"70 后诗群"自我命名、自我整合的最重要的推手,他凭一己之力创办了《诗歌与人》,也凭自己和这本刊物的强力推进,将"70 后"这一群体楔入

①　陈仲义:《沉潜着上升——我观"中间代"》,《诗歌月刊》2002 年第 8 期。
②　参见赵思运:《中间代诗人的"准文化遗民"角色》,《巢湖学院学报》2006 年第 2 期。

了当代诗歌的版图。正如诗人安石榴所说："你们不给我们位置,我们坐自己的位置;你们不给我们历史,我们写自己的历史。"①由此,一系列由"70后"诗人主持的民间诗歌报刊相继出现,并大量刊载"70后"群体诗展,将之推向诗坛前沿。

"70后"比起"中间代"是个有更大范围、更长时限,也更具包容性的一个诗歌群体。与"中间代"一样,它并不具有思潮、流派的共同主张或艺术实践,但这也不排除他们因代际而形成的文化同一性。由于面对相似的历史情境,置身于"理想主义、集体主义和实用主义、消费主义纠结的时代氛围中",这一代人在"不乏戏剧性的登场"之后呈现出了"集体尴尬的面影和一颗颗永远追寻又似乎永远无所适从的灵魂",他们"无论是历史境遇、生存经验"还是"诗歌写作"方面,都表现出"显豁的'尴尬'特征",正是这种尴尬和无所适从性,使得他们处于永无止息的漂泊与"在路上"的状态,"永远寻找而又不知所往"构成了这一代人写作的不确定性、丰富性和多元性。② 这是"70后"一代人同一性中的"必然差异",也是作为诗群而不具流派属性的群体写作的一个固有特征:"由于身份、背景、经历、地域、心理的不同,每一个70后诗人的成长都有着一个小小的传统,他们的诗歌传承都来自于他们的上一代人或更早的诗人。"③的确,"70后"写作群体的诗人来自不同传统和美学倾向,有的与"知识分子写作"或"学院派写作"更为接近,比如源于北大传统的胡续冬、姜涛等;有的属"民间写作"阵营,比如"下半身"与"诗江湖"同仁,包括沈浩波、朵渔、尹丽川、巫昂、南人、李红旗、符马活等,显然受"第三代"或"民间写作"一脉诗学的影响更多,因而主张反知识、反文化的形而下写作,追求回到感性生命的真实存在状态。或许在一个多元社会和后现代语境之下,某种时代与历史的整体性已然分解、破碎,难以复合,而寻找同一性的努力也似乎失去了充足的合法性。然而,当人们面对以代际命名方式划分而成的群体或写作现象时,对同一性、整体性的追索依然是批评的内在驱力。

5. 网络诗歌写作

中文网络诗歌最早出现在由北美留学生创办的中文文学网站上。一般认为,1991年王笑飞创办的"中文诗歌通讯网"是第一个专门性的中文诗歌网站。不过,这个网站最初几年仅仅用于张贴古典诗歌,鲜有当代诗上传与交流。1993年10月,方舟子在互联网中文新闻组开始陆续张贴自己的诗集《最后的预言》。随后诗阳更以几乎每天一首的速度张贴了数百首诗歌。1994年2月,方舟子、古平等合办《新语丝》,这是网上第一份中文网络文学刊物。同年8月,开辟了"诗歌增刊",汇集了25位诗人82首诗在网上亮相。1995年3月,由诗阳和鲁鸣等创办了海外早期中文网络诗刊《橄榄树》。这些网站的创办者与参与者,大都来自中国大陆。

大陆网络诗歌于2000年后才逐渐发展兴盛起来,据初步统计,在最初几年内便涌现出数百家诗歌网站或论坛,比较著名的有:"诗生活""诗江湖""界限""北回归线""天涯诗会""灵石岛""橡皮网"《扬子鳄》《诗歌报》《第三条道路》《或者》《第三说》《中国诗人》《女子诗报》

① 参见黄礼孩:《一个时代的诗歌演义——关于'70后诗歌状况的始末》,《'70后诗人诗选》,海风出版社2001年版,第1、6页。

② 参见霍俊明:《尴尬的一代——中国70后先锋诗歌·自序》,广西师范大学出版社2009年版,第6、8页。

③ 黄礼孩:《70后:一个年轻的诗歌流派》,康城、黄礼孩等编:《70后诗集》(上),海风出版社2004年版,第3页。

《翼》等。大陆网络诗歌形态主要是传统诗歌网络化,与传统纸质媒介或其他媒介不同的是,它出现在网络上。有的在线下写出,然后传布到网络;有的直接临屏在线写作,呈现为即时性与原创性。比如胡续冬的《谶》:"当他敲下'杀手'二字的时候,/杀手就从屏幕上走了出来。/黑衣,墨镜,手枪,黑乎乎地/站在他脊梁上的风声里。"这是一首既切合临屏网络生活,又能楔入深度生存经验的网络诗。虽然具有临屏的即时性,包括在线网络跟帖、GIF 图片、对话、常见的网络电影或游戏的呈现,但诗人能在较短的时间内沉淀思考并艺术地处理复杂的生存现实和经验世界。

网络诗歌写作在即时、自由、开放的书写空间里,显然具有某种游戏性和泛诗化倾向。有网络诗人就认为:"我们写诗,我们可以用最自由自在的形式;我们游戏,我们可以用最自由自在的语言。""我游戏,我写诗,我快乐。我选择了一个叫做蓝蝴蝶紫丁香的网名,就注定了我要在网络上快乐地疯狂,我喜欢在诗歌里寻一种自由游戏的冲动。"这种说法代表了一部分网络诗人的观念,甚至有人干脆取名"游戏诗歌":"我在我的诗中游戏诗歌/我成为我诗中的王,是中国自由诗的诗王。"①显然已不仅仅是游戏,已经带有网络狂欢的倾向。包括戏仿、无厘头式写作、泛诗化倾向,甚至作诗软件的出现,其中都有游戏元素存在。游戏性在后现代语境中是大众文化的一种表征。在"上帝死了"与各种权威被消解之后,人们获得了自由与解放;在一个大写的主体也死了之后,人们更获得了生命与感性的释放、狂欢。游戏性在诗歌写作上也有打开文本空间的自由创造意义。所以,网络诗歌也不是无边的艺术,过分的游戏、狂欢,或者无边界的泛诗化,必然会对诗歌造成伤害。

网络语言的出现与运用是网络诗歌的又一特点。缩写词、变构语、假借语词、戏仿语句……许多网络用语嵌入诗句或诗的标题之中,不仅仅是形式,它已深入到诗的肌质,像有的诗歌标题《为"哇塞"完成一首诗》《太阳照在伤肝河上》等即是。有的诗运用网络符号,为网络诗歌带来别一种形式意味。比如《送一束@ >>--->---给你》:"在一个群星璀璨的夜晚/我轻轻地执你的手/送别天边的霞彩/苍天洒泪,因为有情/大海呼啸,因为有爱/所以,年轻的你啊/别再:-(/别再:=(/倾情—(:-*/整个世界将不再孤寂/你看那颗流星/是我在为你:-0为你:-( )。"

与此网络诗歌创作相关,又具有独异特质和风貌的网络诗歌现象和事件,更成为人们关注的焦点。显然,网络诗歌及相关网刊与传统诗坛形成了紧密的互动关系。虽然大陆网络诗歌呈现出类乎传统的形态样式,但其内里充满着先锋实验意识,只是缺乏网络技术和多媒体形式的探索性。也是因它的传统形态,所以常被纸质媒体青睐,然后转载在纸质诗刊上传播,像《诗选刊》《星星》等都曾对网络诗歌给予较大关注。在大陆网络诗的生态图式中,因为缺少形式的特殊性探索,反而一些网络诗歌现象引起了人们的兴趣。比如有些诗歌社团、流派或者诗人与某个诗歌网站或论坛发生互动效应,有时纸质民刊也会参与进来,利用网站、刊物汇聚与传播作品,开展交流活动,由此形成相互依托、互动局面,进而达成一个有相似倾向的群体甚至流派。比如"下半身""诗江湖"等"70 后"群体、女性诗歌写作群体等,都通过网上、网下的相互依托与互动关系,产生了显著效应;还有不少诗人更直接通过网络写作被人们认识并成长起来,比如唐不遇、乌青、欧亚、简单、轩辕轼轲等。正是这些网络诗人、群体或流派与网络传媒所

---

① 陈仲义:《中国前沿诗歌聚焦》,中国社会科学出版社 2009 年版,第 122 页。

形成的紧密依存关系,构成了网络诗歌生态不可分离的部分。

网络诗坛另一个引人关注的现象,就是曾经发生数次诗歌命名与论争事件。据统计,仅新世纪第一个五年,网上具有较大影响的诗歌写作命名就有近20起,包括下半身写作、垃圾派、低诗歌、荒诞写作、废话诗、灌水写作、民生写作、俗世此在写作、物写作、非诗主义、感动写作、完整性写作等。命名本是由原创的内驱力使然,具有诗学意义。但为谋求命名效果,竭力将某些诗歌元素强调到极端,就值得怀疑。而与这些命名相关联,网络上的诗学论争更是此起彼伏,延绵不绝。在"民间立场"与"知识分子写作"的论争落幕之后,"民间写作"内部也曾爆发争论,包括"沈韩之争""沈伊之争""真假非非之争",及"下半身"与"垃圾派"之争等。后来又有"低诗歌""高诗歌"与"神性写作"之间的论争,"第三条道路"的整合、分化与其论争,"极光论坛之争"等。这些论争多有义气之争,山头圈子之争,话语权力之争,但其中也涉及不少诗学问题,具有现实与理论意义。比如俗化写作与神性写作的问题,"民间立场"与"知识分子写作"之外"第三条道路"选择与其诗学问题,身体写作问题,关于新抒情问题,网络诗歌写作的意义问题等,不过令人遗憾的是,一些义气之争喋喋不休,反而对诗学问题的争论欲言又止,并没能深入与展开。

网上持续数年的"梨花体"①(包括后来的所谓"羊羔体"②)事件与其论争,是近年来引起民众关注的一个网络诗歌事件。它的意义在于调动了众多参与者和关心者共同面对和聚焦诗歌,也算一次诗歌启蒙活动。就诗学意义说,赵丽华某些作品被翻出来检视、恶搞,也触到了多年来当代诗歌写作中的痛处。重要的是,如何面对、把准和去除诗歌中的病灶,确是值得思考的问题。在走出朦胧诗的意象修辞和崇高美学之后,回到日常生活中去的口语化写作,显然成了一股风气和思潮。随之而来的,也容易失掉传统修辞中的诗性元素,从而变成口水诗。网络写作与发表,由于门槛低,各类口语诗泥沙俱下,其中自然不乏口水诗。赵丽华被拿来恶搞的那些诗,当然也存在这类病症。比如《一个人来到田纳西》:"毫无疑问/我做的馅饼/是全天下/最好吃的",如果不去考虑斯蒂文斯《一只坛子》的背景元素,它绝对不能看作一首诗;而《我发誓从现在开始绝对不答理你了》:"我说到做到/再不反悔",无论怎么看这个作品都不能与诗相提并论。当然,并不能由此否定赵丽华所有的诗歌文本。诗终归是诗,"羊羔体"也一样。

---

① 因女诗人赵丽华的名字谐音而来,其诗作因口语直白,被有的网民称为"口水诗"。如"赵又霖和刘又源/一个是我侄子/七岁半/一个是我外甥/五岁/现在他们两个出去玩了"(《我爱你的寂寞如同你爱我的孤独》)。

② 2010年10月,武汉市纪委书记车延高以诗集《向往温暖》获鲁迅文学奖诗歌奖,网上激起轩然大波。有网友取其名之谐音称其诗为"羊羔体",且举出《徐帆》一诗:"徐帆的漂亮是纯女人的漂亮/我一直想见她,至今未了心愿/其实小时候我和她住得特近/一墙之隔/她家住在西商跑马场那边,我家/住在西商跑马场这边/后来她红了,夫唱妇随/拍了很多叫好又叫座的片子。"

七、归于平静的散文创作

1. "热"过之后的散文创作

新世纪以来,在经历了"散文热"之后的散文创作逐渐"降温",进入一个相对平静的发展时期。纵观新世纪十来年的散文创作,作品的数量仍在持续增长。据不完全统计,仅"2010 年在文学期刊发表的散文有 5 000 多篇,题材广泛、风格多样"[1];而实际数量应该远超过这个数字,因为散文创作和发表的主要阵地已经不再只限于文学期刊,随着各种新媒体的出现,散文成为了一种"全民创作"的文体。新世纪初"新媒体散文"[2]概念的出现,正是这种全民写作散文状态的描述,大量滋生于网络、电子产品、移动新媒体及纸质媒体的小品短文、时评酷论吸引着大量读者的阅读,导致散文创作数量的激增,与此同时,散文的主流创作仍然沿着 20 世纪90 年代铺就的散文路数前行。

最足以体现世纪之交散文创作连续性的当数所谓"老生代散文",这是特指一批在新时期之初就步入老年的老作家或老学者创作的凝聚着个人独特人生体验与智慧、彰显独特人格精神和艺术品格的散文作品。老生代散文是在特殊历史背景下出现的当代散文创作奇观,从 20世纪 80 年代开始一直是散文创作中不可忽视的中坚力量。老生代散文大体可以分为两类:一类是老作家或艺术家所写,如陈白尘、萧乾、柯灵、黄裳、杨绛、施蛰存、黄永玉、黄苗子、郁风等;一类是老学者所写,如金克木、张中行、季羡林、贾植芳等。他们大多出生于 20 世纪初叶,自小接受比较正规的传统文化教育,古代文化学养十分深厚,同时他们年轻时大多游学海外,受到西方文化的浸淫,兼之他们还耳濡目染了"五四"时代学人的思想和风采,后来又同样经历过战争的磨难和历次政治运动的打压,他们以传统士大夫的情怀来创作散文随笔,以科学家的理性来介绍知识,释疑世间万物万事,又以哲学家的智慧来感悟社会人生。于是,他们的散文自有一种与时下散文不同的历史风骨和艺术品位。在世纪之交的十多年时间里,他们用最后的生命之光创作出了一大批经典的散文作品,诸如萧乾的《未带地图的旅人》、杨绛的《干校六记》与《将饮茶》、金克木的《天竺旧事》与《燕啄春泥》、季羡林的《留德十年》与《牛棚杂忆》、张中行的《负暄琐话》与《负暄续话》、吴冠中的《人生小品》、黄苗子的《雪泥印爪》与《世说新篇》等。在他们的文字中,融进了哲学、文史、政治、社会诸方面的学识,更融进了情怀、趣味、智慧和内在的生命气质,他们的语体既保留了传统语言的凝练含蓄、意蕴丰厚的特质,又有着现代语言的通俗易懂、生动流畅。进入新世纪的老生代散文虽然依旧熠熠生辉,但随着这批世纪老人的逝去,这可能是他们留给这个时代的绝响。

90 年代,以余秋雨的《文化苦旅》为代表的文化散文的盛行,引发了一阵文化散文的创作

---

①　中国现代文学馆:《2010 年中国文学发展状况》,《人民日报》2011 年 4 月 21 日。

②　参见王义军:《新媒体散文的时代》,《全国新书目》2001 年 10 月。

热潮。进入新世纪以后,虽然文化散文渐有退潮之势,但并没有完全消失,李存葆、王充闾、王开岭、李国文、贾平凹、史铁生、张承志、张炜,以及很多人文学者如雷达、孙郁、朱学勤、南帆、张清华等仍有不少文化散文面世。余秋雨在新世纪出版了散文集《寻觅中华》和《摩挲大地》。余秋雨之后,王充闾则掮起了"大文化散文"的旗帜,把文化散文引向更加宏大、深邃的历史深处。他的"大文化散文"通过对历史人物的精神内涵、人格构成及人性奥秘的解析来探究中国古代知识分子的历史命运及其精神问题,表现出对独立自由心灵世界的向往与对扼杀人性、制造奴性的封建文化的批判,其诗性抒写和历史理性建构获得广泛好评。"大文化散文"多数是长篇巨作,几万字甚至十几万字的作品比比皆是。"大文化散文"追求散文的"大气魄""大境界""大格局""大历史观""大主题"。在"大文化散文"里,有着海量的历史知识、丰富的思想内涵,但"个人"与"个性"往往被宏大叙事淹没,容易出现为文造情、被历史文化知识喧宾夺主的作品,这可能也是"大文化散文"受到"知识崇拜""普遍而深刻的匮乏""模式化"批评的主要原因。

乡土散文创作一直在中国现代散文史上占有重要位置。进入新世纪以后,随着时代的发展,社会转型的加速,尤其是城市化的深入发展,中国农村出现了史无前例的变化,与此相应的是乡土散文的写作也出现了新的变化。从总体上说,新世纪的乡土散文表现出两种情感趋向:第一,对农民身份的强烈认同和回归。在城市化过程中,很多作家都经历了由乡下人到城市人的转变,然而城市生活并没有给他们带来真正的快乐和幸福,反而让他们对自己的出身有了更加强烈的认同感。2000年,贾平凹写了题为《我是农民》的长篇散文,回忆自己在商州乡下19年的农民生活,强调了自己的农民身份。2005年,林贤治编选出版散文集《我是农民的儿子》,书中收有摩罗、刘亮程等人的散文作品,如摩罗在文章中一再宣称:"我是农民的儿子,而且是世世代代的农民的儿子。"第二,对正在消逝的传统乡村的叹惋和悲歌。在经历了20世纪八九十年代的现代化发展后,城市化的进程使乡村日渐受到挤压,传统乡村文化日渐凋零和消失,这些变化深深地触动了作家们的神经。如贾平凹在《〈秦腔〉后记》中对乡村困境的描写几乎字字见血,句句含泪,他似乎要迫不及待地跃出纸面表达对古老乡土日渐衰败的悲恸。刘亮程的"新乡土散文"创作则描写现代乡村的悲剧和农民的痛苦,如同传统乡村的一曲曲哀歌。韩少功在新世纪相继出版了两部散文集《山南水北》和《山川入梦》,把他笔下的乡村建构成理想的精神家园以实现对现代化与城市化的反思与批判。"新乡土散文"在城乡文化的错位、乡土情结的咏叹及底层精神的困境等方面体现出的现实关怀与人文忧思,一方面融入了作者细致的内心感受和深刻的故土记忆,另一方面表现了城乡价值体系的冲突与融合,反映了当下乡土散文新的创作态势。新世纪的乡土散文如同传统乡土的最后的挽歌,虽然哀婉动人却又充满无奈。

"新散文"是新世纪散文中一个引起争议的散文概念,一般来说,它指的是以祝勇、张锐锋、于坚等新生代作家为代表的,倡导"综合写作""主体个性""主题多义性"等理论主张的散文创作群体。1998年,《大家》杂志推出"新散文"栏目,发表了张锐锋、于坚、祝勇、宁肯等人的作品,并组织了对"新散文"作家及作品的评论,成为"新散文"运动中的标志性事件。进入新世纪以后,祝勇发表了《散文:无法回避的革命》,提出"新散文"的理论主张,成为"新散文"的宣言。在创作方面,祝勇编选出版了《一个人的排行榜》《新散文九人集》,郭晓枫、南帆编选出版了《七个人的背叛》等。一些倡导"新散文"的作家也出版了个人散文集,如祝勇的《旧宫殿》、庞培的《乡村肖像》、于坚的《众河之神》、周晓枫的《雕花马鞍》、宁肯的《天湖》等,"新散文"成为新世纪一个引人注目的文学现象。"新散文"主张跨文体写作,追求散文的形式创新,强调个性,使散文在创作思维、写作技巧以及审美风格等方面发生了变革,对所谓"体制化"的散文是有效的反拨。"新散文"所主张的"综合写作"和"主题多义性",要求"新散文"作家不仅要具有较高的写作技巧(如小说、诗歌文体创作的技巧),而且还要有较为丰富的知识和思想水平,这些要求显然难以在散文创作中完全实践。

进入新世纪的散文理论依然充满了很多悬而未决的争议。散文的定义和散文文体的特性,一直是学界讨论的热点,虽然至今没有形成共识,但一种倾向基本确立,即由"形散神不散"到走向自由的过程。就连当年提出"形散神不散"这一概念的肖云儒也有所转向,认为"散文的发展繁盛使它苍白","二十来年的散文写作,随时代生活的变迁,随一代一代作者观念的变化,早已远远超出了'形散神不散'那个时代的话语场和欣赏场"①。也有研究者把散文的自由推向极致,认为"散文是极自由极潇洒的文体,它的规矩就是没有规矩,它的形式就是没有形式。所以作为一个散文研究者,他要做的事就是以纯正的精神去接近散文的精神,以自由的心态去感受散文的自由,以炽热的心去拥抱散文的心。除此之外别无选择"②。这是时下流行的散文观。关于散文真实与虚构的关系,也是当下散文理论发展面临的棘手问题。新时期之初,从巴金提出"说真话""写真话"之后,散文创作又回归到"五四"散文以作家个性为本位的真实性传统。然而从 20 世纪 90 年代至今,在理论界持续讨论散文是否可以虚构的问题,"新散文"的出现则似乎默认了散文可以"虚构"的创作事实。"新散文"作者以先锋姿态进行散文革命,他们努力恢复散文的个性表现,主张"跨文体"的写作,借鉴小说等文体的理论,从"叙事学""精神分析""生命本体""人格主体"以及"陌生化"等角度来深化散文的创作和研究,而"新散文"到底将把当下的散文创作引向何方也是颇受争议的。总之,新世纪散文理论的建构要真正准确地把握散文内在的本质特点并非易事,也非一日之工,需要较长时间和更多人的努力和探索。

2. 季羡林的散文

季羡林③的散文创作始于 20 世纪 30 年代。他的散文写清华园的读书生活,留德生活,也写新中国成立后出访时的所见所闻。90 年代以后,步入耄耋之年的季羡林的散文创作逐渐回归本色,回归天然,迎来了他散文创作的一个高峰。沐浴过欧风美雨的洗礼,接受过"五四"思想的熏陶,加之其深厚的学养,形成了季羡林晚年散文的独特风格,就如钟敬文所说:"浮花浪蕊岂真芳,语朴情醇是正行;我爱先生文品好,如同野老话家常。"④

季羡林这一时期的散文最大的特点是"真"。他自己说:"我对散文提出的标准是一个

---

① 肖云儒:《"形散神不散"的当初、当年和现在》,《美文》2005 年第 6 期。
② 陈剑晖:《中国现当代散文的诗学建构》,江西高校出版社 2004 年版,第 311 页。
③ 季羡林(1911—2009),山东聊城人,著名学者、作家。1930 年考入清华大学西洋文学系,1933 年开始散文创作。结集出版有散文集 20 多种,另出版有《季羡林散文全编》(修订版,4 卷)。
④ 钟敬文:《季羡林散文全编·序》,中国广播电视出版社 1999 年版。

'真'字。换句话说,就是必须有真感情。"又说:"真,就是真实,不能像小说那样生编硬造。"①
真情发自内心,抒之以文字,才是散文。他的散文大多真情饱满、诚挚感人。他善于从小事、琐
事入手,不浮夸,不炫耀,真切感人,令人感同身受。他的散文大多漫谈身边事,泛论人情世局,
随手拈来,从怀人记事到猫咪兰花,从中外山水到读书治学,包罗万象,却都是从琐事切入,发
自己独特情怀,绝少虚饰,所以才能动人心弦,启人思考。1998 年出版的散文集《牛棚杂忆》更
是将"真"的精神推到了一个极致。这本书写于 1992 年,在箱子里放了 6 年之后才拿出来出
版。季羡林为这本书专门写了一个自序,详尽剖析了他的写作原因。首先,他写出这本书来不
是用来报复任何人。"虽然同我一起工作的同事一多半是十年浩劫中的对立面,批斗过我,诬
蔑过我,审讯过我,踢打过我",但"他们中的许多人好像有点愧悔之意。我认为,这些人都是
好同志,同我一样,一时糊涂油蒙了心,干出了一些不太合乎理性的勾当"。其次,"我期待着
有人会把自己亲身受的灾难写了出来",甚至还期待"当时的造反派实际是打砸抢的人,把自
己折磨人的心理状态和心理过程也写下来",以教育我们的人民,惊醒我们的子孙。可是二十
多年过去,却始终没有人写。于是,"在反反复复考虑之后,我下定决心,自己来写。我在这里
先郑重声明:我决不说半句谎言,决不添油加醋。我的经历是什么样子,我就写成什么样子。
增之一分则太多,减之一分则太少。不管别人说什么,我都坦然处之,'只等秋风过耳边'"。
在这本 20 万字的集子中,季羡林以亲历者的身份书写北京大学的"文革",展示一系列血淋淋
的细节,但在讲述这些时并没有停留在个人的恩怨上,他甚至能用一种淡然、幽默的口气回忆
往昔的苦难,而他真正念念不忘、再三提问的是"文革过去了没有? 为什么不好好讨论、总结
经验教训?"《牛棚杂忆》中的反思超越了个人的荣辱得失,进入到了社会反思、文化反思的层
面,留下了一段真实的信史,也给后人敲响了长鸣的警钟。

季羡林晚年散文的语言也很有特色。钟敬文在庆贺季羡林 88 岁米寿时说:"文学的最高
境界是朴素,季先生的作品就达到了这个境界。"季羡林早期的散文文辞绚烂,到了晚年则回
归纯朴天然,虽然也经常化用古典诗词,却大巧不工,自然天成。《我的书斋》一文写沉浸书城
之中,"窗外粼粼碧水,丝丝垂柳,阳光照在玉兰花的肥大的绿叶子上,这都是我平常最心爱的
东西,现在也都视而不见了",文白夹杂,却不觉突兀。

季羡林的散文创作有着非常强烈的文体自觉。他写过一系列谈散文写作的文章,如《漫
谈散文》《散文的广谱和光谱》《意匠惨淡经营中》等,这些文章都谈到了他对散文的认识和理
解。他特别强调散文的结构布局,用他自己的话说就是重视"惨淡经营"。在《意匠惨淡经营
中》一文中,他强调"写散文同写别的文章体裁一样,也要经过充分构思,精心安排,对全篇结
构布局,要仔细考虑,要有逻辑性,有层次;对遣词造句,也要认真推敲,不能苟且下笔,我自己
是属于这一派"。他认为散文结构要曲折,文章才有味道。《幽径悲剧》一文一开始写家门口
不远处有一条幽径,因为天天走过,已经司空见惯了。接着笔锋一转,又说这条幽径是有来头
的,而且这条幽径是燕园中极为幽静的,周围景色也很美,四季有翠色,是条神奇的幽径。接下
来笔锋再一转写到这条幽径旁有一株古藤萝,这株古藤萝在燕园众多的藤萝中是最有特色的,
而且经历了十年浩劫,已成为燕园中唯一的古藤萝了。写到这里,我们才明白作者为什么要写
这条幽径,也为古藤萝能躲过浩劫而暗自欢喜。但作者继续写这逃过了十年浩劫的唯一的古

---

① 季羡林:《散文的广谱和光谱》,《季羡林散文全编》,中国广播电视出版社 1999 年版,第 124 页。

藤萝今春却被砍断了。结尾作者写道,自己最喜爱的一条幽径如今因为古藤萝没有了,所以有点怕走了,因为每天经过那里,仿佛依然听见古藤萝的哭泣声,自己也会暗自伤心落泪。这篇作品的节奏起伏有致,引起读者深深的共鸣。他的散文创作正是他的散文文体理论的实践。

3. 王充闾、刘亮程的散文

王充闾①的散文大致分为三类:一是历史文化散文,如《读三峡》《寂寞濠梁》《文明的征服》等;二是追忆往事散文,如《碗花糕》《青灯有味忆儿时》《"化外"荒原》等;三是域外游记散文,如《一夜芳邻》《千载心香域外烧》等。

20 世纪 90 年代中期以前是王充闾散文创作的探索阶段,以散文集《清风白水》《春宽梦窄》为代表。这些作品以记人叙事、自然山水、感物咏怀为主,重在感受自然、赞美自然、阐发人生哲理。90 年代中后期是王充闾创作的丰收阶段,代表作品有散文集《面对历史的苍茫》《沧桑无语》等。这一时期他将散文创作的重心放在叙述历史、揭示历史规律、开掘哲理意蕴上面。"以诗入文"是王充闾这一阶段散文创作的显著特点,他有自己独特的历史眼光,又有丰厚的中国古代文化修养,举凡游览各地名胜,都有相应的诗句文辞紧随,散文中既充盈着对历史的富有激情与沉思的想象、批判,又不乏诗性和智性的思考,达到了诗、史、思三者的融合。如在《陈桥崖海须臾事》中,作者漫步陈桥驿的古镇街头,吟咏着前人何希齐"陈桥崖海须臾事,天淡云闲古今同"的诗句,不禁浮想联翩,感慨万千,昔日汴京的金戈铁马、宫殿楼阁、朝歌夜弦、骄奢淫逸,顷刻间灰飞烟灭,"只剩下'汴水秋声'四个字作为汴京八景之一留存在方志里"。作者对历史与人事照之以空幻,观之以虚无,既有理性分析,又有诗性随想,呈现出对历史的悲剧式循环的超然理解,辩证地勘破兴衰存亡之缘由。

新世纪以来,王充闾散文创作又进入一个新的阶段,著有散文集《何处是归程》《一生爱好是天然》《文明的征服》《成功者的劫难》《龙墩上的悖论》《张学良人格图谱》等。他专注于中国古代知识分子的精神独立性及其历史命运的思考,表现出对独立自由的心灵世界的向往和对扼杀个性的封建统治者的批判立场,作品中也更多显露出作者的生命情怀和价值理想。写于此阶段最具代表性的作品是《用破一生心》和《训心》。《用破一生心》写曾国藩的人生悲剧,作者从人性和文化的双重视角,对曾国藩的人生进行了深刻的解读,挖掘出曾国藩灿烂辉煌的人生背后不为人知的心机,深刻揭示出曾国藩在其精神深处交织的深刻矛盾和无限痛苦,还原出一个性格真实的曾国藩。《训心》先不写人之被驯,而是从驯兽、驯鹰的原理讲起,由虎及人,形象地描绘了"士"之被驯后的丑态,写出了封建时代知识分子难以逃脱灵魂被扭曲、思想被束缚的悲剧命运。

总体来说,王充闾的散文创作一步步走向深入,一步步超越自己。王充闾的游记散文历史感、空间感强,上下千年,纵横万里,通过理性思考和感性认知,连缀文明的断简,体味无数哲人智者的神思遐想,让读者体味浓重的文化积淀和世事沧桑之感。新世纪创作的历史文化散文

---

① 王充闾(1935—　),辽宁盘锦人。当过中学教师、新闻记者,后在省、市领导机关工作。1958 年开始创作,曾任辽宁省作协主席。著有《清风白水》《面对历史的苍茫》《何处是归程》等数十种散文集,另有《鸿爪春泥》等诗词集,《诗性智慧》等文论集。散文集《春宽梦窄》获首届鲁迅文学奖。

则以历史人物的人生际遇为引子,对历史人物进行人性化的解读,展开多视角、多侧面的剖析,注重揭示人物的深层心理结构,在同古人展开对话,进行心与心的交流的过程中,着眼于发掘种种历史文化精神,揭示种种人性弱点。在对古人进行灵魂拷问的同时,也进行着对自己灵魂的拷问,既反思历史也反省自我和现实,从而在历史与现实之间架起了一座沟通的桥梁,有着很强的思想穿透力。

刘亮程①最早从诗歌创作走向文坛,然而真正引起人们关注的则是他的散文创作。他的散文大多围绕自己生活多年的村庄——黄沙梁展开叙述。他说:"我全部的学识是对一个村庄的见识。"②这个村庄人和自然是天然的一体,刘亮程熟稔村庄里的一切。

以一种边缘、弱小的视角和身份观察世界是刘亮程散文创作的主要特色。他执著于表现乡村、地方及传统文化,在他的写作及文化实践活动中表现出一位作家在后现代语境中的文化乡愁、文化焦虑和文化自觉。他的作品中充满了万物平等、万物有灵的思维和情感。他以敏感而细腻的心凝神谛听、用心观察着村庄里的各种动静。不管是天上流动的云,还是地上觅食的蚂蚁,抑或是路边静止的木头,他从不怠慢进入视野中的一切事物,并以简洁朴素的文字将那些人们习以为常、熟视无睹的日常生活与自然景观诠释在散文中,表达自己对万物的理解和对自然的关注,"在不慌不忙中努力地接近一种自然生存"③。他崇尚"众生平等",在他眼里,一头牛、一匹马、一棵草、一只蚂蚁……它们的生命都是平等的,并无高低贵贱之分。他具有浓重的悲悯情怀,尊重和理解每一个生命。他能轻易走入蚂蚁、灰鸟、牲畜的生存世界;能与一阵风、一只鸟、一朵花、一条狗心灵相通;能读懂猫、狗、驴、马的语言。正如有评论者所说:"显得平凡孱弱无关紧要的弱小生命,在这个农民眼里值得牵肠挂肚,与自诩为万物灵长的人类同生共荣,大可等物齐观。他的世界因为有着生界万物的参与而变得格外博大和深远,他的情感由于有着和大自然的亲近变得格外细腻和敏锐。"④

刘亮程还善于从一切有生命、无生命的存在物中发现生存的深意,探讨生命的价值,悟出人生的大智慧。在《三只虫》里,作者自以为在手指上爬行的八腿虫会从指甲尽头掉下来,而这只小虫却出人意料地从指头底部慢慢悠悠向手心爬去了,作者对自己的自作聪明发出质疑:"我竟没有看见指头底下还有路。走向手心的路。人的自以为是使人只能走到人这一步。"在《通驴性的人》中,作者从驴"宁愿爬着往前走绝不跪着求生存,把低贱卑微的一生活得一样自在、风流且亢奋,而且并不因此压低嗓门,低声下气,用激扬的鸣叫压过沸沸人生"的生命哲学里学到了"驴"性精神:即使卑微低贱也要活出自我风采。刘亮程对人生的哲学思考还体现在万物对人的反观方面。他的散文常赋予动植物以灵性,用角色置换的方式,从动植物的视角反观人类世界的生存。刘亮程正是通过这种反观和质询来探索人类本真的存在,思辨生命本体。

《一个人的村庄》是刘亮程的代表之作,也是集中体现他的文化乡愁的作品。他想象中的乡村"是自古老的诗经、庄子、楚辞、汉赋、唐宋诗词以及山水国画营造出的一处'世外'家园"。

---

① 刘亮程(1962—),新疆沙湾县人。种过地,当过乡农机管理员,后供职于《中国西部文学》编辑部。著有散文集《一个人的村庄》《风中的院门》《库车》,诗集《晒晒黄沙梁的太阳》和长篇小说《虚土》《凿空》等。
② 刘亮程:《黄沙梁》,《一个人的村庄》,新疆人民出版社1998年版,第97页。
③ 刘宗礼:《诗意地栖息在乡村——读刘亮程的散文集〈一个人的村庄〉》,《山东文学》2006年第7期。
④ 蒋子丹:《刘亮程的哲学》,《天涯》1999年第5期。

在刘亮程看来,虽然"城市是非常适合人生活的第二家园,它是为人的身体所建。但是它不考虑人的心灵。这样的地方不能作为故乡。至少在文化和精神上不能作为人的故乡"①。基于这样的认识,他建立起自己对于乡村的精神谱系,他惋叹传统乡村的消失,看到乡村不但在景观,更在道德、情感、精神上脱离过去的秩序,而这一切正如他在《虚土》中写到的:"我在远方哭我听不见、我流血我觉不出痛、我的死亡我看不见",他感到的是一种无可挽回的溃败和虚无。

刘亮程善于通过缓慢的叙述和细节的描写,以从容舒缓的笔调,再现记忆中村庄里琐碎的生命景观。他的文字简洁而平淡、朴素而直白;但他又绝不囿于此,他还运用想象、荒诞、隐喻、通感等手法来丰富散文的表现技巧。在这个人畜共居的村庄里,刘亮程以想象力洞穿动物世界的隐秘。他想象一窝老鼠、一头牛的死亡,这些想象看似荒诞却显得一本正经,让人真假难辨,给人以荒诞之美。在他的散文里精辟妙喻比比皆是,他把睡眠比作一根绳子,把村庄比作大船。在他的文字里,身体的各种官能是相通的,如视觉联通听觉,"一丈厚的虫声";听觉与触觉相通,"细细密密的虫声就会像水一样从地里渗出来,越漫越厚、越漫越深"。通感手法的运用不仅给人以新奇独特的感受,而且在审美意境的创造、思想情感的表达方面,都起到不同凡响的艺术效果。

4. 祝勇、张锐锋的散文

祝勇②是"新散文"运动的代表作家。文化游记类散文的创作是祝勇散文的一个重要部分,对此,祝勇说他近年"主要是行走"。《凤凰:草鞋下的故乡》《江南:不沉之舟》《北方:奔跑的大陆》《西藏:远方的上方》《江山美人》等作品集即是其"行走"的结晶。他忠实于大地,走向"山路逶迤的远方",走向未受或少受现代文明浸染的雪域高原、滇南山区、湘西凤凰、茶马古道等边地之境,切身感受大自然的纯净和神秘之美。对于中国最具文化意味的城市——北京,祝勇有《围城里的北京人》《那古典的醇香》《琉璃厂的阳光》《厂甸寻梦》等一系列散文,他用质朴沉郁的文字,探寻深厚博大、含蓄蕴藉的"京都文化"的形成、成熟和衰落,表达内心的无限留恋。他也把目光投向雅典卫城、罗马、佛罗伦萨、巴黎,看这些历史文化名城的起落兴衰,表达对现代文明的批判性思考。

在"历史"叙述型散文中,祝勇从普通人习焉不察的边缘或某些细节进入历史文化的纵深之处,把历史放在偶然化和欲望化的天平上进行重估,看到冠冕堂皇的宏大历史背后许多不为人知的血腥、暴力。他说"整个历史是一场更大的虚构,是我们一厢情愿地根据自己的需要和想象充填那些空白的时间"(《甲午风云》)。因此,还原历史的真实面貌变成每个人根据资料理解的个性化历史,逻辑严密的历史就在多向发展的过程中表现出扑朔迷离的丰富性和复杂性。在《甲午风云》一文中,作者安排了当事人"你"(李鸿章)、"他"(东方平八郎)、"我"(祝

---

① 刘亮程、张春梅:《文学访谈:一个人的村庄》,《上海文学》2012 年第 4 期。

② 祝勇(1968—),原籍山东东明,生于辽宁沈阳。1990 年毕业于北京国际关系学院,在中国艺术研究院获博士学位,曾从事编辑、纪录片撰稿等工作。著有《文明的黄昏》《驿路回眸》多种散文集,长篇实验文本《旧宫殿》等,另出版有《祝勇作品系列》。

勇）三重不同的视角,对甲午海战不堪回首的屈辱历史进行追溯,腐败的官僚机制养成的奴才保守性格和明治维新后蒸蒸日上的大和民族的勇武开拓精神正好形成鲜明对比。《劫数难逃》中太平天国运动的失败不仅缘于曾国藩为首的朝廷军队对太平军的追剿厮杀,更是鼠目寸光的小农意识、贪图享受的腐化生活、贫富不均的等级观念和自欺欺人的骗局行为早就命定的。同时,祝勇打破了评价人物是非功过、善恶美丑的二元对立的思维方式和评价标准,将人物还原到具体的历史语境中来评判。他的实验文本《旧宫殿》仅仅根据《明史》中关于宫廷大火十个字的记载"柏惧,无以自明,阖宫自焚"就铺陈出另一种不同于正统历史阐释的充满欲望化、偶然性和个人性的历史面目。原来庞大的历史机器的成功运转是靠权力的暴力机制支撑的,作为天子的建文帝与燕王朱棣以及作为臣子的朱有劾父子都是在权力的争夺中把血缘关系最近的亲人送上了血污的祭坛,权力的威力消解了温情脉脉的亲缘关系和子为父隐的儒家伦理观念,这是另一种历史的讲述方式。

在以历史文化名人为主题的随笔中,祝勇以富有人情味的历史眼光去感受鲁迅、胡风、沈从文、艾青等的生命轨迹,借旧人旧事阐发自己的思索。他写人,不是从某个概念出发抽象地进行,而是从个体生命的深层入手,走进历史人物的日常生活,与之作平等对视,还原本然状态的复杂与多维,呈现出生命意义上的鲜活与温度。在《大师的伤口》中,他分别叙述了《鲁迅:夜晚的哲学》《沈从文:出走与归来》《被歪曲的巴金》等,开启一趟"重读大师"之旅,对百年来中国各类知识分子进行了一番私人化解说。

祝勇的散文观使他的创作具有鲜明的风格。在 2013 年全国散文创作会议上,祝勇在题为《变化中的散文》的发言中阐述了他的散文思想:首先,要发掘散文内涵的丰富性,挑战传统散文"形散而神不散"的美学特质。其次,主张"综合写作",进行积极的文体实验,开启"新散文"的"跨文体"写作方式,兼容小说、诗歌的质素,使得散文创作呈现出一种开放的姿态。把叙事推到散文描写的前台,消解传统散文的真实观,在细节处进行想象和虚构,使得叙事更加完善。长篇散文的写作也一改传统散文"短、小、轻"的弱小格局,插入大量图像信息,提升了散文的气象和境界。同时提出真诚原则,重建散文的审美个性,极力强调个性化写作。祝勇所代表的"新散文"表明新一代散文家为改变散文格局、拓展散文创作天地所做的努力。

纵观张锐锋[①]的散文创作,对于童年的追溯和探索是其重要的一部分。他所描绘的童年记忆是细腻逼真、鲜活翔实的,然而在这表象之下却深埋着关于人类生存境遇的真相。他称:"我描绘的绝不是那一个(童年),而是我们此时此刻的这一个。那一个真正的童年业已消失,在时光的秘密里,它是不可追逐的,但它们属于我们。因而我们必须将这一悖论纳入我们的文字;否则,我们创作什么或要寻找什么都是不可思议的。"[②]《月亮》是张锐锋对童年生活最集中的一次书写,他把一个简单故事放大,并填充思想质素,使其区别于一般意义上的童年历险。在"玩陀螺"的童年游戏中,他不但叙述了童年的"我"对获得一只陀螺的渴望,自制这一玩具的有趣过程;更主要的是他对陀螺借皮鞭之力得以旋转的事实做了哲理性的思索。陀螺借鞭

---

① 张锐锋(1960—),山西原平人。曾做过农民、工人,80 年代末开始散文创作。著有《别人的宫殿》《蝴蝶的翅膀》《世界的形象》等散文集。

② 张锐锋:《我为什么写童年》,《当代作家评论》1998 年第 5 期。

子的"抽打"旋转,在鞭笞的痛苦中,使灵魂得到美的旋转,这是一种人生的宿命,这出小小游戏成了"幼小的心灵接受着伟大的天启"的行为。他把自己多年的生活体验、心灵感悟与童年经历融合在了一起,闪烁着智性的光芒。

历史和童年在张锐锋看来是同构的。童年和历史,一个是个体生命的起点,一个是人类生命的起点,两者都携带未知的隐秘,吸引着他去探寻。《别人的宫殿》是张锐锋具有代表性的散文作品。他沉浸于阅读和思辨,从许多角度出发去瓦解后人建构起来的圣人的宫殿,试图还原古代智者固有的长处和弱点。老聃的苍老温吞,盗跖的野蛮霸气,孔子也不再是一个沐浴着神圣的光辉却没有阴影的圣人,他既有博学儒雅的风采、谦虚诚恳的品格,又有困惑不解的迷茫,甚至有对女人难掩的羞涩和局促不安。别人的宫殿轰然倒塌,虚构的权威、空洞的所指被一一解构。张锐锋的历史叙述有一个明显的特征,即他触及的大都是历史的碎片,甚至是一些极容易被人丢弃或忽视的碎屑,但在他看来这些历史碎片暗含的尽是关于人类生存和未来命运的揭示。如《流水》《古战场》等篇什中,云岗古窟及其建造者的命运,杨家将的传说故事与契丹王朝的荣辱盛衰,作者在对历史遗迹的游览踏勘中,洞察到人与历史之间那极为复杂的既相互缠绕又相互制约的关系。

张锐锋从写诗、写小说到写散文,经过了一个慎重的自我选择过程。他有着非常自觉的文体意识,不仅"从一百个方向向内心窥探",更是身体力行用勤奋的创作还原被蒙蔽许久的"散文"本色。在现实的写作行为中,他一向追求的是"文类融合"的艺术境界,即首先从"规模"的意义上重视散文这一形式,与祝勇等其他"新散文"创作者的基本要求一致。而他则更为强调最大限度地传达自身对生活的全部感受,传达对存在的深刻领悟。如《别人的宫殿》一文就可以被视为"文类融合"的完满体现:曲折的故事情节、生动的人物形似小说;结构松散、内蕴含混也可看作散文;大量先贤哲人的辩驳又俨然一部哲学史。张锐锋的语言叙述能力也比较独特。他极力穷尽和放大语言的功能,让满载思想的睿智语言进行扩张,他的散文语言是绵密、饱满的,似乎在冥思苦想中娓娓道来。

八、跨文类的纪实文学创作

1. 报告与非虚构

新世纪以来,中国报告文学正处在一个裂变与复兴的交叉地带。相对于由国内外作家在近一个世纪的时间里创造的报告文学经典,相对于 20 世纪 80 年代报告文学的全方位跃动,当下报告文学处在裂变之中。这具体表现在,作家的写作动机、思想水准、审美诉求和艺术表现呈现多元状态,作品的水准良莠参差、鱼龙混杂——传统或经典意义上的报告文学有之,基于主流意识形态需要的"主旋律"报告文学有之,商业广告式的为企业或产品代言的报告文学有之,满足于大众猎奇窥私的报告文学也有之。这样的裂变共置于同一时空之下,构成最近十余年报告文学流变的奇异景观。与此同时,相比较 20 世纪 90 年代的徘徊与转折,这十余年来的报告文学又有了某种复兴的意味。具体体现在如下几方面:

其一,一些作家,譬如何建明、赵瑜、李春雷、朱晓军、陈歆耕、李鸣生、王树增、徐剑,对报告文学文体自身的认识和探索没有止步不前,反而有所掘进。何建明近年在论及当前报告文学创作时就发出了这样的思考:"报告文学中的'报告'和'文学'其实是相辅相成的,没有'报告'的精彩、没有丰富的和有特点的内容,'文学'无从谈起。同样,如果没有能够引人入胜的、生动艺术的表现手法的'文学'元素在'报告'中发挥作用,其'报告'必定乏味之极,其'报告文学'的文体也将最终走向死亡。"[1]作家们将这样一些理念贯注于他们的创作之中,使作品更具某种独特性。这十余年来,在报告文学领域还形成了聚焦某种题材的"专业户",如李鸣生之于航天,何建明之于"苏南叙述",徐刚、李青松之于生态与环保,朱晓军、一合之于反腐,王树增之于革命战争,黄传会之于反贫困,党益民之于西藏边疆,丁晓平之于党史人物等,这不啻为报告文学题材的专、精、深提供了可贵的经验。与诞生之初、刚刚脱离新闻母体的报告文学相比,今天的报告文学已经超越了新闻体式,更趋向于独特的思想性和文学性表达,它的写作者的角色担当也不仅仅是新闻记者,而更趋向于具有艺术表达力的思想者。读者对于报告文学的"文体期待"已远远不在于它所表达的"新闻面",而是希望获得比"新闻面"更加专、精、深的信息,特别是作家对于"新闻面"的独特认知和深入思考。报告文学题材"专业户"的出现也许正是应对了这一诉求。

其二,报告文学的社会影响力得到较大幅度的提升。这十余年里,何建明、赵瑜、杨黎光、卢跃刚、陈桂棣、徐刚、胡平、李鸣生、王树增、王宏甲、一合、徐剑、黄传会、邢军纪、张正隆、梅洁、张雅文、郝敬堂和李青松等跨世纪作家笔耕不辍,更有朱晓军、李春雷、朱玉、梁鸿、傅宁军、党益民、陈启文和丁晓平等新秀崛起。一批作品诸如《中国农民调查》《根本利益》《天使在作战》《木棉花开》《红与黑》《惊天铁案》《昂贵的选票》《解放战争》《西部的倾诉》《永远的红树

---

[1]　何建明:《该认真"报告",认真"文学"了——当前报告文学创作之我见》,《文艺报》2007 年 3 月 1 日。

林》《革命百里洲》《第一种危险》《聂绀弩刑事档案》《寻找巴金的黛莉》《震中在人心》《江边中国》《国家》《大学生从军报告》《命脉》《枪杆子：1949》等引起了报告文学界和社会各界的广泛关注。一些作品甚至突破单一纸质媒介传播的局限，通过电影、电视和网络获得广泛传播。何建明的报告文学《国家行动》和《部长与国家》分别被改编成中央电视台黄金时段热播电视剧《国家行动》和《奠基者》，后者更是成为这十余年来央视开年大戏中唯一一部根据报告文学作品改编的电视连续剧。这些名声远播的作品创造了当下报告文学可观的"收视率"和"票房"。尽管题材各异、表现手法不同，但这些作品基本都有一个共同取向，那就是比较鲜明地契合着经典报告文学的核心精神和艺术元素，《天使在作战》和《木棉花开》就是其中的典型代表。人们对于《天使在作战》的题材选择、书写态度和精神指向等倾向于内容方面的诸因素的褒扬，对于《木棉花开》的艺术性和个性化表达等偏重于形式方面的诸因素的赞誉，都包含对经典报告文学的继承与坚守。可见，严格坚守非虚构性和批判性原则，将审美性作为写作的自觉要求，这是新世纪报告文学作家普遍追求的目标之一。

其三，报告文学的复兴迹象还体现在，这十余年来鲁迅文学奖、徐迟报告文学奖和"正泰杯"报告文学奖合力举荐佳作，《中国作家》《北京文学》《人民日报》《光明日报》等报刊倾力传播佳作，中国报告文学学会、中国作家协会报告文学委员会、全国报告文学理论研究会和中国当代文学研究会纪实文学委员会等学术团体积极组织进行理论建设与批评。

裂变与复兴，既是报告文学当下状态的真实写照，也是转型时期政治社会生态特性的深刻反映。这十余年来，意识形态走向多元与多层——国家意识形态、精英知识分子意识形态和商业主义意识形态多重互渗，使报告文学文体呈现出多元意识形态的多重影响。其"裂变"在所难免，也实属必然。转型时期的独特社会文化景观，又为报告文学这样一种擅长于真实而刚性介入现实的文类提供了绝好的表现平台，因此，其"复兴"之意当不足为奇。

毋庸讳言的是，在这十余年中，报告文学的"裂变"导致了诸多问题的发生和危机的显现。除却部分选择坚守的作家之外，有的写作者已经背离经典报告文学所创造的文类核心精神。他们不同程度地丧失了勇气、思考力和行动力，以及对社会思想文化的反思、批判和引领意识，对转型时期所表露出来的现实重大问题视而不见；在经济利诱或威权面前，炮制粉饰性、商业性或娱乐性作品，从而消解报告文学存在的基本意义。即使是有志于报告文学事业的作家，也仍然存在文体创新意识缺失和创新能力不足等问题。他们或重复经典作家的话语体式和叙述模式，或将小说文体中的虚构等修辞技法舶来，使报告文学陷入真实与虚构混淆不清的尴尬境地，或继续沿用新闻报道和宣传模式，使作品沦为浅薄的宣传稿和文学等外品。另外，这十余年专事报告文学写作的中坚仍然是那些跨世纪的、年过五旬甚至六旬的"老"作家，"70 后"和"80 后"等年轻作家则比较少见。报告文学的代际继承有从"裂变"到"断裂"的危险。

报告文学的理论研究和批评现状也不容乐观。报告文学研究在基础理论和发展史等方面固然取得了一些成绩，但仍然存在研究成果总量不足、研究人员数量不足以及研究的关注度不高等问题，无论是视野、锐气、深度，还是厚重、力量、强度，在报告文学的创作与批评之间都存在着未尽人意的差距。

与报告文学的裂变与复兴相关联的是非虚构写作在近几年的崛起。作为一种舶来品，非虚构作品较早出现在 20 世纪 60 年代的美国，20 世纪 80 年代中国有学者、作家和期刊开始使用这一概念，但并未获得更为广泛的响应。2010 年《人民文学》杂志对于非虚构写作的倡导，某种程度上意味着"非虚构文学"开始进入主流文学媒体的视野中。非虚构写作并非特指某一种文类，它更多的指向多个文类的集群，譬如倾向于纪传体的老鬼的《我的母亲杨沫》，倾向于回忆录的章诒和的《往事并不如烟》和《伶人往事》，倾向于纪实小说的杨显惠的《定西孤儿院纪事》《夹边沟纪事》和《甘南纪事》、孙惠芬的《生死十日谈》，倾向于历史叙述的阿来的《瞻对：一个两百年的康巴传奇》、南帆的《马江半小时》、《钟山》杂志的"非虚构文本"专栏，倾向于诗歌的郑小琼的《女工记》，倾向于田野调查的梁鸿的《中国在梁庄》和《出梁庄记》、李娟的《羊道》、贾平凹的《定西笔记》、乔叶的《盖楼记》和《拆楼记》、丁燕的《工厂女孩》等。"关注现实""文体宽阔""呈现生活原生态"是"非虚构"的关键词，但它们与现存的报告文学样态有很大的不同，都在不同程度地强调作者身份的个人性、写作的亲历性、文本的揭秘性、题材的猎奇性和叙述的故事性等。非虚构写作可以看作是对于文学观念的一次积极的调整和拓展——它认可了写实作品的文学性质，它对当代文学写作方向予以重新定位——现实生活比虚构玄想更精彩，经验的故事比想象的故事更迷人，田野写作比书斋写作更本真。它在拓展文学表现疆域、强化文学对现实的参与和渗透的同时，显现出文学的生命力和独特价值。从文化意义上说，非虚构写作是对印刷媒介面临全媒介时代受众收缩困境的主动回应，是社会转型时期人们精神和生存困境的深度解读。当然，非虚构写作并非是重振文学雄风的灵丹妙药，也不应奢求非虚构写作替代虚构文学所具有的社会功能和审美愉悦，只是希望文学能够更加贴近现实、感应民生、捕捉善美、表达真情。

2. 杨黎光、李鸣生等的时事体报告

杨黎光[①]的报告文学视阈大都与其生活的特区有关，从他的第一部报告文学《没有家园的灵魂》开始，就有一个明确的创作理念，那就是在中国改革开放和实行市场经济的最前沿"探讨当代人的精神追求，研究商品经济下人的行为异化"[②]。他在报告文学创作中很好地践行了报告文学的非虚构性：深入描述对象的现场，通过采访、考察、追踪等方式获得第一手鲜活的素材，使其文本显示出作家的真诚和事实的真实。在《瘟疫，人类的影子——"非典"溯源》中，作者通过"非典"溯源，对瘟疫进行了细致的研究，并用沉重而又朴实的语言剖析了"非典"、瘟疫与人类命运之间密不可分的关系。关注民情、民意与民生，是报告文学可贵的现实情怀，也是其新闻性的一个重要表征。杨黎光报告文学的现实关怀无疑是热烈而深刻的，当然，他有自己独特的观察和描摹的视角，他将经济特区作为观察与叙述的平台，切入了中国改革开放最前沿的敏感地带。他在《没有家园的灵魂》和《打捞失落的岁月》中，对以王建业、曾莉华等为代表的特区官员和企业经理贪污受贿腐败堕落行为的揭示，在《伤心百合》中，对书怀、圆圆等特区青年男女爱恨情仇的剖析，都揭示了特区存在的问题。

除去对现实的关怀之外，杨黎光的报告文学还从真实性维度强化了报告文学新闻性的内

---

① 杨黎光（1954— ），安徽安庆人。1977 年毕业于安徽大学中文系，1990 年开始从事文学创作，高级记者。著有长篇报告文学《美丽的泡影》《没有家园的灵魂》《生死一线》等，其中《没有家园的灵魂》《生死一线》《瘟疫，人类的影子——"非典"溯源》相继获第一、二、三届鲁迅文学奖。

② 杨黎光：《报告文学创作的宏观叙述与哲理思考》，中国作家协会创作研究部编：《报告文学艺术论》，作家出版社 2012 年版，第 118 页。

质。其报告文学大多以写人性的变异、心理的扭曲和灵魂的无归为重点,始终坚守报告文学的真实性原则。他在《没有家园的灵魂》中"将许多生活奇闻都略去……我不做雕琢不去描绘,只求细致地把王建业特大受贿案的前前后后,把自己在采访中的真实感受,把一个'没有家园的灵魂'原原本本地展现给大家,相信读者会有自己的思考"①。因此,他笔下的王建业显得真实而自然。真实性对报告文学来说,并非一个抽象的或高不可攀的或随意拿捏的概念,它完全可以在有作为的报告文学作家那里得到实现。

阅读杨黎光的作品,可以真切地体会到渗透在字里行间的批判精神,它有作家自身的个性特点,这就是着意刻画负面人物的丑陋行径和精神状貌,以此显示批判性。在《没有家园的灵魂》《惊天铁案》和《美丽的泡影》等作品中,作者对王建业、张子强、曾莉华和温迎龙等贪腐分子、黑恶势力的书写,就进入到一个反思人性迷失与异化的哲学层面,给人以深入的思考。通过对案件的真实描述,对人物个性作立体而非平面、多向度而非单向度的刻画,负面人物就可以在很大程度上避免因漫画式或政治性过强而导致的脸谱化、简单化和妖魔化等倾向。

杨黎光作品的可读性十分明显,这与他很好地领悟报告文学的跨文体性有着密切关联。作者充分发挥其擅长小说创作的优势,在诸多案件型作品中注意结构故事,运用悬念手法,将报告文学的叙事推向最大的可能性。另外,诗的句式和节奏、散文的境界、影视蒙太奇的"拿来",也使其文本增添了简洁、明快和美意。若从艺术性角度来看,他的人物型报告文学《惊天铁案》《没有家园的灵魂》和《中山路》,事件型报告文学《瘟疫,人类的影子——"非典"溯源》和《生死一线》可以作为其中的代表。

李鸣生②在长篇报告文学《震中在人心》的"后记"里曾表达过他的报告文学写作观,即"逃避大题材概念化写作","坚守独立人格、立场和思想","尽量说真话","将传统主流叙事转化为个性化叙事"和"图文结合"等。因此,"强调真相揭示、强调思想内涵、强调个性凸显、强调艺术传达"③成为李鸣生报告文学创作鲜明的价值取向和审美取向。

李鸣生报告文学代表作"航天七部曲"(《飞向太空港》《澳星风险发射》《走出地球村》《风雨"长征号"》《远征赤道上空》《千古一梦》和《发射将军》)内容丰富、篇幅宏大,"在创作的过程中,作家从相近但却有所区别的题材上独立谋篇,找出各自包含的不同的社会文化内容加以生动报告,从而使内容和形式达到了和谐一致"④。作家将中国航天放置于人类航天事业发展这一大背景下,全方位地展现其成就,使航天科技与民族精神得到和谐统一,这一特点在《发射将军》中也有突出表现。其一是,宏微相间,以小见大,以此彰显真相揭示者和思想者的力量。作者将"发射将军"酒泉基地司令员李福泽的人生悲欢置于新中国近五十年历史进程中,以将军个体命运之"小"窥见特定时期政治和文化生态之"大",又以一国之宏观与一人之微观互为参照、互为阐释,以此凸显主人公的传奇性。在作品《走出地球村》中,作者叙述了我国第

---

① 杨黎光:《没有家园的灵魂》,《杨黎光文集》(第 4 卷),中国文联出版公司 1999 年版,第 3 页。
② 李鸣生(1956—),四川简阳人。1974 年入伍即进入西昌航天基地,毕业于解放军艺术学院文学系。主要作品有:长篇报告文学"航天七部曲"、《中国 863》、《国家大事》等。其中《走出地球村》获全国优秀报告文学奖,《走出地球村》和《中国 863》获首届和第二届鲁迅文学奖。
③ 王晖:《个性凸显的艺术传达——读李鸣生的长篇报告文学〈发射将军〉》,《中国作家》2010 年第 12 期。
④ 李炳银:《李鸣生报告文学的意义》,《当代作家评论》1996 年第 6 期。

一颗人造地球卫星发射前后的经过,客观、翔实地记述了十年"文革"期间中国航天专家们忍辱负重、探索太空的艰辛历程,同时,对特殊年代里中国航天人的精神世界进行了深刻的揭示。《澳星风险发射》中,作者讲述了澳星发射的经过,并围绕相关事件勾勒出一系列航天工作者的形象。作者将澳星发射过程中所经历的"成功"与"失败"并置,通过"如何认识成功和失败"这一主题的设置,巧妙地将事件、人物和问题整合在一起,进而实现主题的深化。

注重真实细节,力求文学化与个性化表达,这在李鸣生报告文学创作中表现突出。《震中在人心》将传统的主流化叙事转变为作家的个性化叙事,对废墟上复杂而微妙的人性作出深刻而细腻的描绘。作者将个人的情感融入灾难事件的现场,加之直击人心的现场照片,给人以强烈的震撼。作品中文学与图像的联合,也为报告文学带来一种新的叙事风格。此外,李鸣生作品的语言富于个性色彩,直率、朴实、抒情再加上川人的幽默感,为严肃的宏大叙事增添了某种难得的轻快和愉悦。

由于李鸣生作品中人物众多、叙事宏大,其作品多采用时空交错的复式结构。《走出地球村》以"东方红一号"从规划到升空的时间为顺序,并与国际航天事业竞争、国内政治情况和人物命运交织,具有典型的时空交错的结构特色。《千古一梦》的叙述时间为传统的连贯叙述,按照中国载人航天从提出设想到成为现实的时间顺序,以"'曙光'飞船""七年论战""卧薪尝胆""血火涅槃"和"飞越人间"五大部分的内容相联结,环环相扣、有条不紊、首尾呼应,显示出作者把握复杂题材的叙事能力。为了克服平铺直叙的冗长感,增强叙事的生动性,作者又在连贯的叙述中使用了闪回等手法,"过去"与"现在"的交错出现,使文本波澜起伏、节奏鲜明,富有阅读快感。

黄传会①作为时事体报告文学的代表作家,他将目光更多地投向"反贫困"问题,聚焦社会底层民众生活。早在"希望工程"创办初期,黄传会就将目光锁定于国家的这一重要决策,从最初创作的长篇报告文学《托起明天的太阳——中国"希望工程"纪实》《中国山村教师》,到《希望工程:苦涩的辉煌》《为了那渴望的目光——希望工程20年记事》等,对"希望工程"作了全程式跟踪与全景式描述。在《托起明天的太阳——中国"希望工程"纪实》的写作过程中,他深入探访中国多个偏远山村,真实再现了贫困地区失学儿童的生存境遇。《中国山村教师》是黄传会描述欠发达地区山村教师生活和工作境遇的作品,寄予作者对这一群体崇高精神境界的赞美之情。在《希望工程:苦涩的辉煌》一书中,作者更多地展现了"希望工程"运作者自身的经历,并且深入到人物内心进行检视,对"希望工程"从诞生到发展、从辉煌到嬗变中的诸多事件作出详尽描述,不仅反映了读者关注的一些问题,也写出了"希望工程"面临的困惑与无奈。《为了那渴望的目光——希望工程20年记事》以"红土地的呼唤""康乐备忘录""延河从脚下默默流过"和"太行山的每个早晨"四段采访手记为支撑,记录了贫困地区儿童失去教育机会的苦涩经历,深刻揭示了"希望工程"存在和发展的社会历史必然性。黄传会的"反贫困"报告文学真实地反映社会现实,让人们认识和了解贫困的实际情况,以此为基础,作品进一步

---

① 黄传会(1949—),浙江苍南人。1975年毕业于南开大学中文系,现任海军政治部创作室主任。著有长篇报告文学《托起明天的太阳——中国"希望工程"纪实》《中国贫困警示录》《天下婚姻》、"中国海军三部曲"(合著)等,另创作有小说集和电影文学剧本。

展现出作者的忧患意识,在采访的同时探寻摆脱贫困的途径,希冀通过这种方式增强人们的信心。在《忧患八千万》中,作者描写山西省陵川县的村民们,用近半个世纪的时间修通一条通往山外的公路,展现村民们坚毅勇敢、希望改变现状、摆脱贫困的开拓精神。

作为一位军旅作家,黄传会也写了诸多海军题材报告文学。与舟欲行合作的"中国海军三部曲"(《龙旗——清末北洋海军纪实》《逆海——中华民国海军纪实》《雄风——中国人民海军纪实》),记录了中国从近代兴办北洋水师开始,直至人民海军现代化建设的百年历程,通过对百年来海防斗争和重要人物的描写,弘扬爱国主义精神,具有一定的文献价值。黄传会还以 60 多年前人民海军选派 275 名官兵秘密进入苏联海军基地学习潜艇技术为原始素材,创作了报告文学《潜航》。作品通过揭秘历史资料和叙述亲历者的经历等手法,讲述了海军第一支潜艇部队创建者们惊心动魄的故事,再现了一批感人的人物形象。可以说,"中国海军三部曲"和《潜航》共同建构了中国海军历史的宏大叙事。

3. 胡平、王宏甲的学术体报告

胡平①兼具学者和报告文学作家两种身份,在激情与理性的交汇中,他拓宽了报告文学表现领域,充分发挥了报告文学的跨文体性,引用了大量学术研究成果,进一步丰富了文本内容,形成对问题或现象的多层次与全方位的审视,同时也增强了作品的非虚构性和文化批判性。在其代表性作品《战争状态》中,作者援引《马克思恩格斯全集》《列宁全集》《英国史》《苏联兴亡史》和《剑桥中华人民共和国史》等著述,甚至还有日本政府公布的《地税改革条例》的相关内容。正如作者在该书《序言》中所说,作品"所涉及的问题,大都是在学术层面展开的","努力要求自己做到言之有据、据必有出处"。在《100 个理由:给日本也给中国》的"岛国焦灼"一章中运用了学术界的研究成果和多方面的资料,多层次地阐述大和民族忧患意识的渊源。作者用客观、准确的资料和数据说明日本多灾而贫瘠的国情,最后延伸出日本人"岛国焦灼"的忧患意识。胡平指出,"岛国焦灼"意识是日本近代大肆侵略扩张、发动战争的原因。

20 世纪 90 年代后,胡平将自己的生存方式和写作方式定位于一种"游走"状态——在中国近代以来的历史与时下鲜活的社会现实间游走;在人文学科诸多领域的学术前沿与本人的历史经验、现实感受间游走;在精英知识分子的先知先觉与芸芸众生的喜怒哀乐间游走。面对光怪陆离的生活表象和纷繁复杂的社会问题,作家从历史中寻找问题的答案,从文化批判的角度剖析当代中国人的生存现状,表现出知识分子强烈的人文关怀。他对当代人的关注不是局限于底层与弱势群体,而是聚焦中国人的身心,通过发现、反思与批判,揭示身处变革过程中的中国人因欲望的无限扩张所导致的畸形生活观念。《千年沉重》从"千年""不再是秦兵马俑的脸"和"莫忘沉重"三部分表达作家对地域文化、知识分子命运及社会现象的理性思考。在该书"千年"部分,作者借鉴学者们的研究成果,把千年赣文化理性地定位为"水稻文化""理学文化"和"科举文化",而赣文化造就了江西人迟钝、麻木的性格,并进而造成江西人在改革开放

---

① 胡平(1947—　),江西南昌人。1977 年考入复旦大学中文系,现为南昌大学教授。著有《世界大串联》《中国的眸子》《千年沉重》《禅机:1957 苦难的祭坛》等作品,出版有《胡平文集》(7 卷)。与张胜友合作的《在人的另一片世界》曾获全国优秀报告文学奖。

和市场竞争中的不利境况。"不再是秦兵马俑的脸"部分以儿子致父亲的书信的形式,表现中国知识分子跌宕起伏、悲欢相续的人生际遇,同时,凸显他们的人文精神和情怀。"莫忘沉重"部分表达作者一贯坚持的创作理念,即文学要介入生活。作家选择"守望并解读沉重",期许世人能够吸取历史的沉痛教训,创造美好的未来。《中国的眸子》中,李九莲因质疑"文化大革命"而身陷囹圄,因声讨恶人而招致杀身之祸。胡平在该作品中一方面反思民主法制遭到破坏、人权得不到保障的十年浩劫,另一方面深入剖析了中国人的国民性,批判人的畸形的内心和麻木的思想。

另外,在关涉日本题材的作品中,胡平表现出身为知识分子应有的忧患意识以及对国家和民族命运的关注。《100个理由:给日本也给中国》全面关注中日两国关系,作者认为:中国要实现现代化,崛起成为世界性大国,一方面需要完成国内艰巨的经济改革和政治改革任务,另一方面要正视与日本之间的关系,处理好国际地缘政治问题,实现和平崛起。《情报日本》深入剖析了日本文化中一直被国人忽略的一个强烈特征:以情报立命,视情报为岛国生存、拓展的第一要义。正是因为情报战的运用,近代以来的日本才给世界带来了一次次令人震惊的可怕灾难。

胡平的报告文学一般采用比较传统的集中叙事手法,有的以人物为中心,按照历史事件的时间顺序进行叙述,譬如《中国的眸子》以主要人物李九莲为中心进行叙事,将其悲惨遭遇分为"漂泊之途""风雨赣南""铁窗铮骨""松林喋血""忠贞谁羁"和"她们注视"等部分进行叙述。有的以研究课题为中心,强调翔实的资料和充分的论证,并不着意人物的刻画,譬如《100个理由:给日本也给中国》从文化的角度深层解析中日关系的玄机与吊诡,引用丰富例证说明中日之间需要正视历史、建立政治互信。还有的以人物为主线,以事件为背景,多中心地展开叙述,譬如《心月何处:欧阳自远与中国嫦娥工程》以"携带一壶月光上路""青葱岁月"等20个章节描写中国的嫦娥探月工程。作品一方面描写美国、苏联等强国展开"太空竞赛",展现航天科技的迅速发展;另一方面记叙以中国月球探测工程首席科学家欧阳自远为代表的中国航天人艰苦奋斗的事迹,讴歌他们的崇高社会责任感和使命感。

作为一位跨世纪的报告文学作家,王宏甲①擅长书写社会热点问题。20世纪90年代初,王宏甲抓住共产党执政问题创作了报告文学《无极之路》。作品描写了河北无极县县委书记刘日为百姓谋福利、锐意改革,却遭13名科局级干部集体联名状告之事,深刻解剖中国地方政府管理体制的弊端。21世纪初,作者又以两个"风暴"书写当下社会极具冲击力的问题——科技发展与教育转型。前者是以中关村高新技术企业的发展历程为内容的《智慧风暴》,后者是以学校教育方式和学生学习方法的改变为内容的《中国新教育风暴》。在建设社会主义新农村的背景下,作者写了《贫穷致富与执政》,作品以"贫穷""致富""执政"和"文化"为中心,记叙了改革开放以来浙江慈溪农民顺势奋发、自力更生脱贫致富的故事,以及作为决策者角色的慈溪政府顺应形势、支持民营经济发展的各种举措。《政通则人和》则是从决策者的角度深入

---

① 王宏甲(1953—),福建建阳人。曾当过工人、干部,毕业于西北大学中文系,后任解放军总后勤部专业创作员。著有《无极之路》《现在出发》《智慧风暴》《中国新教育风暴》等作品。《无极之路》获全国优秀报告文学奖,《中国新教育风暴》获第四届鲁迅文学奖。

地谈论政府在市场经济条件下应当扮演何种角色的问题,南通市委通过一系列强有力的行政措施做到"政通",促进地方经济发展,为百姓谋取福利,最终实现了"人和"。《农民》(与刘建合作)通过广东茂德公这一户农民的百年历史来探讨农村脱贫致富之道,作品指出"真正的贫困是旧有的生产方式的贫困",为此,强调农村新青年要拓宽眼界,敢于运用新技术和新的生产方式,改变旧有的生产方式,发展农村经济。

王宏甲的作品表现出鲜明的政论体风格,其优势在于以富于前沿性和冲击力的议论性和分析性话语剖析热点题材,以雄辩的气势诠释其对这些问题或现象的见解与理念。《智慧风暴》中每章后的"同时代的消息与参考故事"板块,主要是介绍世界知识经济的发展,尤其是硅谷的迅速发展,阐述科技进步对经济发展的巨大推动作用以及给人类社会生活带来的深刻变革。《中国新教育风暴》以第一人称写作,作品中集中表达作者洞见的内容仍在每章末尾的"相关思索"中,作者根据每一章的主题,阐述其对于未成年人的成长、家庭教育和国家教育体制改革的思考。在议论与分析中,作为叙述人的作者以"我"的身份出现,使个人的亲历性和现场感得以强化,在彰显朴实与简洁的同时,又生出大气磅礴的独特个性。

作品的内涵和众多真实案例使王宏甲的作品富有说服力。在《贫穷致富与执政》中,作者从前九章讲述的致富、执政话题中引申出文化命题,并对其进行深刻的诠释。不论是叙述贫穷之旧貌、致富之艰辛、致富之智慧,还是执政新理念、执政新方式、持续发展等,最终都归结到文化传承与文化振兴的根性问题上来。作品中许多浅显易懂、蕴涵丰富的例证的运用使得说理更加令人信服。其中有一篇名为《不学习无以改变贫穷》的"相关思索",作者列举了慈溪企业家沈觉良勤奋自学、艰苦创业的事例,说明不管是个人还是国家,只有努力学习才能改变贫穷落后状况的道理。在《中国新教育风暴》中,作者提出"正螺旋"与"负螺旋"的心理学概念,说明对孩子成功感和自信心的强化能让其进入学习"正螺旋"上升状态,反之则使其步入"负螺旋"下降状态。

相对于审美价值,王宏甲作品的社会价值更加凸显一些,他的关涉当下中国科技、教育、乡村农民和基层政权等焦点问题的系列报告文学,应和着报告文学作家首先应当是思想家的社会共识,体现出报告文学社会关怀、人生关怀和人性关怀的思想深度。

4. 徐刚的诗性报告和卢跃刚等的"问题"报告

徐刚[①]从 1988 年创作第一部报告文学《伐木者,醒来!》开始,生态意识就成为其作品的一个重要思想烙印,这里有对"家园"的眷恋和敬畏之情,有对生态环境遭到破坏的惋惜之情,还有强烈的批判意识,其中,最明显的情感表达当属作家对"家园"浓烈的守望之情。从《伐木者,醒来!》到《大山水》,他的生态理想经历了一系列的转变,这种转变正是作者对"家园"的找寻过程。在《守望家园》中,作者深刻地揭示了人类的野蛮行径,进而表达了自己对家园的真挚情感。在《拯救大地》中,作者生动刻画了王隆瑛、王大明等生态"守卫者"形象,在他们身上,可以看到国民逐渐觉醒的环保意识。

---

① 徐刚(1945—　),上海崇明人。1965 年开始发表作品。1975 年毕业于北京大学中文系。有诗歌、散文、传记等多种著述,在报告文学方面有《伐木者,醒来!》《沉沦的国土》等。

在寄予浓烈的守望家园意识的同时，徐刚的作品也保持着一种忧患、救赎和批判精神。在《伐木者，醒来！》的结尾，作者大声呼喊："伐木者，醒来！"这一呐喊，既表现了他对守望家园的热切希望，又给人们敲响了警钟。在其后来的作品中，这种忧患意识逐渐升华，转而变成一种对人类灵魂的拷问，这是建立在理性基础之上的深刻的"自省"意识。作者试图通过挖掘人类灵魂深处的所思所想，解决人们的精神困境，从而建构理想化的生态观念。

综合宏观的叙事方式是使其作品具有独特个性色彩的重要保证。徐刚具有宏大的视野，其作品大多能从较为广阔的视阈洞察我们面临的各种生态危机。作者通常使用多条线索叙事的方法，通过线索之间的交叉融合，达到宏大叙事的目的。他还注重多角度的观察，通过政治、经济和文化等不同角度的切入，使作品具有立体感和层次性，能够全面地揭示当下社会所面临的重大生态问题。在作品中，作者大量利用平凡的人物和普遍存在的事件，来凸显生态问题的典型性，通过这种普遍和特殊的比照突出主题。《沉沦的国土》所描述的范围波及祖国的大江南北，在探讨土地资源污染问题时，作者通过多角度观察分析，将普遍性的污染与具体的国情、民情结合，深入探讨全球环保战略和环境道德等问题，使作品的内涵得到提升。在对土地资源浪费这一问题作出深入调查的基础上，作者又进一步深入到精神内核的层面，力图探析造成国土沉沦的最终原因。在徐刚的作品中，我们能够感知到其面对一系列生态问题所表现出的客观冷静的态度，他以中肯的笔触剖析我们面临的生态危机，面对生态环境，他更多地强调"适应"，而不是"征服"。

在徐刚的作品中，信息传递与诗意表达得到统一。其作品的一大特色就是运用大量的统计数据，通过数据的使用给读者直观的感受，以凸显所述问题的严重性。这种数据统计的方法不会使作品的艺术性减弱，相反还可以突出报告文学真实性和现实性的特质。同时，其作品还集纳大量信息，国内外生态学、环境学、生物学、地质学、社会学和民俗学等学科的知识和文献材料的运用，增强了作品的科学性。生态报告文学的科学性与艺术性的统一，在《大山水》中得以体现，作者从地理学、民俗学和历史学等多领域着手分析"大山水"的含义，赋予它多重意义。这种追根溯源的调查与写作方法，更易激起读者保护环境的意识和责任感。

诗人出身的徐刚，其作品中的诗意表达更为突出。《大山水》体现出一种多元融合的写作风格，报告的纪实性、散文的抒情性以及议论文的思辨性在这里得到和谐的统一。整部作品有对山水风光的描述，有对自然景观的赞誉，还有对现代社会环境问题的揭示。作者详细描述了各地的风景，并深入剖析自然风景背后的深层蕴藉，增强了山水风景的神秘感和神圣感。在其作品中，"地球累了""长江已失去耐心""海洋呻吟"等诗意语言比比皆是。

卢跃刚①作为跨世纪报告文学作家，他的《超越世纪——性艺术在中国》展示了即使是20世纪80年代的末期，文化及伦理道德的现代转换仍处于举步维艰的现状。作品以80年代末中国美术馆举办的一次"油画人体艺术大展"为描述对象，从人类学、社会学、文化学角度，全景式地揭示出围绕这次大展的前前后后所出现的社会冲击波，反映出中国人要想真正走向开放的社会还需要更长的时间和更持久的耐力。而在《长江三峡：中国的史诗》《以人民的名义》

---

① 卢跃刚(1958—　)，四川雅安人。1980年应征入伍，1987年毕业于中国记协新闻学院，在部队和报社从事多年新闻工作。著有《大国寡民》《人体躁动》《以人民的名义》《创世纪荒诞》《乡村八记》等作品。

和《讨个"说法"》等作品里,作者形象地描述了我国由传统的伦理社会向现代法理社会转变的艰辛。《长江三峡:中国的史诗》以史诗般的气势、跨越古今的视野展示了围绕三峡工程论证过程的重要历史事件,作家并没有介入孰是孰非的论争中,而是多方位地强调了现代法理社会所需要的尊重科学、依法办事、发扬民主及领导者个人意志最终服从法律裁决等最本质的内容。在《以人民的名义》及其续篇《讨个"说法"》中,则从历史学、文化学视角,檄文式地揭示了一起发生在湖南娄底市非法拘禁人民代表案件。卢跃刚采访了事件各方,重要人物无一遗漏,客观、真实地再现了改革开放的大环境下,仍然存在着蔑视人大制度、蔑视法律及公民的人身自由与权利的"文革"遗风与专制遗风。在《讨个"说法"》的结尾,作家鲜明地指出,作为"改革者"的颜跃明也有反省的必要,从侧面昭示了传统的重人伦轻法治的观念仍根深蒂固。《东方马车——从北大到新东方的传奇》从新东方危机和企业政治生态两条线索切入,揭示了转型过程中新东方人的生存困境和心灵蜕变,建设性地提出社会转型乃至现代化建设不仅需要科学技术支撑,更需内在制度的改革和人的思维理念的更新。

卢跃刚的报告文学大多采用全景式的叙事结构,不再拘泥于从单一角度对事件进行单线因果式平面叙述的手法,而是以个案为核心,从多个角度做发散叙事或评述,呈现出全景立体式时空架构。譬如《乡村八记》通过多角度的叙述,使邹斌仔及湖下村进城务工潮这一个别事件获得了丰富内蕴,揭示了农民打工潮的深层动因及中国乡村社会与文明进程的反差与冲突。

从视角的选择上看,卢跃刚的作品几乎很少使用全知视角,多用第一人称"我"的限知视角,这以《以人民的名义》《讨个"说法"》和《乡村八记》等为代表。另外还多有全知视角与第一人称限知视角的转换,如《在底层》《长江三峡:中国的史诗》等作品。第一人称限知视角的选择,使作品充溢着亲历性与现场感,视角的转换使作品的多角度叙述成为可能,这些做法为其文本的真实性与客观性提供了依据。

卢跃刚作品中的人物形象鲜明,人物与事件互为映照,并成为支撑事件的主干。三峡论证工程中的毛泽东、林一山,非法拘禁案中的颜跃明,湖下村的邹斌仔,新东方转型中的俞敏洪、徐小平、王强等,作为贯穿事件始末的主要人物,他们并没有成为作家论证某一问题的佐证物,而是作为有血有肉、个性独立的人物存在。人物不仅是事件的亲历者或见证者,也是现实或历史中形象鲜明的个体。

陈桂棣[1]善于捕捉社会热点,以此观照国家与民族的命运。如《主人》(与张锲合作)描写改革开放之初国企的改革,《淮河的警告》探讨经济发展与环境保护问题,《民间包公》关注中国的法制建设,《中国农民调查》(与春桃合作)聚焦"三农"问题等。

陈桂棣不满足于对社会热点的浮浅报道,而是努力深入探究问题的本源。作家的追问和反思已经上升到观念与制度层面,其报告文学也呈现出非同一般的深度。《淮河的警告》中,作者没有局限于描写因经济发展而导致自然生态的破坏及给人民带来的危害,他更多的是在反思这些现象背后的原因:盲目追求 GDP 的快速增长、漠视法律法规以及忽视自然环境的保护等。《悲剧的诞生》则始终保持着对高永嘉案何以产生这一问题的追问,并以这个问题为主

---

① 陈桂棣(1942—),安徽蚌埠人。1966 年毕业于蚌埠柴油机机械学校。当过教师、工人、记者和编辑,现为专业作家。著有《淮河的警告》《民间包公》和《中国农民调查》(合著)等作品。《淮河的警告》获首届鲁迅文学奖。

线展开对高永嘉冤案的叙述,从中生发出诸多思考。《中国农民调查》关注中国农民艰难的生存现状以及农村税费改革的曲折历程。作者从深层的政策和体制上进行探究,认为地方乡镇机构的无限膨胀、众多"形象工程"的集资摊派和城乡分治是造成农民负担过重的主要原因。

细致周密的田野调查是确保作品真实性的前提。为写《淮河的警告》,陈桂棣从淮河上游采访到下游,足迹遍布苏、鲁、豫、皖4省,历时108天,途经46座城市,走访了上千人,掌握了500万字的考察资料。同样,在《主人》《不死的土地》和《中国农民调查》等作品中数字与个案随处可见,给人以强烈的视觉和心理的冲击效果。

陈桂棣力求语言简洁明快。以《淮河的警告》为例,他对500万字的材料进行大刀阔斧的选择,细致谋划,最终用8万字将整个事情叙述出来。他的报告文学还融合了多种文体的叙述语言,具有跨文体的突出特色。如《中国农民调查》的文本构成中,既有常见的文学化叙述,诸如细节、对话、行动、神态描写、修辞运用等,也有新闻报道、调查报告、案例分析、政策研究、图片、统计数据表格和研究著述等文体形式,熔思想性、知识性、学术性和资料性于一炉,增强了作品的广度与深度。

5. 邓贤、王树增的历史纪实

作为纪实文学创作的重要作家,邓贤①以独特的视角真实地表达出对于人性和历史的深刻反思。其作品主要分为两类,一类是与其个人经历有关的反映知青生活的题材,另一类则是与其家族背景有关的描绘近代战争风云变幻的历史题材。

从《中国知青梦》到《中国知青终结》,有着七年知青经历的邓贤将目光锁定在最有切身感受的云南知青身上。他以历史阐释的方式展现知青这一特殊历史环境下特殊群体的命运悲欢,以翔实的采访资料真实地诉说这场曾经席卷神州大地的"上山下乡"运动。在《中国知青梦》中,邓贤以真切的描写和客观的记录,详尽披露知青全面大返城的内幕,是一份边疆兵团战士的血泪档案。《中国知青梦》一经面世便受到人们肯定,作者也因此一举出名。此后,他又相继创作了《天堂之门》《流浪金三角》《中国知青终结》等反思知青岁月的一系列作品,以悲壮的笔调凭吊一代知青的理想幻灭。诚如作者在《中国知青梦》的扉页中所写:"这是一本属于我们自己和那个时代的书。谨以此书,祭奠所有在辉煌的噩梦中悄然死灭的青春;谨以此书,献给所有留在昨天和走进今天的同龄人。"作为知青报告系列的压卷之作,《中国知青终结》描绘了一幅可歌可泣却也令人叹惋的青春挽歌。当最后一个知青拖着苍老残疾的躯体,怀着壮志未酬的心境回到国内时,谁曾想到这就是当年满怀理想斗志、渴望创造历史并解放全人类的知青一代。他们跨越边界参加"金三角"战争,他们战斗、奉献、牺牲,但最终化为尘埃飘落在历史的长河当中。一场历时20年、以"青春无悔"为名义的中国知青运动就此终结。面对那个可悲时代的荒谬,邓贤在描述自己和其他知青痛苦的同时,也为一代知青发出了要求恢复做人的基本尊严和权利的呐喊。其对知青一代悲壮青春历程的描绘与再现,体现出一个

---

① 邓贤(1953—),祖籍湖北武汉,生于四川广元。1971年赴云南国有农场插队。1982年毕业于云南大学中文系。先后在云南大学、四川教育学院任教,现为成都师范学院教授。出版有长篇纪实文学《大国之魂》《中国知青梦》《流浪金三角》和《邓贤文集》(6卷)等。《中国知青梦》获全国优秀报告文学奖。

历史纪实作家强烈的忧患意识与社会责任感。他的作品也为知青文学作品的创作提供了新的参照,引导人们对新的知青文学进行更深层次的反思。

同样,邓贤的家族背景和其本身所具有的史识史见,使他创作的现代历史纪实作品独具一格。他认为:"历史是一面镜子,它能照出人的白骨……历史不会永久寂寞,历史的曲折来自历史的创造者。"[①]无疑,这种历史观和他所要再现的历史在其作品中获得了交相辉映的效果。邓贤的这类作品主要包括展现中国远征军入缅抗日的《大国之魂》,描写国民党残余部队在金三角抗战与生存的《流浪金三角》,讲述蒋介石"以水代兵"、挥泪炸黄河的《黄河殇:1938·花园口》,再现国共两党及其军队生死对决 700 天的《大转折:决定中国命运的 700 天》,表现中国军队奋勇抗击日军的《帝国震撼》等。在这些作品中,邓贤让一些被历史尘埃埋没的人和事跃然纸上,使其成为展现历史真实的有力佐证。

在艺术表现上,邓贤的构思独具匠心,他擅长运用全景式结构,以某一重要事件为叙说对象,多方位、多层次地展示事件萌生、发展以至高潮、结局的脉络。在这种结构中,人物常常只是作为叙述的片断穿插其间,服务于整个事件的叙说。无论是展现知青历史的《中国知青梦》,还是描写滇缅抗战历史的《流浪金三角》,它们都以磅礴宏大的结构,全方位、多角度地挖掘历史的真相。作家在层层探寻的过程中,努力接近和获取对历史真实的解释。此外,作品中所叙述的历史事件有较长的时间跨度,也为邓贤提供了探究历史真相的深度与广度。邓贤还在叙事过程中打破时空,有意识地将不同人物对于历史事件的看法呈现在读者面前,让读者自己进行判断。作者用大气、细腻而又富有诗意的叙述语言增强作品的气势,将一腔赤诚倾注于自己的作品当中,用冷静而不失激情、客观而不失感染力的语言,坚守着历史纪实作家的本真。

王树增[②]是一位有着严谨创作态度和深厚文学功底的作家,他用朴实的语言、翔实的资料和独特的视角,将一个个具有历史厚重感的题材以非虚构的方式展现在读者面前。作为军旅作家,王树增将主要精力投入非虚构革命历史题材的作品创作中,其作品大致分为两个系列,一是以革命战争为主要叙述对象的中国革命史系列,包括《远东朝鲜战争》《长征》和《解放战争》等;另一个是以全景式笔触探轶中国历史的中国近代史系列,包括《1901》和《1911》等。

王树增认为:"非虚构类写作的原则是严肃、严谨、求真、务实。"[③]所以,对于非虚构性的坚守也是其进行创作的重要关键点。非虚构性包含田野调查性、新闻性和文献性三个要素。譬如田野调查包括实地考察、采访,甚至以角色置换的方式进行全程追踪等,它不同于一般的新闻采访,某种程度上决定着历史纪实文学的真实性。王树增写作每一部作品之前都要查阅大量相关档案资料,并寻访各方亲历者。创作《解放战争》时,作者不仅查阅了涉及党史、军史的数以千万字的档案和资料,他还寻访各个重要战场,寻找当年的亲历者,仅整理史料笔记和采访记录就有 500 多万字。作者在《1911》中的考证更是被人称道:"他的考证与研究并不逊于在这个领域里常年耕耘的专业学者们的研究,他的某些探求甚至超越了一些学者已经给出的

---

① 邓贤:《大国之魂》,人民文学出版社 1991 年版,第 454 页。
② 王树增(1952—),北京人。曾当过插队知青,后入伍,1972 年开始发表作品,长期在部队从事专业创作。著有长篇纪实文学《远东朝鲜战争》《长征》和《解放战争》,长篇历史随笔《1901》和《1911》等。《远东朝鲜战争》和《长征》分别获得第二、四届鲁迅文学奖。
③ 王树增:《军旅作家的使命与责任》,《解放军报》2012 年 5 月 31 日。

定论与'共识'。"①这些通过查阅数以千万字的档案资料、采访众多事件亲历者之后写成的真实之作,使得作家创作的视野愈加广阔,触角愈加细微,对历史真实的把握也愈加准确。

面对宏大、厚重的历史题材,王树增经常采用对比铺陈的叙述方法,将大背景中的小细节、大事件中的小人物逐一展现。在滚滚的历史洪流中,大背景的描画能让读者清晰地了解它的走向,而小细节的展示则能逼真地活现出它的具体特质。那些存在于历史长河中的小人物虽不能成为推动大事件发展的主导者,但作为参与者,他们证明着历史的真实。存在于大事件中的小人物,在王树增的历史纪实作品中大量存在,每个细节看似微乎其微却又必不可少,有时这样的局部真实还能够增强叙述的现场感,为作品增色颇多。

6. 杨显惠、梁鸿的"非虚构"作品

杨显惠②有"文学的边缘人""史学的门外汉""新闻的越位者"等多种称谓,他以纪实的态度、非虚构的文学形式书写着敏感地区和敏感人群的苦难历史。2000 年发表的《夹边沟记事》因其对政治灾难下陷入饥饿绝境的人性善恶的描绘,在社会上引起强烈的反响。随后,他又推出了《定西孤儿院纪事》和《甘南纪事》,这三部作品被称为"命运三部曲"。

"命运三部曲"采用集合式组成方式,将同一背景下的众多小故事并列连缀组合,以表达作者对特殊时期敏感问题的关注。在由 19 个故事组成的《夹边沟记事》中,作者用内容相对独立的小故事记录 1957 年至 1960 年,在甘肃省劳改农场近 3 000 名右派分子遭受非人折磨,大多数人被活活饿死的悲惨遭遇,表达了作者对历史真实的直接面对与进逼。同样,《定西孤儿院纪事》系列共有 22 个故事,作者通过寻访当年大饥荒时期幸存下来的遗孤,将一幕幕饥饿与死亡的惨烈情境展示在人们面前。在《黑石头》的故事中,作者描述了在饥荒面前两个母亲的不同选择,一个母亲为了让孩子活命将自己勒死,用自己的死使孩子成为孤儿,为他争取到进入孤儿院的资格,以此解除其长期忍受饥饿的威胁,换来新生的希望;另一个母亲为了自己活命,狠心将亲生孩子的尸体煮了充饥。相较于前两部描写大饥荒时期人性苦难的惨烈与悲伤,《甘南纪事》则相对舒缓。作者用 12 个故事记录下甘南藏族聚居区农牧民的日常生活和人生命运,展现出甘南藏族群众独特的生态世相。作品所呈现的诸如以物质补偿解决个人纠纷的处罚方式和由各部落公选的长者调解矛盾的"日瓦"制度等习俗,在展现少数民族独特文化的同时也引人深思。

作为一名作家,非虚构写作自然成为杨显惠最适合的表达方式。他有记者揭示现实的敏锐触觉和冷静判断,每次写作之前,作者都要花费大量时间,不断地走访、调查和搜集资料,力求全面了解所述事件。因为有着史学家对记录历史真相的执著,作者才能在忠于史料事实的基础上创作出典型性的作品。作家亦有着对苦难历史的悲悯和独特理解,他曾说:"我无意关注其他作家在写什么。我认为,唯一、有独立的人格和思想,是作家必须具备的条件。"③唯

①　张志强:《多重视域中的历史叙事——2011 年非虚构军事文学创作综述》,《文艺报》2012 年 2 月 29 日。
②　杨显惠(1946—　),甘肃东乡人。1965 年在兰州军区生产建设兵团当农工,1975 年毕业于甘肃师范大学数学系,后任教师。现为天津市作家协会专业作家。1980 年开始发表作品。著有《夹边沟记事》《定西孤儿院纪事》和《甘南纪事》等。《这是一片大海滩》曾获全国优秀短篇小说奖。
③　参见丁扬:《真实就是力量》,《中华读书报》2007 年 12 月 12 日。

其如此,杨显惠才能多角度、多层面地揭示出大饥荒时期各式各样的人间悲剧,才能既写出大时代的悲哀,也写出小人物的不幸。

就叙述来看,杨显惠的非虚构作品融合了多种文体的叙述语言,构成跨文体叙述的突出特色。"命运三部曲"给读者带来强烈的视觉冲击和充分的写实感,仿佛历史扑面而来。这一方面体现了作家对非虚构性和跨文体属性的坚守和弘扬,另一方面也为作品文献性的实现奠定了坚实的基础。文献性是保证作品具有历史文本特质的主要前提,有价值信息的储存、通过田野调查所获取的第一手真实资讯的展示、社会责任感的贯注等元素,都是作品文献性的主要内涵。此外,作为叙述人的作者,在文中以"我"的叙述身份出现,使文本的亲历性和现场感得以强化,这既是"告知",同时也是"参与"。与之相联系的是,作品充满着冷静、客观的叙述性话语和非叙述性话语,彰显出文本的朴实与简洁。

杨显惠作品的行文有一种"逼近真实的简洁之美"①,他似乎是在刻意控制自己的情感,始终保持着一种冷静、客观甚至有些冷漠的态度。"命运三部曲"中,对每一个故事的描绘,作者都选择准确的词句平实、客观地进行。在记录故事时,基本上不予修饰,只用真诚、朴实的言语直接叙述。即使是对事件的审视、反思,作家也是借助作品中的人物之口道出,个中滋味则留待读者细细品味。

作为一名"70 后",梁鸿②既是学者,也是作家。从乡野走出的她面对现代化进程中一个个正在消逝或即将消逝的村庄,把一个乡土中国的"缩影"真实而形象地呈现出来,是梁鸿作为学者、作家承担其社会责任与使命的"野心",也是她浓郁的乡愁。《中国在梁庄》和《出梁庄记》就表现出一个富于责任感、使命感和忧患意识的当代知识分子对乡土的亲历与反思。

"乡愁"是梁鸿对故乡之痛的记录、对现代性和城市化的反思。从《中国在梁庄》到《出梁庄记》,梁鸿以家乡河南梁庄为调查对象,通过对一个个乡村人物的真实描绘,将他们的生活轨迹以及乡村破败、荒芜的现状一一展现。作者对当下以梁庄为代表的乡土中国不是一味简单的"否定"或"肯定",而是在描摹现象的同时,努力探究其变迁背后的社会、文化原因,以及这些变迁对个体生命的巨大影响。"从什么时候起,乡村成了民族的累赘,成了改革、发展与现代化追求的负担?从什么时候起,乡村成为底层、边缘、病症的代名词?""这一切,都是什么时候发生的,又是如何发生的?"这都是梁鸿所要探究与反思的,在这里,梁鸿表现出一种沉思者的气质,其"乡愁"也超越"梁庄",而成为无数现代人的乡愁。

梁鸿身体力行,"走出象牙塔,跨进泥巴墙",以田野调查的方式忠实记录和还原农业、农村和农民的真实,为广袤土地上朴实无华的小人物立言。在作者细腻、朴实的笔下,乡村、农民自己开口说话,讲述他们琐碎的生活、真实的情感和面对时代巨变所带来的精神困顿与迷茫。这里有坚守土地的农民、留守儿童、留守老人、进城的农民工等,当这些真实而独特的个体自己开口言说时,读者才能跟随作者真正触摸到乡村的脉搏,见证时代巨变中的乡村之痛。也正是这一个个真实而独特的个体,构成了当下最真实的乡土中国。

---

①　杨显惠、邵燕君:《文学,作为一种证言——杨显惠访谈录》,《上海文学》2009 年第 12 期。
②　梁鸿(1973—　　),河南邓州人。2003 年毕业于北京师范大学,文学博士,现为中国青年政治学院教授。著有非虚构作品《中国在梁庄》《出梁庄记》及《外省笔记:20 世纪河南文学》等。

梁鸿也有自己对于非虚构写作的理解。在《中国在梁庄》的前言中,她引述美国新历史主义理论家海登·怀特的观点来说明自己写作的基本叙述策略,即抛弃"先验观念",不搞"主题先行",而是在田野调查的基础上进行材料的重新"编码",因此,在梁鸿的作品中,个人、亲历、揭秘、故事等要素被一一凸显出来。与报告文学等非虚构文体不同的是,在《中国在梁庄》和《出梁庄记》里,梁鸿没有采用宏大叙事揭示问题,而是以"小叙事"折射大问题,以个人化视角诠释社会与人生。这里的"小叙事"一方面表现为作者对处于社会底层的"小人物"的生活和生存状态的写实,另一方面表现为细节的密布,以至于达到比比皆是、信手拈来的地步。做"展示者"、不做"启蒙者",也是其"小叙事"的一个重要特点。在作品中,无论是作者作为采访者的举止言行,还是大量的被访人口述,大多不是用"启蒙者"的眼光去居高临下地审视一切、反思一切,而是将这一切作为"展示"——尽管一些展示有时候读来令人心里不安。实际上,在两部作品中,作者的观点和感情倾向多有表达,只是在以梁庄为代表的乡土中国及其民众在亲历巨大现实变迁时所表现出来的憧憬、纠结、惶惑、盲目、绝望、希望、矛盾等情绪、行为和认知面前,作者也陷入了矛盾的境地。

梁鸿的作品充满了敬畏与悲悯,她敬畏的是那些时代变迁中顽强生存的鲜活个体,悲悯的是沦陷中的乡村之痛。她希望经由"个人记忆"来重构"公共记忆",把一个真实的乡土中国的"缩影"呈现出来。这一认识,构成了梁鸿非虚构写作的出发点和原动力。

九、市场主导下的话剧创作

1. 多元共生的话剧创作

20世纪90年代以后,由于文化消费方式的多样化,尤其是受到影视剧的冲击,人们对话剧的关注程度大大降低。大型国有剧团和剧作家们面临着严重的经营困难和人才流失,民营话剧和小剧场演出方式的出现,一定程度上拯救了话剧的衰落,特别是进入新世纪以来,话剧的创作和演出出现了多头并进、多元共存的回暖迹象。

民营话剧是随着话剧艺术院(团)的改革而逐步发展起来的。它始于20世纪90年代初,最初以戏剧工作室的形式出现,如牟森的"戏剧车间"、孟京辉的"穿帮剧社"、林兆华的"戏剧工作室"、张余的"现代人剧社"等。随后出现了独立于剧团之外的"话剧制作人"。1994年,由谭路路制作的《离婚了,就别再来找我》(编剧费明)在市场获得了极大成功。该剧以警方调查女主角坠楼自杀案开始,环环紧扣引出事件真相,非常真实地反映了当代中国都市人的情感和生活状态,在第一轮10场演出之后就收回了全部投资。它的成功不仅开了民营话剧取得市场成功的先例,而且也是对国有剧团管理模式的一种挑战,从而引发人们对话剧"危机"的更深入的思考。此后,民营话剧创作出现了一批较有影响的成功之作,如《断腕》(编剧郭富民)、《情感操练》(编剧吴玉中)、《恋爱的犀牛》(编剧廖一梅)、《非常麻将》(编剧李六乙)等。2000年以后,民营话剧取得了长足的发展,一批新的成熟的民营剧场出现,如北京的戏逍堂、蜂巢剧场、蓬蒿剧场,上海的雨人剧社、草台班剧社、捕鼠器戏剧工作室等,还有活跃于高校的学生剧团和一些临时的话剧演出团体及文化演出公司。民营剧场演出剧目和场次逐年增多,民营话剧已成为话剧创作和演出中的一支重要力量。

民营话剧在题材内容、戏剧理念、舞台呈现及观演关系上的全新体验,让民营剧场赢得了观众的喜爱。民营剧场的演出方式灵活多样,不局限于传统的剧场环境,既可以与大型剧团展开合作,也可以用小剧场的方式面向观众。民营话剧的表现题材非常丰富,有贴近当下普通人的现实生活,表达他们的喜怒哀乐的作品;也有描写青年人的婚恋生活,表达现代人婚恋观的复杂变化,如《情感操练》(编剧吴玉中)、《www.com》(编剧喻荣军)、《我爱桃花》(编剧邹静之)等;还有反映历史和现实,直击人性与社会中的黑暗,表达对历史、社会、人性的深层思考,如《寻找春柳社》(编剧李龙吟)、《圆明园》(编剧张广天)、《〈人民公敌〉事件》(编剧吕效平等)、《蒋公的面子》(编剧温方伊)等。

在市场主导的影响下,新世纪的话剧创作显示出了某些趋同的创作姿态,即对宏大叙事的疏离,对市井生活的亲近,对人的情感和欲望的理解,对观众需求的尊重等。传统的现实主义话剧仍然是话剧创作的主流,其创作不但在题材方面有了新的开拓,艺术风格也从单一化发展到多样化。由市场经济和商业社会的转型所激起的世俗欲望与世俗生活,成了90年代以来现实主义话剧的主要书写对象。无论是表现社会问题的主旋律话剧,还是迎合市场的通俗话剧,都舍弃了 80 年代话剧中无所不在的启蒙教谕,将现代人面临的物质诱惑、情感欲望的普遍困境纳入剧中,并对剧中人物的困境给予相当的理解和同情。军旅话剧《"厄尔尼诺"报告》(编剧姚远)通过和平年代一个军人家庭的子弟在金钱物欲的冲击下"全军覆没"的故事,表现金钱对人的诱惑已经像搅乱全球气候的"厄尔尼诺"现象一样,侵蚀了中国社会的每一个角落。沈虹光编剧的《同船过渡》是一部传统的思想教育剧,却非常巧妙地找到了主旋律和通俗话剧的连接点,对日常市民生活中的琐碎和苦恼进行了细致入微的体察和描述,还适度加入了嘲讽、调侃等喜剧手段,既反映了住房紧张的社会问题,又探讨了人与人之间"同船过渡"的和谐相处之道,受到观众的喜爱和普遍的肯定。

在这样一个既有的价值观念受到冲击、质疑甚至崩塌的转折年代,也出现了过士行"以悖论的眼光看待人的生存困境"①的剧作。他的代表剧作"闲人三部曲"(《鱼人》《鸟人》《棋人》)和"尊严三部曲"(《厕所》《火葬场》《回家》)既有对当下现实问题的反映,又有对现代人生存境遇的终极关怀,他以写实的手法深刻表现了世纪之交的人文知识分子在面对社会和文化语境的巨大变迁时的荒诞性体验和悖论性认识,产生了不小的社会反响。

20 世纪 90 年代以来,在市场经济的冲击下,许多剧作家放弃了话剧创作,转向小说、电影和电视剧剧本的创作或改编,话剧界出现了所谓的"剧本荒"现象,但从话剧及剧作家的艺术变革来看,也动摇着"剧本乃一剧之本"的传统观念,这就是话剧创作中的编导一体制的流行和轻视剧本的世界性潮流。早在 20 世纪初,西方戏剧界就已出现了轻视剧本的倾向,20 世纪中后期发展成为世界性潮流。中国的先锋话剧深受西方戏剧理论的影响,在反叛传统话剧观念的同时,先锋话剧率先进入了编导一体的"导演中心"时代。

导演中心地位的确立,强化了二度创作对于话剧艺术的重要性,从 90 年代起,重排、重构经典的现象开始盛行。林兆华、孟京辉、李六乙、田沁鑫等人都进行了改编、重构经典的尝试。其中,林兆华的实践最具示范作用与先锋意义。1989 年,林兆华成立了自己的工作室。1990年,莎士比亚的《哈姆莱特》在林兆华的重排下与观众见面,这是林兆华重构经典的标志之作。林兆华的《哈姆莱特》消解了哈姆莱特作为"这一个"的人文主义英雄价值,而将表现的重点集中在"人人都是哈姆莱特"上。林兆华让舞台上的角色互换,让演员轮流扮演哈姆莱特,以突出哈姆莱特关于"生存还是毁灭"的苦恼和历史的巨大偶然性。与林兆华的经典重排相呼应的还有李六乙的《原野》,该剧完全颠覆了曹禺原作的叙事结构,并且用电视机、纸箱等装置舞台,将表现重点置于人在物质中的焦虑。田沁鑫的《生死场》则淡化了萧红原作对麻木、冷漠的人的生存状态的关注,将阐释的重点落在"为生而死,向死而生"的民族尊严上。说到底,经典的重构就是编导者让经典服务于当下、服务于自我表达的实践。虽然这些重构会招致质疑,但还是以强大的冲击力拓展了新世纪话剧艺术实验的道路。

牟森是将先锋话剧的"导演中心"进行得最为彻底的人。他的冒险性尝试在于"变演为做",这使他的剧作与视觉艺术、装置艺术、行为艺术等有天然的相通,而与传统的"话"剧有着相当的距离,从而表现出轻视剧本、推崇即兴表演、注重表演训练等鲜明的个人特征。所有动作都源自演员即兴创造的《关于〈彼岸〉的汉语语法讨论》;没有人物性格、矛盾冲突,甚至没有故事、没有表演的《零档案》;以聊天方式进行自由讲述的《与艾滋有关》等剧作都是牟森"变演

---

① 过士行:《我的戏剧观》,《文艺研究》2001 年第 3 期。

为做"的个人实验。"变演为做"即将舞台还原为事件发生与进行的现场,将表演变为直接表达。这种尝试实现了牟森对"戏剧有很多的可能性"的追求,消解了某些可复制的戏剧元素和程式,打破了某些垄断戏剧创作的法则。但由于对戏剧传统规范的全面颠覆与瓦解以及自我言说的晦涩性等多种原因,牟森的戏剧在后来越发走向了"小众",成为了孤独的"先锋"。

将先锋话剧做得最为轰轰烈烈的是孟京辉。初出茅庐之时的孟京辉认为传统的东西都是垃圾,自 1998 年从日本回国后,孟京辉对"先锋"的理解有了变化。他感到需要一种"更多人的交流",认识到"如果我排戏只是表现'狠'这一点,恐怕只有为数不多的几个人会欣赏我"①。于是,他改变了先锋的策略,尝试让自己的剧作走向观众并能控制观众和剧场。他导演的《坏话一条街》《一个无政府主义者的意外死亡》《恋爱的犀牛》《盗版浮士德》《臭虫》及《关于爱情归宿的最新概念》等,反映的都是对自己作品先锋性的新定位,即更加注重叙事技巧上的趣味性和可欣赏性,以争取更多观众认同。在自我表达的实验中,孟京辉导演或主创的作品既书写了一代人的集体记忆,又形成了风格化特征。在充满疑惧、不安的狂想中,拼贴、游戏、戏仿、调侃等手段所带来的喜剧效果与浪漫抒情所造就的温暖明亮的调子,成为了孟氏风格的标签,也为他带来了很大的市场成功。

消费主义的盛行与大众文化的兴起使休闲、娱乐、搞笑产品成为时代新宠,这些促使话剧走下高蹈的舞台,回到生活本相中,与众生同娱。新世纪的话剧顺应了世俗化的潮流,是否会丢失文学艺术理应具有的超越性精神价值,这是戏剧工作者需要面对的两难选择。话剧是创作者的自我表达,它有着无限丰富的可能性,但越来越忽视剧本的话剧是否会越来越趋向于行为艺术,这可能会成为新世纪话剧艺术面临的新问题。

2. 过士行、沈虹光的剧作

过士行②的话剧作品并不算多,但几乎每部作品都受到国内外话剧界的关注。他的话剧创作以 1998 年的《坏话一条街》为分界,呈现出明显不同的风格和追求。

过士行早期的剧作游走在先锋与传统之间,另辟蹊径,建立了一种表现现代人普遍困境的"寓言"剧——形式上是现实主义的,表现的却是荒诞的主题。在这些剧作中,过士行表达了无所不在的悖论性人生:剧中的主人公都是有极致追求的"市井闲人",他们沉醉于自己的理想和信念之中,并为之付出毕生的精力、心血甚至是生命,可也正是这些理想追求,成为他们的精神牢笼,将他们牢牢束缚乃至异化。

如话剧《鱼人》中的钓神,30 年前为了大青鱼妻离子亡,30 年后不仅赔上了他的第二个儿子,还付出了自己的生命。而老于头(老鱼头)打了半辈子鱼,年老了则以养鱼、护鱼为己任,将大青鱼视为湖中鱼神,在大青鱼咬钩之后,毅然潜入湖中,以身代鱼,悬身于钓钩之上,最终和钓神死于吊杆两端。两个为鱼而生也愿意为鱼而死的人就这么吊诡地付出了生命。《鸟

---

① 解玺璋、孟京辉:《关于"实验戏剧"的对话》,孟京辉编:《先锋戏剧档案》,作家出版社 2000 年版。
② 过士行(1952—   ),生于北京。1969 年初中毕业赴北大荒当知青,1973 年年底回城,曾任《北京晚报》记者。1989 年,在林兆华的鼓励下写出话剧处女作《鱼人》。现任中国国家话剧院专职编剧。代表作有"闲人三部曲"、《坏话一条街》、"尊严三部曲"等。

人》中的鸟类学专家陈博士是国际鸟类组织负责野生鸟类保护的专家,他历尽艰辛找到中国最后一只褐马鸡,并捕杀后做成了标本。这个保护鸟类的专家却成了杀鸟的凶手,并得到了国际鸟类组织的表扬。《棋人》中,司慧为了阻止儿子司炎对围棋的痴迷,想尽一切办法反对他下棋。最后司炎决定和他的师傅下一盘棋,如果输了就放弃围棋生涯。不料失利后的司炎选择了放弃生命,摆脱痴迷的棋局反而导致了生命的丧失。死后对棋局念念不忘的司炎回来找师傅复盘,并找到了使棋局死而复生的妙手。棋活了,可是人再也活不过来了。这些戏里戏外的审视与反审视,揭示了人类生活普遍的困境与悖论。

　　进入新世纪以后,过士行的创作风格发生了很大的变化,从反映人类异化的"务虚"转到反映社会生活的"务实"上来。他的近作"尊严三部曲"一改前期剧作充满京味儿的舞台环境,将粗鄙甚至是日常避讳的场景直接搬到舞台上,对观众的审美习惯进行挑战。在《厕所》中,大家坐在马桶上表演,给观众以强烈的视觉冲击。史爷子承父业,看守厕所。公厕时代,史爷和居民闲话聊天;到了收费公厕时代,关系就变成了消费者和商家的关系,大家无话可说;到了星级厕所时代,史爷则成了服务人员,必须"顾客至上",甚至要忍受人格的侮辱。人们越来越追求物质生活的不断进步,可是人的尊严却不断倒退。在《火葬场》中,人生前得不到尊重,死后也只能在魔术师的悼词中得到安宁和抚慰。《回家》中,那个发现自己无法回家的痴呆老人,他的一生不断被各种运动裹挟,随波逐流,却总是难以跟上时代的变化,到了晚年,他的灵魂仍然在现实与幻想间四处寻找,无处安放。"尊严三部曲"试图揭示的正是现代人在现代社会的挣扎与无奈,在剧烈变化的外部世界中人类失去了尊严,也迷失了自我。

　　过士行话剧创作的变化还体现在他的语言风格的变化上。从前期"闲人三部曲"的京味儿语言,转变为粗鄙甚至是赤裸裸的语言暴力。在《坏话一条街》中,过士行就开始有意识地大量堆砌"坏话",希望通过语言的摇滚让人们直接感知语言的力量,曾被评论家认为是"'话'的凸现与'剧'的淡出"①。《回家》从一开篇脏话、粗话就接连不断,而在剧末,一组由几十个"我日××"组成的大段独白,宣泄人物愤怒的情绪,给观众以强烈的听觉刺激。过士行说,这就是要为了激怒观众,"我就是想来狠的,没有时间再来说客气话了"②。时代的剧烈变化和焦灼感让这个曾经调侃不断、笑料连连的京味儿剧作家也恣意奔放起来。这种语言风格的尝试,褒贬不一,对观众的震撼与冲击是非常强烈的。

　　沈虹光③自1982年发表了她的第一部话剧作品《五(二)班日志》以来,陆续发表了十余部话剧作品,形成了她独有的话剧风格。她的作品被认为是"斗室微澜",大多表现发生在当下都市现实生活中的涟漪。《五(二)班日志》写一群小学生在学校和家庭中的平凡生活;《搭积木》写一对夫妻十多年间的冷战,冷战都是因为鸡毛蒜皮的小事;《同船过渡》写团结户的纠纷引起的征婚、爱情;《幸福的日子》表现一位大龄女青年李辛抚养一个失去父亲的小男孩小

---

　　① 邹红:《"话"的凸现与"剧"的淡出——从〈坏话一条街〉看近年来话剧发展的一种趋势》,《戏剧文学》1999年第1期。

　　② 唐凌:《深度访谈:〈回家〉编剧过士行、〈说客〉编剧徐瑛》,《艺术评论》2011年第1期。

　　③ 沈虹光(1948—　),生于江苏南通。1960年考入湖北省话剧团学员班学表演并进入话剧团。1973年参与戏剧创作,后任专业编剧。著有《五(二)班日志》《同船过渡》《搭积木》等剧作,出版有短篇小说集《美人儿》、散文集《戏剧人生》和剧作集《沈虹光剧作选》等。

可的故事;《丢手巾》写工厂宿舍里的两名女工和宿管员的日常生活;《临时病房》则是一间病房中两个病人、一个护士的故事。这些作品没有国家大事,矛盾也是杯水风波,她擅长从小人物、小题材入手,表现深沉、复杂的人性,歌颂宽容、理解和真善美,善于从日常琐事中挖掘戏剧冲突。她对都市平民生活有着直观的感受和深切的体验,她的剧作也和她所写的故事一样,波澜不惊,清澈见底。

沈虹光的剧作有一种传统的"哀而不伤"的艺术感染力,赢得了许多观众的喜爱。她的现实主义话剧大都具有这样的表现特点:既了解现实的复杂与艰难,可是又希望人性之光能穿透复杂与艰难,给人以温暖。因此,沈虹光的话剧作品始终带有淡淡的哀愁与无奈。沈虹光的代表作品是 1995 年创作的话剧《同船过渡》,剧情由两条线索组成,一条是方老师和高爷爷的征婚,一条是刘强、米玲的夫妻矛盾。退休的小学教师方老师与年轻的刘强、米玲是"团结户",日常生活难免磕碰。刘强和米玲希望撵走方老师,于是背着方老师给她"征婚",老船长高爷爷拿着征婚启事上门相亲,结果自然是不欢而散。随着剧情的发展,高爷爷以自己的人生经历化解了小夫妻之间的矛盾,也得到了方老师的敬重。曾经有很多人建议作者为这个温馨的故事写一个大团圆的结尾,但沈虹光还是坚持让高爷爷在值完最后一个班后长眠在江轮上。在《五(二)班日志》中,班主任乐老师对孩子们充满爱心,希望培养孩子们纯洁的童心,可面对家长,面对复杂、真实的社会,乐老师也只能无奈地叹息。《临时病房》里积极、乐观、热心肠的乡下老太太刘大香,虽然儿子已经发家,可是在她看来"那不是药,是我儿子的血",为了节约儿子的血汗钱,一天的药分三天吃,还帮人洗衣服挣钱,最后决定回家去自己面对癌症晚期。作者对于现实中的矛盾是清楚的,但她选择用人与人的情感来冲淡现实的矛盾与冲突。

20 世纪 90 年代以后,中国话剧开始向先锋转向,几乎所有的编剧都开始尝试创作先锋戏剧,但是沈虹光坚守现实主义的写法,正如她所相信的,"我认为创作不用去想那么多花花,老老实实写下你在这个时代的感受,说不定就可以出经典……只要老老实实去写,就会有动人的力量"[1]。进入新世纪后,沈虹光还创作了《战成都》《我的父母之乡》等历史题材的作品。在这些作品中,她用日常化的叙事方式来表现历史上的著名人物,在细节、语言上一以贯之地充满温情与诗意。

3. 孟京辉、张广天的剧作

20 世纪 90 年代,孟京辉[2]作为新锐导演异军突起,成为中国当代先锋戏剧的领军人物之一,曾与牟森、林兆华一同被誉为"北京剧坛三剑客"。他们的先锋戏剧传承了 80 年代下半期以来的探索剧风潮。经过 20 年的艰难探索和苦心经营,尽管毁誉参半,孟京辉始终坚持走自己的路。时至今日,他的先锋实验剧已成为先锋剧坛最有活力、最具影响力的一支,成了当代戏剧一道亮丽的风景线。

---

① 石岩:《好好守住自己那点儿感受——沈虹光谈〈临时病房〉》,《戏剧之家》2010 年第 12 期。
② 孟京辉(1964—　),北京市人。1986 年毕业于首都师范大学中文系,1988 年考入中央戏剧学院导演系研究生,毕业后进入中央实验话剧院(现为中国国家话剧院)任导演。主要剧作有《思凡》《我爱×××》《一个无政府主义者的意外死亡》《恋爱的犀牛》等,编著并出版了《先锋戏剧档案》和《新锐戏剧档案》。

《思凡》是孟京辉第一部真正具有影响力的剧作。这出小剧场戏剧体现出了鲜明的超前意识,几乎成为中国小剧场戏剧诞生以来最具原创精神的保留剧目。《思凡》是由明代无名氏的戏曲剧目《思凡·双下山》和意大利诗人薄伽丘《十日谈》中的两个故事拼贴而成的:先写小尼姑色空下山遇小和尚本无,二人相爱后分手。再讲《十日谈》中的两则故事,男青年皮奴乔到一个旅店借宿,阴差阳错地与店主女儿相爱偷情;一个马夫假冒国王,阴差阳错地爬上了王后的卧榻。最后,小尼姑与小和尚如愿以偿喜结良缘。全剧七个演员,除演小尼姑与小和尚的之外,其余的人既是故事叙述者又随时扮演故事中的角色,既摹仿各种声音制造音响、渲染氛围,又直接对剧中人物和故事进行调侃式评述。全剧布景甚少,道具基本没有,演员表演不遵循剧本,而是自由发挥,这使整个舞台表现呈现出鲜明的玩闹特征。但在轻松滑稽和游戏调笑之中,却是人的"凡心"即爱情和性被压抑的直白宣泄。

《我爱×××》是孟京辉作品中最具反叛精神的一部,它"将一种执拗的疯狂推到了极致"。这部原创剧作没有任何故事情节,只是以多达750遍的"我爱……"句式的不断重复和替换,以60年代生人的生活经历为背景连缀起了世界各地各种各样的事件,通过"词语嫁接"和"词语繁殖"的语言结构方式,把伟人言论与市井粗话戏谑式拼贴,加上纯粹的身体动作组织戏剧进展,以突出的形式感与反情节化的叙述方式彻底与传统的戏剧划清了界限,同时也对观众的传统审美习惯与思维方式进行颠覆式的打击与重建。不同时期、不同作者的作品片断任意拼接在一起,抒情的、忧伤的、深刻的、严肃的文学片断变成滑稽的戏剧效果。通过对"文革"的畸形产物——集体舞的调侃和批判,戏剧以一种戏谑的方式真诚地反思历史,形式简单明了,提出的问题却穿透现实,直指人心。

1998年从日本考察戏剧回国后,孟京辉开始把世俗和诗意结合在他的作品中,把现实主义手法融合到现代派艺术中,一定程度上回归了传统戏剧强调故事性的叙述模式。这种对先锋戏剧需要走向大众的认识和戏剧观念、创作手法上的重大调整,使孟京辉的先锋戏剧赢得了一批固定的观众群体,"小众"的实验戏剧从此进入了"大众"市场。

《一个无政府主义者的意外死亡》和《恋爱的犀牛》正是这种新变的开始。这两部戏剧以极具亲和力的主题(社会问题和爱情)与表现方式获得了观众的认可。《一个无政府主义者的意外死亡》改编自1997年诺贝尔文学奖获得者达里奥·福的同名戏剧。在改编中,孟京辉一方面沿袭了达里奥·福的戏剧精神,另一方面在表演形式上大胆创新,对原剧进行了创造性的发挥:以小丑插话的形式介绍达里奥·福,评价剧情并引导观众思考,引入中国社会生活情节,化用经典话剧《茶馆》的对白以深化观众的现实感受,运用电影播放、诗歌朗诵、歌曲演唱等方式加强戏剧的诗意韵味,深化观众的理性思索。《恋爱的犀牛》以一个叫马路的犀牛饲养员对自己漂亮女邻居明明的爱情为主线,表现了理想与现实的矛盾、狂热的爱情追求与贫乏的生活现实之间的巨大落差和一种偏执到疯狂的精神坚持。马路得不到回应却永不放弃的绝望爱情,在凡俗的生活中显得异常触目惊心,他以强烈的生理欲念和真诚的爱情追求给了现实生活以残酷的表现和诗意的升华。孟京辉的剧作虽然在姿态上具有叛逆的因子,但表达出的是一种寻找精神家园的渴望。从世俗生活中发掘出的诗意在抚慰疲惫生活的同时也升华了戏剧的艺术理想,表现出了他审美追求的超越性。

进入21世纪,孟京辉的戏剧探索仍然保持着敢于实验、敢于颠覆、敢于突破的先锋道路,他相继推出的《臭虫》《关于爱情归宿的最新观念》《两条狗的生活意见》《爱比死更冷酷》等剧,舞台形式上更大胆,更加花样翻新,如大量的群戏、夸张的表演、对口相声、小品、对大专辩论会和商业广告等的戏仿、多媒体影像、先锋音乐、现代舞、通过耳机传达的"第二现场"和剧场空间的隔离等,而且观众量也越来越大,从最初的小剧场演出,到登上首都剧院等大剧场的舞台,乃至全国巡演,表明孟京辉的先锋戏剧已越来越走向"大众",并开始融入主流文化,成为都市人主要的文化消费品种之一。

张广天①是继孟京辉之后使先锋戏剧在国内引起广泛关注的焦点人物,他把孟京辉所倡导的大众立场发展到了极致,"为人民服务"的"人民戏剧"观和"通俗但不庸俗,高尚却不高雅"的"人民美学"原则是其戏剧观的核心。他认为戏剧应该"在剧场中跟观众找到观点上的共鸣",通过"把人民群众喜闻乐见的东西表演出来"达到"为观众的理想主义服务"的目的。②因此张广天的先锋戏剧又被称为"左派"戏剧。

张广天强调"为人生"的艺术主张,认为戏剧应该植根于现实生活。这使他的戏剧虽然在题材与表现形式上各不相同,却始终贯穿着毫不妥协的社会关注和现实批判。他的成名作《切·格瓦拉》的主人公是南美坚定的共产主义游击战士,也是一位争议颇多的历史人物。而张广天的剧作对切·格瓦拉的肯定不是局限于审美层面,而是在意识形态层面展开,具有明确的政治倾向和现实针对性。在《切·格瓦拉》之后的其他剧作中,调侃、戏谑、搞笑的噱头多了起来,比如《红楼梦》中对各种低俗电视节目的戏仿,《眼皮里摘下的梅花》中对地域性偏见和狭隘自负的小市民习气的嘲讽,《圆明园》中对矿难和环境问题的影射等。然而张广天在这些让大众兴奋、激动的戏剧中,还蕴含着对社会凝重的深思。《圣人孔子》以现代中国对孔子的态度变迁为脉络,围绕1971年"九一三"林彪坠机事件、70年代"文革"后期批林批孔运动、80年代改革开放以及90年代民族意识与民族主义的觉醒等一系列重大历史事件,表达了张广天对现实社会的反思。在他看来,从"文革"中对孔子及其思想的批判到90年代后期出现的肯定和推崇,在某种程度上说是契合的,甚至是共谋,只不过前者是直接地否定,而后者是迂回地否定。同样,民谣清唱史诗剧《鲁迅先生》中的鲁迅也是一种精神和理想的象征,剧作明显地带着对历史上那些对鲁迅和鲁迅精神的误读的戏谑式批评的味道。在当前鲁迅从公共话语退入私人话语的语境下,由观众熟悉的鲁迅文章和语录构成的《鲁迅先生》产生了陌生化效果,这些曾经被神圣化,又被去神圣化,甚至妖魔化的鲁迅著述在剧中具有了新的意义。

张广天剧作集诗、歌、剧三位于一体。首先,他特别讲究"以诗立戏",认为诗是戏的本质,离开诗的戏剧是无所谓戏剧的。因此,他的戏剧可以说是诗剧。《切·格瓦拉》就呈现出浓浓的诗意,开头的主题歌《切·格瓦拉》为整部作品定下了诗的基调,剧中出现了何赛马蒂的诗篇《灯光已不够用,要把炉火点燃》和集体朗诵的关于奴隶砸碎脚镣并占领皇宫的寓言诗。剧中主要角色有正 A、正 B、正 C、反甲、反乙、反丙、青年 A、青年 B、人≠人、人人有戏、差别=天然=应该、东方之子等,具体事件有格拉玛号起航、人间长街关于贫富的社会辩论、建设新社会、告

---

① 张广天(1966—　),上海人,吟唱诗人、戏剧导演。1985年组建了上海最早的民间现代乐队"太阳同伴"城市民谣演唱组。1990年初移居北京,开始从事唱片制作和戏剧影视创作。2000年凭借与黄纪苏等人集体创作的现代史诗剧《切·格瓦拉》一炮而红。著有《鲁迅先生》《红星美女》《圣人孔子》《左岸》等剧作。

② 张广天:《我的无产阶级生活》,花城出版社2003年版,第131页。

别古巴、丛林较量、格瓦拉就义等,无论角色还是事件,都是诗的意象和主题的外化。其次,张广天的音乐天赋延伸到了他的戏剧创作中,剧中的音乐主要表现为歌唱,用"无剧不歌"来描述他的戏剧一点也不过分。据统计,他的每部剧中平均有六七处比较明显的歌唱,至于民谣清唱史诗剧《鲁迅先生》则从头至尾几乎全是歌唱。剧中的歌唱主体既有歌队,又有剧中人,甚至还有剧外人,比如《切·格瓦拉》的开场就是张广天本人抱着吉他弹唱主题歌。歌唱样式五花八门,包括京剧、昆曲、越剧、淮剧、山东快板等民间戏曲,也有流行歌曲、手机铃声等,呈现出浓厚的民间文化色彩。第三,在张广天的戏剧中,诗是剧中诗,歌是剧中歌,无论是诗还是歌,最终都要回归到剧。关于剧,张广天的"反戏剧"技巧更甚于情节,除《红星美女》等少数作品外,其他大部分戏剧都是消解情节的。传统情节的起承转合彻底消失,占据主景的是热情洋溢的诗意。这里有针锋相对的关于贫富的辩论,有儿童朗诵的寓言诗,有令人热血沸腾的《国际歌》。此外,张广天的戏剧非常注重剧场性,即观演互动。在《圣人孔子》中,演员要求全场观众翻看现代汉语版的《论语》,并引发场上、场下的大辩论;之后,还要求观众打开《论语》附录,带领观众齐唱附录中的歌谱。这样的观演互动显然是张广天戏剧的表述策略之一。戏仿是他经常使用的又一种策略。如话剧《圆明园》第四幕中有对电影《大话西游》《无极》以及网络恶搞视频《一个馒头引发的血案》等流行文化的戏仿,既显得机智幽默,又达到了嘲讽的目的。还有一种表述策略是当下化。张广天戏剧虽然大多取材于历史,却是运用当下流行的语言和文化现象来表述的。《切·格瓦拉》第五幕在讨论革命时提到了好莱坞大片、期货等内容,使作品贴近观众。

张广天的戏剧因其极端"革命"的现实立场和鲜明的艺术特色成为戏剧界、媒体和学术界争议的焦点。有人认为他的所谓"左派"戏剧只是一场"革命秀",本质上不过是为了追求市场利益。在消费社会日益成熟,市场机制操控戏剧创作的今天,张广天的话剧艺术选择也是一种在艺术理想与商业利润之间寻找平衡的尝试。

第4编

台湾、香港、澳门地区文学

一、台湾当代文学思潮

1. 台湾当代文学发展脉络

自古以来,台湾是中国的神圣领土,台湾文学是中国文学的有机组成部分。由于历史和现实诸多因素的影响与制约,台湾新文学与大陆文学以及香港、澳门新文学虽然不尽相同,但从根本上说,则是共同的,那就是台湾的新文学运动自始至终都是在祖国"五四"新文学运动的影响下产生和发展的。作为中国文学的一条重要支脉,台湾文学承续了中国文学的优秀传统,保持了鲜明的民族风格,就像一条红线贯穿到台湾文学历史之中,贯穿到台湾作家的作品之中,它是联结台湾文学和祖国大陆文学的桥梁和纽带。台湾著名老作家杨逵说,台湾新文学是中国文化在台湾的延续和发扬。从历史上看,从郑成功复台开始,中原文化就一批批流入台湾,而早期来到台湾的徐孚远、沈光文都是明代复社人,而复社以挽救民族危亡为己任。台湾的新文学,就是这种光辉精神和优秀传统的发扬。[①] 台湾文学之所以能够承续中国文学传统,主要有两方面的原因:一方面是海峡两岸都是中国人,都是炎黄子孙,他们同祖、同宗、同根,同一文化血脉,有着共同的民族意识、民族感情,有着萦绕于心的爱国情结,这些自然会通过文学表现出来;另一方面,台湾文学的发展与祖国大陆密不可分。台湾的新文化运动最初就是提倡以北京官话为主的白话文运动,继而抨击旧文学,倡导新文学。这些都是在"五四"文学运动的推动下开展起来的。著名作家陈映真说:台湾的新文学受影响于与中国"五四"启蒙运动有密切关联的白话文运动,并且在整个的发展过程中,和中国反帝反封建的文学有着绵密的关联,这也是以中国为民族归属之取向的政治、文化、社会运动的一环。[②] 台湾文学与大陆文学的这种共性以及它的鲜明个性,使它成为中国文学中独具风采的奇葩。

半个多世纪以来,台湾新文学有了长足的发展,取得了显著的成就。陈映真、白先勇、黄春明、王祯和、王拓、聂华苓、於梨华、林海音、陈若曦、欧阳子、高阳、古龙、琼瑶等的小说,余光中、洛夫、郑愁予、痖弦、罗门、蓉子、叶维廉、杜国清、张错等的诗,梁实秋、张秀亚、琦君、王鼎钧、杨牧、喻丽清、林清玄、郭枫、艾雯、许达然等的散文,李曼瑰、姚一苇、马森、黄美序、张晓风等的剧作,都大大丰富了中国当代文学的宝库。

如果具体划分,台湾文学大体可分为两个阶段:第一阶段是从"五四"至 1945 年抗日战争胜利,称为日据时代的文学。这一阶段又分为 20 年代的摇篮时期,30 年代的成熟时期,全面抗战爆发后台湾新文学的低潮时期。第二阶段从 1945 年抗日战争胜利台湾回归祖国怀抱直到现在,称为光复以后的文学。这一阶段又可分为 50 年代的反共怀乡文学时期,60 年代的现代主义文学时期,70 年代的乡土文学时期和 80 年代以后的多元文学时期。

---

① 杨逵:《台湾新文学的精神所在》,《文季》1983 年第 1 期。
② 陈映真:《乡土文学的盲点》,《台湾文学》1977 年 6 月号。

2. 20 世纪五六十年代台湾文学思潮

从文学思潮发展的角度来看,50 年代台湾文学的主流是反共文学(又叫"战斗文学""大兵文学")。反共文学是 50 年代初国民党提出的"反攻大陆"这一政治口号的产物。1949 年 10 月,中华人民共和国宣告成立,中国历史进入了一个新时代。被迫撤到台湾的国民党政权内外交困,危机四伏,风雨飘摇。为了摆脱困境,进而把台湾建成反共基地,实现反攻大陆的梦想,台湾当局在全岛掀起了反共宣传,实行严厉的思想控制;展开"改造"国民党运动,清除异己,实行严厉的组织控制;颁布戒严令,实行特务和军事统治;签订美台共同防卫条约,依靠美国进行反共;逮捕和监禁、屠杀共产党人和进步人士。台湾 50 年代初产生的反共文学思潮,就是适应当时国民党反共政治需要的,是为巩固国民党政权服务的。

台湾 50 年代的反共文学思潮大致经历了三个阶段:

第一阶段,主要是提倡反共创作。1950 年春,台湾"中华文艺奖金委员会"成立,这个基金会评奖的标准特别看重表现反共意识的作品。1950 年 4 月至 1955 年 5 月,台湾先后成立了"中国文艺家协会"、"中国青年写作协会"、台湾省妇女写作协会。这些写作协会都把"反共抗俄"的创作宗旨列入协会章程,并对反共作品重奖。据"中国文协会刊"发刊辞介绍,"中华文艺奖金委员会"仅成立一年多,"从事反共抗俄文艺创作者达三千人,已得到本奖金及稿费作家共四百余人"。在反共作品中,陈纪莹的《荻村传》,姜贵的《重阳》《旋风》,潘人木的《莲漪表妹》等均是有代表性的作品。

第二阶段,是展开所谓清除"三害"的文化清洁运动。"三害"是指赤色、黄色、黑色三种毒害。具体来说,所谓清除"赤色",就是要禁止宣扬共产主义思想和一切进步思想的书籍,包括马克思、恩格斯、列宁、毛泽东的著作和"五四"、30 年代的进步文学作品,包括中国现代文学大师鲁迅、茅盾、巴金、郭沫若、老舍等人的作品;所谓清除"黄色",是要禁止性文化、性文学等,因它们会使人丧失反共斗志;所谓清除"黑色",就是要禁止揭露国民党内幕和个人隐私的小报和文章,因这些小报和文章不利于实现反共复国的总目标。

第三阶段,是继文化清洁运动之后,进一步开展"战斗文艺"运动。"战斗文艺"的口号是 1955 年由蒋介石提出的。所谓"战斗文艺"就是《幼狮文艺》中的一篇文章所解释的:"战斗文艺就是向大陆共产党和苏俄帝国主义战斗,向足以抵消我们战斗力量的一切腐恶势力战斗,向失败主义灰色思想和堕落的心灵战斗。"可见,"战斗文艺"其实是反共文学的延续和发展,是文化清洁运动清除"三害"的具体化,其本质和核心都是反共,但"战斗文艺"的内容要比反共文学宽泛,它除反共外,还反对一切"黄色"和"黑色"的思想和读物。

台湾 50 年代的反共文学思潮带来了极大的危害。它使创作变成"反共意识""反共思想"的图解,作家变成政治的传声筒,主题概念化,人物脸谱化,情节公式化。由于当局的提倡和重奖,反共文学作品到处充斥,作家不敢写自己所熟悉的生活,真实反映现实生活的文学作品受到压抑,严重阻碍了 50 年代台湾文学的健康发展,使中国的文学传统在台湾形成了断层,青年人不得不转向西方,这种反弹是导致 50 年代末和 60 年代现代主义在台湾兴起的一个重要原因。

50 年代初,在台湾当局推行反共文学的同时,怀乡文学也在台湾风行一时。这些作品大多是怀念故土,怀念家园,怀念祖国的山山水水,怀念自己在故土生活的岁月,寄寓自己的思乡之情。如林海音的《城南旧事》,通过对北京古城的深切思念,表达自己怀念故土、怀念儿时旧居生活的乡情。聂华苓的《台湾轶事》中的大部分作品,一方面表现了人们对自己在大陆生活的眷念和深情,另一方面也揭示了人们对台湾现实生活的厌倦和不满。也有一部分作品则是在怀旧的同时流露出反共情绪。

台湾的现代主义文学产生于50年代中后期,经过一个时期的发展,到60年代进入高峰,成为台湾文学的主流,取代了50年代反共文学的统治地位。现代主义文学思潮在台湾产生不是偶然的,而是当时台湾的政治、经济、思想、文化条件下的产物。1950年,朝鲜战争爆发,台湾成了资本主义阵营防卫链条中的前沿阵地。随着美国经济和军事援助的加强,美国和西方的政治、思想和文化观念也不断渗透、输入到台湾。文学上的现代主义思潮,就是西方政治文化思想冲击的一个结果。这一时期,台湾的土改和工业"起飞",在台湾出现了一个庞大的中小资产阶级阶层,他们在政治上反对封建专制独裁,思想上要求民主自由。50年代,台湾的文学青年也普遍对国民党的反共文学有一种不满情绪,自觉或不自觉地有一种反叛意识。如当时的青年作家白先勇就曾嘲笑说,"国民党迁台后,即提出响当当的'反共复国'的口号,从火车站到油瓶标纸上到处可见,可谓无所不在",而一些作家"却没有足够的眼光和胆量,来看错综复杂的新形势,所以只好盲目接受政府宣传的反共神话"[①]。当时台湾的文学青年,一部分是从军队中的,战争的死亡、恐怖和残忍,使他们精神颓丧;另一部分是学院派青年,他们对台湾社会也极为不满,但他们不敢直接揭露现实的黑暗,只好运用西方现代文学的曲折隐晦的技法来抒写内心的苦闷和迷惘。这就是当时的自由民主社会思潮和现代主义文艺思潮产生的社会阶级基础,也是它的内部条件。

作为台湾文学的一种思潮,现代主义主要有如下特征:受存在主义思想的影响,作家不同程度地宣扬悲观主义、虚无主义、颓废主义的思想;受弗洛伊德精神分析学的影响,提倡描写人的"意识""潜意识""性本能""恋母情结""恋父情结""梦境"等;受超现实主义的影响,提倡"自动写作"(创作不受思想意识控制)、"梦境纪录"、"意象的随意并置、转换";受意识流小说的影响,专注表现人的内心生活,无意识和潜意识,刻画人的变态心理;受西方象征主义的影响,大量运用象征、暗示、神秘主义等手法。

台湾现代主义浪潮首先是在诗歌领域掀起的。1953年2月,台湾现代主义诗歌的旗手纪弦,用大陆带来的现代诗的火种,点燃起台湾现代诗革命的火把,与他人一起创办了《现代诗》杂志,发表了大量的台湾现代诗人的诗作。1956年1月15日,纪弦又在台北发起和成立了"现代诗社",参加者有83人,后又有19人加盟。现代诗社成立时提出的口号是:"领导新诗的再革命,推行新诗的现代化",并由此提出了六大信条。现代诗社对台湾现代诗的发展起着启蒙和推动作用,诗社提出的六大信条不仅是现代诗社的纲领,而且是台湾现代派诗人的准则,它对台湾的传统诗和格律诗是一场革命,但它的第二条提倡"横的移植,而非纵的继承",却将一部分现代诗人引入了脱离民族文学传统的歧途,在台湾文艺界引起了激烈争论,它的第五条提倡"追求诗的纯粹性",排除诗的音乐性和节奏感,削弱了诗的美感和艺术感染力。

---

① 白先勇:《流浪的中国人——台湾小说的放逐主题》,《白先勇自选集》,花城出版社1996年版。

　　在台湾第二个高举现代主义旗帜的是提倡超现实主义的"创世纪诗社"。《创世纪》是由痖弦、洛夫、张默于 1954 年 10 月在高雄市创办的。从创刊号至第 10 期,大致离不开发刊辞提出的建立"新民族诗型"的主张。但是,从第 11 期开始,《创世纪》来了一个 180 度的大转弯,高高地举起现代主义的旗帜,而且公开地提倡和引进超现实主义。在这期刊物上,就刊出了英法诗人的散文诗,以及黄用、余光中、纪弦、罗门、叶珊、季红等人的现代诗作,出版后令诗坛哗然。而最能体现《创世纪》创作思想的,是后来洛夫的诗论《超现实主义与中国现代诗》所阐明的超现实主义诗的特征:写潜意识、超现实和自动写作。从某种意义上说,《创世纪》是台湾诗坛最前卫的现代主义诗社,也是创作和理论最丰富的诗社。《创世纪》是台湾出版时间最长的诗刊之一。此外,它出版的"创世纪诗丛"共有 20 多种,举办各项诗活动,编选各类诗集,颁发三届诗奖,其丰硕成果在台湾诗坛实属罕见。但是由于创世纪诗社受西方超现实主义的影响,其成员创作了不少晦涩难懂的诗,使它成为受人诟病最多的一个诗社。

　　台湾现代主义的第二个浪潮是在小说领域掀起的。其中受现代主义影响最深的是《文学杂志》和《现代文学》的作家,其次是《笔汇》、早期的《文学季刊》,以及《前卫》《这一代》等。其代表刊物是《现代文学》。1960 年,白先勇、王文兴、陈若曦、欧阳子等作家之所以创办《现代文学》,是因为年轻一代受"五四"反对传统的影响,对父辈的思想体系产生了"认同危机";而当时台湾社会正处在历史发展的转捩点,面临着文化转型的十字路口;受西方现代主义的冲击,《现代文学》是第一个在台湾小说领域内举起现代主义旗帜的文学杂志和作家群。由于《现代文学》的创刊,台湾小说才真正产生了一次深刻而广泛的艺术革命,把台湾现代小说推到它的峰顶。《现代文学》系统介绍和翻译西方现代小说大师及其代表作品之多也是少有的,当时被介绍的西方现代主义作家就不下几十人。他们创作了一批现代主义小说的力作。如白先勇的《台北人》中的 14 篇小说,大都是在此发表的。《现代文学》虽提倡现代小说,但有些作品存在着客观主义和自然主义的倾向。

　　现代主义文学思潮在台湾的出现,是一种历史现象,是一场广泛而深刻的艺术革命,它使台湾文学,特别是诗歌和小说的表现形式丰富多彩,富有表现力。由于现代主义的影响,不仅许多现代派的优秀作品运用了西方现代主义的技巧,而且乡土派的优秀作品,如陈映真、王祯和、王拓等人的作品,同样对象征、暗示、意识流的手法运用得十分娴熟。应该说,将西方融入传统,比单纯地运用传统手法使台湾文学更加光彩夺目。而一批年轻作家主张向西方现代主义学习,注重描写人,表现人性和人的内心世界,都是对当时僵死的反共文学的一种反叛,是文学的一种进步,推动着台湾文学向前发展。从创作上看,现代主义作家和乡土派作家一样,创作了不少比较好的作品,这些作品与乡土派的许多优秀作品一起,构成了台湾当代文学的基石。

　　台湾现代派作家在吸取西方文学表现方法时取得了可喜的成就。与此同时,也存在着一些问题,这主要是现代主义提出的"横的移植"的创作口号,导致部分台湾作家脱离本民族的文学传统,脱离现实,宣扬西方文学的虚无主义、悲观主义、颓废主义;在形式上,极力模仿西方文学的形式主义,这些都对台湾文学带来消极的影响。

3. 70 年代台湾文学思潮

　　20 世纪 70 年代,台湾乡土文学思潮重新崛起,取代了现代主义文学的位置,成为台湾文学的主流。乡土文学之所以产生,一是受到国际政治的冲击,特别是"保钓"事件,使台湾人民特别是青年学生看清了美日帝国主义的面目,使他们认识到国家和民族要强盛,不能靠帝国主义,要脚踏实地,依靠人民;二是台湾的殖民经济及其不合理的社会制度,使贫富不均的现象愈来愈严重,劳动者特别是农民的生活愈来愈困苦;三是对现代主义文学脱离台湾社会现实、全盘西化的不满和反抗。

乡土文学的作家大都是台湾的本土作家,他们对台湾的社会生活比较熟悉,对下层劳动者所受的帝国主义和资本家的压迫和剥削有较深的体会,具有强烈的爱国主义和民族主义思想。在创作上,乡土作家继承现实主义文学传统,对压迫者、剥削者表示憎恨,对台湾下层劳动者表示深切的同情;在艺术风格上,一般都具有台湾乡土色彩。

在台湾三代乡土作家中,成就较高的和创作比较活跃的是第二代作家,他们的作品不仅有共同的鲜明的时代性,而且有自己独特的创作个性。陈映真曾自称是"市镇小知识分子"作家,他的作品主要描写知识分子生活,艺术上较多地受现代主义的影响。王祯和主要写乡村被侮辱、被损害的小人物,在艺术上善于运用讽刺手法,对弱小人物给予善意嘲讽,对反面人物给予鞭挞。黄春明也注重描写乡村的小人物,但人物的性格和王祯和笔下的人物不同,他的文笔诙谐而活泼,作品散发出醉人的淳厚的泥土气息。杨青矗是著名的工人作家,主要描写工人生活,多写工人生活的苦难和对资本家的血泪控诉,表现工人的团结与觉醒。王拓是视野广阔的乡土作家,他塑造了较多的劳动者中的进步人物,他的作品对台湾社会有强烈的批判力,在艺术上也进行过多种探索。

在乡土派众多的文学刊物中,《台湾文艺》《文学季刊》《葡萄园》《笠》是较有代表性的,最能反映乡土派的文学思想。《台湾文艺》于 1964 年 4 月创刊,主张文学反映人生,特别注重乡土色彩。《文学季刊》于 1966 年 10 月创刊,以民族风格为其前提条件,以崭新的欧美现代小说技巧来处理本土问题。《葡萄园》诗刊创刊于 1962 年 7 月,它提出现代诗应走明朗化的道路,这对反对现代主义中的晦涩难懂、虚无主义等不健康的诗风具有重要意义。《笠》诗刊创刊于 1964 年 6 月,其诗作有鲜明的乡土意识和强烈的社会批判精神。

乡土文学思潮既有积极作用,也有消极影响。六七十年代的台湾乡土文学运动,把台湾当代的现实主义文学与大陆的和日据时代台湾的现实主义的优秀传统连接起来,并有了新的发展,这是台湾乡土文学的一个重要功绩。在理论批评上,乡土文学理论家批评了某些现代主义作家脱离民族文学传统,脱离台湾现实生活的完全西化的错误倾向,指出颓废主义、悲观主义、虚无主义、形式主义的危害。在创作上,涌现出一批优秀的作家、作品,如陈映真、黄春明、王祯和等。乡土文学思潮的负面影响主要表现在:乡土派有些人在批评现代主义时有简单化、片面性的倾向,过分贬低现代派的成就;有些乡土文学作品政治色彩和意识形态色彩太浓,削弱了文学的现实主义;还有些乡土作家过分强调"本土性""特殊性""台湾经验",甚至把它们与"民族性""中国经验"对立起来,这不仅使台湾文学视野狭窄,而且有意或无意地为"台独"分裂祖国提供了根据。

4. 80 年代以后的台湾文学思潮

随着乡土文学思潮的减弱,多元化文学思潮成为台湾 80 年代和此后文学的主流。这一思潮的出现,有着多方面的因素:一是由于中美两国正式建交,美国对台湾地区的支持不像从前那么积极,促使台湾方面也不得不考虑对大陆采取较为缓和的政策。二是促使海峡两岸局势缓和的最重要、最直接的原因,是大陆向台湾发出了一系列的和平呼吁:实现台湾和祖国大陆和平统一的大业,促进台湾经济和科技发展。另一方面,台湾经济的发展提高了人民的生活水平,但也产生了许多社会问题,这些给台湾当代文学的发展提出了新的问题。三是生活在台湾工作紧张,生活节奏快,人们对文学的要求也发生了变化,在有限的时间内,他们喜欢篇幅短小,带有消遣性、娱乐性和刺激性的作品,这些都为台湾文学的多元化提供了前提。

80 年代和此后的台湾文学,打破了某一流派占据文坛的一统天下,出现了多种流派、多种风格并存的格局。在纷繁多姿的文学中,既有传统的现实主义文学,也有乡土文学;既有现代主义、后现代主义文学,也有女性主义文学、后乡土文学,可谓百家汇聚,百花竞放。

这里首先应当提到的是台湾后乡土文学,它与 70 年代的乡土文学思潮有很大不同。过去的乡土文学思潮高举爱国主义大旗,反对帝国主义和资本主义的侵略和剥削,同情台湾下层劳动群众的疾苦,是一个统一的、独立的文学活动,但到了 80 年代,它已演变成两种互相对立的后乡土文学运动。有一部分作家提出所谓的"台湾文学自主"论。这是一种意识形态很浓的文学思潮,它在政治上又受"台独"和民进党的"台湾自决"论的影响,其政治目的就是要分割祖国大陆与台湾的关系,妄图实现"台湾独立"。与"台湾文学自主"论相对立的是"民族文学"论和"第三世界文学"论。以陈映真、杨逵、胡秋原等为首的一批作家高举民族主义和"第三世界文学"的旗帜,以《文季》和《夏潮》为主要理论阵地,对"台湾文学自主"论的"分离主义"和"地域主义"等错误倾向给予了严厉的批评。他们认为:台湾文学是中国文学的一部分,"台湾意识"与"中国意识"是一致的,任何所谓"台湾文学独立"的主张,都是与一个中国的原则相悖离的。

80 年代以后出现的另一文艺思潮是后现代主义。后现代主义的发起人是台湾第三代诗人罗青,他发表的《七〇年代新诗与后现代主义的关系》《专精与秩序》等一系列文章,可以说是后现代主义的理论和纲领,他的诗作《一封关于诀别的诀别书》,可视为台湾后现代主义宣言诗,他的《诗画与影录》被称为"前卫海域之旗舰"。具体来说,后现代主义所提出的文学观是与现实主义、现代主义文学观相对立的:第一,后现代主义反对文学的"真实"论,认为写真实都是虚假的。现实主义文学强调社会写实,现代主义强调写内心世界的真实,而后现代主义把主要矛头指向写实主义的模拟论。第二,反对现代主义的一元论的艺术观,提倡文学与多学科结合,开拓艺术的广阔天地。现代主义严格区分纯文学与非文学的界限,把经济学、社会学、自然科学等一概排斥在文学之外。后现代主义打破了这种框框,如科幻诗就把大量科学用语和科学意象引导入诗;录像诗运用了与录像相关的整套机器语言和思考模式写诗。第三,后现代主义提倡与"外族"联姻,寻求诗的多媒体化。诗与画结合,产生了视觉诗;诗与影结合,产生了录影诗;诗与声结合,产生了有声诗;诗歌与新闻、报导、广告结合,产生了新闻诗、报导诗、广告诗。

除上述文学思潮之外,这一时期还出现了女性文学思潮。女性文学并不是这一时期所独有的,它与台湾各个时期的不同的社会经济和文化条件密切相连。不同年代的女性主义思潮有不同的时代特点。50 年代女性主义作品的基本主题是反对封建婚姻制度和封建礼教,反映由于祖国不统一给爱情婚姻所造成的悲剧。60 年代的女性文学受西方现代主义的影响,大胆接受性解放思想,与各种不平等的封建婚姻制度相对抗,如郭良蕙的《心锁》《禁果》,欧阳子的

《秋叶》《觉醒》《素珍表姐》等都反映了这一主题。此外还出现了"才子佳人"式的言情小说，如琼瑶就是其中的典型代表。到了 70 年代，女性文学作品主要描写妇女在爱情婚姻问题上的自尊、自立、自强，强调妇女不仅要在经济上和事业上取得独立，更主要的是在思想上和人格上取得不依赖男人的独立。80 年代，台湾女性文学仍是新女性主义作品占主要地位。这些作品既有表现反传统的新女性意识，批判传统社会的大男子主义的，如李昂的《暗夜》《杀夫》等；也有表现新的道德观念和价值观念，塑造女性主义理想人物形象的，如廖辉英《盲点》中的丁素素、朱秀娟《女强人》中的林欣华。当然，也有些小说与西方女性主义不同，富有中华民族的传统精神，如肖丽红的《千江有水千江月》、肖飒的《小镇医生的爱情》等。90 年代之后，女性文学有了新的发展，走上了女性主义的台阶。一方面是女性作家不再满足于揭露性别歧视，而是通过女性创作探索"性与政治的关系"，有的作品发出了"为什么男的可以做皇帝，女的不能做武则天"的呼声。女作家李昂的《迷园》、平路的《行道天涯》、苏伟贞的《沉默之岛》等作品提出了"用爱情来改写革命"的问题，反映了政治与性别的认同危机。另一方面则是与女性政治认同相关的情欲认同问题，朱天文的《荒人手记》、陈雪的《恶女书》、邱妙津的《鳄鱼手记》等提出了社会观念的变化与"同性恋"所面临的文化冲突。

二、台湾小说

1. 台湾当代小说发展的基本轮廓

台湾当代小说也同台湾文学的发展一样,经历了一个由单一到多元、由浅露到深邃、由平实到丰富的历程。随着社会的变革、对外的开放和市场经济的冲击,台湾当代小说也在深刻的变革中获得了新的发展。

由于社会环境、政治形势的影响,台湾50年代是反共小说充斥市场。有些作家颠倒黑白,歪曲事实真相,成了台湾当局反共的宣传工具。除反共小说外,这一时期的乡土小说也开始发展。但总的说来,50年代的台湾小说不论在思想内容上还是在艺术表现上都相当保守,缺乏开拓创新精神。而在这一时期较有代表性的乡土小说是钟理和的长篇小说《笠山农场》和廖清秀的《恩仇血泪记》。前者描写一对青年男女婚姻的悲剧故事,充满乡土气息,为乡土文学开辟了一条新路;后者写的也是男女爱情故事,不同的是故事的主角是中日青年男女,作者通过这个故事表现了台湾人民强烈的民族意识,这部小说的史料丰富,文笔朴实,乡土气息浓郁。

60年代是台湾小说发展的黄金时代。现代主义小说兴起并一跃成为60年代小说的主流,取代了50年代反共小说的主导地位。这一时期的小说不仅在数量上有较大增长,更重要的是质量上有明显提高。

与50年代的反共小说相比,60年代的现代主义小说有着迥然不同的特点。现代主义小说主要描写知识分子、海外留学生、旅美华人、国民党的上层社会人士等;从表现人物的方法来看,50年代的小说多侧重刻画人物的外在言行和周围世界,而现代主义小说多侧重刻画人物的内心,通过人物的心灵世界来反映现实世界。创作现代主义小说的主要是围绕《现代文学》杂志的作家群,如白先勇、王文兴、欧阳子、施叔青、陈若曦等;此外还有乡土作家群的陈映真、王祯和等人,属《文学杂志》作家群的聂华苓,属留学生文学作家群的於梨华。从这些作家的早期作品来看,都应属现代派小说家。而在60年代以后,新生代作家写现代主义小说的人就更多了。

台湾现代主义作家虽受西方现代主义小说的影响,但也有不少作家考虑到本民族读者的习惯,将西方现代主义与传统的中国文学的民族特色结合起来,在对人物进行心理分析时,注意与人物周围的社会现实生活描写结合,如白先勇的《台北人》;在故事情节的推进中运用意识流手法,或在意识流中穿插故事情节,如於梨华的《又见棕榈,又见棕榈》;或将写实与象征结合起来,象征中有写实,写实中有象征,如聂华苓的《桑青与桃红》。这些都与西方的现代主义有所不同,即在学习借鉴现代主义的过程中融入了自己的理解与创造。当然也有的作家全盘接受现代主义,写得晦涩难懂,难以被读者接受。

这一时期小说发展的另一特点是"留学生文学"的兴起。60年代,随着台湾的对外开放和西方文化的渗透,台湾掀起了一股留学潮,一些人原本满怀希望,到了美国遇到种种困难和挫折,又有了失落感。留学生小说就是在这一背景下产生的。"留学生小说"的发展大体经历了四个阶段:第一阶段,以於梨华为代表,主要写留学生的苦闷彷徨的心情和危机认同。作品的主人公带着理想和梦想到了美国,但是他们终于发现美国"既非乐土,亦非天堂",大陆他们不敢去,台湾他们不愿回,美国社会又融不进去,于是成了"无根的一代"。这类小说充满乡愁和感伤的情调以及忧患意识。他们认识到,没有民族和国家做后盾,个人也如同滴水粒沙似的被淹没在异国文化里。这些在於梨华的《又见棕榈,又见棕榈》、白先勇的《芝加哥之死》、林文德(东方白)的《异乡子》等作品中都有反映。第二阶段,以丛甦为代表,主要写现代人的焦虑和疏离感、失落感,探索人生、宇宙之谜,解剖人类的内心世界,发掘人性的共同性。丛甦的《盲猎》就是一篇写现代人的焦虑惶恐的寓言小说。第三阶段,以张系国为代表,主要写"保钓"运动等爱国题材,如张系国的长篇小说《昨日之怒》,就描写了"保钓"运动中一群知识分子从团结战斗到分化的过程。第四阶段是80年代以后出现的新留学生小说。过去的留学生小说的主人公大多是台湾人,这时期大陆新移民在欧美的大批出现,使留学生小说有了新的蕴涵。

台湾小说发展到70年代,又有了新的特点,这就是乡土文学的昌盛,代替了处于主潮地位的现代主义小说。乡土小说在开始时文学思想是统一的,但后来出现了侧重表现"台湾意识"和侧重表现"台湾意识"与"中国意识"结合的两种不完全相同的乡土小说。这两种小说的出现,是由于乡土作家内部对台湾前途,以及对台湾与大陆关系的不同看法引起的。台湾的乡土作家后来逐渐分为"南派"和"北派"。"南派"以台南为中心,以叶石涛为代表,以《文学界》《台湾文艺》为其主要刊物;"北派"以台北为中心,以陈映真为代表,以《文季》《夏潮》为其主要刊物。"南派"认为,从《马关条约》开始,台湾长期脱离中国大陆,台湾文学应该站在"台湾立场"上表现"台湾意识";而"北派"认为,台湾是祖国不可分割的一部分,台湾文学就是在台湾的中国文学,因此台湾文学不仅要站在"台湾立场"上表现"台湾意识",而且更要站在整个"中国立场"上表现"中国意识"。陈映真说:"台湾的新文学,受影响于和中国五四运动有密切关系的白话文学运动,并在整个发展过程中,和中国反帝、反封建的文学运动有着绵密的关系;也是以中国为民族归属之取向的政治、文化、社会运动的一环。"[①]他还尖锐地批评了别有用心的分离主义。由于政治观点的不同,台湾乡土派出现了两种不同思想倾向的作品。有些作品在表现"台湾意识"的同时,表现了强烈的"中国结"。如陈映真的《夜行货车》《上班族的一日》等小说,在反映台湾现实生活的同时,突出地表现了台湾人和大陆人血浓于水的关系。总的说来,这一时期的乡土小说既继承了日据时代和30年代的现实主义传统,也吸收了西方现代主义的表现手法,这些都使70年代的乡土小说具有了新质。

台湾80年代和此后的小说,又呈现出与过去不同的特点:一是出现了以政治题材为主要内容的政治小说,它是台湾当代政治斗争和民主运动不断高涨的产物,也是台湾在创作上逐步开放的体现。这些小说主要以台湾的政治斗争和民主运动为主题,传播民主思想,揭露社会黑暗,推动民主化运动的发展。而在政治小说中,反映政治犯监狱生活的作品占有重要地位。如陈映真的小说《山路》《铃铛花》《赵南栋》,反映了50年代白色恐怖时期国民党大肆屠杀、监禁、流放共产党人和民主人士。二是女性小说有了新的发展。与过去不同的是,这一时期的女性小说加强了社会性、批判性和探索性。作家在描写爱情故事的同时,不忘反映台湾的社会现

---

① 陈映真:《"乡土文学"的盲点》,《台湾文艺》1977年6月号。

实,探索人生的真谛。有些女性小说在对性的描写上十分大胆,也相当深刻,如李昂的小说《杀夫》。三是台湾小说呈现出百花竞放、多元发展的势头。现代主义小说、后现代主义小说、魔幻现实主义小说、通俗小说、言情小说、武侠小说、科幻小说……门类繁多,异彩纷呈。如张系国的科幻小说、琼瑶的言情小说、古龙的武侠小说,都在台湾拥有众多读者。

台湾当代小说也存在一些问题,主要是商业化、世俗化带来的负面影响。有的作家为了追求市场的经济价值,放弃小说美学理想的追求,以致渲染色情的恋爱故事、鲜血淋漓的武侠长篇、炫奇弄怪的侦探小说充斥市场,削弱了文学的教育功能和审美价值。

2. 白先勇的小说

白先勇①于 50 年代末开始从事创作活动。他从 1958 年发表第一篇短篇小说《金大奶奶》,到 1979 年发表《夜曲》,共发表了 30 多篇短篇小说。其作品大致分为四类:一是描写作者少年时代的生活,如《寂寞的十七岁》;二是描写台湾上层社会生活,如《台北人》中的大部分作品;三是描写旅美知识分子生活,如《谪仙记》;四是描写台湾下层人物,如《孽子》等。其代表作是《台北人》和《谪仙记》。

白先勇的小说主旨鲜明,内容丰富,为我们提供了一部由盛而衰的“民国”史。作者虽然没有正面描写“民国”以来的重大事件,但通过作品中人物的对话和回忆,对辛亥革命(《梁父吟》)、五四运动(《冬夜》)、北伐战争(《梁父吟》)、抗日战争(《岁除》)、“国共”战争(《花桥荣记》《一把青》《国葬》),都从侧面做了艺术概括。需要特别指出的是,作者在反映国民党的衰败和崩溃时,并没有掩盖历史的真实面貌,而是充分表现了艺术家的勇气和现实主义态度,他常常怀着沉痛的心情,描绘他所极不愿意看到的真实情景。如在《国葬》中,作者虽然对他笔下的“过气英雄”的历史功绩有所颂扬,但他的现实主义描写,却再真实不过地反映了国民党军事上的失败、精神上的崩溃和政治上的衰落,表现了台湾政权“昏惨惨如灯油将尽,忽喇喇似大厦将倾”的凄凉景象。

70 年代以后,台湾随着社会性质的逐渐变化,中产阶级在政治、经济、文化等各个领域向封建阶级日益进逼,这种社会的进程和阶级关系变化的过程,也在白先勇的作品中得到十分生动的反映。从白先勇的《游园惊梦》等作品中,可以清楚地看到,代表封建阶级的官僚贵族日益衰落,而资产阶级的势力却日益强大。作者在描写上流社会时,虽然对他们的衰败表示了同情和惋惜,但当他写进作品时,往往对他们的腐败、堕落进行了无情的暴露、抨击和嘲笑。《永远的尹雪艳》就是暴露和抨击台湾上流社会的一篇现实主义杰作。从内容的深度和艺术的精美上看,都可以把这篇小说看做是作者创作的一个高峰。

白先勇的作品不仅反映了上层社会的生活,而且把笔触伸展到了台湾社会的下层。如对《孤恋花》中的娟娟、《金大班的最后一夜》中的朱凤形象的塑造,都表现了作者创作的突破。

白先勇的小说具有浓郁的感伤主义色彩。在他的作品中,流露出郁结在作者心中的无限

---

① 白先勇(1937—　),曾用笔名白黎、肖雷、郁金等,广西桂林人。著有短篇小说集《寂寞的十七岁》《台北人》《谪仙记》,长篇小说《孽子》,散文集《蓦然回首》《明星咖啡馆》和《白先勇小说选》《白先勇短篇小说选》等。已改编为电影、话剧的有《金大班的最后一夜》《玉卿嫂》《游园惊梦》和《谪仙记》(《最后的贵族》)。

的哀愁和悲天悯人的情怀。构成他作品的感伤主义色彩,有两个主要因素:一是作者对他笔下人物的没落所发出的一种悲叹。作者描写"过气英雄"昔日的"显赫"时,常常表现出无限的依恋,对他们的没落感到惋惜,从而为他们的灭亡唱出一曲曲哀痛的挽歌,给作品增添了一层神秘主义的色彩,这也反映了作者浓厚的佛家思想。二是他的作品描写了台湾人怀念祖国、故土、亲人的乡愁。这种乡愁,既有上层人物的乡愁(如《游园惊梦》),也有中层人物的乡愁(如《冬夜》),还有下层人物的乡愁(如《那片血一般红的杜鹃花》)。

在人物形象塑造方面,作者成功地塑造了台湾社会中众多的人物形象。在作者的人物画廊中,既有高级将领、中级军官、将军夫人,也有经理、财阀、金融家、工业巨子;既有知识分子、小职员,还有舞女、女佣人、士兵、长工,这些形形色色的人物构成了台湾社会的一个缩影。作者刻画人物,很注意描写人物的个性特征,不仅不同阶层的人物具有不同的性格,就是同一阶层的人物,也有自己独特的个性。如《游园惊梦》描写了四个上流社会的妇女,但各人的性格都不相同:赖夫人"高傲",窦夫人"矜贵",蒋碧月"放荡",钱夫人"伤感",性格对比十分鲜明。《永远的尹雪艳》中的高级舞女尹雪艳,《金大班的最后一夜》中的舞女班头金兆丽,《孤恋花》中的五月花酒楼女经理,都是活跃的交际花,风月场中的老手,但她们的性格迥异:尹雪艳外热内冷,对因她而倒霉的男人从不动心。金兆丽却正好相反,外冷内热,口粗心善。在人物描写上,作者很注意描写人们的命运,以及由于命运的变化而形成的人物性格的发展变化和前后的性格对比,注意刻画人物的内心生活和精神世界,表现人物性格的丰富性和复杂性。

白先勇的小说集《台北人》描写的大多是没落的上层人物,作者对他们的没落表现了同情和惋惜。《谪仙记》主要描写被称为"纽约客"的海外留学生和知识分子的生活,表现他们在中西文化冲突中的认同危机(《芝加哥之死》《安乐乡的一天》),事业与爱情的矛盾或挫折(《火岛之行》),西方文化腐蚀下的精神堕落(《谪仙怨》),永远无法消除的家园意识与怀乡病(《谪仙记》)。作品具有浓厚的存在主义色彩,人物有强烈的"恐惧感""焦虑感""孤独感"乃至一个个走向轻生的道路。

在艺术上,细腻、含蓄、深沉、优雅构成了白先勇小说的艺术风格。细腻使人感到他对生活的描写异常酷肖逼真;含蓄令人感到他的作品韵味无穷;深沉给人以情绪上的有力感染;优雅给人以美的感受。作者受到我国古典文学传统的影响,善于在小说中创造诗的意境。同时他吸取西方文学的表现技巧,运用意识流、象征、暗示等表现手法来为自己的作品服务,把古典文学作品有生命力的语言和现代汉语、方言巧妙地糅合起来,创造了一种明快流丽的语言风格。

3. 陈映真的小说

陈映真①是一位现实主义作家,他对台湾乡土文学的推动,对台湾当代文学现实主义道路的确立,以及他在创作上的成就,使他在台湾当代文学中占有重要地位。他的创作可划分为三

---

① 陈映真(1937—),原名陈永善,台湾省竹南中港人。毕业于台湾淡江文理学院,曾创办《笔汇》《文学季刊》《文季》杂志。1959 年发表第一篇小说《面摊》。出版有短篇小说集《将军族》《第一件差事》《夜行货车》《陈映真选集》《华盛顿大楼》,文学评论集《知识人的偏执》等。1988 年台湾人间出版社出版《陈映真作品集》(15 卷)。2000 年前后发表小说《归乡》《夜雾》。

个时期:早期创作倾向于现代主义,以写知识分子和大陆人的生活为主,主要作品有《我的弟弟康雄》《第一件差事》《将军族》等,时间为 1959 年至 1976 年;中期由现代主义向现实主义转变,主要描写工业社会和跨国公司的各种矛盾,主要作品有《夜行货车》《上班族的一日》《云》《华盛顿大楼》《万商帝君》等系列小说,时间为 1978 年至 1982 年;近期是指 80 年代以后创作的政治题材小说,反映 50 年代的白色恐怖和革命者的斗争生活,如《铃铛花》《山路》《赵南栋》等。

陈映真早期作品主要写小资产阶级的两面性:一方面富于热情和理想;另一方面又极端消极颓废。他的小说充满感伤和忧郁的情调,明显受到鲁迅小说的影响。不少作品歌颂死亡,宣扬悲观厌世,表现了存在主义的观点。在表现手法上,较多运用象征、暗示、意识流等现代手法,如《我的弟弟康雄》《乡村教师》《死者》等。

陈映真中期作品主要是描写台湾工商社会和国际跨国公司的种种矛盾,表现工农劳动者和知识分子的觉醒。在艺术上,着重社会现实环境的描写和人物性格的刻画。可以说,陈映真这一时期基本上完成了从现代主义到现实主义的转变。在这些作品中,揭示了三大主题:一是通过对跨国公司的描写,揭露资本主义发达国家与第三世界之间经济上的不平等的关系,如系列小说《华盛顿大楼》。二是描写大众消费社会中人的异化,人的个性和天性遭到扭曲和摧残,如《上班族的一日》中的黄静雄。有的是在资本主义思想的腐蚀下,改变了传统的思想和道德观念的人,如《夜行货车》中的林荣平等,这些出身贫苦的人物,最后异化成为维护国际垄断资本利益的"国际精英"。还有的异化是在追求金钱、物质、地位中失败,或在向上爬中被摔下来而精神受到创伤,心理发生变态的人,如《万商帝君》中的林德旺。三是描写人对资本、机器和异化的反抗,如《夜行货车》中的詹奕宏、刘小玲等。

陈映真创作的《铃铛花》《山路》《赵南栋》是具有突破性的作品。这些作品突破了政治的禁区,一方面再现了 50 年代白色恐怖时期的真实面貌,表现了革命者高尚的情操,如《山路》中的蔡千惠、李坤木、王柏贞大哥,《铃铛花》中的老师高东茂,《赵南栋》中的宋大姊、慎哲大哥、许月云、赵庆云、叶春美。另一方面也反映了 80 年代台湾年轻一代中的精神堕落和腐化,从而揭示了台湾几十年来人的道德精神的变化与对比:50 年代,台湾的物质生活虽然极其贫困,但精神富有,不少人具有一种崇高的理想和献身精神;80 年代正好相反,物质生活极其丰富,但精神上极其贫困,许多人被金钱和物质腐蚀,失去理想,精神空虚。作者通过这一对比,尖锐地批判了台湾社会现实,具有强烈的震撼力。

陈映真的小说有着鲜明的特色。他善于描写知识分子的传奇故事,描写他们的生活和思想情绪,而这正是他跟其他台湾作家不同的地方。他的作品闪耀着理想主义的光芒。他早期的作品期望实现小资产阶级的人道主义精神,渴望建立一个乌托邦的理想社会;后来,他的作品有了变化,期望实现统一祖国的理想,具有强烈的爱国主义和民族主义思想,同时坚信黑暗的社会就要死亡,一个新的光明的社会就要来临;后期他把希望寄托在工人、农民和革命者身上,体现了一种新的社会理想和美学理想。他的作品敢于揭露矛盾,批判黑暗的社会现象。作者提出了台湾社会的一系列重大问题,具有深刻的思辨性。其作品呈现出十分复杂的现象。从思想内容来看,既有人道主义、爱国主义、民族主义、社会主义的思想,又有虚无主义、悲观主义、颓废主义、感伤主义的思想。从艺术表现方面来看,既有写实主义,又有浪漫主义;既继承民族传统,又吸取现代主义的精华。但进步的社会理想和写实主义的创作方法,始终是他创作的主流。

陈映真不仅是小说家,也是文艺理论家。他对台湾现实主义和乡土文学理论的建立作出了重要的贡献。他的文学理论基本上收集在文学论著《知识人的偏执》和《陈映真作品集》6～13卷中。在他看来,一个时代有一个时代的"时代精神",文学应当反映时代精神。文学要关心民众疾苦,给被侮辱、被践踏的人们以温暖、勇气、希望和信心。台湾文学的主要任务是从人性的复归出发,克服人的异化。这些看法都是有见地的。

4. 聂华苓、於梨华的小说

聂华苓和於梨华的思想艺术风格有很大不同。聂华苓主要写从大陆流落到台湾的小市民,而於梨华主要写海外华人和留学生生活;聂华苓擅长小说的构思与象征手法的运用,於梨华则善于运用意识流和抒情手法;聂华苓倾向现代,於梨华较为传统。

聂华苓①的作品不算很多,但特色鲜明。她的小说题材多样,内容广泛。作者既描写了从大陆流落到台湾的小市民的生活和乡愁,表现他们想回家又不能回家的绝望的情绪(如《台湾轶事》),又抒发了作者对故国山河和乡村亲人的怀念(如《失去的金铃子》);既反映部分青年在中国台湾和美国流浪放逐的生涯(如《桑青与桃红》),又叙写了中美两国人民的生活及其关系(如《千山外,水长流》)。《台湾轶事》主要描写形形色色的从大陆流落到台湾的"小市民"的生活和心理,表现他们的精神苦闷和乡愁。作者通过人物内心世界的描写,真实而深刻地反映了台湾小市民怀念亲人、怀念故土的乡愁,表达了他们要求返回大陆、回归祖国的呼声,揭露了台湾社会的黑暗和腐败面。

《桑青与桃红》是聂华苓的长篇小说代表作。它描写的是一个中国女孩在历史转折时期逃亡造成精神分裂的悲剧故事。小说的主人公桑青为了躲避日军,乘船沿长江向江西逃亡,后来桑青来到美国因受美国移民局的追捕精神分裂,变成一个纵欲狂,改名桃红。这部小说可以说是关于中国人处境的一个寓言。而主人公性格变化的过程是和中国人民的苦难生活同时发生的。在桑青的身上,既可看到历史动乱给中国人带来的深重灾难和精神上的深刻创伤,也使人们看清小资产阶级人物的两面性:追求个性自由而又脱离现实斗争。

在艺术上,这部小说的结构是跳跃式的,不连贯的,这和中国传统小说结构方式有所不同。传统小说的写法是故事有头有尾,前后连贯,紧密衔接,但《桑青与桃红》的结构有点像戏剧结构,作者对每一个历史时期都只摘取其历史生活的一个片段,让人物在生活舞台上去表演。为了完整表现人物的命运,作者采用"双重"结构方式,在表现手法上,主要是写实与象征结合。

聂华苓的另一部长篇小说《千山外,水长流》描写的是中美两个家庭的爱情婚姻故事,小说主题具有多重意义。小说通过柳凤莲母子的遭遇,表现了当代中国知识分子的悲剧与苦难,以及海外华人知识分子的"中国结"。小说细腻地描写了中国社会、美国社会、海外华人社会

---

① 聂华苓(1925—),湖北广水人。曾任期刊编辑及爱荷华大学国际写作中心主任。出版有长篇小说《桑青与桃红》《失去的金铃子》《千山外,水长流》,中短篇小说集《葛藤》《台湾轶事》《翡翠猫》《一朵小白花》《王大年的几件喜事》,散文集《梦谷集》《三十年后——归人札记》,论文集《沈从文评传》等。

的现实生活,对中国近代历史中的许多重大事件做了艺术概括。在艺术表现方面,小说描绘了一幅幅精妙绝伦的"讽刺画"和异国的"风情画""风景画"。

　　於梨华①是以描写留美华人和知识分子的生活著称的女作家,她被誉为"留学生文学的鼻祖""无根一代的代言人"。长篇小说《又见棕榈,又见棕榈》《傅家的儿女们》代表了於梨华创作的最高成就。

　　作者谈到在美国生活的感受时曾说:美国的社会现实使她从一个把梦顶在头上的大学生,到一个把梦捧在手中的留学生,到一个把梦踩在脚下的女人。她的小说真实地反映了海外留学生的生活和心路历程,凝聚了作者 40 多年留美生活的亲身感受。她早期的小说主要写海外留学生生活的困境和辛酸。经济的拮据,学业的失败,事业的受挫,爱情的不幸,难遣的乡愁,是她这一时期小说的重要主题。如《小琳达》中的吴燕心,为了挣钱度日,不得不忍受刁蛮古怪的小主人的嘲弄和折磨;《雪地上的星星》中的罗梅卜、《归》中的柏琴,由于工作和学习的拖累,文化环境的障碍,青春消逝,归宿无门;《移情》中的赵正刚为了求学,不得不去洗碗、修路、搓煤球;《考验》中的钟乐平教授因受种族歧视,三次被解聘。这些都是中国留学生和华人早期生活的真实写照。

　　长篇小说《又见棕榈,又见棕榈》是作者创作思想的一次重要飞跃和突破。它不仅描写了海外留学生的现实生活和辛酸经历,而且深刻地写出了海外留学生的文化心态,写出了由中西文化冲突而产生的认同危机和寻根思想。主人公牟天磊既不能融入美国社会,又不愿长期留在台湾的矛盾心境,正是这种认同危机的反映。

　　如果说《又见棕榈,又见棕榈》里描写的是"无根的一代",那么《傅家的儿女们》描写的则是"寻根的一代""觉醒的一代""回归的一代"。它是作者创作的又一个里程碑。小说表现了三种不同类型的留学生:第一类以大儿子如杰和大女儿如曼为代表,他们在美国婚姻失败,精神受尽折磨,最后成为"最颓废"的一代。第二类以二女儿如俊和三儿子如豪为代表,如俊婚姻不如意,如豪学业失败,但他们面对现实,弃学从商,替餐馆老板做事,争取在美国立稳脚跟,被称为"最现实"的一代。第三类以小儿子如玉和小女儿如华为代表。如玉不愿去美国,要在台湾教书,他说:"现在台湾是中国的,将来台湾回归祖国也是中国的一部分,我是中国人,为什么我不能留在这儿?"如华则和新加坡留学生李泰拓结婚,表示要和李一起回父母时刻想念的中国去,为祖国建设服务,这是"觉醒的一代"。他们有明确的生活目标,不再像"无根的一代"那样苦闷彷徨。作者的这一创作思想在稍后创作的《三人行》中有了进一步发展。作者创作思想的变化,与她的生活经历有密切关系,她长期生活在美国,但一直无法完全认同美国社会。1975 年始,作者多次回祖国大陆,看到大陆的巨大变化,她的迷惘与痛苦一扫而光,她认同了祖国。这种认同,标志着她创作思想的根本变化,而她的小说则凝聚了她的留美生活体验,反映了留美学生怀乡、寻根、觉醒、回归、渴望骨肉团聚的心路历程。

　　在艺术方法上,於梨华的小说融合了现代小说和传统小说、西方小说和中国小说的特点,

---

　　① 於梨华(1931—　),浙江镇海人,生于上海。她创作的第一篇英文小说《扬子江头几多愁》获美国米高梅征文首奖。出版的作品有:长篇小说《梦回青河》《又见棕榈,又见棕榈》《焰》《考验》《傅家的儿女们》《在离去与道别之间》,中篇小说集《也是秋天》《三人行》,短篇小说集《归》《雪地上的星星》《白驹集》《会场现形记》,以及多卷本《於梨华作品集》等。

使她的小说既现代化又民族化。作者在现代小说的"向内转"与现实小说的"向外转"之间,在西方小说的意识流与中国传统小说的故事情节、细节之间,在描写、议论、抒情与象征的融合之间,在中国式的修辞手段、简短句式与西方的倒装句式、长句式之间,取得了比较恰当的平衡与节制,这使她的小说既新鲜又易为中国读者所接受。

5. 黄春明、王拓、王文兴的小说

黄春明①是台湾乡土派的代表性作家。他的小说可分为三个时期:早期作品多描写个人的生活经验,表现年轻人刚强不屈、愤世嫉俗的性格;中期作品主要描写台湾劳动人民优秀的品格,流露出作者对资本主义侵入台湾后思想道德风尚败坏的不满;后期作品主要暴露帝国主义在台湾的丑恶行径,批判崇洋媚外思想。

近三十年来,由于外资的输入和本身经济结构的变化,台湾逐步由农业社会变成资本主义性质的工商社会。黄春明小说的价值,首先就在于以鲜明的民族风格和浓郁的乡土气息,真实而深刻地反映了这一历史转折时期的台湾社会状况。如资本主义文明与社会传统思想的冲突(《溺死一只老猫》);农民流入城市后的困境(《两个油漆匠》);经济与技术的进步,反而给人民带来贫穷、疾病和失业(《锣》《癣》)。作者在表现这些矛盾冲突时,着重写台湾下层人民贫困的生活,写他们的高尚品德。他笔下的小人物不论在任何艰难困苦的条件下,都不忘父子、夫妻、朋友之情和所应当承担的社会责任,如《甘庚伯的黄昏》中的甘庚伯,《苹果的滋味》中的12岁的小女孩阿珠,《儿子的大玩偶》中的坤树、阿珠夫妇,他们虽然贫困卑微,甚至有点迷信,但他们都有做人的尊严和对生活的坚强信念,体现了劳动人民的人性美和传统美德。

黄春明小说的艺术风格是不断发展的。早期作品比较淳厚温和,冷静客观,主要描写人性美和自然美。后期作品社会意识和思想倾向比较鲜明,感情比较强烈,在艺术上比较多地运用嘲讽的手法,如《我爱玛莉》《小寡妇》等。黄春明的艺术风格虽有变化,但他所坚持的是鲜明的民族风格。他的小说具有生动的故事性,强烈的喜剧性,浓郁的生活气息和鲜明的乡土色彩。

王拓②创作的一个重要特色,是反映台湾社会生活的广度和深度。他的早期作品主要写青年恋爱婚姻问题和知识分子问题,如《吊人树》《坟地钟声》《一个年轻的乡下医生》等,有力地抨击了封建婚姻制度和台湾教育界的腐败。他稍后的作品多表现台湾农村和渔村的困苦生活,反映了外资侵入后台湾农村的破产过程,描绘了一幅今日台湾农村和农民生活的图画,如《海葬》《炸》《金水婶》《妹妹,你在哪里?》等。他的后期作品已从描写台湾农村生活逐步扩展到描写城市工人和资本家的生活,如《春牛图》《奖金二千元》《望君早归》等。这些作品标志着作者创作题材的突破。

---

① 黄春明(1939—　),台湾省宜兰人。做过小学教员、广告公司职员、电台编辑、报刊主编等。60年代开始发表作品。出版的小说集有《儿子的大玩偶》《锣》《莎哟娜啦·再见》《小寡妇》《我爱玛莉》等。

② 王拓(1944—　),原名王纮久,台湾基隆人。曾任职台湾政治大学。著有小说集《金水婶》《望君早归》,长篇小说《牛肚港的故事》《台北,台北》和评论集《街巷鼓声》《张爱玲和宋江》等。

王拓的作品不仅反映的生活面比较宽广,而且也有深度。这种深度,不仅因为他的许多作品能够描绘台湾经济"起飞"的表面现象,而且真实地反映出外资侵入台湾农村给人民带来的贫困和灾难,特别是在反映台湾社会生活时,作者并没有停留在描写下层人民物质生活的贫困上,而是更深入一层地表现了资产阶级思想如何毁坏了劳动人民的传统思想和美德,扭曲了人性,破坏了人与人之间甚至家庭内部的正常关系。如《金水婶》《春牛图》《一个年轻的中学教员》等作品。

在艺术表现手法上,王拓的小说有的是运用传统的现实主义手法,如《金水婶》;有的是运用西方文学的意识流,如《海葬》;有的主要运用象征手法,如《蜘蛛网》;有的则是上述艺术手法的综合运用,如《望君早归》。

在台湾现代派作家中,王文兴①是既有成就又颇多争议的一位作家。他的小说创作大致分为三个时期:

一是探索时期。以大学时代至留美回台湾前创作的小说集《十五篇小说》为代表。这部小说集中既有作者勇于探索取得成功的作品,也有失败的作品。如《玩具手枪》《日历》《践约》《欠缺》是以青年的苦闷为主题的,明显受到西方文学的影响;《海滨圣母节》《两妇人》《大风》是对乡土题材的尝试。从表现方法来看,《最快乐的事》是"微型小说"的实验;《母亲》是运用意识流和内心独白刻画人物性格的探索;《黑衣人》的艺术追求是象征与暗示;《草原盛夏》是对抒情散文式的小说的尝试。这些探索有得也有失,它为作者下一阶段的创作做了准备。

二是成熟期。以 1972 年发表的长篇小说《家变》为代表。从《家变》体现出的王文兴创作的主要特色,是擅长描写知识分子的心理变化,表现知识分子的命运。作家刘绍铭说,《家变》是中国传统文化日渐崩溃的象征,礼运大同理想的破灭。作家颜元叔认为,《家变》强调经济权在家庭地位之重要,甚至亲如父子也得看谁赚钱、谁花钱,谁是主人或仆人,事实虽然冷酷,却也是普遍的现实。

三是畸形发展时期。以 1979 年发表的《背海的人》为代表。这部小说描写一个中年流浪汉在喝醉酒的夜晚,说出他对整个人生的批评,对周围世界的看法。其主要特点是艺术形式的探索,通过主人公的内心独白和意识流的描写来表达故事内容,但他把《家变》中失败的文字经验进一步扩展了,在原先生硬别扭的句子中,掺进了大量的拼音符号、英文和粗俗的语言,使作品语言更加古怪生僻,晦涩难懂。

长篇小说《家变》是王文兴的代表作。小说描写的是一个家庭中父子冲突的故事。作者通过主人公范晔小时候与父亲充满骨肉亲情而到长大后却嫌贫爱富、虐待父亲的故事,反映出资本主义腐朽文化和道德观念不仅侵入到台湾社会,而且渗透到家庭,使人性受到扭曲,家庭破裂。在艺术表现上,作者擅长描写知识分子的心理变化,擅长将意识流手法与艺术细节结合起来,组成无数细小的"生活流",构成生动的画面;在语言上标新立异,把白话文、方言、自造语、倒装语词等掺杂在一起,用欧化句式把它们联结起来,创造了许多奇特的句子。但有些语

① 王文兴(1939—),福建福州人。曾在爱荷华"作家工作室"从事创作研究,后在台湾大学任教。出版有短篇小说集《玩具手枪》《龙天楼》《十五篇小说》,长篇小说《家变》《背海的人》等。

言过分追求标新立异,生硬别扭,语病甚多,破坏了作品的内容。

6. 林海音、陈若曦、欧阳子的小说

　　林海音、陈若曦、欧阳子都是女作家,但她们的创作风格各不相同。林海音的小说典雅柔美,流畅自然,陈若曦的小说质朴本色,欧阳子的小说善于通过心理描写刻画人物性格。

　　林海音①从 20 年代初至 40 年代末生活在北京,对北京的感情十分深沉,她的作品的故事背景多发生在北京。作者通过对这些故事的叙说,描绘出一幅幅古城北京的风俗画和风景画,从中流露出作者对昔日生活的眷恋和缅怀,以及热爱国家和民族的思想感情。她的作品大致有三种类型:一是用写实主义手法描写北京古城各阶层的生活和风俗习惯、风景名胜,富有浓厚的民族色彩,如《城南旧事》;二是以传统的手法与西方文学的技巧结合,描写中国三代妇女的婚姻悲剧故事,艺术上虽使用意识流、象征、暗示等手法,但民族色彩仍很浓郁;三是乡土题材,如《要喝冰吗》等。

　　《城南旧事》是作者的重要作品,它没有正面描写旧时代中国的黑暗势力,但通过小说中的 5 个悲剧故事及其背景描写,真实地反映了 20 世纪二三十年代旧中国的贫穷、苍凉和令人窒息的气氛。作者写的 5 个生活小故事,从表面上看,它们之间互不连贯,但它们有内在的结构,各个故事都从不同的角度表现了思乡和离愁的主题。作者在表现这一主题时,都是按照英子的年龄增长的时间顺序来安排的,而且由英子这个人物贯穿作品的始终,英子就成为联结整个作品的纽带,使《城南旧事》的各个故事成为一个有机整体。采取这种艺术结构方法,显然是受到古典小说"似断实连"结构的影响。

　　在林海音的小说中,写得最多的是中国三代妇女的婚姻悲剧故事。她的早期作品大多是描写老一代妇女在封建意识毒害下所造成的种种家庭婚姻悲剧,如《金鲤鱼的百裥裙》《烛》《殉》就是这类作品的代表。林海音描写同时代人的家庭婚姻悲剧故事,主要写战争如何给妇女及其家庭婚姻带来灾难,如《烛芯》和《晚晴》。林海音所描写的下一代的妇女家庭婚姻悲剧,与上两代人又有不同:主要描写现代社会的价值观念给年轻一代的妇女打上的印记。

　　在反映婚姻恋爱问题的作品中,长篇小说《晓云》是林海音的代表作。如果说作者以前的作品描写的是旧时代妇女的悲剧,表现了爱情婚姻与封建制度的冲突,而在《晓云》中,作者主要表现爱情和金钱的冲突。如果说林海音曾塑造了许多具有中国传统思想的妇女形象,那么《晓云》则塑造了一个融合中国妇女传统思想和资本主义道德伦理观念的现代妇女的典型何静娟。何静娟是梁思敬的夫人,她是一个精明能干、绝顶厉害的女人。当梁思敬婚后与日本女人生下晶晶之后,何静娟顾全大局收拾了丈夫留下的残局。她疼爱晶晶,视为自己的女儿,这令梁思敬不得不服服帖帖。从这一点看,何静娟继承了中国妇女的传统思想。她说话做事极

　　① 　林海音(1918—2001),原名林含英,小名英子,台湾省苗栗人。生于日本大阪,后随父亲回到中国台湾,稍后在北京城南定居下来。1948 年,她和丈夫、孩子再度回到故乡台湾。出版的作品有:长篇小说《晓云》《春风》《孟珠的旅程》,中篇小说《春风丽日》,短篇小说集《城南旧事》《婚姻的故事》《烛芯》《绿藻与咸蛋》,散文集《冬青树》《两地》《作客美国》《艺窗夜读》,儿童文学作品《金桥》《我们都长大了》,还有《林海音自选集》等。

有分寸,不动声色;但她是一个口蜜腹剑、笑里藏刀的人。她用金钱和权势把晶晶的妈妈、梁思敬、晓云一个个击倒。特别是当梁思敬与晓云计划去日本共同生活时,何静娟采取突然袭击的方法使这一计划破产。作者正是通过人物的对话、行动、心理活动的描写,揭示了何静娟的内心世界,生动地刻画了台湾现代妇女的形象,这是林海音对台湾文学的一个贡献。

陈若曦①的创作从大学开始,她在大学时期的作品主要描写台湾农村下层劳动者的困苦和台湾农村的人情风俗,如《最后夜戏》《辛庄》《灰眼黑猫》等,同时也写了一些模仿西方文学的作品,如《钦之舅舅》《巴里的旅程》《乔琪》等。70 年代中期以后,她的作品主要描写“文化大革命”给中国人民带来的灾难,如短篇小说集《尹县长》、长篇小说《归》等。她 80 年代以来的小说,主要描写旅美中国人的生活,如《纸婚》《远见》《突围》《向着太平洋彼岸》等。

陈若曦小说具有强烈的忧患意识,有一种永远摆脱不掉的“中国情结”和“中国意识”。她的小说具有鲜明的社会性、批判性和真实性。她是中国当代最早写作“伤痕文学”的作家,当“四人帮”还在中国大陆横行的时候,她就利用身在海外的有利条件,以清醒的现实主义者的胆识和勇气创作了否定“文化大革命”的小说《尹县长》。在《尹县长》中,她从一个局外人的角度,叙述善良、正直、对人民忠心耿耿的尹县长被冤害的经过,提出了“究竟为什么要搞这场文化大革命”的问题,表现了对人民命运和国家前途的忧虑。其他如《耿尔在北京》《任秀兰》《晶晶的生日》《值夜》《地道》《大青鱼》等小说,也都反映了这一思想。长篇小说《归》是作者创作“伤痕文学”的一个总结。这篇小说通过书中人物的所见、所议、所思,集中概括了“文革”时期的“庶民主义”,揭示了当时中国的弊病,其思辨色彩之浓重,社会批判性之强烈,都是少有的。

陈若曦的小说具有平中见奇、朴中见华的艺术风格,细节描写有很强的艺术概括力。如《老人》中“拔火罐”的细节描写,只有 320 多字,乍看平平淡淡,语不惊人,但细细品味,却感到言近旨远,内涵丰富,细致入微,感人至深。她的小说一向以政治性的主题居多,而《贵州女人》却着重写灵与肉的冲突,写人性的尊严,写人性对物质、对爱情、对金钱的反弹与抗拒,写得有深度,很感人。这说明她的小说突破了原有的模式,开始进入一个新阶段。

欧阳子②是受西方文学影响较深的一位女作家。她善于用纤细的笔触,冷静客观地剖析人物的心灵,作家白先勇称她是“心理小说家”“心理写实主义者”。

受劳伦斯和弗洛伊德的影响,欧阳子的小说主要描写人物形形色色的性心理,表现“意识”与“潜意识”,“本我”与“自我”“超我”的矛盾与斗争。她写的《秋叶》就是受人非议最多的小说,这篇作品写的是一个乱伦的故事。敏生与宜芬的乱伦,显然是受弗洛伊德的“俄狄浦斯情结”观点的影响。俄狄浦斯是古代希腊悲剧《俄狄浦斯》中的误杀其父误娶其母的人物,弗洛伊德用他来称呼这种恋母憎父的变态心理。敏生和宜芬的形象,表现了弗洛伊德的“本我”

---

① 陈若曦(1938—　),原名陈秀美,台湾省台北市人。作品有:《陈若曦自选集》,长篇小说《归》《突围》《远见》《二胡》《纸婚》,短篇小说集《尹县长》《城里城外》《老人》《贵州女人》,杂文集《文革杂忆》《无聊才读书》《生活随笔》等。

② 欧阳子(1939—　),本名洪智惠,台湾省南投县人,生于日本广岛。出版有短篇小说集《那长头发的女孩》《秋叶》,评论集《王谢堂前的燕子——〈台北人〉的研析与索隐》,散文集《移植的樱花》等。

与"自我""超我","潜意识"与"前意识""意识"之间的矛盾和冲突。敏生表面上极端东方化,彬彬有礼,进退有据,但表现出来的是极端西化,放纵不拘,敢于打破一切道德伦理界限,拥抱继母。这是弗洛伊德的学说"本我"战胜"自我",按照本能冲动的"超我"的具体表现。而宜芬终于在危险时刻摆脱敏生的怀抱,则是弗洛伊德的"超我"战胜"本我","清醒的意识"战胜了"潜意识"。但是这篇小说也有它的现实意义,作品揭示了当代家庭婚姻悲剧的一个重要原因:只有婚姻,没有爱情;只有物质,没有精神,这种婚姻最终必将崩溃。如王启瑞和前妻的分离,宜芬与王启瑞的儿子乱伦,都说明了这个问题。而作者的另一篇小说《觉醒》主要写母子之间的暧昧的感情。母亲结婚的第四年,突然发现自己的丈夫和女仆私通,从此她对爱情和人生完全失望,并把自己的爱倾注在儿子敏申身上。这个故事很容易使人想起劳伦斯的《儿子与情人》。《觉醒》中敏申母亲敦治的变态心理和《儿子与情人》中的保罗母亲葛楚的变态心理几乎是完全一样的,故事情节亦有相似之处。但是《觉醒》真实地描写了人物的变态心理的原因:丈夫的偷情,同时也写出了这种变态心理之外所包含的母爱与自私狭隘心理。

在艺术表现上,欧阳子的小说结构严谨,情节单一,每篇小说一般只有一个故事,事件一般发生在同一地点,并且在一两天之内完成。小说情节紧凑而连贯,结构完整而统一。她长于运用小说的叙述观点和象征、暗示、意识流等手法。如《近黄昏》写了三个人物:丽芬、吉威、王妈,每一个人物都用自己的观点来叙述故事,表现自己对同一事件的看法。这就与一般小说的单一观点和直叙手法有很大不同,明显受到福克纳的《喧哗与骚动》的影响。

欧阳子的小说也有某些不足,主要是作者描写人物与社会生活游离,看不到社会生活和周围环境对人物的影响,这就削弱了人物形象的真实感和作品的社会意义。

7. 高阳、古龙的小说

台湾及海外华人中流传着"有水井之处有金庸,有村镇之处有高阳"之说,此说虽有些夸张,从中亦可看出高阳①及其作品影响之深远。

高阳的历史小说题材广泛,气势恢宏。取材从秦汉直至清末民初,全景式地展现了中国封建社会广阔的历史画卷。归纳起来,主要有四个方面:第一,反映宫廷、官场政治风云的变幻。高阳擅长描写宫廷、官场的政治斗争,尤以表现清末王朝权力倾轧的作品最为出色。《慈禧全传》就是这类题材的代表作。第二,表现商场巨贾的兴衰沉浮。被视为"中国的商战小说"的《胡雪岩全传》是高阳的又一部杰作,它与《慈禧全传》堪称"双绝"。第三,编演曹雪芹及其家族的故事。高阳费了10年时间完成了"曹雪芹系列小说"4部12册。第四,重视名士传人的人生风景,如《李娃》《少年游》《状元娘子》等。

文学是人学。高阳的小说把塑造人物形象放在首要地位。他在卷帙浩繁的历史小说中塑造了几千个人物形象,其中刻画得成功的人物就数以百计。以《慈禧全传》为例,小说以慈禧

---

① 高阳(1922—1992),原名许晏骈,谱名儒鸿,字雁冰,笔名高阳、郡望,生于杭州。1964年开始发表历史小说《李娃》,从此一发不可收拾,创作了3 000万字的小说。已出版的历史小说主要有《李娃》、《风尘三侠》、《少年游》、《荆轲》、《慈禧全传》(6部8册)、《胡雪岩全传》(4部7册)、《状元娘子》、《红楼梦断》(4册)、《曹雪芹别传》、《乾隆韵事》、《印心石》、《金色昙花》、《清末四公子》、《琵琶怨》、《大将曹彬》、《金缕鞋》、《小凤仙》、《八大胡同》、《再生香》、《小白菜》等。此外还著有《红楼一家言》《高阳说曹雪芹》《高阳说诗》等。

为核心,出现的人物上千个,其中性格鲜明的有几十个。上至太后皇帝,下到奴仆百姓,三教九流,无所不有。归纳分类至少有这样一些人物群:帝后皇族系列、贵戚官僚系列、太监宫娥系列、幕僚师爷系列、平民仆从系列等。而慈禧是高阳倾尽心血塑造的核心人物,也是高阳历史人物画廊中最为成功的典型人物形象之一。作者既写出了慈禧从青年时代的懿贵妃到中年的西太后至晚年的"老佛爷"的历史性变化,又刻画了她集大统治者、大政治家和女人、母亲于一身的丰富而复杂的性格,表现了人物性格的多面性、立体感,打下了深刻的历史印记。

台湾作家张大春用"以小说造史"为题论高阳的历史小说,准确地概括了高阳历史小说的内涵。高阳认为:"历史必须求真,是一条绝对的法则,而小说作者对于人物的处理具有完全的自由,也是一条绝对的法则。"①高阳正是将历史的真实与艺术的真实有机地结合到历史小说之中,以历史框架为经,以想象和虚构为纬,在研究史实的基础上,把抽象的史实经过创作还原为生活化、人性化,创作出多姿多彩的历史剧。如历史小说《李娃》,高阳根据历史资料的记载,有声有色地描写了唐代长安东西两凶肆在天门街"打擂台"与"大出丧"的场景,特别是写遭难贵族公子郑一郎在葬仪中一曲挽歌惊万众的情节尤为哀怨,悲怆动人。

高阳的历史小说创作和他具有深厚的家族背景是分不开的。他出生在人杰地灵的杭州,他的家族中可以列出许多杰出的名字,这或许是造就他成为一名历史小说大家的重要因素之一。高阳在他的历史小说中全景式地展现了中国封建社会两千年间丰富多彩的文化,描绘出一幅长长的历史生活画卷,这幅长卷几乎涉及人们生活的各个领域、各个层面,从富有神秘意味的宫廷文化到官场文化,从商场文化到市井平民的民俗文化,可谓丰富多彩,包罗万象。

在台湾武侠小说创作中,古龙②是卓有成就的一位作家。他从 1960 年发表第一部武侠小说《苍穹神剑》开始,25 年中,共创作了 80 多部小说,总字数在 2 000 万字以上。他的武侠小说创作分为三个阶段:初期为 60 年代初,有《苍穹神剑》《孤星传》《残金缺玉》等作品。中期为 60 年代中后期,主要作品有《武林外史》《大旗英雄传》《浣花洗剑录》《一剑镇神州》《绝代双骄》。这个时期的作品在内容和形式方面都有所创新,从而使古龙跻身于台湾武侠小说名家之列。第三阶段以 70 年代初发表的《多情剑客无情剑》为发端,接着《楚留香传奇》《萧十一郎》《陆小凤》《流星·蝴蝶·剑》《白玉老虎》等大批力作相继问世,这些作品突破传统,求新求变,使古龙成为台湾新派武侠小说之翘楚,与香港武侠小说大家金庸、梁羽生齐名。他的武侠小说一度在海内外多种报刊连载,并改编为电影、电视剧。

求新求变,突破传统,是古龙武侠小说的突出特色。古龙认为:武侠小说"要求变,就得求新,就得突破那些陈旧的固定形式,尝试去吸收"③。古龙实现了这种创新。台湾小说评论家胡正群指出:"武侠小说只有到了古龙才算是'新',才堪称'新派'。也正因为古龙的'脱胎换骨','重临江湖',才又为武侠小说缔造出另一高峰。"④这种"变"和"新",首先表现在作者将现代思想观念引入武侠作品之中,如现代人的爱情婚姻观、审美趣味、处世哲学等。古龙笔下

---

　　① 高阳:《历史·小说·历史小说——写在〈李娃〉前面》,《台港文学选刊》1992 年第 8 期。
　　② 古龙(1936—1985),原名熊耀华,祖籍江西,生于香港。出版有《楚留香传奇》《绝代双骄》《萧十一郎》《陆小凤》《孤星传》《武林外史》《多情剑客无情剑》《圆月弯刀》《流星·蝴蝶·剑》《白玉老虎》等。
　　③ 古龙:《多情剑客无情剑·代序》,海天出版社 1992 年版。
　　④ 胡正群:《〈台湾新派武侠小说精品大展〉总序》,《风云第一刀》,学林出版社 1994 年版。

的许多男女主人公敢于冲破封建礼教的桎梏,大胆、主动、火热,充满现代意识。如《多情剑客无情剑》中的孙小红爱上大侠李寻欢,《武林外史》中的七姑钟情于少年英雄沈浪等都是如此。而《陆小凤》中的陆小凤与沙曼只乘一叶扁舟海上漂流的浪漫恋情更具有现代风韵。古龙还在大侠身上表现出现代人的"孤独感"和"寂寞感"。如《萧十一郎》中的主人公萧十一郎,心灵里充满寂寞与孤独,似乎只有远离现实才能求得解脱。在《楚留香传奇》中,大侠的这种情感抒发得更加浓烈。显然,他们的身上,注入了现代西方存在主义的哲学意识和现代人中存在的孤独感。这种"新"还表现在作者将现代文艺技巧用于武侠小说创作之中。如现代侦探小说的推理手法,电影的蒙太奇技巧等。

将武侠"人化""性格化",是古龙小说的又一特色。武侠的形象自古有之,长期以来,武侠小说中的"侠"形成一种类型或模式,甚至被神化了。古龙没有把"侠"神化,他笔下的"侠"是人,他着力表现人的性格、人的情感、人性的复杂。正如金庸所指出的:"武侠小说的故事不免有过分的离奇和巧合。我一直希望做到,武功可以事实上不可能,人的性格应当是可能的。"①古龙力图在作品中打破类型化、模式化,写出侠的鲜明个性。古龙小说中的大侠,如李寻欢、楚留香、沈浪、陆小凤、熊猫儿等,都性格鲜明,互不混淆,而非超尘脱俗不食人间烟火的神。李寻欢是古龙笔下的名人,他是武林豪客,绝顶高手,刚直不阿,智勇双全,为报答朋友的救命之恩,离别故园,离开了热恋中的情侣林诗音,然而 10 年中,他痴心不改、刻骨铭心地思恋林诗音,稍空就拿起小刀雕刻她的头像。爱的痛苦总在折磨着这位大名鼎鼎的英雄。他同时还信守"人生得一知己足矣"的格言,对血性青年阿飞,他患难与共,关怀备至,一腔真情。这些都充分地揭示了李寻欢丰富的精神世界。

古龙注重写人性、写人性的冲突。人性中的善与恶、正与邪、美与丑、灵与肉的冲突常常交织、渗融在同一个人物身上。如《楚留香传奇》中的楚留香风流倜傥,他有人性中善的一面,也有恶的一面,可是他总能将恶的一面控制得很好。他好事做得很多,傻事做得也不少,但绝不做自己不愿做的事。正是由于这样出色的描绘,使"侠""人化",获得了艺术的生命力。

构思奇妙、情节曲折、悬念重重,是古龙小说的另一特色。传奇性是武侠小说的重要特征。古龙的小说既不重复前人,也不雷同自己,故事情节奇巧,千变万化,引人入胜。他的许多作品常常妙语连篇,警句如珠,哲理丰富,意境豁出。如"走对了路的原因只有一种,走错了路的原因却有很多"(《风云第一刀》);"道德如河流,越深越无声"(《剑气满天花满楼》);"只道无情却有情,情到浓时情转薄"(《多情剑客无情剑》);"世上有很多看来很复杂玄妙的事,答案往往都很简单"(《边城刀声》)。这些类似佛偈一样的短句在古龙作品中闪闪发光,内蕴醇厚。

8. 黄凡、张大春的小说

黄凡②是新生代作家。台湾评论家高天生说:"新生代作家中,黄凡是最受议论,也最具传

---

① 金庸:《神雕侠侣·后记》,时代文艺出版社 1990 年版。

② 黄凡(1950—   ),原名黄孝忠,生于台北市。1979 年发表处女作《赖索》,获"《中国时报》"小说首奖,一举成名。以后创作的小说《乡归》《雨夜》《国际机场》《零》《慈悲的滋味》等分获《联合报》"《中国时报》"小说奖。出版有中短篇小说集《赖索》《大时代》《自由斗士》《都市生活》《你只能活两次》《曼娜舞蹈教室》《上帝的耳目》,长篇小说《天国之门》《伤心战》,散文、杂文集《黄凡的频道》等。

奇性地崛起的一位","黄凡的小说,近年来已跃为新生代最具有发展潜力的代表与翘楚。"①

黄凡的小说广泛涉猎台湾的政治生活、政治事件,敢于针砭时弊,批判社会现实中的丑陋现象。《赖索》是他的政治小说的发轫之作。作品主人公赖索出身贫寒,生活平凡而且艰难。由于事出偶然,他糊涂地加入了"台湾民主联盟",这以后,该组织的头面人物韩志远成为赖索心中崇拜的偶像。当这个参与"台独"活动的组织被取缔时,韩志远溜往日本避难,而赖索却因此入狱 10 年。小说以犀利的笔锋揭露了韩志远这类政客丑恶的嘴脸和"台独"分子的卑劣行径。短篇小说《示威》叙述的也是小人物的故事:一个微不足道的小人物偶然受伤,两个政党却借题发挥,大做文章,小百姓成了政客们玩弄的工具。从这场寓意深刻的讽刺闹剧中,可窥探到台湾式民主的虚伪性和欺骗性。

黄凡的小说还多方位地反映了现代都市社会的风貌,刻画了现代都市人的生存行为和思维方式。《人人需要秦德夫》是他的早期都市小说。作者通过塑造秦德夫这个人物,反射出都市社会家庭和人际关系的裂变,揭示了工商社会在"拜金主义"侵蚀下人性腐蚀、人情淡化、道德沦丧的丑陋现象。而《雨夜》描叙的则是主人公詹布麦在一个雨夜好心将一个男孩送往医院去看望母亲,得到的却是警察的反诬。这里,詹布麦高尚的人品与每况愈下的社会风气形成强烈对照,小说尖锐的批判锋芒不言而喻。黄凡后期写的都市小说,如《东区连环泡》,主要反映进入后工业文明时期都市光怪陆离的众生相。《雌雄大盗》《杀贼的滋味》展示了高度发达的都市社会的怪异现象,反映了台湾工业社会的种种弊端和社会问题,具有鲜明的时代色彩和深刻的社会意义。

在艺术表现上,作者坚持继承写实传统与借鉴现代文学技巧相融合。所谓"现实为体、现代为用",是对黄凡小说艺术的精要概括。在表现手法上,他运用了西方意识流手法。如《赖索》,明显受到美国作家索尔·贝洛《何索》的影响,《大时代》《伤心城》等作品运用意识流手法展现杂沓纷繁的现代都市生活,在形式和内容上都达到较好的融合。如果说黄凡早期作品在艺术上明显受到现代派的影响,那么,他的后期作品则更多地吸收了后现代主义的方法和技巧,如小说集《东区连环泡》。

张大春②也是新生代作家,他写过多种题材,进行过多样化的艺术实践。张大春的早期创作以《悬荡》和《鸡翎图》为代表,属取材现代社会生活的写实小说。《悬荡》写一位联考落榜的学生乘坐旅游缆车时,由于缆车在空中发生故障所产生的复杂的心理联想。《鸡翎图》写一位老兵深厚的怀乡思旧之情和维护人格尊严的倔犟性格。80 年代以后,作者逐渐疏离了传统的写实方法,开始进入艺术实验期。《公寓导游》是他艺术探索的成功之作。小说没有中心情节,没有主要角色,场面转换频繁,人物关系扑朔迷离。现代都市的 12 层"富礼"公寓大厦住着各色各样的人,这些人或直接或间接有些交往和关系,而实际上他们内心孤独、寂寞、焦灼,人与人之间淡漠疏离,以至于齐老太太心脏病猝发死去好几天,都没有被发现,隔壁的画家闻到死尸的怪味竟然还能在幻想中作画。公寓取名"富礼",实在是绝妙的讽刺。小说中,作者

---

① 高天生:《暧昧的战斗》,台湾《自立晚报》1984 年 4 月 17 日。

② 张大春:(1957—),原籍山东济南,生于台北市。小说《鸡翎图》《将军碑》获"《中国时报》"小说奖。已出版小说集《鸡翎图》《公寓导游》《四喜忧国》《大说谎家》《病变》,长篇科幻小说《时间轴》,长篇武侠小说《刺马》《大云游手》,杂文集《雍正的第一滴血》等。

试图运用一种"即兴表现"法,打破长期困扰作家的"时空限制",给人耳目一新之感。

受魔幻现实主义的影响,作者用魔幻写实的手法创作了一些短篇小说,如《将军碑》就是其中的代表作。小说的故事并不复杂,武镇东将军是位退役的上将,已有 83 岁高龄。作者通过他"穿越"时间的特异功能,讲述他周游于过去与未来之间的故事,告诉人们:每一代人只能认识其当代的一小部分,历史是不断改变的东西,每一代观察历史时,都在决定诠释历史,对于功过是非自然有不一样的评价。而《饥饿》则是作者更为典型的魔幻写实之作,构思奇异,情节荒诞,极具魔幻色彩。小说的标题《饥饿》意味深长,令人深思。

小说《四喜忧国》是张大春创作的"黑色幽默"的代表作。它运用喜剧的形式表现小人物的精神悲剧。朱四喜及其周围的人们目不识丁,愚昧无知,却受到生存环境的影响,受到被扭曲的意识形态的愚弄,小说以一种荒诞、变态的幽默,对现实社会的特殊人物做了嘲讽。此后,张大春又把目光投向历史小说领域,创作了"大荒野"系列短篇小说《欢喜贼》和长篇历史传奇小说《刺马》《大云游手》等。

三、台湾诗歌

1. 台湾当代诗歌发展概况

台湾诗歌承续了我国的诗歌传统,在当代得到较大的发展。台湾诗歌的发展,经历了一个渐进的过程。20 世纪 50 年代是台湾当代新诗的萌芽期,一批刚从大陆来台的诗人,忙于组织各种诗社,出版各种诗刊,为台湾新诗的发展辛勤耕耘,这时组织的诗社主要有以纪弦为首的"现代"诗社,覃子豪、余光中等组织的"蓝星"社,由"三驾马车"痖弦、洛夫、张默创办的"创世纪"诗社,以及"今日新诗"诗社、"中国诗人联谊会"。这些诗社的建立,在团结诗人、推动诗歌创作和研究方面起了积极的作用。

从诗的题材和内容来看,反共和怀乡的新诗仍是 50 年代诗歌的主流。反共诗由于政治意味太浓,乏善可陈。但其中有些怀乡诗,抒写了自己的真情实感,也写得相当动人。除上述诗作外,在台湾当代文学中开风气之先的现代诗得到发展。现代诗从"五四"以来走过一条曲折的道路。如以徐志摩、朱湘、闻一多为代表的"新月"诗派,以李金发为代表的象征诗派,以戴望舒、杜衡、施蛰存为代表的现代诗派,都为倡导现代诗做过努力,但由于历史原因,现代诗难以成为气候。50 年代现代诗在台湾复苏。倡导现代诗的是纪弦,他在台湾明确提出了"领导新诗的再革命,推行新诗的现代化"的口号。

和纪弦的"现代"诗社同时提倡现代诗的,还有痖弦、洛夫、张默的《创世纪》。《创世纪》开始提出的口号是建立"民族的新诗型","确立新诗的民族路线,掀起新诗的时代思潮"。到了 50 年代末,《创世纪》的宗旨与诗风发生了很大的变化,他们把诗的"世界性、超现实性、独立性和纯粹性"作为创作方向。经过一段实践之后,《创世纪》于 70 年代初又提出了"新的民族风格之塑造"的口号。总的说来,这一时期《创世纪》的诗虽然吸取了民族的传统,但其本质仍是现代主义的。而"蓝星"诗社作为一个比较稳重的诗社,在推动现代诗发展方面也有"现代""创世纪"两个诗社所不及的作用。他们对"现代"诗社"全盘西化""横的移植"的批判,对《创世纪》的超现实主义和虚无主义的针砭,不但对两个诗社的偏差起了抑制作用,而且对现代诗逐步与民族传统结合也产生了积极的影响。

60 年代,台湾新诗继续向前发展,各种诗刊如雨后春笋般地出现。这一时期出版的诗刊主要有:刘国全主编的《纵横诗刊》、覃子豪主编的《蓝星季刊》、朱啸秋主编的《诗·散文·木刻》、绿蒂与素迹主编的《野火诗刊》、文晓村主编的《葡萄园诗刊》、陈锦标主编的《海鸥诗刊》、陈慧华等主编的《星座诗刊》、林亨泰与白秋等主编的《笠》诗刊、罗行主编的《南北笛》季刊、羊令野主编的《诗队伍》双周刊等。在创作上,这一时期出版的诗集有 230 多种,其中较有代表性的有:叶珊的《水之湄》、辛郁的《军曹手记》、蓉子的《七月的南方》、覃子豪的《画廊》、方莘的《膜拜》、罗门的《第九日的底流》、叶维廉的《赋格》、蓝菱的《露路》、张默的《边陲》、洛夫的《石室之死亡》、周梦蝶的《还魂草》、张健的《春安·大地》、王润华的《患病的太阳》、翱翱的《死亡的触角》、羊令野的《贝叶》、郑愁予的《窗外的女奴》、痖弦的《深渊》、白秋的《天空象征》、商禽的《梦或者黎明》、向明的《狼烟》、桓夫的《野鹿》等，此外还有《十年诗选》《60 年代诗选》《中国现代诗选》等，诗论方面有余光中的《掌上雨》、罗门的《现代人的悲剧精神与现代诗人》、洛夫的《诗人之镜》、纪弦的《纪弦论现代诗》等。这些都是 60 年代台湾诗坛的重要收获。从题材上说，这一时期的诗歌扩大了现代诗的表现内容，创造性地结构新的语言形式，收到很好的效果。但是 60 年代的现代诗仍然存在内容上的虚无主义、纵欲主义，艺术上的形式主义等问题。到了 60 年代中期，台湾现代主义新诗逐渐衰落，而乡土诗、写实主义诗歌在此时萌芽生长，向现代主义新诗提出了挑战。其中最突出的是《葡萄园》和《笠》，提出了"明朗化""普及化"的口号，并由此引起了关于现代主义诗观与传统诗观的大争论。

到了 70 年代，台湾诗坛现代主义的统治地位逐渐为现实主义诗潮所代替，写实诗、乡土诗成为台湾新诗的主流。这一时期又出现了一批新诗刊，如《龙族》《主流》《大地》《草根》《诗歌》《阳光小集》《诗潮》等。这些诗刊几乎都强调新诗的"民族性""社会性"和朴素明朗的语言风格，反对脱离民族、脱离现实以及晦涩难懂的诗风。如《龙族》诗刊宣言说："我们敲我们自己的锣、打我们自己的鼓、舞我们自己的龙"，就是标明自己要走民族化、社会化、本土化的道路。高上秦、林佛儿、辛牧、林焕彰、吴晟，以及《葡萄园》的文晓村、《笠》的李魁贤等，都是台湾写实诗、乡土诗的提倡者与实践者。

与 70 年代相比，台湾 80 年代的诗歌创作又有了新的发展。新增的诗刊据不完全统计也有 30 多种，如《脚印》《涓流》《蜗牛》《洛城》《晨风》《草原》《南风》《钟山》《台湾诗季刊》《季风》《地平线》等。80 年代及其后是台湾诗歌的整合时期。前期倾向于传统的写实主义；后期从 1985 年以后，诗风有所发展变化，主张传统与现代的结合。前期的诗风是以民族的、社会的、写实的、本土的、抒情的为其主流。一批激进的乡土诗人高举现实主义的旗帜，反对无根无土、无血无肉的欺骗文学，倡导诗歌要秉承优秀的现实主义传统，表达人民的心声。

相应于前期诗风与主张，80 年代前半期开始出现大量的政治诗、乡畴诗和生态环境诗。"政治诗"一词开始出现于 1983 年的《台湾文艺》，代表诗人有宋泽莱、纪万生、明哲等。政治诗反映了台湾民众对现实的不满，为台湾农民、渔民、劳工阶层等低收入者呐喊。但由于政治诗过分强调政治性，反而影响到乡土诗、写实诗的发展。"乡畴诗"是与"乡愁诗"相对立而提出的。台湾诗评家萧萧认为，"乡畴诗"与"乡愁诗"是两种不同的创作取向。前者依主题所涵盖的地域而定义，后者以诗人内在的情绪结构为依归。产生"乡愁诗"与"乡畴诗"的背景在于诗人所处的时间与空间不同。而"生态环境诗"最早则是由莫渝倡导的，他的代表作《在我们的土地上》对人类生存环境受到严重威胁表示深切的关注。尔后《台湾时报》推出了生态诗专号，引起诗坛的注意。

80 年代中期以后，由于资讯工业一日千里，在传媒革命的推动下，台湾诗坛出现了"录影诗""视觉诗"和"后都市诗"。"录影诗"采用大量的"技术性语言"，使文体走向清晰透明的知性层次；传统的"巫术式语言"被减至最低量，一扫多年来流行不辍的晦涩气。"录影诗"加入了视觉与音响，挪用了电影分镜头的操作形态，突破现代诗的三大类型（分行诗、分段诗、图像诗），呈现现代诗形式上的新面貌。"录影诗"所蕴含的精神龙骨是 20 世纪末的都市精神，用器物文明的手段打开"新人文主义"的另一扇窗口。将诗这种高纯度的上层文化与属于通俗商业文明的录影带工业联结在一起，成为沟通雅俗的第二种可能。而"视觉诗"不仅继承了

"图像诗"利用文字记号系统的具象化的表现形式,更将专属于绘画记号系统的表现形式纳入诗创作中,而且加入了绘画的线条和色彩。

这一时期出现的"都市诗"与此前的"都市诗"不同:以前的"都市诗"主要是批判都市文明对人性的扭曲与破坏,表现人类对工业文明的不适与反抗,反映诗人渴望回归自然的田园情绪,其中心是写人性与物性的对立。但台湾年轻的"都市诗人"对都市文明采取了批判与歌颂结合的态度,既批判它的罪恶的一面,也歌颂都市文明的进步与对人类的贡献,所以他们称此为"后都市诗"。

与"录影诗""视觉诗""后都市诗"发展密切相关的,是台湾新诗在传播形式上的实验与更新,"诗歌合一""诗画合一""诗影合一"是其主要的手段与途径。

总的来说,台湾新诗 50、60 年代倾向现代主义,70 年代倾向现实主义,而到了 80 年代以后,台湾诗风有了很大转变,前期趋向写实,后期趋向开放,诗作由单一走向多元,走的是统合的道路,他们把现代主义与现实主义、台湾题材与大陆题材、诗的内容形式与诗的传播媒介融合起来,力图创造出一种有异于过去的新诗。

2. 余光中的诗

在中国诗坛上,余光中①占有突出地位。他的诗充满中华文化精神,又具有现代色彩,为广大读者所喜爱。

余光中的创作大致经历了以下几个时期:格律诗时期(1949—1957),以诗集《舟子的悲歌》《蓝色的羽毛》《天国的夜市》《钟乳石》等为代表;西化实验时期(1957—1962),以诗集《万圣节》《天狼星》为代表;反西化的新古典主义时期(1962—1969),以诗集《五陵少年》《莲的联想》为代表;民族写实时期(1969 年至今),出版了诗集《敲打乐》《在冷战的年代》《白玉苦瓜》,以及 1979 年后陆续出版的《与永恒拔河》《紫荆赋》《梦与地理》《安石榴》等。

从题材与内容来看,余光中的诗既有乡愁诗,也有爱情诗,还有写实诗,然而数量最多、成就最高的是他的乡愁诗。他的乡愁诗善于将对祖国的怀念和对祖国灿烂文化的缅怀与景仰结合起来,抒写诗人强烈的民族感情与民族自豪感,歌颂中国的历史文化,歌颂中国古代的英雄和诗人。他的《万圣节》《天狼星》《我之固体化》《芝加哥》《我的年轮》等诗作,记录了诗人自我放逐生涯中的心路历程,抒写了对故国的怀念和爱国主义的感情。《当我死时》叙写的是诗人希望自己死后能葬在长江与黄河之间,把滔滔的长江和黄河之水当做安魂的乐曲,把辽阔的中国大陆当做自己的床,在祖国母亲的怀里安然睡去。诗人浓烈的民族意识和爱国情怀借着祖国壮丽河山的依托,被强烈地表现出来。诗人还善于将对亲人特别是母亲的思念,与对祖国的思念融合起来。在这类诗中,母亲的形象与祖国的形象重叠,母子之情与中华儿女的民族之情合二为一,从而使读者产生强烈的共鸣。如《乡愁》:

---

① 余光中(1928—　),福建永春人,生于南京。1948 年入南京金陵大学,后转到厦门大学外文系学习,常在厦门《星光》《江声》报发表新诗与短评。1949 年 5 月到台湾,1951 年毕业于台湾大学外文系,1954 年与覃子豪、钟鼎文、夏菁、邓禹平共创《蓝星》诗社。1958 年 10 月赴美进修,次年获爱荷华大学艺术硕士学位。曾任台湾"中山大学"文学院院长及外文研究所所长等,出版有诗集、散文集多种。

小时候
乡愁是一枚小小的邮票
我在这头
母亲在那头

长大后
乡愁是一张窄窄的船票
我在这头
新娘在那头

后来呀
乡愁是一方矮矮的坟墓
我在外头
母亲在里头

而现在
乡愁是一湾浅浅的海峡
我在这头
大陆在那头

　　说到乡愁诗,余光中说:"乡愁诗是时代的产物。所谓'国家不幸诗家幸',我过去所以会写出许许多多情感饱和的乡愁诗来,是因为战争动乱、国家分裂,骨肉离散,令人心痛如焚。"①诗人 2000 年 10 月在华中师范大学谈到这首诗时也说:"我 1949 年去台湾,到 1971 年写这首诗时,已经离开大陆 20 多年了,当时海峡两岸不能正常交流,心中郁闷,所以写下了这首诗。诗中的母亲、新娘都是我个人生活中的真实的纪念。""乡愁是一个微妙的东西……它既是一个文化的范畴,也是一个历史的范畴,不能仅从地域意义上来理解。对于我来说,年轻时写乡愁,浪漫的成分较浓厚,现在写乡愁就更注意写实。"②作者的阐释,使我们对乡愁诗有了深层的理解和把握。

　　余光中的爱情诗多姿多彩。他的早期爱情诗倾向于浪漫主义、纯情主义和唯美主义,与社会生活距离较远,如《咪咪的眼睛》等;中期爱情诗,在纯情主义、唯美主义基础上,多了一些古典色彩和现代色彩,可称为新古典主义的爱情诗,如《等你在雨中》等;后期的爱情诗倾向写实,与社会生活和时代环境结合比较紧,如《双人床》这首反战诗,一方面描写了战争对爱情的干扰和破坏,另一方面也表现了及时行乐、爱情高于一切的思想。而《如果远方有战争》却是对《双人床》的爱情至上主义的批判,对那些不关心战争和人民苦难的爱情提出批评。诗人描

---

　　① 引自汪静文:《两岸学者渡海相会——广州与高雄"中山大学"第二届文学学术研讨会侧记》,《香港文学》1998 年 7 月号。

　　② 《桂花香里说乡愁——访台湾著名学者、诗人余光中》,《楚天都市报》2000 年 10 月 9 日。

写一边是残酷的战争,人民的苦难,一边是不管他人只顾自己幸福的两人世界,这种鲜明的对比本身就是对爱情至上主义的批评。余光中的社会写实诗稍逊于他的乡愁诗和爱情诗,有的意识形态倾向较重,艺术上比较平实。

在艺术风格上,余光中的诗是民族抒情体的现代诗,是民族风格、抒情风格、现代风格的融合。他的诗吸取了我国古典诗歌的某些形式、技巧,同时受民谣的影响,结构完整,音韵和谐,节奏感强,富有音乐性。他的诗抒情性强,即使是现代诗,也以描写情感和内心为主。余光中诗的现代风格主要在形式上而不是在内容上。在内容上,他的诗较少存在主义、悲观主义、个人主义、虚无主义的消极思想,相反却充满着积极向上的国家民族意识和经国济世的儒家思想,但在形式上有浓烈的现代主义色彩。

3. 洛 夫 的 诗

在台湾诗坛上,洛夫①与余光中齐名,被誉为台湾现代诗运动的双子星座。他们有许多共同的特点,走过了相类似的创作道路,对台湾现代诗的发展贡献良多。

洛夫的诗大致可分为抒情期、探索期、回归期三个时期。

抒情期大致为 1954 年至 1958 年。处于采花酿蜜时代的青年诗人写下的《灵河》,实际上是对爱情的渴望和追求。但他写的并不是纯情诗,即使描写爱情,也往往流露出浓厚的苦闷、孤独、焦虑、矛盾的情绪与现代色彩,如《风雨之夕》《我的兽》等。50 年代末,洛夫开始步入超现实主义探索期。

长诗《石室之死亡》是洛夫的超现实主义代表作。全诗由 64 首诗组成,每首 2 段,每段 5 行。"石室"是诗人当兵时住的碉堡。诗题"石室之死亡"既是诗人所处环境的具体描写,也是人类孤独的心灵与环境的象征。诗作出版后,对台湾诗坛带来了强烈的冲击,对它的评价一直争论不休。诗人在《诗人之镜》(《石室之死亡》自序)中说:"超现实主义者基本上是要破坏一切道德的、社会的、美学的传统观念而追寻一种新的美与新的秩序。"他强调潜意识的重要,赞颂"死亡"——"凡严肃艺术品均预示死亡之伟大与虚无之充盈"。洛夫的《石室之死亡》就是这种超现实主义创作思想的体现。它用存在主义哲学、弗洛伊德的精神分析,以及无政府主义思想去观察人类的处境,探讨人类的命运与价值。在艺术表现上,则运用超现实主义常用的"自动语言""意象的随意并置与转换"等反传统的技巧。诗作表现了人的命运的孤绝、卑微、空虚,光明与黑暗的搏斗,以及对死亡的赞美。在诗人的笔下,人类的命运是孤绝痛苦的,人是卑微的,生活没有意义。光明与黑暗展开了激烈的搏斗,表现了诗人对光明的追求与向往。诗作还极力赞美死亡:"死亡的声音是如此温婉,犹之孔雀的前额。"(之十二)死是摆脱人类痛苦的最好办法。值得注意的是,《石室之死亡》虽然流露了存在主义的某些悲观色彩,但它并不是绝望的、颓废的,而是表现了诗人的挣扎和愤怒。"神啊,我所能奉献于你脚下的,只有愤

---

① 洛夫:(1928—),原名莫洛夫,湖南衡阳人。1948 年入湖南大学外文系。50 年代初毕业于台湾淡江大学英文系,曾任教于东吴大学。1954 年,与张默、痖弦共同创办了《创业纪》诗刊。出版的诗集有:《灵河》《石室之死亡》《外外集》《无岸之河》《魔歌》《众荷喧哗》《因为风的缘故》《月光房子》《洛夫自选集》,诗论集《诗人之镜》《洛夫诗论选集》《孤寂中的回响》《诗的边缘》等。

怒"(之四十六),"一棵树凄厉呼喊"(之十),树虽在火中注定要"雕塑成灰",但"唯灰烬才是开始"。表现了诗人对光明(太阳)战胜黑暗(投影)的信心。这首诗虽有不少灰暗和晦涩之处,但它仍不失为一部优秀之作。它不仅表现了诗人在战争环境中的体验,而且表现了台湾社会以及整个人类命运的处境,表现了多层次的主题,诗作创造了许多令人震惊的反传统的意象和表现方法,对中国诗歌的发展作出了新的贡献。

《魔歌》之后,诗人进入改变风格、回归传统的新阶段。诗人这一时期的诗作,既有运用古典题材表现现代精神与理念的诗,如《长恨歌》《有鸟飞过》《某小镇》《金龙禅寺》《屋顶的落月》等;还有一部分乡愁诗,缅怀祖国历史文化,颂赞祖国的壮丽河山,怀念亲情、友情。这些诗与探索期的风格形成鲜明对照。

与超现实主义的诗相比较,洛夫回归期的诗有较大的变化:一是从主观走向主客观结合,从向内走向内外走结合。强调诗的纯粹性,超现实,强调写无意识、潜意识、"内在真实",远离外部的客观世界。回归之后,诗人的诗观发生很大变化,他认为,诗人不但要走向内心,深入生命的底层,同时也要敞开心窗,使触觉探向外界的客观现实,而求得主体与客体的融合。洛夫回归后的诗,情与景,意与境,诗的主观世界与客观世界,内在真实与外在真实,水乳交融,浑然一体。如《诗人的墓志铭》《死亡的修辞学》《大地之血》《裸奔》等。二是从意象繁复庞杂走向意象单纯鲜明。回归之后,诗作意象精练而鲜活,意蕴更加清晰,形象更加优美生动。三是表现技巧逐渐从现代走向传统与现代的结合。语言风格趋于朴素优美,自然明朗。

洛夫回归期的诗虽然更加圆熟,但题材过于狭小,局限于日常生活琐事,看不到那种放荡不拘的技法及石破天惊的创造性诗句,缺少探索期那种令人沉思和震惊的生命体验,稍嫌平淡而无波澜。

4. 纪弦、郑愁予、痖弦的诗

纪弦①是台湾现代诗的倡导者。他提倡新诗的"知性"和"纯粹性",认为传统诗重感性,现代诗重知性。纪弦关于现代派的理论主张曾对台湾诗坛产生深远的影响。

从日常生活中捕捉瞬间体验,张扬个性,是纪弦诗歌的显著特色。他特别注重对生活中具体事物的观察、体悟,表现个人的生活态度与情趣,探求人生中的真善美与假恶丑。如《在地球上散步》,诗人捕捉独自在大地上散步的孤独感,但又不甘于孤独,期望被人了解,期望相互交流和沟通。《狼之独步》是纪弦的代表作,在台湾很有影响。诗人以狼自喻:"我乃旷野里独来独往的一匹狼,/不是先知,没有半个字的叹息。/而恒以数声凄厉已极的长嗥,/摇撼彼空无一物之天地,/使天地战栗如同发了疟疾;/并刮起凉风飒飒,飒飒飒飒的;/这就是一种过瘾。"这首诗鲜明地表达了诗人孤独、抗争、不屈的个性,透出一种执著的、感人的悲凉。诗人还有些诗也张扬个性而又含有自嘲意味。如《六与七》:"拿着手杖7。/咬着烟斗6。/数字7是具备

①　纪弦(1913—2013),原名路逾,曾用笔名路易士。祖籍陕西,出生于河北清苑。曾自编《易士诗集》。1934年创办《火山》诗刊,1935年留学日本,回国后与戴望舒、徐迟创办《新诗》月刊。著有诗集《火灾的城》《爱云的奇人》《烦哀的日子》《不朽的肖像》《在飞扬的时代》《摘星的少年》《无人岛》《饮者诗抄》,以及《槟榔树》(甲、乙、丙、丁、戊共五集),诗论集有《纪弦诗论》《新诗论集》《纪弦论现代诗》等。

了手杖的形态的。／数字 6 是具备了烟斗的形态的。／于是我来了。／手杖 7＋烟斗 6＝13 之我……"纪弦剖析自己说："用世界上最辛辣的字眼讽刺我自己，嘲笑我自己，直搔到我自己的痒处，同时发现我自己的伟大。"①结尾"悲剧悲剧我来了。／于是你们鼓掌，／你们喝彩"两句，是在嘲讽自己，也在嘲讽世俗。

纪弦常用诗中假托抒发个人对人生、对生命的感情，这类佳作往往真挚感人。如《一片槐树叶》，面对多年前留下的一片槐树叶，表达出诗人对祖国的强烈思念之情。

纪弦以诗为生命，毕生追求诗歌的创新。他的《不再唱的歌》便是这种追求的剖白："当我的与众不同／成为一种时髦，／而众人都和我差不多了，／我便不再唱这支歌了。／别问我为什么，亲爱的。／我的路是千山万水。／我的花是万紫千红。"这里的与众不同，一指不因袭传统，二指创新，不落俗套。纪弦主张否定自我、超越时人，在控制中寻求新的领地。

在表现手法上，纪弦的诗刚柔相济，冷中藏热，常常用散句的形式，化口语入诗。看似漫不经心，却在平常的诗句中寄寓着深厚的情感，如《在公园》。他的诗不注重押韵，更讲究诗歌的内在韵律，注重诗句铺排的美。如《你的名字》在 18 行的诗句中，"你的名字"重复用了 15 次，造成一种回环往复的韵律美。

郑愁予②的诗歌创作可以分为前后两个时期。前期从 1951 年至 1968 年，可称为中国台湾时期；后期从 1973 年去美国以后，称为美国时期。他的诗在台湾拥有广大的读者群。

余光中曾写过一首诗《小招——岁末怀愁予》："那浪子，像所有的浪子一样／结局是清丽的失踪／绝句绝　酒缸空／只留下炊烟袅袅的一缕美名／缭绕他昔日的梦境。"也许是由于这首诗，郑愁予在台湾文坛便有了"浪子诗人"之称。抒写漂泊人生中的浪子情怀，是郑愁予诗歌的重要题材。他在诗中写远游、飘零、流浪，虽也抒发出游子或离人的别绪离情，但与传统诗不同的是，诗中更多地表达了对爱的憧憬、对美的渴望。如《归航曲》："漂泊得很久，我想归去了……我要归去了／天隅有幽蓝的空席／有星座们洗尘的酒宴／在隐去云朵和帆的地方／我的灯将在那儿升起……"如《野店》："是谁传下这诗人的行业／黄昏里挂起一盏灯"，"是谁挂起这盏灯啊／旷野上，一个朦胧的家／微笑着……"如果说这类诗吟唱的是回归曲，那么《水手刀》却撷取了水手离别时刹那间的动人画面，表现了远航水手搏击风雨、勇往直前的豪壮。可以说，这是一首颇具浪漫情调的弄潮儿之歌。

郑愁予吟咏大自然的山水诗，没有止于山川的奇美秀丽，而是假托大自然言情抒怀注入了生命活力。他的诗作写山、写海、写草地、写阳光，处处在写大自然，写小岛，却处处在写"你"，寄托着浓郁的情缘。

诗人说："无论是哪一类的素材，都隐含我自幼就怀有的一种'流逝感'"，一种"对生命无可奈何的悲悯"③。他的《矿土》《草鞋与筏子》《老水手》《板车夫》《燕人行》等诗中的人物都

---

① 引自《台湾三家诗精品》，安徽文艺出版社 1991 年版，第 175 页。

② 郑愁予（1933—　），原名郑文韬，祖籍河北宁河，生于济南。14 岁进入北大文学班学习。1949 年到台湾，毕业于台湾中兴大学。1968 年应邀参加美国爱荷华大学"国际写作计划"，后获艺术硕士学位。先后任教于美国爱荷华大学与耶鲁大学东亚语文系。出版有诗集《梦土上》《衣钵》《窗外的女奴》《长歌》《郑愁予诗选集》《燕人行》《雪的可能》《蒔花刹那》《刺绣的歌谣》等。

③ 郑愁予：《做一个单纯的诗人恐亦难以为继》，《郑愁予诗的自选》，生活·读书·新知三联书店 2000 年版。

是诗人移情的化身。悲悯的情怀构成了他诗歌苍凉悲慨的抒情气质。诗人早期那首脍炙人口的《错误》，许多学者认为是一首情诗，而作者的本意却是写母亲的等待。然而不管哪种解释，这首诗的感人处却是对生命的悲悯："我达达的马蹄是美丽的错误/我不是归人，是个过客……"他的诗善于运用精致的"叙述"，含蓄地表达某种抒情的意图，从而引起人们理性的思考。

在诗歌形式上，诗人注重语言的纯净、文字的动感及内在的节奏，如"多想跨出去，一步即成乡愁/那美丽的乡愁，伸手可及"；"这次我离开你，是风，是雨，是夜晚/你笑了笑，我摆一摆手/一条寂寞的路便展向两头了"。这些诗句便充分表现了上述特性。

诗人痖弦①参与创办的《创世纪》在台湾诗坛最早打出超现实主义的旗帜，他与"创世纪"诗社的洛夫、张默被称为该社的"三驾马车"。他是一位创作数量不多但在台湾很有影响的诗人。他 1955 年以《火把，火把哟》一诗获奖，引起诗坛瞩目。

痖弦早期诗作色彩明快而趋向歌谣风。诗人说："我早期的诗可以说是民谣风格的现代变奏，且有超现实主义的色彩。"②但总的说，他的诗是忧郁的。如《忧郁》这首诗："只有忧郁/没有忧郁/是的，尤其在春天/没有忧郁的只有忧郁。"忧郁普遍存在于他的诗中。诗人用忧郁的眼睛观察世界，用忧郁的笔触书写世界，即使对自然风物的吟咏，也融入了诗人少年时代在大陆北方的生活体验，笼罩着一种忧郁的气氛。如《红玉米》，借对北方红玉米的眷恋，表达了对现代生活的忧虑与困惑。

痖弦后期的诗作思考人的生存状态，对现代工商社会进行了激烈的批判。他在诗作《深渊》的开头引用了萨特的名言："我要生存，除此无他；同时我发现了他的不快。"这句话是对《深渊》的绝妙注释。《深渊》以繁复、怪诞的意象，揭示了光怪陆离的现代都市工业社会的荒谬景象："没有什么现在正在死去/今天的云抄袭昨天的云。""哈里路亚！我仍活着。/工作、散步，向坏人致敬，微笑和不朽。/为生存而生存，为看云而看云，/厚着脸皮占地球的一部分……"抨击了现代社会堕落、虚伪，物欲横流，尔虞我诈的丑恶现状。

痖弦的人物诗，如《上校》《弃妇》《水夫》《乞丐》《盐》等都堪称佳作。他笔下的人物大多为不幸的小人物，作品抒写了他们悲剧性的命运，写出了生存的绝望和困境，充满迷惘与焦虑。

痖弦曾经学习戏剧，他自己也有演戏经历，他的诗作常以戏剧手法入诗。如《上校》："那纯粹是另一种玫瑰/自火焰中诞生/在荞麦田里他们遇见最大的会战/而他的一条腿诀别于一九四三年……"这首诗如同舞台上对照强烈的两幅戏剧场面，前后两节形成鲜明对照，用蒙太奇手法拼贴到一首小诗中了。诗人张默曾对痖弦的诗做过这样的评价："甜是他的语言，苦是他的思想。"③痖弦十分注重诗歌的音乐性，善于从口语中熔炼出质朴、自然、富有节奏感的语言，而且善用多种修辞手法来营造语言的内在韵律。如《坤伶》《希腊》《巴比伦》《弃妇》《水夫》等诗都具有这个特点。

---

①　痖弦（1932—　），原名王庆麟，河南南阳人。台湾"创世纪"诗社发起人之一，曾主编《创世纪》《诗学》《幼狮文艺》及《联合报》副刊。著有诗集《痖弦诗抄》《深渊》《痖弦诗集》《痖弦自选集》，论著"《中国新诗研究》"等。

②　《有这么一个人》，《痖弦自选集》"附录"，黎明文化事业公司 1977 年版。

③　张默：《痖弦诗选》编者按，"《中国当代十大诗人选集》"，台湾源城文化图书供应社 1977 年版。

四、台湾散文

1. 台湾散文的承续和发展

　　散文是一种自由灵活的文体。20世纪50年代是台湾散文创作的兴旺时期。这一时期散文有如下特点:一是大陆来的中老年散文作家多。尽管此时的散文主题大多是反共和怀乡,但仍然有一批中老年作家按照自己对人生和世态的理解,写出了引人注目的佳作,如苏雪林的《千石谱》,梁实秋的《脸谱》《旅行》,尹雪曼的《小城风味》,王鼎钧的《红头绳》,谢冰莹的《爱晚亭》,季薇的《蓝燕》,呼啸的《故乡别愁》等。二是写作散文的女作家多。她们多写日常生活和身边琐事,风格大多清丽秀美,文笔细腻柔婉,辞藻华美绚丽。散文作品主要有王文漪的《爱与船》、王怡之的《台北街头多丽人》、艾雯的《青春篇》、林海音的《冬青树》、张秀亚的《牧羊女》、钟梅音的《冷泉心影》等。三是军队散文作家多。特别是在报导文学方面,如司马中原、朱西宁、张拓芜、王蓝等,都有散文作品问世。

　　60年代,台湾散文受现代主义文艺思潮的影响,出现了与传统散文不同的现代散文。现代散文重感性、象征、暗示,但有时过分的跳跃和切断意象不免晦涩难懂。这一时期创作现代散文的作者主要是诗人,余光中是台湾现代散文的倡导者,他发表的《剪掉散文的辫子》是一篇现代散文的宣言书。他把台湾当代散文分为四类:学者散文,花花公子散文,浣衣妇散文,现代散文。他认为现代散文的主要特征是讲究"弹性""密度"和"质料"。"弹性"是指散文对于各种文体和语气能够兼容并包的高度适应能力;"密度"是指这种散文在一定篇幅中满足读者对于美感要求的分量;"质料"是指构成全篇散文的字或词的品质。1968年,余光中再次诠释了他的"现代散文"观,指出现代散文应该表现现代人的意识,具有现代人的表现方式,适当的欧化,适当程度的文白交融,当代口语的采用,这一切,都是现代散文作者在技巧上面临的问题。这一时期的现代散文受到乡土散文和现实主义散文的严重挑战。乡土作家认为,散文不应只有艳丽的词句而脱离社会现实,散文不应停留在"小我",而应该进入"大我",特别要写工人、农民的生活:农夫的怨天,矿工的忧山,渔人的咒海。就创作而言,60年代的台湾散文有了进一步的发展,不仅佳作联袂,争妍斗艳,而且手法多样,风格各异。如余光中散文的典雅瑰丽;纪弦散文小品的平中见奇;杨牧散文的意象穷丽,用典自然;洪炎秋散文于犀利中透平和,幽默中带讽刺;周弃子散文在苦涩的人生描写中,潜藏着悠缓的情调;陈之藩的散文有情致,有感慨,有境界;叶曼的散文于自然中溢出哲理;琦君的散文内敛而平易。

　　70—80年代,台湾人民的民族意识和民主运动空前高涨,文学潮流向民间和本土回归。在这一思潮的影响下,乡土与写实散文占有重要位置。其代表作有许达然的《土》,吴晟的《农妇》《店仔头》,林清玄的《冷月钟笛》,古蒙仁的《黑色的部落》,马以工的《寻找老台湾》,陈铭番的《卖血人》等,这些散文大多描写转型时期的农村生活和社会问题,歌颂下层劳动者的优秀品质,揭露台湾社会的阴暗面。与此同时,旅居海外作家的散文也取得了可观的成就。如杨牧的《柏克莱精神》、刘绍铭的《吃马铃薯的日子》、喻丽清的《牛城随笔》、庄因的《杏花小品》、丛甦的《净土沙鸥》、欧阳子的《移植的樱花》、白先勇的《蓦然回首》等。

这一时期的散文还有一个特点，就是都市散文的兴起。都市散文实际上是 60 年代的现代主义的发展和变奏。都市散文与乡土散文相比，前者侧重写都市题材，后者侧重写乡村题材；前者是现代主义的，后者是现实主义的；前者是知性的，后者是感性的；前者的主题是繁复的，后者的主题是单一的；前者是立体的，后者是平面的；前者是象征的、暗示的，后者是写实的。在都市散文发展的同时，也涌现了一批写都市散文的作家，其中以林耀德较为突出，其代表作有《宠物 K》《一个城市的身世》等。他的散文是主知的。他一方面歌颂现代都市是文明的伟大成果，另一方面也揭示了现代都市存在的各种矛盾。他的散文冷硬而干涩，而且过度的理性和反结构，使他的读者减少。林耀德的散文反映了都市散文的成就及其不足。除都市散文外，这一时期还有山林散文、生态散文等。

2. 梁实秋的散文

在台湾当代散文创作中，梁实秋①是取得重要成就的一位作家。他的思想发展大致经历了三个阶段。青少年时期，他主要受"五四"新思潮的影响，服膺具有反叛精神和理想的浪漫主义。赴美留学后，在美国哈佛就读于白璧德门下，开始与浪漫主义告别，转而服膺于白氏的新人文主义思想。后来因卷入政治与文艺论争，他的思想又产生了新的转折，开始从白璧德的新人文主义转向中国的庄禅，形成了儒释道三结合的混合世界观。梁实秋的思想发展对其散文思想艺术风格的形成起了重要作用。

描摹人生百态，讽刺丑恶人性，是梁实秋散文的重要内容。他认为，人性是多面的，既有美好的一面，亦有丑恶的一面。他对人性的描画浸透了白璧德的新人文主义思想，以及儒家的审美意识与理想人格。他赞美美好的人性，批判丑恶的人性。他的许多散文既是人生百态图，也是丑恶人性的讽刺画。在《南游杂感》中，他描写和批判了随地吐痰的"国粹"和吐痰后擦上一脚的"调和"主义。在《小声些》中，他发觉中国人喉咙之大，在全世界可称首屈一指。《送行》写古代送行的重"情"异化成今天的重"物"，"桃花潭水深千尺，不及汪伦送我情"变成今天见物不见人的礼物清单。《旁若无人》写某些人在公共场合抖脚，打喷嚏，高声谈话，肆无忌惮，旁若无人。在《汽车》中，作者讽刺了现代婚姻中某些女子重车轻人的思想。《排队》写某些人排队购物或办事不守规则的现象。《男人》写某些男人的特点是"脏""懒""馋"；男子多半自私，有大男子主义思想。《女人》写某些女人的弱点和优点。凡此种种，都是丑恶人性和国民劣根性的表现，作者无不给予温和的批评和嘲讽。

抒写人生乐趣，表现通脱潇洒的人生观，是梁实秋散文的另一重要内容。作者后期受儒家的修身养性，道家的无为自然、天人合一，佛家"灭念""断欲"思想的影响，不少散文表现了享

---

　　① 梁实秋(1903—1987)，生于北京。1923 年清华大学毕业后，入美国哈佛大学研究所，获文学硕士。回国后历任暨南大学、复旦大学、北京大学等校教授。他是新月派主要成员，30 年代因提倡人性论，与鲁迅展开过一场论争。1949 年到台湾，任台湾大学、台湾师范大学教授。出版有《雅舍小品》《秋室杂文》《秋室杂记》《西雅图杂记》《看云集》《槐园梦忆》《梁实秋札记》《白猫王子及其他》《雅舍杂文》《雅舍谈吃》《雅舍怀旧》等。其中《雅舍小品》曾重印 300 多次，此后作者的散文基本上都是沿着"雅舍"风格这条路子发展的。

受人生,淡泊功名,远离政治,寻求闲适,随缘人生的思想,体现了作家的人生体悟和独特感受。而最能体现其风格的是他的散文代表作《雅舍》。"雅舍"其实是间"陋室":"因为有窗而无玻璃,风来则洞若凉亭;有瓦而空隙不少,雨来则渗如滴漏","入夜则鼠子瞰灯,未合眼,鼠子便自己行动。"更有甚者,"雅舍的蚊风之盛,是我前所未见的。聚蚊成雷真有其事!"但是作者仍然自得其乐,精神上感到十分满足。《雅舍》体现了作者享受人生,淡泊功名,苦中取乐,"天人合一"的思想。它明显受到唐代刘禹锡《陋室铭》的影响。类似的作品还有《旅行》《鸟》《散步》《客》《听戏》《闲暇》等。

抒写故乡情怀与文化乡愁,也是梁实秋散文的一个重要内容。这些作品大多是抒写历史文化乡愁,表现了一个漂泊在外的中国知识分子的民族感情和爱国情怀。这种文化乡愁,既有风俗文化乡愁,也有饮食文化乡愁、衣饰文化乡愁。作者在描写各种历史文化时,往往与追忆自己青年时代的生活联结在一起,从而使他的作品散发出浓重的思乡之情。作者写的风俗文化乡愁主要体现在怀念故乡风物的散文中。如《北平年景》写中华民族春节的习俗,孩子的"解禁"及"踩岁""辞岁""压岁",家里的"新禧"对联与年画,赌禁的开放,厂甸的挤拥,火神庙的古玩玉器摊,土地祠里的书摊画棚,人挤人的财神庙、白云观、雍和宫等。这些民族习俗的描写,无不渗透着作者的思乡之情。此类作品还有《骆驼》《放风筝》《北平的零食小文》等。描写饮食文化乡愁的散文,主要介绍各地具有民族特色和地方特色的食物、习俗等。如《饮酒》《喝茶》《汤包》《火腿》《蟹》等。抒写衣饰文化的作品如《鞋》《衣裳》等。这些作品都流露出作者对民族乡土的偏爱,以及浓郁的思乡之情。

梁实秋的散文高雅、精练、幽默。谈古论今,引经据典,充满书卷气而又超凡脱俗,不谈官场龌龊之争,不写淫秽之物,追求闲适随缘的高尚人生,有古代文人学士的高雅洁致的风度;他的散文短小精悍,简洁鲜明,开门见山,结构单纯,辞约意丰,寓庄于谐,常在温和的调侃中,对人性的丑陋给予善意的揶揄与批评,令读者发出会心的微笑。

3. 张秀亚的散文

张秀亚①散文的一个重要特色是描写梦境,通过梦境来反映爱情问题,寄托自己对理想、对爱情的追求。如《寻梦草》写一个青年渔夫和黑衣少女寻找失落的梦,有一股淡淡的忧郁与哀伤。《摇篮旁》通过催眠曲中一对青年男女的爱情故事,表现了什么是健康的爱情,什么是健康的人生。

由于有过爱情的失意,张秀亚的散文有相当部分转向对大自然的描写。作者通过对大自然美的描写,寻求精神的安宁与享受,生命的和谐和生命的真谛,在赞美大自然之美时,往往把大自然人格化、品格化、社会化、哲理化。作者说:"大自然藉了每朵花、每片叶,向我们道出了生命的消息,使我们透彻了解生命的意义。"这正是她散文重要特色的体现。如作者写"苔":"多少自然的美景中,青苔不失为最合适的补白,它不与任何植物争取生长的空隙,它的目的,只是来填补造物的漏笔,它只在没有花草树木的地上涂敷一点象征希望的颜色。"(《苔》)她赞

---

① 张秀亚(1919—2001),笔名陈蓝、亚蓝等,河北沧州人。从小热爱诗歌,大学时代曾创办文艺刊物《文苑》。出版中篇小说《皈依》《幸福的源泉》。散文代表作为《三色堇》《北窗下》等。

美"椰"树："有时在黎明我看它,在银亮的晓光中光彩焕发,枝叶微动,神情庄严,似一个诗人将自己整个生命,化成了一枝不朽的大笔,向着云、向着天,写下了无限的爱与热诚的祝福。"(《椰》)在这里,作者把自然之美和人的品格之美融合在一起,使读者在欣赏大自然之美时得到启发,从而更加珍惜人生的真正价值。可见作者对自然景物的描写并不是纯自然的,它体现了作者的美学理想、道德观念和理想人格。

在张秀亚的散文中,描写故乡风物人情、师友之谊、父母子女之爱的作品不少。这些散文表现了海外游子深沉的家国之情和浓重的乡愁。正如作者在《北地·江南》中所说:"祖国的土地上,没有一方寸是不可爱的……每个人都热爱自己的祖国,一个人因为生于斯,长于斯,所以对一草、一木、一粒尘砂,都有一种亲切之感。在他的眼中,每一寸土都闪烁着异邦人所不能领略的美,更何况处处留有祖先的手泽与脚印。"这种浓重的乡愁和深沉的民族情感,有一股淡淡的哀愁和忧郁。在《指环》中,通过3个戒指的故事,把婚变的伤心,错过初恋男子真情的懊悔,对老女佣纯朴情谊的怀念,都充分地流露出来了。她的散文虽感伤却仍有明确的追求。这在她的《寻梦草》《摇篮旁》《读爱情》《悼》《真正的情书》等篇中都能清楚地看出来。

在艺术表现上,作者善于运用比喻、通感和色彩,风格绮丽多姿。如水鸲鸫的啼叫声本属听觉范围,但在《水鸲鸫》中,作者描写它的声音如"阴影""湿雾""绮丽""温暖""紫色""紫菀花",就是把听觉转化为视觉和触觉了。这种通感的运用,加强了文字表达水鸲鸫啼叫声的功能,以及作者对这种声音的感受与感觉。张秀亚的散文因善于运用比喻、通感、象征和暗示,又多写梦境,因而具有一种自然美、朦胧美。

五、台湾戏剧

1. 台湾当代剧作发展概况

在台湾当代文学中,戏剧是比较薄弱的部分。台湾戏剧的发展,大致分为四个阶段:第一阶段是20世纪50年代,由于反共戏剧得到当局的支持,台湾戏剧蓬勃发展;第二阶段是60年代,电影和电视兴起,戏剧事业受到影视的冲击;第三阶段是70年代,电影和电视空前发达,戏剧衰落;第四阶段是80年代至今,经济发展,生活安定,人们精神文化的需要和水准提高,戏剧重新受到重视,西方现代剧开始在台湾发展。

50年代的台湾戏剧政治色彩浓厚。从作家队伍来看,军中戏剧队伍庞大。当时台湾"国防部总政治部"下有三个演剧队,各部队中还有小型话剧团队。之后,台湾"国防部总政治部"又成立了康乐总队。军中的戏剧工作者如丁衣、金马、龙芳、王生善、洪涛等,都是当时的活跃人物,并对日后台湾的戏剧运动产生了不同程度的影响。从戏剧活动来看,戏剧团体和戏剧运动活跃。除军中剧团外,还有公营的戏剧团体,其中对戏剧运动推动较大的有"中华实验剧团""中央青年剧社"。当时民间的戏剧社团也蓬勃兴起,如王珏主持的"自由万岁剧团"、乔作君主持的"远东剧艺社"、石叔明等主持的"路工话剧社"、马骥主持的"雷霆剧团"、吴楚主持的"扬子剧社"、钟雷主持的"华实剧艺社"、叶超等主持的"虎贲剧团"、方守谦等主持的"光华剧艺社"、王庭树等主持的"四十年代剧社"、徐枫等主持的"怒吼剧团"、李曼瑰主持的"三一剧艺社",等等。

60年代的戏剧,由于电视和电影发展迅速,观众逐渐失去了对戏剧的兴趣,而广大剧作家又因剧本出版不易、演出困难等原因,也纷纷转向电影和电视写作,于是戏剧逐渐失去了蓬勃发展的势头。但是,由于广大戏剧工作者的辛勤耕耘,60年代的戏剧还是取得了一定的成就,这主要表现在:第一,剧作题材和内容向多样化发展。这一时期的剧作虽然仍有反共内容,但更多的是反映社会生活的现实剧,以及取材于历史题材的历史剧。这种变化与当时社会政治思潮和文艺思潮有着密切关系。60年代,台湾经济开始发展,中产阶级在经济上抬头,在政治思想文化上要求自由民主,文学上反对封闭保守,主张文学反映真实和接受西方文化的观念和技巧。第二,开始接受西方现代剧的影响。这主要体现在戏剧杂志《剧场》上。《剧场》曾大量引进西方戏剧和电影,介绍西方现代戏剧大师及他们的技法。如创刊号上,就有邱刚健译的《椅子》(伊欧尼期柯原著),书青译的《使女》(约安纪涅原著),崔德林译的《广岛之恋》(玛格丽特·杜拉原著),王祯和、戴安平合译的《去年在马伦巴》(亚兰罗布格利叶原著)。此后还推介了不少现代剧,如《等待戈多》《罗生门》《断了气》《汤姆·琼斯》等。这份戏剧杂志虽然由于诸多原因半途夭折,但它使台湾戏剧开始步入现代剧的新天地,这对70、80年代的实验剧和现代剧的产生和发展有着直接的影响。第三,戏剧运动向纵深方向发展,产生了由李曼瑰领导的"小剧场运动",成立了"话剧欣赏演出委员会"和"中国戏剧艺术中心"。"话剧欣赏演出委员会"成立于 1962 年,"中国戏剧艺术中心"诞生于 1967 年。"话剧欣赏演出委员会"每年组织演出 15 至 20 个戏,并于 1967 年举办"世界剧展",1968 年举办"青年剧展",以比赛的形式鼓励大专学生参展。"中国戏剧艺术中心"举办过多次影剧人员训练班,并出版过《世界戏剧名著选》和"《中华戏剧集》"两套大型戏剧丛书。第四,着眼于戏剧的未来发展,越来越重视戏剧教育。50 年代,台湾已开始设立戏剧学校或戏剧系、戏剧研究所等,60 年代又有了进一步发展,如"中国文化大学艺术研究所戏剧组",有的私立大学设戏剧学系"影剧组"和"中国戏剧组"等。

70 年代,台湾经济繁荣,电影和电视事业空前发达,话剧失去了大量观众,一批剧作家纷纷转向创作电影和电视剧本,台湾戏剧发展进入了低潮,佳作寥寥。这一时期较好的剧作仅有张晓风的《和氏璧》与《位子》,姚一苇的《傅青主》等。

80 年代以后,由于电视和电影发展缓慢,观众的兴趣逐渐疲软下来,而对久违的戏剧反觉新鲜和亲切;再加上台湾教育文化部门的有力扶植,70 年代逐渐枯萎的戏剧又逐渐复苏,呈现一片生机,这主要体现在:一是新剧作大量涌现。据不完全统计,1982 年至 1984 年,台湾教育出版社话剧丛书收集剧本 19 本,台湾"文化建设委员会"出版戏剧丛书 4 辑,共收剧本几十种。二是戏剧中心与戏剧团体林立,其中大部分是 80 年代后成立的。这些戏剧中心和剧团一般规模较大,对全岛颇有影响的,如"艺术总队话剧队""中国戏剧艺术中心""星星实验剧团""中华实验剧团""中华文化剧团""南海剧团""华罔剧团""大汉剧团""曦光舞台剧团""薪传剧场""薪薪实验剧团""兰陵剧坊""表演艺术剧团""当代传奇剧场""外一章话剧团""台北艺术剧坊"等。三是现代剧迅速发展。这些现代剧具有"反书写的文学剧本""反叙事结构""变更舞台位置""降低对话的重要性"等反传统特征。它主要受西方的"荒谬剧场""残酷剧场""贫穷剧场"的影响。如以尤奈斯库、贝克特、热内为代表的"荒谬剧场"运动,宣传存在主义哲学,把人生看做是荒谬的、无意义的。他们放弃传统的戏剧形式,以不合逻辑的对话和错误的语言,甚至完全的沉默,来表示人类的不可沟通以及人生的荒谬。

台湾戏剧的发展有两条线:一条是现代剧,以马森为代表。他著有独幕剧集《脚色》和《剧作二种》《马森戏剧论集》《中国现代戏剧的两度西潮》等,此外还写了许多现代小说和散文。另一条是传统剧,以姚一苇为代表。

2. 姚一苇的剧作

在台湾当代戏剧创作中,姚一苇[①]是取得卓越成就的一位剧作家。与现代派剧作家不同,他是属于那种被称为文化伦理型的作家。他景仰中国历史上那些具有崇高道德修养,以天下为己任,爱国爱民,"鞠躬尽瘁,死而后已"的人物,并对他们进行热情的讴歌。如历史剧《傅青主》,作者选择了傅青主 70 多年不平凡生涯中的两个片段,浓墨重彩地描绘了傅青主作为一个

---

① 姚一苇(1922—1997),原名姚公伟,笔名一苇,生于南昌。从 1956 年起在台湾"中国文化学院"任教。1962 年发表第一个剧作《来自凤凰镇的人》。此后发表的剧本有:历史剧《孙飞虎抢亲》《傅青主》,三幕话剧《碾玉观音》,现代喜剧《红鼻子》《一口箱子》等,《红鼻子》《申生》等剧作被译成英文介绍到国外。1980 年创作出新编京剧《左伯桃》等。此外尚有《戏剧论集》《文学论集》《美的范畴论》《戏剧与文学》等论著。

抗清斗士的高风亮节以及一个人道主义者对贫苦百姓的拳拳爱心,彰显了他泰山崩于前而色不变,威武不能屈,贫贱不能移,富贵不能淫的境界。

姚一苇站在现代人的高度,以现代的文化观念去观照中国的传统文化。在歌颂、弘扬中华民族传统文化的同时,也深沉地思考着传统文化中的负面因素。他把对中华民族性格的思考,熔铸成为感人泪下、发人深思的悲剧人物形象。姚一苇谈到历史剧《申生》时说:"我阅读历史,发现晋世子申生,具有极浓厚的悲剧性,但是此种悲剧性质不是西方的,而是中国人所特有。"申生是晋国的世子,未来的国君,他为晋国立下显赫的军功。在战场上,他是威镇敌胆的将军,在宫廷里,他却是驯服的绵羊。他孝顺他的父亲,友爱他的兄弟。他父亲的爱妾丽姬把他看成不共戴天的敌人,只有除去他,才能使她的亲生儿子奚齐登上君主的宝座。她指使人在炸肉中下毒,诬陷申生想毒死他的父亲。面对这样的恶毒诬陷,申生没有申辩,更没有抗争,而是以死来证明自己的无辜。为了国家和他父亲,他宁可牺牲自己。姚一苇笔下的申生既是一个胸怀坦荡、视死如归的英雄,又是封建君权和孝悌观念祭坛上可怜的牺牲品。

如果说在《傅青主》《申生》等历史剧中,作者注重的还是主人公的伦理道德力量,那么,在《碾玉观音》中,姚一苇则力图立体地去塑造人物的性格,挖掘深层的文化底蕴。《碾玉观音》中的女主角韩秀秀是韩郡王夫妇的掌上明珠,秀秀的悲剧在于,她敢于违抗父母的意志与崔宁私奔,却无法卸去心灵上所担负的由封建伦理纲常所构成的重负。她能够忍受贫困,却没有勇气向世人宣布她与崔宁结合的合法性。她常给儿子讲起他父亲救护在风雪中饥寒倒地的老人,却对她与崔宁结合的往事讳莫如深。多年来,对丈夫刻骨铭心的爱和思念,对自己父母的不孝和非礼的"私奔"的内疚与忏悔锯割着她的心。她认为她不让孩子与崔宁相认,完全是为了孩子,她希望孩子走"人人都走"的读书做官之路。这种为世俗所公认的封建伦理道德,必然会酿成惨痛的人间悲剧。

在现代题材剧作中,姚一苇塑造了一系列艺术形象。这些人物既有东方传统伦理道德观念,又有现代人格理想。他们大都身处社会底层,生活窘迫,既没有傅青主叱咤风云的人生,也没有韩秀秀显赫的门庭。他们朴实无华,正直诚实,秉承了中华民族优秀的传统美德。尽管他们或沦为娼妓,或变成强盗,却从未泯灭人性美好的光辉。如《来自凤凰镇的人》中的朱婉玲,就是一个纯真善良的少女,被人称为"凤凰镇上的凤凰"。在《红鼻子》中,作者通过单纯善良、以给人快乐为自己的幸福的红鼻子之死,表示了他对"爱""牺牲"与"奉献"无力改变社会人生的悲哀。姚一苇一方面反对全盘否定中华民族悠久的文化传统,另一方面又反对抱残守缺,故步自封,独立于世界文化之外。他在现代哲理剧《一口箱子》中,以象征的手法叙述了现代人在失去传统的依附,失去他的根后所感到的空虚。阿三之死,隐喻作者对传统的留恋而又怀疑的态度,提出了对现代人出路的思考和困惑。

在艺术上,姚一苇重视的是一种情理交融的诗的境界:诗与剧的自然融合。他以一颗灼热的诗心,去发现生活中被尘埃遮蔽的诗意,表现那些平凡而又不幸的人们美好心灵的闪光。他剧作的诗意还表现在灵活而大胆地采用传统戏曲的歌与舞的表演手段,采用抒情化的独白和对话,对人物的内心世界做深入的开掘,使人物的情绪和情感得到升华,从而增强剧作的艺术感染力。如《碾玉观音》中的人物对话、独白基本上是歌唱与诗诵的结合。在《申生》第二幕中,宫女们的合唱则暗示着宫中潜伏的杀机,歌颂了品德高尚的申生。《红鼻子》中红鼻子的领唱和杂耍班众演员的合唱强烈地突出了剧本的主题。除歌唱以外,他的剧作还采用了中国古典戏剧处理时空的象征、写意的手法，使话剧时空的转换更加自由，容量更加扩大。

　　姚一苇重视学习西方现代话剧特别是象征主义戏剧的艺术手法，但更强调学习中国传统戏剧的经验。他还善于用具体的物象向观众弘扬人生哲理。如《碾玉观音》中那个白玉观音，既是崔宁与秀秀之间感情的纽带，也是艺术家崔宁追求美丽人生与艺术理想的象征。《一口箱子》中的箱子，《红鼻子》中的红鼻子假面具，也具有这种象征意义。

六、香港文学概况和文学思潮

1. 香港文学发展的背景和"绿背文化"思潮

作为"东方明珠"的香港,也和台湾一样,是祖国的一个有机组成部分,但从地域环境和历史发展来看,香港又有其特殊性。香港处于亚太地区的中心地位,四周环山,港阔水深,四通八达,既是一个有很大优势的开放的自由港,又是一个多层次、多结构的错综复杂的社会。香港开埠以来,作为东西方文化融通的都市,一方面受到传统文化的影响与制约,另一方面又吸收来自世界各地的外来文化,在相互碰撞、冲突、接受、融合的进程中,香港成为中西文化的交汇地,香港文学正是在这一土壤中成长起来的。可以说,香港文学是中国传统文化和西方文化相互吸收、相互融合的产物。香港地形是一个半岛加许多小岛,正好象征香港文学,一面来自祖国的母体,一面却伸向蓝色的海洋。香港文学上承中国文学古今优秀传统,更旁采西洋文学和台湾文学的精华。

从香港文学发展的历史来看,香港文学可分为现代和当代两个时期。从"五四"至1949年为香港的现代文学,是拓荒期;从1950年至今为香港当代文学,也可以说是生长期。从新中国成立至今,香港文学的发展经历了一个曲折的过程。50年代,出现了左派和右派两大营垒严重对峙的局面,反共文学一度占上风。60年代,随着市场经济的发展,文学的内容和表现手法也发生了很大变化,现实主义与现代文学相互影响,共同发展。70年代,又可分为前期和后期。前期的香港文学受内地极左文艺思潮的影响,创作缺乏生机与活力。后期的香港文学则在内地改革开放政策的影响下出现了转机,进入了一个新的发展阶段。80年代以后,随着"一国两制"的提出,香港进入了过渡期,文学也得到长足的发展,特别是到了90年代中期以后,香港回归祖国,给香港文学的发展提供了机遇。新世纪以来,香港文学呈现出丰富多姿、异彩纷呈的景象。

在香港文学的发展过程中,出现了多种文学思潮,而"绿背文化"就是50年代产生的文学思潮。

"绿背",即美元。"绿背文化"思潮又称美元文化思潮。这一思潮的产生,是当时以美国为首的一些国家对新中国实行围堵政策的产物,而台湾50年代推行的反共政策和反共文学,则对"绿背文化"起了推波助澜的作用。香港的"绿背文化"运动由美国驻港新闻处统一策划和指挥,大致采取了如下措施:

一是建立文化基金会和情报机构,为反共反华的文化机构和作家提供经费和情报材料。50年代,美国在香港成立了一个"救难总会",后来又改为"亚洲基金会",同时成立"孟氏基金会"。这些基金会的重要任务就是收买香港的一些落难文人,鼓励他们进行反共反华的宣传,同时通过各种文化机构,收集新中国的情报,宣扬反共反华的思想意识。1951年成立的"友联研究所"便是基金会支持下的产物。他们所收集的情报和所编制的资料,成为各种反共反华宣传的重要材料来源和炮弹。

二是用金钱收买、拉拢作家和各种文化出版机构,大量出版反共读物。如当时的自由出版社、高原出版社、人人出版社、友联出版社、正文出版社等,以及杂志《人人文学》、《海澜》、《大学生》、"《中国学生周报》"、《儿童乐园》、《祖国》等。这些出版机构承揽了一批来自内地的右翼文人,形成一个庞大的势力。

三是策动和指使作家创作反共文学,在香港形成了一个右翼作家队伍。

"绿背文化"思潮对香港文学的发展危害很大。它不仅使一些作家在金钱的诱惑下,成为美国的政治工具,而且使作家创作的作品变成政治意识形态的图解。由于"绿背文化"的冲击,纯文学作品和文学出版机构受到很大的影响,它们因无法与廉价倾销的"绿背文化"竞争而纷纷停刊或倒闭。因此,"绿背文化"受到香港许多正直作家的批判和指斥。老作家刘以鬯、曹聚仁、罗孚、卢昭灵等都曾撰文尖锐批判"绿背文化"对香港文学与文化的危害,揭露美国和麦卡锡用美元引诱、腐蚀作家的事实。

2. 现实主义文学传统的继承

在"五四"文学传统的影响下,香港的现实主义文学得到了发展。许多香港作家不仅吸取到鲁迅、茅盾作品中的现实主义精神,也从西方批判现实主义文学中受到启示,这无疑对香港的现实主义文学的发展起到了推动作用。这些作家怀着强烈的社会责任感和使命感,对香港文学提出了自己的看法。他们对文学的主张和期望是:

第一,提倡文学要反映现实,表现人生。舒巷城说:"创作的泉源来自生活,一部小说或一首诗,是一件反映人生的艺术品,所以最重要的是生活积累。"[1]李辉英说:"小说不但反映社会现实,还可以转移社会风气。"[2]夏易说:"我始终认为文学反映人生这一点是对的。我小说中所有人物都是综合性的。例如《少女的心声》中的女主角,她代表那个时代,那个阶层的少女。至于《变》中的女主角,她代表另一种环境的产物。"[3]这些看法,反映了香港作家的现实主义文学观。

第二,提倡作家要有真情,敢于说真话,富于同情心。舒巷城说:"文章是表现作者人格的,写文章作诗,首先要诚恳,讲的是真话,写出来的东西才有内涵,……所以首先要有人格,有感而发,然后才有文章,没有了真诚,文章就虚伪了。"[4]司马长风说:"文学是情意的表达。文学应该抒情,……'情'是艺术和道德的根源。"[5]

第三,提倡文学的表现形式要单纯朴素,达到"没有技巧的技巧"的最高境界。舒巷城说:"诗和文章要写到单纯,那要相当高的功力,单纯本身也是一种美","像鲁迅、茅盾、巴金等大作家写文章就十分朴素,不事雕琢,但隽永耐看,如得天然,这样的文章才是真正有文采的。"[6]

---

① 杜渐:《夏夜对谈——访舒巷城》,《读者良友》1984 年第 3 期。
② 王剑丛:《香港作家传略》,广西人民出版社 1989 年版,第 76 页。
③ 杜渐:《永远在路上的探索者——夏易》,《读者良友》1985 年第 10 期。
④ 杜渐:《夏夜对谈——访舒巷城》,《读者良友》1984 年第 3 期。
⑤ "司马长风专辑",《香港文学》1980 年第 4 期。
⑥ "舒巷城特辑",《读者良友》1984 年第 3 期。

夏易认为,形式必须与内容结合适当,混成一体。因此,不同的题材,便自然要有不同的处理方式。"文章本天成,妙手偶得之。"这句话中的"天"字,指的就是最高的艺术修养。

香港现实主义文学的发展,如从"五四"算起,大致有四次浪潮:第一次,是 20 世纪二三十年代,以侣伦、张稚庐等为代表的早期的本土作家的现实主义浪潮;第二次,是全面抗战至 40 年代末,以茅盾、夏衍、萧红、戴望舒等为代表的内地南来作家为中心的抗战文学浪潮;第三次,是 50 至 70 年代,以叶灵凤、李英辉、司马长风、曹聚仁、舒巷城、曾敏之、海辛、夏易等为代表的南来作家与本地作家共同形成的现实主义浪潮;第四次,从 70 年代后开始,由第二代内地南来作家白洛、东瑞、陶然、彦火、原甸、张诗剑、王一桃、黄河浪、陈娟、王尚政等为代表的新的现实主义浪潮,他们在创作上取得的成就,对香港文学的发展作出了重要贡献。

在现实主义文学潮流的推动下,香港创办了一批文学期刊,团结和培养了一批中青年作家,创作了一批比较优秀的作品。单是 50 年代后创刊的影响较大的现实主义刊物,就有《文艺世纪》《文艺伴侣》《海光文艺》《海洋文艺》等。经常为其撰稿的包括何达、夏炎冰、紫珊、潭秀牧、叶灵凤、严重、侣伦、吕达、黄蒙田、范剑、吴其敏等。他们多写中下层的小人物,揭露社会现实中的种种现象,具有强烈的社会性。如侣伦反映抗战生活的《黑丽拉》《无尽的爱》,反映战后初期香港生活的《穷巷》;舒巷城反映香港现代都市社会面貌的《太阳下山了》《都市诗抄》;阮朗的《金陵春梦》《草山残梦》;曹聚仁的《酒店》《秦淮感旧录》;叶灵凤、司马长风的写实散文;以及学院派作家梁锡华的《香港大学生》《独立苍茫》;何达的诗,都是优秀的现实主义作品。由于现实主义文学的发展,无疑对 50 年代的"绿背文学",对以《诗朵》《文艺新潮》为代表的脱离现实、纯粹追求形式的倾向,起到一种抵制作用,对六七十年代香港本土文学的产生和发展也是一种推动。

香港现实主义文学创作也存在一些不足,主要是有不少作家来自内地,初期对香港的生活不够熟悉,对香港现代社会的复杂性和多面性认识不足;有些作家思想不够开放,视野不够开阔,影响了创作的质量。

3. 现代主义文学的兴起

现代主义是一种世界性的文学思潮,它以反对传统、鼓励创新为旗帜,与现实主义抗衡。当香港著名作家刘以鬯宣称"现实主义早已落伍""现实主义已经死亡"时,香港的现代主义已悄然兴起多时。

香港的现代主义运动可分为前期和后期:前期为 20 世纪 50—60 年代,现代色彩较浓,主要刊物有《诗朵》《文艺新潮》《新思潮》《浅水湾》《好望角》。代表作家有刘以鬯、马博良(马朗)、李维陵、昆南、王无邪、叶维廉、李英豪、卢因、金炳兴等。后期为 70—80 年代,本土色彩渐浓,刊物有《诗风》《四季》《大拇指》《文美》《八方》《素叶文学》,此外尚有文社刊物,如《四分一》《新一代》《秋莹诗刊》《风格》《春妮》《绿》《新穗》《青年文学》《青年文社文刊》《新火》等。"《中国学生周报》"则是贯穿前后期的刊物。后期现代作家主要有西西、也斯、戴天、黄国彬、羁魂、何福仁、吴煦斌、钟玲玲、李国威、钟晓阳、胡燕青、钟伟民、陈锦德等。在现代作家中,创作成就较突出的是刘以鬯、西西、也斯、昆南、黄国彬、戴天,理论上颇有建树的是李维陵、李英豪,办现代刊物、推动现代主义运动的是马博良、刘以鬯和黄国彬。在现代主义的刊物中,成就较高、影响较为深远的是《文艺新潮》和《诗风》。

1956 年 3 月,马朗创办《文艺新潮》,这是香港现代主义的一面旗帜,对香港现代主义文学的发展起了重要的推动作用。这个刊物在翻译、创作、理论方面的重要成就,奠定了香港现代主义文学的基础,开辟了文学创作和理论的新路。它不仅影响了 50 年代的现代主义创作,而且此后几十年的香港现代主义刊物都是沿着这条路走的。《文艺新潮》发表的有关现代主义理论的文章,不少都是有创见的。如李维陵在《现代主义·现代生活·现代文艺》一文中提出作家和文学创作要走在时代的前面,用积极的思想去引导读者,而不是用消极颓废的思想使读者更加彷徨、迷惘。作者提出要用有道德规范、有社会责任感和使命感的"社会人",去代替西方现代文学中的"个人主义"。这些看法纠正了西方现代主义文学中的某些偏颇,推动了香港现代主义文学的发展。在创作上,有些作家写出了一批有影响的现代主义作品,如马朗的《焚琴的浪子》《祭国殇》,刘以鬯的《酒徒》,昆南的《布尔乔亚歌》,叶维廉的《我们只期待月落的时分》等。

香港现代主义的另一重要刊物是黄国彬等人发起创办的《诗风》。《诗风》创刊于 1972 年 6 月,停刊于 1984 年 6 月,12 年共出版了 116 期。《诗风》出版了一系列古今中外的诗人专辑,专辑的作者范围很广,其中包括中国大陆、香港特别行政区、台湾地区,以及越南、新加坡、马来西亚等地的中国或华裔作家。《诗风》除发表新作和诗论外,还举办了一系列讲座,这对培养香港年轻一代诗人起了重要的作用。《诗风》兼容并包,熔古今中外于一炉的宗旨和实践,使《诗风》的诗人形成一种比较易为广大读者所接受的现代民族抒情体风格。总的说来,《诗风》已成为香港现代诗史上承前启后的一份重要刊物,它在香港现代诗史上的价值和功劳是不可磨灭的。

从香港当代现代主义发展的历史来看,现代主义在香港亦有自己的特色:

第一,对西方的存在主义、个人主义和悲观主义思想有所批判和修正。香港不少现代作家对西方现代主义中的虚无主义、悲观主义的批判和修正,大体上来说是积极的,有进步意义的,它使西方现代主义成为具有香港特色的现代主义。

第二,将现代主义与香港现实相结合。如刘以鬯的现代小说内容广泛,形式多样。从新感觉派小说、意识流小说到新小说派小说,几乎运用了西方现代小说的一切形式,但它的内容既是香港地区的,又是中国的。西西是新一代作家,她追求的是以马尔克斯为代表的拉丁美洲的魔幻现实主义,但她所关心的是香港的现实和香港人的故事。她创作的《浮城志异》《肥土镇的故事》《我城》等小说,真实地反映了香港各阶层人物的心态,体现出青年一代现代作家创作的特点。再如,也斯的《养龙人师门》写的是古代神话故事,反映和批评的却是中国的政治与现实。吴煦斌是生物学家,从表面上看,他写的是自然界和生物界,实际上是写现代香港人的"中国情结"。这些作品都表现出作家的现代性与写实性。

第三,香港现代主义具有鲜明的地方色彩。如昆南的《卖梦的人》《悲怆交响乐》,叶维廉的《我们只期待月落的时分》,马朗的《太阳下的街》,李维陵的《魔道》等,都是在香港这一特殊时空下产生的,反映了香港人的意识、情绪和心态,有鲜明的香港背景和香港色彩。

香港现代主义也存在一些问题,主要是有些作家有强烈的意识形态倾向,有些作品成为政治意识的工具,这不仅妨碍作家客观地观察和描写社会生活,而且削弱了作品的艺术性。此外,还有不少作品远离生活实践,脱离传统,写得晦涩,使读者难以接受。

4. 通俗文学的新特点

通俗文学是相对于严肃文学而言的。具体来说,它包括武侠小说、言情小说、科幻小说、推理小说、历史小说、财经小说、框框杂文等各种形式。

以金庸、梁羽生为代表的香港当代新武侠小说的崛起,使香港通俗文学创作进入了一个新的阶段。除金庸、梁羽生之外,言情小说方面的亦舒、林燕妮、岑凯伦、严沁、依达、梁凤仪,科幻小说作家倪匡(卫斯理)、张君默,框框杂文方面的梁厚甫、三苏(高雄)、李英豪、岑逸飞、李碧华、简而清等,都是本时期通俗文学的重要作家。

香港通俗文学思潮的产生和发展有很多因素。中国是有深厚通俗文学传统的国家。我国古代的神话志怪小说、爱情小说、世情小说、话本小说、武侠小说都是香港通俗小说发展的源流。香港通俗文学的产生、发展,与香港自身特殊的政治历史条件和地理环境亦有密切的关系。香港从 19 世纪中叶开始就被英国殖民者侵占和统治。辛亥革命后,大批封建文人避居香港,把香港作为反对新文学的最后堡垒。他们创办大批的旧文学刊物,创作大量的旧小说。"五四"之后,中国内地的鸳鸯蝴蝶派小说、武侠小说、言情小说受到批判。新中国成立后,通俗小说在中国内地日趋衰微,但在香港,武侠小说、言情小说却是得天独厚,一枝独秀,50 年代以后,达到前所未有的高峰。促进香港通俗文学发展的根本原因,是读者的需求和出版业的推动。香港是一个竞争激烈、生活节奏快捷的社会,具有娱乐性、消遣性、趣味性、通俗性、传奇性的通俗文学正符合人们的欣赏趣味与要求。这样,具有各种不同价值和品格的通俗文学,也就源源不断地进入读者市场,甚至成为香港文学的主流。

在新的历史条件下,香港通俗文学有了新的发展。与传统的通俗文学相比,香港这一时期的通俗文学具有几个新特点:

一是主题新。传统的武侠小说,不少是写报个人私仇、帮派争斗,表现忠、孝、仁、义的封建思想。而香港的新武侠小说,主要是通过武侠故事写社会、历史、文化、道德、爱情、宗教,进而写人性、人生、哲学,突破了传统武侠小说写武侠故事的狭小天地,和整个社会的变迁联系起来,使我们从中看到社会真实面貌;具有鲜明的历史背景,有强烈的真实感,承续了中国优秀的传统文化,如儒、佛、道的思想,批判了传统文化的污垢和积淀,歌颂爱国主义精神,歌颂自由平等的爱情,反对封建礼教对妇女的束缚;表现一种形而上的哲学思想和人生观,具有深厚的思想底蕴。

二是人物新。新旧武侠小说的一个重要区别,是旧武侠小说侧重写故事,通过曲折激烈的武打情节去吸引读者,而香港新武侠小说强调写人、写侠。作家梁羽生说:"顾名思义,标明是武侠小说,有武有侠。我认为,武是一种手段,侠是一种目的,所以,侠是最重要的,武是次要的。"① 金庸也认为,在小说里面,总是人物重要,故事的作用,主要只在陪衬人物的性格。

三是手法新。武侠小说是我国传统的章回小说之一,形式比较固定、刻板。香港的新武侠小说融合了中外小说、新旧小说的艺术表现手法,其中包括吸取西方现代侦探小说、意识流小说、精神和心理小说以及电影等手法,使新武侠小说在继承传统武侠小说的基础上,艺术手法

---

① 引自王剑丛:《香港作家传略》,广西人民出版社 1989 年版,第 197 页。

多彩多姿,灵活生动。

经过几十年的培育,香港当代通俗文学取得了很大的成就,推动了中国大陆与台湾通俗文学创作的发展。特别是金庸、梁羽生的武侠小说在大陆、台湾影响很大,很多通俗作家都从他们的作品中得到启示和借鉴。香港通俗文学的发展,使"五四"以后在大陆中断的通俗文学传统得以延续和发展,这是香港作家的一大功劳,也是对中国文学的重要贡献。通俗文学充分显示了香港文学的成就和特色,使香港文学在中国和世界华文文学中显示出独特的异彩。

香港通俗文学创作也存在一些问题,主要的是有些通俗作家求量不求质。除少数佳作外,思想艺术成就较高的作品并不多,为了赚取稿费,只顾多写,不顾质量;有的作品肤浅平淡,难有突破之作。

5. 本土文学的产生和发展

从 20 世纪 50 年代后期开始,香港本土作家崛起。由内地南来的作家也逐渐适应香港社会,他们用自己的作品反映香港社会小人物的穷困生活和悲剧命运,于是出现了本土文学。本土文学的产生和发展,大致可分为两个阶段。

第一阶段的本土文学思潮,开始于 50 年代后期出现的文社。当时以大学生为主的文社有数十个,其中规模较大又有刊物的有"范风""盟心""同学文集""鸿雁""学苗""海外青年""凯旋""谷风""阡陌"等。60 年代文社进入全盛时期,多达 188 个。其中较著名的有"风雨""晨风""海棠""蓝马""芷兰""文秀""坐标"等。这些文社也得到报纸的大力支持。文社为 70 年代的社会运动(如保钓运动等)准备了骨干,为香港文坛培养了一批文学新人,如诗歌方面的也斯、羁魂、黄国彬、尚木、钟玲玲、张国毅,小说方面的柯振中、马觉、许定名,散文方面的路雅、黄维梁,都是这一时期脱颖而出的新秀。

第二阶段的本土文学思潮,主要体现在 70 年代兴起的戏剧运动和 70 年代、80 年代产生的文刊潮。1970 年前后,大中院校师生积极开展戏剧活动。较著名的剧团、剧社和文学团体有"校协戏剧社""中大文社""港大文社",这些社团所推动的戏剧运动与香港文学的发展紧密联系在一起。如 70 年代初期,因受 60 年代现代主义的影响,剧作多描写爱情,表现知识阶层的苦闷、彷徨,和现实社会有较大的距离。70 年代中期,随着社会运动和学生运动的广泛深入,戏剧倾向写实。"校协戏剧社"提出了"创作、写实""戏剧—文艺—社会"的口号,把"努力学习,积极创作,反映社会,探索人生"作为宗旨,当时的"青年文学奖""学联戏剧节"都倾向于写实。探讨社会问题的现实剧成为剧运的主流,如反映香港社会的赌博、吸毒、垃圾、徙置区、会考、学生运动、对民族和祖国的认同等问题,在这时期的剧作中都得到较多的反映。如《会考一九七四》《五月四日的消息》《我是香港人》等,都是引人注目的写实剧。70 年代末期,随着揭批"四人帮"极左路线的开展,香港戏剧又开始倾向现代。"青年文学奖"提出的宗旨是:"提倡自由的创作风气,鼓励以新颖的技巧,表达生活中真挚的感情,真实的体验。"总之,各戏剧团体和文艺团体都强调提高创作的艺术水平。这一时期的作品也大多摆脱了写实"框框",技巧较新颖,表现手法也多样化,整个文坛再次为现代主义潮流所主导。

与戏剧潮兴起的同时,70 年代的香港文坛也兴起了文刊潮。据不完全统计,70 年代至 80 年代创办的文艺刊物就有 35 种之多。它们虽然寿命很短,但层出不穷,历久不衰。当时较著名的文刊有《70 年代双周刊》《创建月刊》《诗风》《海洋文艺》《四季》《新一代》《文学与美术》《秋萤诗刊》《春妮》《罗盘》等。这一时期的文刊潮，一方面培养了一批新生代的本土作家，另一方面提倡创作具有香港特色和"香港意识"的作品。如《风格》《罗盘》等刊物就主张"写出香港特色和香港人的感情"，并出版香港青年诗人迅清、曹捷、陈锦德等人的专辑。

香港的本土文学思潮主要有以下几个特点：

其一，本土文学运动的倡导者和实践者，大多是 1949 年后出生于香港的新生代作家，他们生于斯、长于斯，对香港的社会环境和生活环境特别熟悉，对香港的感情也特别强烈。他们渴望用文艺来反映香港社会，如新生代作家西西、也斯、吴煦斌、古苍梧、陈锦德、郑臻、黄国彬、羁魂、何福仁等，都是香港土生土长的。

其二，提倡表现香港意识和反映香港的社会问题与现实生活。如西西和梁秉钧的作品多角度地反映了香港的现实和故事，真实地表现了香港人的生活和香港意识。

其三，创作方法的多元化，既有现实主义，也有现代主义，或者先现代，后写实，再现代。总的来说，本土诗歌多倾向现代，戏剧多倾向写实。

其四，本土作家注重香港文学经验的研究和总结以及史料的整理，努力推动香港本土文学的发展。如香港大学举办的"香港文学学习班"，重视香港文学史料的搜集和整理，这些都对香港本土文学的创作和研究起了重要的作用。

香港本土文学取得的成就是显著的。一是培养和造就了一批作家。如小说方面的西西、梁秉钧、吴煦斌等；诗歌方面的黄国彬、羁魂、陈锦德、何福仁、胡燕青、王伟明、康夫、钟玲玲、陈炳元、钟伟民等；戏剧方面的杜国威、钟景辉、袁立勋、朱克钧、黄清霞、卢景文等。他们当年或是文社、剧社，或是文刊、诗刊中活跃的小字辈，而今都成了香港文坛的栋梁之材。二是创作了一批具有香港特色的作品，如西西的《像我这样的一个女子》《我城》，也斯的《剪纸》等，体现了香港本土文学特色。三是促进内地南来作家的本土化。不论是 50 年代内地南来的老作家叶灵凤、司马长风、李辉英等，还是"文革"前后南来的中青年作家如陶然、白洛、陈浩泉、东瑞等，在本土作家的影响下，这些作家的创作也在六七十年代后本土化了。

七、香港代表性作家及作品

1. 刘以鬯的小说

刘以鬯①是成就卓著的老一辈作家。在长期的创作生涯中，他艰苦探索，锐意创新，为中国文学增添了一批艺术珍品，这使他成为中国香港当代新小说的先驱。他的创作有三条线：即现代主义的线，现实主义的线，通俗文学的线。其中成就最高的是现代主义的线。

从宏观的角度考察，在长达半个多世纪的创作中，刘以鬯的小说大致可分为四个阶段：20世纪40年代创作的新感觉派小说，如《流亡的安娜·芙洛斯基》《七里岙的风雨》《露薏莎》等，这是创作的尝试阶段；50年代后创作的存在主义小说，如《天堂与地狱》《蟑螂》等，这是创作的发展阶段；60年代创作的意识流小说，以长篇小说《酒徒》为代表，这是创作的成熟阶段；70年代后创作的新小说，如《打错了》《吵架》《对倒》等，这是创作的突破阶段。从题材上看，既有现实题材的新小说，如《链》《动乱》《对倒》《一九九七》等；也有故事新编，如《寺内》《除夕》《蛇》《蜘蛛精》等。

在中国当代文学史上，刘以鬯是革新精神最强的作家之一。半个世纪以来，他创作了种类繁多的现代小说：从新感觉派小说、意识流小说、存在主义小说、超现实主义小说、魔幻现实主义小说、象征主义小说、寓言小说，到心理小说、抒情小说、哲理小说、新小说派小说等，他都尝试和探索过，并取得了突出的成就。像刘以鬯创作这样多现代小说艺术珍品的作家还不多见。

刘以鬯的小说善于将现代主义与现实主义相结合。他的小说形式是西方的、现代的、前卫的，内容却是中国的、现实的、传统的。他是中国现代主义作家中现实主义精神最强的作家之一。他创作的《酒徒》是我国较早出现的一部意识流长篇小说，小说广泛而深刻地反映了社会历史问题，有深厚的历史感和现实感。但这些社会历史问题又是通过意识流、内心独白、梦境、象征、暗示、联想、回忆等一系列现代小说的技巧表现的。《酒徒》的成功在于：作者在现代与传统之间，"向内转"与"向外转"之间，"潜意识"与"意识"之间，现代语言与现实语言之间，找到了平衡点和结合点，取得了新的突破。总之，它能取现代小说和传统小说之长而去其短，从而创作出一种既有别于现实主义小说，又有别于西方现代小说的中国现代小说，具有鲜明的中国特色。

刘以鬯的小说具有反传统的特点，不仅反现实主义小说的传统，而且也反现代主义小说的传统，甚至反自己曾经使用过的技巧。传统小说和存在主义的小说一般都有鲜明的主题、人

---

① 刘以鬯(1918—　)，原名刘同绎，字昌年，生于上海，祖籍浙江镇海。上海圣约翰大学毕业，先后在上海、重庆的报刊工作。1948年冬赴港，曾任《香港时报》《星岛日报》编辑及《西点》杂志主编。1952年任新加坡《益世报》主笔兼编副刊、吉隆坡《联邦日报》总编。1957年返港后曾任香港文学杂志社社长、《香港文学》月刊总编辑等。出版的作品有长篇小说《酒徒》，中篇小说《陶瓷》，中短篇小说集《寺内》《天堂与地狱》，文艺评论集《看树看林》《短绠集》等。

物、情节等小说不可缺少的因素,刘以鬯却反其道而行之,创作了一系列非主题小说(如《链》),非人物小说(如《吵架》),非情节小说(如《对倒》),心理小说(如《寺内》),视觉小说(如《盘古与黑》),电影小说(如《动乱》),等等,形式新颖,种类繁多,与传统写实小说和一般的现代小说完全不同。

刘以鬯的小说最擅长于结构技巧。他的小说不是靠人物和故事情节来支撑而是靠结构来支撑的,有时候结构几乎决定他小说的一切。他是一位结构大师,有些普通的生活片段,一经他组合,就会像电光火石,发出耀眼的思想火花和艺术光芒。他的小说结构方式很多,有平行逆向结构,如《对倒》;有链式结构,如《链》;有并列式的自由结构,如《动乱》;有场景式结构,如《吵架》;有意识流结构,如《春雨》;有对照、反衬结构,如《黑色里的白色,白色里的黑色》;有反复、重叠结构,如《打错了》,等等。

刘以鬯的有些新小说不像现实主义小说那样将故事和盘托出,而往往写得含蓄隽永,读者需要通过自己的想象和推测,才会领略到作品的内涵和艺术美。如《吵架》,写的是一个家庭夫妇吵架而造成婚姻破裂的故事。但是这篇小说只有结局,没有吵架的故事情节,整篇小说写的都是夫妻吵架后弄得乱七八糟、杯盘狼藉的客厅场景。尽管如此,如果仔细阅读,还可从小说所描写的现场情景推测到故事(吵架)的过程,从环境的描写推测出人物及其相互关系。他的小说也存在一些不足,有些小说如《对倒》《春雨》《蟑螂》等,虽然深藏哲理,但由于没有一般小说的生动情节去吸引读者,读来令人沉闷。

2. 金庸的小说

作为新派武侠小说的一代宗师,金庸①的武侠小说拥有大量读者群,影响遍及海内外。有人说"凡有中国人,有唐人街的地方,就有金庸的武侠小说"。

金庸的武侠小说内容丰盈,内涵隽深,具有历史厚重感。除《笑傲江湖》外,一般都有具体的历史背景,而且多取材于"乱世"风云。如《射雕英雄传》写的是宋末乱离之世,《碧血剑》书写明清换代,《倚天屠龙记》再现元朝纷纭乱世,而《天龙八部》则涉及北宋、辽、西夏、大理、吐蕃、大燕等几国的纷争。作品多以重大的历史事件为主干,在广阔的历史背景中,以大手笔挥洒笔墨,展开波澜壮阔的情节,淋漓尽致地刻画乱世中的英雄,展现他们的英风雄姿,文韬武略,侠气纵横,龙腾虎跃,在沧海横流中显示其英雄本色。

金庸的小说具有高屋建瓴的气势。作者以宽阔的视野审视历史,致力于民族团结和民族融合。如《书剑恩仇录》中的陈家洛是汉族人,他所爱的女子是回族人。在《白马啸西风》里,汉族姑娘李文秀钟情于哈萨克族男子。在《倚天屠龙记》中,张无忌的四位恋人,其中两位是少数民族。正因为金庸突破以往武侠小说那种为报私仇致使江湖刀光剑影、腥风血雨的情节,因而使作品较好地概括了深广的历史内容。

---

① 金庸(1924—),原名查良镛,浙江海宁人。抗战后期考入重庆国立政治大学专攻国际法律。1948 年被《大公报》派往香港。曾先后在香港报业界、电影界任职。60 年代创办《明报》,成为香港报业的一名巨子。50 年代开始创作武侠小说。1955 年出版了《书剑恩仇录》,因其出手不凡从此声名鹊起。另著有《碧血剑》《雪山飞狐》《射雕英雄传》《神雕侠侣》《飞狐外传》《白马啸西风》《鸳鸯刀》《连城诀》《倚天屠龙记》《天龙八部》《侠客行》《笑傲江湖》《鹿鼎记》,再加上《越女剑》共 15 部 38 册,此后又出版了全套《金庸作品集》。

　　金庸的武侠小说常用"化实为虚"的手法,将历史融入"传奇",使历史的背景与传奇的情节巧妙地融合,"江湖"与"江山"同时兼顾,真实的"历史人物"与虚构的"传奇人物"并存,并在作品中凝聚为艺术形象。如《书剑恩仇录》中的历史人物乾隆皇帝与传奇人物陈家洛同时出现,而且有手足之亲缘关系。《碧血剑》中未出场的两个主要人物袁崇焕、夏雪宜,一是明末抗清名将,是历史上的真实人物;一是作者虚构的传奇人物。《鹿鼎记》中的韦小宝是虚构的,而康熙皇帝确有其人。书中所写的清初文字狱、捕杀鳌拜、收复台湾、平定吴三桂叛乱等,都是有据可依的。这种亦真亦假、真假难辨的艺术构思,既增加了作品的历史真实感,也使金庸小说显示出独特的风采。

　　以人物形象来统率传奇故事,是金庸小说不同于其他武侠小说的又一特色。一般的武侠小说常描写报仇、惩凶、寻宝、比武,追求曲折的情节、离奇的悬念、神奇的武功,借以吸引读者。而金庸的作品却立足于写人。他笔下的人物多种多样,各有特色:或大仁大义,大忠大爱,如郭靖(《射雕英雄传》);或英雄气短,儿女情长,如张无忌(《倚天屠龙记》);或豪迈慷慨,侠义心肠,如乔峰(《天龙八部》);或聪明灵秀,刁钻古怪,如黄蓉(《射雕英雄传》);或清淡脱俗,几若透明,如小龙女(《神雕侠侣》);或"神魔兼是,正邪之间",如夏雪宜(《碧血剑》);或行为偏激,任情任性,如李莫愁(《神雕侠侣》);或由人变"魔",逆施倒行,如岳不群(《笑傲江湖》);或人在江湖,身不由己,如虚竹(《天龙八部》);或归隐遁世,自由自在,如风清扬(《笑傲江湖》)。金庸不仅成功地塑造了英雄人物,还擅长描写像欧阳锋、岳不群、成昆、金轮法王等反面人物,淋漓尽致地揭露其丑恶灵魂。至于那个生于妓院而来到宫廷的韦小宝,似武而非武,似侠而非侠,其政治立场非明非清,道德品行亦正亦邪,为人既无赖无耻,又重义气,且生性圆滑,机灵百变,然而所建的功业却奇而又奇。这个独一无二的人物,更是金庸小说的创造。

　　值得特别论及的是金庸对英雄人物的刻画尤为精细。他刻画人物不仅栩栩如生,呼之欲出,而且深入肌理,入木三分。他们各有其在武林中叱咤风云的过人技艺,绝大多数是爱国者,在抵御外侮的斗争中,是以天下兴亡、民族安危为己任的英雄。他们心忧黎民,是为大众行侠仗义的志士。如《射雕英雄传》中的郭靖,重大节,顾大局,讲民族大义。《倚天屠龙记》中既可"屠龙",也可"倚天"的张无忌,轻功业,重情义,即便深爱蒙古郡主赵敏,也决不忘记"驱逐鞑虏"的誓愿。《碧血剑》中的袁承志把国仇家恨集于一身,帮助李自成夺取江山。在这些人物身上,人们看到的是以天下为己任的使命感,是杀身成仁、死而后已的献身精神,是凛然不屈的气节。总之,他们都有"为国为民,侠之大者"的英雄风范。"为国为民"正是作者对"侠"的理解,而这也是金庸作品全新的内容与意义。

　　在人物形象塑造上,作者十分注重刻画人物的性格,突出人物的个性特征。作品中的郭靖(《射雕英雄传》)是诚朴厚道、忠拙木讷却又正气凛然的大侠;杨过(《神雕侠侣》)是英姿潇洒、机智多变、风流倜傥的痴情狂侠;令狐冲(《笑傲江湖》)性格如行云流水,任意随之;而段誉(《天龙八部》)则很"痴",先是"痴"于理,后是"痴"于情。此外,作品对黄蓉、黄药师、周伯通、任我行、林平之、阿紫等人物形象也都刻画得栩栩如生,令人过目不忘。

　　金庸也常在各种曲折的江湖际遇与复杂万端的恩怨纠葛中,惟妙惟肖地描写人情、人性、人心。《天龙八部》就写了"有情皆孽,无人不冤"的"人生痛苦"。金庸也往往集"武""侠""情"于一体,在侠义的行为中,更多地渗入人性的因素;在刀光剑影中,透出浓浓的人情味;在森森杀气中,弥漫着友情、亲情、爱情等人之常情。如《神雕侠侣》中的杨过与小龙女,几经劫难始终忠贞不贰。作品将世人的万般纯情挚爱尽汇笔端。在《射雕英雄传》中,郭靖与华筝公主以及黄蓉之间的感情纠葛也写得淋漓尽致,令人回肠荡气。

金庸的作品有丰厚的中国文化底蕴,洋溢着儒雅的书卷气。他常把武功原理与儒家、佛家、道家哲学思想结合起来,写出中华文化的内在精神,深刻地反映人生哲理。从《笑傲江湖》的厌恶权力斗争,到《侠客行》《天龙八部》的不守常规、惯于飘逸的人物中,都可见他所受到的中国传统文化影响。作者精通历史、地理、法律、民俗学,谙熟电影、音乐、舞蹈、棋艺……作品涉及有史以来中华民族许多的文史科技典籍,涉及诗、词、曲、赋、音乐、绘画、雕塑、书法、棋艺等各类文学艺术。因此他的小说既有历史知识,又有文化意识。金庸的作品也有某些不足:如有些作品的情节巧合太多,有些人物形象不够丰满,对话不够生活化,有些作品对旧的传统过多美化等。

3. 徐訏、侣伦的小说

徐訏[①]是跨越现当代文学的资深作家,他的文学创作卷帙浩繁,种类齐全,曾被誉为"中国现代文坛的巨擘"。

在各种文体创作中,徐訏以小说成就最大,共有长篇小说 23 部,短篇小说集 18 部。他的小说多写凡人琐事,常通过人世沧桑、儿女情长的描写,探索人物内心世界,表现时代风云,展示各种社会心态和民族文化积淀,思考和探索人生。

徐訏是具有浪漫主义气质的作家,他早期虽曾在《郭庆记》《内外》等小说中反映社会现实生活和人民疾苦,但自赴法留学后,由于受西方文学的影响,转入浪漫主义。他的作品或以神秘色彩和异国情调描绘宇宙玄奇,或以浪漫蒂克和浓厚的理想化来描写人性,抒写爱情,探索生命哲理。如《鬼恋》写一个女革命者在历尽沧桑后厌倦颓退,宁愿做昼伏夜行的"鬼",而不愿意作为"人"过正常生活。这是徐訏对人性的第一次探索。《风萧萧》是徐訏浪漫主义的再发展,创作意向与《鬼恋》相异。作品以抗战时期的上海孤岛为背景,描写舞女白苹从事谍报工作的惊险故事,白苹最终为国家、为民族献出了生命。这是徐訏对人的价值的深入思考和探索。由于作者过于钟爱人物,其浓厚的理想化成分显而易见。此后,徐訏的创作大都继续对人生哲理的思考,对理想的探求,显现出奇谲灵动的想象力。他这一时期的创作具有主题的多义性,情绪的朦胧性,感受的不确定性的特点,《盲恋》与《痴心井》都体现了这一特色。

《盲恋》写一个容貌奇丑、心地善良的作家陆梦放结识了一位双目失明的孤女卢微翠,婚后颇为幸福。可是当卢微翠双目复明时,却惊骇丈夫的丑陋,后在极度苦闷和矛盾中自杀。作品既写了生理残缺带来的心理扭曲,也写了正视现实后不能脱俗,无法超脱的悲剧。严谨的艺术结构,细腻的心理刻画,使这部小说具有独特的艺术魅力。在《痴心井》中,作者写了一位村姑银妮的痴情。小说除细腻的心理描写外,也大胆运用了暗示、梦境、幻想、荒诞、潜意识等艺

---

① 徐訏(1908—1980),本名徐传琮,字伯訏,亦署徐于,浙江慈溪人。1931 年北京大学哲学系毕业。1936 年赴法国巴黎大学研究哲学。1938 年回上海,后到重庆中央大学国文系任教。1944 年赴美。1950 年从上海到香港定居。先后在珠海书院、清华书院、香港中文大学、浸会学院,以及新加坡南洋大学任教。1933 年开始发表散文和小说,以中篇小说《鬼恋》成名。主要作品有长篇小说《风萧萧》《江湖行》《时与光》,中篇小说《痴心井》,小说和短剧合集《灵的课题》,诗集《四十诗踪》《轮回》《时间的去处》《原野的呼声》等。此外,尚有杂感、小品、评论、剧本等多种。1977 年台湾出版了 18 卷《徐訏全集》。

术手法。

长篇小说《江湖行》是徐訏赴港后最重要的作品。与徐訏的浪漫主义小说不同的是,这部小说基本上是属于现实主义的作品。小说描写"我"(野壮子)一生浪迹江湖,从农民到作家的甘苦际遇,并在充满传奇色彩的故事中展示主人公对人生的追求。作品从 20 年代的北伐写到 40 年代抗战胜利前夕,从都市写到山区,社会生活场景壮阔,构架宏大,情节曲折,人物众多,三教九流,无所不包。小说形象地描写了动荡不安、民不聊生的社会生活,展现了抗战前后特定历史时期的社会风貌,抒发了"命运注定,造化弄人"的感慨。由于徐訏对江湖生活并不熟悉,对工农群众和底层生活也了解得不够多,因而他的小说深入描绘不足。

侣伦①是香港最早从事新文学创作的拓荒者之一,在香港文学史上占有重要地位。

侣伦的中短篇小说大致分为三类:第一类是早期浪漫而感伤的小说。这类作品多写异国爱情,带有西洋风味,其中以《黑丽拉》《西班牙小姐》《永久之歌》为代表。第二类作品通过人物命运的变化反映香港下层社会生活,以中短篇小说集《无尽的爱》为代表。其中《无尽的爱》通过一个爱仇交织的斗争故事,表达了对军国主义的仇恨。《私奔》通过一对逃租夫妇的无奈与悲苦,写出香港贫民居住的困境。第三类小说,侧重表现小资产阶级的喜怒哀乐,以《婚礼进行曲》为代表。作品揭露了尔虞我诈、金钱万能的社会众生相。

长篇小说《穷巷》是侣伦的代表作,小说问世后社会反响热烈,被公认为是"战后香港文坛的巨构"。《穷巷》通过一群住在穷巷里的贫苦市民在生活压迫下的痛苦挣扎,相濡以沫,奋起抗争,去表现一些卑微的小人物的悲喜,真实再现香港战后的社会面貌。作者善于写实,他常摄取香港下层社会各种生活镜头,形象地给读者展示出一幅战后的香港社会图景,深刻地反映了香港下层人民的各种遭遇和不幸,抗争及希望,记录了发生在香港的"社会事象",蕴含着厚重的历史内涵。在人物塑造上,作者用现实主义的笔触,真实地写出了小人物的喜怒哀乐和辛酸命运。在这些人物中,既有靠"爬格子"为生的作家高怀,又有艰辛而清贫的教书匠罗建,还有生活维艰的失业者杜全和到处收买破烂的莫轮。他们在九龙木杉街这条"穷巷",合租一处暂时栖身,这四个单身汉再加上无家可归的弱女白玫,共同组成一个"穷家"。作品对人物的遭际和场景的描写,突出了一个"穷"字。作者既赞美穷人们在艰难中的善良和坚忍,讴歌了他们的人情美和人性美,又鞭挞了包租婆、王大牛等社会恶势力。这些都表现了作者的现实主义批判精神。

在艺术上,小说的情节富于戏剧性。由于侣伦曾在电影公司做过编剧,他常把电影、戏剧的艺术手法运用到小说中来,被人们称为"生活的戏剧"。作者还善于运用白描手法来刻画人物,用俭省的语言描摹人物的动作、神态、对话,写出人物的特征,使人物栩栩如生,语言传神,生活气息浓郁,富有浓厚的香港地方色彩。香港作家张诗剑认为:《穷巷》在 50 年代的香港文坛上,仿佛是在沉黑的天空中闪出了一颗灿烂的彗星,在打破新文坛的寂寞方面,"有着不可

---

① 侣伦(1911—1988),原名李霖,又名李林风,原籍广东惠阳,生于香港。1926 年开始在《大公报》副刊发表新诗。1928 年发表小说,开始以"侣伦"为笔名。1929 年与谢晨光、黄谷柳等组成香港第一个新文艺团体"岛上社"。出版有长篇小说《穷巷》《恋曲二重奏》,中短篇小说集《黑丽拉》《永久之歌》《无尽的爱》《都市风尘》《伉俪》《彩梦》《残渣》《旧恨》,散文集《红茶》《落花》《无名草》等。

抹煞的意义"①。

4. 舒巷城、西西、梁锡华的小说

在香港文学中,舒巷城②是颇具创造力和影响力的"本土"作家的代表。他熟悉香港小市民生活,早期小说大多以香港的西湾河、筲箕湾的贫民区为背景。《鲤鱼门的雾》描写了一位海员回到故土鲤鱼门触景怀旧的惆怅情怀与心理创伤,写得简练而含蓄、质朴而优美,是一曲动人的香港小人物的悲歌。《雪》描写了香港青年余华去英国打工的故事,真实记录了一代香港人赴外洋谋生的心路历程。而《吵架》使用传统的写实手法,揭示了社会底层的小人物的生活冷暖。

长篇小说《太阳下山了》代表了舒巷城小说创作的最高成就,它以自然质朴的笔调表现了香港筲箕湾一带贫苦人家的世俗风貌,真实地再现了40年代末香港的社会生活。林江是个孤儿,被养母梁玉银收养以后,遭到养父的厌恶与歧视。林江聪慧、仗义、倔强,他结识了贫困而有骨气的作家张凡,在张凡的帮助下,他明白了人生的道理,明确了奋斗的目标。围绕林江这个人物,小说塑造了一群社会底层人物,如卖歌人、说书人、穷作家、小商贩等,反映了他们沉重的生活负荷与艰苦挣扎,表现了他们之间相濡以沫的友爱情怀,揭示了普通小人物的崇高美德和品性,充溢着一种人情美、人性美,具有浓郁的生活气息和鲜明的香港地方色彩。

《巴黎两岸》是一部具有宏阔视野的长篇小说,主要人物西蒙·布兰是一位有才华的穷画家,他从故乡浪迹到巴黎,靠卖画为生。女友娜莎为家境所迫而沦为妓女,西蒙却无力帮她脱离苦海,身心交瘁的西蒙最后从埃菲尔铁塔跳下身亡。作者在《巴黎两岸》的后记中说:"世界上有许多大城市,善与恶,美和丑集于一身,但是不像巴黎那样,站在两个更大的极端上。"③这正是《巴黎两岸》深刻的主旨所在。小说构思精巧,作者设置的悬念具有强烈的吸引力。小说采取了明暗两条线索,运用真与假、美与丑的对比,揭示人物的性格,显示了作家长篇小说创作的新探求。

西西④是香港现代主义的重要作家,她在实践现代主义与本土生活相结合方面取得了显著成就。以《我城》为分水岭,西西的小说大致可分为前期和后期。前期以《东城故事》《象是笨蛋》等为代表,主要受存在主义影响,表现人类没有前途,生活没有希望,充满虚无主义和悲观主义思想,色彩灰暗。自《我城》起为后期,西西的创作思想发生了根本转变:告别存在主义,走向魔幻现实主义与香港现实生活相结合的道路。

西西小说的一个重要特色是本土化。西西从小在香港接受教育,在香港成长,在香港工

---

① 张诗剑:《关于侣伦的长篇小说〈穷巷〉》,《当代台湾文学名作赏析》,海峡文艺出版社1989年版。
② 舒巷城(1921—1999),原名王深泉,祖籍广东惠阳,生于香港。先后任职于洋行、商行、建筑公司、教育机构,业余从事写作。著有短篇小说集《山上山下》《雾香港》《曲巷恩仇》《伦敦的八月》,长篇小说《再来的时候》《太阳下山了》《白兰花》《巴黎两岸》,散文集《拜伦与爱情》《灯下拾零》,诗集《我的抒情诗》《回声集》和《都市诗钞》等。
③ 《舒巷城卷》,三联书店(香港)有限公司1989年版。
④ 西西(1938—   ),原名张爱伦,又名张彦,广东中山人,生于上海。已出版有长篇小说《东城故事》《我城》《哨鹿》《美丽大厦》《候鸟》《哀悼乳房》,中篇小说《象是笨蛋》,短篇小说集《春望》《胡子有脸》《手卷》《母鱼》,散文集《花木栏》《剪贴册》,诗集《石磬》等。

作。她的小说所反映的是她所熟悉的香港社会生活和社会问题。如《肥土镇的故事》,主要写香港的经济奇迹与经济危机,可说是香港经济发展史的一个缩影;《浮城志异》描写了一部分香港居民在"九七"回归前的彷徨心态;《美丽大厦》反映的是香港居民大楼的生活和现代风情;《碗》写的是香港的教育问题;《宇宙趣·补遗》是写香港的环保问题;《抽屉》提出了香港现代社会中人的异化和物化问题;《春望》《玫瑰阿娥的白发时代》描写的是香港老年人与内地亲人的千丝万缕的亲情关系,以及青年人对这种关系的反应;《感冒》表现了一个知识女性对传统婚姻观念的反叛,以及对婚姻自由的追求。由此可见,西西小说题材与内容的本土化,显示了她的创作特色。

西西小说的另一重要特色是陌生化。她的小说内容是写实的,形式却是幻想的。她常常用童话、寓言、神话、传说、历史故事等形式,将小说故事发生的时间、地点、环境、人物、内容与主题陌生化,使小说的艺术世界与她所反映的现实世界保持一定的距离,从而使小说具有象征性、暗示性、哲理性、神秘性、多义性、朦胧性等特点。这种陌生化的效果与特色,在她的"肥土镇"系列小说中的《肥土镇的故事》《浮城志异》《肥土镇灰阑记》中表现得最为明显。

西西小说还有一个特色是形式的多样化。她的每篇作品几乎都有新的题材、新的人物、新的形式和新的技巧。在她的小说世界中,既有写实小说(如《春望》),也有现代小说(如《抽屉》)、魔幻现实主义小说(如《肥土镇的故事》)、浪漫主义小说(如《戈壁滩》);既有散文小说(如《鱼之雕塑》)、电影小说(如《碗》),又有意识流小说(如《像我这样的一个女子》)、戏剧小说(如《家族日记》)、抒情小说(如《海棠》)、哲理小说(如《肥土镇灰阑记》)、历史小说(如《图特碑记》),以及复合小说(如《哨鹿》)、复调小说(如《感冒》《煎锅》)、后设小说(如《我城》)、神异小说(如《镇咒》)、剪贴小说(如《胡子有脸》《永不终止的大故事》)等,种类繁多,异彩纷呈。

西西小说形式的多样化与刘以鬯的小说有极相似之处,但又有不同。刘以鬯多写知识分子,而西西多写香港小市民,她的小说刻画了形形色色的香港小市民,从香港青年人到老年人,特别是青年人;刘以鬯最善于结构作品,结构是他小说的支柱和基础,而西西善于幻想和想象,具有象征性、暗示性、哲理性、多义性和朦胧美。可以说,刘以鬯的小说基本上是结构小说,而西西的小说基本上是幻想小说,是成人的童话;刘以鬯的小说较多接受西方现代派的影响,而西西则较多接受拉丁美洲的魔幻现实主义的影响,既继承了现实主义文学传统,又融进了幻想性、神秘性的特点。

梁锡华①是香港当代成就最大的几位作家之一。作为香港学院派的代表作家,他的小说大多取材于教育界、文化界和知识界,反映了香港的社会和人生问题。《香港大学生》揭示了香港教育界的黑暗腐败,讽刺了以卓博元副讲师、辛教授、林博士、花和尚为代表的吃喝派、懒惰派、顽固派、无知派的丑恶,同时歌颂了以林其钧、方密微、金祥藻为代表的具有儒家思想传统而又能接受现代科学思想的新儒家。《独立苍茫》通过三个同学、同事的不同命运反映了香

---

① 梁锡华(1933—),广东顺德人。中山大学毕业后出国留学,获英国伦敦大学博士学位。1976 年回香港,历任香港中文大学高级讲师,岭南学院教授、院长、教务长等。著有《香港大学生》《独立苍茫》《头上一片云》《己见集》《四八集》《明月与君同》《八仙之恋》《我为山狂》《徐志摩新传》《梁锡华选集》等。

港的社会问题。《头上一片云》写的是香港回归的问题,但其中心人物仍然是香港大学、中学的教师以及海外的留学生。这些小说的故事各自独立,但联系起来看,可以清楚地看到香港文化教育界的面貌。

反映香港"九七"回归祖国是梁锡华小说的又一重要主题。《头上一片云》描写的就是香港过渡时期产生的种种悲剧、喜剧和悲喜剧。在"九七"前后,基督徒丁向经为了移民,不惜斩断女儿丁慈基与卓博耀的情缘,强迫她嫁给加拿大华人医生辛大卫,结果女儿对婚姻不满而跳楼自杀,酿成一幕人间惨剧。作者通过这幕悲剧,对弱小善良的丁慈基表示了深切的同情,对其父亲的虚伪、狭隘、自私和宗教偏见做了无情的批判。总之,在时代的大浪潮中,各种人物演出了一幕幕的悲剧、喜剧和悲喜剧,从而显示出他们或美或丑、或美丑兼备的人性。

梁锡华的小说不仅反映了香港的现实社会问题,而且渗透着各民族之间的文化冲突,具有强烈的文化意识。在《香港大学生》中,作者描写了世界各国的不同文化之间的碰撞与冲突。在《独立苍茫》中,也有许多地方描写了文化冲突,如陈翠亨与其夫人基督徒王玛利冲突时说:"我要用道德经打倒圣经。"在《头上一片云》中,中西文化的冲突更是贯穿于小说的始终。像梁锡华这样以宗教文化描写为主要内容的作家,在中国现当代文学史上还是少有的。

梁锡华也是香港著名的杂文家,他常以杂文的笔法写小说,文笔犀利幽默,机智潇洒,亦庄亦谐,自由挥洒。他的小说有点像鲁迅的《故事新编》,随意点染,铺排成篇,常在故事的叙述中间突然来个议论或插叙,涉笔成趣,寓庄于谐,令人发笑。他的小说有散文化倾向,没有严谨的情节结构,时而抒情,时而议论,时而叙事,时而写景,如行云流水,常行于所当行,止于所当止。梁锡华小说的不足在于,有时离开人物和主题,任意挥洒,有露才扬己的毛病。

5. 陶然、东瑞的小说

陶然①有着颇不寻常的经历,他的创作是在香港起步的。1974 年,他的处女作短篇小说《冬夜》的发表,使他成为 70 年代之后香港南来作家中坚人物之一。陶然的创作大致可以分为两个时期,七八十年代为前期,90 年代至今为近期。他常以敏锐的眼光关注社会,将犀利的笔触触及社会深层敏感的神经。他的短篇小说思想内涵深刻,贴近社会人生,反映了香港社会的"众生相",尤其是对演艺圈与新移民及小人物题材的开掘更具批判力度。如《冬夜》就有力地鞭笞了大明星廖化成名后的丑恶灵魂。《窥》从一个侧面反映了偷渡者的生存状态。《蜜月》写的是一对新婚夫妻为高利贷所逼,万般无奈不得不忍受心灵和人格的羞辱,被逼做"春宫表演",读来令人发悚。作品透过香港社会的怪异现象开掘出深刻的主题,揭露了底层小人物蒙受身心摧残的社会现实。

《追寻》是作家创作长篇小说的尝试。而 1994 年出版的《与你同行》则是陶然创作的一个突破。从题材上看,作家取材独特,视野开阔,通过移居香港的华侨子弟范烟桥回母校参加校庆的 7 天经历,再现出 60 年代到 80 年代中期京港两地的社会生活画卷,表现了一代知识分子

_____

① 陶然(1943—),本名涂乃贤,原籍广东焦岭,生于印度尼西亚万隆。现任《香港文学》杂志社总编辑。著有中短篇小说集《平安夜》《旋转舞台》《蜜月》《红颜》及长篇小说《追寻》《一样的天空》,微型小说集《美人关》,散文诗集《夜曲》,散文集《回音壁》《月圆今宵》等。

　　董启章①属于那种勇于探索的小说新人。他的小说写得扑朔迷离,相当难懂,给读者打开了一扇奇异新鲜的窗口。《安卓珍尼》是他的代表作,小说中的主人公"我"是一位年轻的学者。她与丈夫的感情产生危机。她的丈夫是一个温文尔雅的商人,却把她当学生管教,她无法忍受,独自来到荒山中寻找一种雌性的单性繁殖的动物斑尾毛蜥,却被另一个男人强暴了,并怀上了孩子。在文明社会,丈夫用知识统治她;在蛮荒山野,男人用暴力占有了她。她欲摆脱男性,甚至想用女性自身生产出另一个单倍体以和卵子结合,自行创造生命。小说通过人物的命运启示读者:逃避是不能获得解放的,在另一个世界里有另一种暴力,另一种压抑。小说是对男性话语社会女性地位、人格与命运的反思。台湾作家杨照说:"这是我看过非常非常少的女性书写,其中穿插的生物学知识是非常成功的穿插,因为每一个穿插到最后都让读者知道作者的用意在哪里。中间的故事乍看之下很像通俗的罗曼小说,但是最后却让我们知道作者传达的完完全全不同于罗曼史的信息。"②

　　董启章常常从自然科学的书本知识中获得启示与想象。《永盛街兴衰史》中的"我"跟父母移居加拿大 4 年后返回香港,开始收集爷爷旧居的老屋所在地永盛街的资料。小说通过一条街道的变化写城市的变迁,人世的沧桑。小说中还穿插了《粤曲歌坛话沧桑》中的《客途秋恨》的曲词,以诠释或映衬人物的心绪、感受,构成文"曲"互涉,并与地图等有关知识的叙述形成贯穿全文的三重奏。小说中的故事线索清晰可寻,人物的身份、经历也并非模糊不清,而它的主旨又与某种学科知识密切相连,从而启发人们做深层次的理性思考。

　　在艺术表现上,作者讲究小说的结构艺术。如《安卓珍尼》采用了故事文本与生物学文本相穿插的复调叙述。《少年神农》则由神话故事与现代生活两个板块组成,在结构上呈现出对称的美。

　　钟晓阳③是香港后起的文学新人。她的成名作《停车暂借问》叙述了女主角赵宁静的两次爱情故事。第一部《妾住长城外》的背景是抗战时期,情窦初开的赵宁静爱上了日本军官之子、大学生吉田千重,日军投降之后,这段刚刚萌生的爱情也跟着夭折了。第二部《停车暂借问》,宁静与表哥林爽然相爱,两人情投意合,由于爽然的父亲已给爽然订婚,爽然又无法与家庭决裂,加之宁静在父亲的压力下也被迫定亲,所以尽管爽然深深爱着宁静,最终却没能结合。第三部《却遗枕函泪》写的是 15 年后,早已结婚的宁静与爽然在香港相遇,爽然仍然孑然一身,而宁静的婚姻已濒临破裂,当宁静毅然与丈夫熊应生离婚,准备与爽然建立新家时,爽然却离开香港赴美国,一去不归。宁静的两次爱情经历都以悲剧而结束。小说以细腻委婉的笔调把两段爱情故事写得如梦如幻,哀婉动人。钟晓阳以后的创作,主要以爱情婚姻为题材。如《二段琴》叙说了一个穷苦出生的青年二胡琴师莫非的爱情故事。她的小说叙述的都是男女主人公以真挚相恋开始,以悲剧结束。"此恨绵绵无绝期",小说的艺术魅力也正在于此。作

---

　　①　董启章(1967—　　),生于香港。曾任中学教师、大学助教,现从事写作。出版有小说集《纪念册》《小冬校园》《安卓珍尼》《名字的玫瑰》和长篇小说《双身》等。《安卓珍尼》获台湾联合文学第八届小说新人奖中篇小说首奖,《双身》获台湾第十七届联合文学奖长篇小说特别奖。

　　②　杨照:《关于〈安卓珍尼〉》,台湾《联合文学》1994 年第 11 期。

　　③　钟晓阳(1962—　　),原籍广东梅县,生于广州,长于香港。她十三四岁开始写作,18 岁出版长篇小说《停车暂借问》,便引起文坛关注,这一年,她获香港第八届青年文学奖散文高级组第一名及第二届中文文学奖散文高级组第一名。出版有短篇小说集《流年》《爱妻》《哀歌》,散文集《春在绿芜中》和长篇小说《遗恨传奇》等。

者后来发表的长篇小说《遗恨传奇》,拓展了原有的婚恋题材,描写了香港豪门的情仇故事。在广泛的社会背景下展开了复杂的矛盾冲突,标志着作家创作的新起点。

　　在艺术上,作者善于开掘人物的情感世界,揭示人物丰富复杂的心理活动。如《二段琴》中,写莫非等恋人凤回来访的心情,写得十分细腻,把人物的那种期待、焦虑、心神不定的情态揭示得惟妙惟肖。小说的语言充满灵气。她善于抓住瞬间的印象,并能将这种感觉逼真地传达出来,仿佛使人看得着、听得见。

八、澳门文学

1. 澳门文学发展总体风貌

澳门是个中西合璧、华洋杂处的社会,它与香港毗邻,与广州一水相连、一脉相依,更同广东省中山市、珠海市连成一片,与祖国内地密不可分。自明末开埠至今,这个天然、平静的港湾已有 400 多年的历史。它不仅古朴幽雅,风光绮丽,而且有着独特的文化景观。从地域上说,澳门文学属岭南文化,具有岭南文化的开放性、商业性、兼容性、多元性的特征。在澳门文坛上,既有华文文学,又有葡萄牙文学,还有土生葡人(即中葡混血儿)文学。这种开放性、兼容性、多元性形成澳门文学三者并存的具有特殊意味的文学现象,但从总体上说,中国华文文学仍居主导地位。

澳门文学是中国文学的一个有机组成部分。澳门文学与中国文学的血缘关系、文缘关系源远流长。《澳门日报》总编辑李鹏翥说:"澳门文学的根须是从我们伟大祖国的文学树干伸延出来的。"①到了现当代,澳门文学更与中国内地和香港紧密相连。

澳门文学大体可分为三个时期:即旧文学时期、新文学时期和当代文学时期。

旧文学时期(清初至民国成立后),以文人的诗文居多。明朝末年,大汕僧人来到澳门,他既深于佛学,又能诗擅画,常与海内名家相互应和。清代康熙年间,来澳门学道的吴历、陆希言等人均有著作。吴历的《三巴集》是第一本以澳门地名做书名的诗集。陆希言的《澳门记》综述了澳门迁界期间的概况,既有历史价值,又有文学价值。之后,印光任、张汝霖编纂了《澳门纪略》。咸丰同治年间,鲍俊撰写了《行香子》等诗文吟咏澳门。光绪以后,还有梁乔汉的《港澳旅游草》、汪兆镛的《澳门杂诗》。民国成立后,不少文人寓居澳门,他们或执教,或写作。其中,黎畅久的《澳门新语》为一方之重要文献。据统计,从清初到民国成立以后,有诗文作品流传至今的,就有吴历、屈大均、丘逢甲、李遐龄、郑观应、汪兆镛等 130 多人,共计诗文 528 首(篇),而散失湮没的作品更难以估计。

新文学时期(抗战至 40 年代末),文学发展进程缓慢。五四运动发生几年之后,香港、澳门文学才为时代新潮所激荡。1927 年,鲁迅应邀到香港讲演,也给澳门文学界带来了深远影响。30 年代,梁彦明、冯秋雪、冯印雪等在澳门组建"雪社",出版多种诗词唱和集,为澳门文学园地增添了光彩。"九一八"后,澳门的新文学活动得到开展,澳门抗日文艺活动蓬勃一时。陈少陵、缪朗山、史良等曾从内地到澳门宣传抗日。邹韬奋、茅盾、夏衍、端木蕻良等大批文化人南下香港,除直接推动香港文学发展外,也影响到澳门文学。澳门文艺工作者与张天翼、杜埃、秦牧、紫风、于逢、华嘉等一起,以组织青年读书小组、撰写历史小品、办报等多种形式,曲折地开展对敌斗争。解放战争期间,茅盾、张天翼、于逢等在澳门小住,对澳门文学也产生了积极

---

① 李鹏翥:《澳门文学的过去、现在及将来》,《澳门文学论集》,澳门日报出版社 1988 年版,第 107 页。

的影响。

当代文学时期(50 年代至今),文学的进程从比较平缓到逐步发展。80 年代中期以后,文坛活跃,文学创作蓬勃兴起。

新中国成立后,内地呈现一派新气象,这不仅直接影响澳门经济的发展,也给澳门文学的发展带来生机。这一时期,文学社团纷纷成立,文学创作比较活跃。1950 年创刊的《新园地》《学联报》,相当重视刊登诗歌、杂文、小品和短篇小说,一批作者如李成俊、梅谷曦、思放、李鹏翥、葆青、蓓尔等,这时也发表了不少作品。1958 年 8 月 15 日《澳门日报》创刊,其综合性副刊即沿用《新园地》这一名字。它会同《中华教育》等刊物,培育了不少写作新苗。1963 年 5 月出版的《红豆》,是一群青年作者自发组织、自费出版的油印刊物,出了 14 期,发表了不少诗歌、散文、小说作品。

从 50 年代至 70 年代,澳门的创作园地同香港一样,受到内地的雨露滋养。著名作家秦牧和阮朗(唐人)等热心为《澳门日报》撰稿,主持文学讲座。在老一辈文学家的培育下,青年作者勤奋耕耘,创作出一批文学作品。

80 年代以前,澳门文学虽然得到发展,但总的说来还显得滞后。澳门本土既没有一本纯文学杂志,也没有一个文艺副刊,缺少可供文学作品发表的园地。尽管澳门作者克服了不少困难坚持文学创作,但不少作家只好往外地投稿。虽然不能说澳门文学园地“一片荒芜”,事实上,生长在贫瘠土地上的澳门文学,其发展确实受到客观条件的局限。另一方面,内地的文学思潮也影响到澳门文学的发展,如澳门文学一度过分偏重政治性、思想性,忽视文艺的特点和创作规律。直到 80 年代后,随着内地的改革开放,文艺政策的调整,澳门文坛才迎来文学创作的春天,多写作品,多出新人,发展澳门文学,已成为澳门文学界共同的愿望。1984 年《澳门日报》召开了“港澳作家座谈会”,与会作家分析了澳门文学的历史和现状,期望澳门文学有一个新的发展和突破。诗人韩牧提出了“建立澳门文学的形象”的建议,得到了文艺界的响应。此后,澳门文学得到较好的发展。1985 年,澳门东亚大学中文学会主编的“澳门文学创作丛书”(共 5 本)出版,这是澳门编印的第一套当代文学创作丛书。1988 年 3 月,澳门文学会、澳门日报出版社共同出版了《澳门文学论集》,这是第一本澳门文学的研究论文集。

自 80 年代中期起,尤其是 90 年代以来,澳门文坛日趋兴旺。澳门日报出版社、澳门星光出版社、华侨报出版社等多个出版社的建立,为作品出版提供了方便。其中,澳门基金会吴志良主编的《澳门论丛》《濠海丛刊》,不仅涉及地理历史、人文风物,而且论及语言文字、古今文化、作家作品,为读者展现出一片文化“绿洲”。1996 年,澳门基金会出版了《澳门散文选》《澳门新诗选》《澳门短篇小说选》等作品选集。1998—1999 年,澳门作家在回归前夕纷纷以好作品向回归献礼。引人注目的是澳门与中国文联出版社、人民日报出版社等合作出版了三套丛书:“澳门文学丛书”(共 20 本)、“澳门文学袖珍丛书”(共 4 本)、“澳门人文丛书”(共 5 本)。

随着内地改革开放的深入,澳门的文学活动和文学社团活动也日益加强。澳门笔会与五月诗社分别于 1987 年成立,并分别出版了《澳门笔汇》及《澳门现代诗刊》。他们聚集了相当一部分作家,联系文艺界各方面人士,举办文学活动,开展联谊交流,辅导青年写作,使澳门文坛活跃起来。从 80 年代中期到 90 年代,除澳门笔会、五月诗社外,澳门中华诗词学会、澳门写作学会、澳门近代文学研究会、澳门楹联学会等文学社团也相继成立,大大促进了澳门文学的发展。这一时期澳门和内地、香港的文学交流活动频繁,相互联系更为紧密。1987 年 4 月,中国作协和中华文学基金会应霍英东和马万祺（两人系中华文学基金会副会长）的邀请，派出以萧军为团长，叶君健、韶华为副团长一行 14 人的中国作家代表团，前往香港、澳门访问，与港澳作家进行文学交流。在广东的秦牧、紫风、杜埃、林彬、陈残云等作家，也先后访问澳门。他们在澳门出席文学座谈会，举行文学讲座，为澳门文学爱好者介绍祖国文学发展的历史和创作知识，使青年作者提高了创作水平，现在已有一部分澳门作家成为澳门文学的中坚力量。此外，澳门作家还多次参加"粤港澳作家联欢会"，并与中山市互相访问，澳门中华诗词学会还与珠海诗社正式缔结为姐妹诗社。通过这些文学活动，多方面与内地作家联络感情，交流经验，促进了澳门文学的发展，特别是 1999 年，澳门回归祖国，澳门文学越来越受重视，对澳门文学的研究也日益增多。1995 年 11 月，由澳门和广东省两地的学术界联合举办了"澳门教育、文化的现状与前瞻"的研讨会，进行高层次的学术、文化交流，会后出版了论文集。1997 年 12 月，澳门大学召开"澳门文学的历史、现状与发展"学术研讨会，与内地、香港、台湾的学者、教授共同研究探讨。这些活动都促进了澳门文学的发展。

2. 澳门当代诗歌、散文创作概况

20 世纪 50 年代以来，澳门文学从平缓到逐渐勃兴，从沉寂到活跃，经历了一个发展的历程。就整体而言，澳门当代文学在总体水平上赶不上内地文学和香港、台湾文学，但发展势头很好，呈现出蓬勃的生机。现就诗歌、散文、小说、戏剧的创作情况做简要叙述。

澳门是个诗城，不仅诗人多，而且诗创作比小说、散文、戏剧活跃。从地域来看，澳门的当代诗人有土生土长的、海外归来的、港澳"两栖"的、来自内地的四种类型。其中，土生土长的，有李丹、余行心、汪浩瀚、江思扬等；海外归来的，有陶里、胡晓风、玉文等；港澳"两栖"的，有苇鸣、韩牧、余创豪、刘业安、凌钝等；来自内地的有高戈、淘空了、流星子等。此外，还有一批从香港以及邻近地区来的诗人在澳门写的以澳门为题材的诗作。

澳门当代诗歌创作可分三个时期：50 年代为萌芽期，60 年代到 70 年代为发展期，80 年代以后至今是成熟期。

50 年代的澳门中文新诗发表在《新园地》《澳门学生》等刊物上，代表诗人有李丹、李鹏翥、李成俊、甘枫等。60 年代的澳门诗坛较前活跃，先后有《红豆》《澳门日报·新园地》等报刊为诗歌爱好者提供发表园地。这个时期的代表诗人包括余行心、李丹、汪浩瀚、雪山草和韩牧等。70 年代的澳门诗歌不及前期活跃，然而，一些诗人渐趋成熟。其中汪浩瀚、江思扬的诗已逐渐形成自己的艺术风格。诗人韩牧则趋向现代主义。此外，抗战时在内地成名的作家华铃定居澳门后，在这一时期又发表了诗作。80 年代以后，澳门诗歌创作比以前活跃，特别是在现代诗方面尤为出色。除云力、陶里、汪浩瀚等诗人外，"新生代"诗群崛起，其中有苇鸣、懿灵、刘业安、凌楚枫、流星子、梯亚等，他们的诗作大多倾向现代主义。90 年代以来，诗歌新人如黄文辉、林玉凤等脱颖而出，使澳门诗坛充满活力。这一时期的澳门诗歌在内容上强调紧扣历史和现实，形式上以抒情诗为主流；在题材上，既有柔美多情的一面，也有浓重热烈的一面。在澳门年轻诗人的创作中，带有后殖民主义色彩的作品渐渐出现，如苇鸣和懿灵的一些诗作。在创作队伍上，澳门诗坛已是四代同堂，老一辈诗人有华铃等，中年诗人有韩牧、陶里、云力、汪浩瀚、淘空了、高戈等,青年诗人则有苇鸣、懿灵、流星子、凌钝、齐思、王和等,而更年轻的诗人有林玉凤、黄文辉、冯倾城、谢小冰、郭颂阳等。其中,苇鸣、懿灵、陈达升等人的诗作曾被选入内地、台湾的诗歌选集,有些诗作多次获奖。

　　澳门的当代诗歌,大体可分为新诗派、现代派、后现代派等。新诗派指继承"五四"以来新诗传统的诗人,包括云力、胡晓风、汪浩瀚和江思扬等。新诗派注重意境的营造和实事的摹写,而不追求玄妙繁复的艺术技巧。在这些诗派之中,现代派阵容最鼎盛。其中有深受朦胧诗影响的高戈、流星子、淘空了等;有倾向于现代派诗风的韩牧、陶里、吴国昌、玉文、陈达升等。诗人苇鸣说:"80 年代以来,代表着澳门文学的形象,担当了与其他地区作实质上的文学交流的角色的,正是澳门的现代诗。"①后现代派在诗歌艺术上求新求变。这一派的最早实践者为苇鸣、懿灵、凌钝、梯亚等。

　　就澳门当代诗歌的成就而言,影响较大的诗人有陶里、苇鸣、云力、高戈、江思扬、汪浩瀚、淘空了、流星子、懿灵等。

　　云力,原名云惟利,在英国获博士学位,原澳门东亚大学教授、中文系主任,澳门笔会监事长,澳门五月诗社顾问。已出版《大漠集》、《白话诗话》、《涛声集》、《五月诗侣》(合集)。他的诗作雅淡而潇洒,闲适而严谨,是用淡笔寓浓情的雅淡之作。

　　高戈,原名黄晓峰,现任澳门写作学会副会长,澳门文化研究会副秘书长。已出版诗集《梦回情天》、《五月诗侣》(合集),评论集《澳门现代艺术和现代诗评论》,编著有《神往——澳门现代抒情诗选》《澳门新生代诗抄》。他的诗既继承中国"诗言志"传统,又具有现代诗色彩;既抒情,又富于哲理;既追求情境的转换与通感效应,又嬉笑怒骂不拘一格;笔锋直露而又隐晦曲折,富有幽默感;常在诗思开放的诗句中创造属于自己的绚丽世界。

　　江思扬出版的诗集有《向晚的感觉》、《五月诗侣》(合集)。其诗常常是社会意识的升华,在某些小诗的章节中,往往以出尘脱俗的语言,使人流连于艺术的意境之中。严谨的章法,整饬的形式,悠扬的旋律,显示出传统的艺术手法。

　　汪浩瀚,原名汪云峰。已出版诗合集《神往》《五月诗侣》等。他的诗在形式上深受闻一多的影响,结构细致,意境古朴,字里行间流溢着唐诗宋词的余韵。他的风景诗色彩鲜明,讲究意境,画面明丽清朗,恬淡宜人。

　　流星子,原名庄文永。已出版诗集《落叶的季节》、《生命剧场》、《五月诗侣》(合集),评论集《二十世纪八十年代澳门文学评论集》《澳门文化透视》。他的诗歌充满对理性的揭示和对社会人生的思考,跃动的诗情与长句的排列构成了主要的特色,在艺术手法上,用词造句都十分浅白,但不失其意蕴。

　　懿灵,原名郑妙珊。澳门新生代诗人的代表之一。著有诗集《流动岛》、散文集《七星篇》(合集)。她的诗强调历史感,以政治和社会现实为题材,写祖国的变化,澳门社会背后的暗流以及男女之情。诗人往往以一种反讽的语调表达对现实的不满,其诗作具有思考性和实验性的特点。

　　在澳门诗歌中,中文新诗与旧体诗词并重,形成双水分流态势。1991 年,澳门中华诗词学会成立。学会一方面开展诗词格律的探讨,写出好的诗词作品;另一方面以搜集、整理、编纂、

---

①　苇鸣:《澳门中文新诗史略》,《澳门新诗选》,澳门基金会 1996 年版。

研究、出版诗词作品为己任。学会除了出版会刊《镜海诗词》以外,还编辑出版丛书"镜海诗林"。1992 年出版的《澳门当代诗词选》就是"镜海诗林"的首卷。它编入马万祺、梁雪予、佟立章、冯刚毅、黄坤尧、谭任杰等澳门当代 40 多位作者的 700 多首诗词作品,这在澳门诗歌发展史上是具有开创性的。现已出版的诗词专集有:马万祺的《马万祺诗词选》,佟立章的《晚晴楼诗》,梁披云的《雪庐诗稿》,冯刚毅的《天涯诗草》《镜海吟》《望洋兴叹集》《冯刚毅诗词选》,曾铁明的《曾铁明诗集》,谭任杰的《听雨楼诗词》,程祥徽的《程远诗词初编》《程远诗词二编》,陈颂声的《星月诗踪》,吴小玉的《小乘山房诗稿》以及毅刚编纂的《澳门四百年诗选》,邓景滨编的《郑观应诗选》等。

澳门散文包括抒情散文、叙事散文、社会速写、报告文学、随笔、小品、杂文等。散文创作人数较多,虽属业余,但也很活跃。散文多以专栏形式出现,各家中文报纸都拥有一批比较固定的散文作者。

澳门散文题材广泛,种类众多,大致可分为四种类型:描写风土人情、有乡土味的散文,代表作家如李鹏翥、鲁茂、凌棱、沈尚青、林中英、唐思等;抒写灵思与顿悟的散文,如丁楠、穆欣欣、玉文、叶贵宝、黎绮华的散文;倾向于超现实主义的散文,如陶里和沙蒙的作品;以杂文笔法借古论今的散文,代表作家有胡晓风、老夫子等。

散文创作中,女性作家出手不凡,她们为澳门奉献了丰硕的创作成果。1991 年出版的《七星篇》是一部散文合集,作者是林蕙、沈尚青、林中英、丁璐、梦子、玉文、懿灵、沙蒙八位女性,她们通过娓娓漫谈,在情理之中展现了女性的内心世界,在轻松亲切的氛围中,谈生活,谈人生,使人深思,促人感奋。但从整体来说,有强烈感染力的散文还不很多,某些散文存在泛泛而论、过于直白、寓意肤浅的毛病。2000 年,又有八位女作家合作出版了《美丽街》,她们以女性的意识抒写了真情实感。

在散文创作中,影响较大的作家有李鹏翥、林中英、凌棱、陶里、胡晓风、周桐、玉文、丁楠、穆欣欣等。

胡晓风,笔名东方一羽,《澳门脉搏》主编,已出版诗合集《神往》《五月诗侣》。他不仅善于写诗,还长于写杂文,是澳门文坛上一位出色的杂文作家。其杂文直言不讳,纵横开阔,聚散有致,感情强烈,具有振聋发聩的冲击力和耐人寻味的艺术效果。他的散文蕴含深意,感情饱满,文笔老辣,善于在特定情景中营造氛围,抒发感情,文字潇洒率直。

玉文,既写诗又写散文,她的散文大多灵思飘逸,充满动感;篇幅小而灵巧,句子短而凝练;节奏明快,诗意盎然;词语简洁、明快而又蕴涵丰富。作家陶里认为,澳门女作家之中,玉文的诗文是最具现代意味和最富含蓄韵味的。

丁楠,原名彭海铃。出版的散文集有《已凉天气》《次等聪明》,与别人合集的有《丁家邨》《丁家邨续编》《镜海钩沉》等。她的散文叙说人生的杂感,往往以简洁活泼的语言,对人生百态进行一事一议,内容丰富,异彩纷呈。

3. 澳门当代小说、戏剧创作概况

相对散文和诗歌来说,澳门的小说创作比较沉寂。长期以来,只有数位园丁默默笔耕。20

世纪 50 年代,《新园地》、《澳门学生》(后期易名《学联报》)发表过描写现实生活的社会小说、言情小说。1958 年创刊的《澳门日报》副刊《新园地》刊登的第一篇连载小说是唐人的《关闸》。60 年代,从事小说创作的有余君慧等作家。到了 70 年代,澳门作家除在澳门发表小说之外,还向香港投稿。后来凌钝加以收辑、汇编,题为《澳门离岸文学拾遗》(上、下),由澳门基金会出版,其中下册是短篇小说。这些小说大体可反映当时的小说创作风貌,虽然水平不一,但大致已臻成熟。1985 年,短篇小说集《心雾》出版,选收澳门大学生佳作 12 篇。1987 年,陶里的《春风误》、林中英的《云和月》先后出版,皆为短篇小说集。80 年代中期,李毅刚编辑出版了《澳门小说选》,其中收辑了几篇获奖短篇小说。90 年代,不少澳门作家继续短篇小说创作,如方欣的《爱你一万年》,寂然的《月黑风高》,林中英、寂然的短篇小说合集《一对一》等。不少作家致力于艺术手法的创新,如陶里的《百慕她的诱惑》,是澳门第一本超现实主义和魔幻写实主义的短篇小说集。胡根的《格洛卡男爵墓地》和劲夫的《死亡的永生》是科幻小说;陶里的《石卵之恋》《万安达夫妇的遭遇》和吕平义的《失踪的猫》是魔幻小说;梯亚在艺术技巧上曾做多方面尝试,有现代主义的、后现代主义的和属于后设小说的,手法比较多样化。寂然是澳门小说界的后起之秀,他追求题材新颖,借鉴西方现代技巧,具有边缘文化的特色。在长篇小说创作中,又以鲁茂、周桐的连载小说的时间最长,作品最多。鲁茂的《白狼》、周桐的《错爱》曾在澳门引起广泛注意。直到现在,鲁茂、周桐仍是澳门长篇小说创作的代表作家。然而,澳门长篇小说出版速度缓慢,文学市场狭小,如周桐的《幻旅迷情》出版的艰辛,就是很好的例子。

说到澳门戏剧创作,澳门的戏剧舞台有时颇为热闹,然而戏剧创作却不尽如人意。澳门戏剧与中国内地一脉相承。20 世纪 30 年代已有澳门现代话剧。抗战时期,澳门前锋剧社、绿光剧社、起来剧社、晓钟剧社等戏剧界人士积极投身爱国救亡运动。剧作家唐槐秋、欧阳予倩等曾先后培育澳门戏剧人才。澳门戏剧受国内时局影响,50 年代,海燕剧艺社、中学生剧团、教师剧团活跃,其中 1952 年至 1954 年,海燕剧艺社曾有数十场中小型的演出。50 年代末期,"中华教育会"康乐部剧组成立,大力支持学校剧运,澳门话剧发展兴旺。60 年代至 70 年代中期,由于内地"左"倾思想及"文化大革命"波及澳门,剧坛沉寂,创作陷入低潮。除个别学校的内部活动外,澳门没有一个独立、公开的话剧团体组织,更无公开的话剧活动。1975 年话剧开始复苏,晓角话剧研进社、艺苗戏剧社也先后成立。粉碎"四人帮"后,澳门话剧振兴,戏剧出现了新气象。80 年代以来,澳门话剧走向稳健发展的独立期。多元化的剧场艺术,成为澳门戏剧发展的趋势。90 年代至今,澳门戏剧呈现蓬勃发展的喜人景象。话剧《澳门特产》《征婚启事》等的演出成功,"澳门人澳门事"剧本创作比赛,以及多届澳门戏剧汇演的影响,更令人刮目相看。知名的剧团包括海燕剧社、晓角话剧研进社、艺穗会、澳门戏剧社、文娱剧社、青苗剧社、晴轩剧社、圣安多尼教堂颐老之家话剧组、梵音话剧组、十字人剧社、曦戏话剧组等,再加上各官方机构办的培训班与许多中小学的戏剧组,澳门可算是有了一支相当庞大的戏剧队伍。

深厚的校园戏剧传统,是澳门戏剧的另一特色。澳门话剧发展扎根于学界和教育界,至今,濠江、岭南、培正、培道中学都有话剧演出。在澳门戏剧舞台上,翻译、改编、移植、创作的剧目纷然沓陈。60 年代至 70 年代,翻译、改编、移植的,有《雷雨》《日出》《屈原》《七十二家房客》《十五贯》《南海长城》《年青的一代》《风雨归舟》《巴黎之幼童》《茶花女》《迷眼的沙子》

等,当然也有本地的创作,如《槟榔薯的秘密》《路》《荆棘丛中的菩提》《咖啡与蛇》《拜山记》《幸福的时刻》等,但为数不多。"文革"后,出现不少反映澳门本土现实生活的创作剧目。自 70 年代以来,澳门有一些剧作者热衷于话剧创作,影响较大的剧作家有周树利、李宇樑、许国权等。据统计,1975 年至 1985 年,公演的 50 多个剧目中,约有 30 个是澳门人创作的,如《警官·神女·流浪汉》《后台春秋》等,这对面积不算大、人口并不多的澳门来说,在戏剧创作上能有这样的成绩,已是相当可观的了。90 年代出现的新剧目,如《萍水相逢》《砂丘之女》《点点烛光》《男儿当自强》《二月廿九日》《上帝搞乜鬼》等,都颇有影响力。

澳门剧本篇幅短小,而且大多具有讽刺性或批判性。这也是继承抗战时期的传统,与从前常演街头剧、宣传剧有关。戏剧语言基本上采用广东方言。剧本重演出而不重发表。一般来说,澳门剧作者发表的园地,迄今仍以报章副刊以及少数期刊为主。而对剧本来说,在各报副刊上极难见到。直到 90 年代,《蜉蝣体》文学杂志的第三、四期合刊《澳门戏剧专辑》的出版,以及周树利的《简陋剧场剧集》,李宇樑的《李宇樑剧作选》,郑炜明、穆欣欣编的《澳门当代剧作选》等问世,才使出版情况有所改变。澳门戏剧创作存在的问题主要是水平高的剧本较少,剧本题材不够新颖,对戏剧读者和观众缺乏感染力。

4. 陶里、苇鸣、淘空了的诗

在澳门诗坛上,陶里、苇鸣、淘空了是三位有影响的诗人。他们的诗既反映了澳门的现实生活,也表达了香港和海外华人的心绪;既有强烈的现实感,又有沉重的历史感。

陶里①是从诗歌步入文学王国的。从 20 世纪 50 年代中期到 70 年代中期,是他创作的早期阶段。他在战火纷飞的印支半岛开始了创作之旅。他的创作以诗歌和小说为主。1958 年创作的《高原怀想曲》是陶里最早的诗作。次年又写了《我在海边》,表达了诗人对未来、对理想强烈的憧憬和向往。他在印支半岛期间的诗作后来收集在诗集《紫风书》第二辑《夜正深深》里。其中有的诗如《大年夜致西贡》《鸽子死了》,颂赞了湄公河畔的人民反抗侵略者的正义斗争,表达了爱国、爱民的海外赤子之心和对爱情、亲情的真挚感情。

从陶里 1976 年到香港后的这 10 年是其文学创作的发展期。在香港的 3 年,由于生活所累,诗人几乎停止了写作,直到 1979 年去澳门,陶里的创作逐渐进入状态,诗作渐渐多了起来。令人注意的是,澳门题材的诗歌成了诗人创作的崭新领域。《铜马像十四行诗》是陶里吟咏澳门的第一首诗。不久,他又在《水渍集》组诗中,以澳门名胜古迹妈阁庙、普济禅院、大三巴牌坊为题,抒发了自己的爱国赤子之心:"台是台　虽非明镜亦明境/《望厦条约》的辛酸就刻在台上/痕迹斑斓的台/老死不去的心。"写于 1982 年的《过澳门历史档案馆》是陶里这一时期的代表作。诗人写道:"其实　自从林则徐被鸦片烟熏黑以后我的先人便远适/金山/老祖母把柔肠挂在/荆林里怀念他乡游子/而浪子被卖猪崽的名字/又记于/什么历史档案?"诗人以现

---

① 陶里(1937—　　),原名危亦健,笔名阮放,广东花都人,生于越南。现为澳门五月诗社社长、澳门笔会理事长。出版有诗集《紫风书》《蹁跹》《马交石》《冬夜的预言》,小说集《春风误》《百慕她的诱惑》,散文集《静寂的延续》《水湄集》《等你在冬季》《莲峰撷翠》,诗论集《逆声击节集》《让时间变成固体》,评论集《从作品谈澳门作家》等。

代意识审视历史,反思历史,将个人浪迹海外的遭遇与遭异族统治的澳门历史融为一体,抒发出一种沉重的忧患意识,具有深沉的历史感。

进入 80 年代,澳门文学呈现出发展态势,激发了陶里创作的活力。1988 年,陶里与诗友组织五月诗社,并任理事长。1990 年,他主持《澳门现代诗刊》的编辑出版工作。1991 年,陶里的诗作结集为《蹒跚》出版。诗人的创作方法突出表现在吸收、运用西方现代诗的表现方法与艺术技巧。《蹒跚》一诗中有这样的诗句:"我们本来就很童话/不论晨昏踏出家门即成企鹅/摇摇屁股摇摇头便那么春夏秋冬/尽管不如此这般地春夏秋冬/蹒跚/蹒跚/蹒蹒跚跚　蹒蹒跚跚/始终走不出自画的脚下锦绣河山/白云悠悠　流水夜何时有明月呢?"这本诗集是陶里诗歌创作的一块新的里程碑。在这本诗集中,由于现代意识和现代技艺的引进和发挥,把《紫风书》那些传统的命题更有效地向着深层推衍。陶里在诗集的代跋中说:"现代诗具有语言的无序性,事物的变形性,意象的反常性和题旨的含糊性。"①诗集《蹒跚》是诗人用诗来诠释"现代诗"的尝试。

陶里不但积极从事诗歌创作,同时也潜心研究中外诗歌理论。1993 年,他推出了诗歌理论专著《逆声击节集》,系统论述了现代诗与情感的关系,阐述了现代诗的特征,颇有学术价值。

苇鸣②是个热衷于诗歌文体实验的诗人。他的诗主题多义,内涵丰富,常以简明的象征、隐喻、通感等手法,改变视角和透视关系,在躁动不安的情绪中表达复杂、细致的感受,抒写对香港、澳门的种种感慨,抒写对祖国的深情,表达他那种"亦火亦冰诚挚生动的精神世界"。如《铜马像下,传自金属的历史感》便是一首有代表性的诗作。铜马像是葡萄牙军队攻占澳门而竖立的纪念碑,曾耸立在澳门的路环。诗人以犀利的笔锋,愤懑的情感,把殖民者钉在历史的耻辱柱上。当年的所谓"纪念碑",今日作为入侵者的罪证。"将军/你本已够残朽的形体/你充满恐惧的利剑/连同你健壮的马儿/都冶铸成一个金属的惊跃了/从此/关于你的历史/便静止为一个/危险而可耻的姿势。"诗人回顾历史,也在诠释历史,诗中融入了当今澳门人的思考与评价。苇鸣的这类诗在表现现代人的意识和情绪中渗融着浓郁的历史感悟,并以沉重的历史感和现代悲剧精神来反思社会现实。其诗风既有沉郁的一面,也有潇洒的一面。苇鸣的某些诗十分前卫,被澳门诗人懿灵列为澳门"后现代诗派"的先行实践者。他的诗突破语言的限制和障碍,往往不规定思维的空间和走向,以无定式的章法和句法形成扑朔迷离的艺术氛围,在空疏、间隔、残缺的结构中留下许多意味深长的空白,引导读者同诗人一起思索。羁魂在评论苇鸣的诗时指出:他更以实用文体作诗,毫无定格,大大拓展了诗体的畦域,给人以新颖之感。

在澳门现代派诗人中,淘空了③也是引人瞩目的一位。他迷恋于现代诗写作,执著地走自己的路。诗人当过车夫、看门人、教师,饱经生活的磨难与坎坷。诗人说:"时近黄昏,这颗孤

---

①　陶里:《伪装了的情感符号》,《蹒跚·代跋》,澳门五月诗社 1991 年版。

②　苇鸣(1960—),原名郑炜明,祖籍浙江宁波。曾任教于澳门大学文学院。出版的诗集有《黑色的沙与等待》《小城无故事》《血门外无血的沉思》《无心眼集》《传说》《自我审查》等。编著有《澳门新诗选》等。

③　淘空了(1943—),原名郑卓立,福建惠安人。毕业于福建师范学院中文系。著有诗集《我的黄昏》《黄昏的解答》和《黄昏的再版画》等。

寂的心,总祈盼一次心绪的喷发,即使用沉渣,喷出来可证明心灵还执著了人生的追求。"①"一百次创伤不认为死亡/陪葬更未是僵尸甚而当做墓志铭/然而血痂或会熔融或可滴淌/因为太阳是红的月亮也是红的/在这微笑季节里"(《抛块砖头》)。他的诗直面人生,于艰苦的命运中透露出刚正坚毅的品格,显示独异的文化品性。如《黄菊》一诗中赞美黄菊:"花潮汹涌时/你没有开/你把精灵藏在深深的苦涩里/当太阳灼痒蝉声时/你虽也蛰痒难忍/然而决不伸手抓搔/直到五柳先生呵喽酒气/你才撞烂东篱看世界/草裙干枯/山容苍白/独山坡上的纸鹞肥膘/使你笑亮万千眼睛/从南角墙下越野到北隅城垛。"诗人歌咏黄菊在"花潮汹涌"时,没有赶时髦开放,而在"草裙干枯""山容苍白"时,却"笑亮万千眼睛"。诗人拥抱黄菊的魂,醉倒于它的金色,那"金色的清凉"流露出对生长黄菊的自然、泥土的爱恋。这首诗咏颂黄菊的独异精神、刚毅品格,正是诗人自我人格的写照。

淘空了善于经营意象,而且意象密集、新奇,富于跳跃性,运用意象的叠加捕捉美的升华。诗人三本诗集的书名都用了"黄昏"一词,这个词语本身就是富有象征性的意象。正如他在《黄昏的再版画·后记》中所说:"我是诗创作的迟到者,生命历程与创作过程有较多云翳,才营造美丽黄昏。"他在《手的新生命》中有了一组意象:"手从窗口伸出去/就想起了山村袅袅炊烟/想起一阵阵挥洒汗雨/想起被海风吞咽锄杠/想起教板车压瘦枯柄/也想起点燃残灼/想起梅枝上塑插的海棠花/想起黑板下雪花濡染的斑丝。"炊烟、汗雨、锄杠、板车、残灼、梅枝、黑板,看起来其间似乎没有什么联系,而细读才领悟到,这组意象正是诗人经历的缩影,从童年的山村,到小岛拉板车的艰辛,直至挑灯夜读的教书生涯,令诗人感叹万分,也激发了读者想象的空间。

淘空了的诗重直觉,情感激越,具有语言无序的特点,常在诗中创造出新颖奇崛的境界。"他的诗,除了非理性、非逻辑性之外,他还是破坏规范化语言的能手,他用无序语言所写的佶屈聱牙句子,真令读者目瞪舌结。"②如"太阳剃光头从城垛跳下/软禁的晚风假释了"(《晚风渡小城》);"窗口老是呆滞眼睛沉思/花的浪潮却流注活力/在露台碰撞得红紫青蓝"(《闯马路》)。"太阳剃光头","晚风假释","花的浪潮却流注活力","碰撞得红紫青蓝",这些诗句语言呈无序性,在大胆的想象中呈现出奇特的组合方式,营造出新奇的意境,给人以美的感受。

5. 李鹏翥、林中英、凌稜的散文

李鹏翥③是澳门知名的新闻工作者,又是澳门的资深作家。他的散文充溢着爱国激情,有强烈的民族自信心,对于现实生活中的丑恶现象,他给予深刻的讽刺和批评。他的随笔文字活泼,笔触畅达,意味隽永,具有可读性。他的说理性散文论证透彻,分析精当,具有高度的概括性、思辨性。其文学评论重视"文以载道"的传统,擅长以细腻的笔触对文学作品进行辨析与欣赏。他的散文小品既有深刻的议论,又有生动的叙事和形象的描写,并能把叙事、议论熔于一炉,使文章妙趣横生。

---

① 淘空了:《黄昏的解答·后记》,澳门五月诗社 1995 年版。

② 刘登翰主编:《澳门文学概观》,鹭江出版社 1998 年版,第 127 页。

③ 李鹏翥(1934—2014),笔名梅萼华、凌云健等。曾任《澳门日报》总编辑、澳门笔会监事长、澳门中华诗词学会副会长等。出版有散文随笔集《澳门古今》,评论集《濠江文谭》《濠江文谭新编》等。

李鹏翥的《澳门古今》是一本集澳门历史、文化、名胜古迹之大成的散文小品,也是一本熔历史、地理、风物、景观于一炉的掌故集,收澳门史地掌故、风光古迹小品共 197 篇。作品文笔灵活,雅俗共赏,饶有情趣,充满历史感,具有文学性。如对大三巴、妈阁庙、大炮台等澳门著名古迹,作者不仅将其历史由来、建筑年代、沧桑变化一一道来,且能融入丰富的神话传说、民间故事,从而使作品突破一般的掌故介绍,而具有思想深度和艺术魅力。作者博览诗书,对风物景致,能用浓郁的文学笔触,展示独特的风姿和情调,并创造出优美的意境,给读者以美的享受。他的《濠江文谭》是一部文艺批评论著,他的评论不仅具有敏锐的感知力、丰富的联想力和强烈的情感体验,而且具有论析的力度和深度。

林中英①既写散文,又写小说。她的儿童小说集《爱心树》既有故事性又有知识性,能把握孩子的心理活动,使小读者在会心的微笑的同时得到启示。而洋溢在字里行间母亲般的柔情和爱心,使人感到温馨亲切。《云和月》有短篇小说 12 篇,在描绘人海微澜的故事中,触及澳门社会问题。她笔下大多是都市小人物,情节安排合情合理,描写细致入微,笔触纤柔细腻,感情温馨,特别在表现母性的爱心方面尤为出色。《重生》是一篇有特色的小说,叙述了从内地到澳门的小保姆银彩的生活遭遇。小说不仅细致地刻画了她在生存问题上的情感体验,传达出人物的内心活动,而且真实地再现了这位情窦初开的少女性意识的萌动。

林中英的散文,以女作家观察入微的眼光,写得冷静而理智,多以议论为主,是非爱憎分明。作者通常从多个角度来猎取社会现象,以细腻的笔触表达女性的体验,并用豁达宽容的态度进行分析和评论,提出自己的见解。《人生大笑能几回》从广角镜中透视澳门社会。"作者以真力弥满的笔触,记述真人真事,表达真心诚意,抒写真情实感,阐发真知灼见。"②从而使她的作品鲜活、丰富、感人。她的作品虽融入较多的生活情趣,但无论是评述社会现实,还是对生活抒情,仍显示出她散文一贯的特色。作者通过文化视角,把生活话题演化为文学的话题,内涵丰富,见解独到,文字活泼幽默,笔底贯注真情。

凌稜③从 60 年代就开始文学创作,多年来笔耕不辍,她的散文以女性的情怀、温和的笔调写亲情、友情和爱情,抒发现代女性对婚姻、家庭、事业的咏叹。她的散文"散发着温馨的浪漫和单纯的挚情,颇有'少女文学'的味道"④。如她写给女儿的《为什么这样爱你》《风雨中的小人儿》,写给丈夫的《昨天忘记买花送给你》,写友情的《挚情》《葬歌》等篇都一往情深,真挚动人。如在《母亲的画》中:"去年我看到母亲闲暇时就拿起铅笔在白纸上绘画,今天绘一幅'杨柳岸晓风残月',明天绘一幅'水殿风来暗香满',后天又绘一幅'踏雪寻梅'……"当"我"说要给母亲开个画展时,母亲说今生不作此想了,来生吧。"我"感叹道:"以母亲对绘画的兴趣那

---

① 林中英(1949—　),原名汤梅笑,原籍广东新会,生于澳门。曾任《澳门日报》副刊部主任。出版小说集《云和月》、《爱心树》、《一对一》(与人合集),散文集《眼色朦胧》、《人生大笑能几回》、《相思子》、《自己的屋子》、《七星篇》(与人合集)等。

② 李观鼎:《笑的成熟》,见《澳门文学评论选》(下),澳门基金会 1998 年版,第 186 页。

③ 凌稜(1939—　),原名李艳芳,笔名李心言、林蕙,广东新会人,生长于澳门。做过教师,后从事新闻工作,任《华侨报》副刊编辑部副主任。著有散文集《七星篇》(合集)、《有情天地》、《北窗内外》、《爱在红尘》等。

④ 见《澳门文学研讨集》,澳门日报出版社 1998 年版,第 440 页。

么浓,要是她年青时有适合她学画的条件,她一定在绘画上取得成绩,然而她为家庭、为子女牺牲了自己的一切,兴趣也抑制了,得不到发挥。母亲是伟大的,谁能说不是呢?"通过母亲的绘画,把对母爱的情感抒发得细致入微,感人肺腑。

凌稜的散文关注澳门的小人物。她笔下那卖花村妇的叫卖声(《卖花声与卖花人》),那帮助父母在市场上卖鱼的小姑娘(《当年那个卖鱼的女孩》),那年轻、艺高胆大而心细的汽车司机(《姐与弟》),都热情、友善、尽职,充分揭示出人性的美。而她的散文独具特色的是对这个华洋杂处的半岛上生活在底层的土生葡人命运的描写。由于历史的原因及特殊的地理位置,澳门居住着一些中葡混血儿,这里有年老色衰的妓女玛利亚(《玛利亚》),有斯文的风尘女郎罗莎(《"好运气"的罗莎》),有惨遭凌辱而患精神病的珍妮(《珍妮的平安夜》),还有葡裔风尘女所生而遭遗弃的弱智流浪汉贾华鲁(《贾华鲁的欢乐圣诞》),这类散文不仅描绘了一幅幅颇具异域色彩的风情画,更表现出这群特殊小人物的不幸遭遇。作者以宽容的胸怀对他们给予了极大的同情,白描的手法传达出人物的神态情韵。

凌稜的散文具有浓郁的抒情性,且情理相融,把浓郁的情感倾注于人、事、物、景之中,语言清丽灵秀,透露出诗意。澳门作家李成俊说,凌稜作品"写得开朗、豁达、洒脱,像晶莹剔透的工艺品,但毫无匠气,字里行间都是灵气。有如火的激情,有如水的清丽,有吹箫踏月的清幽,有怒涛驰马的豪放,有山色空濛的寥廓,有花团锦簇的旖旎"①。

6. 鲁茂、周桐、寂然的小说

鲁茂②是澳门资深作家,他的小说现实性强,地方色彩鲜明。他喜爱写实,致力于描写澳门社会各个阶层,再现现实生活的真貌,尤其是描绘他所熟悉的人物的理想和遭遇。在人物形象塑造上,他偏重塑造工人、夜校教师、出身低微的少女、家境贫寒的青年、学生等。通过对中下层市民悲欢离合、喜怒哀乐以及遭际境遇的描绘,在一定程度上反映了生活的变迁、社会的发展,再现了现代澳门社会的风貌。他的作品虽然没有惊险离奇的情节,但通过底层市民互相帮助、共渡难关的故事,以及抗暴锄奸的描写,启发读者扶正祛邪,引人向上。他的小说也常设置扣人心弦的悬念,运用戏剧冲突,以圆熟的艺术技巧刻画人物。虽命题立意严肃,但由于采用了通俗的写法,因而使小说情节曲折,引人入胜。

《白狼》是鲁茂的一部具有新意的小说,描写高官私生子吴白朗误入歧途,加入黑帮,既祸害社会,又几近自我毁灭的悲剧。作品着重刻画了吴白朗和"蓝泡泡"的形象。澳门评论家廖子馨指出:"(吴白朗)是一个凝聚着社会矛盾的角色,尤其角色是土生身份(中葡民族结合的后裔),有特殊的意义,在澳门的长篇小说创作中还未曾对这类人物给予专题的描写,'白朗'这个角色开垦了小说创作领域里一块处女地;同时,作品中还对近年在澳门出现的'新市民'——北地胭脂进行相当精彩的刻画,'蓝泡泡'小姐是第一位出现在连载小说中的北地胭

① 李成俊:《有情天地·序》,澳门星光出版社1991年版。
② 鲁茂(1932—),原名邱子维,祖籍江西临川,生于广东佛山。多年来笔耕不辍,擅写长篇连载小说。自1968年至1996年,在报纸上连载发表了《辫子姑娘》《星之梦》《小兰的梦》《恩情》《黑珍珠》《打虎不离亲兄弟》《铁汉柔情》《谁是凶手》《冬暖》《莫负青春》《爱情的轨迹》《百灵鸟又唱了》《蒲公英之恋》《杜鹃花开》《路漫漫》《白狼》《早熟》等20多部长篇小说,共计千万字。已出版长篇小说《白狼》、散文集《望洋小品》等。

脂。这两个人物充实、丰富了《白狼》故事。作品反映出 90 年代澳门社会某个侧面的时代风貌。"①由此可见,小说不仅触及了澳门重大而敏感的社会问题,而且填补了描写澳门葡人生活这个空白,为澳门文学扩展了题材领域。

鲁茂对戏剧艺术颇有修养,既会表演又能编导;对于文学,可以说是左手写散文,右手写小说的高手。《望洋小品》是鲁茂的散文随笔集,取材广泛,笔法灵活。李鹏翥指出:"这些作品首先言之有物,具有强烈的时效性,作家从国际大事、国家大事以至社会生活、个人生活,有感而发,因感抒情,下笔如行云流水,中心脉络却卓然可见。"②《帘外雨潺潺》抒发了人在不同心境下对雨的情怀。《墓志铭》揭示出一种人生哲理,这是一篇寓幽默于人生哲理的佳作。而《猫的天堂》从发生在身边的琐事中写出一种感受,寓意深长。

周桐③是澳门文坛又一支健笔,她以周桐为笔名,创作长篇小说 16 部;以沈尚青为笔名,撰写散文;以沈实为笔名,写专栏《西窗小语》达 20 年。她是一位新闻工作者,对生活的观察十分敏锐。她又是外文翻译,精通英文,除了本国文化外,还懂得多国的风土、人情、习俗。她思维敏捷,视野开阔,常以最新的信息充实自己,扩大创作思路。她小说的题材虽以澳门社会为背景,但故事情节不限于本土,她常常将澳门发生的故事和世界变革联系在一起,增加了小说的容量和深度。

周桐的小说坚持写实,通俗易懂。她的长篇小说以情节复杂见称,常以爱情为主线,刻画男女青年心理的变化,凸显人性的多重倾向;在结构上以悬念手法安排情节,吸引读者;笔触细腻,形象鲜明。

《错爱》是一部通俗小说,作品以人物为核心,写的是有婚外情的李怀民,患癌症而割去双乳的尤琴,美艳阴毒的尤铃,私生子里蒙和他在外国的母亲安祺。作者环绕这四条线索描写矛盾纠葛,情节纵横交错,表现出作者驾驭题材的才华。小说发表后,在澳门引起广泛注意,曾被中央电视台拍成电视连续剧。《幻旅迷情》是周桐的另一部通俗小说,写作时间在《错爱》之前,情节比《错爱》曲折。作品描写一个失恋少女在婚姻路上的遭遇。故事在少女、香港老富商以及他的侄儿之间展开。三角恋爱的多层纠葛,不仅发生在中国澳门,也扩展到瑞士。作者通过小说人物的内心矛盾和心理活动,描写了情欲与理智的激烈冲突,最后,小说以女主角的明智选择告终。《晚情》以婉转细腻的笔触写一个女编剧在无意间卷入一桩财产及爱情纠纷中,并由此引出感人的爱情故事,具有一定的艺术魅力。

寂然④是澳门小说界的后起之秀。从《一对一》《月黑风高》到《抚摸》,作者在不断探索小说的写法,用现代人的感觉观照当代社会变革,表现澳门生活现实,又借鉴现代、后现代主义的艺术手法,寻求叙述故事的新途径。

---

① 廖子馨:《澳门长篇小说的困境》,《论澳门现代女性文学》,澳门日报出版社 1994 年版,第 87 页。

② 李鹏翥:《望洋小品·序》,澳门星光出版社 1989 年版。

③ 周桐(1949—),原名陈艳华,笔名沈实、沈尚青等,广东新会人。从 70 年代中期开始写作。在报纸上连载的长篇小说有《半截美人》《八妹手记》《幻旅迷情》《逃妻》《流星》《绿罗衫》《人生边际》《狭路姻缘》《才娘》《澳门假期》《再生缘》等。已出版的长篇小说有《错爱》《香秋星传奇》《晚晴》《雌雄同体》,散文集《七星篇》(与人合集)、《美丽街》(与人合集)等。

④ 寂然(1974—),本名邹家礼,广东新会人。90 年代开始小说创作,著有小说集《抚摸》《月黑风高》等。

　　《月黑风高》所写的澳门社会治安、暴力犯罪,是其他澳门小说家较少涉猎的题材。作家以敏锐的感觉,真实地展现了现代澳门一帮江湖少年刀光剑影、惊心动魄的殴斗场面,细腻地刻画出阿力、细毛等一群青少年的心理世界,同时也涉及社会、学校、家庭在教育青少年方面存在的严重问题。而变态杀人狂阿达从一个侧面反映了现代都市社会的怪世相,具有强烈的现实感、批判性。

　　《抚摸》是一部"别出心裁"的小说,也是蕴涵丰富的文学文本。《抚摸》的开篇虽然也设置了"后设"的框架,但主要是运用"聚焦"的方法探索人性的幽微。作者在小说中成功地运用了情节聚焦与叙事聚焦,把矛盾的焦点集聚在"抚摸"这个行为上,整个作品围绕这一聚集点而展开,小说中的人物也是通过各种各样的"抚摸"而发生关系的。"抚摸"作为一种行为形态、心理形态,是人性的情欲的外化表现。作者在小说中用敏感的触觉抒写人生的情欲体验,表现形形色色的人生原态。小说中的各种抚摸构成了一个喻象系统,每一节都是写叙事主体对抚摸的感觉与体验。小说正是通过抚摸叙写人性的种种表现。

　　在语言上,构成寂然小说语言特色的有两套符码系统。一套系统富有现代意识。作者借鉴西方现代小说的写法,运用意识流似的连绵长句刻画人物,如《抚摸》第一节的一段长句:"那是一种发型带点冷艳眼神带点纯情鼻梁带点高傲嘴唇带点性感俏脸带点妩媚颈项带点神秘身高和体型都带点病态的集大成之美。"50多个字没有标点,任凭人物意识流动。除长句外,也有跳跃而不连贯的短句,如《抚摸》第三节中,只有两个字的10个名词短语的分行排列,跳跃而不连贯,留下许多空白,却给人想象空间。另一套系统具有古典韵味的语言风格,继承了中国古典诗词及元杂剧的语言特点,讲究排比、对仗,运用整齐的四字句、三字句等,如《你喝醉了》中的有些段落:"郑安安的记性很好,而且分析记忆能力很强,谈情说爱,妙语如珠,表情投入,激动时眼泛泪光,欢笑时笑意盈盈,事无大小都用心聆听。"这段话连用三个四字句,大体对仗,颇有古典韵味。他是借现代、后现代小说之"瓶"装澳门现代都市生活之"酒"。从他的小说中读不到西方作品中的那种孤独绝望和生存危机。

后　记

　　这部史著从初版到本次修订,已经跨过了 10 多个年头;如果从立项追溯起,更是经历了 20 年的时光。1993 年,国家教委高教司委托华中师范大学王庆生教授主持编写《中国当代文学史》教学大纲和教材,该项目被列入国家级重点教材建设规划。立项前后,全国多所高等院校和科研院所的专家学者在武汉、宜昌、昆明举行了数次研讨会,就教材的指导思想、编写原则、编写体例和整体构架进行了磋商和深入讨论,并确定了工作流程和任务分配。经过大家的辛勤努力,本书于 2003 年由高等教育出版社正式出版。

　　岁月如梭,时光荏苒。十多年过去,中国当代文学的状貌和格局发生了很大变化,有必要对本书进行修订。2013 年,经高等教育出版社提议和本书编写组主要成员商议,决定对本书作出较大幅度修订。修订重点主要包括以下两个方面:

　　在内容上,本次修订新增补"21 世纪初期的文学"为第 3 编,并对新时期作家的创作成果做了调整或补充。

　　在篇幅上,本次修订在充实和更新内容的同时,对原书内容做了删削和归并,以控制全书的基本规模。

　　本次修订工作由主编华中师范大学的王庆生、王又平教授全面规划,并承担全书的统稿、审稿和定稿工作。王庆生负责第 1 编和第 4 编的全面修订;王又平负责第 2 编文学思潮、小说部分的修订和组织第 3 编的编写。副主编南京师范大学的王晖教授负责第 2 编报告文学部分的修订和第 3 编新增部分的撰写;副主编山东大学的孙基林教授负责第 2 编诗歌部分的修订和第 3 编新增部分的撰写;副主编华中师范大学的严辉副教授负责第 2 编散文、话剧部分的修订和第 3 编新增部分的撰写。王庆生主编最后通读、审定了全部书稿。

　　本书的编写和修订是几代教师多校合作的结果。十多年过去,原书的参编者大多因各种原因未能参加本次修订工作,但他们的辛勤劳动及成果仍在本书中留下了清晰印记。本次修订也邀请了一些年轻学者参与,他们更新和充实了诸多章节的内容,为本书向新世纪文学延伸作出了贡献。在此,我们向所有的编写者和修订者表示深切的敬意和谢意。

　　本书撰稿人分工情况如下①:

　　王庆生:绪言;第 1 编八之 1,九之 1;第 4 编一之 1、4。王又平:第 1 编一,二之 2,三,四,五;第 2 编一;第 3 编一,二之 1;后记。樊星:第 1 编二之 3、4;第 2 编二之 1、3、4、六、七之 1、2。张远波:第 1 编二之 1。杨厚均:第 1 编二之 3。黄忠顺:第 1 编六。吴开晋:第 1 编七之 1、2、4、5、8。耿建华:第 1 编七之 3。邓星雨:第 1 编九之 1、3、4、5;第 2 编十五。王科:第 1 编九之 2。李逸涛:第 1 编十;第 2 编十七。严辉:第 2 编二之 1—3,十之 2;第三编七,九。张皓:第 2 编二之 2。叶君:第 1 编二之 5;第 2 编四之 3,八之 1,十一之 1。张卫中:第 2 编二之 5,五,九之 1、3、4。蔚蓝:第 2 编三,四之 1、2、4,五之 4;第 3 编二之 4。刘为钦:第 2 编四之 4。肖

---

　　① 以下序号"一"为第一章,"1"为第一节,余下类推。参编者大致参照章节先后排序。

敏:第 2 编七之 3。何联华:第 2 编八之 1、3。邹建军:第 2 编八之 3。梁艳萍:第 2 编八之 2,十一之 2—4。张路黎:第 2 编九之 2,十之 2。邓如冰:第 2 编十之 1、3、4。张永健:第 2 编十二,十三。孙基林:第 2 编十四;第 3 编六。王晖:第 2 编十六;第 3 编五,八。胡军:第 3 编二之 2。杨晓帆:第 3 编二之 3。周水涛:第 3 编三。王志谋:第 3 编四之 1、2。苏晓芳:第 3 编四之 3。苏文清:第 3 编四之 4。王晋民:第 4 编一之 2—4,二之 1—6,三之 1—3,四,五之 1,六,七之 1、4。周文彬:第 4 编七之 2、4,八。江少川:第 4 编二之 7、8,三之 4,七之 3、5、6。陈幼学:第 4 编五之 2。

　　此外,南京师范大学研究生张娜、欧阳一菲、马晓宇、孙小梦,华中师范大学研究生田璐莎、徐冬、冯姣姣等参加了本书的修订。

　　本书的修订和出版得到高等教育出版社的大力支持,在此深表感谢。

编　者

2015 年 6 月于武昌桂子山